Sprachliche Steuerung in der Technischen Dokumentation mit Controlled-Language-Checkern und Authoring-Memory-Systemen

SABEST

SAARBRÜCKER BEITRÄGE ZUR SPRACH- UND TRANSLATIONSWISSENSCHAFT

Herausgegeben von der Fachrichtung
Angewandte Sprachwissenschaft
sowie Übersetzen und Dolmetschen
der Universität des Saarlandes
Vertreten durch
Alberto Gil - Johann Haller -
Erich Steiner - Elke Teich

BAND 27

PETER LANG
EDITION

Verena Demiröz

Sprachliche Steuerung in der Technischen Dokumentation mit Controlled-Language-Checkern und Authoring-Memory-Systemen

Untersuchungen zur Verbesserung der Effizienz von Schreib- und Übersetzungsprozessen

PETER LANG
EDITION

Bibliografische Information der Deutschen Nationalbibliothek
Die Deutsche Nationalbibliothek verzeichnet diese Publikation in der Deutschen Nationalbibliografie; detaillierte bibliografische Daten sind im Internet über http://dnb.d-nb.de abrufbar.

Zugl.: Saarbrücken, Univ., Diss., 2016

Umschlagabbildung:
g von Peggy Daut.

D 291
ISSN 1436-0268
ISBN 978-3-631-67524-3 (Print)
E-ISBN 978-3-653-06884-9 (E-PDF)
E-ISBN 978-3-631-69491-6 (EPUB)
E-ISBN 978-3-631-69492-3 (MOBI)
DOI 10.3726/978-3-653-06884-9

Peter Lang Edition ist ein Imprint der Peter Lang GmbH.

Peter Lang – Frankfurt am Main · Bern · Bruxelles ·
New York · Oxford · Warszawa · Wien

Diese Publikation wurde begutachtet.

www.peterlang.com

Danksagung

Diese Arbeit war ein Projekt, das mich eine lange Zeit begleitet hat, das lebendig war und sich weiter entwickelt hat und dem auch ich eine persönliche Entwicklung verdanke. Nun ist die Zeit gekommen, mich bei einer Reihe von Personen zu bedanken, die mich in den unterschiedlichsten Bereichen begleitet und unterstützt haben.

Allen voran möchte ich mich herzlich bei meinem Doktorvater, Herrn Prof. Dr. Johann Haller, bedanken, der mich über die lange Zeit mit Rat und Tat begleitet hat – in persönlichen Gesprächen in Saarbrücken und sogar über Kontinente hinweg. Ebenso möchte ich mich bei Herrn Prof. Dr. Erich Steiner als meinem Zweitgutachter für wertvolle Denkanstöße bedanken.

Die Evaluierung der hier untersuchten *Controlled-Language-Checker* und *Authoring-Memory-Systeme* wäre nicht möglich gewesen, wenn mir die Hersteller nicht freundlicherweise ihre Tools zur Verfügung gestellt hätten. Hierzu zählen das Unternehmen Across Systems GmbH, deren Translation-Memory-System ‚Across Language Server' ich nutzen durfte, und die Congree Language Technologies GmbH, die mir den ‚crossAuthor Linguistic' und den ‚Congree Authoring Server' eingerichtet haben. An dieser Stelle möchte ich vor allem Herrn Alexander Becker danken, der mich bei der Implementierung unterstützt hat und der mir über weite Strecken mit technischem und fachlichem Rat zur Seite stand sowie Herrn Philipp Baur für wertvolles Feedback in der letzten Phase meiner Arbeit. Ebenso gilt mein Dank Dr. Sabine Lehmann vom Unternehmen Acrolinx GmbH, deren Produkt ‚Acrolinx™' ich testen durfte.

Die empirischen Untersuchungen dieser Arbeit wären ohne ein entsprechendes Korpus an Texten nicht möglich gewesen. Deshalb geht ein großes Dankeschön an das Unternehmen SMA Solar Technology AG, das mir einige seiner umfangreichen Installationsanleitungen zur Verfügung gestellt hat.

Nicht zuletzt möchte ich mich herzlich bei allen Übersetzerinnen und Übersetzern bedanken, die an meiner Studie teilgenommen haben und mir wertvolle Einsichten in Übersetzungsprozesse gewährt haben – Alison Müller, Thomas Sgryska, Megan Squire, Beatrix Read, Imke Beier und Melanie Koster.

Für ihre Qualitätssicherungsmaßnahmen danke ich meiner Freundin Anette Becker und meinem Mann, die meine Arbeit gründlich Korrektur gelesen haben und Helmut Müller für seine Unterstützung bei allen Fragen rund um Layout und Formatierung.

Meiner Familie, allen voran meinem Mann Yildiray und meiner wundervollen Tochter Emilia, danke ich dafür, dass sie immer an mich geglaubt haben, mich in Momenten des Zweifels aufgefangen haben und für die Geduld, die sie aufgebracht haben, damit ich dieses Projekt verwirklichen konnte.

Frankfurt am Main, im Oktober 2015

Inhaltsverzeichnis

Abbildungsverzeichnis

Tabellenverzeichnis

Abkürzungsverzeichnis

AG	Arbeitsgedächtnis
AMS	Authoring-Memory-System
AS	Ausgangssprache
AT	Ausgangstext
CAT	Computer-Aided Translation
CLAT	Controlled Language Authoring Tool
CLC	Controlled-Language-Checker
CMS	Content-Management-System
d.h.	das heißt
EBMT	Example-Based Machine Translation
et al.	et alii
FD®	Funktionsdesign®
FOLT	Forum Open Language Tools
ggf.	gegebenenfalls
IAI	Institut für Angewandte Informationsforschung
IMAP®	Information Mapping®
KS	Kontrollierte Sprache
KZG	Kurzzeitgedächtnis
LD	Lautes Denken
LTM	Long-Term Memory
LTWM	Long-Term Working Memory
LZG	Langzeitgedächtnis
MT	Machine Translation
MÜ	Maschinelle Übersetzung
o. ä.	oder ähnliche
Pp.	Prozentpunkte
QA	Quality Assurance
QS	Qualitätssicherung
RBMT	Rule-Based Machine Translation
SB	Sunny Boy
SMT	Statistical Machine Translation
sog.	sogenannt
SP	Schreibprozess
STE	Simplified Technical English
STP	Sunny Tripower
STWM	Short-Term Working Memory

TAP	Think-Aloud Protocol
TD	Technische Dokumentation
TMS	Translation-Memory-System
TR	Technischer Redakteur/Technische Redakteurin
u. a.	unter anderem
ÜE	Übersetzungseinheit
UMMT	Utility for Mandate Management Tasks
ÜP	Übersetzungsprozess
VP	Versuchsperson(en)
z. B.	zum Beispiel
ZS	Zielsprache
ZT	Zieltext

1 Einleitung

Abstract

Technical documentation relies on the use of many different information and communication technologies. Still, there are only a few studies available on human-computer interaction and the influences of external resources on the writing and translation process. We need studies that consolidate the findings of writing and translation process research.

1.1 Entwicklungen im globalen Informationsmanagement

Unsere heutige Gesellschaft kann zweifelsohne als eine Wissensgesellschaft bezeichnet werden, in der Informationen und Kommunikation einen hohen Stellenwert haben. Die Technische Dokumentation gehört zu den besonders wissensintensiven Branchen und ist von kontinuierlichen Aktualisierungen ihrer Informationen betroffen (Risku, 2004). Einer der Hauptgründe liegt im technologischen Fortschritt, der zu immer kürzeren Produktzyklen und ständig neuen Modellen führt, die den Markt erobern. Damit einhergehend nimmt die Produktdokumentation an Komplexität und Umfang zu (Krings, 1996).

Unsere Gesellschaft ist zugleich eine multilinguale Gesellschaft, in der ein stetig steigender Bedarf an Übersetzungen besteht. Im Zuge der Globalisierung wird Technische Dokumentation heute fast immer in mehreren Sprachen erstellt und ausgeliefert. Die Mehrsprachigkeit der Dokumentation erfordert Internationalisierungs- und Lokalisierungsmaßnahmen, um das Produkt an die Anforderungen des Zielmarktes anzupassen (Schmitz, 2005). Die Qualität der Übersetzung hängt dabei nicht zuletzt von der Qualität des zugrunde liegenden Ausgangstextes ab. Speziell im Bereich der Technischen Dokumentation wird deshalb schon seit einigen Jahren vermehrt auf eine übersetzungsgerechte und sprachlich standardisierte Textproduktion geachtet, bei der die Übersetzung nicht als nachgelagerter Prozess betrachtet wird, sondern schon bei der Ausgangstexterstellung bedacht wird. Ziel ist es, verständliche, konsistent formulierte und modular wiederverwendbare Ausgangstexte zu erstellen, um den nachgelagerten oder auch parallel ablaufenden Übersetzungsprozess zu vereinfachen (Göpferich, 2000; Drewer, 2009). Um dies zu erreichen, werden Methoden zur inhaltlichen und strukturellen Textgliederung eingesetzt.

Dazu gehören Terminologiemanagement, Redaktionsleitfäden, welche inhaltliche und formatbezogene Vorgaben enthalten, Kontrollierte Sprachen und auch *Content-Management-Systeme*, die eine modulare Wiederverwendung einzelner Textbausteine ermöglichen.

Seit Jahren nimmt der Anteil an Informations- und Kommunikationstechnologien in der Technischen Dokumentation stetig zu. Die eingesetzten technischen Ressourcen fungieren dabei nicht nur als Hilfsmittel im Textproduktionsprozess, sondern sie üben auch eine steuernde Funktion auf die Sprache aus (Schubert, 2007), was der Titel der Arbeit „Sprachliche Steuerung in der Technischen Dokumentation" widerspiegelt. Zu diesen externen Ressourcen oder Artefakten (Risku, 2004) zählen automatische Sprachprüfprogramme und *Authoring-Memory-Systeme* (AMS). Automatische Sprachprüfprogramme, auch *Controlled-Language-Checker* (CLC) genannt, entstanden in den 1970er Jahren im Zuge der Entwicklung Kontrollierter Sprachen. Sie sollten eine Arbeitserleichterung für den Technischen Redakteur schaffen und eine automatische Überprüfbarkeit der in Kontrollierter Sprache erstellten Texte ermöglichen. CLC basieren auf morphologischen und syntaktischen Analysemodulen, wobei deren Regelwerk die Kontrollierte Sprache mehr oder weniger stark restriktiv umsetzt. Diese Tools prüfen einen Text interaktiv oder konsekutiv hinsichtlich Rechtschreib- und Grammatikfehlern, Terminologie, Abkürzungen und vor allem Stilfehlern (Drewer & Ziegler, 2011; Lehrndorfer & Reuther, 2008). AMS wiederum basieren auf Datenbanken, die eine Wiederverwendung bereits geschriebener Sätze ermöglichen – vergleichbar mit der Funktionalität von *Translation-Memory-Systemen*. Dem Technischen Redakteur werden interaktiv während des Schreibens Vorschläge aus der Datenbank angeboten (Allen, 1999; O'Brien, 1999a). Beide Systeme dienen aus kognitionswissenschaftlicher Sicht als technische Hilfsmittel dazu, die kognitive Belastung des Autors während der Textproduktion zu verringern, indem sie Wissen und Fähigkeiten liefern, die in internen Repräsentationen nicht vorhanden sind (Klein & Leacock, 2012).

1.2 Relevanz für die Arbeit

> „Technology and writing are not distinct phenomena; that is, writing has never been and cannot be separate from technology. Whether it is the stylus of the ancients, the pen and ink of the medieval scribe, a toddler's fat crayons, or a new Powerbook, technology makes writing possible. To go further, writing is technology, for without the crayon or the stylus or the Powerbook, writing simply is not writing. Technology has always been implicated in writing: In a very real way, verbal behavior without technological tools is not, and cannot be, writing." (Haas, 1996: xf)

Wie das Zitat von Haas zeigt, ist Schreiben als Kommunikationsform seit jeher an die Existenz unterschiedlichster Technologien gebunden, die das Schreiben per se überhaupt erst ermöglichen. Die Kommunikation mithilfe von Sprache als

Form der Kommunikation und die Vermittlung von Wissen als Inhalt der Kommunikation sind eng miteinander verflochten und gemäß Schubert (2007: 2) „seit jeher Gegenstand sprachwissenschaftlicher Reflexion". Die Kommunikation in der Technischen Dokumentation wird heute von immer mehr und immer komplexeren, zumeist softwaregestützten Hilfsmitteln gesteuert. Diese technischen Hilfsmittel üben dabei einen direkten Einfluss auf den Schreib- und Übersetzungsprozess und die Zusammenarbeit innerhalb dieser Prozesse aus. Seit Längerem hat sich die Erkenntnis durchgesetzt, dass Textproduktionsprozesse nicht isoliert vom Umfeld, in dem sie stattfinden, betrachtet werden können, sondern dass die Situiertheit dieser Prozesse ein wichtiger Einflussfaktor ist. Diese sog. *Situated Cognition* bedeutet, dass kognitive Prozesse durch interne sowie auch durch externe Ressourcen und die Interaktion zwischen Individuen gekennzeichnet sind (Hutchins, 2000). Der Schreib- und der Übersetzungsprozess in der Technischen Dokumentation sind durch die ständige Interaktion zwischen internen Repräsentationen und externen Ressourcen wie Tools, bereits geschriebenen Texten oder Bildern gekennzeichnet. Die Erstellung der Technischen Dokumentation erfolgt dabei durch die Interaktion von Autoren, die eine Aktivität teilen im *Collaborative Writing*. Obgleich der Einfluss externer Ressourcen unbestritten ist, beklagte Krings schon vor Jahren, dass ein wichtiges Desiderat der Schreib- und Übersetzungsprozessforschung „mehr Untersuchungen an der Mensch-Maschine-Schnittstelle" sei (Krings, 2005: 357). Bereits 1992 erkannte Krings den Einfluss neuer computergestützter Technologien.

> „So darf man beispielsweise annehmen, daß die Verfügbarkeit von Orthographie-, Stil- und Grammatikprüfprogrammen die Revisionsprozesse nachhaltig beeinflussen wird. (Krings, 1992: 93)

Auch die Übersetzungsprozessforschung erkannte dieses Desiderat und die Notwendigkeit, den Einfluss von computergestützten Übersetzungshilfen, wie *Translation-Memory-Systemen*, zu untersuchen (Paulsen Christensen & Schjoldager, 2011b).

Der Fokus vieler Schreibprozessstudien liegt auf didaktischen Aspekten und erfolgt im Rahmen des schulischen oder akademischen Bereichs. Die Untersuchung der Schreibprozesse[1] im professionellen, beruflichen Umfeld ist jedoch ein wichtiger Ausgangspunkt, um die Entwicklung der Schreibfähigkeit und der Expertise im situierten Umfeld zu betrachten (Schriver, 2012). Ein weiterer

---

1 Anstelle der Bezeichnung Schreibprozessforschung wird seit den 1990er Jahren in einer Reihe von Artikeln auch die Bezeichnung Textproduktionsforschung verwendet (siehe dazu zusammenfassend Antos, 2000 und Kapitel 5.1).

wichtiger Aspekt ist die Tatsache, dass Schreib- und Übersetzungsprozessforschung bisher zumeist als getrennte Forschungsstränge liefen. Obgleich beide dieselben empirischen Methoden zur Untersuchung von Schreib- und Übersetzungsprozess anwenden, gibt es nur wenige Versuche, die Ergebnisse beider Richtungen zu konsolidieren.

Man kann also von einem weiteren Desiderat sprechen: Es mangelt an transdisziplinärem Austausch und einer Integration der Forschungsergebnisse. Bedenkt man, dass die Technische Dokumentation als Form der interkulturellen Kommunikation zumeist die Übersetzung in verschiedenste Sprachen impliziert, dann ist es umso wichtiger, den Prozess der Textproduktion holistisch zu betrachten und den Schreib- und Übersetzungsprozess als aufeinander aufbauende Einheit zu sehen.

Gerade im Bereich der Technischen Dokumentation ist es also wichtig,

(1) den Schreib- und Übersetzungsprozess im Hinblick auf Situiertheit und Zusammenarbeit zu betrachten,
(2) den Einfluss externer Ressourcen auf den Schreib- und Übersetzungsprozess zu untersuchen
(3) und die Ergebnisse dieser Untersuchungen im Schreib- und Übersetzungsprozess zu konsolidieren.

Die vorliegende Arbeit möchte einen Beitrag hierzu leisten. Im Mittelpunkt der Betrachtung stehen *Controlled-Language-Checker* und *Authoring-Memory-Systeme* als externe Ressourcen im Schreibprozess.

1.3 Ziele, Methoden und Aufbau der Arbeit

Im Fokus der Arbeit steht die Frage, wie das situative Schreibumfeld – in diesem Fall externe Ressourcen – den Textproduktionsprozess beeinflusst. Externe Ressourcen beziehen sich im Rahmen dieser Arbeit auf CLC und AMS. Die Beantwortung der Frage geschieht aus zwei unterschiedlichen Blickwinkeln. Zum einen werden dazu Ansätze der Kognitionswissenschaft, im Speziellen der Kognitionspsychologie konsultiert, um die Funktion der externen Ressourcen und ihre Auswirkungen auf den mentalen Schreibprozess zu beleuchten. Zum anderen werden die Möglichkeiten und Grenzen von professionellen, d.h. im beruflichen Umfeld stattfindenden, Schreibprozessen untersucht. Es gilt dabei zu evaluieren, ob und welche individuellen Unterschiede in der Beeinflussung des Textproduktionsprozesses existieren und des Weiteren, von welchen Variablen diese abhängen.

Zu den Variablen zählen z.B. die Berufserfahrung des Technischen Redakteurs, sein Schreibprofil oder das situative Aufgabenumfeld. Kognitionswissenschaftlich betrachtet stellen CLC und AMS in ihrer Funktion als externe Ressourcen eine Art externes Langzeitgedächtnis dar, welches das interne Langzeitgedächtnis des Redakteurs unterstützt. Der CLC liefert dabei linguistisches Wissen und das AMS Hintergrundwissen, die beide auf unterschiedliche Art den Schreibprozess unterstützen können. Nur ein ausreichendes Maß an linguistischem Wissen in Kombination mit Hintergrund- und Weltwissen führt zu einer Entlastung des Arbeitsgedächtnisses und in Konsequenz zu einer Entlastung des Langzeitgedächtnisses (McCutchen, 2011). Vor diesem Hintergrund müsste die Kombination aus dem linguistischen Wissen des CLC und dem Hintergrundwissen des AMS Vorteile gegenüber der alleinigen Nutzung einer der beiden Funktionalitäten bieten. Die Arbeit möchte dabei eruieren, in welchen Fällen sich der Einsatz des einen oder anderen Tools anbietet und ob die Integration der Funktionalitäten beider Tools einen Vorteil bringt.

Bezogen auf den Übersetzungsprozess steht die Frage im Fokus, inwiefern bestimmte im Schreibprozess durch sprachliche Steuerung erzeugte Texteigenschaften den Übersetzungsprozess beeinflussen. Mit sprachlicher Steuerung sind hier eine Vereinheitlichung des Schreibstils sowie Konsistenz in der Formulierung und in der Verwendung von Terminologie gemeint. Innerhalb dieser Frage werden zwei Teilaspekte beleuchtet, die mithilfe empirischer Methoden zum einen quantitativ und zum anderen qualitativ untersucht werden.

Die quantitative Untersuchung betrifft den technischen bzw. toolbezogenen Aspekt und die Frage, ob eine sprachliche Steuerung des Ausgangstextes mithilfe externer Ressourcen wie CLC zu einer Verbesserung der Retrievalleistung der im Übersetzungsprozess eingesetzten externen Ressource *Translation-Memory-System* (TMS) führt. Die Hypothese ist, dass sich die vom TMS ausgewiesene Matchquote durch sprachliche Standardisierung der Datenbasis des TMS erhöht. In dem Test werden anhand eines Textkorpus von Installationsanleitungen die Matchwerte ermittelt, die das TMS bei verschiedenen Ausgangstexten verglichen mit einer nicht überarbeiteten Datenbasis ausweist. Diese werden mit denjenigen Matchwerten in Bezug gesetzt, die sich bei einer sprachlich gesteuerten und überarbeiteten Datenbasis im TMS ergeben. Der zweite Aspekt, der mithilfe qualitativer Untersuchungsmethoden beleuchtet wird, betrifft die Frage, ob Übersetzer aus ihrer subjektiven Sichtweise heraus einen sprachlich gesteuerten Ausgangstext als besser lesbar, besser verständlich und in Konsequenz besser übersetzbar empfinden.

Der Test baut auf einer Studie von O'Brien (2010a) auf, in der die Lesbarkeit von sprachlich gesteuerten Texten anhand von Lesbarkeitsformeln und der Beurteilung durch Versuchspersonen sowie die Übersetzbarkeit für Maschinelle Übersetzungssysteme bestimmt wurde. Im Gegensatz zur Studie von O'Brien handelt es sich bei den hier befragten Personen um Übersetzer und neben der Lesbarkeit werden die Eigenschaften Verständlichkeit und Übersetzbarkeit für den Humanübersetzer untersucht. Die Hypothese ist, dass sprachlich gesteuerte Ausgangstexte bessere Bewertungen bei Lesbarkeit, Verständlichkeit und Übersetzbarkeit erhalten. Abschließend wird die Frage beleuchtet, ob sich die sprachliche Standardisierung des Ausgangstextes mithilfe von CLC auf die Übersetzung übertragen lässt. Die Qualität und Einheitlichkeit der Übersetzung hängt bisher von Faktoren wie dem Zustand und der Pflege der TMS-Datenbank sowie der Edition und Korrektur durch den Übersetzer ab, die wiederum von Faktoren wie Vorwissen, Erfahrung, Zeitdruck und subjektivem Befinden beeinflusst sind (Krings, 1986). TMS bieten bisher nur die Möglichkeit, eine Übersetzung nach deren Abschluss hinsichtlich formaler Fehler zu prüfen. Verschiedene Studien im Bereich der Übersetzungsprozessforschung deuten darauf hin, dass der Einsatz eines TMS dazu führt, dass Übersetzer die fertige Übersetzung weniger gründlich redigieren als ohne TMS und oftmals Fehler übersehen (Bowker, 2005; O'Brien, 2006). Dies hängt mit der satzweisen, kontextfreien Darstellung von Übersetzungseinheiten im TMS zusammen, die der menschlichen Segmentierung häufig widerspricht (Dragsted, 2005 & 2006).

Die Hypothese ist, dass gerade im Bereich der Technischen Dokumentation eine konsistent formulierte, stilistisch geprüfte und den Unternehmensrichtlinien konforme Übersetzung durch die Ergänzung der formalen Prüffunktionen des TMS mithilfe eines CLC erreicht werden kann.

Die Arbeit ist grundsätzlich interdisziplinär ausgerichtet, da sie zur Beantwortung der Forschungsfragen unterschiedliche Disziplinen mit ihren Teil- oder Tochterdisziplinen konsultiert und deren Methoden und Erkenntnisse integriert. Sie ist einzuordnen im Bereich der Angewandten Sprach- und Übersetzungswissenschaft. Erkenntnisse der Textverständlichkeitsforschung liefern den theoretischen Rahmen zur Darstellung sprachwissenschaftlicher Grundlagen der Technischen Dokumentation. Die Kognitionswissenschaft und die Kognitionspsychologie liefern zum einen Erkenntnisse über kognitive Prozesse der Textproduktion und zum anderen die notwendigen Grundlagen und Methoden, die wiederum in der Schreib- und Übersetzungsprozessforschung angewandt werden und für die hier durchgeführten Untersuchungen von Notwendigkeit sind. Nicht zuletzt tangiert die Arbeit mit dem Thema Textverständlichkeit und fachlicher Kommunikation einen Kernbereich der Fachsprachenforschung.

Die Arbeit gliedert sich in drei Teile. Teil I bildet den theoretischen Teil, der die sprachwissenschaftlichen Grundlagen, Methoden und Instrumentarien zur

Steuerung der Textproduktion erläutert. Teil II erklärt die Technischen Lösungen anhand ihrer Funktionalitäten, ihrer Möglichkeiten und Grenzen. Teil III ist der Evaluation mittels empirischer Methoden gewidmet und dient der Beantwortung der zuvor dargelegten Fragen. Nach der Klärung der Begrifflichkeiten und der Anforderungen an Technische Dokumentation steht im ersten Teil zunächst einmal die Frage der Textverständlichkeit als zentraler Aspekt der Technischen Dokumentation im Vordergrund. Kapitel 2 beleuchtet, wann ein Text verständlich ist und wie sich Textverständlichkeit verbessern lässt – angefangen von der Wort- bis hin zur Satzebene (Ballstaedt, 2000). Diese Frage wird anhand verschiedener sprachwissenschaftlicher Ansätze, d.h. instruktionspsychologischer und kognitionswissenschaftlicher Forschungen, dargestellt. Innerhalb der instruktionspsychologischen Ansätze werden die Leserlichkeits- und Lesbarkeitsforschung (Göpferich, 1998; Christmann, 1989; Ballstaedt et al., 1981), die Psycholinguistische Syntaxforschung (Christmann, 1989; Heijnk, 1997) und das Verständlichkeitsmodell von Groeben (1972) sowie das Hamburger Verständlichkeitsmodell (Langer et al., 1973; Schulz von Thun, 1973) dargestellt.

Innerhalb der kognitionswissenschaftlichen Ansätze werden propositionale Textverarbeitungsmodelle (Ballstaedt et al., 1981; Kintsch, 1974; Rickheit, 1995), Modelle der zyklischen Verarbeitung (Göpferich, 2002b), Netzwerkmodelle (Findler, 1979; Ballstaedt et al., 1981), Semantische Makrostrukturen (Christmann, 1989; van Dijk, 1980), Schema-theoretische Ansätze (Christmann & Groeben, 1996; Göpferich, 2002b) und Mentale Modelle (Johnson-Laird, 1983; Christmann, 1989; Sanford & Garrod, 1981) besprochen. Die Verständlichkeitsmodelle werden, soweit möglich, durch praktische Textbeispiele aus einer Installationsanleitung ergänzt. Neben den Textverständlichkeitsmodellen werden die Sprechakttheorie (Searle, 1979; Austin, 2002) und neuere funktionale Ansätze in der Verständlichkeitsforschung (Meutsch, 1992; Schnotz, 1985) diskutiert. Die vorgestellten Ansätze der Textverständlichkeitsforschung bildeten die Grundlage für die Entwicklung verschiedener, in der Praxis relevanter Strukturierungsmethoden. Als bekannteste Vertreter dieser sind hier Funktionsdesign® (Muthig & Schäflein-Armbruster, 2008; Ley, 2005) und Information Mapping® (Horn, 1989; Böhler, 2001) zu nennen.

Als weiterer wichtiger Aspekt wird beleuchtet, welche Instrumentarien auf welchen Textebenen zur verständnisfördernden Darstellung von Informationen eingesetzt werden können. Auf Textebene wird hauptsächlich mit *Single-Source-Publishing* (Closs, 2006) und dem Einsatz von *Content-Management-Systemen* (CMS) (Lüthy & Wetzl, 2001) gearbeitet. Als Grundlage dafür dienen wiederum Strukturierungsmethoden wie Funktionsdesign®. Standardisierungsprozesse auf

Wort- und Satzebene basieren auf Terminologiearbeit (Schmitz, 2001; Schmitz & Straub, 2010), Redaktionsleitfäden (Baumert, 1998; Oehmig, 2008) und dem Einsatz von *Translation-Memory-Systemen* (Reinke, 2004). Ein Fokus des Kapitels liegt auf dem Thema Kontrollierte Sprachen (Reuther, 2003; Huijsen, 1998; Lehrndorfer, 1996a), welche die Grundlage für die Entwicklung der heute vielfach eingesetzten CLC bilden. Im Rahmen der Arbeit werden der ‚Klassiker' der Kontrollierten Sprachen, das ‚Simplified Technical English' (Huijsen, 1998; Farrington, 1996) sowie zwei neuere Vertreter, das ‚Global English' (Kohl, 2008) sowie die speziell für die deutsche Sprache entwickelte tekom-Leitlinie „Regelbasiertes Schreiben" (Fleury, 2011) vorgestellt.

Nachdem im ersten Teil sprachwissenschaftliche Grundlagen sowie unterschiedliche Ansätze und Methoden zur sprachlichen Steuerung, Standardisierung und Strukturierung des Ausgangstextes vorgestellt wurden, befasst sich Teil II mit den Technischen Lösungen, d. h. der Darstellung und Analyse der betrachteten externen Ressourcen CLC und AMS. In Kapitel 3 werden CLC und AMS ausführlich dargestellt und deren Funktionsweise, Möglichkeiten und Grenzen sowie die Integration in den Schreibprozess anhand mehrerer Systeme und praktischer Beispiele erläutert. Kapitel 4 befasst sich mit dem Thema TMS. Es wird dargestellt, welche Standardisierungsmöglichkeiten innerhalb des Übersetzungsprozesses bestehen. Die Technologie des TMS bildet zumeist die Grundlage für das AMS, auf den Daten des TMS baut die Datenbank des AMS auf und die Zusammenarbeit erfordert einen kontinuierlichen Austausch der Daten zwischen beiden Systemen. Aus diesem Grund ist es wichtig, aktuelle Trends und Entwicklungen, wie z. B. die Integration Maschineller Übersetzung (Heyn, 1996; Pich, 2009) sowie Forschungsprojekte zur Verbesserung der Retrievalleistung von TMS in die Arbeit mit einzubeziehen. Unterschieden wird bei den Forschungsansätzen zwischen der Integration morpho-syntaktischer Analysemodule (Hódasz, 2006a & 2006b; Langlais & Simard, 2002; Planas & Furuse, 1999), der Einbindung semantischer Analysen (Mitkov & Corpas, 2007; Elita & Gavrila, 2006 & 2010) und der Integration beispielbasierter (Carl & Hansen, 1999) oder statistischer Verfahren (Biçiçi & Dymetman, 2008; Zhechev & van Genabith, 2010) aus der Maschinellen Übersetzung. Kapitel 4 schließt mit den Möglichkeiten und Grenzen der Qualitätssicherungsfunktionen von TMS. Das Kapitel erläutert gegenwärtige Schwächen der TMS-Technologie und schafft die Grundlage zur Klärung der Frage, wie Schreib- und Übersetzungsprozess mithilfe externer Ressourcen wie CLC, AMS und TMS besser integriert werden können.

Teil III befasst sich mit der empirischen Evaluation der externen Ressourcen CLC und AMS und ihrer Funktion im Schreib- und Übersetzungsprozess. Dazu werden in Kapitel 5 zunächst einmal die historische Entwicklung der Schreibprozessforschung, verschiedene Schreibprozessmodelle (Hayes & Flower, 1980) und die gängigen Methoden der Schreibprozessforschung erläutert (Krings, 1992). Die Betrachtung erfolgt vor dem Hintergrund der *Situated Cognition*, die den Schreibprozess innerhalb eines situierten Aufgabenumfeldes beschreibt (Hutchins, 2000; Klein & Leacock, 2012). Die Erkenntnisse zum kognitiven Schreibprozess im Allgemeinen und im Speziellen zu Untersuchungen zum Einfluss des Schreibmediums werden gebündelt, um daraus Rückschlüsse zum Einsatz externer Ressourcen wie CLC und AMS zu ziehen.

Diese Schlussfolgerungen werden gestützt durch die Analyse eines kommerziellen Systems, das anhand eines Textkorpus von Installationsanleitungen getestet wird. Als Grundlage für die empirischen Untersuchungen zum Übersetzungsprozess in Kapitel 6 werden die Übersetzungsprozessforschung, Übersetzungsprozessmodelle und gängige Methoden erläutert (Krings, 2005; Göpferich, 2008). Die Ergebnisse der beiden empirischen Tests werden konsolidiert und in Verbindung zu den Ergebnissen des Schreibprozesses gesetzt. Abschließend wird in diesem Kapitel die Idee der Übertragung der sprachlichen Steuerung mittels CLC vom Ausgangs- auf den Zieltext diskutiert. Kapitel 7 integriert die gewonnenen Untersuchungsergebnisse und bildet die Schlussbetrachtung der Arbeit. Kapitel 8 gibt abschließend einen Ausblick auf künftige prozessuale und technologische Entwicklungen.

Die Ergebnisse der in dieser Arbeit durchgeführten Untersuchungen liefern in vielfältiger Weise wertvolle Hinweise. Zum einen liefern sie Belege über die Gebrauchstauglichkeit der Tools und sie zeigen, wie die betrachteten Tools technologisch weiterentwickelt und individueller konzipiert werden könnten. Zum anderen zeigen sie, wie der Schreib- und Übersetzungsprozess prozessual gesehen besser organisiert werden könnten. Ferner geben sie Aufschluss über interne und externe Prozesse innerhalb der Textproduktion und liefern neue Ansatzpunkte für weitere Forschungen zur Mensch-Maschine-Schnittstelle. Letztlich können die Untersuchungen auch didaktische Hinweise liefern, wie CLC und AMS als gängige Sprachtechnologien in die Lehre an den Hochschulen integriert werden können.

Teil I: Theoretische Grundlagen

2 Technische Dokumentation – Texterstellung für den internationalen Markt

Um auf den Textproduktionsprozess als Einheit von Schreib- und Übersetzungsprozess eingehen zu können, müssen zunächst einmal die Situiertheit des Textproduktionsprozesses und die Besonderheiten des Schreibprozesses im professionellen Umfeld der Technischen Dokumentation geklärt werden. Hierzu werden nachfolgend die Technische Dokumentation mit ihren Anforderungen an die mehrsprachige Dokumentationserstellung, die Technische Redaktion mit ihren Aufgaben und das Schreiben als fachkommunikative Handlung innerhalb der Technischen Dokumentation dargestellt.

Abstract

Technical writing today is a form of *distributed cognition* which takes place within the situated and holistic text production process. This chapter illustrates the challenges of multilingual document production and the tasks and changing role of technical writers.

2.1 Begrifflichkeiten, Akteure und fachkommunikative Handlungen

Das Schreiben am Arbeitsplatz, so auch im Bereich Technische Dokumentation, unterscheidet sich grundlegend vom wissenschaftlichen Schreiben aus didaktischer Perspektive. Jakobs (2005) fasst die Rahmenbedingungen des Schreibprozesses im beruflichen Umfeld folgendermaßen zusammen:

> „Das Ganze findet in einem *sozial, kulturell* und *zeitlich geprägten Raum* statt, aus dem spezifische Normen, Anspruchshaltungen und Erwartungen resultieren, rechtliche und gesetzliche Vorgaben, spezifische Wertesysteme u.a.m." (Jakobs, 2005: 18)

Innerhalb des Textproduktionsprozesses ist nicht nur der Schreibprozess des einzelnen Redakteurs relevant, sondern die Textproduktion erfolgt häufig in kooperativer Arbeitsweise, d.h. in Zusammenarbeit mit anderen, was auch als *Group Writing* oder *Collaborative Writing*[2] bezeichnet wird.

---

2 Zu verschiedenen Formen des *Collaborative Writings* siehe Marttunen & Laurinen (2012) und Couture & Rymer (1989). Detaillierte Erläuterungen zum *Collaborative Writing* finden sich in Kapitel 5.1.4.

Dabei kommt es nach Jakobs (2005) zu einem *Document Cycling*:

> „Der im Entstehen begriffene Text durchläuft (in iterativen Schleifen) mehrere Stationen eines in Institutionen häufig mehr oder weniger festgelegten Zyklus, in dem sich Phasen des gemeinsamen Beratens, des Textentwurfs und seiner Begutachtung, des erneuten Austausches, des Überarbeitens und der Wiedervorlage abwechseln." (Jakobs, 2005: 25)

Zugleich erfolgt die Arbeit in der Technischen Dokumentation in geteilter Arbeitsweise (*Distributed Work*). Das heißt, Teams arbeiten zu unterschiedlichen Zeiten, an unterschiedlichen Standorten und mit einer Vielzahl von unterschiedlichen technischen Plattformen und Systemen (Hart-Davidson, 2013: 50). Die Arbeit des Einzelnen erfolgt im Kontext des unternehmerischen Ganzen, wobei der Schreibprozess und seine einzelnen Phasen von unterschiedlichen Akteuren geprägt sind. Im Folgenden wird eine Bestimmung der Begriffe Technische Redaktion und Technische Dokumentation vorgenommen. Des Weiteren werden die Begriffe Technische Redakteurin[3] und Technischer Redakteur bzw. *Technical Writing* erläutert.

Die Technische Redaktion lässt sich gemäß ihres Tätigkeitsbereichs unter dem Oberbegriff der Fachkommunikation einordnen (Schubert, 2007: 71). Ihre Aufgabe besteht in der Erstellung Technischer Dokumentation.[4] Die Technische Dokumentation ist somit, gemäß Schubert (2007), ein Produkt der fachkommunikativen Handlung. Man könnte hier auch von Technikkommunikation im Sinne von Kommunikation über Technik sprechen (Rothkegel, 2010: 9).

Die DIN-Norm definiert „Dokumentation" mit den folgenden, recht allgemein gehaltenen Worten:

> „Eine Dokumentation ist die Summe der für einen bestimmten Zweck vollständig zusammengestellten Dokumente." (DIN 6789-1: 1990–09)

Eine genauere Beschreibung von Technischer Dokumentation liefert Grupp:

> „Technische Dokumentation ist die geordnete Zusammenstellung ausgewählter Dokumente und Sprachmaterialien des Herstellers zu einem von ihm erstellten technischen Produkt, mit der er dem Verwender des Produkts den sicheren und nützlichen Umgang

---

3 Aus Gründen der besseren Lesbarkeit und um den Lesefluss nicht zu unterbrechen, wird im Folgenden zumeist nur das generische Maskulinum verwendet. Es sind sowohl weibliche als auch männliche Personen eingeschlossen.

4 Die dem Bereich der Technischen Redaktion entsprechenden Tätigkeiten werden in der Praxis nicht ausschließlich von Technischen Redakteuren oder Redakteurinnen durchgeführt, sondern üblicherweise sind andere Arbeitsbereiche eines Unternehmens an der Erstellung der Technischen Dokumentation beteiligt und sie üben einen steuernden Einfluss auf die Erstellung der Technischen Dokumentation aus (Zehrer, 2014: 34).

vermittelt und mit der er dem Gesetzgeber ein beweiskräftiges Zeugnis für die Erfüllung der gesetzlichen Anforderungen liefert bzw. ihm einen anschaulichen Beweis für die Erfüllung dieser Anforderungen gibt." (Grupp, 2008: 16)

Die Definition von Grupp zeigt, dass die Technische Dokumentation an vorgegebene gesetzliche Normen und Standards[5] gebunden ist und dem Zweck dient, dem Leser der Dokumentation bzw. dem Nutzer des Produkts einen sicheren Umgang mit dem Produkt zu ermöglichen und ihn dazu zu befähigen, das Produkt zu installieren oder in Betrieb zu nehmen. Die Technische Dokumentation dient also nicht nur vertrieblichen Aspekten, sondern ist vor allem von juristischer Bedeutung, indem sie eine Instruktionspflicht für den Hersteller darstellt (Hoffmann et al., 2002).

Vergleicht man die Definitionen von Jakobs und Grupp, so zeigt sich, dass sich Technische Dokumentation nicht nur auf das Produkt bezieht, sondern auch auf die zugrunde liegenden Prozesse, innerhalb derer das Produkt Technische Dokumentation entsteht. Die Technische Dokumentation umfasst folglich nicht nur die einem Produkt mitgelieferten Dokumente, sondern sie dient als prozessuales Element der Kommunikation und Erweiterung von Wissen (Hoffmeister, 2012). Wissenskommunikation lässt sich gemäß Kastberg (2007) folgendermaßen beschreiben:

„Knowledge communication is strategic communication. As 'strategic' it is deliberately goal-oriented, the goal being the mediation of understanding across knowledge asymmetries. As 'communication' it is participative (interactive) and the communicative 'positions' converge on the (co-) construction of (specialized) knowledge. (Kastberg, 2007: 8)

Die Definition von Kastberg zeigt, dass die Kommunikation von Wissen zielgerichtet zwischen Experten und Laien erfolgt, zwischen denen es das ggf. vorhandene Wissensgefälle[6], d.h. die Asymmetrien innerhalb der mentalen Repräsentationen, zu überwinden gilt. Die Technische Dokumentation ist damit in zweifacher Hinsicht ein Bindeglied – zwischen der Dokumentation und dem Produkt und zwischen dem Produkt und dem Anwender. Die in der Technischen Dokumentation verwandte Sprache ist die Fachsprache. Sie ist gekennzeichnet durch den Fachwortschatz und die Verwendung bestimmter syntaktischer Strukturen.[7]

---

5 Eine ausführliche Darstellung zu relevanten Gesetzen und Normen findet sich bei Hoffmann et al. (2002: 44ff.).

6 Zum Problem der Adressatenorientierung bei technischen Texten siehe auch Jahr (2007).

7 Eine detaillierte Begriffsbestimmung und Abgrenzung von Fachsprache findet sich bei Ott (1996: 39f.) und bei Möhn & Pelka (1984), die Fachsprache folgendermaßen definieren: „Wir verstehen unter Fachsprache heute die Variante der Gesamtsprache,

Die Technische Dokumentation muss nicht zwangsläufig in gedruckter Form vorliegen. Die Softwaredokumentation zählt zu den Bereichen, die als Erste mit elektronischen Formaten gearbeitet haben. Heutzutage ist dies in vielen Bereichen üblich. Neben schriftlichen Dokumenten, die mehrheitlich verwendet werden, existieren seltener auch mündliche Dokumente. Die Gestaltung der Technischen Dokumentation erfolgt grundsätzlich auf zwei Ebenen – der inhaltlich-sprachlichen Ebene und der äußerlich-formalen Ebene (Hoffmann et al., 2002: 172ff.). Die inhaltlich-sprachliche Ebene betrifft nach Hoffmann et al. vor allem die Anordnung der Informationen, den Sprachstil und die jeweilige Sprachgestaltung in Form von beispielsweise Wortwahl, Satzbau und Orthografie. Zur äußerlich-formalen Ebene zählen die optische Strukturierung, die Beschreibung von Bildern sowie Typografie und Layout. Grundsätzlich müssen beide Ebenen aufeinander abgestimmt sein, um einen verständlichen Text zu generieren. Die vorliegende Arbeit befasst sich mit der inhaltlich-sprachlichen Ebene der Textgestaltung und verschiedenen Möglichkeiten, wie Schreibstil[8] und Sprachgestaltung unterstützt werden können.

Die Technische Dokumentation war schon immer ein von Hilfsmitteln geprägter Beruf (Swarts, 2013: 146). Zur Erstellung Technischer Dokumentation wird heute mit einer Vielzahl (technischer) Hilfsmittel gearbeitet. Diese Tools bzw. externen Ressourcen unterstützten die Menschen in der Interaktion untereinander und mit ihren Umgebungen. Das heißt, sie beeinflussen sowohl die Praxis der Technischen Dokumentation als auch die sozialen Interaktionen, die durch die Dokumente gefördert werden. Nicht zuletzt beeinflussen sie die mentalen Prozesse, indem sie die Aktivitäten gestalten, in denen diese Tools angewandt werden (siehe dazu Kapitel 5). Häufig handelt es sich bei diesen Tools um Softwaresysteme, die in verschiedenen Stadien des Dokumentationsprozesses eingesetzt werden.[9] Hierzu zählen beispielsweise *Content-Management-Systeme (CMS)*, die zur Datenspeicherung und Modularisierung eingesetzt werden. Die Texterstellung erfolgt häufig in *Desktop-Publishing-Programmen* (siehe dazu Kapitel 2.6.1). Ebenfalls zur Texterstellung werden zunehmend

---

die der Erkenntnis und begrifflichen Bestimmung fachspezifischer Gegenstände sowie der Verständigung über sie dient und damit den spezifischen kommunikativen Bedürfnissen im Fach allgemein Rechnung trägt." (Möhn & Pelka, 1984: 26)

8 Nach Hoffmann et al. beeinflusst der Schreibstil die Textgestaltung durch einen „bewussten und kontinuierlichen Gebrauch bestimmter Ausdrucks- und Darstellungsmittel." (2002: 174)

9 Rothkegel (2010) spricht in diesem Zusammenhang von einer ‚industriellen Textproduktion'.

externe Ressourcen wie *Authoring-Memory-Systeme* oder automatische Sprachprüfprogramme eingesetzt, die zudem eine Korrekturfunktion ausüben (siehe dazu Kapitel 3).

Die Aufgaben eines Technischen Redakteurs bzw. einer Technischen Redakteurin bestehen in der Erstellung Technischer Dokumentation im Sinne der „Erstellung von Informationsprodukten fachlichen Inhalts" (Zehrer, 2014: 36). Die mittlerweile üblichen einheitlichen Bezeichnungen ‚Technische Redakteurin' und ‚Technischer Redakteur' wurden 1989 von der „Gesellschaft für Technische Kommunikation – tekom Deutschland e.V." (tekom) geprägt in Anlehnung an die bis dato im angelsächsischen Raum bekannten Bezeichnungen *Technical Writer, Technical Author* oder *Technical Communicator* (www.tekom.de). Das heutige Berufsbild des Technischen Redakteurs hat sich in den letzten dreißig Jahren herausgebildet und auch die steigende Anzahl an Studiengängen und Weiterbildungsangeboten belegt die Nachfrage nach entsprechend qualifizierten Fachkräften. Die tekom listet in ihrer „Leitlinie für die Aus- und Weiterbildung Technischer Redakteure" eine Reihe von Qualifizierungsbausteinen auf, welche die Arbeit eines Technischen Redakteurs kennzeichnen. Sie zeigen, dass das Anforderungsprofil immer umfangreicher und komplexer geworden ist und ein Technischer Redakteur heute „eine Art Informationsmanager ist" (Lehrndorfer, 2007: 12). Der Technische Redakteur befindet sich in einer Mittlerrolle zwischen dem Produzenten und dem Anwender eines Produktes. Dabei interagiert er mit verschiedenen internen und externen Personen und Abteilungen (Pieper, 2004: 15).[10]

Was die Textproduktion betrifft, so definiert Schmitt die Tätigkeit des *Technical Writings*[11] folgendermaßen:

> „Im Deutschen versteht man unter Technical Writing das planvolle, textsortengerechte und adressatenorientierte Erstellen optimal verständlicher technischer Dokumentation, insbesondere von Benutzerinformationen, unter Einsatz aller unter den gegebenen Produktionsbedingungen verfügbaren und der Kommunikationsabsicht dienlichen verbalen und nonverbalen Mittel, soweit sie mit etwaigen Zielvorgaben (wie etwa eine zur Corporate Identity gehörende Corporate Language) kompatibel sind, unter Einbezug von Rezeptionssituation, rechtlichen Aspekten und Normen, idealiter unter

---

10 Für nähere Erläuterungen zur Entwicklung und Herausbildung des Berufsbildes Technischer Redakteur siehe auch Pieper (2004: 19ff.).

11 Die Bezeichnung *Technical Writing* hat ihren Ursprung in den Vereinigten Staaten von Amerika und ist seit etwa 35 Jahren auch in Deutschland üblich (Schmitt, 1999: 26f.). Es herrscht Uneinigkeit darüber, ob sich *Technical Writing* nur auf das Erstellen der Technischen Dokumentation bezieht oder ob es auch den Prozess des Fachübersetzens als Form von *Technical Writing* miteinbezieht.

> Berücksichtigung relevanter Erkenntnisse anderer Disziplinen, wie Psychologie, Rezeptionsforschung, Psycholinguistik, Ergonomieforschung, Handlungstheorie, Semiotik, Schreibforschung, Fachsprachenforschung, Terminologieforschung und Translatologie, sowie unter Nutzung aktueller technischer Hilfsmittel." (Schmitt, 1999: 25)

Die Definition von Schmitt ist sehr umfassend und stellt den Aspekt der zielgruppengerechten Dokumentation in den Vordergrund. Gleichzeitig bleibt offen, was unter „optimal verständlicher technischer Dokumentation" zu verstehen ist. Das *Technical Writing* bzw. der Prozess der Erstellung einer Dokumentation als fachkommunikative Handlung erfolgt häufig für einen sehr heterogenen Nutzerkreis von Personen, denen fachliche Inhalte in adäquater Form verständlich dargestellt werden müssen, wobei der Redakteur mit unterschiedlich stark vorhandenem Hintergrund- und Weltwissen planen muss. Neben der Erstellung von Technischer Dokumentation für den Endnutzer gehört auch das Erstellen der Dokumentation für ein Fachpublikum sowie für interne Zwecke dazu. Im ersten Fall spricht man von externer Dokumentation, im zweiten Fall von interner Dokumentation. Die interne Dokumentation dient z. B. Produktplanungs- und Entwicklungsprozessen (Ott, 1996: 34f.; Hoffmeister, 2012).

Üblicherweise wird die Technische Dokumentation zunächst einsprachig erstellt und dann in eine oder mehrere Sprachen übersetzt. Das heißt, die Technische Dokumentation umfasst als Ganzes sowohl den Prozess der Ausgangstexterstellung in Form der einsprachigen Technischen Dokumentation als auch den Prozess der Zieltexterstellung in Form der Übersetzung in mehrere Sprachen. Technische Dokumentation und Technische Übersetzung können also beide als eine Form von Technischer Kommunikation bezeichnet werden mit dem Ziel des interkulturellen Wissenstransfers (Schubert, 2003a: 125ff.). Ein Technischer Redakteur hat per se keine übersetzerischen Tätigkeiten auszuführen, sollte aber das Erstellen eines übersetzungsgerechten Textes beherrschen (Göpferich, 2004: 23). In einem übersetzungsgerecht erstellten Text werden sprachliche, inhaltliche und formatbezogene Mittel so eingesetzt, dass der Text für den Übersetzer möglichst gut lesbar, verständlich und übersetzbar ist. Hierzu zählen die konsequente Einhaltung der firmenspezifischen Terminologie, die Verwendung standardisierter Sätze und eine einheitliche Gliederung des Textes. Teilweise gibt es jedoch Schnittmengen zwischen beiden Tätigkeiten. Nach Schubert (2003a: 131) produzieren sowohl die Technische Dokumentation als auch die Technische Übersetzung „neue semiotische Einheiten auf der Basis bestehender semiotischer Einheiten." Schmitt (1999: 33) sieht das *Technical Writing* als „intralinguale Kommunikation" und das Fachübersetzen als

„interlinguale Kommunikation".[12] Eine holistische Betrachtungsweise hat van Vaerenbergh:

> „Die Entstehungsprozesse vieler Texte können erfolgreicher beschrieben und erklärt werden, wenn man nicht zwischen Translation und Redaktion trennt, sondern davon ausgeht, dass Translation immer auch Redaktion einschließt, und Redakteure oft auch translatorische Arbeit leisten. Statt der Trennung tritt jetzt die Komplementarität der beiden Leistungen in den Vordergrund." (van Vaerenbergh, 2007: 109)

2.2 Formale und prozessuale Anforderungen an die Technische Dokumentation

In den letzten Jahrzehnten hat die Technische Dokumentation zu einem Produkt immer mehr an Umfang gewonnen, was die Anzahl und die Art der enthaltenen Texttypen betrifft (Krings, 1996: 8f.). Durch Qualitätssicherungsmaßnahmen in Form von EU-weiten Gesetzgebungen zur Produkt- und Produzentenhaftung, die eine Übersetzung der Dokumentation in die Amtssprache des jeweiligen Vermarktungslandes vorschreiben, ist das Übersetzungsvolumen stark gestiegen. Aber auch in Ländern ohne gesetzliche Vorgaben ist die Produktdokumentation in der jeweiligen Landessprache Standard. Des Weiteren ist eine Veränderung in der Art der Dokumentation von der gedruckten Form hin zur Online-Dokumentation zu erkennen, was durch die stetige Zunahme an mobilen Endgeräten gefördert wird (Forst, 1996).

Beide Faktoren haben Auswirkungen auf den Textproduktionsprozess und stellen spezielle Anforderungen an das Übersetzungsmanagement. Während früher die Erstdokumentation eines Produktes im Heimatland und im Anschluss daran die weltweite Vermarktung stattfand, muss ein Produkt heute aus Wettbewerbsgründen in allen Zielländern gleichzeitig ausgeliefert werden, was auch als *Simultaneous Shipment* (Sim-Ship) bezeichnet wird. Aufgrund dieser zeitlichen Begrenzungen steht die nachfolgende Übersetzung unter extremem Termindruck. Eine frühere Einbindung der Übersetzung und Parallelisierung zur Texterstellung ist gemäß Drewer & Ziegler (2011) sinnvoll. Diese Vorgehensweise erfordert jedoch eine sorgfältige Planung und Organisation. Nachteilig auf den Übersetzungsprozess wirkt sich zudem aus, dass eine Produktdokumentation in mehreren Zyklen

12 Mit der Abgrenzung und den Überlappungen zwischen *Technical Writing* und Fachübersetzen befassen sich ausführlich Schubert (2003a: 236f. & 2009), Schmitt (1999: 30f.), Göpferich, (2000 & 1995b) und Drewer & Ziegler (2011: 22). Eine Übersicht zu den jeweiligen, teilweise überlappenden Kompetenzen von Technischen Redakteuren und Fachübersetzern findet sich bei Minacori & Veisblat (2010).

häufige Aktualisierungen für die Übersetzung mit sich bringt, dass der Übersetzer möglicherweise nur einzelne Textmodule ohne Gesamtkontext zur Übersetzung erhält und der Projektmanagementaufwand erheblich ansteigt (Drewer & Ziegler, 2011: 31f.; Esselink, 2000: 477f.).

Die Anpassung der Produktdokumentation an die Gepflogenheiten des Ziellandes, der sog. *Locale*, ist ein wichtiger Schritt im Rahmen des Übersetzungsmanagements.[13]

> „Den Prozess der Anpassung eines Produktes oder einer Dienstleistung an einen regionalen Markt, d. h. an einen unterschiedlichen Sprach- und Kulturraum, bezeichnet man als Lokalisierung." (Schmitz, 2005: 2)

Um den Prozess der Lokalisierung zu vereinfachen, ist von vornherein seitens der Produktentwicklung auf eine möglichst internationalisierte Entwicklung zu achten.

> „Unter Internationalisierung versteht man im Kontext der Lokalisierung die (technische) Entwicklung von Produkten und Dienstleistungen im Hinblick auf eine leichte Anpassung an andere Märkte, d. h. an andere (technische) Konventionen, kulturelle Eigenheiten, gesetzliche Auflagen und Sprachen." (Schmitz, 2005: 2)

Dies bedeutet beispielsweise, dass keine sprachspezifischen Bezeichnungen auf der Produktoberfläche vorhanden sind und nur kulturneutrale Grafiken, Symbole und Farben verwendet werden (Drewer & Ziegler, 2011: 33). Ein konsistenter, übersetzungsgerechter Ausgangstext, wie zuvor beschrieben, ist ebenfalls eine wichtige Voraussetzung.[14] Im besten Fall erfolgt die Lokalisierung bereits parallel zur Internationalisierung und nicht erst im Anschluss. Eine ausführliche Übersicht zu erforderlichen Internationalisierungsmaßnahmen findet sich bei Göpferich (2000). Eine kritische Bestandsaufnahme der Grundsätze der Lokalisierung findet sich bei Schäler (2003).

Da das Lokalisierungsvolumen im Laufe der Jahre immer mehr zugenommen hat und die Projekte immer komplexer geworden sind, hat sich um die

---

13 Für weitere Informationen zu Internationalisierungs- und Lokalisierungsmaßnahmen siehe auch Drewer (2013: 56ff.). Schäler plädiert für eine neue Definition von Lokalisierung, die herausstellt, dass Lokalisierung heute nicht mehr auf bestimmte Bereiche wie die Softwarelokalisierung beschränkt ist, sondern ein globaler Wachstumsmarkt ist. Er definiert Lokalisierung als: „DAS ANGEBOT VON DIENSTLEISTUNGEN UND TECHNOLOGIEN FÜR DAS MANAGEMENT DER MULTILINGUALITÄT IM GLOBALEN INFORMATIONSFLUSS." (Schäler, 2003: 79)

14 Kapitel 2.5 und 2.6 befassen sich mit unterschiedlichen Methoden zur Strukturierung und Standardisierung der Textproduktion.

Lokalisierung ein eigener Wirtschaftszweig herausgebildet.[15] Immer mehr Unternehmen bieten den kompletten Prozess von Projektmanagement, Übersetzung und Anpassung über Desktop-Publishing bis hin zu Produkttests an.

Im Jahr 1990 wurde von führenden Lokalisierungsunternehmen die „Localization Industry Standards Association“ (LISA)[16] gegründet, die führend in der Entwicklung von Richtlinien und sprachtechnologischen Standards wie TMX oder TBX[17] war. Der größte Anteil im Bereich Lokalisierung entfällt auf die Softwarelokalisierung. Neben dem Übersetzen der gedruckten oder Online-Dokumentation, die meist recht umfangreich ist und neben den Handbüchern und Installationsanweisungen auch Werbung oder Garantiekarten enthält, müssen auch die Online-Hilfe und die eigentliche Software übersetzt und angepasst werden. Dies betrifft u. a. Textelemente wie Menübefehle, Listenfelder oder Dialogfeldelemente. Neben der Lokalisierung sind umfangreiche nichtsprachliche, technische Anpassungen erforderlich (Schmitz, 2000a: 1f.; Freigang & Zielinski, 2007; Freigang, 1996: 140ff.).

Die Übersetzung der Benutzeroberfläche umfasst zum einen Ressourcendateien, die den Quellcode enthalten und zum anderen Binärdateien, die den Programmcode enthalten. Die heutigen TMS ermöglichen die Übersetzung beider Dateitypen, jedoch verfügen die meisten nur über eingeschränkte Funktionen zur Dateibearbeitung. Aus diesem Grund werden meist zusätzlich Lokalisierungstools eingesetzt, die neben der WYSIWYG-Ansicht[18] auch die Größenanpassung von Bedienelementen (Resizing) bieten und etliche Dateiformate unterstützen. Zudem verfügen die meisten Lokalisierungstools ebenfalls über TMS-Funktionen und Terminologiedatenbanken, wodurch eine Überschneidung mit TMS zu erkennen ist (Freigang & Reinke, 2005: 67). Softwarelokalisierung hat zudem Auswirkungen auf den Übersetzungsprozess. Um terminologische Konsistenz zwischen den einzelnen Teilen der Dokumentation zu gewährleisten, sollte mit der Übersetzung der Softwareanwendung begonnen werden. Alle weiteren Dateien sollten dann auf die in der Terminologiedatenbank hinterlegten Benennungen zugreifen. Da

15 Dieser wird häufig als sog. ‚GILT-Industrie‘ bezeichnet (**G**lobalization, **I**nternationalization, **L**ocalization, **T**ranslation).

16 Die LISA wurde im Jahr 2011 für insolvent erklärt. Die Arbeit wird teilweise von anderen Organisationen wie der „Globalization and Localization Association“ (GALA) weitergeführt.

17 ‚Translation Memory eXchange‘ (TMX) ist ein Datenformat, das den Austausch von Daten aus verschiedenen Translation-Memory-System ermöglicht. ‚Term Base eXchange‘ (TBX) ist ein Standard für den Austausch von Terminologie.

18 WYSIWYG steht für ‚What you see is what you get‘.

die Lokalisierung häufig bereits parallel zur Produktentwicklung läuft, müssen Produktupdates kontinuierlich bei der Lokalisierung berücksichtigt werden, um uneinheitliche Bezeichnungen zu vermeiden (Freigang & Zielinski, 2007).[19]

2.3 Zusammenfassung und Implikationen für den Textproduktionsprozess

Die Technische Redaktion ist der Fachkommunikation zuzuordnen und hat die Aufgabe, informative Texte, sog. ‚Mensch-Interaktions-Texte' (Göpferich, 1998), zu erstellen. Der einzelne Redakteur steht während des Schreibprozesses in einer Interaktion mit Akteuren aus unterschiedlichen Bereichen. Die Interaktion beinhaltet das Generieren von Ideen, sie impliziert jedoch auch die Steuerung und Beschränkung des individuellen Schreibprozesses des Redakteurs durch andere interne Akteure und die intendierte Zielgruppe, verbindliche gesetzliche und individuelle firmenspezifische Vorgaben sowie Informationsquellen in Form von Personen oder Dokumenten (van Gemert & Woudstra, 1997; van Vaerenbergh & Schubert, 2010).

Der Schreibprozess dient der Produktion zielgruppengerechter Texte unter Einbeziehung verschiedenster sprachlicher und/oder visueller Mittel, inhaltlicher und formaler Vorgaben. Er ist wiederum Teil eines übergeordneten Projektes, dessen Ziele und Anforderungen auch für den Schreibprozess gelten. Mit dem Ziel der Erstellung der von Schmitt (1999) postulierten „optimal verständlichen Technischen Dokumentation" aus sprachlicher Sicht und auf textueller Ebene befassen sich die folgenden Kapitel. In Kapitel 2.4 werden die theoretischen Fundamente, welche die Sprachwissenschaft liefert, erläutert. Es werden verschiedene Ansätze der Textverständlichkeitsforschung gegenübergestellt und sprachliche Mittel zur Steuerung der Textproduktion erläutert. Mit vorgegebenen und vereinbarten Standards befassen sich die Kapitel 2.5 und 2.6. Dort werden Methoden und Instrumentarien zur Standardisierung der Textproduktion auf verschiedenen Ebenen dargestellt. Kapitel 2.7 erläutert die Kontrollierte Sprache als stärkste Form der sprachlichen Steuerung innerhalb des Schreibprozesses.

Die mehrsprachige Erstellung der Technischen Dokumentation führt zu einer starken Verflechtung der Prozesse der Ausgangs- und Zieltexterstellung.

---

19 Detaillierte Darstellungen zu Lokalisierung, Vorgehensweisen und Programmen finden sich u.a. in den Sammelbänden von Schmitz & Wahle (2000b) und Reineke & Schmitz (2005), Freigang (1996), Esselink (2000), Göpferich (2002b) und Drewer & Ziegler (2011). Aktuelle Trends zeichnen sich laut Schäler (2010: 213f.) in den Bereichen „Crowdsourcing, Collaborative Translation und Wikifization" ab.

Zum einen bilden der Schreib- und der Übersetzungsprozess als Formen des interkulturellen Wissenstransfers eine Einheit und sollten nicht getrennt voneinander betrachtet werden. Zum anderen ist der dem Schreibprozess folgende Übersetzungsprozess abhängig von der Lesbarkeit, Verständlichkeit und Übersetzbarkeit des gelieferten Ausgangstextes. Der Schreib- und Übersetzungsprozess und die Implikationen für den Redakteur und Übersetzer werden ausführlich in Kapitel 5 und 6 behandelt.

2.4 Sprachwissenschaftliche Grundlagen für die Technische Dokumentation

Ein Hauptanliegen bei der Erstellung Technischer Dokumentation ist die Verständlichkeit. Ein Leser bzw. Nutzer eines Produktes muss einen Text verstehen, um eine Handlung korrekt ausführen zu können oder wie Zimmer (1996) schreibt:

> „Ein Benutzer oder eine Benutzerin soll durch Lektüre des Textes auf möglichst ökonomische Art Handlungskompetenz zum Umgang mit einem (technischen) System erwerben." (Zimmer, 1996: 236)

Ebenso muss ein Übersetzer einen Text verstehen, denn Verständlichkeit ist eine Voraussetzung für Übersetzbarkeit. Die grundlegende Frage dabei ist, wann ein Text verständlich ist und wie man ihn optimieren kann, um ihn verständlicher zu gestalten.

Ballstaedt (2000) formuliert dazu:

> „Entgegen unserem Sprachgebrauch ist Verständlichkeit keine Eigenschaft eines Textes, sondern einer Wechselwirkung zwischen einem Text und einem Adressaten." (Ballstaedt, 2000: 28)

Die vorliegende Arbeit möchte diese Frage vor allem aus einer textuellen Perspektive beantworten, bei der die Textverständlichkeit und die Verbesserungsmöglichkeiten von Texten und Arbeitsabläufen innerhalb des Schreibprozesses im Vordergrund stehen (vgl. auch Pogner, 1998: 28). Der Verständlichkeitsfrage und dem Thema Textoptimierung haben sich Forscher aus unterschiedlichen Disziplinen wie Linguistik, Psychologie, Pädagogik oder Kommunikationswissenschaft genähert und verschiedene Theorieansätze und Modelle entwickelt, von denen nachfolgend in kurzer Darstellung die bekanntesten zusammengefasst werden. Eine umfassende Darstellung aller Ansätze würde den Rahmen dieser Arbeit sprengen. Nicht betrachtet werden an dieser Stelle praktische Schreibratgeber zur Textoptimierung. Hier sei verwiesen auf Bock (1993) und Heijnk (1997).

Generell lassen sich in der Verständlichkeitsforschung zwei Grundströmungen unterscheiden. Zum einen die instruktionspsychologischen Forschungen, die eher anwendungsorientiert sind und Hinweise zur Textoptimierung geben sollen und zum anderen die kognitionspsychologischen Forschungen, die eher grundlagenorientiert sind. Beide untersuchen Variablen, die einen Einfluss auf Verstehen und Behalten haben.

2.4.1 Instruktionspsychologische Ansätze

Nachfolgend werden zusammenfassend zwei Vorläufer der eigentlichen instruktionspsychologischen Forschung, die Lesbarkeits- und Syntaxforschung sowie das Forschungsprogramm Textverständlichkeit vorgestellt.[20]

Leserlichkeits- und Lesbarkeitsforschung

Die Leserlichkeitsforschung kann als Vorstufe zur textorientierten Verständlichkeitsforschung angesehen werden. Sie untersucht, wie ein Text über die verschiedenen Sinnesorgane bestmöglich aufgenommen werden kann und befasst sich mit grafischen Gestaltungsmöglichkeiten zur besseren Rezeption, wie beispielsweise Schriftart und -größe oder Zeilenlänge und -umbruch (Göpferich, 1998: 105f.).

Ab den 30er Jahren des letzten Jahrhunderts entwickelte sich, ausgehend vom anglo-amerikanischen Raum, die Lesbarkeitsforschung, die sich mit der sprachlich-stilistischen Textoptimierung befasste. Die Verständlichkeit eines Textes wurde damals mit der Lesbarkeit des Textes gleichgesetzt. Ziel war es, die Lesbarkeit anhand von objektiven Textvariablen wie z. B. Wort- und Satzlänge oder -schwierigkeit zu ermitteln. Im Laufe der Zeit wurden dazu verschiedene Lesbarkeitsformeln entwickelt.[21] Zu Illustrationszwecken wurde der nachfolgende Auszug aus einer Installationsanleitung mit der sog. ‚*Flesch-Formel*‘ hinsichtlich seiner Lesbarkeit bewertet:[22]

---

20 Weitere Modelle, die sich in den folgenden Jahren entwickelten und die in diesem Rahmen nicht diskutiert werden, sind beispielsweise die ‚Kognitive Lerntheorie‘ nach Ausubel, die vor allem für die Gestaltung von Unterrichtstexten wichtige Hinweise lieferte und die ‚Theorie der mathemagenen Motivierung‘ von Rothkopf, die besagt, dass sich Fragen sowie Lernzielangaben als lernfördernd auswirken können (vgl. dazu zusammenfassend Christmann, 1989).

21 Eine detaillierte Übersicht zu Lesbarkeitsformeln im angelsächsischen Bereich findet sich bei Klare (1963); verschiedene Artikel, die das Thema aus unterschiedlichen Blickwinkeln betrachten, finden sich im Sammelband von Davison & Green (1988). Eine kritische Diskussion der Lesbarkeitsformeln findet bei Redish & Selzer (1983b: 46ff.), Davison & Greene (1988) und Klare (1976: 129ff.) statt.

22 www.fleschindex.de

Der Sunny Boy darf nur mit PV-Generatoren (Module und Verkabelung) der Schutzklasse II betrieben werden. Schließen Sie keine anderen Energiequellen außer PV-Module an den Sunny Boy an.

PV-Module mit großer Kapazität gegen Erde, wie z. B. Dünnschichtmodule mit Zellen auf metallischem Trägermaterial, dürfen nur eingesetzt werden, wenn deren Koppelkapazität kleiner ist als 50 nF/kWp.

Während des Einspeisebetriebs fließt ein Ableitstrom von den Zellen zur Erde, dessen Größe von der Montageart der Module sowie nicht zuletzt von der Witterung (Regen, Schnee) abhängt. Dieser betriebsbedingte Ableitstrom darf den Wert von 50 mA nicht überschreiten.

Stellen Sie bei der Auslegung der PV-Anlage sicher, dass der erlaubte Betriebsbereich aller Komponenten jederzeit eingehalten wird. Das kostenlose Auslegungsprogramm „Sunny Design" (www.SMA.de/SunnyDesign) unterstützt Sie dabei. Der Hersteller der PV-Module sollte seine Module für den Betrieb mit diesem Sunny Boy frei gegeben haben. Stellen Sie außerdem sicher, dass alle vom Modulhersteller empfohlenen Maßnahmen zur dauerhaften Erhaltung der Moduleigenschaften berücksichtigt werden (siehe auch Technische Information „Modultechnik" im Downloadbereich von www.SMA.de).

Die Flesch-Lesbarkeitsformel ergab einen Wert von 45. Der Wert entspricht einem eher schwer verständlichen Text, obgleich diese Anleitung nach firmenspezifischen Redaktionsrichtlinien erstellt wurde.[23]

Ableitbar aus der Lesbarkeitsforschung ist, dass sich die Verwendung kurzer, geläufiger Wörter und Sätze mit einfacher grammatikalischer Struktur positiv auf die Verständlichkeit auswirkt (Christmann, 1989: 12). Als nachteilig erweist sich, dass in der Lesbarkeitsforschung der Leser als reiner Empfänger von Informationen betrachtet wird. Weder individuelle Faktoren wie Vorbildung und Vorwissen des Lesers noch seine Motivation oder sein Interesse werden in Betracht gezogen. Das Gleiche gilt für inhaltliche oder strukturelle Textaspekte, die außer Acht gelassen werden (Göpferich, 1998: 105ff.; Lehrndorfer, 1996a: 74ff.; Selzer, 1983b: 71ff.). Letztlich bleiben die Lesbarkeitsformeln an der Textoberfläche und ermöglichen lediglich Rückschlüsse auf die Lesegeschwindigkeit (Christmann, 1989: 12). Optimierungsrückschlüsse zur Erstellung von Texten können nicht gezogen werden. Trotzdem wurden und werden die Lesbarkeitsformeln aufgrund ihrer EDV-technisch einfach umsetzbaren Variablen in bestimmten Teilbereichen in der Praxis genutzt (Ballstaedt et al., 1981: 211; DuBay, 2007: 107ff.). Ein Beispiel ist die Implementierung eines

23 Wendet man verschiedene Lesbarkeitsformeln auf einen Text an, so erhält man teilweise sehr unterschiedliche Ergebnisse im Hinblick auf die durch die Formeln prognostizierte Lesbarkeit (Zakaluk & Samuels, 1996: 45).

Lesbarkeitsindexes im automatischen Sprachprüfprogramm ‚Acrolinx™'. Mit dieser Funktion kann sich der Nutzer berechnen lassen, wie klar und verständlich oder wie locker und ansprechend, je nach Textart, das von ihm verfasste Dokument ist. Ebenfalls wird an der Implementierung verbesserter Lesbarkeitsformeln gearbeitet, die beispielsweise die Zielgruppe und das Genre in die Berechnung miteinbeziehen.[24]

Psycholinguistische Syntaxforschung

In den 50er/60er Jahren des letzten Jahrhunderts entwickelte sich die Syntaxforschung, die auf der Transformationsgrammatik von Chomsky (1957) aufbaut. Untersucht wurde der Einfluss unterschiedlicher Satztypen auf Lesezeit und Behaltensleistung (Christmann, 1989: 13). Damalige Forschungsergebnisse, wie die generalisierte Vermeidung von Passivsätzen, konnten in späteren Studien widerlegt werden (Heijnk, 1997: 92ff.). Als brauchbare Rückschlüsse erwiesen sich die Verwendung von Verben anstelle von Nominalisierungen, Satzreihungen anstelle von Satzeinbettungen und das Vermeiden doppelter Verneinungen. Kritisch anzumerken ist jedoch, dass semantische Aspekte sowie die Verarbeitungsabläufe beim Rezipienten nicht berücksichtigt wurden (Christmann, 1989: 13).

Das Hamburger Verständlichkeitsmodell und der Ansatz von Groeben

In der eigentlichen Verständlichkeitsforschung, die in den 70er Jahren des letzten Jahrhunderts mit dem ‚Forschungsprogramm Textverständlichkeit' begann, entfernte man sich zunehmend vom rein textorientierten Ansatz und die Leser-Text-Interaktion rückte in den Vordergrund. In dieser Zeit wurden das sog. ‚Hamburger Verständlichkeitsmodell' sowie ein Modell zur Verständlichkeit von Groeben entwickelt. Beide basieren auf unterschiedlichen Ansätzen. Die Hamburger Forschergruppe um Langer, Schulz von Thun & Tausch (1974; Langer et al., 1973; Schulz von Thun, 1973) basierte ihren Ansatz auf empirisch-induktiven Forschungen mit entsprechend geschulten Testpersonen (sog. Experten), während Groeben (1972 & 1982) einen theoretisch-deduktiven Ansatz verfolgte,

24 Aluisio et al. (2008) entwickelten in einem Forschungsprojekt ein Tool namens ‚SIMPLIFICA', mit dessen Hilfe sich ein Autor einen Text nach verschiedenen sprachlichen Niveaus umschreiben lassen kann. Das Tool unterstützt den Autor zudem, indem es die Lesbarkeit des Textes für verschiedene intendierte Zielgruppen berechnet. Konzipiert wurde das Tool für die portugiesische Sprache vor dem Hintergrund, dass es in Brasilien immer noch eine hohe Zahl an Menschen gibt, die entweder Analphabeten sind oder deren Sprachkenntnisse sich auf einem mehr oder weniger rudimentären Level bewegen.

der auf den Ergebnissen verschiedener vorangegangener Forschungstheorien basierte, zu denen u. a. die kognitive Lerntheorie, die Informations- und Neugiermotivationstheorie, die Lesbarkeitsforschung oder die Transformationsgrammatik von Chomsky zählen.[25]

Trotz ihres unterschiedlichen Ansatzes gelangten beide Gruppen zu – oberflächlich betrachtet – terminologisch recht ähnlichen Textmerkmalen, die als die ‚Vier Dimensionen der Textverständlichkeit' gelten und konnten nachweisen, dass nach den vier Verständlichkeitsdimensionen optimierte Texte zu besseren Verstehens- und Behaltensleistungen führen.

Tabelle 2.1: Verständlichkeitsdimensionen im Forschungsprogramm Textverständlichkeit (zitiert aus: Langer, 1974: 11f. und Groeben, 1972: 11)

Textverständlichkeitsmerkmale nach Langer, Schulz von Thun & Tausch[26]	Textverständlichkeitsmerkmale nach Groeben
1. Einfachheit	1. Sprachliche Einfachheit
2. Gliederung – Ordnung	2. Kognitive Gliederung
3. Kürze – Prägnanz	3. Semantische Kürze/Redundanz
4. Anregende Zusätze	4. Motivationale Stimulanz

Beide Forschergruppen kamen jedoch zu unterschiedlichen Ergebnissen in der Gewichtung der vier Dimensionen. Langer et al. kamen zu dem Ergebnis, dass ein Text vor allem ein hohes Ausmaß an Einfachheit und Gliederung erfüllen muss. Im Gegensatz dazu stellt Groeben den Punkt ‚Kognitive Gliederung' als wichtigsten für die Verstehens- und Behaltensleistung dar. Als Mittel zur Strukturierung empfiehlt er beispielsweise Hervorhebungen, Zusammenfassungen, Beispiele oder Überschriften. Ein weiterer Unterschied besteht darin, dass Groeben den größten Lernerfolg bei Texten mit mittlerer Verständlichkeit sah (Groeben, 1972: 117f.).[27]

---

25 Ausführliche Darstellungen zur empirischen bzw. deduktiven Vorgehensweise, zum Testaufbau und den entsprechenden Ergebnissen finden sich jeweils bei Langer, Schulz von Thun & Tausch, 1974; Langer et al., 1973; Schulz von Thun, 1973 und bei Groeben, 1972.

26 Langer et al. konstatierten damals: „Insofern gibt es gar keine absolute Textverständlichkeit, sondern nur eine Textverständlichkeit im Hinblick auf eine bestimmte Empfängergruppe." (Langer et al., 1974: 27). Nichtsdestotrotz wollten sie ein Verständlichkeitskonzept für sog. ‚Breitbandtexte' entwickeln, d.h. Texte, die sich an eine große Bandbreite von Lesern richten, wie z. B. Gebrauchsanweisungen.

27 Ausführliche Darstellungen der Gemeinsamkeiten und Unterschiede beider Konzepte finden sich bei Tergan (1981) und Groeben (1981).

Das Hamburger Verständlichkeitsmodell wird aufgrund seiner einfachen Anwendbarkeit trotz einiger Schwächen häufig in der Praxis eingesetzt.

Langer et al. selbst beschreiben einige Grenzen ihres Verständlichkeitsmodells. Texte können nur hinsichtlich eines besseren Verstehens und Behaltens optimiert werden. Andere Textwirkungen, wie z. B. Überzeugen, können nicht betrachtet werden. Ebenso geht einfache Verständlichkeit nicht zwangsläufig mit sachlicher Richtigkeit einher (Langer et al., 1974: 26).

Eine weitere häufig angebrachte Kritik beim Hamburger Verständlichkeitsmodell liegt in der fehlenden theoretischen Fundierung und der fraglichen, zumal recht subjektiven Rolle der Experten, welche die Texte bewerteten sowie der Auswahl des Beschreibungsvokabulars (Tauber, 1984: 13). Groeben kritisiert, dass Verständlichkeit nicht textimmanent, sondern ein kommunikatives Phänomen sei (Groeben, 1972). Die Leser-Text-Interaktion wird, gemäß Ballstaedt et al., beim Hamburger Verständlichkeitsmodell nicht umgesetzt (Ballstaedt et al., 1981: 215). Biere kritisiert, dass eine funktions- und adressatengerechte Textgestaltung beim Hamburger Verständlichkeitsmodell nicht berücksichtigt wurde (Biere, 1996: 295).

Der Ansatz von Groeben wiederum ist theoretisch basiert, jedoch mangelt es bei der Auswahl der festgelegten Textmerkmale an einer theoretischen Grundlage. Das Modell von Groeben ist zudem konzipiert für Lehrtexte und nicht automatisch auf andere Textsorten übertragbar (Biere, 1996: 295). Göpferich bemängelt bei beiden Ansätzen eine immer noch zu starke Textfokussierung und dass die Textmerkmale „inhaltlich exakter bestimmt und präziser voneinander abgegrenzt“ werden müssen (Göpferich, 2002b: 152). Christmann und Groeben konstatieren ebenfalls:

> „Die einzelnen Merkmalsdimensionen selbst sind jedoch prinzipiell als unabgeschlossen anzusehen; sie können und sollten durch weitere Merkmalspräzisierungen ergänzt werden.“ (Christmann & Groeben, 1996: 175f.)

Facetten-Modell von Zimmer

Eine Ergänzung und Weiterführung dieser Merkmalsdimensionen erfolgt in dem sog. ‚Facetten-Modell‘ von Zimmer (1996). Dieses strebt an,

> „[…] handlungsrelevantes Wissen so darzubieten, daß es aktuell bzw. aus dem Gedächtnis erfolgreich in eine offene Handlung umgesetzt werden kann.“ (Zimmer, 1996: 276)

Nach Zimmer darf ein Text nicht nur auf der syntaktisch-stilistischen Ebene verbessert werden, sondern bei der Textoptimierung müssen weitere Merkmale miteinbezogen werden:

> „Textoptimierung ist die Optimierung einer fünfstelligen Relation – R(E, S, T, L, H). Ein Experte (E) verfasst über einen Sachverhalt (S) einen Text (T), der von einem Leser (L) rezipiert wird, um diesen zu einer Handlung (H) zu befähigen.“ (Zimmer, 1996: 277)

Dementsprechend muss jeder Text aus verschiedenen Perspektiven beurteilt und überarbeitet werden, wie das Modell von Zimmer zeigt:

Abbildung 2.1: Facetten-Modell von Zimmer (zitiert aus: Zimmer, 1996: 278)

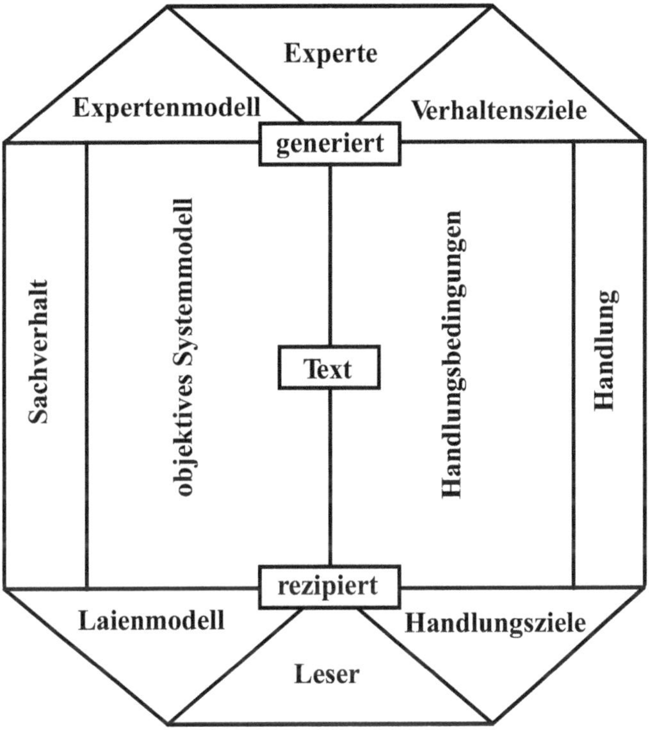

Die unterste Ebene ist die Textperspektive, von der ausgehend syntaktisch-stilistische Fehler behoben werden. In der Leserperspektive orientiert sich der Autor an den Kenntnissen des intendierten Lesers. Die Sachverhaltsperspektive dient zur Klärung der Frage, welche Sachverhalte dem Leser mitgeteilt werden sollen. In der Handlungsperspektive schließlich werden die Handlungsziele des Lesers mit den Verhaltenszielen des Autors in Einklang gebracht. Es ist nicht möglich, einen Text in allen Perspektiven gleichsam zu optimieren, sondern es muss individuell entschieden werden, welche Dimension beim vorliegenden Text Priorität hat.

Kommunikationsorientiert-integrativer Ansatz von Göpferich

Aufbauend auf dem Hamburger Verständlichkeitsmodell hat Göpferich ihr eigenes Verständlichkeitsmodell entwickelt, das Erkenntnisse aus verschiedenen Forschungsbereichen wie Instruktionspsychologie, Kognitionswissenschaft, Sprachwissenschaft, Kommunikationstheorie und Semiotik integriert (Göpferich, 2002a: 46).[28] Nach Göpferich berücksichtigt das Modell „Sender, Empfänger, Zweck, das zu Kommunizierende, die Kommunikationssituation, den Kanal und den Code" (Göpferich, 2002a: 64).

Abbildung 2.2: Kommunikationsorientiert integratives Modell von Göpferich (zitiert aus: Göpferich, 2002a: 47)

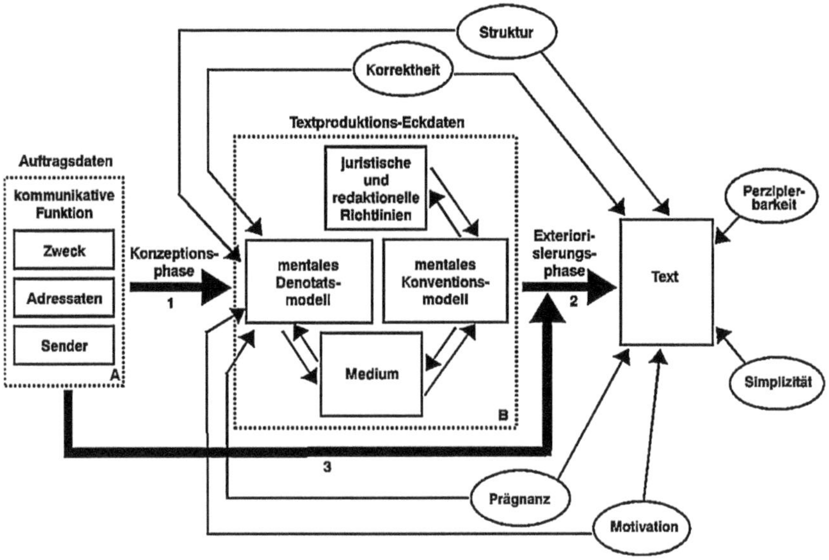

28 Abgesehen von dem von Göpferich erweiterten Textverständlichkeitsmodell bietet die Firma itl Seminare an, in denen eine von ihnen weiterentwickelte Form des Hamburger Modells, das sog. ‚Münchener (itl) Verständlichkeitsmodell' für die Technische Dokumentation vermittelt wird (www.itl.eu). Dieses integriert neben den Textverständlichkeitsmerkmalen auch kognitionswissenschaftliche Ansätze wie Propositionen und mentale Modelle (Gust, 2009).

Die Qualität eines Textes steht in direktem Zusammenhang mit seiner kommunikativen Funktion, die sich aus dem Zweck, den Adressaten und dem Sender zusammensetzt. Diese drei Merkmale bilden die Auftragsdaten, die wiederum die Textproduktionseckdaten beeinflussen. Sie umfassen vier Aspekte: das mentale Denotatsmodell der im Text behandelten Gegenstände und Sachverhalte und das mentale Konventionsmodell, das die Auswahl einer geeigneten Textsorte determiniert, sowie das Medium und juristische und redaktionelle Richtlinien. Textsortenkonventionen sind als mentale Modelle im Gedächtnis verankert. Das Medium wiederum steht in wechselseitiger Beziehung zum mentalen Konventionsmodell und zum mentalen Denotatsmodell. Im Vergleich dazu handelt es sich bei juristischen und redaktionellen Richtlinien um schriftlich fixierte Dokumente. Auftragsdaten und Textproduktionsdaten fließen in die eigentliche Textproduktion ein. Göpferich gelangt zu insgesamt sechs Verständlichkeitsmerkmalen, die sich aufgliedern in:

- Prägnanz
- Struktur
- Motivation
- Simplizität
- Korrektheit
- Perzipierbarkeit

Um Prägnanz zu erreichen, geht es z. B. darum, fehlende oder überflüssige Details sowie zu lange Formulierungen, Tautologien und Redundanzen zu vermeiden. Nach Göpferich ist Korrektheit im Sinne von Widerspruchsfreiheit zu verstehen (Göpferich, 2002a: 56). Zu den motivationsfördernden Mitteln gehört beispielsweise die direkte Ansprache des Lesers. Beim Aspekt Struktur muss zwischen der Makro- und der Mikroebenenstruktur unterschieden werden. Wichtig ist z. B. die Einhaltung der richtigen Informationsreihenfolge. Simplizität bezieht sich auf lexikalische und syntaktische Simplizität. Dies bedeutet, dass beispielsweise mehrdeutige Konstruktionen vermieden werden sollten und auf einen angemessenen Direktheitsgrad geachtet werden sollte. Unter Perzipierbarkeit ist zu verstehen, dass der Text über die Sinnesorgane aufgenommen und weiter verarbeitet werden kann.

2.4.2 Kognitionswissenschaftliche Ansätze

In der Kognitionswissenschaft, die sich ab den 70er Jahren des letzten Jahrhunderts entwickelte, wird der Leser nicht als reiner Empfänger von Informationen betrachtet, sondern er hat eine aktive und kognitive Rolle im Verstehensprozess.

> „Die wissenschaftliche Konsequenz dieser Einsicht liegt objekttheoretisch in einer Verlagerung der Beschreibungen und Analysen von ‚toten Objekten', nämlich Texten, hin zu ‚Handlungen von Menschen mit Texten' und methodologisch in der unumgänglichen Notwendigkeit für empirisches Forschen." (Meutsch, 1992: 14)

Im Vergleich zur Instruktionspsychologie existiert in der Kognitionspsychologie kein einheitliches Forschungsprogramm. Im Laufe der Jahre haben sich unterschiedliche Ansätze und Modelle entwickelt, die teilweise aufeinander aufbauen und bei denen jeweils verschiedene Textverarbeitungsprozesse im Vordergrund stehen (Christmann, 1989: 35). Nachfolgend werden einige dieser Modelle vorgestellt.[29]

Propositionale Textverarbeitungsmodelle

Propositionale Verarbeitungsmodelle dienen zur Beschreibung der Textstruktur. Propositionen sind funktionale Einheiten. Sie bilden die grundlegende Bedeutungseinheit, aus der sich die Wissensstruktur bzw. ein Netzwerk zusammensetzt. Grundsätzlich bestehen sie aus einem Prädikat (dem Relationskonzept) und mehreren Argumenten (den Konzepten von Gegenständen oder Gegebenheiten) (Ballstaedt et al., 1981: 30). Unterschieden werden prädikative, modifizierende und konnektive Propositionen, die in bestimmten semantischen Relationen zueinander stehen.

Wegweisend war das 1974 von Kintsch entwickelte Textverarbeitungsmodell, welches Regeln zur Umwandlung eines Textes in Propositionen, d.h. in seine Textbasis, und zur hierarchischen Ordnung liefert (Kintsch, 1974). Erstmals war es möglich, den Inhalt eines Textes, also seine Tiefenstruktur, unabhängig von der Oberflächenstruktur darzustellen und den semantischen Inhalt des Textes zu erfassen (Tauber, 1984: 16). Der verkürzte Satz aus einer Installationsanleitung „*Der Sunny Boy wandelt den Gleichstrom in Wechselstrom.*" lässt sich als propositionale Struktur folgendermaßen darstellen:

> (Wandeln, Wechselrichter, Gleichstrom, Wechselstrom)

Bei längeren Texten werden die Propositionen entsprechend der Reihenfolge der Prädikate untereinander aufgelistet und nummeriert. Diese Struktur lässt sich auch als Kohärenzgraph abbilden. Eine Übertragung der propositionalen

29 Die textorientierten Ansätze der 1970er Jahre basieren auf früheren Forschungen zum Satz- und Wortverstehen. Eine ausführliche Übersicht zu diesen Vorläufern der heutigen Kognitionspsychologie findet sich bei Christmann (1989: 39ff.).

Darstellungsweise vom Englischen ins Deutsche speziell für technische Texte findet sich bei Sowarka et al. (1983).

Das Propositionsmodell wurde von Kintsch im Laufe der Jahre weiterentwickelt und später wurde daraus ein Verständlichkeitskonzept abgeleitet (Kintsch & Vipond, 1979). Es gilt als eines der fortschrittlichsten Verständlichkeitskonzepte seiner Zeit.

> „[...] es ist ein theoriegeleitetes, der Semantik von Texten gerecht werdendes und die Leser-Text-Interaktion berücksichtigendes Verständlichkeitskonzept." (Tauber, 1984: 17)

Positiv zu bewerten ist die theoretische Fundierung des Konzeptes und die praktische Überprüfbarkeit, jedoch werden manche Textmerkmale aufgrund des starren Konzeptes nicht berücksichtigt (Rickheit, 1995: 22f.). Propositionsmodelle eignen sich gut für empirische Tests, da sie die Informationssequenz eines Textes enthalten. In unterschiedlichen Studien wurde der Einfluss bestimmter Textmerkmale auf Behalten und Verstehen untersucht. Eine umfassende Übersicht zu den Studien und Ergebnissen liefert Christmann (1989: 56ff. & 2001: 115). Göpferich zieht aus den Propositionsmodellen diese Schlussfolgerungen: Bei der Textproduktion sollte eine zu hohe Propositionsdichte vermieden werden, wichtige Informationen sollten am Absatzanfang stehen, Texteinheiten mit wichtigen Informationen sollten später im Text wieder aufgenommen werden und es ist auf eine semantische Verknüpfung zu achten (Göpferich, 2002b: 117). Kritisch anmerken lässt sich jedoch, dass nicht alle Argumente und Relationen explizit an der Textoberfläche vorhanden sind und es zu Mehrdeutigkeiten oder Unklarheiten kommen kann. Letztlich ist die Umwandlung eines Textes in Propositionen abhängig vom Verständnis des jeweiligen Lesers (Ballstaedt et al., 1981: 40). In der Praxis sind propositionale Modelle aufgrund des Zeitaufwands für die Erstellung der Propositionslisten nur schwer anwendbar.

Modell der zyklischen Verarbeitung

Im Gegensatz zu Propositionsmodellen, welche auf die Textstruktur fokussiert sind, werden bei Modellen der zyklischen Verarbeitung Vorwissen, Zielsetzung und Kapazitätsbeschränkungen des Gedächtnisses eines Lesers berücksichtigt (Göpferich, 2002b: 120). Auch Kintsch hat sein Modell von 1974 überarbeitet (Kintsch & van Dijk, 1978). Das ‚Modell der zyklischen Verarbeitung' basiert auf der Annahme, dass die Verarbeitung von Informationen im menschlichen Gehirn in Zyklen verläuft, die jeweils mehrere Phasen umfassen. Eine genaue Darstellung der Abläufe findet sich beispielsweise bei Göpferich (2002b: 120f.) und Christmann (1989: 59f.). Aus dem Modell lässt sich folgern, dass Propositionen umso besser behalten werden, je mehr Verarbeitungszyklen sie durchlaufen.

Zudem gilt das Modell als das am weitesten ausgearbeitete Prozessmodell. Es mangelt jedoch an aussagekräftigen empirischen Tests zur Untermauerung der Thesen (Christmann, 1989: 65). Modelle der zyklischen Verarbeitung eignen sich zudem nur für kurze Texte (Heijnk, 1997: 75) und nach Ansicht von Ballstaedt et al. (1981: 56) werden Zielsetzung und Vorwissen des Rezipienten nicht ausreichend berücksichtigt. Als Erkenntnisse aus den zyklischen Verarbeitungsmodellen lassen sich laut Göpferich für die Textproduktion eine Vermeidung von Kohärenzlücken, die Herstellung von Bezügen im Text sowie eine entsprechende typografische Gestaltung zur Vermeidung einer Überforderung des Lesers ziehen (Göpferich, 2002b: 122).

Netzwerkmodelle

Anstelle von Propositionslisten werden in Netzwerkmodellen semantische Netzwerke dargestellt. Ein Knoten entspricht dabei einem Konzept bzw. einer kognitiven Einheit, die Verbindungsfäden bzw. -pfeile stellen die semantischen Relationen zwischen den Konzepten dar. Unterschieden werden weiterhin primäre und sekundäre Knoten.

Das folgende Beispiel zeigt die Netzwerkdarstellung eines Satzes aus einer Installationsanleitung:

> „Der Sunny Boy ist ein PV-Wechselrichter, der den Gleichstrom eines PV-Generators in Wechselstrom wandelt und diesen in das öffentliche Stromnetz einspeist."

Abbildung 2.3: Netzwerkdarstellung eines Satzes (Darstellung in Anlehnung an Göpferich, 2002b: 123)

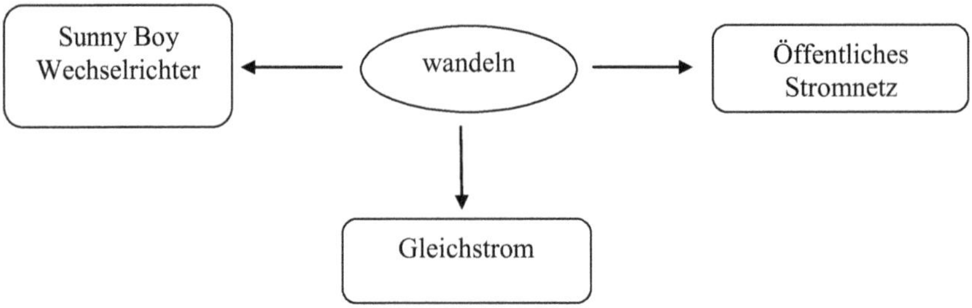

Netzwerkmodelle basieren auf der Annahme, dass das Gedächtnis ein aktives Supernetzwerk darstellt und ein Text als ein in Sprache übersetztes Netzwerk angesehen werden kann (Ballstaedt et al., 1981: 22ff.). Detaillierte Darstellungen zu Netzwerkmodellen liefert der Sammelband von Findler (1979). Laut Göpferich kann die Umwandlung eines Textes in eine Netzwerkstruktur als

Textproduktionshilfe genutzt werden (Göpferich, 2002b: 125). Ballstaedt et al. kritisieren, dass keine einheitliche grafische Notation für die Netzwerkmodelle existiert und keine Verbindung zu neurologischen Strukturen geschaffen wird (Ballstaedt et al., 1981: 27).

Semantische Makrostrukturen

Makrostrukturelle Modelle gehen davon aus, dass die Textdarstellung auf einer abstrakteren Ebene als der der Propositionen erfolgt (Christmann, 1989: 68). Beim Lesen längerer Texte werden im Gehirn die Propositionen kognitiv umorganisiert, auf das Wesentliche reduziert und zu einer Makrostruktur verdichtet. Die gebildeten Makropropositionen fassen den Inhalt zusammen, während Mikropropositionen die Bedeutungseinheiten der Textbasis bilden. Bei der Bildung von Makrostrukturen handelt es sich um reduktive Verarbeitungsprozesse (Ballstaedt et al., 1981: 67f.).

Ausführliche Untersuchungen zu Makrostrukturen und eine Darstellung verschiedener Makroregeln finden sich bei van Dijk (1980).[30] Durch Wiederholung der Makroregeln kann ein Text zunehmend reduziert und verdichtet werden, sofern die Makrostruktur durch die Mikrostruktur impliziert ist, wie das folgende Satzbeispiel zeigt:

> Mikrostruktur:
> Kontrollieren Sie den Sunny Boy auf äußerlich sichtbare Beschädigungen, wie zum Beispiel Risse im Gehäuse oder Display.
>
> Makrostruktur 1:
> Kontrollieren Sie den Sunny Boy auf äußerlich sichtbare Beschädigungen.
>
> Makrostruktur 2:
> Kontrollieren Sie den Sunny Boy auf Beschädigungen.

Schema-theoretische Ansätze

Schema-theoretische Ansätze haben sich etwa zur gleichen Zeit wie die propositionalen Ansätze entwickelt. Das Vorwissen des Rezipienten ist nach diesen Modellen in hierarchisch organisierten Schemata[31] strukturiert. Dabei handelt es sich um im Langzeitgedächtnis gespeicherte grundlegende Wisseneinheiten, die aus

30 van Dijk (1980) unterscheidet insgesamt vier Makroregeln – Tilgen, Selektieren, Generalisieren und Konstruieren.

31 Schemata werden teilweise auch als Rahmen (Frames) oder Skripts bezeichnet. Bei Skripts handelt sich es sich um sehr komplexe Schemata (Ballstaedt et al., 1981: 27).

Konzepten und Relationen zwischen den Konzepten bestehen. Subschemata und übergeordnete Schemata verschachteln die Wissensbestände. Mithilfe bestimmter kognitiver Vorgänge, sog. Inferenzen, kann ein Leser aufgrund seines Hintergrundwissens Zusammenhänge herstellen. Der Leser agiert dabei aufgrund bestimmter Erfahrungen, die er gemacht hat, und aufgrund bestimmter Erwartungen, die darauf basieren, wie er die Welt wahrnimmt (Rothkegel, 2010: 17f.). Elaborative Prozesse wiederum sind Ideen oder Einfälle eines Lesers, die einen Text mit dem vorhandenen Wissen verbinden. Verstehen und Behalten sind abhängig von den im Gedächtnis gespeicherten Schemata. Ein Fehlen selbiger führt dementsprechend zu Verständnisschwierigkeiten. Die Schemata werden durch individuelle Erfahrungen aufgebaut und unterliegen kulturellen Unterschieden.

Die unterschiedlichen Schemata bei Experten und Nicht-Experten führen zu möglichen Wissensdivergenzen. Diese und die kulturbedingten Unterschiede müssen vom Autor und vom Übersetzer berücksichtigt werden (Göpferich, 2002b: 127f.). Gemäß Christmann & Groeben sollte eine Textgestaltung durch Überschriften, Titel, Hervorhebungen und eine hierarchisch organisierte Struktur zu einer leichteren Verarbeitung beitragen (Christmann & Groeben, 1996: 135).

Mentale Modelle

Die Theorien zu Mentalen Modellen, die sich in den 80er Jahren des letzten Jahrhunderts entwickelt haben, gehen davon aus, dass auf Grundlage von Propositionen mentale Modelle, d. h. geistige Bilder, entwickelt werden.

> „Während propositionale Strukturen Abstraktionen darstellen, die auf der Grundlage der Textbedeutung gebildet werden, repräsentieren mentale Modelle inhaltsspezifische Konkretisierungen von Sachverhalten." (Christmann, 1989: 87)

Mentale Modelle bilden bestimmte Realitätsbereiche ab. Sachverhalte, Ereignisse oder Handlungen werden geistig simuliert. Dabei wird auf vorhandene Schemata zugegriffen. Das erste und eines der bekanntesten Mentalen Modelle ist das von Johnson-Laird (1983). Es bezieht verschiedene Bereiche wie Denken, Bedeutung, Grammatik, Diskursverstehen und Bewusstsein mit ein (Christmann, 1989: 86 & 2001: 118f.). Weitere bekannte Modelle sind die von van Dijk & Kintsch (1983) sowie von Sanford & Garrod (1981).[32] Bei allen Modellen geht es um die Erstellung einer kohärenten Textstruktur. Textinformationen werden zum einen auf der propositionalen und zum anderen auf der mentalen Ebene, auf der eine Integration mit dem Vorwissen stattfindet, repräsentiert (Christmann, 1989: 93).

32 Das dynamische Textverstehensmodell von Schnotz baut beispielsweise auf Mentalen Modellen auf (Schnotz, 1985).

Mentale Modelle sind theoretisch fundiert, eignen sich jedoch kaum für die Praxis, da der Autor zuerst lange Propositionslisten erstellen müsste (Göpferich, 2002b: 135). Neuere Forschungen im Bereich Mentaler Modelle untersuchen die Beziehung zwischen Textverstehen und räumlichen Vorstellungen. Eine Übersicht zu diesen Forschungen findet sich bei Kelter & Kaup (1995: 70ff.). In diesem Zusammenhang ebenfalls zu erwähnen ist der Sammelband von Rickheit & Habel (1999).

2.4.3 Sprechakttheorie

Seit etwa 30 Jahren steht bei Forschungen zur Textverständlichkeit die Textfunktion im Vordergrund (Schellens, 1992: 127ff.). Nach Brinker (2010) geht es dabei um den

> „[...] Zweck, den ein Text im Rahmen einer Kommunikationssituation erfüllt." (Brinker, 2010: 78)[33]

Texte werden als sprachliche Handlungen betrachtet, die im Rahmen bestimmter kommunikativer Situationen vollzogen werden. Ausschlaggebend für die Erarbeitung verschiedener Textfunktionen waren die Ergebnisse der Sprechakttheorie. Die Sprechakttheorie, auch Sprechhandlungstheorie genannt, geht auf John Langshaw Austin und John Searle zurück (Searle, 1979; Austin, 2002). Aufbauend auf den Arbeiten von Ludwig Wittgenstein (zusammenfassend dazu Römpp, 2010) entwickelten sie in den 50er Jahren des letzten Jahrhunderts ihre sprachphilosophische Theorie der Sprechakte (Hindelang, 2010). Eine Sprache sprechen, bedeutet Sprechakte auszuführen. Sprechakte sind somit die grundlegenden Einheiten der sprachlichen Kommunikation (Searle, 1979). Die Annahme hinter der Sprechakttheorie ist, dass wir mit unseren sprachlichen Äußerungen Handlungen vollziehen. Im Kern steht die Frage, was wir tun, wenn bzw. indem wir sprechen.

> „Die Bedeutung sprachlicher Ausdrücke besteht in den konventionellen Gebrauchsmöglichkeiten dieser Ausdrücke im Rahmen sprachlicher Handlungen. Man kann die Bedeutung sprachlicher Ausdrücke beschreiben, indem man beschreibt, wie (wofür) die Sprecher einer Sprache oder bestimmte Sprechergruppen die Ausdrücke normalerweise verwenden." (Gloning, 1996: 7f.)

33 Einen systemtheoretischen Ansatz verfolgen Heinemann & Viehweger mit ihrer Definition von Textfunktion: „Die Rolle von Texten in der Interaktion, ihr Beitrag zur Realisierung gesellschaftlicher Aufgabenstellungen und individueller Ziele sowie zur Konstituierung sozialer Beziehungen soll [...] unter dem Begriff T e x t f u n k t i o n zusammengefaßt werden." (Heinemann & Viehweger, 1991: 148)

Austin unterscheidet insgesamt drei Sprechakte, die simultan ablaufen: lokutionäre Akte (der Akt des Sagens), illokutionäre Akte (der Vollzug einer Sprechhandlung) und perlokutionäre Akte (das Erzielen einer Wirkung). Searle wiederum unterscheidet insgesamt vier Sprechakte: Äußerungsakt, propositionaler Akt, illokutionärer Akt und perlokutionärer Akt. Innerhalb der Sprechakte gibt es Unterschiede in der Absicht (d. h. Illokution), mit der bestimmte Sätze geäußert werden.[34]

Nach Brinker (2010) kann man bei Gebrauchstexten insgesamt fünf Grundfunktionen unterscheiden:

- Information
- Appell
- Kontakt
- Obligation
- Deklaration

Die in der Technischen Dokumentation erstellten Gebrauchsanweisungen oder Installationsanleitungen fallen in den Bereich der appellativen Texte. Das heißt, der Sender beabsichtigt mit dem Text, den Empfänger zu einer Handlung zu bewegen.[35] Gerade bei technischen Dokumenten, sog. ‚Mensch-Technik-interaktionsorientierten Texten' (Göpferich, 2002b: 70), ist die gewählte sprachliche Äußerungsform von besonderer Wichtigkeit. Das nachfolgende Beispiel ist Göpferich (2002b: 61f.) entnommen:

(1a) Schalter A verriegelt die Türen.
(systemorientierte Beschreibung)

(1b) Zum Verriegeln der Türen Schalter A drücken.
(tätigkeitsorientierte Instruktion)

Beim ersten Satz handelt es sich um eine reine Feststellung, einen sog. repräsentativen Sprechakt, der sich nicht für eine Anleitung eignet im Vergleich zum zweiten Satz, der eine Instruktion beinhaltet und als instruktiver Sprechakt bezeichnet wird.

Nach Göpferich ist die Sprechakttheorie auch auf nonverbale Informationsträger, wie z. B. Bilder übertragbar (Göpferich, 2007b). Eine aktuelle Übersicht zu anderen sprechakttheoretischen Ansätzen sowie neueren Werken der

---

34 Die Sprechakte lassen sich wiederum in Klassen oder Großgruppen einteilen. Searle unterscheidet insgesamt fünf Klassen (Searle, 1979; Hindelang, 2010; Göpferich, 2002b).

35 Eine ausführliche Darstellung der Sprechaktklassen in der Technischen Dokumentation findet sich bei Rothkegel (2010: 81ff.).

Sprechakttheorie findet sich bei Gloning (1996) sowie im Sammelband von Vanderveken & Kubo (2001). Ein Fokus auf illokutionären Sprechakten findet sich bei Alston (2000). Forschungen zur Weiterentwicklung der Sprechakttheorie finden beispielsweise an der Universität Münster statt (siehe dazu auch Hindelang, 2010).

2.4.4 Neuere Verständlichkeitskonzepte

In neueren Verständlichkeitsansätzen steht, wie auch bei der Sprechakttheorie, die Funktion eines Textes im Vordergrund. Sprache wird nicht mehr isoliert, sondern in aufgabenorientierten Situationskontexten betrachtet. Textverstehen wird als Prozess kognitiver Verarbeitungsleistungen interpretiert (Jahr, 1996: 9). Sauer (1995) hat vor diesem Hintergrund ein funktional-pragmatisches Textmodell entwickelt, welches sowohl die kognitive Verarbeitung als auch die kommunikativ-situationellen Einflussfaktoren berücksichtigt. Es handelt sich um ein ‚Vier-Felder-Modell' mit den Verständlichkeitsmerkmalen Lesbarkeit, Verstehbarkeit, Brauchbarkeit und Anwendbarkeit.

Abbildung 2.4: Vier-Felder-Modell von Sauer (zitiert aus: Sauer, 1995: 168)

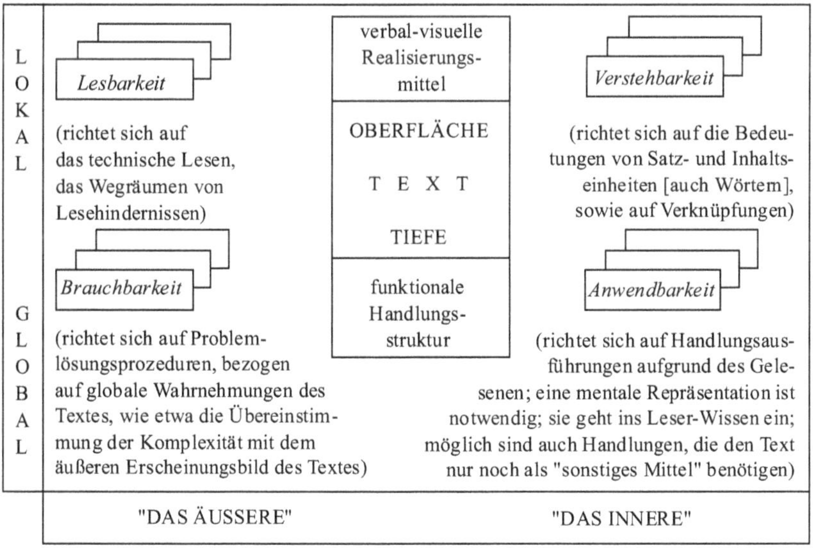

Textverständlichkeitskriterien im Textmodell

Lesbarkeit wird nach Sauer dadurch geschaffen, dass ein Text beispielsweise durch seine typografische Gestaltung leicht für den Leser wahrzunehmen ist. Verstehbarkeit[36] bedeutet, dass der Leser auf lokaler Ebene keine Verständnisschwierigkeiten hat. Dies geschieht z. B. durch Verdeutlichungen, Ergänzungen oder Auslassungen. Brauchbarkeit wird dann erreicht, wenn ein Text in seiner Gesamtstruktur die Wahrnehmung des Lesers nicht behindert. Brauchbarkeit ist somit nicht mit der häufigen Definition von Brauchbarkeit im Sinne von Anwendbarkeit zu verwechseln. Nach Sauer ist ein Text dann anwendbar, wenn ein Leser nach der Lektüre eine Handlung vollziehen kann.

Später entwickelte Sauer sein Modell weiter zum ‚Sechs-Felder-Modell'.

Abbildung 2.5: Sechs-Felder-Modell von Sauer (zitiert aus: Sauer, 1999: 95)

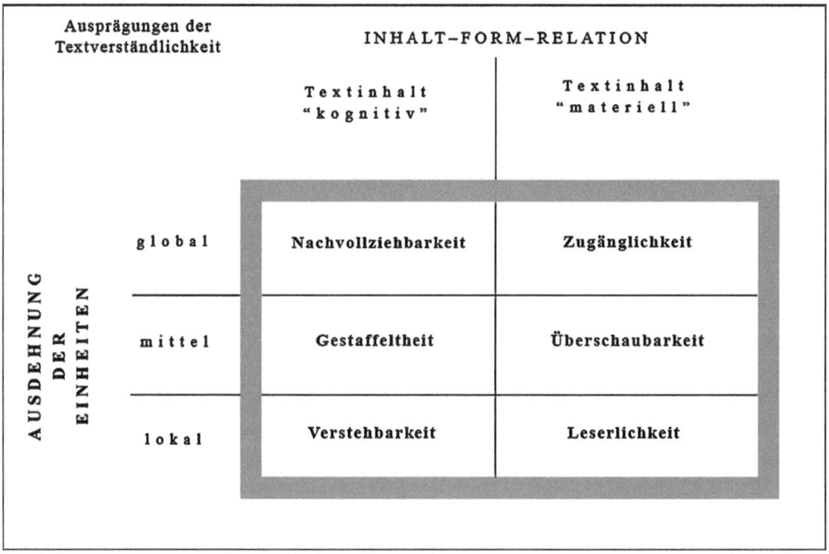

Das Modell unterscheidet sich zu seinem Vorgänger hauptsächlich darin, dass es neben der textuellen Dimension die visuelle Dimension zur Unterstützung des Lesers integriert (Sauer, 1997: 92). Sauer schafft mit dem ‚Sechs-Felder-Modell'

36 Im Gegensatz zu Verständlichkeit bezieht sich Verstehbarkeit auf Merkmale der Textoberfläche, die anders als Verständlichkeit zu einem gewissen Grad objektiv analysierbare Größen darstellen (vgl. auch Ballod, 2001).

eine Möglichkeit, die Verbindung von Textinhalt und Textbild zu überprüfen. Des Weiteren unterscheidet sich das neue Modell dadurch, dass es in nunmehr drei Ebenen der Verständlichkeit gegliedert ist – lokal, mittel und global. Die einzelnen Verständlichkeitsaspekte werden gemäß den Dimensionen ‚Inhalt-Form-Relation' und ‚Ausdehnung der Einheiten' geordnet. Die kognitiven Aspekte ‚Nachvollziehbarkeit', ‚Gestaffeltheit' und ‚Verstehbarkeit' werden ergänzt durch die formalen bzw. materiellen Verständlichkeitsaspekte ‚Zugänglichkeit', ‚Überschaubarkeit' und ‚Leserlichkeit'.

Gerade im Bereich der Technischen Dokumentation ist die Gestaltung auf der visuellen Ebene genauso wichtig wie die Gestaltung auf der textuellen Ebene, speziell vor dem Hintergrund, dass visuelle Darstellungen stark zunehmen und teilweise sogar, wie im Falle von Anleitungsfilmen, der Fokus vom Text auf das Bild verlagert wird (siehe dazu Kapitel 2.6.4). Das Modell von Sauer wurde in verschiedenen empirischen Tests überprüft und eignet sich für unterschiedliche Textsorten (Sauer, 1997). Es ist theoretisch fundiert, gibt jedoch wenig konkrete Anleitungen zur Überarbeitung eines Textes gemäß des identifizierten Optimierungsbedarfs.[37] Sauer entwickelt seine Modelle zudem ständig weiter.

2.4.5 Zusammenfassung

Die Darstellung der unterschiedlichen Verständlichkeitsforschungen zeigt, dass es keine Textverständlichkeit an sich gibt. Meutsch (1992) schreibt dazu:

> „Stattdessen haben wir es mit einer Liste von Faktoren zu tun, die sensibel gegenüber Textsorten, gegenüber unterschiedlichen kommunikativen Absichten, gegenüber unterschiedlichen Lesergruppen und Leserzielen und gegenüber verschiedenen Nutzungszusammenhängen von Textinformationen sind." (Meutsch, 1992: 17)

Funktional betrachtet spielen neben der Kommunikationssituation des Textproduzenten und des Textrezipienten auch der Handlungsbereich sowie das ausgewählte Medium eine Rolle. Das leserseitige Verstehen und die Bildung einer mentalen Repräsentation erfolgen auf verschiedenen Verstehensebenen, die miteinander verbunden sind (Christmann, 1989 & 2008). Die Repräsentation der Textoberfläche ist der erste Schritt, darauf aufbauend erfolgt die Repräsentation der propositionalen Textbasis auf der Grundlage semantischer Relationen und auf der

37 Sauer entwickelt seine Modelle ständig weiter. Das ‚Neun-Felder-Modell' von Sauer (1999) ist eine weitere Ergänzung des Modells, das Neue Medien und die damit einhergehende Art der hypertextuellen Gestaltung von Texten integriert. Es gibt dem Nutzer Hilfestellungen, wie er die Interaktivität und die Gestaltung eines Hyperdokumentes im Hinblick auf das Navigationsverhalten des Lesers strukturieren kann.

obersten Ebene befindet sich die Repräsentation eines Mentalen Modells, welches die Textinhalte mit dem Vorwissen und dem Hintergrundwissen des Lesers integriert. Die vorliegende Arbeit befasst sich vor allem mit der Frage, welche Möglichkeiten es zur Verbesserung der Textoberfläche gibt, um einen verständlichen Text zu gestalten und den Verstehensprozess seitens des Lesers zu vereinfachen. Ein an der Textoberfläche leicht verständlicher Text senkt die kognitive Belastung des Arbeitsgedächtnisses und ermöglicht somit den Aufbau semantischer Sinnstrukturen auf der nächsten Verstehensebene (Christmann & Groeben, 1996).

Sowohl instruktionspsychologische Ansätze, die eher auf Textmerkmale fokussiert sind, als auch kognitionswissenschaftliche Ansätze, bei denen die Rezeption und Verarbeitung des Lesers im Vordergrund stehen, liefern nur bedingt praxistaugliche Methoden zur Textoptimierung in der Technischen Dokumentation. Kognitionswissenschaftliche Modelle beziehen, je nach Entwicklungsgrad, viele Text- und Leservariablen mit ein, wobei Mentale Modelle in Bezug auf die Kognitionsstruktur am weitesten ausgearbeitet sind. Jedoch sind kognitionswissenschaftliche Modelle sehr theorielastig und aufgrund ihrer Komplexität schwer in der Praxis umsetzbar. Instruktionspsychologische Ansätze, die auf Forschungen zur Verbesserung von Lehr- und Lerntexten im schulischen Bereich zurückgehen, sind praxisorientiert und geben trotz einiger Unzulänglichkeiten Hinweise zur besseren Textgestaltung in Bezug auf Verständlichkeit, jedoch mangelt es auch ihnen an text- und adressatengerechten Optimierungsvorschlägen, speziell in Bezug auf die Technische Dokumentation. Die Sprechakttheorie hat mit ihrer Ausarbeitung verschiedener Sprechakte die Grundlage für die Erarbeitung aktueller Methoden zur Strukturierung von Informationen geschaffen. Die Modelle von Sauer zeigen, dass kognitive Prozesse immer vor dem Hintergrund der kommunikativen Situation betrachtet werden sollten. Christmann und Groeben (1996) listen in ihrem Artikel „Textverstehen, Textverständlichkeit" eine Reihe von Handlungsanweisungen auf, die kognitions- und instruktionspsychologische Forschungsergebnisse zusammenfassen und die Textmerkmale mit einzelnen Dimensionen verknüpfen, um eine in Bezug auf Verständnis optimierte Textgestaltung anzustreben (vgl. auch Meutsch, 1992: 16f.). Hierzu zählen der Aufbau eines kognitiven Rahmens, die Ausdifferenzierung der kognitiven Struktur, die sprachliche Optimierung hinsichtlich einer mühelosen Textrezeption und der Aspekt Interessantheit, sofern er nicht mit der übergeordneten Struktur korreliert. Andere Untersuchungen belegen, dass sich eine gute Textstrukturierung positiv auf Verstehen und Behalten auswirkt (vgl. Schnotz, 1994). Eine Zusammenfassung möglicher Textoptimierungen, gegliedert nach Ebenen – vom Wort bis zum Text – liefert

Heijnk (1997: 137ff.).[38] Neben den Optimierungsmöglichkeiten auf verschiedenen Ebenen ist die inhaltliche und optische Gestaltung hinsichtlich der Lesermotivation ein wichtiger Punkt. Dies geschieht z. B. durch die Einführung von Fragen im Text, die Vermittlung von Neuem oder den Einsatz von Abbildungen und Grafiken.

> „Ein Text muss sprachlich-grammatikalische (Kohäsion), thematische (Kohärenz) und begriffliche (Konsistenz) Zusammenhänge aufweisen, die wiederum einer ‚inneren' oder ‚äußeren' Ordnung (Struktur) unterliegen." (Ballod, 2001: 41)

Generell gilt es zu beachten, dass sich die Textoptimierung eines Textes von einer reinen Textüberarbeitung im Sinne einer Revision unterscheidet. Dabei ist nicht der eigentliche Text verständlich, sondern seine sprachliche Botschaft im Sinne der Funktion (Ballod, 2001). Der Autor muss sich an den Leseaufgaben der Rezipienten orientieren und die Textüberarbeitung darauf beziehen (Sauer, 1999). Wie die obigen Ausführungen zeigen, kann es keinen für alle Leser optimalen Text geben. Die Erreichung eines für alle Rezipienten maximal verständlichen Texts ist unmöglich. Zudem ist eine optimale Textgestaltung aus Sicht des Textproduzenten nicht unbedingt deckungsgleich mit einer optimalen Textgestaltung für den Textrezipienten (Prestin, 2002). Textoptimierung lässt sich am einfachsten erreichen, wenn es sich um einen homogenen und abgegrenzten Kreis von Adressaten handelt und sie muss grundsätzlich situationsadäquat und individuell erfolgen.

Überträgt man nun die Erkenntnisse der Verständlichkeitsforschung auf die Technische Dokumentation, so stellt sich die Frage, inwieweit eine Textoptimierung hinsichtlich des Aspekts der Verständlichkeit überhaupt möglich ist, wenn sie einen möglichst homogen und abgegrenzten Adressatenkreis erfordert. Gerade im Bereich der externen Anwenderdokumentation handelt es sich oft um einen sehr heterogen Anwenderkreis, bei dem die Zielgruppe zum einen nach soziodemografischen Merkmalen wie Alter, Geschlecht, Bildungsgrad und Hintergrundwissen variiert und zum anderen nach der Frage der Nutzung des Produkts (vgl. auch Lehrndorfer, 2013: 114). Für die Technische Dokumentation bedeutet dies, gemäß Lehrndorfer (2013), dass sie zum einen dem Kriterium der individuellen Leservariablen gerecht werden muss und zum anderen eine schnelle Informationsauffindbarkeit gewährleisten muss. Dieser zweite Aspekt

---

38 Bei Lehrndorfer (2013: 177ff.) findet sich in tabellarischer Form eine recht umfangreiche Übersicht dazu, wie und in welcher Form sich die psychologischen Optimierungsvorschläge im Bereich Verständlichkeit auf die Technische Dokumentation und den Übersetzungs- und Lektoratsprozess übertragen lassen.

lässt sich wiederum nur durch eine Standardisierung und Modularisierung von Informationen umsetzen, wie die nächsten Kapitel zeigen.

2.5 Methoden zur Informationsstrukturierung und -modularisierung

Die nachfolgend vorgestellten Methoden und Techniken dienen der Strukturierung und Standardisierung der Textproduktion in der Technischen Dokumentation. Auch wenn die Herangehensweise unterschiedlich ist, so verfolgen doch alle Ansätze das gleiche Ziel. Erstens eine Vereinfachung der Standardisierung von Arbeitsabläufen und -prozessen. Zweitens das Schaffen von Konsistenz und Eindeutigkeit im Ausgangstext, was sich wiederum positiv auf die nachfolgende Übersetzung auswirkt. Drittens die flexible Wiederverwendung von Textbausteinen, wodurch Kosten eingespart und mehrfache Übersetzungen vermieden werden.

2.5.1 Funktionsdesign®

‚Funktionsdesign®' wurde 1990 von Jürgen Muthig und Robert Schäflein-Armbruster als Methode zur Strukturierung und Standardisierung der Textproduktion entwickelt (Muthig & Schäflein-Armbruster, 2008: 42ff.; Ley, 2005: 51ff.). Die Methode hat eine weite Verbreitung gefunden und wird heute von vielen Dienstleistern vermarktet. Sie eignet sich vor allem für standardisierte oder normierte Textsorten, wie z. B. informationsvermittelnde und handlungsanleitende Texte in der Technischen Dokumentation. Die Funktionsdesign-Methode basiert auf Erkenntnissen aus den Forschungen zu Sprechakttheorie und Tübinger Kommunikationsanalyse (vgl. Fritz, 1982). Jedem Textsegment wird eine bestimmte kommunikative Funktion zugeordnet.

Beim Funktionsdesign werden vier Strukturierungsebenen unterschieden:

- Informationsprodukt
- Sequenzmuster
- Funktionale Einheit
- Auszeichnungselement

Auf der Ebene ‚Informationsprodukt' wird eine Makrostruktur zur Gliederung der Inhalte entworfen. Dazu gehören beispielsweise Produktkataloge, Installationsanleitungen oder Software-Handbücher. Im nächsten Schritt werden typische, häufig wiederkehrende Abfolgen, sog. ‚Sequenzmuster', identifiziert. Dies können u. a. Baugruppenbeschreibungen, Handlungssequenzen oder Warnhinweise sein.

Die Sequenzmuster setzen sich wiederum aus ‚Funktionalen Einheiten' zusammen. Für diese Funktionalen Einheiten, die sprachlichen Handlungen, also Sprechakten entsprechen (siehe dazu auch Kapitel 2.4.3, Sprechakttheorie), werden bestimmte Festlegungen getroffen, wie z. B. Verwendung, Inhalt, Formulierung oder optische Gestaltung. Der Inhalt der Funktionalen Einheiten kann flexibel gestaltet werden. Die Reihenfolge wird von den Sequenzmustern bestimmt. Innerhalb der Funktionalen Einheiten werden wiederkehrende Gegenstände, die zur gleichen Kategorie gehören, sog. ‚Auszeichnungselemente' bestimmt. Dies können beispielsweise Markenname, Menü oder Schaltfläche sein. Die Umsetzung dieses Ebenenmodells erfolgt anhand eines Vorgehensmodells in sieben Schritten, bei dem Faktoren wie Inhalte, Zielgruppe oder kommunikatives Ziel berücksichtigt werden.[39]

Das nachfolgende Beispiel aus der Installationsanleitung eines Wechselrichters zeigt, wie ein Warnhinweis als Strukturelement im Funktionsdesign aussehen kann. Die Strukturierung von Warnhinweisen im Funktionsdesign entspricht der aktuellen Rechtsprechung sowie nationalen und internationalen Normen (Schlenkhoff, 2012).

Abbildung 2.6: Darstellung eines Warnhinweises gemäß Funktionsdesign (zitiert aus: Installationsanleitung für Wechselrichter: PV-Wechselrichter Sunny Tripower 10000T/12000TL/15000TL/17000TL: 37)

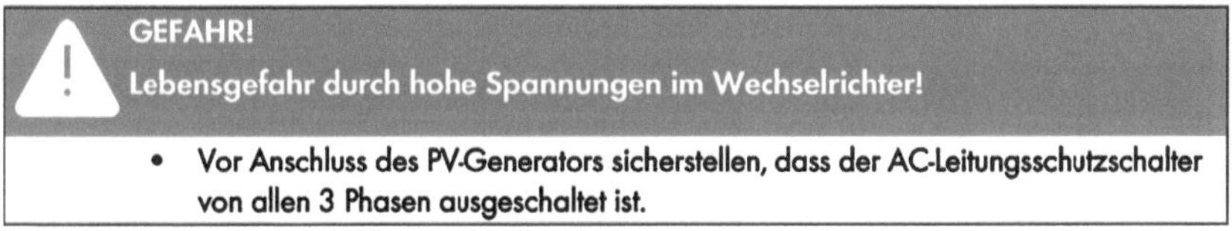

Ein gemäß Funktionsdesign aufgebauter Warnhinweis gliedert sich in folgende Elemente, die auch immer in dieser Reihenfolge verwendet werden müssen (Schlenkhoff, 2012: 180):[40]

- Warnsymbol
- Warnwort
- Art/Quelle der Gefahr

---

39 Detaillierte Darstellungen zur praktischen Anwendung von Funktionsdesign finden sich bei Schlenkhoff (2012: 148ff.).

40 Neben Funktionsdesign als optionaler Methode existieren verschiedene Normen, die Gestaltung und Aufbau von Warnhinweisen verbindlich regeln.

- Folge
- Handlungsaufforderung (Vermeidung der Gefahr)

Das Symbol links oben ist das Warnsymbol. Das Warnwort „GEFAHR!“ signalisiert den Schweregrad einer potenziellen Gefahr. Gefahr stellt dabei die höchste Stufe dar. Die nachfolgende Aussage „Lebensgefahr durch hohe Spannungen im Wechselrichter!“ gibt die Art bzw. Quelle der Gefahr an. Beschrieben wird sowohl die Quelle, von der Gefahr ausgeht (Wechselrichter), als auch die Art (hohe Spannung). Der Punkt ‚Folge‘ fehlt in diesem Fall. Er dient allgemein dazu, anzugeben, welcher Schaden (wie z. B. Verbrennung) vermieden werden soll. Als Handlungsaufforderung dient der Satz „Vor Anschluss des PV-Generators sicherstellen, dass der AC-Leitungsschutzschalter von allen 3 Phasen ausgeschaltet ist“. Die Handlungsaufforderung zeigt, was zur Gefahrenvermeidung getan werden muss.

2.5.2 Information Mapping (IMAP®)

‚Information Mapping®‘, auch IMAP® genannt, wurde von Robert E. Horn an der Harvard-Universität entwickelt, mit dem Ziel,

> „to produce better communication documents in business, industry, government, technology and science (REH).“ (Horn, 1989: 77)

Bereits in den 1960er Jahren entwickelte Horn sein Konzept der Aufteilung von Informationen nach Blöcken als bedeutungstragende Einheit, welche die bisher übliche Gliederung nach Absätzen ersetzten. In den 1980er Jahren war Information Mapping in den Vereinigten Staaten, vor allem im Schulungsbereich, schon weit verbreitet (Horn, 1989: 76f.).

Heute wird es vielfach in der Technischen Dokumentation eingesetzt. Vermarktet wird die Methode in Seminaren über zertifizierte Distributionspartner.[41] Die Methode basiert auf lernpsychologischen Ansätzen und Untersuchungen zur Funktionsweise des menschlichen Gehirns. Es gibt, gemäß Lehrndorfer, auch Parallelen zu anderen Ansätzen wie Makrostrukturmodellen oder der ‚Kognitiven Lerntheorie‘ nach Ausubel (Lehrndorfer, 2007: 17). Wie auch andere Methoden hat Information Mapping das Ziel, Informationen verständlicher und lesergerechter darzustellen und einen schnelleren und gezielteren Zugriff darauf zu ermöglichen. Informationen werden dabei ‚gemappt‘, d. h. in einer Map bzw. Karte dargestellt (Böhler, 2008: 144ff.; Ley, 2005: 48ff.). Die Vorgehensweise beim Information Mapping gliedert sich in drei Schritte:

41 Zum Information Mapping gibt es eine Reihe von wissenschaftlichen Studien und Untersuchungen, die die Effektivität der Methode belegen (Horn, 1992: 48f.).

- Analyse
- Strukturierung
- Darstellung

Im ersten Schritt, der Analyse, versucht der Autor, sich in den Leser hineinzuversetzen, um dessen Informationsbedürfnis zu ermitteln. Während der Strukturierungsphase werden die Informationen nach bestimmten Regeln gegliedert, von der größten Informationseinheit, der sog. ‚Map' (Makroebene) bis hin zur kleinsten Informationseinheit, dem sog. ‚Block' (Mikroebene). Ein Block enthält immer nur eine, in sich abgeschlossene Information. Maps bestehen aus mehreren, typischerweise fünf bis neun, Blöcken und fassen diese zu einem Thema zusammen. Pro Abschnitt gibt es zusätzlich eine sog. ‚Übersichtsmap'. In der letzten Phase wird die optimale, lesergerechte Darstellungsform ermittelt.

Bei der Aufbereitung der Informationen werden insgesamt sieben Prinzipien befolgt. Dazu gehören beispielsweise die Gliederung in kleine Einheiten, der Einsatz von Titeln, die Behandlung nur eines Themas pro Block, die konsistente Wahl von Benennungen oder die Auswahl der geeigneten Darstellungsform. Wichtig ist auch die Klassifizierung der Informationen in sechs Informationsarten.[42] Dies sind Anleitung, Prozess, Struktur, Begriff, Prinzip und Fakt. Der Vorteil der Gliederung in abgeschlossene Informationsblöcke liegt in der Austauschbarkeit der einzelnen Blöcke und der modularen Anwendbarkeit, z. B. in einem *Content-Management-System* und der Darstellung in DITA (Böhler, 2001: 136f.; siehe dazu auch Kapitel 2.6).

Das nachfolgende Beispiel zeigt die Vorher-/Nachher-Darstellung der Gliederung eines geschäftlichen Schreibens gemäß Information Mapping:

42 Ursprünglich gab es sieben Informationsarten. ‚Klassifikation' wurde später gestrichen (siehe Horn, 1989: 109).

Abbildung 2.7: Umformulierung und -gestaltung eines geschäftlichen Schreibens nach IMAP® (zitiert aus: Böhler, 1997: 1)

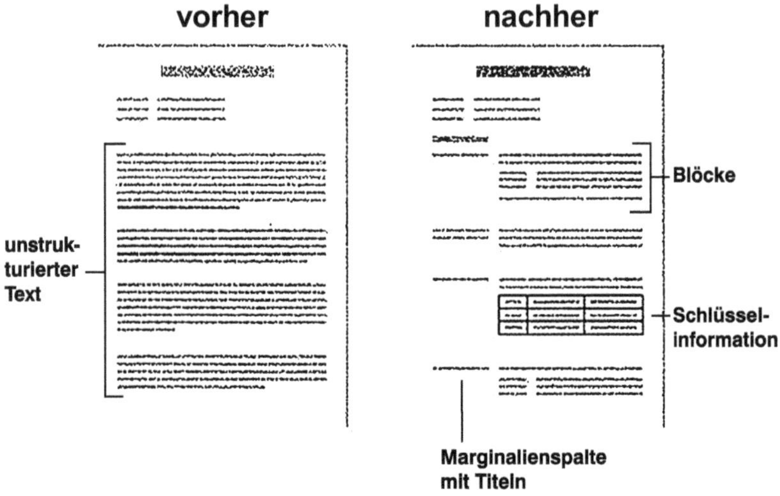

2.5.3 Klassenkonzept-Technik®

Die Anfänge der von Sissi Closs entwickelten ‚Klassenkonzept-Technik®' reichen zurück bis in die 1980er Jahre. In den 1990er Jahren wurde die Technik im Zuge der Verbreitung von Online-Hilfesystemen weiter ausgebaut (Closs, 2008: 75ff. & 2006: 38ff.). Im Gegensatz zu Funktionsdesign und Information Mapping handelt es sich hierbei nicht um eine Methode zur inhaltsbezogenen Strukturierung, sondern um einen Ansatz zur strukturierten Modularisierung von Informationen im Rahmen von *Single-Source-Publishing*[43]. Sowohl Funktionsdesign als auch Information Mapping können als Grundlage für die Klassenkonzept-Technik eingesetzt und darin eingebunden werden. Inhalte werden bei der Klassenkonzept-Technik in einzelne Bausteine zerlegt, sog. ‚Module' bzw. ‚Topics'. Eine Zusammenstellung dieser Topics wird als Informationsgebilde bezeichnet. Ein Topic ist dabei

> „ein in sich abgeschlossener, möglichst kontextunabhängiger Inhaltsbaustein, der eine Kernaussage enthält." (Closs, 2008: 77)

43 Der Begriff *Single-Source-Publishing* wird in Kapitel 2.6.1 näher erläutert.

Zu jedem Topic werden zusätzliche Informationen, sog. ‚Metadaten', gespeichert. Dies können beispielsweise Informationen zu Gültigkeit, Bearbeitungsstand, Herkunft und Zugehörigkeit sein. Die Klassenkonzept-Technik unterscheidet:

- Topic-Klassen
- Link-Klassen (auch Link-Typ oder Beziehungsklassen genannt)
- Informationsgebilde-Klassen

Eine Klasse ist

> „eine Menge von Objekten mit gemeinsamen, charakteristischen Eigenschaften. Sie hat einen Namen und mindestens eine Eigenschaft." (Closs, 2006: 97)

Die Topic-Klassen bilden die oberste Grundlage und den Rahmen für weitere Strukturierungen und die Konzeption von Informationsgebilden. Für jede Klasse werden ein Muster erstellt und Konventionen festgelegt. Bei der Entwicklung der Topic-Klassen werden verschiedene Kriterien, wie z. B. Umfang, Art des Inhalts, Zielgruppe oder Verwendungszweck berücksichtigt. Hierauf aufbauend werden Link-Klassen festgelegt, die erlaubte und nicht erlaubte Beziehungen innerhalb der Topic-Klassen definieren. Festgelegt werden dabei u. a. das Schema für die Benennung, Quell- und Ziel-Topic-Klassen oder die technische Umsetzung. Informationsgebilde wiederum beziehen sich auf die grafische Darstellung. Dabei werden Fragen wie Auswahl und Organisation der Inhalte, Medium, Zugangsmöglichkeiten oder Darstellung berücksichtigt. Die Vorgehensweise bei der Umsetzung der Klassenkonzept-Technik ist angelehnt an die Vorgehensweise bei der agilen Softwareentwicklung.[44]

Das nachfolgende Beispiel zeigt den Aufbau eines Topics gemäß Klassenkonzept-Technik:

44 Bei der agilen Softwareentwicklung steht das Testen der Software im Mittelpunkt. Es gilt, einen engen Zeit- und Kostenrahmen einzuhalten. Um dies umsetzen zu können, werden bestimmte Spezifikationen wie Lasten- oder Pflichtenhefte durch regelmäßige Produkttests ersetzt.

Abbildung 2.8: Darstellung eines Muster-Topics in der Klassenkonzept-Technik® (zitiert aus: Closs, 2006: 110)

[Titel]

[Weg ins Fenster]

Voraussetzungen
[Nennen Sie hier die Voraussetzungen zur Ausführung der Aufgabe]

[Kurzbeschreibung, wozu Aufgabe, ohne Jumps.]

Vorgehensweise

1. [Schritt ohne Links]
2. ...
3. ...

[Kurze Angabe des Ergebnisses.]

Verwandte Aufgaben
[Link zu Aufgabe 1]
[Link zu Aufgabe 2]

2.5.4 Weitere Strukturierungsmethoden

Neben den drei zuvor beschriebenen und weit verbreiteten Strukturierungsmethoden gibt es noch weitere Techniken. Nachfolgend werden zwei dieser Ansätze in kurzer Zusammenfassung vorgestellt. Eine Methode ist die von Dietrich Juhl aus der Praxis entwickelte Zielprogrammierung, die speziell zur Strukturierung von Bedienungsanleitungen konzipiert wurde (Juhl, 2008: 123ff.). Durch die Gliederung einer Bedienungsanleitung mittels Zielprogrammierung soll der Anwender auch ohne Vorkenntnisse die Möglichkeit erhalten, in kurzer Zeit eine Bedienungsanleitung zu erstellen. Eine gemäß Zielprogrammierung strukturierte Bedienungsanleitung gliedert sich in fünf Bereiche:

- Leistungsbeschreibung
- Gerätebeschreibung
- Tätigkeitsbeschreibung
- Beschreibung der Funktionsweise
- Technische Unterlagen

Eine weitere Methode ist das sog. ‚Informationsdesign', das eine firmenspezifische Entwicklung der SAP AG ist (Dentz, 2001). Die von Dentz vorgestellten Richtlinien und Ansätze sind jedoch allgemein gehalten und auf unterschiedliche Unternehmen übertragbar (Dentz, 2001: 140ff.; Schmidt, 2005: 84ff.).

Die Vorschläge zur Implementierung eines Informationsdesigns beziehen sich sowohl auf die Makroebene, d. h. auf den kompletten Text und die gesamte Produktdokumentation als auch auf die Mikroebene, d. h. auf die einzelnen Textbausteine innerhalb eines Dokuments. Bezogen auf die Produktdokumentation sollen alle Dokumente ähnlichen Inhaltes sog. ‚Informationsklassen' mit bestimmten Funktionen zugeordnet werden. Diese sind vergleichbar mit den Informationsarten beim Information Mapping (vgl. Böhler, 2008; Ley, 2005: 52). Dokumente innerhalb dieser Klassen sollen hinsichtlich formaler und inhaltlicher Aspekte standardisiert werden. Dabei wird eine Kennzeichnung mittels Symbolen empfohlen. Innerhalb der Informationsklassen wird mit Zwischenüberschriften gearbeitet, die durch Fragen ergänzt werden und die dem Technischen Redakteur als Hilfe für Informationsrecherche und Formulierung dienen. Informationen innerhalb eines Dokumentes werden in sog. ‚Schlüsselabschnitte' mit einer jeweils dazugehörigen Überschrift gegliedert. Diese ähneln von ihrer Funktion her den Funktionsabschnitten im Funktionsdesign (Ley, 2005: 52). Dentz empfiehlt zusätzlich die Bildung dokumentunabhängiger Abschnitte, wie z. B. Warnungen oder Hinweise (Dentz, 2001: 148f.). Auf Satzebene enthalten die SAP-Richtlinien Standardformulierungen, wie z. B. aktive Formulierung und direkte Anrede. Auf Wortebene wird vor allem die Schreibweise von Komposita, englischen Ausdrücken oder Abkürzungen geregelt. Beim Information Design von SAP wird also nicht nur nach Form und Inhalt unterschieden, sondern auch nach Textebenen, Makrostrukturen, Syntax und Lexik.

2.5.5 Zusammenfassung

Information Mapping ist die älteste der vorgestellten Strukturierungsmethoden und aus psychologischen Ansätzen entstanden. Während sie als allgemeiner Ansatz für verschiedene Bereiche konzipiert ist, wurde das Funktionsdesign speziell für die Technische Kommunikation entwickelt und erst seit jüngerer Zeit gibt es Forschungen zur Übertragbarkeit auf andere Bereiche. Beim Funktionsdesign geben Schreibregeln Anleitungen zur Umsetzung bzw. Umformulierung gemäß Funktionsdesign-Standard.

Beim Information Mapping wiederum wird die formale Struktur sehr detailliert erklärt, es gibt jedoch keine vorgegebenen Schreibregeln. Alle Ansätze, auch die Klassenkonzept-Technik, dienen dazu, einen einheitlichen firmenspezifischen Standard zu schaffen. Durch die Festlegung sprachlicher Regeln eignet sich speziell das Funktionsdesign zum Aufbau eines Redaktionsleitfadens. Durch die Festlegung erlaubter Formulierungsmuster kann es zudem als Vorbereitung für den Einsatz automatischer Sprachprüfprogramme dienen (siehe dazu Kapitel 3) oder im Gegenzug bei der richtigen Umsetzung helfen.[45] Darüber hinaus können alle Methoden durch ihre Standardisierung als Grundlage zur Modularisierung von Textbausteinen in einem *Content-Management-System* verwendet werden.

Lehrndorfer & Tjarks-Sobhani (2001) haben Funktionsdesign, Information Mapping und ‚Kontrolliertes Deutsch'[46] einem Vergleichstest unterzogen und auf ihre Benutzerfreundlichkeit sowie die Vor- und Nachteile der jeweiligen Methoden hin untersucht. Letztlich zeigte sich, dass sich alle Methoden für den Einsatz in der Technischen Dokumentation eignen und sich keine der untersuchten Methoden als überlegen erwies. Gleichzeitig befanden die Untersuchungsteilnehmer, dass ein idealer Text aus einer Kombination aller Methoden entstände.

2.6 Inhaltliche und strukturelle Instrumentarien zur Standardisierung der Textproduktion

Nach den oben erläuterten Methoden zur formalen und inhaltlichen Strukturierung von Texten sollen im folgenden Abschnitt verschiedene Ebenen der Standardisierung von Arbeitsabläufen und -prozessen innerhalb der Textproduktion dargestellt werden. Bei den Methoden bzw. Hilfsmitteln handelt es sich zumeist um Softwareprogramme, die im Schreibprozess eingesetzt werden. Sie steuern den Schreibprozess auf inhaltliche, sprachliche, gestalterische oder organisatorische Art.

Grundsätzlich kann die Textproduktion nach inhaltlichen und nach strukturellen Kriterien standardisiert werden. Die inhaltliche Standardisierung betrifft die Festlegung von Richtlinien zur sprachlichen Formulierung, z. B. im Rahmen eines Redaktionsleitfadens. Sie kann von der reinen Terminologiearbeit bis hin zum Einsatz einer Kontrollierten Sprache reichen. Die strukturelle Standardisierung zielt neben Konsistenz vor allem auf die Wiederverwendung von Informationen ab, beispielsweise in Modulform innerhalb eines Redaktionssystems. Sie umfasst verschiedene Gliederungsebenen, angefangen beim einzelnen Wort, über die Satzebene bis hin zu ganzen Abschnitten oder Kapiteln (Krüger & Ziegler, 2008: 12). Die Standardisierungsmaßnahmen dienen der Einhaltung vorgeschriebener oder optionaler Standards (Schubert, 2007: 87). Vorschriften sind gesetzliche Normen und Standards, die verbindlich umgesetzt werden müssen. Daneben existieren

45 Die syntaktischen Muster im Funktionsdesign können durch die sprachlichen Regeln im automatischen Sprachprüfprogramm ergänzt werden.

46 Beim ‚Kontrollierten Deutsch' handelt es sich um eine Kontrollierte Sprache für das Deutsche, deren Richtlinien von Anne Lehrndorfer entwickelt wurden (1996a & 1996b). Weitere Informationen zu Kontrollierten Sprachen finden sich in Kapitel 2.7.

vereinbarte Standards, wie z. B. sprachliche Herstellervorgaben in Form eines Redaktionsleitfadens. Empfohlene Standards umfassen allgemeine Normen und Ratgeber, die der Technische Redakteur zurate ziehen kann. Schließlich umfassen erforderliche Standards all diejenigen Merkmale, die ein Technischer Redakteur aufgrund eigener Erfahrungen und aufgrund seines Welt- und Hintergrundwissens einsetzt. Die folgenden Abschnitte befassen sich mit Standardisierungsmöglichkeiten auf verschiedenen textuellen Ebenen.

2.6.1 Standardisierungsprozesse auf Textebene

Laut Closs existiert die Idee des *Single-Source-Publishing* schon lange, der Begriff hat sich jedoch erst Ende der 90er Jahre des letzten Jahrhunderts etabliert (Closs, 2006: 15).

> „Single-Source-Publishing heißt jetzt, dass einerseits gemeinsame Teile nur einmal erstellt und gepflegt werden, andererseits jedem Nutzenden nur die Informationen angeboten werden, die sie oder er benötigt, nicht mehr und nicht weniger." (Closs, 2006: 27)

Neben der einmaligen Erstellung und Wiederverwendung bedeutet *Single-Sourcing* auch, aus einer Datenquelle Dokumente mit unterschiedlichem Format und Layout generieren zu können. Um dies umsetzen zu können, ist eine Strukturierung mittels einzelner Module oder Topics notwendig. Diese Module sollten jeweils nur ein Thema haben und vom Inhalt her in sich geschlossen sein (siehe dazu auch Kapitel 2.5.3).[47]

Zur praktischen Umsetzung werden Redaktionssysteme zur datenbankgestützten Erstellung und Verwaltung der Informationen genutzt. Diese reichen von einfachen Werkzeugen bis hin zu komplexen Redaktionssystemen, die heute häufig synonym als *Content-Management-Systeme* (CMS) bezeichnet werden[48] und die nicht nur eine Archivierung ermöglichen, sondern den kompletten Dokumentationsprozess automatisieren (Lüthy & Wetzl, 2001: 66ff). Neben Funktionalitäten zur Erstellung und Verwaltung von Modulen sowie der Informationszusammenstellung gehört dazu auch die Steuerung von Arbeitsabläufen, von der Erstellung bis hin zur Verwendung. In Bezug auf die Übersetzung bieten die CMS verschiedene Funktionalitäten zum Übersetzungs- und Terminologiemanagement, wie z. B. die Erstellung des gesamten Übersetzungsauftrages, inklusive Bündelung der zu übersetzenden Module, Informationen zum Übersetzungsstatus, Import

47 Nähere Informationen zu Aufbau und Gliederung finden sich bei Closs (2006).

48 Zur Problematik der Abgrenzung der Bezeichnung CMS siehe Drewer & Ziegler (2011: 292).

bereits übersetzter Module, Unterstützung von Teilübersetzungen, Integration und Publikation der übersetzten Module oder Terminologiekontrolle im CMS.[49] Dabei bieten die meisten Systeme Schnittstellen zu den gängigen kommerziellen *Translation-Memory-Systemen* (TMS).

Nach Fritz et al. wird die Standardisierung innerhalb eines CMS auf den Ebenen Datenformat, Informationsmodell und Modularisierungsschema vollzogen (Fritz et al., 2005: 26f.). Ein gängiges Datenformat ist XML. Als Informationsmodell können neben unternehmensspezifischen Strukturen auch branchen- und technologieunabhängige Informationsstrukturierungsmethoden wie Funktionsdesign oder Information Mapping eingebunden werden (siehe dazu auch Kapitel 2.5.1 und 2.5.2). Beim Modularisierungsschema werden in Abhängigkeit vom gewählten Informationsmodell passende Modulgrößen gewählt.

Der Einsatz von CMS scheint stetig zuzunehmen. Nach einer von der tekom durchgeführten Studie aus dem Jahr 2005 und einer aktualisierten Studie von 2008 lag der Einsatz im Jahr 2005 noch bei 20 % und die Nutzung beschränkte sich eher auf Großunternehmen. Im Jahr 2008 lag die Nutzung schon bei 33 %, wobei insgesamt 50 % der Befragten die Einführung eines CMS planten (Fritz et al., 2005: 40f.). Es gilt zu bedenken, dass der Einsatz eines *Content-Management-Systems* und die Arbeit mit *Single-Source-Publishing* zu einer nicht linearen Textproduktion führen.

Die Aufteilung von Texten in kurze Sinneinheiten, sog. Module, und die damit einhergehende mangelnde Übereinstimmung von Schreib- und Leseweg kann zu inkohärenten Texten führen und negative Auswirkungen auf Verständlichkeit und Übersetzbarkeit haben.[50] Schubert schreibt dazu:

> „[Es] zeigt sich bei Hypertexten mit besonderer Deutlichkeit, dass zur Beschreibung der Merkmale Kohärenz, Verständlichkeit und Übersetzbarkeit neben Faktoren des Inhalts und der Sprache auch Faktoren des technischen Mediums herangezogen werden müssen." (Schubert, 2007: 79)

---

49 Eine ausführliche Darstellung von Systemen, Prozessen und Technologien findet sich bei Drewer & Ziegler (2011: 289ff.) sowie in den regelmäßig aktualisierten tekom-Studien zu CMS (Fritz et al., 2005).

50 Neben der kompletten Arbeitsweise mit Modulen gibt es auch die Möglichkeit, bestimmte Texte in einem Redaktionssystem zu hinterlegen, die grundsätzlich immer gleich formuliert sein sollen, wie z. B. Sicherheitshinweise. Im Reaktionssystem LIVAS (Literatur-, Informations-, Verarbeitungs- und Abwicklungssystem) der Firma Volkswagen AG werden solche ‚Re-Use-Elemente' bzw. Gleichtexte im Redaktionssystem hinterlegt (Hoffmeister, 2012: 269ff.).

Um den Aspekt der Kohärenz in modular aufgebauten Texten sicherzustellen, müsste es, gemäß Schubert, eine Möglichkeit zur Nachverfolgung von Kohärenzlinien, speziell bei Hypertexten, geben. Die von ihm als ‚Coherence line management function' bezeichnete Funktion, könnte dabei helfen, terminologische Inkonsistenzen und Inkonsistenzen im Stil zu finden und zu reparieren. Des Weiteren dient das Zusammenstellen der Textblöcke dazu, unzureichende Verbindungen zwischen Sätzen auf der Ebene der kommunikativen Funktion aufzudecken (Schubert, 2003b: 302).[51]

2.6.2 Standardisierungsprozesse auf Wort- und Satzebene

2.6.2.1 Terminologiearbeit

Die Terminologielehre zählt zu den jüngeren Forschungsdisziplinen (Arntz et al., 2004: 3). Erste terminologische Grundsatzarbeiten entstanden in den 30er Jahren des letzten Jahrhunderts. Der Gründer und Vorreiter auf dem Feld der modernen Terminologielehre war Eugen Wüster mit seiner „Wüsterschen Allgemeinen Terminologielehre". Ende der 60er Jahre begann die terminologische Grundlagenforschung und Anfang der 70er Jahre entstanden die Terminologiewissenschaften (Felber & Budin, 1989: 43f.).[52]

Das Feld der Terminologiearbeit[53] ist in den letzten Jahren und Jahrzehnten bereits ausführlich in verschiedensten wissenschaftlichen Arbeiten beleuchtet worden. Im Rahmen dieser Arbeit wird das Thema deshalb nur am Rande und im Zusammenhang mit firmeninterner Terminologiearbeit zur Prozessoptimierung aufgegriffen.

---

51 Auch Pemberton et al. (1996: 85) halten ‚Hypertext Authoring Tools' für eine sinnvolle Funktion.

52 Zu den ‚Klassikern' auf diesem Gebiet gehören die Arbeiten von Wüster (1991), der zweibändige Sammelband von Wright & Budin zu Grundfragen des Terminologiemanagements und der praktischen Anwendung (1997a & 1997b) und der Sammelband von Hoffmann, Kalverkämper & Wiegand, der sich mit Fragen der Terminographie und des Terminologiemanagements befasst (1999). Weitere grundlegende Werke aus dem In- und Ausland, die sich mit Themen wie Terminologiewissenschaften, Terminologielehre, Terminologiearbeit, Terminographie und teilweise auch EDV-gestützter Terminologiearbeit befassen, sind die Bücher von Arntz et al. (2004), Felber & Budin (1989), Sager (1990) und Cabré (1998).

53 „Terminologiearbeit: Tätigkeit, die auf die Vereinbarung von Grundsätzen (terminologische Grundsatzarbeiten) bzw. auf die Anwendung dieser Grundsätze bei der Erhebung des Ist-Zustandes von Terminologien oder bei der Erstellung des Soll-Zustandes von Terminologien (terminologische Facharbeit) gerichtet ist." (Felber & Budin: 1989: 7)

Die Wichtigkeit des Aufbaus einer firmeneigenen Terminologie und der kontinuierlichen Pflege rückt immer mehr ins Bewusstsein der Unternehmen. Eine Umfrage der tekom aus dem Jahr 2010 belegt diesen Trend. Die Mehrheit der befragten Unternehmen erachtet Terminologiearbeit als sehr wichtig und die Verwendung von einheitlichen Benennungen von hohem Nutzen in Bezug auf Arbeitserleichterung, Zeitersparnis und Qualität. Nichtsdestotrotz wird in der Praxis immer noch vergleichsweise wenig in Terminologiearbeit investiert und nur gut 20 % der Unternehmen betreiben bereits aktiv ein Terminologiemanagement. Allerdings befinden sich viele Unternehmen bereits in der Prüf- oder Einführungsphase (Schmitz & Straub, 2010: 5). Dies bestätigt auch eine Studie der Firma SDL aus dem Jahr 2009 (Wetzel, 2009). Eine Studie der Aberdeen Group aus dem Jahr 2010 zeigt, dass diejenigen Unternehmen, die zur Übersetzung ihrer Produktdokumentation eine integrierte Übersetzungslösung anwenden, am erfolgreichsten sind. Neben dem Einsatz eines *Content-Management-Systems* und eines *Translation-Memory-Systems* gehört auch eine standardisierte Firmenterminologie dazu (Walsh, 2010: 7; Henderson, 2010: 4). Während sich bei Übersetzern die aktive Terminologiearbeit[54] schon länger durchgesetzt hat (Zielinski & Ramírez, 2005), erfolgt die Verwaltung der Terminologie sowohl bei Unternehmen als auch bei Übersetzern jedoch oft noch in einfachen Word- oder Excel-Listen. Der Einsatz kommerzieller Terminologieverwaltungsprogramme nimmt jedoch zu. Während Terminologiearbeit vor einiger Zeit noch als nachgelagerter Prozess betrachtet wurde, rückt er immer mehr in den Fokus der Ausgangstexterstellung, was durch den zunehmenden Trend automatischer Sprachprüfprogramme mit Terminologiefunktion verstärkt wird (siehe Kapitel 3.1).[55] Zudem erfordern immer kürzere Produktentwicklungszyklen und eine Parallelisierung der Prozesse Texterstellung und Übersetzung eine standardisierte, für alle zugängliche Terminologie und die Arbeit mit entsprechenden Werkzeugen (Studie der Europäischen Kommission, 2009).

Die Anfänge der computergestützten Terminologieverwaltung liegen etwa fünfzig Jahre zurück und begannen mit dem Aufbau von terminologischen Datenbanken auf Großrechnern (Schmitz, 2001: 188). Bei den ersten kommerziell verfügbaren Systemen erfolgte eine mono- oder bilinguale Termerfassung, später folgten multilinguale Systeme. Es gibt sowohl eigenständige Terminologiemanagementsysteme, die sich über Schnittstellen anbinden lassen, als auch

---

54 Häufig wird anstelle von ‚Terminologiearbeit' die Bezeichnung ‚Terminologiemanagement' verwendet.

55 Zu den Herausforderungen beim Datenaustausch zwischen verschiedenen Terminologiemanagementtools siehe Seewald-Heeg (2006).

bereits in CAT-Programmen[56] integrierte Lösungen. Neben der Terminologieverwaltung gibt es auch spezielle Programme zur (halb-)automatischen Extraktion von Termini.[57] Diese lassen sich in linguistische und statistische Verfahren unterscheiden. Bei linguistischen Verfahren erfolgt die Termidentifikation durch morphologische und syntaktische Analysen, während bei statistischen Verfahren Wörter und Phrasen aufgrund der Häufigkeit ihres Vorkommens herausgefiltert werden. Der Vorteil beim linguistischen Extraktionsverfahren liegt in einer höheren Genauigkeit, jedoch kann das Verfahren nur auf diejenigen Sprachen angewendet werden, die im Programm erfasst sind. Statistische Programme arbeiten umso genauer, je größer die zur Verfügung stehende Datenmenge ist, und sind prinzipiell für alle Sprachen einsetzbar, weshalb die meisten kommerziell verfügbaren Programme diesem Ansatz folgen. Eine dritte Möglichkeit bildet der hybride Ansatz, der versucht, die Vorteile der linguistischen und statistischen Verfahren zu kombinieren (Eisele, 2008). Des Weiteren gibt es noch sog. Konkordanzprogramme, die eine Liste aller im Text vorkommenden Wörter mit Häufigkeitsangabe erstellen. Die Listen erfordern jedoch oft eine intensive manuelle Nacharbeit. Eine relativ aktuelle und sehr ausführliche Übersicht zu kommerziell verfügbaren Terminologiemanagementsystemen findet sich in der Studie von Fritz et al. (2010).[58] Eine Darstellung, wie sich Terminologieverwaltung und -extraktion in den Texterstellungs- und Übersetzungsprozess integrieren lassen, findet sich in Kapitel 3 unter Punkt 3.2.4.

2.6.2.2 Redaktionsleitfäden

Die meisten Unternehmen verfügen heutzutage über mehr oder weniger umfangreiche Formulierungsrichtlinien für einen einheitlichen öffentlichen Auftritt. Diese Richtlinien werden als Gestaltungs- und Formulierungsrichtlinien, *(Corporate) Style Guides* oder (Redaktions-)leitfäden, teilweise auch als sog. ‚Stilfibeln'

---

56 ‚Computer-Aided-Translation-Programme' (CAT-Programme) sind Programme zur computergestützten Übersetzung.

57 Eine Untersuchung über die Vorteile des Einsatzes automatischer Termextraktionsprogramme findet sich bei Gasser (2004: 235f.).

58 Eine weitere Übersicht zu Terminologieverwaltungssystemen findet sich bei Seewald-Heeg (2009: 45ff.). Eine ausführliche Darstellung unterschiedlicher terminologischer Eintragstrukturen findet sich bei Saß (2004). Massion hat eine Übersicht zu kommerziellen Terminologieprogammen mit Extraktionsfunktion erstellt (2009: 45). Das ‚Deutsche Terminologie-Portal' bietet im Internet ebenfalls eine Übersicht zu Terminologieverwaltungs- und Extraktionsprogrammen (www.termportal.de).

bezeichnet, je nachdem, ob sie eher stilistisch geprägt sind oder ob formale Aspekte wie die *Corporate Identity* im Vordergrund stehen (Baumert, 1998: 5). Eine Übersicht verschiedener Redaktionsleitfäden findet sich bei Baumert (1998). Da in der vorliegenden Arbeit die Technische Redaktion und das Ziel der Erhöhung von Verständlichkeit und Konsistenz von Texten im Vordergrund stehen, wird im Folgenden die Bezeichnung ‚Redaktionsleitfaden' verwendet[59]. Der Redaktionsleitfaden in der Technischen Redaktion kann folgende Punkte beinhalten:

- Informationen zu Prozessabläufen, Zuständigkeiten, Schnittstellen und Werkzeugen
- Informationen zum Aufbau der Informationsprodukte und der Strukturierung der Inhalte (dies beinhaltet auch Angaben zur Einbindung von Strukturierungsmethoden, wie z. B. Funktionsdesign)
- Anweisungen zu Stil, Terminologieverwendung und Layout
- Eine Darstellung der Qualitätsziele (Oehmig, 2008: 7f.)

Redaktionsleitfäden definieren die Zielgruppe und die Art der Ausgabemedien, sie geben Anhaltspunkte zur Zeitplanung, zur Verwaltung von Daten und sie dienen als Einarbeitung oder Nachschlagewerk für neue Mitarbeiter. Das Ziel sind effizientere Arbeitsabläufe und eine Kostensenkung, eine einheitliche und qualitativ verbesserte Dokumentation und ein *Corporate Wording* und *Design*. Der Leitfaden enthält je nach angestrebtem Zweck z. B. Richtlinien für das gesamte Unternehmen, für Redakteure, Entwickler, Übersetzer, Grafiker oder generell neue Mitarbeiter.

In Bezug auf die Übersetzung und Lokalisierung sind besonders Angaben zu Ansprechpartnern, Text- und Bildgestaltung, Dokumenten- und Projektmanagement sowie die Verwendung von Terminologie relevant (Oehmig, 2008: 38f.). Durch die Standardisierung der Richtlinien erreicht man eine Vereinheitlichung des Schreibstils, somit eine erhöhte Textqualität und durch die verbesserte Konsistenz eine Reduktion von Übersetzungskosten beim Einsatz von *Translation-Memory-Systemen*.

Seit den Anfängen der Redaktionsleitfäden in den 1980er Jahren hat es viele Veränderungen gegeben (Closs, 2015: 17ff.). Während am Anfang das Erarbeiten firmenspezifischer Regeln im Vordergrund stand, fußten später viele Redaktionsleitfäden auf Strukturierungsmethoden wie Funktionsdesign. Die technologischen Weiterentwicklungen in der Technischen Dokumentation beeinflussen zudem

59 Ein *Style Guide*, der typografische, grafische und sprachliche Vorgaben enthält, ist strenggenommen üblicherweise nur ein Teil eines Redaktionsleitfadens und greift als alleinige Bezeichnung zu kurz.

Funktion und Aufbau eines Redaktionsleitfadens. Sowohl die Arbeit mit XML-basierten Standards, als auch Qualitätssicherungsmaßnahmen mithilfe von Terminologieprogrammen und *Controlled-Language-Checkern* müssen bei der Erstellung berücksichtigt werden. Laut einer Umfrage von Hellmich (2015: 28ff.) stehen bei der Konzeption eines Leitfadens vor allem die Aspekte der Durchsuchbarkeit und des schnellen Auffindens von Informationen im Vordergrund. Viele Redakteure wünschen sich zudem eine Einbettung in das jeweilige Redaktionssystem oder die interaktive Umsetzung als Wiki.

Parallel zum Trend der Nutzung mobiler Endgeräte scheint sich auch bei Redaktionsleitfäden der Trend abzuzeichnen, dass digitale Formen die klassischen, gedruckten Varianten ablösen. Nach Closs können somit Inhalte „nach geeigneten in sich abgeschlossenen Modularisierungskriterien aufgeteilt und in Topics dargestellt werden." (Closs, 2015: 21). Die Zusammenstellung der Topics erfolgt nach Zielgruppe und Zweck. Der Leitfaden kann folglich kontinuierlich weiterentwickelt werden (Murawski, 2009: 24).

2.6.2.3 Translation-Memory-Systeme

Neben der Terminologiearbeit auf Wortebene und dem Einsatz eines Redaktionsleitfadens, der Formulierungsrichtlinien auf syntaktischer Ebene festlegt, sind *Translation-Memory-Systeme* (TMS) eines der wichtigsten Standardisierungswerkzeuge auf Satzebene zum Erreichen von Konsistenz und Wiederverwendbarkeit. Bei TMS handelt es sich um ‚Übersetzungsspeicher', in denen bereits übersetzte Segmente in Ausgangs- und Zielsprache gespeichert werden.

Kommen diese Segmente in gleicher oder ähnlicher Form in einem anderen Text vor, werden sie dem Übersetzer zur Wiederverwendung angeboten.[60] An dieser Stelle werden TMS nicht näher erläutert, da sie in Kapitel 4 ausführlich dargestellt werden. Dort werden Aufbau und Funktionsweise von TMS, am Markt gängige Programme und Ansätze zur Verbesserung der Retrievalleistung beleuchtet.

2.6.3 Standardisierung von Datenformaten

Die inhaltliche Standardisierung auf Wort-, Satz- und Textebene wird ergänzt durch die Vereinheitlichung von Datenformaten. Diese dient dazu, eine systemunabhängige und formatfreie Austauschbarkeit von strukturierten Informationen

60 Bei Segmenten handelt es sich häufig um Übersetzungseinheiten auf Satzebene. Dazu zählen Sätze, Kapitelüberschriften, Aufzählungspunkte oder Inhalte von Tabellen (vgl. Drewer & Ziegler, 2011: 68).

zu ermöglichen. In den letzten Jahren hat sich zunehmend die Verwendung von XML als Auszeichnungssprache durchgesetzt. Viele CMS haben sich bereits auf bestimmte standardisierte Formate und Strukturen spezialisiert (Krüger & Ziegler, 2008: 14ff.). Detaillierte Informationen zu Standardisierungsorganisationen und verschiedenen Standards finden sich bei Krüger & Ziegler (2008: 16ff.).[61]

Ein Standard, der entsprechend vermarktet wird und zunehmend Verbreitung findet, ist ‚DITA' (Darwin Information Typing Architecture). DITA wurde als Informationsarchitektur ursprünglich von IBM für firmeninterne Dokumentationsprozesse entwickelt und 2004 als *Open-Source-Toolkit* der Öffentlichkeit zur Verfügung gestellt. Seitdem wird es kontinuierlich von der ‚OASIS' (Organization for the Advancement of Structured Information Standards) weiterentwickelt. Aufgrund der großen Verbreitung haben viele CMS diesen Standard integriert. Zudem sind ‚Open Toolkits' im Internet verfügbar (www.oasis-open.org). DITA basiert auf der Wiederverwendung von Inhalten in Form von Topics. Es existieren drei grundlegende Topic-Arten – ‚Concept' (Hintergrundinformationen), ‚Reference' (Referenz) und ‚Task' (prozedurale Informationen), die verschachtelt oder getrennt verwendet werden können (Krüger & Ziegler, 2008: 27ff.; Closs, 2006: 153ff.).

Die einzelnen Topics werden in einer Map gegliedert, die das Gerüst des Informationsgebildes darstellt. Bei der OASIS gibt es unterschiedliche Arbeitsgruppen, die sich mit Spezialisierungen für verschiedene Bereiche befassen, wie z. B. das ‚DITA Translation Subcommittee'. Diese Arbeitsgruppe befasst sich mit der Entwicklung von Richtlinien für einen reibungslosen Informationsfluss innerhalb des gesamten Produktionszyklus der Informationsprodukte, von der Texterstellung bis zur Lokalisierung und finalen Produktion der Informationen (www.oasis-open.org).

61 In der Technischen Dokumentation bekannte auf XML basierende Dokumentenformate sind heute beispielsweise ‚DocBook', das als offener Standard von der OASIS ständig weiterentwickelt wird, die ‚S1000D' (International Specification for Technical Publications Utilising a Common Source Data Base) und die ‚ATA 100' im Bereich des Luftfahrtverkehrs, der ‚SCORM-Standard' (Shareable Content Object Reference Model) oder der im Automobilbereich vom MSR-Konsortium entwickelte Standard zum Austausch von Information zwischen Herstellern und Zulieferern. Neben diesen teilweise branchenunabhängigen, teilweise branchenspezifischen Standards existieren auch rein firmenspezifische Entwicklungen.

2.6.4 Exkurs: Mobile Technische Dokumentation und neue Formen der Visualisierung

Der zunehmende Trend zur Nutzung mobiler Endgeräte, sowohl im beruflichen als auch im privaten Umfeld, führt zu Veränderungen in der Technischen Dokumentation. Die klassische, gedruckte Dokumentation wir immer öfter ergänzt oder auch zunehmend ersetzt durch sog. ‚mobile Dokumentation', auch ‚elektronische Dokumentation' genannt. Branchenkennzahlen der tekom belegen, dass im Jahr 2014 9,2 % der befragten Unternehmen mobile Dokumentationen einsetzten und mehr als die Hälfte aller Befragten Interesse an diesem Thema zeigten (Hennig & Tjarks-Sobhani, 2014: 7). Die Vorteile mobiler Dokumentation liegen in der leichteren Verfügbarkeit von Informationen und der Möglichkeit, bei Produktupdates kontinuierlich die Dokumentation zu aktualisieren. Grundsätzlich gibt es verschiedene Arten von elektronischer Dokumentation. Nach Machert ist eine Online-Publikation „eine elektronische Publikation, bei der die Daten auf einem Server zur Verfügung gestellt werden und die zur Nutzung der Information verwendete Software auf dem Endgerät des Anwenders läuft." (Machert, 2014: 12). Bei der Offline-Publikation handelt es sich laut Machert um „eine Publikation, bei der sowohl die Daten als auch die zur Nutzung der Daten verwendete Software auf dem Gerät des Nutzers laufen." (Machert, 2014: 13).

Durch die mobilen Endgeräte haben sich auch die Nutzungsgewohnheiten verändert, sowohl bzgl. des Aspekts der Informationssuche, als auch bezüglich der Darstellung der Informationen. In Konsequenz muss bei der mobilen Dokumentation der Fokus stärker auf dem potenziellen Nutzer und seinen Bedürfnissen liegen, um die Informationssuche effizient zu unterstützen, damit relevante Informationen gefunden werden können. Dies erfordert einen divergierenden Ansatz bei der Dokumentationserstellung. Hierzu eignen sich u. a. verschiedene XML-basierte Standards wie DITA, Docbook oder PI-Mod (Machert, 2014: 16ff.). Die Art der Informationsdarstellung wiederum stellt eine Herausforderung für den Schreib- und Übersetzungsprozess dar. Zumeist verfügen die mobilen Endgeräte über kleinere Oberflächen, die eine kleinteiligere Darstellung von Textinformationen bedingen.[62] Dies kann nur durch eine stärkere Modularisierung in Form von noch kleiner strukturierten Topics erfolgen, die gemäß Schmolz mit unterschiedlichsten Metadaten versehen sein sollten (Schmolz, 2014: 96). Erforderlich ist zudem ein mehrsprachiges Terminologiemanagement, bei dem besonderen Wert auf Synonyme gelegt wird.

62 Eine detaillierte Darstellung der Anforderungen mobiler Dokumentation findet sich bei Schmeling (2014: 67ff.).

Eine neue Form der Visualisierung in der Technischen Dokumentation ist der ‚Utility-Film', der nachfolgend näher dargestellt wird. Die Bezeichnung ‚Utility-Film' ist relativ neu und wurde 2006 von der Firma „memex GmbH" geprägt. Der Utility-Film ist auch unter der deutschen Bezeichnung Gebrauchsfilm bekannt. Ebenfalls findet man die Bezeichnungen Instruktionsfilm, Servicefilm oder Bewegtbildanleitung (Alff et al., 2010). Beim Utility-Film handelt es sich um

> „interaktive, nicht-lineare *Instruktionsfilme*, deren Haupteinsatzfeld in der Technischen Dokumentation Handlungsanleitungen aus dem Montage- und Schulungsumfeld sind." (Schmolz, 2010: 68f.)

> „Hauptmerkmal sind kurze Informationseinheiten (Einzelclips oder Clipsequenzen), die jeweils einem isolierten, in sich abgeschlossenen Handlungsschritt entsprechen und für die unmittelbare Nachahmung vorgesehen sind." (Schmolz, 2014: 96)

Im Vergleich zur schon länger bekannten Videoanleitung, bei der es sich um einen durchgängigen Film handelt, ist der Utility-Film ein interaktiver Anleitungsfilm, der aus kurzen, miteinander verknüpften Videoclips besteht und der nach jedem Handlungsschritt gestoppt werden kann. Beim Utility-Film findet eine Trennung von Struktur und Inhalt (dem Film) statt.[63] Die einzelnen Videoclips und Elemente bilden dabei die jeweiligen Informationseinheiten (Löffelholz, 2008: 4ff.). Der Utility-Film ist entweder komplett sprachfrei oder er enthält wenig Text in Form von Links, Grafiken oder Animationen. Es gibt verschiedene Einsatzbereiche. Häufig wird er als Handlungsanleitung eingesetzt. Er eignet sich jedoch auch zur Simulation verschiedener möglicher Handlungsschritte und Ergebnisse. Zudem kann er als Trainingsfilm zur Wissensvermittlung eingesetzt werden oder als Recherchetool für die Dokumentation und im Bereich der Übersetzung als zusätzliche Hilfe zur Vermeidung von Übersetzungsfehlern.

Die Vorteile liegen in der Austauschbarkeit und Wiederverwendbarkeit der einzelnen Clips, der Sprachneutralität und der Verringerung bzw. Vermeidung von Übersetzungskosten. Die Anleitung kann schnell produziert werden und ist einfach zu aktualisieren. Der Utility-Film wird bisher hauptsächlich im technischen Bereich für Schulung und Service als Ergänzung zur Anleitung in Papierform eingesetzt. Da er jedoch prinzipiell auf verschiedenen Endgeräten abspielbar ist, bieten sich mit der Zunahme der Verbreitung mobiler Endgeräte weitere Einsatzmöglichkeiten, gerade auch im Endkundenbereich.

63 Ausführliche Erläuterungen zu den Unterschieden zwischen Hypervideo und Utility-Film finden sich bei Schmolz (2010: 68ff.).

2.6.5 Zusammenfassung

Die oben genannten Strukturierungs- und Modulierungsmaßnahmen sind laut Nickl (2005: 43ff.) ein Kennzeichen der Industrialisierung, die auch am Arbeitsplatz des Technischen Redakteurs nicht Halt macht. Nickl unterscheidet vier große Tendenzen – Automatisierung, Modularisierung, Prozessorientierung und Forschung & Entwicklung. Ein Beispiel für die Automatisierung des Schreibprozesses sind die oben genannten TMS. *Single-Source-Publishing* und die Standardisierung von Datenformaten sind ein Zeichen für die Modularisierung des Schreibprozesses. Die Prozessorientierung zeigt sich vor allem in aufwändigen Workflows und der Strukturierung der Arbeitsabläufe durch CMS. In zunehmendem Maße wird die Technische Dokumentation auch von sprachwissenschaftlichen Forschungen ins Visier genommen und ist „ein etabliertes Forschungsfeld der Linguistik" geworden (Nickl, 2005: 54).

Bei der Weiterentwicklung der Technischen Dokumentation hin zur mobilen Dokumentation gilt es, zukünftig einige Herausforderungen zu meistern. Zum einen erfordert mobile Dokumentation eine noch stärkere Berücksichtigung nicht nur einer Zielgruppe, sondern des Einzelnen, der sich durch eine individuelle Informationssuche auszeichnet. Zum anderen erfordern die Rahmenbedingungen der Darstellung weiter ausgefeilte Standardisierungsbemühungen in Form von Modularisierungen, die im Widerspruch zur individuell nutzbaren Dokumentation stehen.

Broda (2014) führt dazu aus:

> „Nicht zuletzt scheint es oft schon aus Kosten- und Zeitgründen wegen der Notwendigkeit der Standardisierung und den Anforderungen an übersetzungsgerechtes Schreiben nicht möglich, unterschiedliche Dokumentationen für alle möglichen Zielgruppen nach demografischen, psychografischen oder soziografischen Gesichtspunkten bereitzustellen." (Broda, 2014: 53)

Mit Ausnahme des Utility-Films, der eine Übersetzung obsolet werden lässt, wirken sich die zuvor erläuterten Strukturierungsmaßnahmen auf Wort-, Satz- und Textebene alle direkt und positiv auf die Texterstellung und die Übersetzung aus. Terminologiearbeit ist ein wichtiger Faktor zur Erreichung von Konsistenz in der Ausgangs- und Zieltextproduktion. Der Einsatz von TMS ist schon lange unabdingbar im Bereich der Übersetzung von technischen Texten. Redaktionsleitfäden wiederum bieten dem Technischen Redakteur und dem Übersetzer zusätzliche Hinweise bzgl. inhaltlicher, sprachlicher oder formatbezogener Vorgaben. Heutzutage verstehen sich die kommerziellen Hersteller von TMS als Lieferanten von Lösungen im globalen Informationsmanagement und bieten u. a. zusätzlich umfassende Projektmanagementfunktionen, was den gesamten Übersetzungsprozess besser strukturiert und übersichtlicher macht. Der zunehmende Einsatz von CMS in der Technischen Redaktion bringt Vorteile für den Technischen Redakteur hinsichtlich der Vermeidung von doppelten Übersetzungen und Einheitlichkeit im sprachlichen Auftritt, aber insofern auch Herausforderungen mit sich, als dass es gilt, das CMS und das TMS miteinander über Schnittstellen zu verbinden und eine reibungslose Zusammenarbeit zu ermöglichen. Unter Punkt 3.2.4 werden die Synergien zwischen CMS und TMS näher beleuchtet. Für den Übersetzer sinkt durch die modulare Wiederverwendbarkeit der Textbausteine die Menge an zu übersetzendem Text, da nur komplett neue Texte übersetzt werden müssen. Die Übersetzung einzelner Textbausteine birgt allerdings die Gefahr von Fehlübersetzungen, sofern der Gesamtkontext nicht ersichtlich ist.

Das folgende Kapitel befasst sich mit ‚Kontrollierten Sprachen', die eine besonders restriktive Ausprägung der sprachlichen Steuerung von Dokumenten darstellen, jedoch zugleich die größtmögliche Standardisierung und Konsistenz im Schreibstil ermöglichen. Als Basis für Entwicklung und Aufbau von *Controlled-Language-Checkern* üben sie eine wichtige Funktion in der Technischen Dokumentation aus.

2.7 Kontrollierte Sprachen

2.7.1 Zum Begriff ‚Kontrollierte Sprache'

Bevor im Folgenden näher darauf eingegangen wird, was Kontrollierte Sprachen sind, zunächst ein paar Worte zur Bezeichnung ‚Kontrollierte Sprache'. Hierbei handelt es sich um eine ungünstige und missverständliche Übersetzung der im Englischen üblichen Bezeichnung *Controlled Language*. Wie Göpferich bemerkt (2007a: 1), wäre im Deutschen die Bezeichnung gesteuerte oder standardisierte Sprache zutreffender, jedoch hat sich der Ausdruck Kontrollierte Sprache trotz der mit dem Wort ‚Kontrolle' verbundenen negativen Assoziationen im Sprachgebrauch gefestigt.

> „Kontrollierte Sprachen sind keine Kunstsprachen, wie z. B. das Esperanto, sondern Subsysteme natürlicher Sprachen, deren Wortschatz und zulässige grammatische Konstruktionen eine Teilmenge des Wortschatzes bzw. der möglichen grammatischen Konstruktionen der unkontrollierten natürlichen Sprache darstellen, aus denen sie abgeleitet sind." (Göpferich, 2002b: 366)

Kontrollierte Sprachen umfassen zum einen vorgegebene Schreibregeln und zum anderen teilweise einen festgelegten Wortschatz. Für den Einsatz Kontrollierter Sprachen gibt es zwei Hauptgründe. Kontrollierte Sprachen dienen dazu, die Lesbarkeit und Verständlichkeit[64] eines (technischen) Textes für den menschlichen Leser zu verbessern (Reuther, 2003; Huijsen, 1998: 2). Lehrndorfer bezeichnet dies als ‚modularen Ansatz' (Lehrndorfer, 1996a: 13). Dabei ist eine Kontrollierte Sprache nur ein Teil oder ‚Modul' innerhalb einer Reihe von anderen Werkzeugen zur sprachlichen Optimierung eines Textes. Neben der Verbesserung der Verständlichkeit für den Menschen, zielt der Einsatz Kontrollierter Sprachen auch darauf ab, die Übersetzbarkeit für den menschlichen Übersetzer und häufig besonders für Maschinelle Übersetzungssysteme (MÜ) zu erleichtern (Reuther, 2003). Der Einsatz Kontrollierter Sprachen hilft dabei, Mehrdeutigkeiten, die ein großes Problem bei der Maschinellen Übersetzung darstellen, zu vermeiden und so die Übersetzungsqualität zu verbessern. Lehrndorfer bezeichnet diesen Ansatz als ‚maschinell-effizienten Ansatz' (Lehrndorfer, 1996a: 13).[65] Mit Untersuchungen, welche die bessere Lesbarkeit und Textverständlichkeit sprachlich kontrollierter technischer Texte zum Thema haben, befassen sich Cadwell (2008: 50f.), Holmback et al. (1996: 166f.) und Reuther (2003). Die Vorteile Kontrollierter Sprachen hinsichtlich der Übersetzungsqualität in der MÜ wurden u. a. von Roturier (2004: 1ff.), Mitamura (1999), Newton (1992: 46f.), Spyridakis et al. (1997) und de Preux (2005: 1ff.) untersucht.

2.7.2 Entwicklung und Geschichte Kontrollierter Sprachen

Als ursprünglichste Form einer Kontrollierten Sprache kann man die sog. ‚Koiné', eine Variante des Altgriechischen, bezeichnen, die bis in die römische Kaiserzeit als Weltsprache fungierte (Lehrndorfer & Reuther, 2008: 97; Lehrndorfer, 2006: 29).[66] Die erste Kontrollierte Sprache im heutigen Sinne ist das von dem Linguisten Charles Ogden in den 30er Jahren des 20. Jahrhunderts entwickelte ‚BASIC English' (British, American, Scientific, International, Commercial), das aus einem reduzierten Wortschatz von lediglich 850 Wörtern bestand (Huijsen,

---

64 Neben den Bewertungsmaßstäben Lesbarkeit (Readability), Verständlichkeit (Comprehensibility) und Übersetzbarkeit (Translatability) gibt es noch eine Reihe weiterer Kriterien wie z. B. Konsistenz, Usability und Nachbearbeitungsaufwand (Post-editing effort). Die Abgrenzung der Bezeichnungen ‚Readability' und ‚Comprehensibility' ist in der Literatur oftmals recht schwammig.

65 Ebenfalls üblich sind die englischen Bezeichnungen ‚Human-oriented controlled languages' (HOCL) und ‚Machine-oriented controlled languages' (MOCL) (Cadwell, 2008: 10).

66 Eine detaillierte Darstellung weiterer Sub- und Welthilfssprachen findet sich bei Lehrndorfer (2006, 29f.).

1998: 5; Schwanke, 1991: 41; Arnold et al., 1994: 160).[67] Die erste firmeninterne Kontrollierte Sprache im Bereich der Technischen Kommunikation wurde in den 70er Jahren des letzten Jahrhunderts von dem amerikanischen Unternehmen Caterpillar Inc. entworfen (Huijsen, 2008: 5: Ley, 2005: 31; Schreurs & Adriaens, 1992: 206ff.). Das sog. ‚Caterpillar Fundamental English' (CFE), das auf dem BASIC English aufbaute, wurde ursprünglich mit dem Ziel entwickelt, die durch die weltweite Expansion immens gestiegenen Übersetzungskosten für die Dokumentation einzusparen, da ein stark vereinfachtes Englisch auch von Nicht-Muttersprachlern in kurzer Zeit erlernt und verstanden werden konnte (Kamprath et al., 1998: 51).[68] Später wurde daraus das ‚Caterpillar Technical English' (CTE), das weitaus weniger restriktiv war und eine bessere Verständlichkeit für Nicht-Muttersprachler sowie Vorteile für die Human- und Maschinelle Übersetzung zum Ziel hatte (Kamprath et al., 1998: 53).[69]

Neben unterschiedlichen Kontrollierten Varianten der englischen Sprache gab es auch in anderen Ländern Ansätze zur Entwicklung einer Kontrollierten Sprache. Hierzu zählen das ‚Français Rationalisé' (FR; Rationalised French)[70] (Barthe, 1998: 87ff.), das ‚Scania Swedish' (Sagvall Hein & Almqvist, 1996: 1f.; Sagvall Hein et al., 1997: 1f.) und das ‚Simplified Technical Spanish' (STS) (Ruiz Cascales & Sutcliffe, 2003). Für die deutsche Sprache existieren ebenfalls verschiedene Ansätze zur Sprachkontrolle, die sich jedoch bisher nicht in größerem Maße in der Praxis durchsetzen konnten. Hierzu zählen das von Lehrndorfer 1996 in ihrer Dissertation veröffentlichte Konzept eines ‚Kontrollierten Deutsch' für die Technische Dokumentation (Lehrndorfer 1996a & 1996b) und das sog.

---

67 Eine Übersicht dazu findet sich im Internet unter http://ogden.basic-english.org/words.html.

68 Ein anderer Ansatz, um Übersetzungskosten einzusparen, bestand darin, dass in Fremdsprachen versierte Technische Redakteure die Übersetzungen verfassten, was Hartley & Paris (1996: 226) als ‚parallel technical authoring' bezeichnen. Die Idee der ‚MT for monolinguals' bestand darin, dass der Technische Redakteur mit einem MÜ-System Übersetzungen in vielfältige Sprachen erstellen konnte.

69 In den folgenden Jahren wurden etliche Kontrollierte Sprachen entwickelt. Hierzu zählen beispielsweise das ‚NCR Fundamental English', die ‚Kodak International Service Language' (KISL), das ‚Plain English Program', die ‚International Language for Servicing and Maintenance' (ILSAM) und das ‚Perkins Approved Clear English' (Douglas & Hurst, 1996: 93f.), welche alle Weiterentwicklungen des CFE darstellen (Schwanke, 1991: 42) sowie die sog. ‚Controlled Automotive Service Language' (CASL) und das ‚Global English' (GE) von General Motors (Göpferich, 2001: 371; Means & Godden, 1996: 106f.; Godden, 1998: 185; Hebling, 2002: 107f.).

70 Ausführliche Informationen zu FR finden sich bei Hebling (2002: 88f.).

‚Siemens Dokumentationsdeutsch‘ (SDD), das zur Verbesserung der deutschen Ausgangstexte als Vorbereitung für die Maschinelle Übersetzung mit dem ebenfalls von Siemens entwickelten System TopTrans diente (Schachtl, 1996: 143f.).[71] Einen anderen Weg beschreitet die tekom (Gesellschaft für Technische Kommunikation), die seit Anfang 2011 eine Leitlinie „Regelbasiertes Schreiben“ herausgibt. Es handelt sich dabei nicht um eine Kontrollierte Sprache per se, sondern um eine Sammlung von Richtlinien. Die Leitlinie wird unter Punkt 2.7.4 ausführlich beschrieben.

Heute existiert eine Vielzahl firmenspezifischer Kontrollierter Sprachen, die unterschiedlich stark restriktiv sind und mit Ausnahme des Branchenstandards ‚Simplified Technical English‘ für firmeninterne Zwecke konzipiert sind.[72] Wie O’Brien (2003) in einer Untersuchung von acht prominenten Vertretern Kontrollierter Sprachen feststellte, gab es nur eine Regel, die auf alle acht gleichermaßen zutraf.[73]

2.7.3 Präskriptiver vs. proskriptiver Ansatz

Generell gibt es zwei Ansätze zum Aufbau einer Kontrollierten Sprache. Die erste Möglichkeit besteht darin, eine Positivliste mit allen erlaubten Wörtern und Strukturen zu erstellen. Dies wird als sog. ‚präskriptiver Ansatz‘ bezeichnet. Die zweite Möglichkeit besteht in der Erstellung einer Negativliste mit allen verbotenen Termini und Strukturen, der sog. ‚proskriptive Ansatz‘. In der Praxis werden beide Ansätze, teilweise auch in Kombination, verwendet und sie führen trotz unterschiedlicher Ausgangspunkte zu ähnlichen Ergebnissen. Häufiger anzutreffen ist jedoch der präskriptive Ansatz, wie z. B. beim ‚Simplified Technical English‘ (STE). Die Vorteile der präskriptiven Gestaltung bestehen in hoher Effizienz

---

71 TopTrans wurde als MÜ-System zur Übersetzung der Bedienungsanleitungen bestimmter Telefone vom Deutschen ins Englische konzipiert. Nach einer Pilotphase im Jahr 1999 rückte man wieder von der recht restriktiven Sprachkontrolle durch das SDD ab, da die dadurch notwendigen Umformulierungen wesentlich mehr Zeit in Anspruch nahmen als die von TopTrans aufgeworfenen Fragen ohne sprachliche Kontrolle (Schachtl & Fraser-Tillmann, 2001).

72 Eine Übersicht verschiedener firmenspezifischer Kontrollierter Sprachen findet sich bei Göpferich (2002b: 371) und Drewer & Ziegler (2011: 211). Eine sehr detaillierte Auflistung und Klassifizierung Kontrollierter Sprachen für das Englische findet sich bei Kuhn (2014).

73 Auch die Kommunikation zwischen Behörden und der Öffentlichkeit wird zunehmend erleichtert. Die sog. ‚Plain Language‘ (www.plainlanguage.gov) und das ‚Leichte Deutsch‘ sind zwei Beispiele hierfür (Schriver, 2012: 279).

und Konsistenz. Als nachteilig erweisen sich ein längerer Einarbeitungsaufwand, stärkere Einschränkungen in der individuellen Formulierung und eine unklare Fehlererläuterung. Die Vorteile des proskriptiven Ansatzes liegen in größerer Formulierungsfreiheit und somit höherer Akzeptanz und genaueren Fehlererläuterungen. Als nachteilig erweisen sich jedoch eine geringere Effizienz und mehr Abweichungen (Reuther, 2007; Lehrndorfer & Reuther, 2008: 107f.).

2.7.4 Gegenüberstellung ausgewählter Kontrollierter Sprachen

Nachfolgend werden drei Vertreter Kontrollierter Sprachen vorgestellt. Die ‚Mutter' aller Kontrollierten Sprachen, das ‚ASD-STE' wird in kurzer Form dargestellt. ‚Global English' ist eine neue, schwach kontrollierte Variante des Englischen. Die tekom-Leitlinie wiederum kennzeichnet die Besonderheit, dass sie für die deutsche Sprache Regeln erarbeitet, die mit automatischen Sprachprüfprogrammen, die in Kapitel 3 erläutert werden, überprüfbar sind.

2.7.4.1 ASD-Simplified Technical English

Das vom „Verband der Europäischen Luft- und Raumfahrtindustrie" (Association Européenne des Constructeurs de Matériel Aérospatial – AECMA, später ASD[74]) entwickelte ‚Simplified English' ist die am weitesten verbreitete und zugleich restriktivste Kontrollierte Sprache mit dem Ziel, eine vereinfachte Sprache für die Erstellung der Dokumentationen im Bereich der zivilen Luftfahrtindustrie zu erarbeiten.

Die erste Spezifikation wurde 1986 als ‚Simplified English' von der AECMA veröffentlicht (PSC-85-16598). 2004 wurde das Simplified English umbenannt in ‚ASD Simplified Technical English' und die Spezifikation bekam ihren heutigen Namen ‚ASD-STE' (Huijsen, 1998: 6; Chiarello, 2011: 4; Farrington, 1996: 1f.). STE wird ständig weiterentwickelt und auch von anderen Branchen adaptiert (Wojcik & Holmback, 1996: 22f.; Wojcik et al., 1998: 114).

STE besteht aus zwei Teilen. Teil 1 behandelt die Formulierungsrichtlinien (Writing Rules), Teil 2 das Lexikon (Dictionary) (ASD-STE 100). Die Formulierungsrichtlinien umfassen insgesamt 9 Abschnitte (ASD-STE 100; siehe auch Göpferich, 2002b: 372; Ley, 2005: 38; Drewer & Ziegler, 2011: 201). Der Abschnitt ‚Wörter' beinhaltet beispielsweise 14 Regeln. Die folgenden Beispiele sind der ASD-STE 100, Issue 5, 2010 entnommen.

---

74 ‚Aerospace and Defense Industries Association of Europe' (ASD).

Abbildung 2.9: Beispiel für eine Wortregel in STE (zitiert aus: ASD-STE, 2010: 1-1-2)

Part of speech

RULE: 1.2 Use approved words from the Dictionary only as the part of speech given.

Each approved word in the Dictionary has a part of speech. Do not use it as another part of speech for which it is not approved. For example, if a word is given only as a noun, do not use it as a verb.

Example: **"Test" is approved as a noun but not as a verb.**

Non-STE: *Test the system for leaks.*
STE: *Do the leak test for the system.*
or
Do a test for leaks in the system.

Example: **"Close" is a verb (and not an adverb).**

STE: *Close the access panel. ("close" is a verb here)*

Non-STE: *Do not go close to the test rig during the test. ("close" is an adverb here)*
STE: *Do not go near the test rig during the test.*

Das Wörterbuch listet alle gemäß STE erlaubten Wörter auf. Dabei handelt es sich um ca. 900 Wörter, die den Grundwortschatz bilden und dem Prinzip der Eineindeutigkeit folgen (Göpferich, 2007a: 16f.). Hinzu kommen Fachwörter, sog. ‚Technical Names' und ‚Technical Verbs' sowie eine Liste mit nicht erlaubten Termen und Hinweisen zur Umformulierung (Göpferich, 2007a). Das Wörterbuch ist vierspaltig aufgebaut und zeigt neben dem Schlagwort die Definition oder alternative Synonyme sowie erlaubte und nicht erlaubte Beispiele.

Abbildung 2.10: Aufbau des Wörterbuchs in STE (zitiert aus: ASD-STE, 2010: 2-1-A1)

Keyword (part of speech)	Approved Meaning/ ALTERNATIVES	APPROVED EXAMPLE	Not Approved
A (art)	Function word: indefinite article	A FUEL PUMP IS INSTALLED IN ZONE XXXX.	
abaft (pre)	AFT OF	THE CONTROL UNIT IS INSTALLED AFT OF THE FLIGHT COMPARTMENT.	The control unit is installed abaft the flight compartment.
abandon (v)	STOP	STOP THE ENGINE START PROCEDURE.	Abandon engine start.
abate (v)	DECREASE	WHEN THE WIND SPEED DECREASES TO BELOW 30 KNOTS, YOU CAN OPEN THE CARGO DOOR.	When the wind abates to below 30 knots, you can open the cargo door.

Die Großschreibung des Schlagworts zeigt, dass dieses erlaubt ist, Kleinschreibung bedeutet, dass es nicht zugelassen ist. In Klammern werden zusätzlich Informationen zu Wortart und -form angegeben.

2.7.4.2 Global English

Bei dem von John R. Kohl 2008 veröffentlichten Buch „The Global English Style Guide" handelt es sich, wie der Name sagt, um eine Art *Style Guide*, oder wie Kohl schreibt, eine schwach kontrollierte Sprache (Kohl, 2008: 14). Global English wurde aus der Praxis heraus entwickelt und berücksichtigt bei den Regeln nicht nur die Texterstellung, sondern auch die Übersetzung. Der Fokus liegt auf zu vermeidenden grammatikalischen Strukturen und Termini. Der *Style Guide* richtet sich in erster Linie an Nichtmuttersprachler, die ein Dokument in Englisch verfassen wollen. Die Regeln umfassen die Vereinfachung des Schreibstils, den korrekten Einsatz von Adjektiven, Adverbien oder Pronomen sowie Interpunktion und die Vermeidung überflüssiger Phrasen. Zu jedem Kapitel und Unterpunkt gibt es ausführliche Beispielsätze, welche die falsche und richtige Formulierung zeigen.[75]

Abbildung 2.11: Darstellung der Regeln im Global English (zitiert aus: Kohl, 2008: 38)

3.4 Keep phrasal verbs together

Priority level: HT3, NN3, MT1

Whenever possible, keep the parts of a phrasal verb together:

X **Turn** the zoom tool **off** by clicking the circle tool.

✓ **Turn off** the zoom tool by clicking the circle tool.

Zusätzlich gibt es einen ausführlichen Anhang, der eine tabellarische Übersicht zu den verschiedenen Schreib- und Stilregeln bietet. Die Tabellen zeigen, welche

75 Die Mehrheit der Satzbeispiele bezieht sich auf englische Sätze. Es gibt wenige französische Beispiele und nur ein paar Beispielsätze für das Deutsche, die zudem leider fehlerhaft sind.

Regeln vor allem für menschliche Übersetzer (HT), welche für die Maschinelle Übersetzung (MT) und welche für Nicht-Muttersprachler (NN) gedacht sind.

Abbildung 2.12: Übersicht zu den einzelnen Regeln beim Global English (zitiert aus Kohl, 2008: 241)

Grouped by Chapter			
Number	**Description**	**HT**	**NN**
2.1	Be logical, literal, and precise in your use of language	1	1
2.3	Don't add verb suffixes or prefixes to nouns, acronyms, initialisms, or conjunctions	1	3
2.2	Use nouns as nouns, verbs as verbs, and so on	2	2
2.4	Use standard verb complements	2	2
2.5	Don't use transitive verbs intransitively, or vice versa	3	3
2.6	Use conventional word combinations and phrases	3	3
2.7	Don't use non-standard comparative and superlative adjectives	3	3
2.8	Use *the* only with definite nouns	3	3
2.9	Use singular and plural nouns correctly	3	3

2.7.4.3 tekom-Leitlinie „Regelbasiertes Schreiben"

Die Leitlinie „Regelbasiertes Schreiben, Deutsch für die Technische Kommunikation" ist ein neuer Ansatz zur Schaffung eines sprachlich kontrollierten Deutsch als branchenübergreifender Standard für die Technische Dokumentation (tekom-Leitlinie „Regelbasiertes Schreiben", 2011: 7ff.). Die Leitlinie wurde entwickelt unter Beteiligung von Mitgliedern aus Industrie, Hochschulen, Dienstleistungsunternehmen und Tool-Herstellern, die die ‚AG Technisches Deutsch' bildeten. Ziel war es, eine Reihe von in der Praxis bewährten Regeln zur Entwicklung eines unternehmensspezifischen Regelwerks zusammenzutragen, die als Richtlinien für *Corporate Identity* und *Corporate Design* dienen sollen. Vorbild war das zuvor erläuterte STE. In die Arbeit sind zudem Erkenntnisse aus dem ‚tekom QualiAssistent'[76] eingeflossen. Im Gegensatz zum STE steht bei der Leitlinie jedoch nicht die internationale Kommunikation im Vordergrund, sondern Qualitätssteigerung und Kostensenkung im Dokumentations- und Übersetzungsprozess (vgl. Drewer & Ziegler, 2011: 218; Fleury, 2011: 51ff.). Vor ihrer

76 Beim ‚tekom QualiAssistent' handelt sich um eine Bewertungssoftware zur Optimierung technischer Texte mit Checklisten für Online-Informationen, Textverständlichkeit und Übersetzungsqualität (www.tekom.de).

Veröffentlichung im Januar 2011 wurde die Leitlinie vorab in einer Beta-Version mit 60 Regeln von 39 tekom-Mitgliedern getestet.[77] Deren Rückmeldungen und Verbesserungsanregungen flossen wiederum in die Leitlinie ein. Bei der Auswahl der Regeln standen Konsistenz, Verständlichkeit, Wiederverwendbarkeit, übersetzungsgerechtes Schreiben und Überprüfbarkeit im Vordergrund. Die erste Auflage der Leitlinie umfasst etwa 100 Regeln, die sich in Text-, Satz- und Wortregeln gliedern. Zusätzlich enthält sie eine Regelmatrix zu den Informationsarten, ein Glossar, einen Index und einen Minimal-Regelsatz aus Basisregeln. Diese 15 Basisregeln richten sich an Anfänger und sind als Einstiegshilfe zum Aufbau eines eigenen Regelwerks gedacht.

Die Regeln sind nach einem vorgeschriebenen Modell aufgebaut:

- Regelnummer und Regelüberschrift
- Regel (kurzer Satz mit direkter Anrede)
- Handlungsanweisung
- Negativ- und Positivbeispiele (Tabelle)
- Entscheidungshilfe
- Maschinelle Prüfbarkeit

Handlungsanweisungen ergänzen die Regeln und erklären, was zur Umsetzung dieser getan werden muss. Die Entscheidungshilfen ergänzen die Handlungsanweisungen, indem sie erklären, weshalb die Regel sinnvoll ist. Sie enthalten zudem Verweise auf Alternativregeln. Unter ‚Maschinelle Prüfbarkeit' wird angegeben, ob sich diese Regel für die Verwendung in einem *Controlled-Language-Checker* eignet oder sogar standardmäßig darin enthalten ist. Die beiden deutschen Hersteller von *Controlled-Language-Checkern* – Acrolinx und Congree – haben die Regeln bereits in ihre jeweiligen Produkte integriert.

Die nachfolgenden Beispiele zeigen ausschnittsweise Text-, Satz- und Wortregeln. Die Textregeln beziehen sich auf Orientierungselemente wie Überschriften, Indexe oder Verweise.

77 2013 erschien die zweite Auflage der tekom-Leitlinie. Sie wurde um die Themenbereiche Rechtschreibung, Zeichensetzung, Platz sparendes Schreiben und übersetzungsgerechtes Schreiben erweitert (www.tekom.de). 2014 wurde die tekom-Leitlinie auch für die englische Sprache veröffentlicht („Regelbasiertes Schreiben – Englisch für deutschsprachige Autoren").

Abbildung 2.13: Beispiel für eine Textregel in der tekom-Leitlinie (zitiert aus: tekom-Leitlinie „Regelbasiertes Schreiben", 2011: 17)

T 102 In Überschriften keine Nebensätze verwenden

Regel

Verzichten Sie in Überschriften auf Nebensatzkonstruktionen.

	Negativbeispiel	Positivbeispiel
1	Reinigungsmittel, die zu verwenden sind	Zulässige Reinigungsmittel
2	Produktionsvorgang, der bereits begonnen wurde, unterbrechen	Laufenden Produktionsvorgang unterbrechen

Entscheidungshilfe

Aufgrund der syntaktischen Komplexität sind Nebensatzkonstruktionen für Überschriften grundsätzlich nicht geeignet.

Maschinelle Prüfbarkeit

Möglich. Voraussetzung: Überschrift ist durch entsprechendes Tagging gekennzeichnet.

Satzregeln betreffen die Formulierung von Sätzen und beinhalten Themen wie die Vermeidung mehrdeutiger, unvollständiger oder komplexer Strukturen, Stil oder auch Wortstellung.

Abbildung 2.14: Beispiel für eine Satzregel in der tekom-Leitlinie (zitiert aus: tekom-Leitlinie „Regelbasiertes Schreiben", 2011: 46)

S 301 Häufung von Nominalphrasen vermeiden

Regel

Vermeiden Sie mehrere aneinandergereihte Nominalphrasen in einem Satz.

	Negativbeispiel	Positivbeispiel
1	Elektromotor zum Aufbauen mit zwei festgewickelten Spulen auf einer isolierten Bodenplatte.	a) Der Elektromotor besteht aus zwei festgewickelten Spulen und kann auf einer isolierten Bodenplatte aufgebaut werden. b) Sie können den Elektromotor auf einer isolierten Bodenplatte aufbauen. Er besteht aus zwei festgewickelten Spulen.

Entscheidungshilfe

Nominalphrasen verdichten Informationen. Dies erschwert die Textverständlichkeit.

Maschinelle Prüfbarkeit

Verfügbar

Wortregeln gelten für einzelne Wörter und betreffen die Verwendung von Bindestrichen, Zahlen, Sonderzeichen, Großbuchstaben, Genitiv, Dativ oder Abkürzungen. Es handelt sich dabei um Benennungsregeln für betreffende Fachwörter und Terminologie, nicht für Allgemeinwörter.

Abbildung 2.15: Beispiel für eine Wortregel in der tekom-Leitlinie (zitiert aus: tekom-Leitlinie „Regelbasiertes Schreiben", 2011: 66)

B 102a Komposita aus drei Basismorphemen immer mit Bindestrich

Regel

Schreiben Sie Komposita aus drei Basismorphemen immer mit Bindestrich.

	Negativbeispiel	Positivbeispiel
1	Betriebsstundenzähler	Betriebsstunden-Zähler
2	Arbeitsschutzkleidung	Arbeitsschutz-Kleidung

Entscheidungshilfe

Diese Schreibweise erhöht die Lesbarkeit und vermeidet Fehlinterpretationen.

Verwenden Sie diese Regel, wenn Ihr Text z.B. unter schwierigen Bedingungen, wie schlechter Beleuchtung, von Lesern mit unterschiedlichem Bildungsstand usw. gelesen wird.

Alternativ verwenden Sie Regel B 102b.

Maschinelle Prüfbarkeit

Verfügbar

In der ‚Matrix Regel-Informationsart' werden alle Regeln insgesamt sieben Informationsarten (wie beim Funktionsdesign) zugeordnet. Dabei handelt es sich um:

- Wartungsanleitung
- Funktionsbeschreibung
- Technische Daten
- Warnhinweis
- Sicherheitshinweis
- Störungsbehebung
- Advance Organizer

Die Eignung einer Regel wird jeweils auf einer fünfstufigen Skala von ‚stets gut geeignet' bis ‚nicht relevant' eingestuft. Zusätzlich wird angegeben, ob die Regel auch ohne funktionales Konzept allgemein anwendbar ist oder ob es sich um eine Vermeidungsregel handelt, d. h., dass sie eine sprachliche Gestaltung verbietet.

2.7.5 Vorteile und Nachteile des Einsatzes Kontrollierter Sprachen

Der Einsatz Kontrollierter Sprachen bringt einige Vorteile mit sich, sowohl für den Textproduzenten als auch für den Textrezipienten und den Übersetzer. Er ist jedoch auch mit verschiedenen Nachteilen und einigem Umstrukturierungsaufwand verbunden. Die nachfolgenden Beschreibungen der Vor- und Nachteile sind eine Zusammenfassung der Aufzählungen der Autoren Goyvaerts (1996: 137ff.), Lehrndorfer (1996a: 46f.), Huijsen (1998: 3f.), Göpferich (2002b: 366ff.; 2007c: 438ff.), Lehrndorfer & Reuther (2008: 110f.) und Drewer & Ziegler (2011: 206ff.).

Für ein Unternehmen bedeutet der Einsatz einer Kontrollierten Sprache zunächst einmal eine verbesserte Textkonsistenz, bessere Lesbarkeit und Verständlichkeit. Dies wiederum trägt zur Bildung einer *Corporate Language* bei, die ein wichtiger Bestandteil der *Corporate Identity* ist. Besser verständliche Dokumentationen haben zudem den Vorteil größerer Rechtssicherheit, da Unfälle durch falsche Handhabung eines Produktes verringert werden und die Zahl der Haftungsansprüche abnimmt. Einheitlichkeit in Wortwahl, Terminologie, Satzstruktur und Stil sowie eine Reduktion von Homonymie und Synonymie machen die Kontrollierte Sprache zum sinnvollen Präeditionsinstrument für ein Maschinelles Übersetzungssystem. Der Einsatz Kontrollierter Sprachen wirkt sich durch die Standardisierung von Formaten ebenfalls positiv auf die Informationsverwaltung und die Wiederauffindbarkeit der Informationen aus. Die heute üblicherweise in Technischen Redaktionen eingesetzten *Content-Management-Systeme* (siehe dazu auch Kapitel 2.6) profitieren von der Kombinierbarkeit und Kompatibilität der einzelnen Module oder Bausteine.[78] Ein Text, an dem mehrere Autoren arbeiten oder der aus einzelnen Bausteinen zusammengesetzt ist, wirkt durch Kontrollierte Sprache einheitlicher. Zeitersparnis und finanzielle Gründe spielen eine wichtige Rolle bei der Entscheidung für eine Kontrollierte Sprache, da die Textproduktion, was auch das Lektorat einschließt, nach einer gewissen Einarbeitungszeit schneller und günstiger ist. Dies wird noch verstärkt durch den Einsatz eines *Controlled-Language-Checkers*. Die Vorteile für den Leser und Produktanwender liegen in leichter lesbaren und verständlicheren Texten, die eine schnellere Umsetzung von Instruktionen ermöglichen. Der große Vorteil für den Übersetzer liegt in besser

78 Dies geschieht jedoch bereits durch jede andere Form der sprachlichen Kontrolle, auch wenn sie weniger restriktiv ist.

lesbaren und verständlicheren Ausgangstexten, die sich somit schneller und leichter übersetzen lassen.

Ein großer Nachteil liegt in der starken Einschränkung der natürlichen Sprache. Kontrollierte Sprachen widersprechen mehr oder weniger stark dem natürlichen Sprachgefühl und dem in der Schule erlernten Schreibstil. Sprachliche Verarmung, mangelnde Ausdruckskraft und fehlende Individualität werden mit Kontrollierten Sprachen assoziiert. Dies ist ein Grund, weshalb nach der weiten Verbreitung Kontrollierter Sprachen ab den 70er Jahren des letzten Jahrhunderts manche Unternehmen den Einsatz wieder aufgaben. In einer Kontrollierten Sprache verfasste Texte wirken manchmal eintönig, langweilig oder sogar unfreundlich auf den Leser. Der Technische Redakteur wiederum ist je nach Auslegung der Kontrollierten Sprache in seiner Formulierungsfreiheit eingeschränkt, was sich negativ auf Kreativität und Motivation auswirken kann. Ein weiteres Problem liegt im Zeit- und finanziellen Aufwand für die Einführung einer Kontrollierten Sprache im Unternehmen. Zunächst einmal muss die Kontrollierte Sprache entwickelt werden und individuell an das Unternehmen angepasst werden. Bestehende Unternehmensstandards müssen überprüft werden. Das Lexikon muss aufgebaut werden und eine kontinuierliche Anpassung der Kontrollierten Sprache ist notwendig. Der Schreibprozess wird zunächst durch die Einarbeitungszeit des Redakteurs komplexer und langsamer und das Umformulieren schwieriger. Dies macht die Kontrollierte Sprache unattraktiv für kleinere Firmen. Da die Überprüfung der Einhaltung der Regeln in Papierform sehr unübersichtlich für den Redakteur ist und ein menschliches Lektorat sehr zeitaufwendig, ist die Anschaffung eines automatischen Sprachprüfprogramms praktisch unumgänglich. Gefährlich ist dabei, dass es leicht passieren kann, dass ein Korrekturvorschlag des Programms ohne Überprüfung falsch übernommen wird. Auch für den Übersetzer bringt die Vereinheitlichung der Ausgangstexte Nachteile mit sich. Durch die gestiegene Trefferquote beim Einsatz von *Translation-Memory-Systemen* sinkt die Menge der neu zu übersetzenden Inhalte, was die Arbeit des Übersetzers einschränkt oder gar überflüssig macht.

Nichtsdestotrotz haben viele Unternehmen heute ihre individuellen Kontrollierten Sprachen, die sinnvoll sein können, wenn mit *Translation-Memory-Systemen* oder Maschinellen Übersetzungssystemen gearbeitet wird, wenn viele Redakteure an Dokumenten arbeiten oder der Adressatenkreis inhomogen ist (Göpferich, 2002b: 369).[79]

79 Eine kurze Übersicht zur Einführung und Umsetzung Kontrollierter Sprachen findet sich bei Ó Broin (2009: 14).

2.7.6 Zusammenfassung

Bei den drei vorgestellten Kontrollierten Sprachen ASD-STE, Global English und der tekom-Leitlinie „Regelbasiertes Schreiben“ handelt es sich nur beim STE um eine klassische, zudem sehr restriktive Kontrollierte Sprache. Bei den beiden anderen neuen Ansätzen handelt es sich vielmehr um eine leichtere sprachliche Kontrolle. Global English ist eher ein ausführlicher *Style Guide* mit einer schwachen sprachlichen Kontrolle und rein aus der Praxis heraus entstanden. Die tekom-Leitlinie ist ein wissenschaftlich fundierter, gleichzeitig praxisorientierter Ratgeber zum Aufbau eines firmeninternen Regelwerks, jedoch mit dem Ansatz, einen branchenübergreifenden Standard aufzubauen.[80]

Die nachfolgende Tabelle fasst noch einmal die wichtigsten Merkmale der vorgestellten Kontrollierten Sprachen zusammen:

Tabelle 2.2: Übersicht zu ASD-STE, Global English und Regelbasiertes Deutsch (eigene Darstellung)

	ASD-STE	**Global English**	**Regelbasiertes Deutsch**
Präskriptiv vs. proskriptiv	präskriptiv	proskriptiv	proskriptiv
Anzahl der Regeln	ca. 60	ca. 135	ca. 100
Lexikon beinhaltet	ja, bestehend aus ca. 900 Allgemeinwörtern und Fachbegriffen	nein	nein
Fachgebiet	ursprünglich für zivile und militärische Luft- und Raumfahrt entwickelt, später für andere technische Bereiche adaptiert	Technische Dokumentation allgemein	Technische Dokumentation allgemein
Eignung für CLC oder MÜ angegeben	ja	Eignung für MÜ	Eignung für CLC
Erstveröffentlichung	1986	2008	2011
Weiterentwicklung	ja	n.a.	ja

80 Auch an Hochschulen wird das Thema Kontrollierte Sprachen vermehrt aufgegriffen. An der Universität von Madrid existiert beispielsweise ein Kurs, der sich „Controlled Translation“ nennt und speziell auf die Bedürfnisse des Automobilsektors zugeschnitten ist. Die Studenten lernen dabei Kontrollierte Sprachen, den Einsatz von TMs und MT sowie Pre- und Post-Editing (Rico & Torrejón, 2004: 1ff.).

Die Aussichten hinsichtlich der zukünftigen Verbreitung Kontrollierter Sprachen scheinen gut. Aufgrund des zunehmenden Einsatzes automatischer Sprachprüfprogramme, der *Controlled-Language-Checker*, ist auch mit einer Zunahme des Einsatzes mehr oder weniger stark restriktiver Kontrollierter Sprachen zu rechnen. Speziell leichtere Formen der sprachlichen Kontrolle haben gute Einsatzchancen, was durch die Veröffentlichung der tekom-Leitlinie „Regelbasiertes Schreiben" vom Januar 2011 bestätigt wird. Auch durch die Renaissance der Maschinellen Übersetzung, die noch vor einiger Zeit totgesagt wurde, bieten sich gute Einsatzmöglichkeiten, ob nun ein Maschinelles Übersetzungssystem alleine oder in zunehmender Kombination mit *Translation-Memory-Systemen* bei der Übersetzung eingesetzt wird. Mit der technologischen Umsetzung der Kontrollierten Sprachen in CLC und weiteren Tools zur Unterstützung des Schreibprozesses in Form von AMS sowie des Übersetzungsprozesses in Form von TMS befasst sich das folgende Kapitel.

Teil II: Technische Lösungen

3 Controlled-Language-Checker und Authoring-Memory-Systeme

Dieses Kapitel gibt einen Überblick darüber, wie sich die externen Ressourcen CLC und AMS entwickelt haben, es erläutert die technologischen Grundlagen dieser Tools und beschreibt ihre Funktionalitäten anhand kommerzieller Systeme, die abschließend tabellarisch gegenübergestellt werden. Eine Beschreibung der Funktionen sowie der Unterstützungsmöglichkeiten und Grenzen dieser Tools ist wichtig, um in Teil III ihre steuernde Funktion im Schreibprozess aus kognitiver Sicht und unter praktischer Anwendung näher zu beleuchten.

Abstract

Controlled language checkers (CLC) and authoring memory systems (AMS) are external resources used in the writing process. The CLC flags spelling and grammar errors and checks abbreviations and writing style. The AMS provides consistency by re-using sentence segments previously written.

3.1 Controlled-Language-Checker

3.1.1 Entwicklung und Funktionsweise

Automatische Sprachprüfprogramme, sog. ‚Sprachkontrolltools' oder *Controlled-Language-Checker* (CLC) unterstützen den Autor dabei, zu überprüfen, ob sein Text bestimmten vorgegebenen Kriterien entspricht. Dies kann die Anwendung firmenspezifischer Terminologie oder die Einhaltung von Schreib- und Formulierungsrichtlinien, z. B. aus einem Redaktionsleitfaden oder einer Kontrollierten Sprache, sein. Die Entwicklung dieser Programme verlief parallel zur Entwicklung Kontrollierter Sprachen. Zum einen erhoffte man sich damals durch diese Programme eine bessere Akzeptanz Kontrollierter Sprachen seitens Technischer Redakteure und zum anderen eine einfachere, schnellere und objektivere Überprüfbarkeit eines in Kontrollierter Sprache verfassten Textes. Des Weiteren wurden CLC eingesetzt, um Texte im Vorfeld, vor allem hinsichtlich von Mehrdeutigkeiten, so zu optimieren, dass MÜ-Systeme bessere Ergebnisse erzielen konnten.

Viele Sprachprüfprogramme wurden speziell für ausgewählte Kontrollierte Sprachen oder Unternehmen entwickelt (vgl. auch Kapitel 2.7). Zu ihnen zählen beispielsweise der ‚Boeing Simplified English Checker' (BSEC)[81] (Wojcik, 1996; Wojcik & Hoard, 1998; Hoard et al., 1992), der ‚Simplified English Grammar and Style Checker/Corrector' (SECC) der Firma Alcatel (Adriaens, 1994 & 1996; Adriaens & Macken, 1995), der CLC für das MÜ-System ‚KANT' (Mitamura, 1999), das automatische Sprachprüfprogramm für ‚Siemens Dokumentationsdeutsch' (Schachtl, 1996) oder der CLC von Scania (Sagvall Hein & Almqvist, 1996; Sagvall Hein et al., 1997).[82]

Generell lassen sich mit CLC folgende Bereiche überprüfen, wobei der Prüfumfang je nach Programm variieren kann:

- Rechtschreibung und Zeichensetzung
- Terminologie und Abkürzungen
- Grammatik
- Stil

Manche Tools lassen sich als Plug-in in bestehende Programme integrieren, andere arbeiten als Stand-Alone-Tools. Die Texte können entweder interaktiv während des Schreibens überprüft werden oder im Anschluss bzw. stapelweise (Batch-Verfahren). Dabei kann bestimmt werden, welche Kategorien geprüft werden sollen und wie die Fehler angezeigt werden sollen. Bei der Rechtschreib-, Terminologie- und Grammatikprüfung kommen primär morphologische Analysen zum Einsatz, bei der Stilprüfung werden syntaktische Analysen angewendet. Die Rechtschreibprüfungen sind komplexer als die in Textverarbeitungsprogrammen wie MS Word integrierten Prüfungen.

---

81 Neben dem BSEC wurden bei Boeing weitere CLC entwickelt wie der ‚Boeing Meaning-Based Checker', der bei Mehrdeutigkeiten semantische Analysen durchführte.

82 Neben diesen zumeist firmenspezifisch entwickelten Tools gibt es seit den 1980er Jahren einige – im Vergleich zu heutigen CLC – einfache Tools wie die ‚Writer's Workbench' (Sharples et al., 1992b; Sharples, 1994), ‚Right Writer', ‚Wordprof' (Ferraris et al., 1992; Mc Gowan, 1992) oder ‚Volkswriter', die für den professionellen, aber auch den privaten oder institutionellen Einsatz gedacht waren (Mullins, 1988: 65). Einige dieser Tools, wie z. B. die ‚Writer's Workbench' (www.writersworkbench.com) und ‚Right Writer' (www.rightwriter.com) existieren heute noch. Eine kritische Auseinandersetzung mit diesen Tools findet sich bei Jansen (1994: 239ff.). Jansen fasst verschiedene Studien zusammen, die alle zu sehr schlechten Ergebnissen bzgl. der Qualität der oben genannten Tools kamen. Alle hatten teilweise über 80 % an Fehl- bzw. Falschalarmen. Handler (2005: 127ff.) gibt eine Übersicht über marktgängige Style Checker sowie die in neuen Word- und Word Perfect-Versionen integrierten Stilprüffunktionen. Diese sind nicht vergleichbar mit automatischen Sprachprüfprogrammen, jedoch bietet gerade Word Perfect dem privaten Nutzer einige Funktionalitäten.

Im Bereich Grammatik werden beispielsweise eine fehlerhafte Wortstellung, falscher Kasus, und die Satz- oder Absatzlänge untersucht. Bei der Stilprüfung werden auch grammatikalisch korrekte Sätze als Fehler markiert, wenn sie den Stilregeln widersprechen. Regeln können angepasst werden, um die Einhaltung bestimmter unternehmensspezifischer Schreibvorgaben zu überprüfen. Die Terminologieprüfung gliedert sich zumeist in erlaubte und verbotene Benennungen sowie Vorzugsbenennungen. Des Weiteren können Schlüsselwörter hinterlegt werden (Drewer & Ziegler, 2011: 230ff.).

CLC sind – wie auch Kontrollierte Sprachen – entweder präskriptiv oder proskriptiv aufgebaut (vgl. Kapitel 2.7.3). Ein nach dem präskriptiven Ansatz aufgebautes Prüfprogramm markiert alle Wörter und Satzstrukturen als falsch, die nicht hinterlegt sind. Dementsprechend ist die Qualität der Prüfergebnisse davon abhängig, dass viele Wörter und Konstruktionen hinterlegt sind. Um nicht ständig Fehlermeldungen zu erhalten, müssen die Autoren ihren Schreibstil entsprechend restriktiv anpassen. Zudem sind Fehlermeldungen eher unspezifisch. Beim proskriptiven Ansatz prüft das Programm nur auf nicht erlaubte Strukturen und Wörter. Fehlermeldungen des Programms können leichter nachvollzogen und die Sätze umformuliert werden, jedoch besteht die Gefahr, dass das Programm Fehler übersieht, da alle nicht in der Negativliste enthaltenen Strukturen als richtig gelten. Dem Autor bleibt eine größere Formulierungsfreiheit, jedoch sind die geprüften Texte ggf. nicht so einheitlich (Lehrndorfer & Reuther, 2008: 107f.; Drewer & Ziegler, 2011: 228f.). Im folgenden Abschnitt werden die auf dem deutschen Markt bekanntesten kommerziellen CLC, die firmenspezifisch anpassbar sind, sowie weitere, auf die Überprüfung bestimmter Kontrollierter Sprachen ausgelegte Prüfprogramme, vorgestellt.

3.1.2 Gegenüberstellung ausgewählter Systeme

3.1.2.1 IAI CLAT 6.0

Der Vorgänger von CLAT (Controlled Language Authoring Technology) wurde bereits Mitte der 1990er Jahre vom „Institut für Angewandte Informationsforschung“ (IAI) auf den Markt gebracht. Von 1995 bis 1998 wurde in Zusammenarbeit mit dem Unternehmen BMW in einem Forschungsprojekt für Technische Dokumentation das Tool ‚MULTILINT‘ entwickelt, das im Anschluss an das Projekt aktiv bei BMW eingesetzt wurde (Haller, 1999; Reuther, 1998; Schmidt-Wigger, 1998; Hebling, 2002). Es bildet die Grundlage für das heutige CLAT. MULTILINT basierte auf einer nur schwach kontrollierten Sprache ohne vorgegebenes Vokabular und mit geringem Schulungsaufwand für Redakteure. Insgesamt fünf Bereiche – Rechtschreibung, Grammatik, Terminologie, Konsistenz und Stil – konnten überprüft werden. Das Tool war modular aufgebaut und die einzelnen Prüfkomponenten konnten individuell angepasst werden nach Sprache, Dokumentart, Bereich und Detailtiefe der Fehlererläuterung. MULTILINT lieferte Verbesserungsvorschläge, ohne jedoch eine automatische Korrektur vorzunehmen. Das Tool basierte auf linguistischen Analysen und enthielt ein morphologisches Analysemodul (MPRO)[83] mit Fehlercodes für Wörter und Wortgruppen. Bei der morphologischen Analyse wird eine Trennung von sprachlichen und nichtsprachlichen Daten vorgenommen. Für die Bereiche Grammatik und Stil existierten jeweils unterschiedliche Analysemodule. Im Gegensatz zu anderen CLC, die meist ein vollständiges Parsing durchführen, wurde für MULTILINT ein eigener, komplett neuer Formalismus, namens KURD[84], entwickelt, der auf einem sog. ‚flachen Parsing' (flache syntaktische Analyse)[85] beruht (Schmidt-Wigger, 1998: 76ff.). Im Bereich Grammatik suchte MULTILINT nach ungrammatischen Strukturen. Grammatisch korrekte Strukturen, die jedoch Mehrdeutigkeiten enthielten, wurden im Bereich Stil überprüft. Dieser umfasste etwa vierzig Schreibregeln aus fünf Kategorien. Der Autor konnte sich jeweils Beispiele zur Umformulierung anzeigen lassen. Im Bereich Terminologie konnte sowohl allgemeinsprachliches als auch fachspezifisches und firmeninternes Vokabular überprüft werden. Bei der linguistischen Analyse wurden semantische Aspekte berücksichtigt, sodass beispielsweise im Fall von ‚Reinigerflüssigkeit' auch morphologische Varianten mit Flexionen, Derivationen und Kompositionen wie ‚Reinigungsflüssigkeit' erkannt wurden und das jeweils richtige Synonym vorgeschlagen wurde. Im Folgeprojekt ‚Tetris'[86] wurde MULTILINT mit verschiedenen Projektpartnern weiterentwickelt. Getestet wurde auch ein Prototyp mit weiteren angebundenen Funktionalitäten wie Übersetzungshilfen und Retrieval-Funktionen. Parallel dazu lief das Projekt ‚MULTIDOC' (Multilinguale Documentation) mit fünf Automobilherstellern, in dem die Funktionalitäten auf andere Sprachen wie Französisch, Englisch und Schwedisch erweitert wurden (Reuther, 1998: 174ff.; Haller, 2000a: 250ff. & 2000b: 1ff.).

83 Bei der morphologischen Analyse werden Wort- und Satzgrenzen sowie die Wortart bestimmt, d. h., Wörter werden in Morpheme und Allomorphe zerlegt und es werden Kombinations- und Verbotsregeln hinterlegt (vgl. Haller, 2000a: 250ff.).

84 Detaillierte Darstellungen zu KURD finden sich bei Maas (1996).

85 Während der syntaktischen Analyse werden jedem Wort seine eindeutige grammatikalische Kategorie und Funktion zugeordnet und es werden Gruppen identifiziert.

86 Eine Beschreibung der Terminologieextraktion in Tetris findet sich bei Carl et al. (2002a & 2002b).

Das heutige CLAT kann zum einen als selbstständige Benutzerschnittstelle über eine JAVA-API angebunden werden (JAVA CLAT-Client), zum anderen existieren sog. ‚CLAT-Ins' für MS Word, PTC Arbortext und XMAX™, über die CLAT direkt in diese Textverarbeitungsprogramme eingebunden werden kann (Handbuch zu UMMT, 2014d: 9)[87]. Die individuell einstellbaren Prüfungen werden über ‚UMMT' (Utility for Mandate Management Tasks) vorgenommen. UMMT ist ein Konfigurationswerkzeug, mit dem sich der Import und die Pflege unternehmensspezifischer Terminologie, die Einstellung und Pflege von Stil-, Grammatikregeln und Sonderschreibweisen, die Einstellung von Synonymen, die Auswahl von Beispielkategorien, die Neuanlage oder Überarbeitung eines CLAT-Projektes und die DTD einstellen lassen (Handbuch zu UMMT, 2014d). Die nachfolgende Abbildung zeigt den Aufbau eines Projekts in UMMT und den Aufbau des Wörterbuchs.

Abbildung 3.1: Beispielhafter Wörterbuchauszug in UMMT

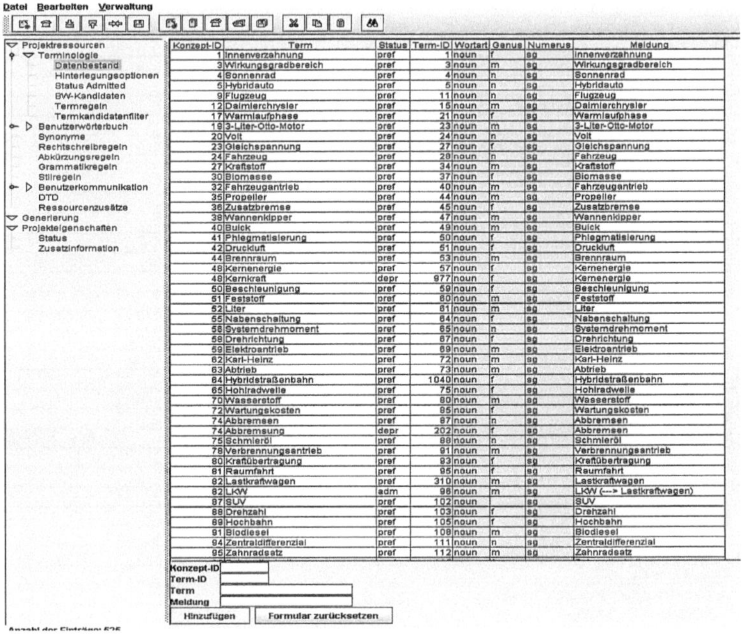

Konzept-ID	Term	Status	Term-ID	Wortart	Genus	Numerus	Meldung
1	Innenverzahnung	pref	1	noun	f	sg	Innenverzahnung
3	Wirkungsgradbereich	pref	3	noun	m	sg	Wirkungsgradbereich
4	Sonnenrad	pref	4	noun	n	sg	Sonnenrad
5	Hybridauto	pref	5	noun	n	sg	Hybridauto
9	Flugzeug	pref	11	noun	n	sg	Flugzeug
12	Daimlerchrysler	pref	15	noun	m	sg	Daimlerchrysler
17	Warmlaufphase	pref	21	noun	f	sg	Warmlaufphase
19	3-Liter-Otto-Motor	pref	23	noun	m	sg	3-Liter-Otto-Motor
20	Volt	pref	24	noun	n	sg	Volt
23	Gleichspannung	pref	27	noun	f	sg	Gleichspannung
24	Fahrzeug	pref	28	noun	n	sg	Fahrzeug
27	Kraftstoff	pref	34	noun	m	sg	Kraftstoff
30	Biomasse	pref	37	noun	f	sg	Biomasse
32	Fahrzeugantrieb	pref	40	noun	m	sg	Fahrzeugantrieb
35	Propeller	pref	44	noun	m	sg	Propeller
36	Zusatzbremse	pref	45	noun	f	sg	Zusatzbremse
38	Wannenkipper	pref	47	noun	m	sg	Wannenkipper
40	Buick	pref	49	noun	m	sg	Buick
41	Phlegmatisierung	pref	50	noun	f	sg	Phlegmatisierung
42	Druckluft	pref	51	noun	f	sg	Druckluft
44	Brennraum	pref	53	noun	m	sg	Brennraum
48	Kernenergie	pref	57	noun	f	sg	Kernenergie
48	Kernkraft	depr	977	noun	f	sg	Kernenergie
50	Beschleunigung	pref	59	noun	f	sg	Beschleunigung
51	Feststoff	pref	60	noun	m	sg	Feststoff
52	Liter	pref	61	noun	m	sg	Liter
55	Nabenschaltung	pref	64	noun	f	sg	Nabenschaltung
56	Systemdrehmoment	pref	65	noun	n	sg	Systemdrehmoment
58	Drehrichtung	pref	67	noun	f	sg	Drehrichtung
59	Elektroantrieb	pref	69	noun	m	sg	Elektroantrieb
62	Karl-Heinz	pref	72	noun	m	sg	Karl-Heinz
63	Abtrieb	pref	73	noun	m	sg	Abtrieb
64	Hybridstraßenbahn	pref	1040	noun	f	sg	Hybridstraßenbahn
65	Hohlradwelle	pref	75	noun	f	sg	Hohlradwelle
70	Wasserstoff	pref	80	noun	m	sg	Wasserstoff
72	Wartungskosten	pref	85	noun	f	sg	Wartungskosten
74	Abbremsen	pref	87	noun	n	sg	Abbremsen
74	Abbremsung	depr	202	noun	f	sg	Abbremsen
75	Schmieröl	pref	88	noun	n	sg	Schmieröl
78	Verbrennungsantrieb	pref	91	noun	m	sg	Verbrennungsantrieb
80	Kraftübertragung	pref	93	noun	f	sg	Kraftübertragung
81	Raumfahrt	pref	95	noun	f	sg	Raumfahrt
82	Lastkraftwagen	pref	310	noun	m	sg	Lastkraftwagen
82	LKW	adm	98	noun	m	sg	LKW (---> Lastkraftwagen)
87	SUV	pref	102	noun		sg	SUV
88	Drehzahl	pref	103	noun	f	sg	Drehzahl
89	Hochbahn	pref	105	noun	f	sg	Hochbahn
91	Biodiesel	pref	108	noun	m	sg	Biodiesel
94	Zentraldifferenzial	pref	111	noun	n	sg	Zentraldifferenzial
95	Zahnradsatz	pref	112	noun	m	sg	Zahnradsatz

87 CLAT-In für Word prüft den Haupttext, die Fußnoten und eingefügte Kommentare. Der Nutzer kann auswählen, ob er das gesamte Dokument, Absätze oder eine von ihm festgelegte Auswahl prüfen lassen möchte (Handbuch zum CLAT-In für Word, 2014b: 7).

Die jeweiligen Rechtschreib-, Grammatik- und Stilregeln lassen sich individuell auswählen, wie der folgende Auszug aus den Stilregeln zeigt. Rote Regeln stellen Kernregeln dar, die standardmäßig aktiviert sind und sog. ‚Best Practice' sind. Grüne Regeln sind zusätzlich optional auswählbar. Blaue Regeln sind firmenspezifische Regeln.

Abbildung 3.2: Auszug aus den in UMMT hinterlegten Stilregeln

Regel	Beschreibung		Zähler	Kommentar
160de	Zu langes Kompositum aufgliedern (>3)	☑		schließt Regel 161de aus
161de	Zu langes Kompositum aufgliedern (>4)	☐		schließt Regel 160de aus
162de	Zu langes Kompositum aufgliedern (=3)	☐		schließt Regeln 160de u...
163de	Komposita mit Ziffern bilden	☐		schließt Regel 164de aus
164de	Komposita mit Zahlwörtern bilden	☐		schließt Regel 163de aus
165de	Komposita mit Entlehnungen mit Bindestrich schreiben	☐		
530de	Satzlänge verkürzen	☑	26	
620de	Zeitliche Abfolge bei Anweisungen beachten	☑		
510de	Attributanhäufungen vermeiden	☑		
364de	Schreibweise von "gern" kontrollieren	☐		
363de	Schreibweise von "Tür" kontrollieren	☐		
362de	Schreibweise von "vorn" kontrollieren	☐		
520de	Mehrere Bedingungen als Liste darstellen	☑		schließt Regel 521de aus
521de	Zwei und mehr Bedingungen innerhalb eines Satzes vermeiden	☐		schließt Regel 520de aus
371de	Abkürzungen ohne darauffolgende Zahl ausschreiben	☐		
110de	Aufzählungen als Liste darstellen	☑	4	
111de	Mehrere Nebensätze als Liste darstellen	☐		
140de	Ganze Sätze in Klammern vermeiden	☐		
141de	Keine Klammern verwenden	☐		
170de	Schrägstriche vermeiden (Ausnahme: zwischen Ziffern oder Einheiten)	☐		
180de	Ganze Sätze in Überschriften vermeiden	☐		
181de	Nebensätze in Überschriften vermeiden	☐		
182de	Zu lange Überschriften vermeiden	☐	7	
171de	Pluszeichen in Wortbildungen vermeiden	☐		
172de	&-Zeichen in Wortbildungen vermeiden	☐		
560de	Zwei und mehr Klammereinschübe vermeiden	☑		schließt Regel 562de aus
562de	Drei und mehr Klammereinschübe vermeiden	☐		schließt Regel 560de aus
561de	Mehrzahlnennung in Klammern vermeiden	☑		
563de	Mehrzahlendung in Klammern vermeiden	☐		
610de	Verb weiter nach vorn setzen	☑	14	
531de	Distanz zwischen Verbteilen verkürzen	☑	16	
532de	Hauptsatzkoordination vermeiden	☑		
512de	Zu viele Bedeutungseinheiten vermeiden	☑	8	
751de	Konjunktiv vermeiden	☐		
410de	Bedingungssatz mit "wenn" einleiten	☑		Die Regel darf nicht zusa...
420de	Verblose Konstruktionen vermeiden	☐		
430de	Artikellose Nominalphrasen vermeiden	☐		
733de	"müssen" mit Passiv vermeiden	☐		
734de	Modalverben im Passiv vermeiden	☐		
710de	Passiv mit Täterangabe ("von", "durch") vermeiden	☑		
720de	Zu viele Nominalisierungen vermeiden	☑	6	
711de	Passiv vermeiden	☐		
511de	Zu viele Präpositionalphrasen vermeiden	☑	5	
730de	"sein"+"zu"+Infinitiv vermeiden	☑		

Zusätzlich können in einem Benutzerwörterbuch Substantive, Abkürzungen, Maßeinheiten oder Falschschreibungen hinterlegt werden, die in ihrer Schreibweise den Schreibregeln von CLAT widersprechen und die somit bei einer Prüfung zu Falschalarmen führen würden. Wie die nachfolgende Abbildung zeigt, können dies beispielsweise Produktnamen, Modellbezeichnungen, Maßangaben oder englische Bezeichnungen sein.

Abbildung 3.3: Beispielhafter Auszug aus dem Benutzerwörterbuch von UMMT

Substantiv	Grundform	Semantik	Genus	Numerus	Kasus	Deklination	capcheck	lookup	kgl	ZS	Kommentar
12000TL	12000TL	nil					+	-	☐	☐	
17000TL	17000TL	nil					+	-	☐	☐	
Customer	Customer	nil					+	-	☐	☐	
Sunny Boy	Sunny Boy	product	m	sg			+	-	☐	☑	
Sunny Tripower	Sunny Tripower	product	m	sg			+	-	☐	☑	
SMA Solar Technology	SMA Solar Technology	firma	f	sg			+	-	☐	☑	
PV-Wechselrichter	PV-Wechselrichter	nil	m	sg			±	+	☑	☑	
PV-Generator	PV-Generator	thing	m	sg			±	+	☑	☑	
Electronic Solar Switch	Electronic Solar Switch	nil	m	sg			+	-	☐	☑	
Update-Meldungen	Update-Meldungen	nil	f	plu			±	+	☑	☑	
Technische Informationen	Technische Informationen	nil	f	plu			+	-	☐	☑	
Allgemeine Geschäftsbedingungen	Allgemeine Geschäftsbedingungen	nil	f	plu			+	-	☐	☑	
PV-Module	PV-Module	nil	n	plu			±	+	☑	☑	
Sunny Design	Sunny Design	nil	n	sg			+	-	☐	☑	
Sunny Data Control	Sunny Data Control	nil					+	-	☐	☑	
Bluetooth-Kommunikation	Bluetooth-Kommunikation	nil					±	+	☐	☑	
AC-Verschraubung	AC-Verschraubung	nil	f	sg			±	+	☑	☑	
AC-Klemme	AC-Klemme	nil	f	sg			±	+	☑	☑	
DC-Steckverbinder	DC-Steckverbinder	nil	m	sg			±	+	☑	☑	
DC-Eingang	DC-Eingang	nil	m	sg			±	+	☑	☑	
EMV-Richtlinie	EMV-Richtlinie	nil	f	sg			±	+	☑	☑	
AC-Leitungsschutzschalter	AC-Leitungsschutzschalter	nil	m	sg			±	+	☑	☑	
DC-Eingangsbuchsen	DC-Eingangsbuchsen	nil	f	plu			±	+	☑	☑	
Kepco-guide	Kepco-guide	nil					+	-	☑	☑	
DC-Leitungen	DC-Leitungen	nil	f	plu			±	+	☑	☑	
DC-Anschlussbereich	DC-Anschlussbereich	nil	m	sg			±	+	☑	☑	
PV-Strings	PV-Strings	nil					±	+	☑	☑	

UMMT bietet zudem die Möglichkeit, Termkandidaten für das Benutzerwörterbuch nach zuvor auswählbaren Termregeln zu extrahieren.[88]

Mit CLAT lassen sich folgende Bereiche prüfen, wobei die einzelnen Module ein- oder ausschaltbar und die Schwellenwerte anpassbar sind (Handbuch zum CLAT-In für Word, 2014a: 9ff.[89]):

- **Rechtschreibung:** Prüfung auf falsch geschriebene oder unbekannte Wörter
- **Grammatik:** Suche nach grammatisch fehlerhaften Sätzen und Satzteilen oder Falschschreibungen, wie z. B. Klein- oder Getrenntschreibung
- **Terminologie:** Suche nach inkonsistenten Varianten von Vorzugstermen, Schreib- oder Synonymvarianten, nach unzulässigen Termen oder unbekannten

88 Eine Darstellung der Termextraktion im CLAT-Vorgänger MULTILINT findet sich in Hong et al. (2001).

89 Weitere Informationen zu genauen Einstellungen finden sich im ‚Handbuch zum CLAT Server' (2014c).

Akronymen. Festgelegt werden können Vorzugsterme, erlaubte Varianten und Negativterme

- **Stil:** Überprüfung von Typografie, Mehrdeutigkeiten, Wortwahl, Auslassungen, Komplexität, Reihenfolge, Stilistik, firmenspezifische Schreibvorgaben
- **Abkürzungen**
- **Konsistenz:** Überprüfung auf dokumentübergreifende Inkonsistenzen

Nach vollständiger Prüfung werden alle Fehlerstellen markiert. Der Nutzer kann auswählen, welche Fehlerkategorien angezeigt werden. Neben der Fehlerart können – sofern gewünscht – auch eine Erläuterung und Korrekturanweisung sowie ein Beispiel angezeigt werden. Die von CLAT vorgeschlagenen Korrekturen können entweder übernommen werden oder es kann eine manuelle Korrektur erfolgen. Die nachfolgende Abbildung zeigt die Darstellung der Fehlermeldungen von CLAT als linguistische Prüfkomponente des ‚Congree Authoring Servers'.[90]

Abbildung 3.4: Darstellung der Fehlermeldungen von CLAT

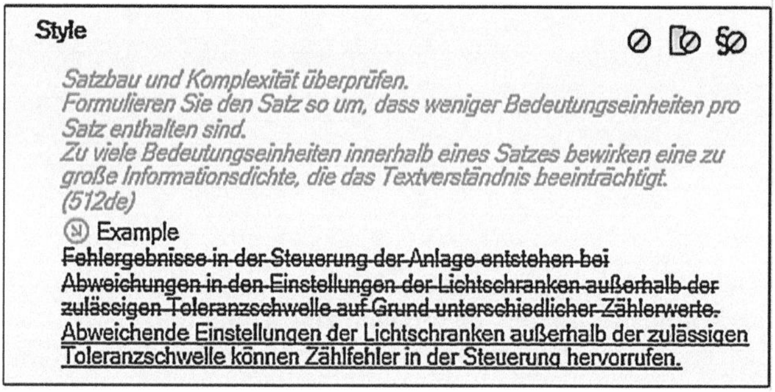

Über die blauen Buttons rechts oben in der Fehlermeldung kann ein Fehler ignoriert werden (Ignore), alle Inzidenzen dieses Fehlers im Dokument können ignoriert werden (Ignore All) oder die entsprechende Regel kann deaktiviert werden. Wortvorschläge des Tools können übernommen werden bzw. an allen relevanten Stellen im Dokument eingefügt werden (Apply All).

Aktuell noch nicht geprüft werden können Wortstellungsfehler, ob alle Satzteile zum Verb passen sowie falsch verwendete Wörter. Bei diesen Wörtern

---

90 Eine detaillierte Darstellung des Congree Authoring Servers findet sich in Kapitel 3.2.2. CLAT ist sowohl als Stand-Alone-Tool verfügbar als auch als linguistische Prüfkomponente in crossAuthor Linguistic bzw. im Congree Authoring Server.

handelt es sich nicht um Tippfehler, sondern um falsch verwendete Wörter, die im Deutschen existieren und somit keinen Fehler hervorrufen. Mithilfe der Prüfstatistik lässt sich anzeigen, wann ein Dokument zuletzt geprüft wurde und welche und wie viele Fehler bei der letzten Prüfung angezeigt wurden. Die nachfolgende Abbildung zeigt beispielhaft einen durch CLAT ermittelten linguistischen Fehlerreport im Congree Authoring Server.

Abbildung 3.5: Linguistischer Fehlerreport von CLAT im Congree Authoring Server

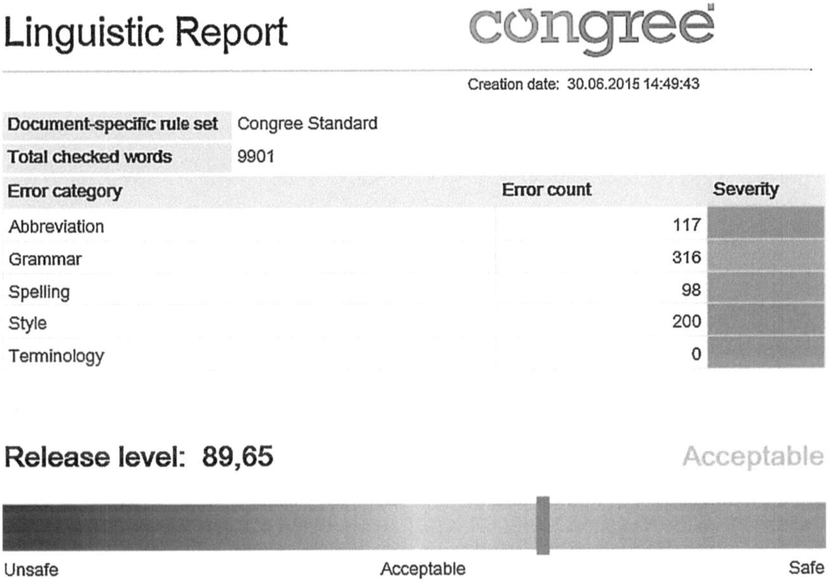

Linguistic Report

congree

Creation date: 30.06.2015 14:49:43

Document-specific rule set	Congree Standard
Total checked words	9901

Error category	Error count	Severity
Abbreviation	117	
Grammar	316	
Spelling	98	
Style	200	
Terminology	0	

Release level: 89,65 Acceptable

Unsafe Acceptable Safe

3.1.2.2 *Acrolinx™ 4.1*

‚Acrolinx™' (vormals acrocheck™) ist eine Entwicklung des im Jahr 2002 gegründeten Unternehmens Acrolinx, welches ein Spin-Off des DFKI (Deutsches Forschungsinstitut für Künstliche Intelligenz) ist. Acrolinx verarbeitet in seinen Produkten statistische und regelbasierte Methoden, die aus den Forschungen des DFKI in die Praxis umgesetzt werden. Das Tool basiert auf einem Client-Server-System mit Plug-ins für unterschiedliche Editoren (www.acrolinx.de). Zu den Prüffunktionen zählen:

- Rechtschreibung und Grammatik
- Stil
- Terminologie

- SEO Keywords
- Tone of Voice

Nach Abschluss der linguistischen Analyse eines Dokuments zeigt Acrolinx die ermittelten Ergebnisse in einer sog. ‚Scorecard' an.

Abbildung 3.6: Ergebnisse der linguistischen Prüfung von Acrolinx (zitiert aus: www.acrolinx.de)

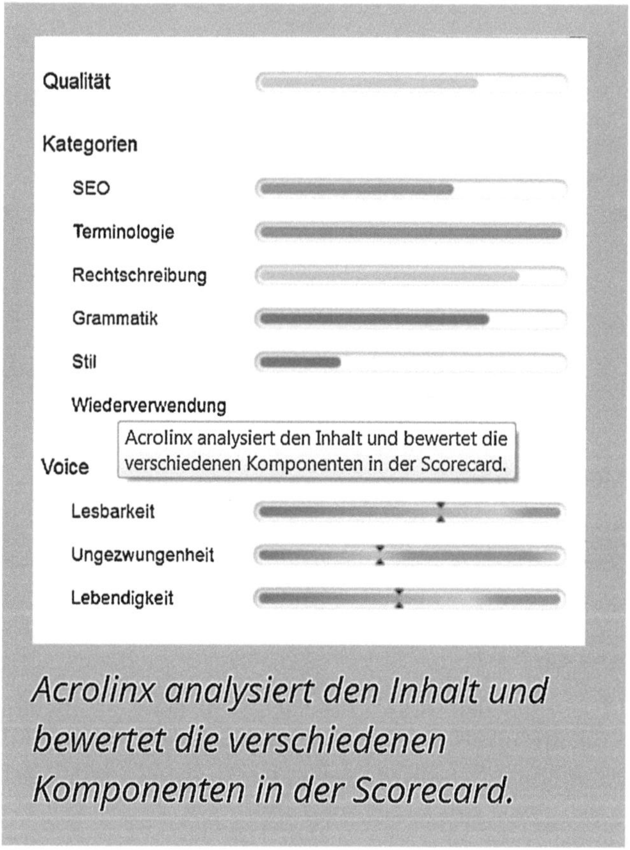

Der Bereich ‚SEO Keywords' (Search Engine Optimization) bezieht sich auf die Optimierung von Texten für das Auffinden in Suchmaschinen. Das Tool prüft die Platzierung und Verwendung von Schlüsselwörtern und achtet schon während des Schreibens auf die Einbindung passender Schlüsselwörter. Die Funktionalität ‚Tone of Voice' ist recht neu. Sie dient der Einhaltung der *Corporate*

Language und prüft laut Acrolinx „wie etwas gesagt wird“ (www.acrolinx.de). Es handelt sich dabei um einen Lesbarkeitsindex, der eine Weiterentwicklung bekannter Lesbarkeitsindizes darstellt. In den Index von Acrolinx wurden die lesbarkeitsbezogenen Prüfregeln integriert. Der Nutzer kann zum einen prüfen lassen, wie klar und verständlich Sätze sind. In diesem Fall überprüft das Tool z. B. Satzlänge, Schachtelsätze, Passivkonstruktionen oder lange Wörter. Zum anderen kann sich der Nutzer berechnen lassen, wie locker und ansprechend sein Text ist. Dieser Wert ist vor allem für Marketingtexte relevant. Hier prüft das Tool z. B. den Einsatz von Verben, gebräuchlichen Wörtern oder kurzen Sätzen. Die nachfolgende Abbildung zeigt die Darstellung des Lesbarkeitsindexes:

Abbildung 3.7: Beispiel für die Darstellung des Lesbarkeitsindexes bei Acrolinx (zitiert aus: www.acrolinx.de)

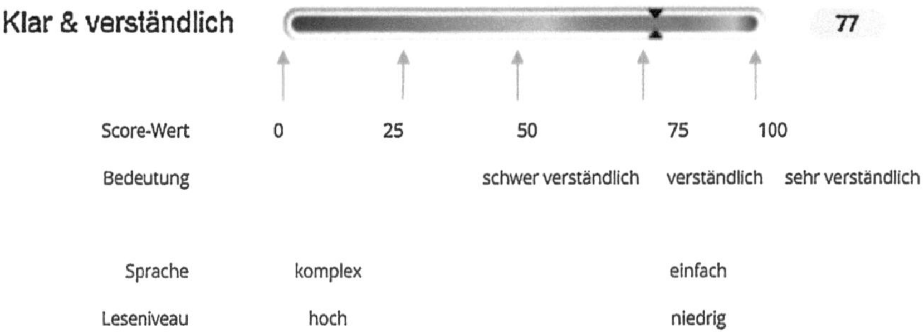

Kernstück ist das ‚Dashboard‘, eine webbasierte Steuereinheit, die zur Konfiguration und Verwaltung von Stilregeln, Terminologie, Benutzerrollen und Sätzen zur Wiederverwendung dient. Die sog. ‚Lingware‘ ermöglicht die Konfiguration linguistischer Regelsets sowie die Aktivierung und Deaktivierung einzelner Regeln. Neben den von Acrolinx angebotenen Regelsets[91] lassen sich auch unternehmensspezifische Regeln umsetzen. Die Terminologie-Verwaltungskomponente ‚Acrolinx Terminology‘ dient zur Konfiguration von Terminologiedatenbanken, zum Termimport und -export sowie zur Termextraktion und Validation. Über den Terminologiemanager werden Terme validiert, geändert und Verknüpfungen erstellt. Über den ‚Term Browser‘ können neue Terme mittels einer Webschnittstelle

91 Zu den verfügbaren Regelsets zählen z. B. Acrolinx Best Practice, tekom-Leitlinie, Acrolinx Basic, Marketing, Non-Native, ASD-STE 100, DITA, PI-Mod, UI-Anzeigetexte und TÜV Süd DocCert.

vorgeschlagen werden. Ebenso werden Zugangsrechte festgelegt. Das Programm ermöglicht auch die Extraktion von Termen aus *Translation-Memory-Systemen.* Die Programmkomponente ‚Reuse' ermöglicht den Aufbau einer Satzdatenbank im Sinne eines *Authoring-Memory-Systems.* Es besteht auch die Möglichkeit des Imports von TM-Datenbanken zum Sammeln und Wiederverwenden von Standardsätzen und der Erstellung von Wiederverwendungsbibliotheken.[92]

Die nachfolgende Abbildung zeigt die Funktion der Wiederverwendung:

Abbildung 3.8: Darstellung der Wiederverwendungsfunktion in Acrolinx (zitiert aus: www.acrolinx.de)

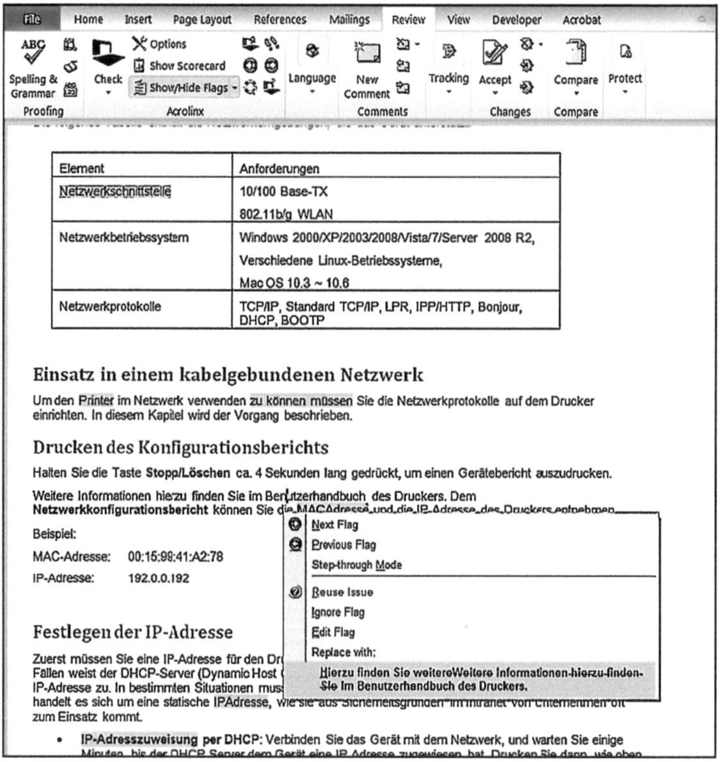

92 Die Datenbank zur Wiederverwendung von standardisierten Sätzen ist ein Ansatz von Acrolinx, die Nachteile der Authoring-Memory-Technologie zu vermeiden, da von vornherein nur geprüfte Sätze in die Datenbank aufgenommen werden (vgl. dazu Abschnitt 3.2.3).

Die Funktion ‚Analytics' erstellt Prüfberichte und verwaltet Statistiken. Hiermit lassen sich die Textqualität messen, Kosteneinsparungen berechnen, schwierig zu übersetzende Texte identifizieren oder die Termverwendung prüfen.

Insgesamt lassen sich zwölf Berichte erstellen. Des Weiteren bietet Acrolinx einen sog. ‚Desktop Checker', mit dem direkt aus Windows-Anwendungen kopierte Inhalte geprüft werden können. Der ‚Batch Checker' ermöglicht zudem die gleichzeitige Prüfung mehrerer Dokumente ohne spezifischen Editor. Acrolinx bietet auch ein an Suchmaschinen angepasstes Schreiben an, bei dem schon während des Schreibens auf die Einbindung passender Schlüsselwörter geachtet wird.

3.1.2.3 Weitere automatische Sprachprüfprogramme

Neben den zuvor aufgeführten in Deutschland marktführenden Programmen CLAT und Acrolinx existiert noch eine Reihe weiterer CLC, die zumeist speziell auf die Überprüfung bestimmter Kontrollierter Sprachen abgestimmt sind. Zu den bekanntesten zählt der ‚Boeing Simplified English Checker' (BSEC)[93]. Der 1989 von Boeing entwickelte BSEC wurde für die Überprüfung von Wartungsanleitungen konzipiert und arbeitete syntaxbasiert. Später wurde der BSEC weiterentwickelt und um semantische und pragmatische Prüffunktionen ergänzt. Er wurde umbenannt in ‚Enhanced Grammar Style and Content Checker' (EGSC). Die Einbindung semantischer Analysefunktionen ist bisher recht einzigartig und diente dazu, zusätzliche Funktionen wie eine Disambiguierung auf Wortebene oder die Prüfung der Verwendung von Artikeln zu integrieren. Sofern Wörter in unterschiedlicher Bedeutung in einem Text vorkamen, sollte EGSC die am besten passende Möglichkeit auswählen. Später wurde der BSEC kommerziell verfügbar. Neben über 400 Syntaxregeln verfügt er über ein umfangreiches Wörterbuch und einige weitere über STE hinausreichende Regeln (Wojcik, 1996).

Ein weiterer, speziell in den Vereinigten Staaten weit verbreiteter CLC ist der ‚MAXit Checker' von Smart Communications (www.smartny.com). Er überprüft die Einhaltung von STE und ‚Controlled English'. Der CLC umfasst über 9.500 Regeln und untersucht Grammatik, Stil, Syntax sowie Verständlichkeit und Konsistenz, wobei er auch die Lesbarkeit bestimmt. ‚HyperSTE' von tedopres ist ebenfalls auf die Einhaltung von STE ausgerichtet, jedoch gibt es das Programm in mehreren Versionen. Neben einer STE100-Version ist auch eine weniger restriktive Version erhältlich. HyperSTE überprüft Terminologie, Grammatik, Stil

93 Auch der ‚Term Checker' der britischen Firma Tech Scribe ist für die Überprüfung des ASD-STE 100 konzipiert (www.simplified-english.co.uk).

und Rechtschreibung. Die jeweilige Textart kann ausgewählt werden und Regeln sind kundenspezifisch anpassbar. Des Weiteren bietet das Programm Reporting-Funktionen sowie eine Satzdatenbank zur Wiederverwendung von Sätzen (www.simplifiedenglish.net).

Der ‚Easy English Analyzer' (EEA) von IBM ist speziell auf die Vorbereitung von IBM-internen Texten für die anschließende MÜ ausgerichtet, wobei ein Fokus auf der Verarbeitung von Mehrdeutigkeiten liegt (Bernth, 1997 & 2006).[94]

Der 2012 auf den Markt gebrachte ‚Cognitas Language Checker' ist für die Überprüfung und Einhaltung von SE-Richtlinien konzipiert (www.cognitas.de). Er ist als API-Client für FrameMaker erhältlich. Das Tool bietet die Möglichkeit der Generierung von Wort- und Satzlisten. Die Wortschatzlisten werden dabei in Excel generiert. Prüfungen erfolgen auf Satz- oder Absatzbasis, wobei nach unbekannten oder nicht erlaubten Wörtern sowie nicht erlaubten Wortformen gesucht wird.[95]

3.1.3 Vorteile des Einsatzes kontrollierter Sprachwerkzeuge

Allgemein betrachtet liegen die Vorteile von CLC in der Objektivität der Prüfung im Vergleich zum menschlichen Lektorat und der Zeitersparnis aufgrund der Möglichkeit der Synchronisation von Erstellung und Prüfung. Für die Technischen Redakteure entfällt das Memorieren vorgegebener Schreib- und Formulierungsregeln und mit der Zeit stellt sich unter Einsatz von CLC ein Lerneffekt ein, der zur langfristigen Fehlervermeidung und einem erhöhten Sprachbewusstsein führt.[96] CLC bieten zudem die Möglichkeit, sich Fehlerstatistiken und Prüfberichte anzeigen zu lassen und beinhalten individuell auswählbare Schreibregeln (Lehrndorfer & Reuther, 2008: 110f.; Drewer & Ziegler, 2011: 227ff.).

---

94 Erwähnenswert ist auch der ‚Lant®Master' von Lant, der auf die Überprüfung von STE und weiteren Kontrollierten Sprachen ausgerichtet ist, wobei der Fokus auf der nachfolgenden MÜ liegt. Interessant ist, dass das Programm nicht nur Verbesserungsvorschläge liefert, sondern eigenständig Korrekturen ausführt, die der Nutzer bestätigen oder verwerfen muss (Caeyers, 1997; Hebling, 2002: 39f.; Knops & Deporteere, 1998).

95 Nach der Übernahme der Cognitas GmbH durch die Canon Deutschland GmbH wird der Cognitas Language Checker nicht mehr auf der Webseite von Cognitas geführt.

96 Im Rahmen der Dissertation von Hoffmeister (2012: 249ff.) wurde eine Befragung von Technischen Redakteuren des Bereichs ‚After Sales' der Volkswagen AG bzgl. des Lerneffekts durch den Einsatz des CLC CLAT durchgeführt. Die Befragung zeigte, dass über 50 % der Redakteure einen Lerneffekt durch den Einsatz des Tools feststellen konnten.

Trotz der Vorteile von CLC gibt es ein paar Punkte zu bedenken. Neben Anschaffungs- und laufenden Kosten erfordern CLC eine sinnvolle Einrichtung und eine Testphase. CLC sind vom Wirtschaftlichkeitsaspekt betrachtet meist dem menschlichen Lektorat nach kurzer Zeit überlegen. Jedoch lassen sich nie alle Fehler, wie beispielsweise das Vermeiden von Redundanzen, mit CLC überprüfen und sie können die menschliche Prüfung nicht vollständig ersetzen. Probleme bereiten außerdem Fälle, in denen Wörter in einer falschen Bedeutung verwendet werden. Der Kontext wird bei CLC-Prüfungen nicht berücksichtigt und semantische oder pragmatische Prüfungen sind (noch) nicht möglich, ebenso können beispielsweise unvollständige Texte, Layout- oder Strukturierungsfehler nicht durch automatische Programme gelöst werden. Generell gilt es bei der firmenspezifischen Anpassung der Regeln ein Maß zu finden, bei dem es vermieden wird, dass im Text vorhandene Fehler übersehen werden (auch als ‚Silence' oder ‚Keinalarm' bezeichnet) oder falsche Fehlermeldungen vom Programm geliefert werden (auch als ‚Noise' oder ‚Falschalarm' bezeichnet)[97] (Lehrndorfer & Reuther, 2008: 110f.; Drewer & Ziegler, 2011; Hebling, 2002).

3.2 Authoring-Memory-Systeme

3.2.1 Entwicklung und Funktionsweise

Eine Datenbank zum Speichern bereits geschriebener Sätze gab es bereits Ende der 1980er Jahre bei Boeing (Buchanan, 1992: 254ff.). Damals wurden die Dokumentationen bei Boeing noch von den jeweiligen Autoren unabhängig voneinander erstellt, was zum einen sehr zeitaufwendig war und zum anderen zu völlig inkonsistenten Dokumenten führte. Technische Redakteure aus dem Bereich ‚Audit Management Control Systems' gaben schließlich den Ausschlag zur Entwicklung des sog. ‚Audit Program Generator System' (APGS). Bei der Erstellung neuer Dokumente lieferte das APGS bereits die grundlegende Textstruktur und Textbausteine als Vorlage, die an den jeweiligen Stellen nur noch mit passendem Text ausgefüllt werden mussten. Der Autor konnte aus der Textbasis passende Elemente auswählen, die dann vom System eingefügt wurden. Nach der Korrektur und Freigabe wurde das entsprechende Dokument im Archiv gespeichert, wo es allerdings nicht

97 Ein Fehlalarm liegt vor, wenn ein Fehler angezeigt wird, der keiner ist. Ein Falschalarm liegt vor, wenn ein Fehler angezeigt wird, der durch einen anderen Fehler im Satz hervorgerufen wird. Ein Keinalarm liegt vor, wenn ein Fehler nicht angezeigt wird (Handbuch zum CLAT-In für Word, 2014: 33).

mehr verändert werden konnte. Erste Ideen zum heutigen ‚Authoring Memory' finden sich ab 1995 in verschiedenen Quellen.

Am bekanntesten dürfte der Artikel von Jeff Allen (1999) sein, der schreibt:

> „And now there is an expressed need to port such memory-based translation tools to authoring environments where translation might, or might not, be the main objective." (Allen, 1999: 46)

Einer der Ersten, der die Idee der Wiederverwendung von im TMS gespeicherten Segmenten für die Ausgangstexterstellung publizierte, war jedoch Brockmann (1997). Aufbauend auf positiven Forschungsergebnissen, die die Vorteile des Einsatzes von Kontrollierter Sprache bei Maschineller Übersetzung belegen, überträgt er den Gedanken auf TMS und erläutert anhand von Trados, wie Segmente aus der Übersetzungs- und Terminologiedatenbank zur Wiederverwendung im Ausgangstext genutzt werden können. Er ist es auch, der den Begriff *Authoring Memory* prägt. Auch O'Brien (1999a & 1999b) schreibt von einer künftig engen Verzahnung von Übersetzungstechnologie mit Technologien zur Ausgangstexterstellung. 1998 gab es beim Unternehmen LANT bereits erste Überlegungen zur Nutzung von TMS für die Wiederverwendung von in der TM-Datenbank gespeicherten Sätzen für die Ausgangstexterstellung:

> „Future investigations and experiments will be related to the use of a TM component in checking. [...] The gain lies in the re-usability of information objects as compared to whole documents. When an information object that is linked to its translation is re-used, a new translation need not be provided and hence time and costs can be saved both in document development and in translation." (Knops & Deporteere, 1998: 49)

Zusammenfassend dient ein *Authoring-Memory-System* (AMS) somit zur Standardisierung des Ausgangstextes durch die Wiederverwendung bereits übersetzter Segmente im TMS oder einer anderweitigen Datenbank.

3.2.2 Gegenüberstellung ausgewählter Authoring-Memory-Systeme

3.2.2.1 Congree crossAuthor Linguistic/Congree Authoring Server

Across bietet seit einigen Jahren ein AMS namens ‚crossAuthor', das als separates Plug-in zum ‚Across Language Server' erworben werden kann. Das AMS greift auf die in der TMS-Datenbank ‚crossTank' gespeicherten Segmente zurück und ist somit sprachunabhängig. Die Funktionalitäten beschränken sich auf die Suche von Terminologie und Sätzen. In den Einstellungen (Settings) kann die Sprache ausgewählt werden, es können crossTank-Einstellungen mit Mindestmatchquote und Filter, crossTerm-Einstellungen und Tag-Definitionen vorgenommen werden, wie die beiden folgenden Abbildungen zeigen.

Abbildung 3.9: Allgemeine Einstellungen in crossAuthor

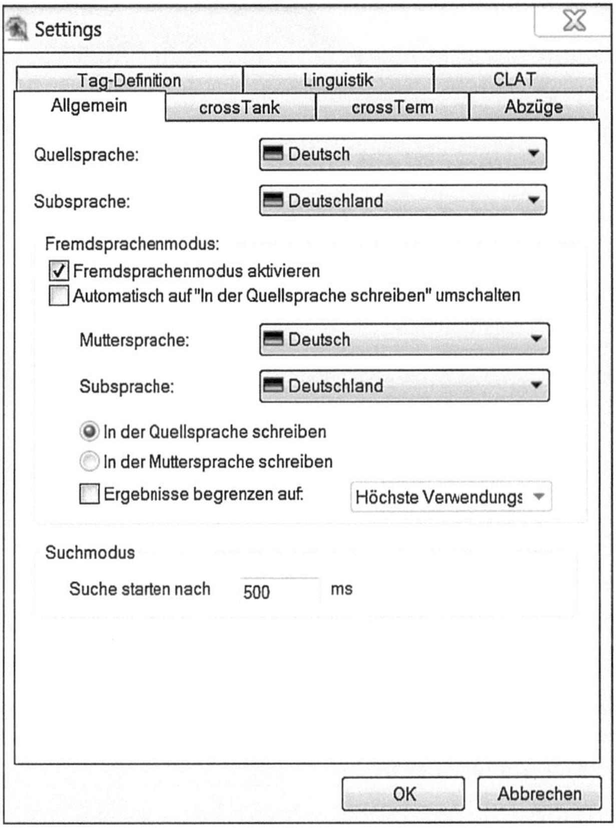

Abbildung 3.10: Einstellungen in crossTank über crossAuthor

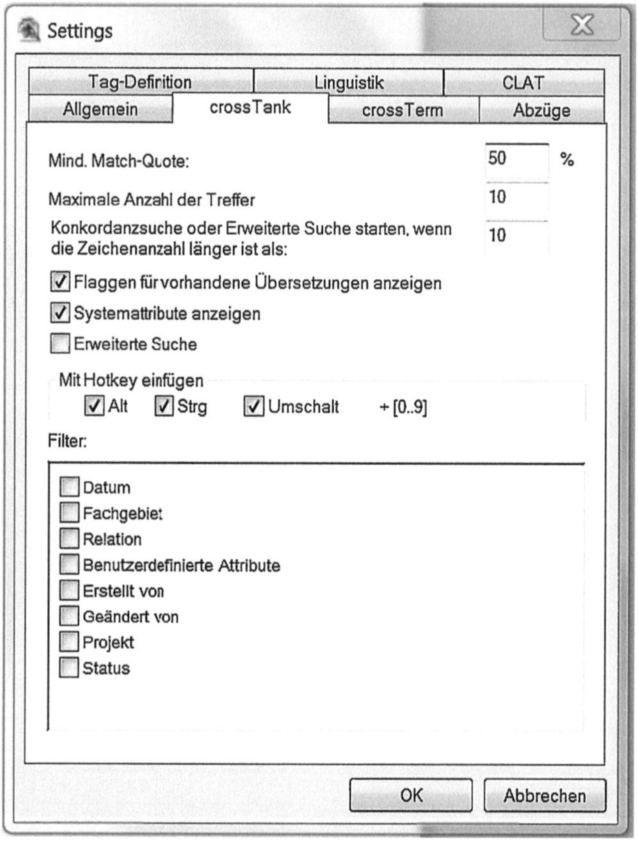

Im Jahr 2008 wurde das AMS ‚crossAuthor' durch eine weitere Komponente in Form einer linguistischen Sprachprüfung ergänzt (crossAuthor Linguistic). Beim ‚crossAuthor Linguistic' erwirbt der Kunde zusätzlich eine Lizenz zur Nutzung des automatischen Sprachprüfprogramms CLAT (zu CLAT siehe auch Kapitel 3.2.1.1). Durch diese Kombination wird das AMS durch linguistische Intelligenz erweitert. Die linguistischen Prüfungen existieren derzeit für die Sprachen Deutsch und Englisch. Über die Registerkarte ‚Linguistik' kann ausgewählt werden, welche Sprachprüfungen das Tool durchführen soll (www.congree.net).

Im September 2010 wurde eine neue Firma namens „Congree Language Technologies GmbH“ ausgegründet, die ein Joint Venture zwischen dem „Institut für Angewandte Informationsforschung“ (IAI) und der „Across Systems GmbH“ ist. Congree möchte sich damit als führender Anbieter im Bereich Autorenunterstützung positionieren (www.congree.com). Mittlerweile bietet Congree zwei Produkte an. Zum einen den crossAuthor Linguistic, der als OEM-Produkt verkauft wird und eine optionale Ergänzung zum ‚Across Language Server‘ darstellt und zum anderen den sog. ‚Congree Authoring Server‘, der die bisherigen Technologien von AMS und CLC unter einer einzigen Benutzeroberfläche integriert. Der Congree Authoring Server basiert gemäß Congree auf drei Säulen:

(1) Terminologieverwaltung: Recherche, Prüfung und Variantenerkennung
(2) Sprachprüfung (CLAT): Rechtschreibung, Grammatik, Abkürzungen und Stil
(3) Authoring Memory: Satzwiederholungen, layoutunabhängige Darstellung, Data Grooming und Reporting

Im Vergleich zu crossAuthor Linguistic kann der Congree Authoring Server als Stand-Alone-Tool betrieben werden. Die Satzdatenbank des AMS kann durch Import unterschiedlicher tmx-Dateien befüllt werden und ist somit nicht mehr an ein bestimmtes TMS gebunden. Der Congree Authoring Server kann jedoch auch in Kombination mit dem Across Language Server eingesetzt werden.[98] Im Vergleich zu crossAuthor Linguistic ist der Congree Authoring Server wesentlich benutzerfreundlicher gestaltet. Während der crossAuthor Linguistic zusätzlich zum verwendeten Editor als Icon in der Systray geöffnet werden musste, ist der Congree Authoring Server direkt in der Menüleiste der jeweiligen Editoren, wie z. B. MS Word, integriert. Neben den Suchergebnissen aus der Satzdatenbank des AMS und der Terminologiesuche kann sich der Nutzer auch noch weitere Fenster, wie ‚Authoring Memory Preview‘, ‚Authoring Memory Candidates‘, den ‚Linguistic Check‘ und den ‚Matching Candidates Report‘ anzeigen lassen. Die Fenster können beliebig ein- und ausgeblendet werden und die Anordnung der Fenster kann individuell festgelegt werden, wie die nachfolgende Abbildung zeigt.[99]

---

98 Wird der Congree Authoring Server in Kombination mit einem TMS im Übersetzungsworkflow eingesetzt, dann muss festgelegt werden, ob die Datenhoheit im AMS liegt oder im TMS. Der regelmäßige Austausch der Daten zwischen AMS und TMS kann manuell oder automatisiert in bestimmten Abständen erfolgen.

99 Grundsätzlich existieren folgende Möglichkeiten zur Nutzung der einzelnen Fenster: (1) Fenster werden ausgeblendet und Congree arbeitet im Hintergrund, (2) Congree

Abbildung 3.11: Benutzeroberfläche des Congree Authoring Servers bei Einblendung aller Fenster

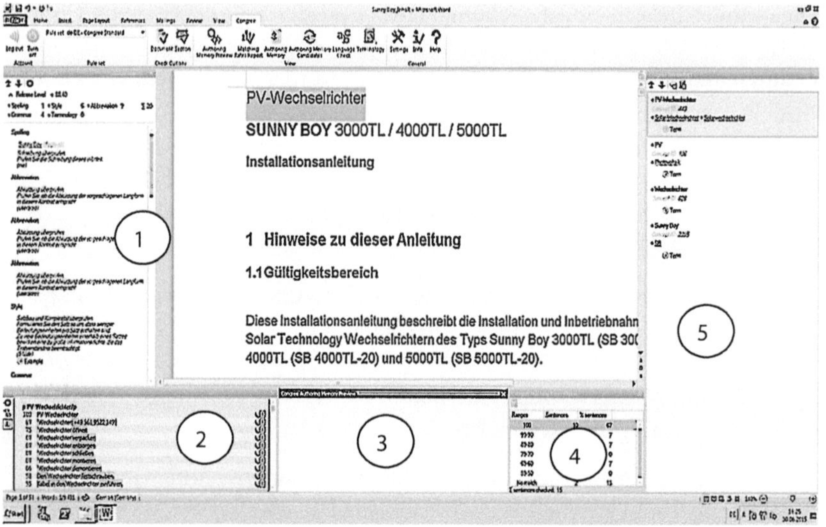

Folgende Fenster lassen sich einblenden:

1 = Congree Linguistic Check (linguistische Prüfung)
2 = Congree Authoring Memory (Suchergebnisse des AMS)
3 = Congree Authoring Memory Preview (Textdarstellung ohne Tags)
4 = Congree Matching Rates Report (Statistik zur Matchverteilung)
5 = Congree Terminology (Suchergebnisse der Terminologiekomponente)

Über den Button ‚Settings' können im Congree Authoring Server beispielsweise die Regelsets ausgewählt werden, das Layout angepasst werden oder die Anzahl der angezeigten Suchergebnisse bestimmt werden.

wird deaktiviert, d. h., alle Fenster werden ausgeblendet und Congree arbeitet nicht weiter, (3) bestimmte Fenster werden deaktiviert oder (4) Fenster werden nicht mit installiert und sind somit grundsätzlich nicht verfügbar.

Abbildung 3.12: Individuelle Einstellungsmöglichkeiten über Congree Settings

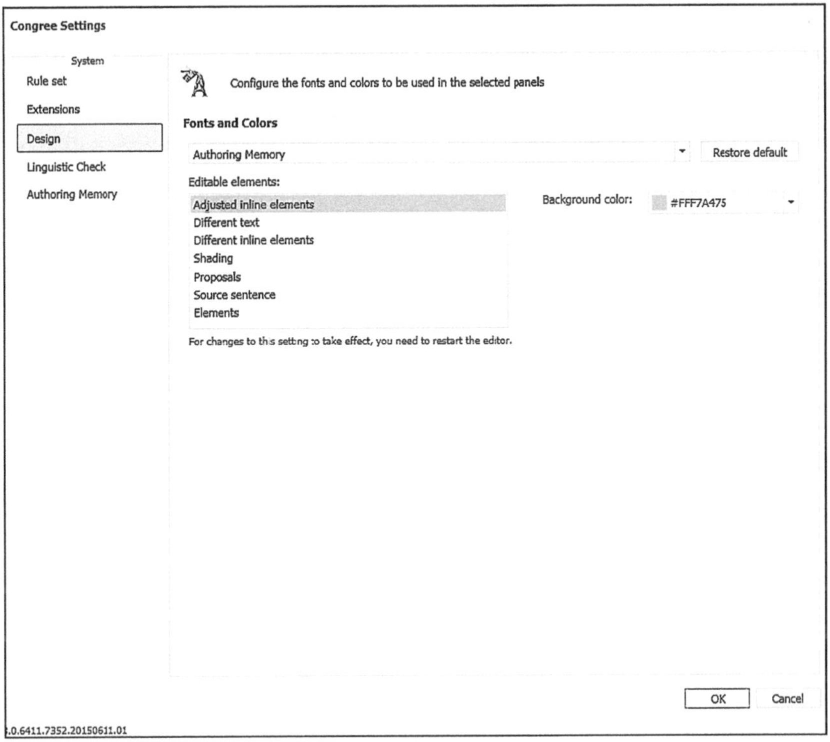

Das ‚Congree Control Center' ist eine Weiterentwicklung von UMMT (siehe dazu auch Kapitel 3.1.2.1). Im ‚Congree Control Center' werden die Bereiche ‚Data Grooming', ‚IT', ‚Linguistic', ‚Reporting', ‚Settings' und ‚User Manager' verwaltet. Im Bereich ‚IT' werden UMMT-spezifische Einstellungen wie das Anlegen von Projekten oder das Befüllen des Benutzerwörterbuchs vorgenommen. Der Bereich ‚User Manager' dient zur Vergabe und Verwaltung von Benutzerrollen. Regelsets können im Bereich ‚Linguistic' ausgewählt werden. Bei der Anwendung der Regeln können für verschiedene Textsorten, wie z. B. Technische Dokumentation oder Marketing- und Vertriebstexte, unterschiedliche Regelsets konzipiert werden. Daneben werden Spracheinstellungen oder allgemeine Einstellungen wie Abzüge vorgenommen. Im Bereich ‚Reporting' können detaillierte Einstellungen zu den Reports vorgenommen werden. Der Congree Authoring Server bietet zudem als neue Funktion ein ‚Release-Level-Rating'. Das ‚Release-Level-Rating' ist ein vom Programm ermittelter und durch den Nutzer anpassbarer Faktor, der anzeigt, ob ein Dokument veröffentlichungsreif ist, was durch die Bezeichnungen ‚Safe'/‚Acceptable'/‚Unsafe' dargestellt wird.[100] Diese Funktion ist zwar nicht direkt vergleichbar mit dem Lesbarkeitsindex von Acrolinx™ (vgl. dazu Kapitel 3.2.2.2), aber sie geht in dieselbe Richtung, indem sie dem Nutzer eine zusätzliche Möglichkeit bietet, zu beurteilen, ob ein Dokument für eine bestimmte Zielgruppe verständlich ist und veröffentlicht werden kann.[101] Die nachfolgende Abbildung zeigt die Einstellungsmöglichkeiten zur Konfiguration von Reports.

Abbildung 3.13: Möglichkeiten zur Konfiguration von Reports im Congree Authoring Server

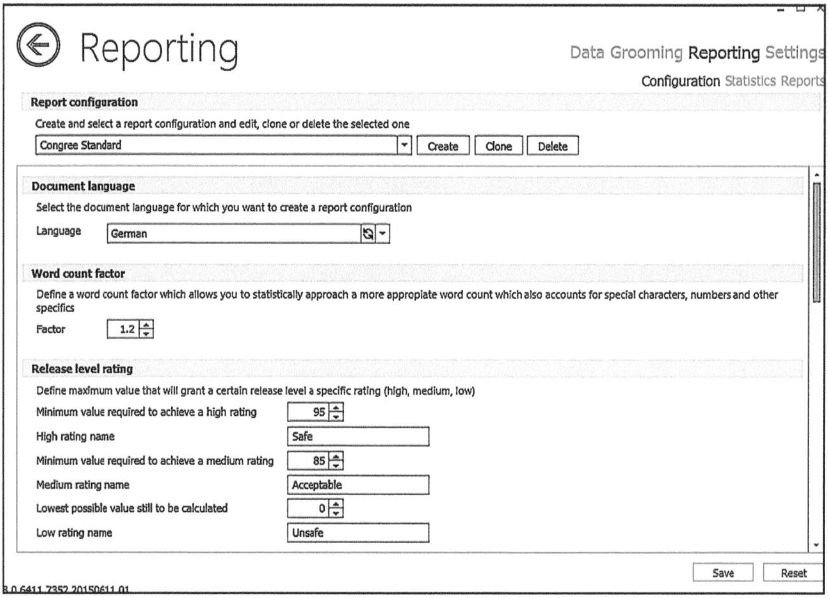

100 Die Bezeichnungen ‚Safe'/'Acceptable'/'Unsafe' können vom Nutzer nach Belieben geändert werden. Die Werte für ein hohes, mittleres und niedriges Rating können ebenfalls vom Nutzer individuell eingestellt werden.

101 Gemäß Congree soll das Release-Level die Motivation des Nutzers beim Abarbeiten von Fehlern steigern. Zudem entfällt der Druck durch die Korrektur eines anderen Mitarbeiters. Das Release-Level kann individuell angepasst werden und dazu genutzt werden, Dokumente zielgruppengerecht zu korrigieren, d. h. nach interner oder externer Zielgruppe bzw. je nachdem, ob ein Dokument final veröffentlicht wird oder ein Zwischenprodukt darstellt.

Die AMS-Datenbank liefert dem Autor mögliche passende Vorschläge, wobei die angezeigten Suchergebnisse zum einen mittels einer Ähnlichkeitssuche und zum anderen mittels einer Konkordanzsuche ermittelt werden.

Die Ergebnisse der Ähnlichkeitssuche entsprechen der Darstellung im TMS und werden mit einem ‚p' sowie dem prozentualen Wert der gemessenen Übereinstimmung gekennzeichnet. Ergebnisse der Konkordanzsuche werden mit einem ‚c' gekennzeichnet. Die nachfolgende Abbildung zeigt beispielhaft aus der AMS-Datenbank generierte Sätze.

Abbildung 3.14: Anzeige von Satzbeispielen im Congree Authoring Server

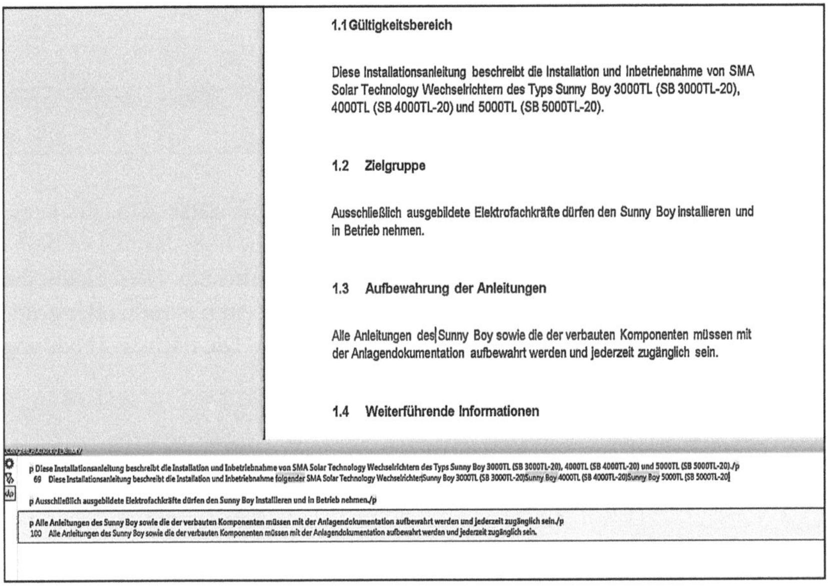

Der ‚Matching Candidates Report' zeigt die prozentuale Verteilung der Matches im Dokument. Bei Änderungen im Dokument wird der ‚Matching Candidates Report' in Echtzeit angepasst. Die linguistische Sprachprüfung basiert auf den gleichen morpho-syntaktischen Analysen wie in crossAuthor Linguistic und unterscheidet sich nur durch eine veränderte Benutzeroberfläche.[102]

Darüber hinaus bietet der Congree Authoring Server noch weitere Funktionen, wie das sog. ‚Congree Data Grooming'. Diese Funktion ist sinnvoll, wenn mehrere

102 In dem angeführten Beispiel erfolgen die Fehlermeldungen auf Englisch. Die Sprache lässt sich jedoch auch auf Deutsch einstellen.

Autoren an ähnlichen Texten arbeiten. Durch das ‚Data Grooming' erhält der Nutzer die Möglichkeit, Satzsegmente zur Aufnahme ins AMS vorzuschlagen. Nicht im AMS vorhandene Sätze werden im Fenster ‚Congree Authoring Memory Candidates' angezeigt, wie man in der folgenden Abbildung sieht.

Abbildung 3.15: Darstellung der Congree Authoring Memory Candidates

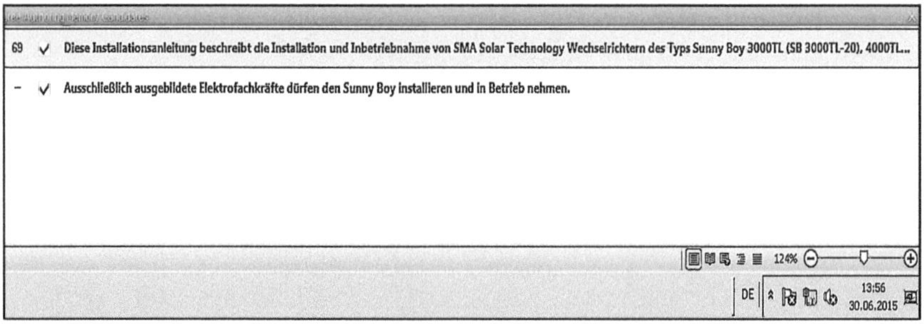

Die vorgeschlagenen Kandidaten können beispielsweise Sätze sein, die keine ähnlichen Treffer im AMS haben, die aber trotzdem eine hohe Häufigkeit besitzen. Der Autor sendet den Satzvorschlag an den Administrator. Dieser kann die Satzvorschläge im ‚Congree Control Center' sehen und dann einzeln oder gruppenweise (als sog. ‚Schwarm') freigeben oder ablehnen. Die nächste Abbildung zeigt die Darstellung der ‚Data Grooming'-Ansicht.

Abbildung 3.16: Darstellung des Data Groomings im Congree Authoring Server

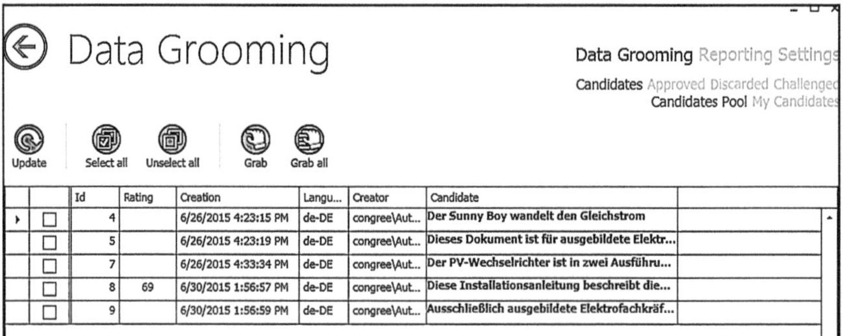

Nach der Freigabe sind die neuen Sätze sofort in der AMS-Datenbank verfügbar. Wenn andere Autoren dann diese neuen, freigegebenen Sätze verwenden, wird verhindert, dass es zu weiteren Satzdubletten kommt.

Die Datenbankpflege in Echtzeit vermeidet Überbrückungszeiten bis zu einer Freigabe. Durch die Reevaluation können Sätze einen neuen Bewertungsstatus erhalten, wenn beispielsweise die Schreibregeln angepasst wurden. Ebenfalls bietet das ‚Data Grooming' die Möglichkeit, die Satzdatenbank zu bereinigen. Die Funktion ‚Authoring Memory Preview' ermöglicht eine getrennte Darstellung von Inhalt und Form, d. h. Texte können von Tags getrennt darstellt werden, was z. B. bei XML-Dokumenten von Vorteil ist.

Abbildung 3.17: Authoring Memory Preview-Funktion (zitiert aus www.congree.com)

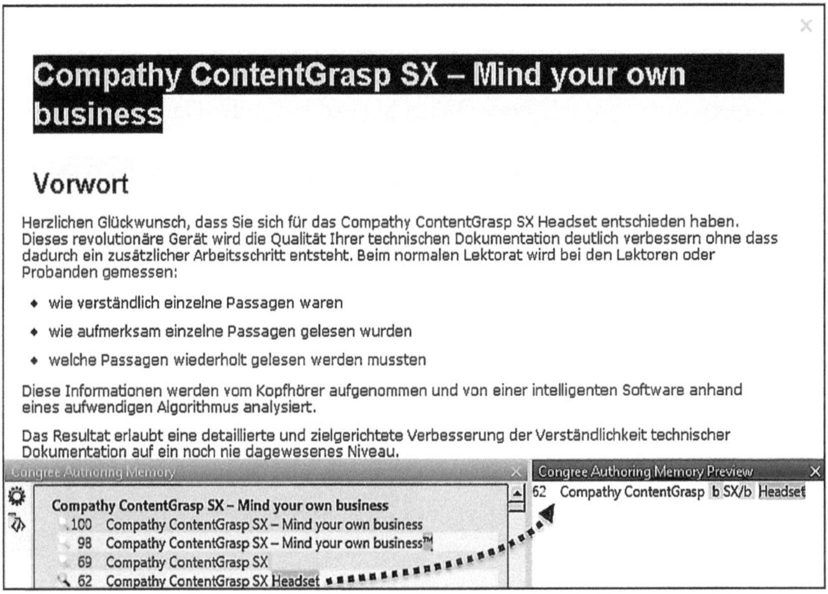

Der Congree Authoring Server bietet eine Projektstatistik (‚Authoring Memory Online Report'), mithilfe derer sich eine Statistik zur Satzwiederverwendung anzeigen lässt. Der Report muss nicht wie bei crossAuthor Linguistic manuell angestoßen werden, sondern er wird automatisch bei jedem Dokument erstellt. Die angezeigten Matchwerte werden bei Änderungen im AMS sofort angepasst.

Abbildung 3.18: Congree Matching Rates Report

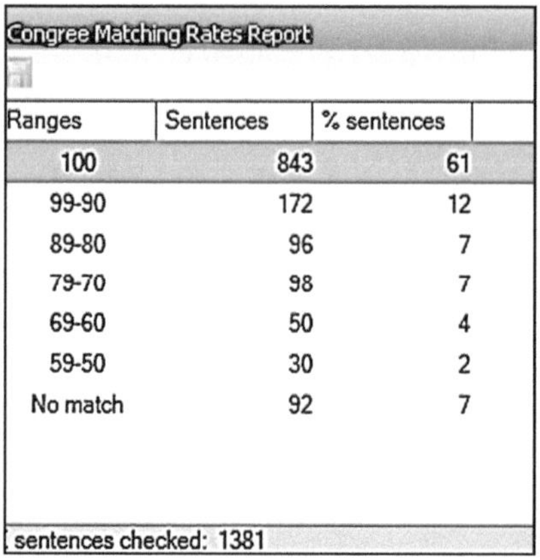

Congree Matching Rates Report

Ranges	Sentences	% sentences
100	843	61
99-90	172	12
89-80	96	7
79-70	98	7
69-60	50	4
59-50	30	2
No match	92	7

sentences checked: 1381

Neben dem ‚Authoring Memory Online Report' bietet der Congree Authoring Server auch einen linguistischen Report. Dieser lässt sich unter ‚Document' durch Setzen eines Häkchens bei ‚Linguistic Report' generieren. Nach vollendeter Prüfung erscheint ein Fenster mit der Fehlerstatistik und dem vom Tool errechneten Release-Level wie in der nachfolgenden Abbildung beispielhaft dargestellt.

Abbildung 3.19: Darstellung des linguistischen Reports im Congree Authoring Server

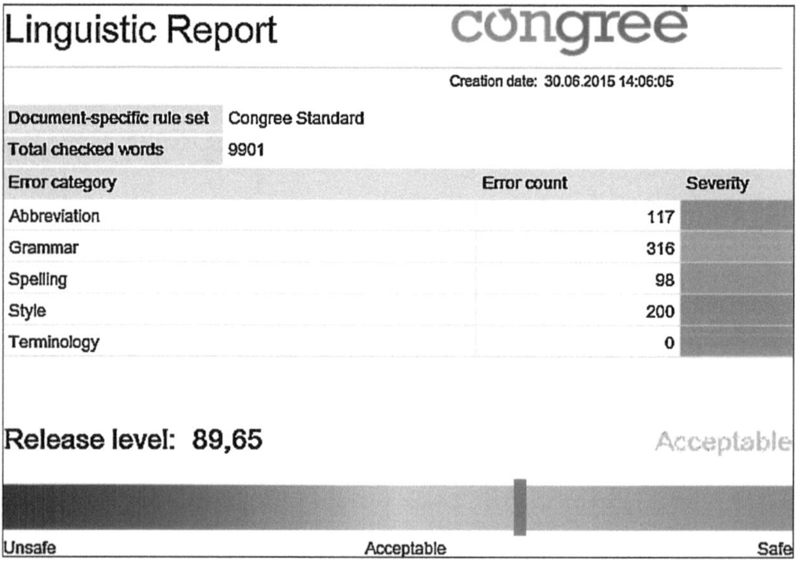

Linguistic Report

congree

Creation date: 30.06.2015 14:06:05

Document-specific rule set	Congree Standard
Total checked words	9901

Error category	Error count	Severity
Abbreviation	117	
Grammar	316	
Spelling	98	
Style	200	
Terminology	0	

Release level: 89,65

Acceptable

Unsafe Acceptable Safe

Neben dem ausführlichen Bericht erscheint im Fenster ‚Congree Language Check' ebenfalls – sofern der Nutzer diese Funktion einblendet – eine Übersicht über die Gesamtzahl der Fehler und die Verteilung der Fehler nach Fehlerkategorien (‚Quick Linguistic Check'). Die Funktion bietet dem Nutzer einen guten Überblick, welche und wie viele Fehler im Dokument gefunden wurden, wie der folgende Ausschnitt zeigt.

Abbildung 3.20: Der Quick Linguistic Check im Congree Authoring Server

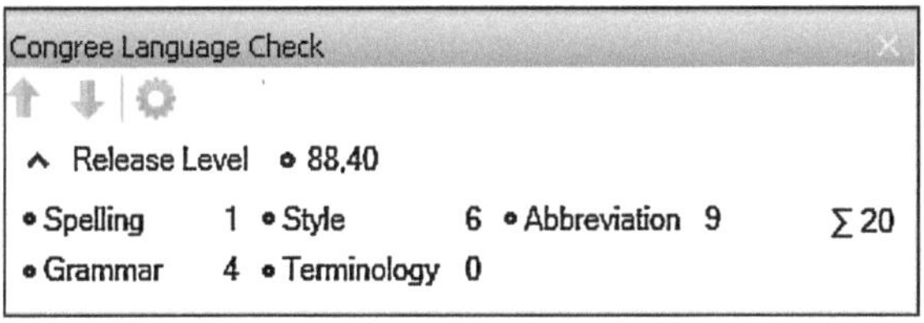

Die Funktion der Terminologieextraktion in crossAuthor Linguistic ist derzeit noch nicht im Congree Authoring Server verfügbar. Mittelfristig sollen jedoch alle Funktionen in nur noch einem Produkt, dem Congree Authoring Server, integriert werden.

3.2.2.2 STAR Mind Reader

Das AMS von STAR, der ‚MindReader', ist seit 2008 auf dem Markt erhältlich und ein reines AMS, dessen Funktionalitäten sich auf Terminologie- und Satzsuche beschränken. Weitergehende linguistische Analysefunktionen sind nicht integriert. Über die Verbindung zu den Komponenten ‚STAR James' oder ‚STAR GRIPS'[103] wird auf das TMS ‚Transit' zugegriffen. Als Vorteil erweist sich der referenzdateibasierte Ansatz, der es ermöglicht, dass neben den eigentlichen Vorschlägen des AMS auch Kontext und Herkunft angezeigt werden. Neben einzelnen Sätzen können so auch Absätze oder ganze Kapitel ausgewählt werden. Das Terminologiemanagement erfolgt über die Komponente ‚TermStar'. Per Mausklick oder Tastendruck können neue Einträge übernommen werden. Der MindReader arbeitet in Word, FrameMaker, Arbortext und GRIPS.[104] Seit Herbst 2015 bietet STAR den MindReader auch als Add-In für Outlook an.

103 ‚STAR James' ist das Workflowmanagementsystem von STAR und ‚GRIPS' das Redaktionssystem.
104 www.star-group.net/de/downloads/mindreader.html (22.03.2015).

Der MindReader sucht nach Textvorschlägen aus bereits gesendeten E-Mails und ermöglicht so eine konsistentere Kommunikation. Er ist als Einzelplatzlizenz oder als Firmenlizenz erhältlich (www.star-group.net). Im Vergleich zum klassischen MindReader ist es nicht nötig, vorab in einer Datenbank Standardsätze zu erfassen.[105]

3.2.2.3 itl [i]-match

‚[i]-match' von itl ist das jüngste unter den AMS und seit 2009 auf dem Markt (www.i-match.itl.info). Seit kurzer Zeit hat itl sein Produkt, das vorher ein reines AMS war, um linguistische Prüffunktionen erweitert. Das ‚Language-Management-System' bietet jetzt neben dem AMS einen integrierten elektronischen Style Guide (Language Checker). Dieser basiert auf der tekom-Leitlinie „Regelbasiertes Schreiben". Die sprachliche Prüfung ist für die Sprachen Deutsch und Englisch sowie mit einem reduzierten Regelsatz für die Sprachen Französisch, Spanisch und Italienisch verfügbar.

105 Bis Juni 2014 hat das Unternehmen SDL ebenfalls ein AMS mit Namen ‚SDL Author Assistant' vertrieben. Dieses bot neben der reinen Wiederverwendung von Sätzen auch in eingeschränktem Maße bestimmte linguistische und stilistische Prüffunktionen, die jedoch nicht mit denen von CLAT oder Acrolinx vergleichbar waren. Nach Angaben von SDL wurde der Verkauf aufgrund von veränderten Marktanforderungen und der Entscheidung, den Fokus auf andere Bereiche zu legen, in denen SDL führend ist, eingestellt (http://producthelp.sdl.com/kb/Articles/5266.html, 23.03.2015).

Abbildung 3.21: Sprachprüfung in [i]-match (zitiert aus: www.i-match.itl.info)

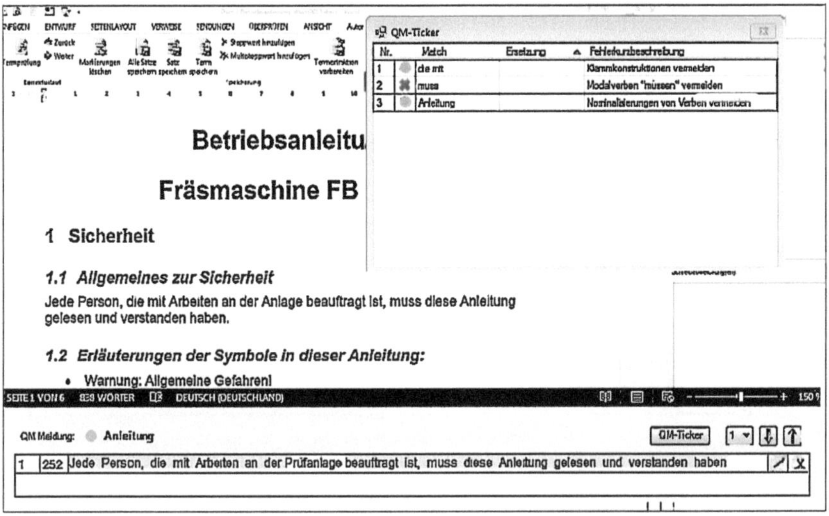

[i]-match besteht aus verschiedenen Clients und Modulen. Der ‚Redaktions-Client' bietet die Möglichkeit, eine Echtzeitsuche nach Sätzen und Terminologie oder eine Batch-Prüfung durchzuführen. In diesem Fall werden Begriffe, die nur geringfügig von früheren Texten abweichen, farblich markiert.

Abbildung 3.22: Redaktions-Client in [i]-match (zitiert aus: www.i-match.itl.info)

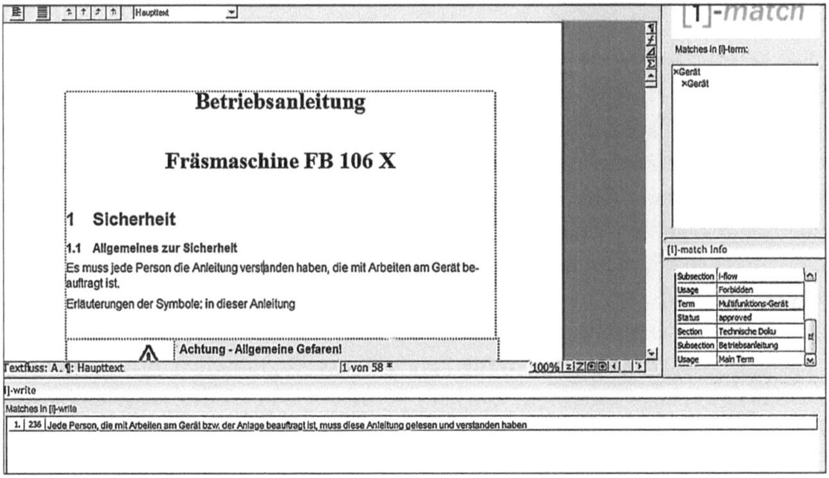

Der ‚Administrations-Client' dient der Pflege der Daten. Das Filtern der Daten wird durch SQL-Abfragen ermöglicht. Zudem können Zugriffs- und Schreibrechte vergeben werden.

Abbildung 3.23: Administrations-Client in [i]-match (zitiert aus: www.i-match.itl.info)

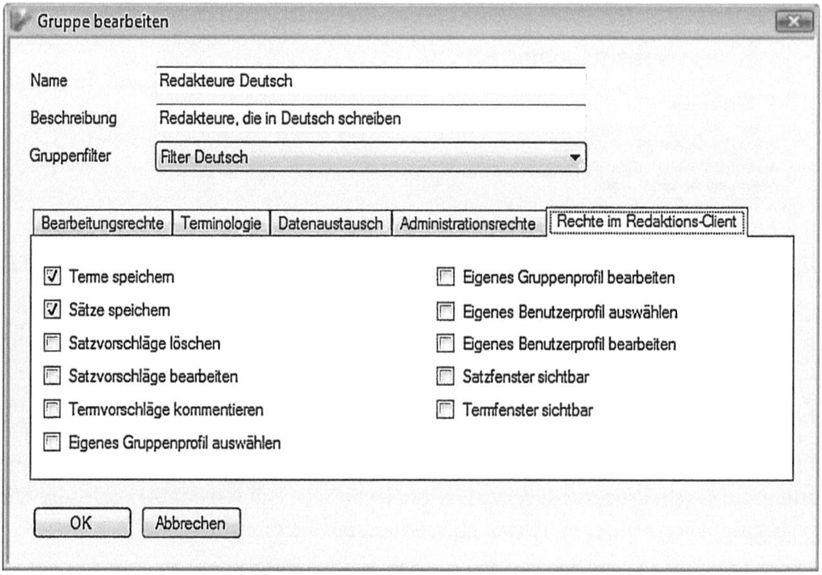

admin-client Rechteverwaltung im Administrations-Client

Der ‚Thin-Client' bietet Prüfungen in den unterschiedlichsten Editorenumgebungen, was auch PDF- und SAP-Dateien sowie CAD-Systeme beinhaltet. Die Termextraktion kann direkt aus dem jeweiligen Editor erfolgen und wird durch eine Konkordanzsuche unterstützt. [i]-match bietet vielfältige Import- und Exportfilter, inklusive eines XML-Daten-Filters. Durch die Webbasierung ist ein unternehmensweiter Zugriff möglich. Nutzer können zu den Sätzen oder Termen Metadaten hinterlegen und die Kommentarfunktion nutzen. Ebenfalls gibt es eine Android-App. [i]-match unterscheidet sich von anderen AMS dadurch, dass es eine phonetische und approximative Suche (unscharfe Suche) bietet. Das bedeutet, Wörter und Sätze werden auch bei orthografischen Abweichungen, Schreibvarianten, verdrehtem Satzbau, Termbeugungen oder ausschließlicher Übereinstimmung von Satzteilen gefunden, wie die folgende Abbildung zeigt.

Abbildung 3.24: Beispiel für die intelligente Suche in [i]-match (zitiert aus: www.i-match.itl.info)

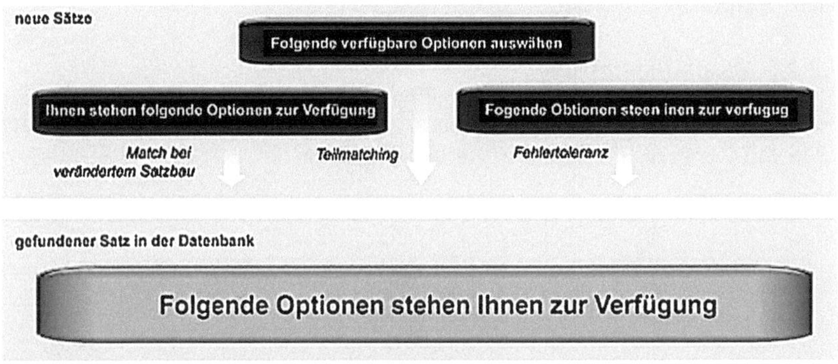

3.2.2.4 Weitere Authoring-Memory-Systeme

Neben den üblicherweise von TMS-Herstellern angebotenen AMS gibt es noch drei weitere Hersteller von AMS. Zwei davon sind Anbieter im Bereich CMS, die eine AMS-Funktion in ihr Produkt integriert haben. Das Unternehmen „Author-it Software Corporation" bietet seit einiger Zeit in seinem CMS ‚Author-it' eine Zusatzfunktion ‚Xtend' (www.author-it.com). Die Datenbank bietet in Echtzeit Vorschläge für Sätze, Paragrafen und sogar eingebettete Objekte. Im Tool können zahlreiche Konfigurationen vorgenommen werden. Neben der Matchrate, der maximalen Anzahl an Vorschlägen und der Mindestanzahl an einzugebenden Wörtern kann auch zwischen Fuzzy Matching und Relevance Matching[106] gewählt werden. Zusätzlich kann über eine ‚Advanced Search-Funktion' in ausgewählten Ordnern nach Fragmenten gesucht werden.

Die Firma Docufy bietet innerhalb ihres Redaktionssystems ‚cosima go!' ein sog. ‚Author's Memory' (www.docufy.de). Dieses vergleicht die geschriebenen Sätze mit den bereits im CMS vorhandenen Sätzen. Die Trefferanzeige wird dabei mit jedem neu eingegebenen Buchstaben genauer. Laut Herstellerangabe erkennt das AMS auch einen anderen Satzaufbau und Synonyme.

Die Firma Cognitas brachte 2010 ein AMS, genannt ‚Cognitas Consistor' (www.cognitas.de) auf den Markt. Der Consistor ist für Word und als API-Client für FrameMaker konzipiert. Er zeigt an, ob ein Satz bereits im TMS vorhanden

106 Beim Relevance Matching ist die Wortreihenfolge egal. Es liefert mehr Vorschläge als das Fuzzy Matching, ist aber auch ungenauer.

ist. Dabei arbeitet das Programm nicht direkt mit dem TMS, sondern mit exportierten tmx-Dateien. Vorschläge werden dem Autor sowohl in Ausgangs- als auch Zielsprache angezeigt.

3.2.2.5 Zusammenfassung

Nachfolgend werden noch einmal die wichtigsten Merkmale der dargestellten AMS von Congree, STAR und itl zusammengefasst:

Tabelle 3.1: Tabellarischer Vergleich verschiedener Authoring-Memory-Systeme

	crossAuthor (Linguistic)	**Congree Authoring Server**	**MindReader**	**[i]-match**
Anbieter	Congree GmbH	Congree GmbH	STAR Group	Institut für technische Literatur AG (itl)
Angebotene Regelsets	tekom-Leitlinie „Regelbasiertes Schreiben“	Verschiedene Regelsets, z. B. ‚Congree Standard‘	n.a.	tekom-Leitlinie „Regelbasiertes Schreiben“
Unterstützte Sprachen	Alle im TMS vorhandenen Quellsprachen; linguistische Prüfungen für Deutsch und Englisch	Alle im TMS vorhandenen Quellsprachen; linguistische Prüfungen für Deutsch und Englisch	Alle im TMS vorhandenen Quellsprachen	Alle westeuropäischen Sprachen; linguistische Prüfungen für Deutsch, Englisch, Französisch, Italienisch und Spanisch
Module und Funktionen	• Termextraktion • Linguistischer Report • UMMT zur Konfiguration und Administration	• Congree Control Center zur Konfiguration und Administration • Authoring Memory Preview • Data Grooming • AMS Online Report	• Websuche • Terminologieverwaltung	• Style Guide • Termextraktion • Such-Engine
Prüffunktionen	• Terminologie • Stil • Grammatik • Rechtschreibung • Abkürzungen	• Terminologie • Stil • Grammatik • Rechtschreibung • Abkürzungen	• Terminologie	• Terminologie • Stil

	crossAuthor (Linguistic)	Congree Authoring Server	MindReader	[i]-match
Unterstützte Editoren	MS Word, PowerPoint, Adobe InDesign und FrameMaker, PTC Arbortext, JustSystems Xmetal, MadCap Flare	MS Word, PowerPoint, Adobe InDesign und FrameMaker, PTC Arbortext, JustSystems Xmetal, MadCap Flare	MS Word, Adobe FrameMaker, Arbortext, GRIPS, MS Outlook	MS Office inkl. Outlook, CAD-Systeme, SAP usw.
Integration in TMS	Separates Plug-in zum Across Language Server	Stand-Alone-Tool oder in Kombination zum Across Language Server	Separates Plug-in zu STAR Transit	Stand-Alone-Tool
Textprüfung	Live-Prüfung oder Batch-Prüfung	Live-Prüfung oder Batch-Prüfung	Live-Prüfung oder Batch-Prüfung	Live-Prüfung oder Batch-Prüfung
Verfügbarkeit von Texten zur Wiederverwendung	Nach Übersetzung und Abspeicherung im TMS	In Echtzeit durch Data Grooming	Sobald die Sätze als Referenzmaterial eingelesen wurden	Sobald ein Satz in der Satzdatenbank abgespeichert wurde

3.2.3 Vorteile und Nachteile des Einsatzes von AMS im Dokumentationserstellungsprozess

Die Vorteile von AMS sind vergleichbar mit denen von TMS. Durch den Zugriff auf das TMS oder eine anderweitige Satzdatenbank können alle vom TMS abgedeckten Sprachen mit dem AMS bedient werden. Zudem ermöglicht das AMS durch den Zugriff auf die Segmente in der Satzdatenbank konsistente Formulierungen und garantiert eine einheitliche Terminologie. Bis zu einem gewissen Grad verkürzt ein AMS somit das Lektorat, sofern der Technische Redakteur hauptsächlich die in der Satzdatenbank festgelegten Formulierungen verwendet. Werden die im TMS vorhandenen Segmente für die Ausgangstexterstellung eingesetzt, so erhöht sich zudem die Matchrate im TMS und die Übersetzungskosten für den Auftraggeber sinken. Insgesamt kann der Einsatz von AMS zu beschleunigten Erstellprozessen führen (Rösener, 2010).

Der sinnvolle und produktive Einsatz von AMS sowie die Qualität der angezeigten Ergebnisse stehen und fallen jedoch mit der Pflege der Satz- und Terminologiedatenbanken. Werden dem Redakteur mehrere ähnliche Sätze für die gleiche Aussage angeboten, dann verliert er Zeit für die Suche nach dem am besten passenden Segment. Der Einsatz von AMS setzt zum einen saubere Datenbanken zu Beginn der Nutzung voraus und erfordert zum anderen eine kontinuierliche Pflege der Datenbanken (Rösener, 2010: 1ff.).[107] Ob und inwieweit Zeit und Aufwand für diese Tätigkeiten erübrigt werden können, hängt auch von der Größe des Unternehmens und der Technischen Dokumentationsabteilung ab.[108]

3.2.4 Integration von Redaktionssystemen, Controlled-Language-Checkern, Authoring-Memory-Systemen und Translation-Memory-Systemen

Schon seit einigen Jahren zeichnen sich sowohl Annäherungen unter den unterschiedlichen Technologien wie CMS, CLC, AMS und TMS ab als auch Überlappungen. Deutlich zu erkennen ist, dass Unternehmen, die vorher auf ein Gebiet spezialisiert waren, wie beispielsweise CMS, nun auch Lösungen wie Terminologiemanagement oder AMS anbieten. Trotz dieser Vorstöße in fremdes Terrain bleibt es jedoch in naher Zukunft unwahrscheinlich, dass es einen Anbieter bzw.

---

107 Im Fall von Acrolinx können nur qualitätsgeprüfte Sätze in die Satzdatenbank aufgenommen werden.

108 Zur TMS-Bereinigung existieren mittlerweile verschiedene Ansätze, die eine (halb-) automatische Durchführung dieses Prozesses anstreben.

ein System geben wird, das alle Funktionen, angefangen mit CMS, über CLC, TMS und AMS, in sich vereint.

Dies wäre nichtsdestotrotz für die Nutzer ideal, da sie nur ein Produkt und einen Ansprechpartner pro System hätten und die Bündelung in einem Produkt wird auch in manchen Zukunftsszenarien vorausgesagt (siehe z. B. Günther, 2011). Wie gut sich die einzelnen Produkte integrieren lassen, bleibt offen. Laut einer 2011 von der ‚TAUS' (Translation Automation User Society) und ‚LISA' (Localization Industry Standards Association) durchgeführten Befragung unter 111 Unternehmen beklagen viele Teilnehmer, dass die Interoperabilität unter den Systemen einen hohen Teil ihres Budgets für Übersetzungen verschlingt. 37 % gaben an, dass die Interoperabilität mit 10 % ihres Budgets für Übersetzungen zu Buche schlägt, 25 % gaben sogar an, dass es sie mehr als 20 % kostet (TAUS-Report, 2011: 2). Das Problem ist nicht das Fehlen von Standards oder die Ausgereiftheit der Standards wie TMX oder XLIFF. Es mangelt vielmehr an einem Update der Standards und der Interoperabilität zwischen beispielsweise CMS und TMS. Notwendig ist also die „integration of language technology and translation standards in the content lifecycle from creation to multilingual publishing." (TAUS-Report, 2011: 5).

Die Frage ist also, wie die verschiedenen Programme sinnvoll und ohne Zusatzaufwand zusammenarbeiten können. Ein kritischer Punkt ist das Thema Terminologiemanagement. Theoretisch bieten sich etliche Möglichkeiten, Terminologie zu verwalten. Die erste Möglichkeit besteht im CMS – sofern diese Funktion vorhanden ist. Möglich ist auch die übliche Verwaltung im TMS bzw. in der darin enthaltenen Terminologiedatenbank. Die Frage ist, ob die Terminologie nun besser im CMS oder im TMS aufgehoben ist. Wird zusätzlich mit einem CLC gearbeitet, dann kann auch dieser zur Termextraktion und -verwaltung eingesetzt werden. Ganz zu schweigen von externen Terminologiemanagementlösungen und Termextraktionsprogrammen.[109] Wird außerdem mit einem MÜ-System in Kombination mit einem TMS gearbeitet, dann stellt sich die Frage, wie der Austausch zwischen der Terminologiedatenbank und dem MÜ-System funktionieren kann (vgl. auch Zetzsche, 2011). Grundsätzlich muss bei den ganzen Möglichkeiten entschieden werden, welche der möglichen Terminologieressourcen als Haupt- oder Kerndatenbank genutzt wird und wie sich die unterschiedlichen Terminologiebestände vereinen lassen. Dies kann zu häufigen Importen und Exporten der Datenbestände und einer ständigen Pflege der Daten führen. Wird beispielsweise

109 Es existieren etliche Stand-Alone-Lösungen zum Terminologiemanagement oder zur Terminologieextraktion, wie z. B. ‚quickTerm' von Kaleidoscope (www.quickterm.at) oder ‚TippyTerm' von Syskon (www.tippyterm.de).

vergessen, im CLC die Daten zu aktualisieren, dann erhält der Nutzer beim Einsatz von CLC und AMS möglicherweise zwei unterschiedliche Vorschläge und verliert Zeit zur Klärung der richtigen Benennung. Zum heutigen Zeitpunkt ist das Problem der mehrfachen Terminologieverwaltung noch nicht gelöst. Im Fall von Congree und crossAuthor Linguistic fungiert die Terminologiedatenbank ‚crossTerm' als Kerndatenbank. Neue Termkandidaten können direkt mit CLAT extrahiert werden und in ‚crossTerm' hinterlegt werden. Trotzdem müssen die in ‚crossTerm' neu hinzugefügten Terme wiederum in CLAT importiert werden, sodass ein Terminologiekreislauf entsteht. Zumindest entfällt bei dieser Lösung die doppelte Terminologiepflege in CLC und AMS (Rösener, 2010; Reuther & Rösener, 2011). Das gleiche Problem tritt auch bei AMS auf. Theoretisch kann ein AMS verwendet werden, das direkt im Redaktionssystem integriert ist oder eines, das über die TMS-Datenbank arbeitet, oder wiederum ein komplett eigenständiges Tool. Zusammenfassend lässt sich ein punktuelles Zusammenwachsen verschiedener Systeme feststellen, allerdings in näherer Zukunft keine Verschmelzung zu einem einzigen Produkt.

Ein weiteres großes Problem ist die zuvor beschriebene Schnittstellenproblematik. Wird mit mehreren Systemen gearbeitet, so müssen diese auch reibungslos über Schnittstellen integriert werden. Heyn (1996) schrieb dazu bereits vor einigen Jahren treffend:

> „Successful translation process automation as one part of an overall document production flow means for the future a better harmonisation of the involved technical solutions. We are faced with the problem to integrate authoring tools, document retrieval software, workflow solutions, translation memory tools and last but not least machine translation. A key role for satisfying solutions will be the 'interconnectivity of software modules' combinable to holistic solutions." (Heyn, 1996: 126)

Bei allen Herstellern scheint ein Fokus auf der Bereitstellung von APIs zu liegen und es existieren etliche Firmenpartnerschaften in diesem Bereich. Trotzdem funktioniert der Austausch oftmals nicht problemlos und allein schon die Veröffentlichung einer neuen Edition eines Produktes führt zu neuen Anpassungen bei den Schnittstellen. In Bezug auf die Interoperabilität gibt es definitiv noch Optimierungspotenzial. Dies besteht vor allem bei serverbasierten Lösungen, die kontinuierlich zunehmen. Gerade große Unternehmen setzen beispielsweise auf eine server- und/oder cloudbasierte Abwicklung ihrer Übersetzungsprojekte. In diesem Falle ist der Austausch mit Daten von Fremdsystemen bisher noch schwierig bis nicht möglich (Zetzsche, 2011). Langsam zeichnen sich jedoch Fortschritte ab.

2013 schlossen sich mehrere Hersteller von Redaktionssystemen zum „Verband deutscher Redaktions- und Content Management System Hersteller e.V." (dercom) zusammen (www.dercom.de). Ziel war es, im Projekt ‚COTI' (Common Translation Interface) eine neutrale Schnittstelle zwischen CMS und TMS zu schaffen. Der Vorteil der Schnittstelle ist, dass Daten auch bei System-Updates oder Funktionserweiterungen problemlos ausgetauscht werden können. Mittlerweile planen einige große TMS-Hersteller, diese Schnittstelle in ihre Produkte zu integrieren.

3.2.5 Zusammenfassung

Die nachfolgende Tabelle fasst noch einmal in Kurzform die wichtigsten Merkmale und Funktionen der zuvor beschriebenen CLC und AMS vergleichend zusammen:

Tabelle 3.2: Tabellarischer Vergleich verschiedener Controlled-Language-Checker und Authoring-Memory-Systeme

	CLAT	**Acrolinx**	**crossAuthor Linguistic /Congree Authoring Server**	**MindReader**	**[i]-match**
Anbieter	IAI	Acrolinx GmbH	Congree GmbH	STAR Group	itl
Client-Server-Architektur	✓	✓	✓	✓	✓
Editoren	JAVA, Word, Arbortext, FrameMaker	MS Office, Frame-Maker, InDesign, XMetal, Lotus Notes, Arbortext, Author-it, oXygen, Eclipse, CKEditor	MS Office, InDesign, FrameMaker, Arbortext, JustSystems XMetal, MadCap Flare, Publishing Studio	Word, FrameMaker, Arbortext, GRIPS, Outlook	Zahlreiche Editoren
Prüffunktionen	Rechtschreibung, Stil, Grammatik, Abkürzungen, Terminologie	Rechtschreibung, Stil, Grammatik, Abkürzungen, Terminologie	Rechtschreibung, Stil, Grammatik, Abkürzungen, Terminologie	Terminologie	Terminologie, Stil
Linguistische Intelligenz	✓	✓	✓		✓
CLC	✓	✓	✓		
AMS		✓	✓	✓	✓
Terminologieverwaltung	✓	✓	✓	✓	✓
Termextraktion	✓	✓	✓		✓
Konfigurierbarkeit	✓	✓	✓	n.a.	✓

	CLAT	Acrolinx	crossAuthor Linguistic /Congree Authoring Server	MindReader	[i]-match
Sprachen	Deutsch, Englisch	Deutsch, Englisch, Japanisch, Französisch, Schwedisch, Chinesisch	Alle im TMS, ling. Prüfung für Deutsch und Englisch	Alle im TMS	Alle westeuropäischen Sprachen, ling. Prüfungen für Deutsch, Englisch, Französisch, Italienisch, Spanisch
Berichterstellung	✓	✓	✓	✓	✓
Echtzeitprüfung	✓	✓	✓	✓	✓
Batch-Prüfung	✓	✓	✓	✓	✓
Stand-Alone-Tool	✓	✓	✓	✓	✓
Plug-in			✓	✓	
Integration in TMS		Unterstützung von TMX, CSV, OLIF, TBX, XML	Across Language Server	STAR Transit	Unterstützung von TMX, CSV, MARTIF

4 Translation-Memory-Systeme

In Kapitel 4 wird die historische Entwicklung von TMS skizziert und es werden in kurzer Form für den Übersetzungsprozess relevante Funktionen erläutert, die in den letzten Jahren in kommerziellen TMS integriert wurden. Danach erfolgt ein knappe und tabellarische Übersicht zu aktuellen kommerziellen TMS[110] sowie *Open-Source-Tools*, die den Trend zur Arbeit mit *Open-Source-Systemen* belegen. Ein Hauptaugenmerk des Kapitels liegt auf der Darstellung verschiedener Forschungsansätze zur Verbesserung der Retrievalleistung von TMS. Diese geben wichtige Anregungen zur Verbesserung von AMS, die, technologisch gesehen, zumeist auf der gleichen Grundlage wie TMS arbeiten und ihre Daten aus dem TMS beziehen. Ebenso ist ein Verständnis des Suchmechanismus von TMS unerlässlich, um zu beleuchten, wie eine sprachliche Steuerung des Ausgangstextes mittels CLC zur Verbesserung der Suchergebnisse im TMS genutzt werden kann (siehe Kapitel 6). Die Darstellung der Qualitätssicherungsfunktionen im Übersetzungsprozess zeigt, welche Möglichkeiten es derzeit in Form der in TMS integrierten Qualitätssicherung und auch bei Stand-Alone-Lösungen gibt und welche Verbesserungsmöglichkeiten es speziell für den Bereich Technische Dokumentation gibt.

Abstract

Translation memory systems (TMS) are among the CAT tools often used in the translation process. Nevertheless they have some weaknesses, especially in the area of sub-segment retrieval. Research projects use different approaches to tackle this problem. This includes the integration of morpho-syntactic analyses or the integration of machine translation.

4.1 Historische Entwicklung

Erste Überlegungen zu einzelnen Bestandteilen dessen, was man später als ‚Translator's Workstation' (TW) bezeichnete, gehen bis in die 60er Jahre des letzten Jahrhunderts zurück. Ab dieser Zeit entwickelten sich unterschiedliche und voneinander unabhängige Ansätze, die es schwierig machen, den genauen Ursprung

110 Eine ausführliche Darstellung von kommerziell verfügbaren TMS ist nicht Fokus der Arbeit. Hierzu sei auf die in regelmäßigen Abständen aktualisierten Produkttests in der Fachzeitschrift ‚MDÜ' verwiesen.

der heutigen Translation-Memory-Technologie festzulegen (Hutchins, 1998: 1f.; Somers, 1998: 1ff.).

Der 1966 veröffentlichte ‚ALPAC-Report' (Automatic Language Processing Advisory Committee) bedeutete einen herben Rückschlag für die bis dato großen Hoffnungen auf eine vollständig automatisierte und qualitativ hochwertige Maschinelle Übersetzung (Hutchins, 2003: 131f.). Die Zukunft für computergestützte Übersetzungshilfen wurde jedoch sehr positiv bewertet (ALPAC, 1966: 25f.). Damals arbeiteten das „Bundessprachenamt" und die „Europäische Gemeinschaft für Kohle und Stahl" (EGKS) an computergestützten Systemen zur Glossarerstellung bzw. Terminologieverwaltung (Hutchins, 1998: 3f.; Reinke, 2004: 36f.). Ähnliche Züge eines heutigen *Translation-Memory-Systems* (TMS) hatten die von Krollmann (1971) entwickelte Idee einer „Linguistic Data Bank" und die von Lippmann (1971) entwickelte Idee einer Arbeit im Netzwerk mit einem Großrechner als zentraler Einheit. Kommerziell durchsetzen konnten sich weder die Idee von Krollmann, noch die von Lippmann, da es zu diesem Zeitpunkt noch an der technischen Umsetzbarkeit mangelte.

Noch näher kam 1979 Arthern mit seiner Idee einer „Translation by Text-Retrieval". Das von ihm erdachte System sollte eine Speicherung von ausgangs- und zielsprachlichem Text ermöglichen, Funktionen zum Suchen und Einfügen bieten und einen neuen Text basierend auf vorhandenen Texten zusammenstellen. Ergänzt werden sollte dieses „Text-Processing Terminal" durch die Einbindung Maschineller Übersetzung (Arthern, 1979: 93f.; Hutchins, 1998: 7f.; Reinke, 2004: 37.).

Ähnlich der Idee Artherns ist die 1980 von Kay in seinem Artikel „The Proper Place of Men and Machines in Language Translation" erwähnte „Translator's Amenuensis". Kay dachte an ein zukünftiges System bestehend aus mehrsprachigem Texteditor und Terminal, das eine automatische Wörtersuche, eine Suche in alten Übersetzungen, die Anbindung von MÜ und Post-Edition vorsah (Kay, 1980: 12f.).

> „It is a framework that will gracefully accommodate the future contributions that linguistics and computer science are able to make. One day it will be built because its very modesty assures its success." (Kay, 1980: 21)

Ein weiterer Schritt hin zum heutigen TMS war ein 1981 von Melby entwickeltes zweisprachiges Konkordanzprogramm, das eine Segmentierung von Ausgangs- und Zieltext durchführte, was dem heutigen ‚Alignment' entspricht. Kombiniert werden sollte es mit einem Maschinellen Übersetzungssystem (Melby, 1983: 175f.; Melby, 1982: 219).[111]

---

111 Eine Übersicht zu weiteren Konkordanzprogrammen, die sich ab dieser Zeit entwickelten, findet sich bei Reinke (2004) und Hutchins (1998). Einen Vergleich der

Das erste kommerzielle TMS wurde Anfang der 80er Jahre des letzten Jahrhunderts von der Firma ‚ALPS' auf den Markt gebracht. Es war ein früher Vorläufer der heutigen TMS, der sich aber nicht auf dem Markt halten konnte.[112]

4.2 Neue Entwicklungen im Bereich der Translation-Memory-Technologie

Der nachfolgende Abschnitt erläutert einige der neueren Funktionalitäten von TMS. Aufgrund des sehr schnelllebigen Marktes bei Computertechnologien und der Tatsache, dass ein Feature, das heute brandaktuell ist, morgen schon wieder ‚überholt' ist, sind manche der nachfolgend aufgeführten Funktionalitäten noch recht neu, während einige schon etwas länger Bestandteil der kommerziellen TMS-Technologie sind.

Vorübersetzung

Alle großen kommerziellen Hersteller von TMS bieten heutzutage die Möglichkeit der Vorübersetzung, auch ‚Pretranslation' genannt. Dies ist nicht zu verwechseln mit Maschineller Übersetzung. Bei der Vorübersetzung werden alle 100 % Matches[113] automatisch in einen Zieltext übernommen, sodass ein aus ausgangssprachlichen und zielsprachlichen Elementen bestehender Text entsteht. Gerade bei großen Textmengen liegt der Vorteil in der Zeit- und Kostenersparnis. Jedoch müssen die vorübersetzten Texte gründlich Korrektur gelesen werden, da es leicht passiert, dass ein Satz, der in einem Kontext korrekt war, im aktuellen Text falsch eingefügt wird. Gerade unter Zeitdruck geschehen somit leicht gravierende Fehler.

Werden nicht nur 100 % Matches, sondern auch Fuzzy Matches[114] für die Vorübersetzung zugelassen, so steigt das Fehlerrisiko nochmals. Im Falle einer nicht gepflegten Datenbank tritt zudem das Problem von Satzdubletten auf (Drewer &

Vor- und Nachteile von Konkordanzprogrammen und TMS liefert der Artikel von Bowker & Barlow (2004).

112 Erste kommerzielle TMS, die Anfang der 1990er Jahre auf den Markt kamen, waren beispielsweise der ‚TranslationManager/2' von IBM, das TMS ‚TRANSIT' von STAR, der ‚Eurolang Optimizer' oder die ‚Translator's Workbench' von Trados, die als Erste ein Translation-Memory-System mit Alignment-Funktionen beinhaltete. Für eine umfassende Übersicht zu damaligen TMS sowie nicht-kommerziellen Forschungsprojekten aus dieser Zeit sei an dieser Stelle verwiesen auf Reinke (2004).

113 Diese werden auch als ‚Exact Match' bezeichnet.

114 Eine Suche nach sog. ‚Fuzzy Matches' wird auch als unscharfe Suche bezeichnet. Dabei handelt es sich um Treffer, die einem in der Datenbank vorhandenen Segment ähneln, aber nicht zu 100 % mit ihm übereinstimmen.

Ziegler, 2011: 62ff.; Chama, 2010: 21ff.). Das Unternehmen SDL Trados hat deshalb bereits seit mehreren Jahren sog. ‚Perfect Matches' eingeführt. Diese werden vergeben, nachdem der neue Text mit bereits übersetzten zweisprachigen Dateien abgeglichen wurde (www.sdl.com). Eine weitere Möglichkeit bietet die Segmentierung in komplette Absätze anstelle von einzelnen Sätzen.

Kontextmatches

Den Problemen der Vorübersetzung lässt sich entgegenwirken, wenn der Kontext, d. h. vorhergehende und nachfolgende Sätze beachtet werden. Beim Unternehmen STAR, welches bei seinem Produkt Transit anstelle einer zentralen Datenbank mit Referenzdateien arbeitet, ist eine Überprüfung des Kontexts wesentlich leichter. Andere Hersteller haben zu diesem Zweck sog. ‚Kontextmatches' eingeführt.[115] Es handelt sich dabei um ‚101 % Matches', die vom Programm vergeben werden, wenn der aktuelle Satz in Zusammenhang mit dem vorhergehenden und – je nach Programm – auch nachfolgenden Satz einem in der Datenbank vorhandenen Segment entspricht (Chama, 2010: 22).

Teilsegmenterkennung und Konkordanzsuche

Neben der Erfassung des Kontextes ist die Suchmöglichkeit nach Segmenten unterhalb der Satzebene eine wichtige Funktion, was auch verschiedene Forschungsreihen bestätigen (vgl. Kapitel 4.4). Speziell im Fall von Textsorten mit geringer Wiederholungsrate bietet sich eine Suche nach Teilsegmenten, wie z. B. wiederkehrende Ausdrücke, an. Mithilfe der Konkordanzsuche können alle Sätze, die ein bestimmtes Teilsegment enthalten, gefunden werden. Dieses Feature bieten alle großen TMS-Hersteller an[116] (Chama, 2010: 23f.). Darüber hinaus bieten die TMS-Hersteller die Möglichkeit, Segmente automatisch vom TMS in alle identischen ZT-Segmente einfügen zu lassen.[117]

115 Bei Kilgray werden diese als ‚ContexTM' bezeichnet, bei SDL Trados als ‚Context Match'.

116 O'Brien et al. (2010b) untersuchten in einer kleinen Studie mit sechs Übersetzern den Nutzen der Konkordanzfunktion bei SDL Trados 7. Sie setzten dazu Augenbewegungsmessungen ein und befragten die Übersetzer nach ihrer Meinung bzgl. dieser Funktion. Die Ergebnisse der Augenbewegungsmessungen zeigten, dass die Übersetzer diese Funktion nutzen, wenn sie eingeschaltet ist. Die Konkordanzfunktion scheint einen negativen Einfluss auf die Produktivität zu haben, sich aber positiv auf die Qualität auszuwirken. Insgesamt wurde die Funktion von den Übersetzern hauptsächlich zur Terminologiesuche verwendet.

117 Bei SDL Trados nennt sich diese Funktion ‚AutoPropagate', bei Déjà Vu ‚AutoText'.

Autovervollständigung

Seit einiger Zeit bieten viele kommerzielle TMS-Hersteller die Funktion der Autovervollständigung (‚Auto Completion'). Dabei werden dem Nutzer beim Tippen eines oder weniger Buchstaben Wortvorschläge angeboten. Die TMS beziehen ihre Daten dabei aus unterschiedlichen Quellen. Bei SDL Trados, die zu den Ersten gehörten, die die Autovervollständigung integrierten, nennt sich diese Funktion ‚AutoSuggest'. Grundsätzlich müssen für die Autovervollständigungssuche eigene Wörterbücher angelegt werden. Diese werden bei SDL Trados aus bestehenden TMS- und Termdatenbanken kreiert und sie können durch eigene Einträge ergänzt werden. Bei Across kommen spezielle statistische Wörterbücher zum Einsatz. Bei Wordfast beschränkt sich die Funktion auf Vorschläge aus dem MÜ-System und aus Glossaren. Atril arbeitet schon seit Längerem mit integrierten beispielbasierten MÜ-Komponenten (‚DeepMiner'). Dementsprechend ist auch die Autovervollständigung namens ‚AutoWrite' recht weit entwickelt, da die Suchergebnisse aus der TMS-Datenbank und aus der MÜ stammen und nicht nur einzelne Wörter, sondern auch Phrasen umfassen. Das heißt, es müssen keine speziellen Wörterbücher angelegt werden. MemoQ bietet in seiner aktuellen Version ebenfalls die Möglichkeit der Autovervollständigung – mit dem schönen Namen ‚Muse'. Die Ergebnisse stammen bei ‚Muse' ebenfalls aus Wörterbüchern, die eigens angelegt werden müssen.

Änderungsverfolgung

2011 stellten Nunes Vieira & Specia bei einem Vergleich verschiedener TMS fest, dass diese nicht über eine Funktion zur Änderungsverfolgung verfügten, obwohl diese gerade dann sehr sinnvoll ist, wenn mehrere Personen am gleichen Text arbeiten (2011: 40). Mittlerweile haben alle großen kommerziellen Hersteller in ihren TMS die Funktion der Änderungsverfolgung (‚Change tracking'), wie sie auch von MS Word bekannt ist, integriert. Mithilfe der Änderungsverfolgung lässt sich darstellen, in welchem Bearbeitungsschritt sich ein Projekt gerade befindet. Ebenfalls lassen sich unterschiedliche Rechte und Funktionen vergeben. Zusätzlich bieten praktisch alle TMS die Möglichkeit, einen Korrektur zu lesenden Text in zweispaltiger Form in ein Format wie Word zu extrahieren, damit beispielsweise Korrekturleser, die nicht mit einem TMS arbeiten, diese Überprüfung durchführen können.

Integration von Maschineller Übersetzung

Seit etwa fünfzehn Jahren ist, trotz teilweise noch unbefriedigender Ergebnisse, eine gestiegene Nachfrage nach Maschineller Übersetzung (MÜ) zu verzeichnen – sowohl als Ersatz für die menschliche Übersetzung, als auch in Kombination mit TMS (Brace et al., 1995). O'Brien (2012: 6f.) führt dies auf drei Aspekte zurück, die diesen Prozess begünstigt haben. Die aktuelle MÜ-Forschung hat sich auf statistische MÜ (SMT) verlagert. Das World Wide Web, das eine riesige Datenmenge liefert, bietet solchen SMT-Systemen die Möglichkeit, zu ‚lernen' und da Teile dieser Informations- und Datenmengen übersetzt sind, kann das SMT die Wahrscheinlichkeit berechnen, ob eine Aussage A in einer Sprache einer Aussage B in einer anderen Sprache entspricht.

Öffentliche und kostenlose Internetlösungen zur Übersetzung, wie ‚Google Translate', gewinnen immer mehr an Bedeutung (Flanagan, 1996).[118] Eine im Jahr 2008 vom Unternehmen SDL in Zusammenarbeit mit der ‚AMTA' (American Machine Translation Association) und der ‚EAMT' (European Association for Machine Translation) durchgeführte Studie unter 228 Befragten belegte bereits vor sieben Jahren das gesteigerte Interesse großer Konzerne an MÜ (Hurst, 2008).

Laut der Studie setzten 17 % bereits MÜ ein, weitere 11 % planten den Einsatz. Führend in der Nutzung waren der IT- und Software-Sektor.[119] 30 % setzten dabei eine menschliche Nachbearbeitung (Post-Editing) ein.[120] Die Gründe für den Einsatz liegen vor allem in der Bearbeitbarkeit großer Textmengen und Kostensenkung. Mehr als die Hälfte der Befragten wünschte sich eine der menschlichen Übersetzung vergleichbare Qualität (Hurst, 2008). Aber auch zum Zwecke sog. ‚Gist translations', d. h., um einen ungefähren Eindruck von dem Inhalt eines Dokumentes, einer E-Mail oder Webseite zu bekommen, wird die MÜ im geschäftlichen Bereich gerne eingesetzt.[121] Eine Umfrage aus dem

118 Bereits 1989 entstand die Idee eines sog. ‚Semantic Web' als Erweiterung des gegenwärtigen Internets. Daten sollten nicht nur einfach verknüpft werden, sondern die Bedeutungen von Informationen sollten vernetzt werden, um dem Nutzer eine bessere und individualisierte Nutzung zu ermöglichen (Quah, 2006: 167).

119 Eine Darstellung der Nutzung von MÜ beim Softwareunternehmen SAP findet sich bei Schaefer et al. (2014).

120 Beim Post-Editing lässt sich zwischen ‚Light Post-Editing' und ‚Full Post-Editing' unterscheiden. Beim ‚Light Post-Editing' geht es darum, eine verständliche Übersetzung des AT zu erreichen, ohne allzu sehr auf stilistische Feinheiten zu achten. Beim ‚Full Post-Editing' soll eine der Humanübersetzung vergleichbare Qualität des MT-Outputs erreicht werden (Way, 2013).

121 Große Unternehmen, wie die Volkswagen AG, bieten im Rahmen ihres ‚Volkswagen Sprachportals' ihren Mitarbeitern seit 2002 die Möglichkeit, sich Texte wie E-Mails, Berichte oder Protokolle maschinell zum Zwecke einer Rohversion übersetzen zu lassen (Porsiel, 2008, 2009 & 2012). Und auch große Sprachdienstleister setzen, je nach Kundenwunsch, auf MÜ (Lewis, 1999). Auch die EU setzt auf die Vorteile der MÜ. Um

Jahr 2008 unter 874 Übersetzern belegte, dass von denjenigen, die mit der MÜ-Technologie vertraut sind, diese mehrheitlich als durchaus vorteilhaft und als ihr favorisiertes Feature im TMS betrachten (Lagoudaki, 2008: 265).

Aber auch in Kombination mit TMS werden maschinelle Übersetzungssysteme mittlerweile über Schnittstellen angebunden.[122] Oftmals kommt die MÜ zum Einsatz, wenn im TMS kein passender Treffer gefunden wird oder die Matchquote unterhalb einer bestimmten Schwelle liegt. Die Suche im MÜ-System kann entweder interaktiv erfolgen oder im Batch-Verfahren. Der Vorteil der interaktiven Nutzung liegt in größerer Flexibilität für den Anwender. Jedoch ist diese Form der Anbindung schwieriger zu implementieren und erfordert gleiche Plattformen und leistungsstarke MÜ-Systeme, die schnell Antworten liefern können. Bei der Batchverarbeitung, d.h. Vorübersetzung im MÜ-System und nachfolgende Bearbeitung im TMS, kann der Übersetzer nicht direkt eingreifen, um Fehler zu korrigieren, und es entsteht eine zusätzliche Verarbeitungsphase durch das MÜ-System (Heyn, 1996; Pich, 2009: 426ff.; Reinke, 2013).

Anstelle der Neuübersetzung eines Satzes muss dieser, je nach MÜ-Qualität, entsprechend stark editiert werden. Inwiefern dies eine Zeitersparnis im Vergleich zur menschlichen Übersetzung darstellt, ist individuell unterschiedlich. Erste Tests zeigten, dass bei schlechter MÜ-Qualität und entsprechend hohem Korrekturaufwand eine Neuübersetzung sogar schneller ist (vgl. Krings, 2001). Mittlerweile gibt es jedoch einige Untersuchungen, die einen Zeitvorteil der Post-Edition bestätigen (Carl et al., 2015; zusammenfassend dazu Alabau,

eine Übersetzung in alle Amtssprachen zu ermöglichen, wurde in dem von 2006 bis 2009 laufenden Euromatrix-Projekt an der Entwicklung eines hybriden MÜ-Systems aus statistischer und regelbasierter MÜ für alle EU-Sprachen und Organisationen gearbeitet (www.euromatrix.net). Das Ziel war, dass nur noch wirklich wichtige Dokumente von den menschlichen Übersetzern bearbeitet werden und die Netzwerkarbeit innerhalb der einzelnen Organisationen vereinfacht und beschleunigt wird.

122 Detaillierte Darstellungen zur den jeweiligen Vor- und Nachteilen der Kombination unterschiedlicher MÜ-Systeme (SMT, RBMT, EBMT) mit TMS finden sich bei Carl et al. (2002).

2013).[123,124] Die Qualität der gelieferten MÜ-Ergebnisse ist dabei abhängig von der Anzahl der im TMS vorhandenen Sätze, dem Fachbereich, der Sprachenkombination und davon, wie gut sich der Übersetzer mit der Technologie auskennt (Kanavos & Kartsaklis, 2010). Zudem existieren auch kommerzielle MÜ-Systeme mit integriertem Übersetzungsspeicher, wie z. B. der ‚T1' von Langenscheidt (Seewald-Heeg & Nübel, 1999: 16ff.).[125]

Ein weiterer Einsatzbereich für die MÜ liegt im Bereich Social Media. In einer vom Unternehmen SDL im Jahr 2010 in Auftrag gegebenen Studie der Gilbane Group ist die Internetnutzung, speziell im Bereich ‚Social Media', explosionsartig gestiegen. Viele Unternehmen nutzen diesen Kanal heutzutage zur Kommunikation mit ihren Kunden, zur Kundenpflege, aber auch zu Marketing- und Marktforschungszwecken. Englisch wird dabei als Kommunikationssprache immer mehr von anderen Sprachen abgelöst. Eine Übersetzung mit TMS wäre bei der Informationsflut und der oftmals nötigen Reaktion in Echtzeit nicht möglich. Aus diesem Grund bietet sich der Einsatz von MÜ in diesem Bereich besonders an (Emery, 2010: 1ff.).

---

123 Auch die Untersuchungen von Guerberof Arenas (2009) und O'Brien (2007a) zeigten eine Zeitersparnis bei der Post-Edition im Vergleich zur Neuübersetzung. Die Untersuchung von O'Brien & Roturier (2007b) zeigte, dass verschiedene Regeln eine unterschiedliche Auswirkung auf den Posteditionsaufwand haben. Mittlerweile wurden in Forschungsprojekten bereits Stand-Alone-Tools entwickelt, die das Post-Editieren mit einem beliebigen MÜ-System ermöglichen und zusätzlich nützliche Daten aufzeichnen, wie z. B. Zeit, Qualitätsmetriken, Editiervorgänge, Tastenanschläge oder die ‚Edit Distance'. Zu diesen Tools zählen beispielsweise ‚PET' (Wilker Aziz et al., 2012) oder das speziell für Smartphones entwickelte ‚Kanjingo' (O'Brien et al., 2014).

124 Die Qualität der MÜ lässt sich anhand verschiedener Metriken bewerten: Zum einen anhand der ‚Edit Distance' (vgl. dazu auch Kapitel 4.4), zum anderen anhand automatischer Algorithmen wie den ‚BLEU-SCORE' oder anhand weiterer Metriken, die Aspekte wie die zur Post-Edition benötigte Zeit messen. Mithilfe sog. ‚Inductive Confidence Machines' bzw. ‚Confidence Measures' wird die Schwelle berechnet, ab der eine Übersetzung als gut oder schlecht bewertet wird. Die Schwelle kann je nach Erfahrung des menschlichen Übersetzers angepasst werden. Die MÜ wird dabei nach unterschiedlichen Features bewertet (Specia et al., 2009). Eine vergleichbare Entwicklung ist der sog. ‚TMTprime', der aus verschiedenen TMS und/oder MÜ-Ergebnissen das gemäß verschiedener in der MÜ gängiger Metriken berechnete am besten passende Ergebnis auswählt (Dara et al., 2013).

125 Neuere Forschungsprojekte in diesem Bereich finden sich bei Odcházel & Bojar (2009).

Den Trend hin zur MÜ haben viele TMS-Hersteller erkannt und bieten in Kooperation mit MÜ-Herstellern unterschiedlichste Software an (Massion, 2011: 19f.; Seewald-Heeg, 2007). Die Bandbreite reicht von regelbasierter MÜ (RBMT – Rule-Based Machine Translation), über die statistische MÜ (SMT – Statistical Machine Translation) bis hin zur beispielbasierten MÜ (EBMT – Example-Based Machine Translation).[126] Zudem existieren auch Hybridsysteme aus einer Mischung verschiedener MÜ-Ansätze (Stein, 2009: 14; Eberle, 2009: 37ff.).[127]

Bei den kommerziellen TMS-Herstellern hat sich in den letzten Jahren einiges getan. Die Anzahl der Schnittstellen zu verschiedenen MÜ-Anbietern nimmt stetig zu, wobei eine wirkliche Integration bisher nur bei SDL Trados vorhanden ist, die ihre eigenen MÜ-Produkte anbieten. Die noch fehlende wirkliche MÜ-Integration bemängeln auch Nunes Vieira & Specia (2011). In einem durchgeführten Vergleich zeigte sich, dass bei den meisten Systemen beide Tools eher nebeneinander herlaufen und dass dem Übersetzer parallel Treffer aus dem TMS und dem MÜ-System angezeigt werden.[128] Je nach Hersteller gibt es verschiedene Einstellungsmöglichkeiten, wann das MÜ-System Ergebnisse liefern soll. Bei Wordfast lässt sich beispielsweise einstellen, ob das MÜ-System immer Vorschläge liefern soll, ob es Vorschläge liefern soll, wenn kein TMS-Match gefunden wird, oder ob die MÜ-Suche manuell erfolgen soll. Bei STAR lässt sich einstellen, ob das MÜ-System eingesetzt werden soll, ob es bei Fuzzy Match-Werten unterhalb einer bestimmten Schwelle Vorschläge liefern soll oder ob es ab einer Minimum- bzw. Maximum-Anzahl an Wörtern pro Satz Vorschläge liefern soll. Across bietet die Möglichkeit, das MÜ-System einzusetzen, wenn kein TMS-Treffer gefunden wird oder wenn der Satz eine maximal definierte Anzahl an Wörtern überschreitet.

Seit Kurzem treten vermehrt Anbieter von MÜ-Lösungen auf den Markt, die Maschinelle Übersetzung einer breiten Masse zugänglich machen möchten. MÜ soll nicht nur für große Konzerne bezahlbar sein, sondern auch Übersetzer sollen von kostengünstigen, vortrainierten MÜ-Systemen profitieren, die ohne große

---

126 Zu den Unterschieden zwischen beispielbasierter MÜ (EBMT) und TMS siehe Somers & Fernandez Diaz (2004).

127 Für weitere Informationen zu Geschichte, Aufbau, Vor- und Nachteilen der jeweiligen Systeme sei hier verwiesen auf Stein (2009: 5ff.). Eine ausführliche grundlegende Einführung in das Thema MÜ findet sich bei Hutchins & Somers (1992) sowie bei Arnold et al. (1993). Sager (1993) befasst sich mit Einsatzgebieten der MÜ.

128 Für eine detaillierte Darstellung der Integration von TMS und MÜ bei einzelnen Programmen sowie der Unterschiede bei sukzessiver oder gleichzeitiger Bearbeitung sei hier verwiesen auf Azzano (2009a: 19ff.)

Einarbeitungszeit für den Nutzer und Lernzeit für das MÜ-System auskommen (Simpkins, 2012: 41ff.).

Neben Lösungen wie ‚Google Translate' und ‚Bing Translator', gibt es auch individualisierbare Lösungen wie ‚SmartMATE'. Bei ‚SmartMATE' handelt es sich um ein kostenloses Portal, bei dem sich der Nutzer anmeldet und dann beliebig viele TMS und andere Dateien hochlädt, die dann von einem statistischen MÜ-System übersetzt werden und vom Übersetzer post-editiert werden. Der Vorteil ist, dass mehrere Übersetzer und Korrekturleser parallel an einem Dokument arbeiten können (Way et al., 2011).[129]

Weitere neue Funktionalitäten

Neben den rein tool-inhärenten Weiterentwicklungen zeichnet sich in den letzten Jahren der Trend ab, von festplattenbasierten Lösungen zum Hosten von TMS oder Terminologiedatenbanken auf serverbasierte Anwendungen umzusteigen.[130] Diese Tatsache hat einige Auswirkungen auf den Übersetzungsprozess. Der Vorteil serverbasierter Lösungen liegt im einfachen und zeitaktuellen Austausch von TMS-Daten zwischen verschiedenen Übersetzern und dem Unternehmen. Der Nachteil liegt in der mangelnden Kontrolle des Einzelnen über die Ressourcen und der Gefahr der Bildung unzähliger Segment-Dubletten (García, 2009). Auch der Think-Tank ‚TAUS' (2013) sieht eine eindeutig zunehmende Entwicklung weg von Client-Server-basierten Lösungen hin zu webbasierten Lösungen. Die Vorteile liegen, gemäß TAUS, in einem plattformübergreifenden Zugriff durch unterschiedliche Betriebssysteme, der Möglichkeit des Zugriffs über mobile Geräte, der Unterstützung von agilen Entwicklungsprozessen oder dem cloudbasierten Management von zentralen Projektmanagementkomponenten.

Ein weiterer Trend zeichnet sich im gestiegenen Interesse an sehr großen, multilingualen TMS-Datenbanken ab. Das TMS ‚Wordfast' bietet seinen Kunden bereits die Möglichkeit der Nutzung eines sog. ‚Very Large Translation Memory' (VLTM). VLTM ist webbasiert und bietet dem Übersetzer die Funktionalität, als Ergänzung zum üblichen TMS in einem sehr großen, öffentlich zugänglichen TMS nach Informationen zu suchen (www.wordfast.net). Die Möglichkeit des

129 Weitere individualisierbare MÜ-Lösungen sind ‚PangeaMT' (http://pangeamt.com), ‚Let's MT' (www.tilde.com/mt/letsmt) und ‚Language Studio™' von Asia Online (www.asiaonline.net).

130 Mittlerweile existieren auch rein webbasierte TMS wie z. B. ‚memSource' (www.memsource.com) und ‚Wordbee' (www.wordbee.com).

öffentlichen Austauschs von Datenbanken bieten auch Plattformen wie die der TAUS (Translation Automation User Society) (www.tausdata.org).

Die Plattformen ermöglichen das Teilen von TMS, indem jedermann TMS-Daten hochladen kann oder auf die Daten, die andere hochgeladen haben, zugreifen kann.[131] Nicht außer Acht gelassen werden darf die Tatsache, dass zunehmend Web-Content durch die Mitglieder einer bestimmten ‚Community' übersetzt wird (Pym, 2011). Nachdem dies zuerst nur in Bereichen wie *Open-Source-Software* vorkam, ist dies mittlerweile z. B. bei sozialen Netzwerken wie ‚Facebook' gang und gäbe. Zunehmend werden auch Dienste wie sog. ‚Live Translations' angeboten. In diesem Fall kann der Kunde einen kurzen Text hochladen und erhält innerhalb von ca. 30 Minuten eine Übersetzung (www.languagewire.com und www.livetranslation.com).

Zusammenfassung

Abschließend werden die oben erläuterten TMS-Funktionalitäten nochmals in einer Tabelle zusammengefasst.[132]

131 Ein weiteres Beispiel für eine öffentliche Plattform für ‚Community Translations' ist http://de.trans-aid.jp. Siehe dazu auch Abekawa et al. (2010).

132 Die Informationen sind den Webseiten der jeweiligen Hersteller entnommen. Die Tabelle zeigt den Stand zum September 2015. Eventuelle neue TMS-Updates nach September 2015 sind nicht mehr berücksichtigt.

Tabelle 4.1: Gegenüberstellung verschiedener TMS-Funktionalitäten

Hersteller	**Across**	**Atril**	**Chompollion**	**Kilgray**	**SDL**	**STAR**
Vorübersetzung	✓	✓	✓	✓	✓ (Perfect Matches)	✓
Kontextmatches	✓ (Strukturattribute und Struktur-Matches)[133]	✓	✓	✓ (ContexTM)	✓ (Context Matches)	Referenzdateien
Konkordanzsuche	✓	✓	✓	✓	✓	✓
Autovervollständigung	✓	✓ (AutoWrite)	✓	✓ (Muse)	✓ (AutoSuggest)	✓
Änderungsverfolgung	✓	✓	✓	✓	✓	✓
MÜ-Integration bzw. Schnittstellen	Google Translate, Asia Online, Reverso, Moses	Google Translate, Microsoft Translator, iTranslate4.eu, My Memory, Systran, PROMT, Asia Online	Google Translate, Microsoft Translate, WorldLingo	Asia Online, Crosslang, Google MT, Iconic Translation Machines, iTranslate4.eu, Kantan Machine Translation, Let's MT!, Microsoft Bing MT, Pangea MT, Systran	SDL BeGlobal und SDL Language Cloud MT	Generell offene Schnittstelle, STAR Moses

133 Ein Strukturattribut zeigt an, aus welchem Dokumentbereich ein Segment stammt. Ein Struktur-Match liegt dann vor, wenn zusätzlich zum 100 % Match das Strukturattribut übereinstimmt (Anwenderhandbuch ‚Across im Überblick', 2015: 517).

4.3 Beispiele für Translation-Memory-Systeme

4.3.1 Kommerzielle Translation-Memory-Systeme

Nachfolgend werden in kurzer Form und auszugsweise die wichtigsten Neuerungen in den TMS der Hersteller Across, SDL Trados, Wordfast, Atril und STAR skizziert.[134] Dies dient nicht dazu, die verschiedenen TMS zu vergleichen, sondern um darzustellen, welche technologischen Entwicklungen und Erweiterungen sich aktuell abzeichnen. Die meisten der gegenwärtig führenden Anbieter von TMS bieten heute weit mehr als ‚nur' Übersetzungssoftware. Im Fokus stehen Lösungen für ein globales, mehrsprachiges Informationsmanagement. Den Kunden werden aus einer Hand Lösungen, angefangen bei der Technischen Redaktion bis hin zur zielgruppengerechten weltweiten Produktion, geboten. Auch die TMS-Technologie wird durch immer neue oder erweiterte Funktionen ergänzt.[135] Besonders sticht hier SDL Trados hervor, die sich durch eine stetig wachsende Produktpalette zur Unterstützung des Marktauftritts auszeichnen.

Bei näherer Betrachtung der aktuellen Editionen der TMS-Hersteller zeigt sich, dass ausnahmslos alle den Fokus auf eine Neugestaltung der Benutzeroberfläche gelegt haben. Das Hauptaugenmerk liegt darauf, dem Nutzer eine einfache und vor allem intuitive Benutzung des Tools zu ermöglichen. Ein weiteres Kernthema sind zeitliche Einsparungen durch Verbesserungen der Engines. Dies soll sich beispielsweise positiv auf den Import von Dateien, die Erstellung von Dateipaketen oder die Vorübersetzung auswirken. Die Erweiterung der Schnittstellen zu verschiedenen MÜ-Systemen und unterschiedliche Filtermöglichkeiten zeigen, dass MÜ ein großer Trend im CAT-gestützten Übersetzungsworkflow ist. Darüber hinaus haben die jeweiligen Hersteller noch ein paar spezielle Features in ihren Tools eingebaut, von denen nachfolgend in kurzer Form einige vorgestellt werden. Bei Across nennt sich im ‚Across Language Server v6' der Bereich ‚What do you want to do' jetzt ‚Across Dashboard' (www.across.net). Der ‚crossWeb Review Mode' ermöglicht einen Export der Dateien, um Lektoren, die nicht mit Across arbeiten, ein Korrekturlesen zu ermöglichen. Optional bietet Across den sog. ‚Across Data Cube', der zur Gewinnung von Kennzahlen und zur Erstellung von Prognosen dient. In ‚crossTerm' können künftig freie Suchanfragen gestartet werden und mit dem ‚Across Software Development Kit

134 Die Informationen sind den Webseiten der jeweiligen Hersteller entnommen (Stand September 2015).

135 Nähere Details zu den grundlegenden Bestandteilen eines TMS finden sich detailliert erläutert bei Reinke (2004) und Keller (2011a & 2011b).

(SDK)‘ können Funktionalitäten im Bereich Übersetzung und Terminologie in eigene Anwendungen integriert werden. ‚MemoQ‘ beinhaltet mit ‚LiveDocs‘ ein Konkordanztool (www.kilgray.com). Mithilfe von ‚LiveAlign™‘ können schnell, jedoch ungeprüft, Alignments durchgeführt werden. Mit ‚ActiveTM‘ bietet sich die Möglichkeit, auch monolinguale Dokumente zu importieren, um nach bestimmten Ausdrücken zu suchen. TMS- und Termdatenbanken können von bis zu drei Nutzern gemeinsam verwendet werden. Ebenso ist Kilgray immer noch führend darin, für einen möglichst reibungslosen Austausch von Dateiformaten anderer TMS-Hersteller zu sorgen. STAR hat in ‚Transit‘ eine duale Konkordanzsuche und ein ‚Dual-Fuzzy-Prinzip‘ integriert, d. h., die Suche nach Segmenten erfolgt sowohl im Ausgangs- als auch im Zieltext (www.star-group.net). Das ‚Dynamic Linking‘ zeigt alle Segmente an, in denen Begriffspaare verwendet werden. ‚Wordfast‘ bietet die Möglichkeit, mit seiner Funktion ‚Transcheck‘ eine Qualitätssicherung der Übersetzung in Echtzeit und nicht erst im Nachhinein durchzuführen (www.wordfast.net). Atril bietet mit seiner ‚Live Preview‘-Funktion in ‚Déjà-Vu‘ die Möglichkeit, den aktuellen Übersetzungsstatus zu verfolgen (www.atril.com). ‚AutoSearch‘ zeigt alle Unterschiede zwischen AT- und ZT-Segment, was sehr hilfreich bei der Post-Edition von Dokumenten ist. Am spannendsten ist jedoch die Integration einer Spracherkennung der Firma ‚Dragon Naturally Speaking‘. Über ein Mikrofon kann der Nutzer den Text diktieren und muss nicht die Tastatur oder das Touchpad verwenden. Es laufen derzeit einige Forschungsprojekte, die den Einsatz von Spracherkennung im CAT-gestützten Übersetzungsworkflow untersuchen. Atril ist bisher jedoch der einzige Hersteller, der eine solche Funktion in sein TMS integriert hat.

SDL Trados bietet – wie auch Atril – eine Echtzeitvorschau und vergleichbar mit Wordfast die Möglichkeit, Qualitätssicherungsprüfungen in Echtzeit während der Übersetzung durchführen zu lassen (www.sdl.com). Mit der Funktion ‚Quick-Place‘ können platzierbare Elemente (Placeables) schnell an allen notwendigen Stellen im Dokument eingefügt werden. Das im Juli veröffentlichte SDL Trados 2015 enthält eine verbesserte ‚AutoSuggest‘-Funktion, die auch für Konkordanzsuche, Fuzzy Matches und MÜ gilt. ‚AutoCorrect‘ korrigiert automatisch Tippfehler. ‚AnyTM‘ ermöglicht eine flexible Nutzung von TM-Daten unabhängig von der Sprachrichtung. Die ‚Translation Quality Assessment‘-Funktion erlaubt die Entwicklung eigener Modelle und der OCR-Leser (Optical Character Recognition) ermöglicht die Bearbeitung von PDF- und Bilddateien. Die nachfolgende Tabelle fasst noch einmal die wichtigsten Neuerungen zusammen.

Tabelle 4.2: Tabellarischer Vergleich verschiedener Translation-Memory-Systeme

Hersteller	**Across**	**Atril***	**Wordfast LLC**	**Kilgray**	**SDL**	**STAR**
Produktname	Language Server v6	Déjà Vu DVX 3 9.0.723	Wordfast 6.13	memoQ 2014 6.2.23	Trados Studio 2015	Transit NXT SP 8
Aktuelles Release[136]	Mitte 2014	Januar 2015	Juli 2014	September 2015	Juli 2015	Januar 2015
Editionen	Across Language Server, Small Business Edition, Project Management Edition, Personal Edition, LSP und Subcontractor Edition	Déjà Vu x3 Free, Professional, Workgroup, TEAMserver	Wordfast Classic, Anywhere, Professional, Server	memoQ TranslatorPro, Server, Cloud Server, translator free	Professional, Freelance, Starter Edition	Professional, Freelance, Freelance Pro, Workstation
Weitere Produkte	Autorenunterstützung (crossAuthor Linguistic)	keine	VLTM (kostenlos)	Language Terminal (kostenlos)	SDL MultiTerm, Worldserver, TMS, BeGlobal, Passolo[137]	STAR CLM, CPM, GRIPS, 4Dquery, MindReader, TermStar, WebTerm, WebCheck, FormatChecker

136 „Aktuelles Release" bezieht sich auf die Veröffentlichung des letzten Updates, nicht auf die Erstveröffentlichung der Edition.

137 Die genannten Produkte beziehen sich nur auf den Geschäftsbereich ‚Language'. Darüber hinaus bietet SDL Trados eine Vielzahl weiterer Produkte.

Hersteller	Across	Atril*	Wordfast LLC	Kilgray	SDL	STAR
Neuerungen (auszugsweise)	Überarbeitete Benutzeroberfläche, Across Dashboard, Across Data Cube, crossWeb Review Mode, Project Management Cockpit	Überarbeitete Benutzeroberfläche, Live Preview, Auto Search, AutoWrite, Integration von Spracherkennung	Überarbeitete Benutzeroberfläche, Transcheck, AutoSuggest	Überarbeitete Benutzeroberfläche, Live Preview und LiveAlign, Live Docs, Language Terminal	Überarbeitete Benutzeroberfläche, Echtzeitvorschau, Echtzeit-QA-Prüfung, Änderungsverfolgung, AutoSuggest 2.0, AutoCorrect, TQA, AnyTM	Überarbeitete Benutzeroberfläche, AutoText, Dynamic Linking, Duale Konkordanzsuche

*Gemäß einer Pressemitteilung von Atril von Juni 2015 wird es bald Neuerungen bei Déjà VuX3 geben.

4.3.2 Open-Source-Translation-Memory-Systeme

Aufgrund verstärkter Nachfrage, vor allem seitens freiberuflicher Übersetzer, gibt es seit einigen Jahren verstärkt Bestrebungen, nicht-proprietäre, öffentlich zugängliche Softwareprodukte, sog. *Open-Source-Tools*, für den Übersetzungsbereich zu entwickeln und zu veröffentlichen. *Open Source* bedeutet dabei nicht zwangsläufig kostenlos, aber die Offenlegung des Quellcodes. *Open-Source-Softwareprodukte* ermöglichen eine Installation auf beliebig vielen Computern, das Kopieren und das Verändern der Software. Das Mitwirken möglichst vieler Entwickler, Anwender und Tester ist ausdrücklich erwünscht (www.opensource.org). Im Bereich der TMS gibt es mittlerweile ein paar *Open-Source-TMS*, die nicht zu verwechseln sind mit Freeware-Versionen kommerzieller Anbieter. Die Vorteile von *Open-Source-Produkten* liegen in Kostentransparenz, einfachem Datenaustausch und vor allem Herstellerunabhängigkeit. Als nachteilig erweisen sich Qualitätsmängel, eingeschränkte Funktionalitäten und Supportmängel im Vergleich zu kommerziellen Produkten.

Im Jahr 2005 hat sich das ‚Forum Open Language Tools' (FOLT) als ein Zusammenschluss von Unternehmen und Organisationen aus den Bereichen Übersetzung und Dokumentation gebildet mit dem Ziel, standardisierte Austauschformate nicht-proprietärer Software zu entwickeln und neue Technologien zu erproben (www.transforum.de). Die 2011 aus der ‚Lisog' (Linux Solutions Group) gegründete ‚Open Source Business Alliance' (OSB Alliance) hat sich ebenfalls zum Ziel gesetzt, den Einsatz *Open-Source*-basierter Software in Unternehmen und Behörden zu fördern (www.osb-alliance.de). Wie die Internetauftritte von OSB Alliance und FOLT zeigen, ist das Interesse bei selbstständigen Übersetzern an *Open-Source-Software* gegeben. Hauptsächlich genutzt werden die Funktionen Konkordanzsuche, Terminologie und Rechtschreibprüfung. Wichtig ist die Datenaustauschbarkeit mit proprietären Produkten und dass *Open-Source-Produkte* über vergleichbare Funktionalitäten verfügen. Unternehmen wiederum legen Wert darauf, dass die TMS-Produkte vor allem Funktionen wie Termextraktion, MT- und CMS-Anbindung, Technischen Support und die Anbindung externer TMS-Datenbanken ermöglichen. Neben bekannten *Open-Source-TMS* wie ‚Omega T'[138], existieren seit wenigen Jahren ebenfalls zwei serverbasierte Lösungen – ‚openTMS' und ‚openTM2' – die nachfolgend in kurzer Form vorgestellt werden.

138 Weitere *Open-Source-TMS* sind ‚Foreign Desk', Anaphraseus' und ‚TinyTM'.

4.3.2.1 *OmegaT*

‚OmegaT' wurde im Jahr 2000 als in JAVA geschriebenes, plattformunabhängiges *Open-Source-TMS* ursprünglich von Keith Godfrey auf den Markt gebracht und wird heute kontinuierlich von einer Vielzahl Freiwilliger weiterentwickelt. Die Zielgruppe sind selbständige, professionelle Übersetzer. OmegaT unterstützt vielfältige Sprachen, inklusive Unicode und linksläufiger Sprachen und insgesamt etwa sieben Datenformate (www.omegat.org).[139] Zu den weiteren Funktionalitäten zählen die gleichzeitige Bearbeitung von Projekten, die aus mehreren Dateien bestehen, die Nutzung mehrerer TMS, die Integration externer Glossare zur Erkennung von gebeugten Formen sowie eine integrierte Rechtschreibkontrolle (Extspell). Die Terminologiemanagementfunktion ist eher rudimentär, dafür existiert eine Schnittstelle zu ‚Google Translate'.

Die nachfolgende Abbildung zeigt die aktuelle Benutzeroberfläche von OmegaT.

Abbildung 4.1: Benutzeroberfläche von OmegaT (zitiert aus: www.omegat.org)

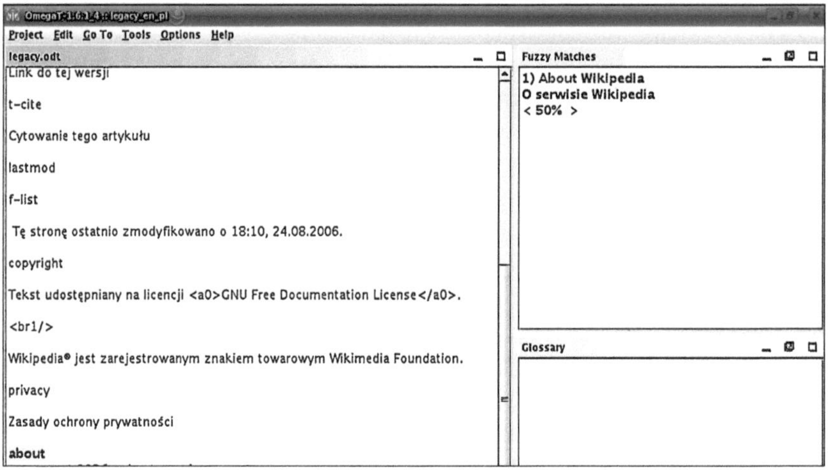

139 Für eine ausführliche Darstellung von ‚OmegaT' sei an dieser Stelle auf die Diplomarbeit von Guillardeau verwiesen (www.omegat.org/resources/DA_Guillardeau.pdf). Er vergleicht zudem in seiner Arbeit OmegaT mit Anaphraseus (www.anaphraseus.sourceforge.net), das keine eigenständige Entwicklung ist, sondern eine Makrosammlung, die ursprünglich für OpenOffice.org entwickelt wurde (Guillardeau, 2009: 18).

4.3.2.2 openTMS

‚OpenTMS' wurde erstmals im April 2009 als Kernmodul mit TMS-Funktionalitäten veröffentlicht. Zu den grundlegenden Funktionalitäten gehörten das Anlegen von Projekten, Segmentieren, Konvertieren, Im- und Export von TMX und XLIFF. Neben einem Übersetzungseditor bot openTMS ebenfalls einen Editor für eine Terminologiekomponente.[140] Die nachfolgende Abbildung zeigt die Benutzeroberfläche zum Stand 2009. Mittlerweile ist openTMS Teil des Projektes ‚openTM2', das nachfolgend dargestellt wird.

Abbildung 4.2: Benutzeroberfläche von openTMS (zitiert aus: www.heartsome.de/en/FOLTLisaSummit.pdf)

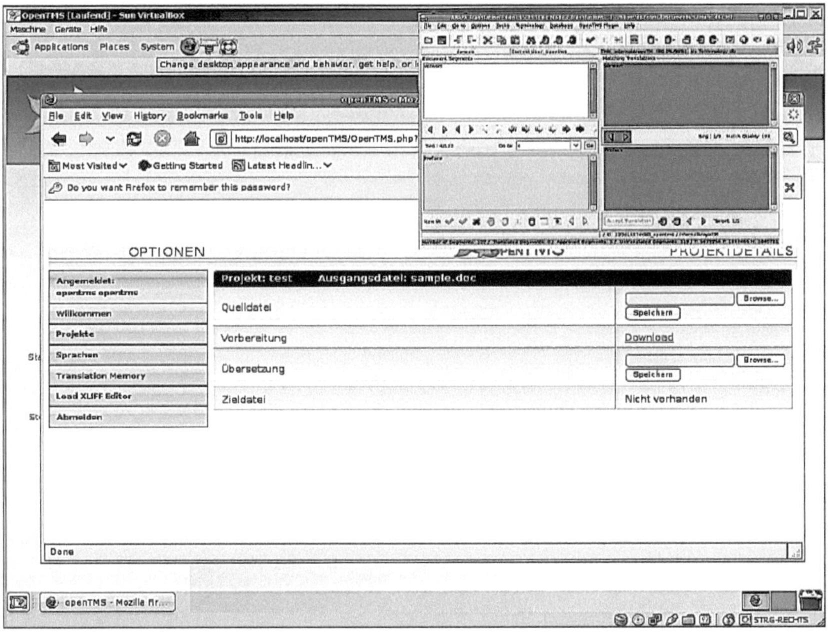

4.3.2.3 IBM OpenTM2 0.9.5

Im Jahr 2010 hat das Unternehmen IBM beschlossen, in Zusammenarbeit mit LISA, Lisog und FOLT sein TMS ‚IBM Translation Manger 2' in abgespeckter

140 Eine ausführlichere Darstellung aller Funktionen findet sich unter www.heartsome.de/en/FOLTLisaSummit.pdf (07.02.2015).

Form als ‚Open TM2' (zuvor ‚TMoss' – Translation Memory Open Source System) der Öffentlichkeit zugänglich zu machen (www.opentm2.org):

> „Ein Open-Source-Translation-Memory-System soll die Übersetzungsprozesse künftig vereinheitlichen und die bestehenden offenen Standards konsequent umsetzen." (Wedde, 2009: 454)

Open TM2 wird in unregelmäßigen Abständen vom ‚Open TM2 Steering Committee' weiterentwickelt und liegt derzeit noch in der Version 0.9.5 von 2011 vor. Da Open TM2 über die Lizenz ‚Eclipse Public License' verfügt, ist eine Integration in kommerzielle Produkte jederzeit möglich. Derzeit kann Open TM2 insgesamt sechs Datenformate verarbeiten. Eine Terminologiefunktion ist nicht verfügbar, jedoch lässt sich OpenTM2 mit anderen Tools integrieren. Die nachfolgende Abbildung zeigt die Darstellung der Benutzeroberfläche von openTM2.

Abbildung 4.3: Benutzeroberfläche von openTM2 (zitiert aus: www.opentm2.org → OpenTM2 Documentation → OpenTM2 Quick Tour)

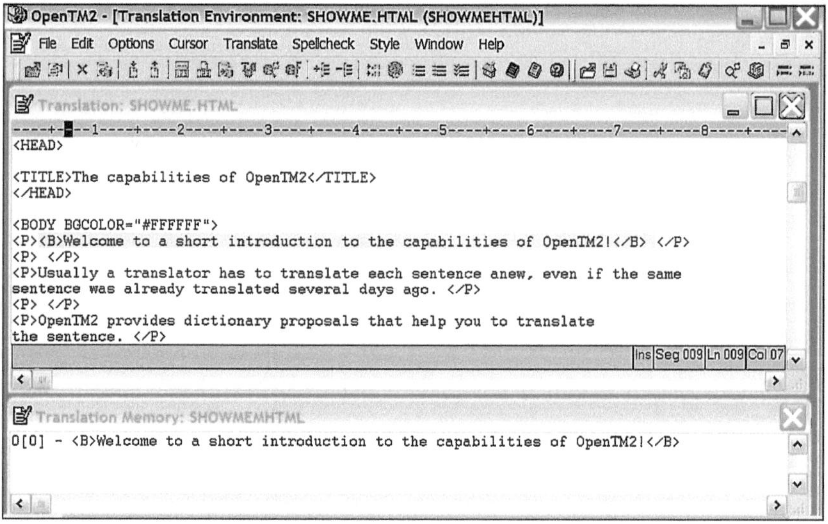

4.3.3 Zusammenfassung

Der Abschnitt über *Open-Source-TMS* zeigt, dass der Markt in Bewegung ist und in den letzten Jahren viel getan wurde, um die Verbreitung nicht-proprietärer Systeme zu erhöhen. Auch regelmäßige Veranstaltungen von ‚Transforum' und ‚OSB Alliance' zeugen von den Bestrebungen. Nichtsdestotrotz werden Tools, wie openTM2, nicht regelmäßig aktualisiert. *Open-Source-TMS* stellen schon jetzt zunehmend eine Alternative zu kommerziellen TMS dar. Allerdings dürfte ihr Haupteinsatzbereich in naher Zukunft weiterhin bei freiberuflichen Übersetzern liegen. Im Vergleich zu proprietären Systemen sind bestimmte Funktionalitäten teilweise nicht oder nur eingeschränkt vorhanden. Über eine richtige Projektmanagementfunktion verfügt bisher keines der Systeme. Abstriche sind zudem bei Terminologiemanagement, Alignment und der Anzahl der bearbeitbaren Datenformate zu machen. Somit dürften sie in nächster Zukunft zumindest für große Unternehmen keine Alternative darstellen.

4.4 Forschungsprojekte zur Verbesserung der Retrievalleistung von Translation-Memory-Systemen

4.4.1 Systeme der zweiten und dritten Generation

Im Laufe der Jahre wurden die Suchmechanismen der heutigen TMS immer weiterentwickelt, sodass man von Systemen der ersten, zweiten und dritten Generation sprechen kann. Systeme der ersten Generation suchten nur nach 100 % Matches auf Satzebene. Die zweite Generation der TMS ermöglichte bereits eine unscharfe Suche (Fuzzy Matches) und eine Suche unterhalb der Satzebene, d.h. nach Subsegmenten (Gotti et al., 2005).[141] Dies ist heute in allen kommerziellen Systemen möglich. Nichtsdestotrotz basiert in kommerziellen TMS in den meisten Fällen der Suchmechanismus auf zeichenkettenbasierten Verfahren. Dabei wird die Ähnlichkeit zweier Segmente anhand der Buchstabenabfolgen berechnet (*Edit distance* oder *Levenshtein distance*[142]). Je geringer die Abweichungen, umso größer die vom System berechnete Ähnlichkeit. Aufgrund der Nichtbeachtung semantischer Aspekte kommt es zu Fehlberechnungen, wie das nachfolgende Beispiel aus Planas und Furuse (1999: 331) zeigt:

(0) „The wild child is destroying his new toy."
(1) „The wild chief is destroying his new tool."
(2) „The wild children are destroying their new toy."

Obwohl der zweite Satz (2) dem Ausgangssatz (0) semantisch gesehen ähnlicher ist, würde das System aufgrund geringerer Zeichenvarianz eine höhere Match-Quote

141 Teilweise werden auch andere Einteilungen vorgenommen (siehe dazu Planas, 2005; Lagoudaki, 2008).

142 Levenshtein (1966) entwickelte 1965 die sog. ‚Levenshtein-Distanz'. Anhand der Formel lässt sich ermitteln, wie viele Einfügungen (Insertions), Löschungen (Deletions) und Ersetzungen (Substitutions) notwendig sind, um eine Zeichenabfolge in eine andere zu überführen.

für den ersten Satz (1) errechnen. Weitere Ausführungen zu den Schwachstellen von TMS finden sich bei Macklovitch & Russell (2000a) und Reinke (2004).[143]

Die dritte Generation der TMS zielt zum einen darauf ab, ausgefeilte Suchmechanismen für Segmente unterhalb der Satzebene[144] zu entwickeln und andererseits häufige Probleme wie Mehrdeutigkeiten auf syntaktischer, lexikalischer und semantischer Ebene und die Behandlung von idiomatischen Redewendungen und Komposita zu lösen. Geforscht wird an verschiedenen Ansätzen, die zur Verbesserung der Retrievalleistung Verfahren einsetzen, die in der Maschinellen Übersetzung bereits seit Jahrzehnten bekannt sind und erfolgreich eingesetzt werden. Dabei lassen sich drei Grundströmungen unterscheiden. Manche Ansätze verfolgen den Einsatz morpho-syntaktischer Analyseverfahren[145], während andere auf der semantischen Ebene ansetzen. Der dritte Bereich stützt sich auf die Integration von TMS und MÜ.[146]

Mitte der 90er Jahre des letzten Jahrhunderts begannen erste Untersuchungen zur Verbesserung der Suchmechanismen von TMS. Die Idee von Rapp (1996: 176ff.) basiert auf der Annahme, dass sich die Suchergebnisse durch die Einbindung automatischer Programme zur Wortannotation verbessern lassen. Dabei wird jedem in einem Satz vorkommenden Wort seine Wortart zugeordnet.

---

143 Macklovitch et al. (2000b & 2008) empfehlen im Falle von Textsorten mit geringer Wiederholungsrate den Einsatz von Konkordanzprogrammen (vgl. dazu auch Bowker & Barlow, 2004). ‚TransSearch' ist ein für die Sprachen Englisch und Französisch entwickeltes Konkordanzprogramm, das bereits seit 1996 erfolgreich öffentlich und mittlerweile kostenpflichtig im Internet zugänglich ist, derzeit unter www.tsrali.com. Die äußerst umfangreiche Datenbank umfasst u. a. sämtliche Debatten des kanadischen Parlaments (die sog. ‚Hansard Debates', die oftmals zu TMS-Testzwecken als Korpus eingesetzt werden).

144 Eine Übersicht verschiedener Methoden zur Generierung von Subsegmenten findet sich bei Simard (2003).

145 Zu den grundsätzlichen Nutzungsmöglichkeiten von morphologischen und syntaktischen Analysen siehe Haller (1996).

146 Die vorliegende Arbeit möchte einen Überblick zu verschiedenen Forschungsströmungen geben, erhebt aber dabei keinen Anspruch auf Vollständigkeit.

Abbildung 4.4: Wortartannotation im TMS von Rapp (zitiert aus: Rapp, 1996: 179)

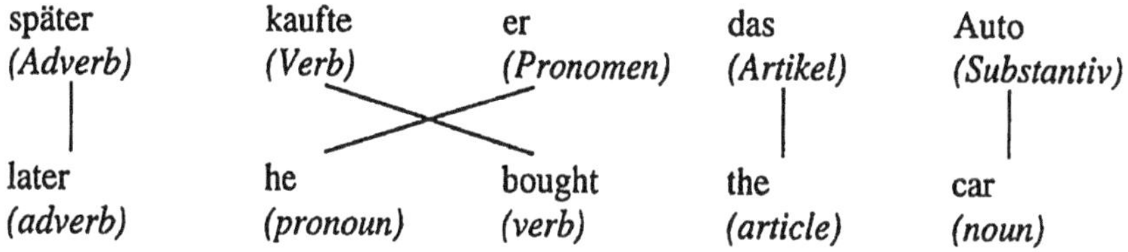

Durch diese Wortartenzuordnung (Tagging) kann das TMS Ergebnisse für Sätze liefern, welche die gleichen Wortarten enthalten, jedoch orthografisch unterschiedlich sind. Neben der mit entsprechenden Tags versehenen Datenbank werden jeweils voneinander getrennte Wortartenlexika für AT und ZT eingesetzt. Jeder neue Satz wird mittels eines Taggers[147] annotiert und alle Sätze mit derselben Wortartenfolge werden vom Programm ermittelt. Wird keine passende Wortartenfolge gefunden, so wird der Satz in Fragmente zerlegt, nach denen anschließend gesucht werden kann. Eine syntaktische Disambiguierung wird dadurch erreicht, dass alle Übersetzungen ausgeschlossen werden, bei denen die Wortart nicht mit der Wortposition im Satz übereinstimmt. Zur semantischen Disambiguierung wird eine Kollokationsdatenbank verwendet.

Vergleichbar mit dem Ansatz von Rapp (1996) ist die Entwicklung eines TMS der finnischen Firma ‚Master's Innovations Ltd.' (Grönroos & Becks, 2005). Das TMS wurde ursprünglich für das Sprachenpaar Finnisch-Englisch entwickelt und später durch weitere Sprachen ergänzt.[148] Das TMS basiert auf einer flexiblen Segmentierungstechnik unterhalb der Satzebene und erstellt auch Übersetzungen. Nach Angabe von Grönroos & Becks erkennt das Programm die grammatische Struktur von Segmenten. Im Fall von „The house is not sold" würde das Programm erkennen, dass sie vergleichbar der Struktur von „The issue is not discussed" ist. Dementsprechend wird nur eine grammatische Struktur in der Datenbank hinterlegt, sodass das TMS schon bei vergleichsweise wenig

147 Unter ‚Tagging' versteht man Methoden zur Wortartenerkennung. Ein Tagger ist ein Programm, das diese grammatische Analyse durchführt. Ein kommerzielles TMS, das mit sog. ‚Bitexts' arbeitet, ist *MultiTrans* (www.rrdonnelly.com). Dabei werden, wie beim Konkardanzprogramm, nicht einzelne Satzsegmente abgespeichert, sondern der komplette Text, was eine Suche oberhalb und unterhalb der Satzebene ermöglicht (Gow, 2003 & 2006).

148 Die letzte Version war der ‚Master Translator Pro 2.0'. Aktuell (Stand September 2015) scheint das Tool nicht mehr im Internet verfügbar zu sein.

Einträgen gute Ergebnisse liefern soll. Tests wurden allerdings nur an einem sehr kleinen Korpus durchgeführt. Zudem ist eine MÜ-Komponente angebunden, die eine Übersetzung liefert, falls in der Datenbank keine passende grammatische Struktur vorhanden ist. Mit der Einbindung morpho-syntaktischer Technologien zur Verbesserung der Retrievalleistung befassen sich auch Hodász et al. (2004; Hodász & Pohl, 2005; Hodász 2006a & 2006b; Gröbler et al., 2004). In ihrem für das Sprachenpaar Englisch-Ungarisch entwickelten TMS wird eine morpho-syntaktische Analyse des AT und ZT mittels des von Ihnen entwickelten Programms ‚MorphoLogic' durchgeführt. Zusätzlich ist ein MÜ-System, genannt ‚MetaMorpho', angebunden. Der Suchmechanismus sucht im ersten Schritt nach 100 % Matches. Ist dies erfolglos, so wird eine linguistische Analyse durchgeführt, Segmente werden bestimmt und die dazugehörigen Übersetzungen gesucht. Anhand der einzelnen Fragmente versucht das System, eine Übersetzung zu erstellen. Führt dies auch nicht zum Ziel, erfolgt eine automatische Übersetzung durch ‚MetaMorpho'. Neu in die Datenbank aufgenommene Übersetzungseinheiten werden zuvor linguistisch analysiert und anschließend aligniert. Die nachfolgende Abbildung zeigt den Ablauf in MetaMorpho:

Abbildung 4.5: Verarbeitungsprozess in MetaMorpho (zitiert aus: Hodász, 2006a: 2045)

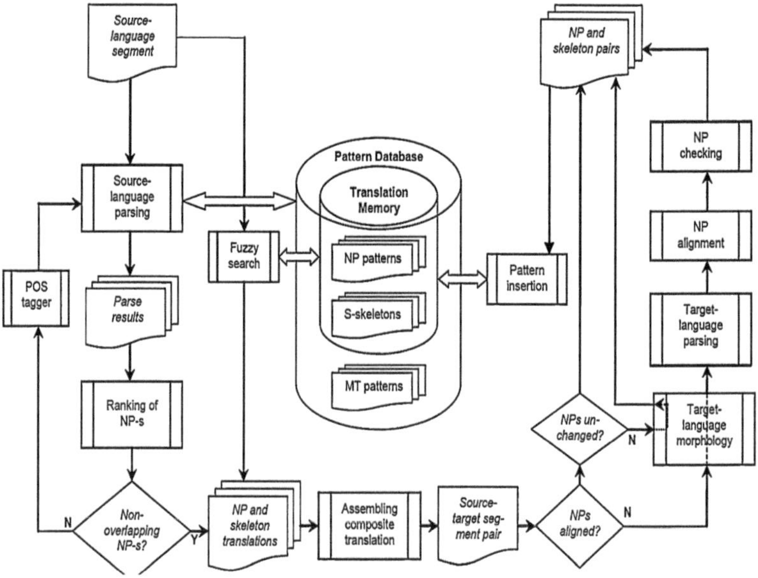

Simard & Langlais (2001) beschreiben die Entwicklung eines sog. ‚Generalized Translation Memory System' (GTMS), das auf einem ausgefeilten Suchmechanismus für Segmente unterhalb der Satzebene basiert. Dieser sucht nach der längsten gleichen Zahl von Wörtern innerhalb der Segmente. Die Suche ist linguistisch motiviert und arbeitet mit einem ‚Text chunker'[149], der passende Chunks im Ausgangstext identifiziert. Das nachfolgende Beispiel zeigt das Chunking eines Satzes.

Abbildung 4.6: Darstellung eines Satzes und der vom TMS ermittelten Subsegmente (zitiert aus Simard & Langlais, 2001: 336)

Source Sentence: *Will he table the recommendations made by both firms?*
Matching sub-sequences:
<will he>, <will he table>, <will he table the>,
<he table>, <he table the>, <table the>,
<the recommendations>,
<the recommendations made>
<the recommendations made by>
<recommendations made>,
<recommendations made by>
<recommendations made by both>,
<made by>, <made by both>,
<by both>, <by both firms>, <both firms>

Das System wählt danach nur die am besten passenden Subsegmente aus. Im Anschluss wird eine Auswahl getroffen unter Einsatz eines statistischen Modells, welches ein Wort-Alignment durchführt.

Im Vergleich zu anderen Ansätzen, die ein Alignment auf Subsegmentebene durchführen, werden beim Ansatz von Esplà et al. (2011) Alignments auf Wortebene zwischen den AT- und ZT-Segmenten durchgeführt. Dabei werden diejenigen Wörter markiert, die stehen bleiben sollen, um die gewünschte Übersetzung zu erreichen.

149 Ein ‚Chunker' dient zur Analyse syntaktischer Teilstrukturen.

Abbildung 4.7: Beispiel für ein TMS-Alignment im System von Esplà et al. (zitiert aus: Esplà et al., 2001: 83)

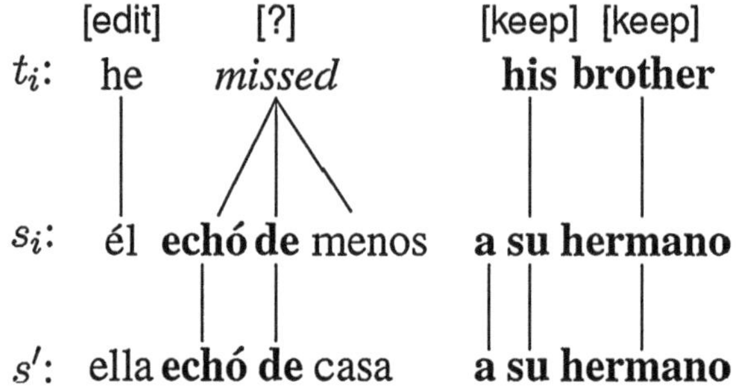

Dieser Ansatz basiert nicht auf der Kombination mit einem MÜ-System und dem Übersetzer werden auch keine automatisch generierten Übersetzungen vorgeschlagen.

Planas & Furuse (1999 & 2000; Planas, 2001) beschreiben einen dynamischen Algorithmus zur Berechnung der Ähnlichkeit zwischen zwei Segmenten der gleichen Sprache, genannt ‚Multi-Level Similar Segment Matching' (MSSM). Die zugrunde liegende mehrstufige Struktur wird von ihnen als ‚TELA-Struktur'[150] bezeichnet. Der nachfolgende englische Satz „Click a color code and press enter.", der ins Französische übersetzt werden soll, wird folgendermaßen in der TELA-Struktur dargestellt:

150 „TELA" steht für „Treillis Etagés et Liés pour le traitement automatique" und bedeutet „Floored and Linked Lattices for Automatic Processing".

Abbildung 4.8: TELA-Struktur eines Ausgangssatzes im TMS von Planas & Furuse (zitiert aus: Planas & Furuse, 1999: 333)

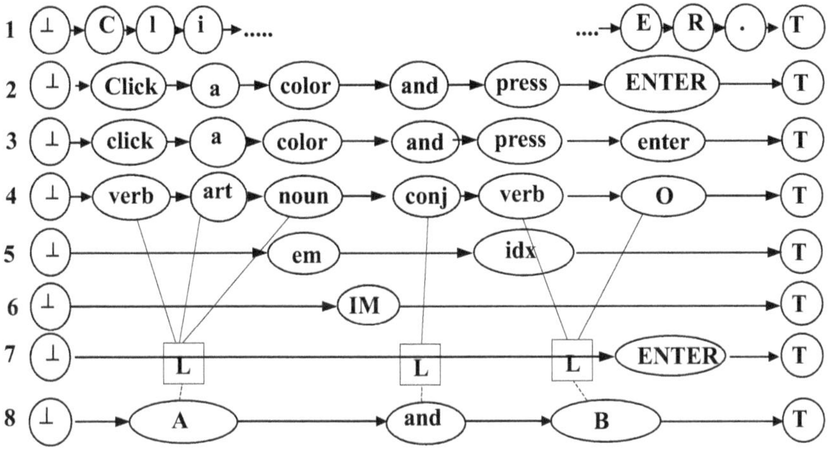

Der Algorithmus basiert auf zeichenkettenbasierten Berechnungen, allerdings werden weitere, aus der MÜ bekannte linguistische Analysen hinzugenommen. Die mehrstufige Struktur umfasst neben XML als Auszeichnungssprache eine linguistische Analyse zur Reduzierung auf die Grundform des Wortes, das Lemma, sowie einen ‚Part-of-Speech-Tagger' (POS), um die Wörter und deren Kontexte bestimmten Wortarten zuzuordnen. Nach verschiedenen Operationen werden die Attribute übertragen, sodass sich folgende Struktur ergibt:

Abbildung 4.9: TELA-Struktur für die Übersetzung im TMS von Planas & Furuse (zitiert aus: Planas & Furuse, 1999: 336)

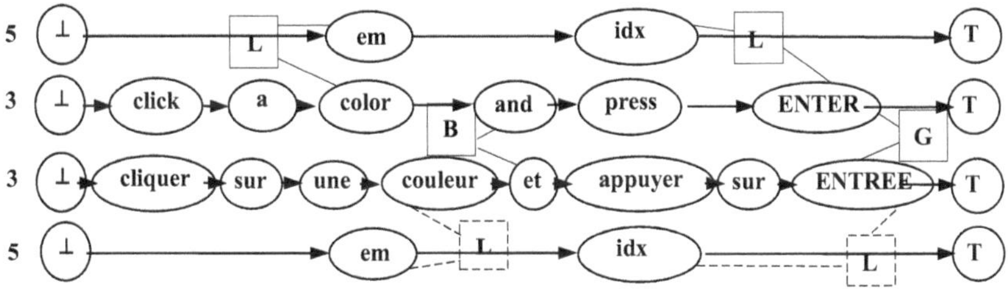

In einem Vergleichstest mit der damaligen Version der ‚Trados Translator's Workbench' lieferte das System von Planas & Furuse bessere Werte bei Recall und Precision[151] (Planas & Furuse, 1999). Die gewonnenen Erkenntnisse flossen in die Entwicklung eines heute noch kommerziell verfügbaren TMS ein, das von der französischen Firma Lingua et Machina (www.lingua-et-machina.com) vertrieben wird. Das TMS, genannt ‚SIMILIS', arbeitet mit einer morphosyntaktischen Sprachanalyse.[152] Es beinhaltet ein einsprachiges Lexikon für die abgedeckten Sprachen und Algorithmen zur grammatikalischen Analyse einzelner Wörter (Chunking) (Planas, 2005). Derzeit ist das Programm für acht europäische Sprachen verfügbar, weitere fünf sind geplant. Seit Neuestem existiert eine kostenlose Version für Freiberufler (Similis Freelance 2.16.04). Zudem gab es Überlegungen zur Einbindung semantischer Analysen, die allerdings nur für ausgewählte Domänen und Sprachen mit großer Ontologie möglich wären (Planas, 2005). Die nachfolgende Abbildung zeigt einen Ausschnitt aus der derzeitigen Benutzeroberfläche von SIMILIS:

151 „Recall" bezieht sich auf die Menge der gefundenen Segmente bezogen auf die Gesamtzahl aller Segmente. „Precision" betrifft die Menge der relevanten Segmente bezogen auf die Gesamtmenge (Salton & McGill, 1987).

152 Macken verglich 2009 SIMILIS mit SDL Trados, das zum damaligen Zeitpunkt noch zur ersten Generation der TMS gehörte. SIMILIS schnitt etwas besser ab, jedoch waren auch dort die Ergebnisse durchwachsen, speziell bei idiomatischen Ausdrücken und Kollokationen.

Abbildung 4.10: Benutzeroberfläche von SIMILIS (zitiert aus: www.similis.org)

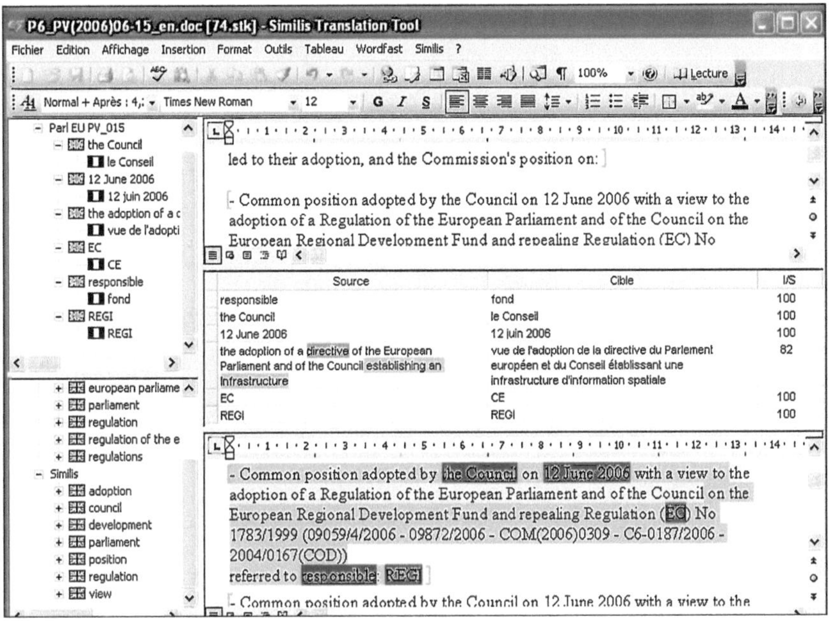

Wu et al. (2005: 364ff.) berichten über die Entwicklung eines TMS, in dem der Suchmechanismus auf und unterhalb der Satzebene durch die Integration musterbasierter Verfahren aus der MÜ ergänzt wird. Die nachfolgende Abbildung zeigt den Aufbau des TMS:

Abbildung 4.11: Systemarchitektur eines TMS (zitiert aus: Wu et al., 2005: 365)[153]

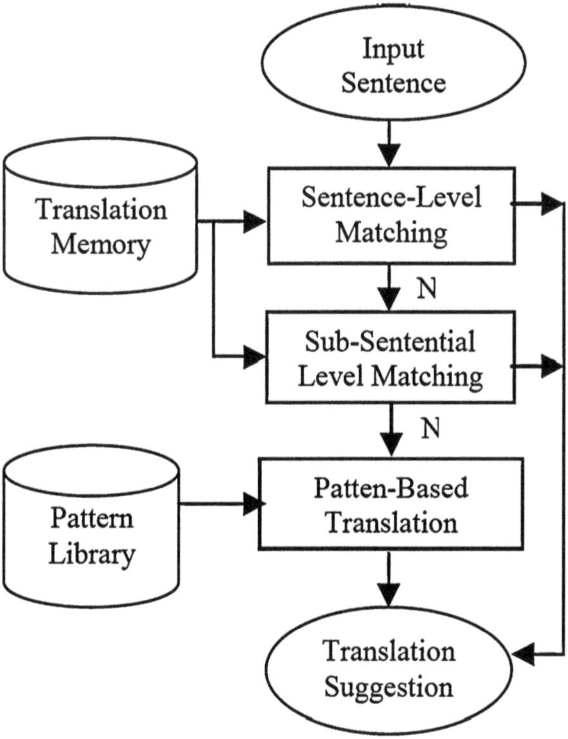

Das Besondere am TMS ist das Alignment auf Wortebene. Das Programm beginnt mit der Suche auf der Satzebene. Neben dem üblichen zeichenkettenbasierten Ansatz wird zusätzlich ein Thesaurus eingesetzt, um die semantische Ähnlichkeit zu berechnen, und es wird ein Alignment auf Wortebene durchgeführt. Alle drei dienen der Berechnung der Ähnlichkeit. Im Anschluss daran wird die Maschinelle Übersetzung mithilfe eines bilingualen Wörterbuchs erstellt. Wird kein Satz gefunden, so sucht das Programm nach Subsegmenten, die mehr als zwei Worte beinhalten. Um das optimale Segment zu finden, wird eine Gewichtung anhand der Segmentlänge und des Alignments durchgeführt. Als Letztes kommt der Musterabgleich zum Tragen. Mithilfe des Alignments und eines Parsers werden die Segmente nach ihrer Häufigkeit gewichtet.

153 In der Abbildung von Wu et al. findet sich ein Fehler. ‚Patten-Based Translation' muss ‚Pattern-Based Translation' heißen.

In Tests mit englischen und chinesischen Sätzen konnte das System mit besseren Recall- und Precision-Werten im Vergleich zu einem herkömmlichen TMS überzeugen.

Chenon (2004) beschreibt einen Algorithmus zur Extraktion von Subsegmenten, genannt ‚TransTree', der auf statistischen Verfahren beruht. Der Algorithmus sucht nach Entsprechungen zwischen einzelnen Zeichenketten eines Segments, genannt ‚Prime Amphigraphs'.

Gotti et al. (2005) untersuchten 2005 in verschiedenen Testreihen, wie sich die Retrievalleistung eines TMS verbessern lässt und wie ein TMS der dritten Generation, genannt ‚3GTM', aussehen könnte. Die nachfolgende Abbildung zeigt die Darstellung der Segmente in ‚3GTM':

Abbildung 4.12: Benutzeroberfläche von 3GTM (zitiert aus Gotti et al., 2005: 4)

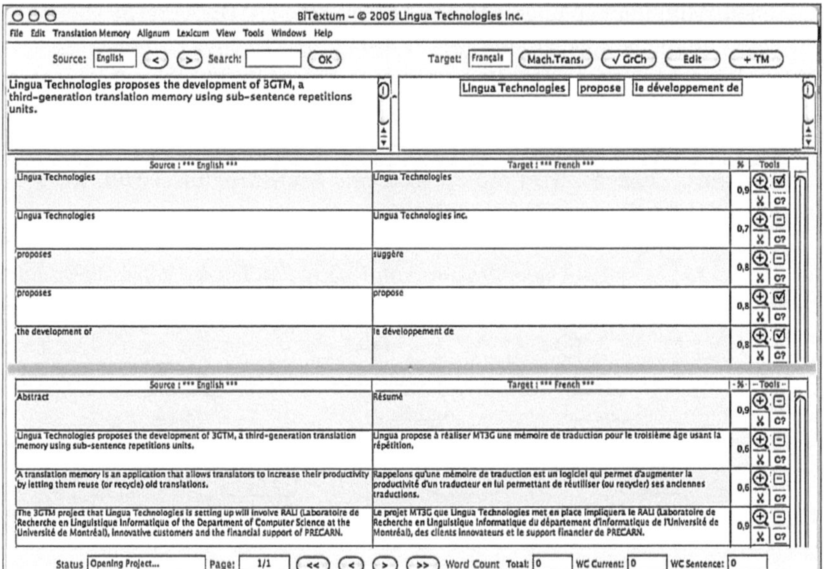

Getestet wurde mit einem großen Korpus von englischen und französischen Texten. In einem ersten Testlauf wurden Suchanfragen mit kompletten Sätzen durchgeführt, was zu einem schlechten Ergebnis führte. Daraufhin wurde eine Suche nach Subsegmenten durchgeführt, die das Ergebnis verbesserte, jedoch zu unzähligen Treffern führte, sodass ein Übersetzer ohne kontextsensitive Filter mit zu vielen Ergebnissen konfrontiert wäre. In einem zweiten Testlauf wurde ein syntaktischer Parser für eine linguistisch motivierte Suche verwendet. Dabei wurde jeder Satz des Ausgangstexts gechunkt, wobei nur die Phrasen, die mehr als ein Wort enthielten, verwendet wurden. Im Anschluss daran wurde das TMS getestet. Der Einsatz des Parsers führte zu wesentlich besseren Ergebnissen und die Menge der gelieferten Treffer wurde drastisch reduziert. In einem dritten Testlauf wurde ein anderer Parser zur Erstellung von Baumstrukturen eingesetzt. Das Ziel war herauszufinden, ob nicht nur zusammenhängende Einheiten wie „A good friend", sondern auch diskontinuierliche Einheiten wie „A very good friend" durch das Programm erkannt würden. Durch Einsatz dieses Parsers konnte das Programm nicht zusammenhängende Einheiten erkennen, das Retrievalergebnis war jedoch fast deckungsgleich mit dem des Wort- und Chunkbasierten Verfahrens.

McTait et al. (1999a; McTait & Trujillo, 1999b) beschreiben ein Verfahren zur Extraktion von Textfragmenten, das sprachenunabhängig gestaltet ist und mit einem Minimum an linguistischer Analyse arbeitet. Die Vorgehensweise ist angelehnt an die beispielbasierte MÜ (EBMT). Im Gegensatz zu anderen Verfahren, bei denen aufwendige linguistische Analysen mithilfe von Parsern und zweisprachigen Wörterbüchern eingesetzt werden, wird hier nur eine grammatische Analyse der Ausgangs- und Zieltextbeziehungen unter den Fragmenten durchgeführt. Zunächst wird pro Sprache eine Baumstruktur erstellt, wie z. B. für den Satz „The Commission gave the plan up".

Abbildung 4.13: Parsing mit Baumstrukturen im TMS von McTait & Trujillo (zitiert aus: McTait & Trujillo, 1999b: 103)

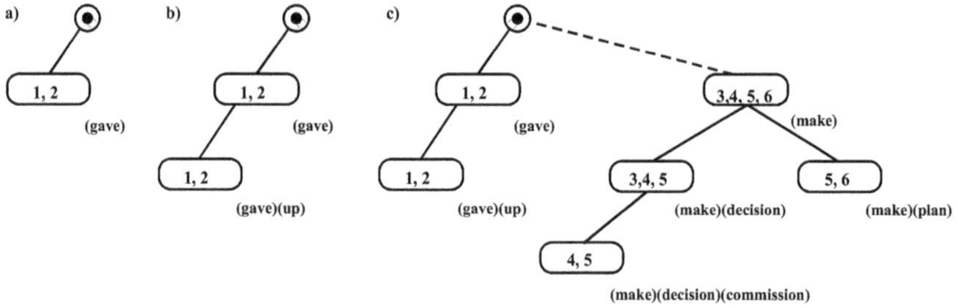

Das System verbindet die Fragmente unterschiedlicher Übersetzungseinheiten (sog. ‚Translation Patterns').

Abbildung 4.14: Verbinden der ‚Translation Patterns' im TMS von McTait & Trujillo (zitiert aus McTait & Trujillo, 1999b: 104)

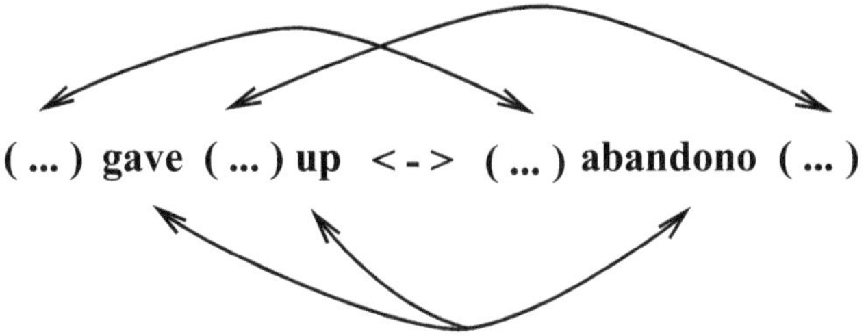

Der zugrunde liegende Algorithmus basiert auf dem Prinzip, dass diskontinuierliche Ausgangs- und Zieltextfragmente, die mehr als zweimal in Übersetzungseinheiten vorkommen, wahrscheinlich Übersetzungen voneinander sind. Die Textfragmente werden auf Basis ihrer Zeichenlänge aligniert.

Auf semantischer Ebene setzen Mitkov & Corpas (2007) an. Sie befassen sich mit dem Problem der gleichen Bedeutung von Sätzen mit unterschiedlicher syntaktischer Struktur und der Verbesserung von TMS der dritten Generation. In dem von ihnen vorgestellten ‚Third Generation Translation Memory' werden Segmente sowohl hinsichtlich von Syntax als auch Semantik mittels einer syntaxgesteuerten semantischen Analyse bearbeitet. Jedoch ist dieser Prototyp weit entfernt von einem kommerziellen Einsatz. Um zu einem robusteren Programm zu gelangen und die Genauigkeit zu erhöhen, schlagen sie den Einsatz sog. ‚Rhetorical Predicates'[154] vor. Die Identifizierung selbiger hilft dabei, die Äquivalenz von Sätzen zu bestimmen. Zwei Sätze sind demnach semantisch äquivalent, wenn sie die gleichen rhetorischen Prädikate aufweisen. Untersuchungen haben laut Mitkov & Corpas gezeigt, dass bestimmte Textarten bestimmte Schemata rhetorischer Prädikate aufweisen, wie z. B. im Falle wissenschaftlicher Artikel die Schemata ‚Thema, Hintergrund, Vorgehensweise, Lösung, Schlussfolgerung'. Die Identifizierung erfolgt auf Basis von gängigen Schlüsselwörtern, die bestimmte Prädikate repräsentieren.

Elita & Gavrila (2006 & 2010) beschreiben den Aufbau eines TMS, das ebenfalls, wie bei Mitkov & Corpas, semantische Informationen berücksichtigt. Das ‚Semantische Translation Memory' (STM) beinhaltet eine Datenbank, in der die

154 Unter ‚Rhetorical Predicates' (auch ‚Semantische Prädikate') versteht man Mittel zur Darstellung von Informationen, durch die die verschiedenen Arten prädikativer Akte charakterisiert sind.

klassischen Segmente durch semantische Templates ergänzt werden. Die Extraktion der semantischen Templates basiert auf einem zweisprachigen Wörterbuch und einer Ontologie. Der Suchmechanismus ist rein zeichenkettenbasiert. Jedoch werden die extrahierten Templates untersucht und durch semantische Konzepte ergänzt, anhand derer der Originalkorpus halb automatisch annotiert wird. Um die Retrievalleistung zu überprüfen, wurde ein Test mit zwei unterschiedlichen öffentlich verfügbaren semantischen Datenbanken, ‚WordNet' und ‚FrameNet'[155], durchgeführt. Elita & Gavrila kamen zu dem Ergebnis, dass sowohl ‚WordNet' als auch ‚FrameNet' sinnvolle semantische Ressourcen darstellen. Generell hängt jedoch der Einsatz dieser Datenbanken vom Stand ihrer Entwicklung und der Verfügbarkeit für bestimmte Sprachen ab. Ihrer Meinung nach eignen sich deshalb domänenspezifische Ontologien besser, da sie sprachenunabhängig sind. Als nachteilig erweist sich bei diesem Ansatz, dass große Ontologien bisher nur für bestimmte spezifische Domänen existieren.

Auch bei dem Ansatz von Gupta et al. (2014a & 2014b) wird die Ähnlichkeit zwischen zwei Sätzen durch semantische Analysen berechnet. Sie verwenden hierzu das Tool-Paket ‚Stanford CoreNLP3'[156], das es ermöglicht, unterschiedliche NLP-Analysen durchzuführen. Innerhalb der Möglichkeiten zur Extraktion von Features wurden z. B. Lemmatisierung, POS-Tagging und die Named-Entity-Recognition (NER) eingesetzt. Zur Berechnung der semantischen Ähnlichkeit wird im Anschluss ein Regressionsmodell mithilfe einer ‚Support Vector Machine' (SVM) als Klassifikator gebildet. Erste Tests zeigten noch keine eindeutige Überlegenheit des eingesetzten Algorithmus im Vergleich zur ‚Edit Distance'.

Neben den Ansätzen zur Verbesserung der Retrievalleistung mittels morphosyntaktischer oder semantischer Verfahren gibt es seit etwa 15 Jahren eine Reihe von Forschungsarbeiten, die auf die Kombination von TMS und MÜ setzen.

Die Grundidee besteht darin, dass ein MÜ-System auf ein bilinguales Korpus eines TMS trainiert wird, wobei unterschiedliche Alignment-Algorithmen eingesetzt werden. Bei einer Suchanfrage werden dann zunächst Fuzzy Matches aus dem TMS generiert. Bei entsprechend niedriger Matchrate werden die nicht mit dem ausgangssprachlichen Satz übereinstimmenden Wörter oder Satzteile

---

155 Bei ‚WordNet' handelt es sich um eine an der Universität Princeton entwickelte Datenbank der englischen Sprache, die die semantischen und lexikalischen Beziehungen zwischen Wörtern enthält. Sie ist öffentlich und kostenlos verfügbar unter http://wordnet.princeton.edu. ‚FrameNet' wurde an der Universität Berkeley entwickelt. Es handelt sich um eine Datenbank der englischen Sprache, die auf semantischen Frames basiert (https://framenet.icsi.berkeley.edu).

156 http://nlp.stanford.edu/software/corenlp.shtml (09.03.2015).

anschließend vom MÜ-System übersetzt und es wird ein Zielsatz generiert. In älteren Arbeiten wurde oftmals auf eine Kombination von beispielbasierter MÜ (EBMT) und TMS gesetzt (Carl & Hansen, 1999; Carl, 2000; Kranias & Samiotu, 2004; Schäler, 2001).

Huang et al. (2003) beschreiben den Prototyp eines TMS, genannt ‚EBMTLoc'. Wie der Name schon sagt, ist es an die Vorgehensweise bei der beispielbasierten MÜ angelehnt. Der Suchmechanismus arbeitet ausschließlich auf Subsegmentebene. Es beinhaltet insgesamt drei Komponenten, die sich aus einsprachigen Korpora für Ausgangs- und Zieltext, einer zweisprachigen und einer statistischen Termdatenbank zusammensetzen. In Tests mit einem herkömmlichen TMS zeigte EBMTLoc, nach Aussage der Autoren, im Fall von geringer Ähnlichkeit der Segmente bessere Ergebnisse bei Qualität und Effizienz. Diese Funktionalität wird teilweise heute im TMS Déjà Vu von Atril in der Funktion ‚Assemble' umgesetzt.

Die Mehrheit der Forschungen, vor allem die neueren, setzt auf die Kombination von Statistischer Maschineller Übersetzung (SMT) und TMS. Hierzu zählen die Arbeiten von Biçiçi und Dymetman (2008), Zhechev & van Genabith (2010), Simard & Isabelle (2009), Wu et al. (2005) und He et al. (2010a, 2010b, 2010c & 2011). Bei den meisten Ansätzen werden die besten Ergebnisse des TMS und des SMT-Systems zusammengeführt. Wie bei dem Ansatz von He et al. wird dann das Ergebnis der MÜ-Suche vorgeschlagen, wenn das Ergebnis der Fuzzy-Match-Suche unter einem bestimmten Schwellenwert liegt. Bei manchen Ansätzen (z. B. bei Simard & Isabelle, 2009) wird aus den Ergebnissen eine Liste erstellt mit einem Ranking nach voraussichtlich notwendigem Post-Editing-Aufwand (vgl. auch Specia et al., 2009).

Neben der Idee, dass das SMT eingesetzt wird, wenn im TMS kein Match oder ein zu geringer Match gefunden wird, gibt es auch den Ansatz, diejenigen Wörter eines Satzes vom SMT übersetzen zu lassen, die nicht in der Datenbank des TMS vorhanden sind (Koehn & Senellart, 2010).

Abbildung 4.15: Darstellung des XML-Frames im TMS von Koehn & Senellart (zitiert aus: Koehn & Senellart, 2010: 24)

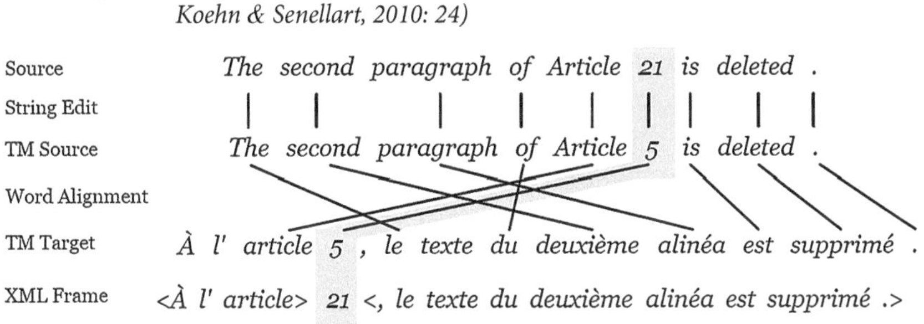

Wie das Beispiel zeigt, weicht der neue Satz nur bei der Zahl (5 statt 21) von dem im TMS gespeicherten Satz ab. Mittels Alignment werden die nicht übereinstimmenden Stellen, hier die Zahl, identifiziert und vom SMT übersetzt bzw. ausgetauscht. Testreihen zeigten eine Verbesserung durch die Kombination von TMS und SMT bei den Fuzzy Matches. Den gleichen Ansatz verfolgen auch Kranias & Samiotou (2004), die in Tests ebenfalls eine Verbesserung der Matchraten erzielen konnten.

In dem Forschungsprojekt von Esplà-Gomis et al. (2011) wird ein SMT verwendet, um Übersetzern, die mit einem TMS arbeiten, Empfehlungen zu geben, welche Wörter in den Übersetzungseinheiten des Zieltexts verändert werden sollten und welche unverändert stehen bleiben sollten. Dabei werden die Segmente in Ausgangs- und Zieltext in überlappende Subsegmente variierender Länge geteilt und mittels MÜ in die Zielsprache übersetzt. Die Idee ist, dass ein übersetztes Wort wahrscheinlich stehen bleiben kann, wenn es in den übersetzten Subsegmenten des alten und neuen Ausgangstexts vorkommt (Esplà-Gomis et al., 2011).

Während bei den zuvor genannten Ansätzen der Fokus auf dem TMS liegt, steht bei anderen Ansätzen eher das Ziel der Verbesserung der MÜ-Ergebnisse durch TMS-Anbindung im Vordergrund (Marcu, 2001; Langlais & Simard, 2002; Hewavitharana, 2005; Utiyama et al., 2011). Die Auswertungen der meisten Tests ergaben keine wesentlichen Verbesserungen bei Recall- und Precision-Werten, jedoch wurden die Übersetzungen, die aus der Kombination von TMS und SMT entstanden, von Humanübersetzern meist als besser bewertet im Vergleich zu reinen MÜ- oder TMS-Ergebnissen.

Eine weitere Möglichkeit, die MÜ-Technologie für TMS zu nutzen, ist die Entwicklung sog. ‚Text Prediction Tools', die beim Tippen Wortvorschläge liefern (Auto Completion, siehe auch Kapitel 4.4.1). Die Technologie wird mittlerweile auch bei kommerziellen TMS eingesetzt. Die Idee zu solchen ‚Text Prediction Tools' entstand Mitte der 1990er Jahre. Ein relativ weit entwickeltes Tool ist ‚TransType', das lexikalische Einheiten, bestehend aus mehreren Wörtern, vorschlagen kann (Foster et al., 2002). TransType basiert zum einen auf einem statistischen Übersetzungsmodell, das berechnet, wie wahrscheinlich eine Vorhersage korrekt oder falsch ist, und zum anderen auf einem Übersetzungsmodell, das bestimmt, wie hoch der jeweilige Nutzen für den Übersetzer ist. Der nachfolgende Ausschnitt zeigt die Benutzeroberfläche des damaligen Prototyps:

Abbildung 4.16: Benutzeroberfläche von TransType (zitiert aus Foster et al., 2002: 332)

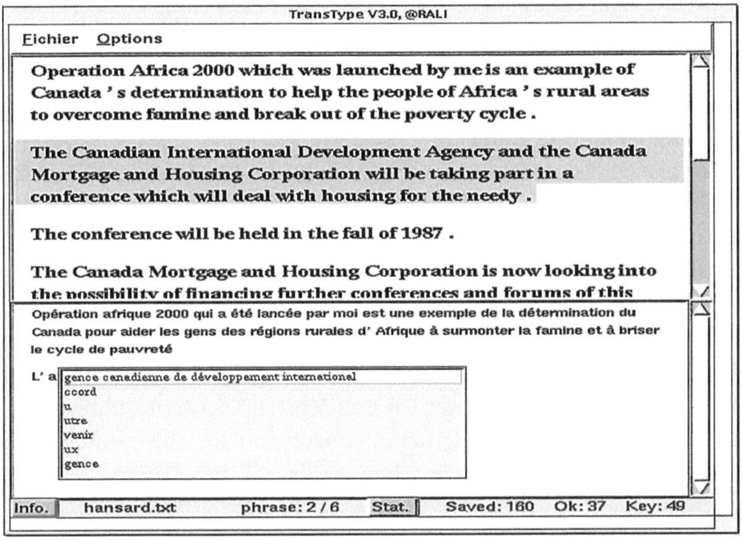

Ein weiteres an der Universität Edinburgh entwickeltes Tool, das zudem online verfügbar ist, ist ‚Caitra'[157] (http://tool.statmt.org) (Koehn & Haddow, 2009; Koehn, 2009). Caitra basiert auf einer interaktiven Übersetzung und bietet dem Nutzer verschiedene Hilfestellungen. Zum einen liefert das Tool Vorschläge (Predictions) für die Vervollständigung eines Satzes, zum anderen zeigt das Tool mehrere Übersetzungsalternativen und die bestmögliche Übersetzung eines Satzes, die der Nutzer im Revisionsprozess annehmen oder editieren kann. Zudem sammelt Caitra Informationen darüber, wie viel Zeit für unterschiedliche Arten von Editiervorgängen und Pausen benötigt wird.

4.4.2 Aktuelle Forschungsprojekte

iMEM

Im Zeitraum von Juni 2009 bis November 2012 lief an der Fachhochschule Köln ein Forschungsprojekt zur Verbesserung der Suchergebnisse kommerzieller TMS namens ‚iMEM' (Intelligente Translation Memories durch computerlinguistische Optimierung). Es wurde in Kooperation mit dem IAI (Institut für

157 ‚Caitra' basiert auf der Technik des webbasierten CAT-Tools ‚AJAX' (Odcházel & Bojar, 2009).

Angewandte Informationsforschung), welches die morpho-syntaktischen Werkzeuge ‚MPRO' zur Verfügung stellte,[158] und dem Unternehmen SDL Trados, welches das TMS beisteuerte, durchgeführt (Reinke, 2010 & 2013; Azzano et al., 2011: 123ff.). Das Ziel war die bessere Erkennung von Fragmenten unterhalb der Satzebene, das Retrieval von Paraphrasen und eine Optimierung von Terminologieerkennung und -prüfung.

Erste Versuchsreihen fanden bereits im Rahmen der Dissertation von Reinke statt (Reinke, 2004: 353ff.). Bei ‚MPRO' (Morphologisches Programm) handelt es sich um ein am IAI entwickeltes multilinguales Programmpaket bestehend aus Lexikon und Grammatiken (Maas, 1996: 141ff. & 1998: 167ff.). MPRO kann unterschiedliche Aufgaben, wie z. B. Rechtschreibkontrolle, Tagging, Parsing, Glossarerstellung, Stil- und Terminologiekontrolle, ausführen. Im ersten Schritt führt MPRO eine Segmentierung zur Bestimmung von Satz- und Wortgrenzen durch. Nicht erkannte Wörter werden im nächsten Schritt morphologisch analysiert. Sofern gewünscht, erfolgt dann anhand von sprachspezifischen Grammatiken das Parsing zur syntaktischen Analyse.[159] Im Anschluss erfolgt die Lemmatisierung.[160]

Im Rahmen des Projektes wurden Tests mit den Sprachen Deutsch und Englisch durchgeführt, um mögliche Schnittstellen morpho-syntaktischer Analysekomponenten zu kommerziellen TMS, die Übertragbarkeit auf andere Sprachen und praxistaugliche Bedienoberflächen zu entwickeln. Die Forschungsergebnisse sollten in die Weiterentwicklung des TMS von SDL Trados einfließen. Für einen Prototyp wurde eine eigenständige SQL-Datenbank als paralleles, sog. ‚linguistisches TM' erstellt, das mit der Datenbank des TMS verknüpft ist. Jedes neue Segment wird für den Abgleich linguistisch annotiert und analysiert. Die Tokenketten und Ergebnisse der Kompositazerlegung werden mit den Daten der SQL-Datenbank verglichen und im Anschluss wird die längste gemeinsame Zeichenkette ermittelt. Es wurde auch an einer Formel für das Ranking der Ergebnisse gearbeitet. Später sollte eine Ergänzung durch satzsyntaktische Verfahren erfolgen.

---

158 Zu ‚MPRO' siehe auch Kapitel 3.1.2.1.

159 Für weitergehende Informationen zu ‚MPRO' sei hier verwiesen auf Maas (1996 & 1998).

160 Bei der Lemmatisierung wird ein Wort in seine lexikalische Grundform, das Lemma, zerlegt. Zusätzlich werden morpho-syntaktische Informationen, wie die Wortklasse und Flexionselemente bestimmt (Reinke, 2004: 354).

CASMACAT

Im Zeitraum von November 2011 bis Oktober 2014 lief ‚CASMACAT' als gemeinsames Forschungsprojekt zwischen der „Copenhagen Business School", den Universitäten Edinburgh und Valencia und der Firma „Celer Soluciones", die die im Projekt entwickelten Prototypen in Feldstudien testete. CASMACAT hatte das Ziel,

> „to tailor the tools to the requirements of translators and not the other way around." [...] The development of such tools must not simply follow technical possibilities, but it should be driven by a better understanding of the behaviour of human translators." (Ortiz-Martínez, 2014: 6)

Was CASMACAT dabei grundlegend von anderen Forschungsprojekten unterscheidet, ist die Tatsache, dass im Rahmen des Projektes umfangreiche Studien zum Übersetzerverhalten durchgeführt wurden, deren Ergebnisse in die Weiterentwicklung der Benutzeroberfläche und der Funktionalitäten des Tools einflossen (Koehn, 2013). Bei den meisten anderen Projekten erfolgt der Test eines Prototyps im Nachhinein. CASMACAT basiert auf einer Verknüpfung von TMS und SMT und wurde in Zusammenarbeit mit dem parallel laufenden EU-Projekt ‚MateCat' entwickelt.[161] Bei MateCat stand die Entwicklung des TMS im Vordergrund, während bei CASMACAT der Fokus auf der besseren Ausschöpfung der Potenziale der Post-Edition des MÜ-Outputs lag.

Die kognitiven Untersuchungen mithilfe von *Key-Logging* und *Eye-Tracking*[162] dienten u.a. dazu zu evaluieren, wie groß die vom Übersetzer verarbeiteten Segmente sind und welche Art von Hilfe dem Übersetzer nutzt, welche Informationen auf dem Bildschirm angezeigt werden sollten und welche eher ablenkend sind und vermieden werden sollten. Anhand des Übersetzerverhaltens wurden zwei unterschiedliche Stile herausgearbeitet, was die Überarbeitung bzw. das Post-Editieren der von der MÜ-Komponente übersetzten Segmente betrifft (Carl et al., 2015).

- <u>Stil 1:</u> Der Übersetzer liest zuerst den ZT und dann den AT, bevor er anfängt, Änderungen im ZT vorzunehmen.
- <u>Stil 2:</u> Der Übersetzer liest zuerst den AT und wechselt dann zum Lesen des ZT, wobei er nach notwendigen Änderungen sucht.

---

161 ‚MateCat' ist ein öffentlich zugängliches, im Internet verfügbares TMS (www.matecat.com). Im ‚CASMACAT'-Projekt wurden die Benutzeroberflächen von MateCat und CASMACAT zusammengeführt und der MateCat-Code wurde adaptiert und mit CASMACAT-Features ergänzt.

162 Siehe dazu auch Kapitel 5.1.3.

Aufgrund der Ergebnisse der kognitiven Studien wurden drei Aspekte herausgearbeitet, die bei der Entwicklung des Tools umgesetzt werden sollten:

(1) Flexibilität: Der Nutzer hat die Möglichkeit, bestimmte Optionen und Features zu aktivieren oder zu deaktivieren.
(2) Einfachheit: Alle Features werden unter einem Überbegriff organisiert.
(3) Leichtigkeit des Zugangs: Nutzer wünschen sich überschaubare Kosten für Anschaffung, Upgrades, Support oder Trainings.

Innerhalb von CASMACAT sollten drei Hauptziele erarbeitet werden:

- Interaktive Vorhersage (Interactive Translation Prediction – ITP) von Übersetzungen: Das TMS macht dem Übersetzer Vorschläge, wie die Übersetzung vollendet werden könnte.[163]
- Interaktives Editieren: Dabei liefert das TMS dem Übersetzer zusätzliche Informationen über die Verlässlichkeit (Confidence) der Übersetzungsvorschläge.
- Adaptive Übersetzungsmodelle: Das TMS und die SMT-Komponente lernen durch die Interaktion mit dem Übersetzer.

Das auch in anderen Projekten integrierte ITP wurde bei CASMACAT durch zwei neue Features – ‚Online learning' (OL) und ‚Active learning' (AL) – erweitert. Diese ermöglichen dem System, aus dem Feedback des Nutzers zu lernen. Das bedeutet, die in der MÜ-Komponente integrierten Modelle werden in Echtzeit auf Basis der vom Nutzer validierten Übersetzungen aktualisiert (Alabau et al., 2014a & 2014b). Bei SMT-Systemen, die im Batchverfahren arbeiten, muss immer das gesamte Korpus neu trainiert werden. Bei OL-Techniken werden neue

163 In einer Studie von Koehn wurde ein MÜ-System mit ITP hinsichtlich der Frage untersucht, ob die Integration von ITP eine monolinguale Post-Edition ermöglicht, d. h., der AT ist nicht sichtbar und die Post-Edition wird nur anhand des ZT durchgeführt. Gemäß Koehn ist es in Abhängigkeit der Sprachkombination und des Schwierigkeitsgrades eines Textes sinnvoll, ITP zur Unterstützung einzusetzen (2010a: 544). In der Studie von He et al. (2010b) wurde Versuchspersonen, die professionell als Post-Editor arbeiten, zu einem neuen Satz jeweils ein Ergebnis aus der TMS-Datenbank und ein Vorschlag des SMT-Systems gezeigt, wobei den Übersetzern nicht bekannt war, welcher Vorschlag vom TMS und welcher vom SMT-System stammte. Die VP konnten dann entscheiden, ob sie eines der Ergebnisse post-editieren oder den Satz von Grund auf neu übersetzen wollten. Ohne es zu wissen, wählten die VP für die Post-Edition öfters die Vorschläge des SMT-Systems. Nach Aussage von He et al. erweist sich das SMT in abgegrenzten Einsatzbereichen als sehr sinnvolle Ergänzung zu TMS. Es zeigte sich auch, dass die Einstellung der Post-Editoren zur MÜ eine große Rolle spielt.

Beispiele einmal zu einer bestimmten Zeit oder in kleinen Mengen verarbeitet. AL-Techniken dienen dazu, die Qualität der finalen Übersetzung als Ganzes zu optimieren, wenn die verfügbaren Ressourcen, wie z. B. Zeit, Geld oder Personal, limitiert sind. In diesem Fall post-editiert der Nutzer nur einen Teil der schlechtesten MÜ-Übersetzungsvorschläge, während das SMT Übersetzungsvorschläge für die restlichen Sätze liefert. Durch das kontinuierliche Lernen sind die MÜ-Übersetzungsvorschläge näher an den menschlichen Übersetzungen. Als Nachteil erweist sich bei dieser Methode die Antwortzeit des Systems, weshalb auch nur ausgewählte Textteile und nicht der komplette Text bearbeitet werden. In Untersuchungen mit Übersetzern, die mit der OL- und auch mit AL-Version arbeiteten, zeigte sich eine signifikante Verbesserung der Übersetzungsgeschwindigkeit (Alabau et al., 2014). Die Kommentare der Übersetzer zeigten, dass das System bei grammatikalischen Änderungen sehr gut lernt, während die Vorschläge bei Fehlern auf lexikalischer Ebene nicht immer angemessen waren. Aufgrund der Tatsache, dass die OL-Variante im Vergleich insgesamt bessere Ergebnisse lieferte, wurde im finalen Prototyp das OL integriert.

CASMACAT (www.casmacat.eu) ist mittlerweile als eigenständiges, öffentlich und kostenfrei im Internet verfügbares Tool aus dem Forschungsprojekt hervorgegangen (Alabau, 2013).[164] Es ist zum einen als webbasierte Version erhältlich und zum anderen kann es als ‚Home Edition' heruntergeladen werden. Der Nutzer kann Dokumente hochladen und dann in der Übersetzungsansicht bearbeiten. Das zu übersetzende Dokument wird segmentweise angezeigt, wobei das aktive Segment farblich hervorgehoben wird.

164 Die Entwickler von CASMACAT hoffen, aufgrund des stärker beworbenen Schwesterprojekts MateCat und der Tatsache, dass das TMS als *Open-Source-Software* verfügbar ist, auf ein zunehmendes Interesse an CASMACAT. Zudem sind die im Projekt erarbeiteten Daten Teil der ‚CRITT TPR-DB-Datenbank', die mittlerweile in Version 1.4 vorliegt und mehr als 940 aufgezeichnete Textproduktionsarbeiten aus den Bereichen Übersetzung, Post-Editing, Editing, Copying und Authoring enthält (Carl & Schaeffler, 2012).

Abbildung 4.17: Benutzeroberfläche von CASMACAT (zitiert aus: Alabau et al., 2013: 57)

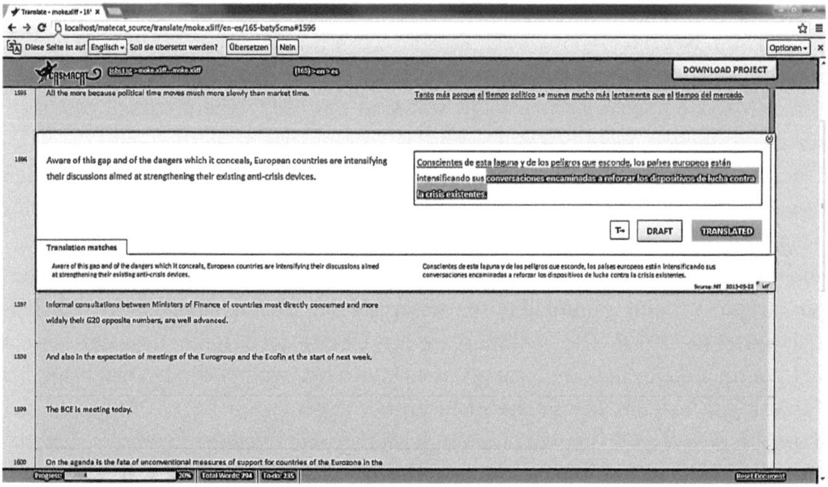

Wenn die Funktion ‚Interactive Translation Prediction' (ITP) deaktiviert ist, erhält der Nutzer bis zu drei Vorschläge des SMT oder des TMS. Im Vergleich zu anderen kommerziellen TMS bietet CASMACAT folgende Vorteile:

- Intelligente Autovervollständigung, d.h., das TMS liefert dem Übersetzer beim Tippen mögliche Übersetzungsvorschläge, indem es die Vorschläge ‚vorhersagt' (Prediction).
- Integration von ‚Confidence Measures', die dem Nutzer ermöglichen, falsche Übersetzungen zu erkennen (rot markiert), oder die ihn darüber informieren, dass es möglicherweise falsch übersetzte Wörter gibt (orange markiert).

Bei der ‚Interactive Translation Prediction' (ITP) liefert das TMS neue Übersetzungsvorschläge, sobald der Übersetzer einen Buchstaben drückt. Die Anzahl der vorgeschlagenen Wörter wird durch die Integration der ‚Confidence Measures' begrenzt. Sobald der Nutzer die Tabulatortaste drückt, erhält er neue Wortvorschläge. Das integrierte Wortalignment bietet dem Nutzer die Möglichkeit, durch Platzieren der Maus (gelb) oder des Cursors (blau-grün) auf einem Wort die vom System vorgenommenen Alignments farblich hervorzuheben.

Was vor allem für Forschungszwecke interessant sein dürfte, ist die im Tool implementierte detaillierte Logging-Funktion, die eine automatische Analyse des Übersetzerverhaltens ermöglicht. Ein ‚E-Pen', der die die Möglichkeit bietet, während der Post-Edition zu löschende Segmente mit dem Stift zu ändern, ergänzt das Arbeiten mit der Tastatur.

Abbildung 4.18: Möglichkeit der Nutzung des E-Pens in CASMACAT (zitiert aus: Alabau et al., 2013: 60)

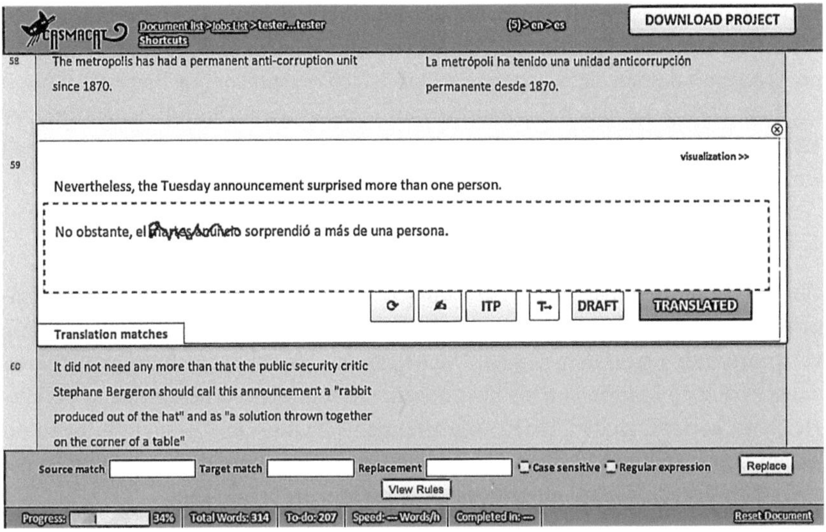

SCATE

Derzeit läuft an der KU Leuven für eine Projektdauer von 4 Jahren (2014 bis 2018) das sog. ‚SCATE project'[165] (Smart Computer-Aided Translation Environment). SCATE ist ein sehr umfangreiches Projekt, das insgesamt sechs Hauptziele verfolgt. Hierzu zählen die Verbesserung gegenwärtig verfügbarer TMS-Technologien, die reibungslose Integration von MÜ, die Verbesserung automatischer Terminologieextraktionsmethoden, automatischer Spracherkennung[166] und die Verbesserung von Arbeitsabläufen und individualisierten Benutzeroberflächen. Interessant sind für die vorliegende Arbeit vor allem die geplanten Untersuchungen zur Verbesserung der TMS-Suchmechanismen.

165 www.arts.kuleuven.be/ling/ccl/projects/scate.

166 Das SCATE-Projekt untersucht, wie sich automatische Spracherkennungsmethoden im Rahmen der Post-Edition im Übersetzungsworkflow einsetzen lassen. Denselben Ansatz verfolgt auch das Projekt ‚SEECAT', das zum größeren Projekt CASMACAT (www.casmacat.eu) gehört. Dort wird zusätzlich untersucht, wie sich automatische Spracherkennungsmethoden in der Textproduktionsphase des Übersetzungsworkflows einsetzen lassen (García-Martinez et al., 2014).

Das SCATE-Projekt setzt dabei auf die Einbindung syntaktischer Analysen. Sie arbeiten mit bisher in der MÜ-Forschung noch recht wenig untersuchten syntaxbasierten statistischen Modellen, die eine Weiterentwicklung der rein statistischen Modelle darstellen (Vanallemeersch & Vendeghinste, 2014).[167] Hierzu werden die im TMS enthaltenen Sätze geparst, wodurch sich entsprechende Baumstrukturen ergeben. Da der Vergleich der Baumstruktur des neuen Satzes mit denjenigen der TMS-Datenbank recht aufwendig ist, wird derzeit an verschiedenen Methoden zur Umwandlung der Baumstrukturen in Strings gearbeitet.

4.4.3 Zusammenfassung

Wie die oben beschriebenen Forschungen zur Verbesserung der Suchmechanismen in TMS zeigen, gibt es unterschiedliche Ansätze, die teilweise Erfolg versprechende Ergebnisse zeigen. Die Ergebnisse der Untersuchungen variieren dabei zwischen marginalen bis hin zu recht eindeutigen Verbesserungen im Vergleich zu kommerziellen TMS. Aufgrund der Variation im Versuchsaufbau und in den angewandten Metriken zur Bewertung der Ergebnisse ist es schwierig, die einzelnen Ergebnisse auf einer Basis miteinander zu vergleichen.

Generell lassen sich die Forschungsstränge zur Verbesserung der Retrievalleistung aufgliedern in:

(1) Integration morpho-syntaktischer Analysen
(2) Integration morpho-syntaktischer Analysen in Kombination mit MÜ
(3) Integration semantischer Analysen
(4) Integration von MÜ zur Verbesserung von TMS
(5) Integration von TMS zur Verbesserung der MÜ

Bei den morpho-syntaktischen Analysen gibt es Ansätze, die nur auf morphologische oder nur auf syntaktische Analysemodule setzen. Andere verbinden die morpho-syntaktischen Analysen zusätzlich mit der Anbindung eines MÜ-Systems, das zum Einsatz kommt, wenn das TMS kein Ergebnis liefert. Es überwiegen jedoch diejenigen Ansätze, die sich rein auf TMS fokussieren.

Projekte, die semantische Analysen integrieren, sind die Minderheit, was sicherlich mit der größeren Komplexität und der bisher noch notwendigen Abhängigkeit von abgegrenzten Fachgebieten und Ontologien zusammenhängt. Bei der Anbindung von MÜ-Systemen zur Verbesserung der Retrievalleistung kann man unterscheiden zwischen den beispielbasierten Verfahren (EBMT) und den statistischen Verfahren (SMT). Insgesamt häufiger, vor allem in den letzten Jahren,

167 Einen ähnlichen Ansatz verfolgte auch das Projekt von Dandapat et al. (2012).

werden statistische Verfahren eingesetzt. Diese lassen sich wiederum unterteilen in Verfahren, die MÜ einsetzen, um die Suchergebnisse der TMS zu verbessern, und andere, in denen Daten aus TMS extrahiert werden, um die MÜ-Qualität zu verbessern. Bei der MÜ-Anbindung zur TMS-Verbesserung wird die MÜ teilweise eingesetzt, wenn die Fuzzy-Match-Rate unter einem festgesetzten Schwellenwert liegt. Bei anderen wird generell das MÜ eingesetzt für diejenigen Segmente einer Übersetzungseinheit, für die keine Entsprechung im TMS vorhanden ist. Es lässt sich aus den Testreihen der jeweiligen Forschungsprojekte nicht erkennen, dass ein Ansatz, beispielsweise die Einbindung morpho-syntaktischer Verfahren, anderen Ansätzen, wie semantischen, überlegen ist. Ein Desiderat in diesem Bereich ist, ob und inwiefern eine Kombination aus morpho-syntaktischen und semantischen Verfahren noch bessere Retrievalergebnisse erzielen könnte.

Gegenwärtig scheinen die kommerziellen TMS-Hersteller noch kein eindeutiges Interesse an der Umsetzung der Forschungsergebnisse im Bereich morphosyntaktischer Analysen zu zeigen. Die Gründe liegen hauptsächlich an den Kosten für die Integration dieser Analysemodule und der Tatsache, dass dies aufgrund des großen Aufwands nur für ausgewählte Sprachen realisierbar wäre. Zetzsche (2011) empfiehlt den großen TMS-Herstellern deshalb, Toolkits mit morphologischen Regeln für einzelne Sprachen zu entwerfen, die öffentlich zugänglich sind und von anderen Nutzern einer Sprache geteilt und ergänzt werden könnten (Zetzsche, 2011). Vor dem Hintergrund des derzeit großen Interesses am Einsatz von MÜ, die aktuell bei vielen Tagungen und Workshops im Fokus steht und bei immer mehr Unternehmen Interesse weckt, erscheinen die zunehmende Integration von TMS und MÜ und die praktische Umsetzung der oben genannten Forschungsprojekte das für die nähere Zukunft wahrscheinlichste Szenario.

4.5 Qualitätssicherung und -kontrolle im Übersetzungsprozess

Qualitätssicherung im Dokumentationsprozess fängt idealerweise bereits beim Ausgangstext an. Wie in Kapitel 2 dargelegt, ist ein den inhaltlichen und formalen Kriterien für übersetzungsgerechtes Schreiben entsprechender Ausgangstext ein entscheidender Grundstein für die nachfolgende Übersetzung. Im Übersetzungsprozess unterscheidet man zwischen Qualitätskontrolle (Quality Control) und Qualitätssicherung (Quality Assurance). Qualitätssicherung bezieht sich auf den Prozess des Übersetzens und das Auffinden von Fehlern während der Übersetzung. Sie beinhaltet zudem die Standardisierung von Arbeitsabläufen oder die Bereitstellung von Glossaren und *Style Guides* (siehe dazu die Kapitel 2.6). Qualitätskontrolle bezieht sich auf das Auffinden von Fehlern im Enddokument, d.h. auf die Produktkontrolle mittels Lektorat (Makoushina & Kockaert, 2008;

Reinke, 2009). Das Lektorat umfasst die Überprüfung und Suche nach unterschiedlichen Fehlern, von denen manche formale Fehler wie Terminologie, Format oder Rechtschreibung recht einfach zu überprüfen sind und sich automatisieren lassen. Andere Fehler hingegen betreffen Probleme wie Mehrdeutigkeiten oder nicht-formale Fehler wie Bedeutung oder Stil, die nur schwer automatisch überprüfbar sind. In Bezug auf die erste Kategorie haben sich ab Ende der 90er Jahre des letzten Jahrhunderts computergestützte Qualitätssicherungs- und -kontrollprogramme entwickelt.[168] Die Funktionalitäten dieser Tools haben sich im Laufe der Jahre immer mehr erweitert und reichen von Überprüfungen auf Segmentebene über Inkonsistenz, Zeichensetzung, Zahlen und Tags bis hin zu Terminologie. Im Bereich der TMS war das Unternehmen STAR führend, das bereits 1998 erste Qualitätskontrollfunktionen in seinem TMS einführte.

Andere Hersteller zogen in den darauffolgenden Jahren nach. Neben den integrierten Lösungen kamen etwa zeitgleich Stand-Alone-Tools zur Qualitätskontrolle auf den Markt. Allen Produkten ist gemeinsam, dass sie das zeitaufwendige Lektorat verkürzen und bereits während des Übersetzens zur Fehlervermeidung beitragen. Nicht vergessen werden darf jedoch, dass nur diejenige Terminologie überprüft werden kann, die in hinterlegten Datenbanken oder Glossaren vorhanden ist. Zudem zeigen die Programme teilweise falsche Fehlermeldungen (sog. ‚False positives‘) (Gerasimov, 2007: 22ff.). Teilweise lassen sich diese Fehlermeldungen durch das Festlegen benutzerdefinierter Prüfungen und regulärer Ausdrücke reduzieren. Die unter 4.3 aufgelisteten TMS bieten grundsätzlich die nachfolgenden Prüfungen an, wobei der Prüfumfang je nach TMS mehr oder weniger variiert:[169]

- Rechtschreibprüfung (eigene Rechtschreibprüfung, MS Office, Hunspell, MySpell bzw. Prüfung auf Basis von Wörterbüchern oder *Open-Source*-Wörterbüchern)
- Terminologieprüfung
  - ✓ Glossare, Datenbanken, Wortlisten[170]

---

168 Die Funktionen dieser Tools beziehen sich mehrheitlich auf Qualitätskontrollen in der Revisionsphase. Nichtsdestotrotz werden diese Tools im angelsächsischen Bereich meist unter ‚Quality Assurance Tools‘ (QA tools), also ‚Programme zur Qualitätssicherung‘, zusammengefasst. Die Bezeichnung ‚Qualitätssicherung‘ oder auch ‚Qualitätsmanagement‘ hat sich auch hier durchgesetzt.

169 Die Kategorisierung orientiert sich dabei an Makoushina (2007) und ergänzt, erweitert und aktualisiert deren Einteilungen.

170 Die Wortlisten enthalten Negativterme, die bei der Terminologieprüfung gesucht werden.

  - ✓ Suche nach Wörtern und Phrasen
- Zahlen
  - ✓ Zahlenwerte und -formate
  - ✓ Datum und Zeit
  - ✓ Maßeinheiten
- Zeichensetzung
  - ✓ Leerzeichen
  - ✓ Satzendezeichen
  - ✓ Klammern
- Konsistenz zwischen AT und ZT
  - ✓ Groß-/Kleinschreibung (am Satzanfang oder im gesamten Dokument)
  - ✓ Segmente mit unterschiedlicher Übersetzung in AT und ZT
  - ✓ Doppelte Segmente und doppelte Wörter
  - ✓ Gesamtzahl der Segmente und Segmentstatus[171]
  - ✓ Unbearbeitete Fuzzy Matches
  - ✓ Suche nach 100 % Matches
- Tag-Übereinstimmung in AT und ZT
- Vollständigkeit
  - ✓ Ausgelassene, vergessene oder unvollständige Segmente
  - ✓ Korrupte Zeichen
  - ✓ Längenkontrolle
- Formatkontrolle
- Reguläre Ausdrücke/benutzerdefinierte Prüfungen
- Fehlerlisten und Berichte
- Übersetzungsbewertung
- Korrektur
  - ✓ Korrekturlese-Modus
  - ✓ Korrekturausdruck erstellen
  - ✓ Eingabe von Kommentaren
- Echtzeitprüfung oder Batch-Prüfung
- Änderungsverfolgung

Nachfolgend werden in kurzer Form drei externe Qualitätssicherungstools erläutert, die als Stand-Alone-Produkte erhältlich sind.[172]

---

171 Der Segmentstatus gibt an, ob ein Segment übersetzt, bearbeitet oder freigegeben ist.

172 Ein weiteres, hauptsächlich im angelsächsischen Bereich eingesetztes Tool ist ‚*Verifika*' (https:/e-verifika.com).

4.5.1 D.O.G ErrorSpy 8

'ErrorSpy' ist ein Stand-Alone-Tool zur Qualitätssicherung im Übersetzungsprozess, das für viele Editoren verfügbar ist (www.errorspy.de). Es prüft Fehler, wie z. B. Terminologie in AT und ZT, Konsistenz (auch Teilkonsistenz), Zahlen, Vollständigkeit, Tags, Rechtschreibung, Format und Typografie, und es bietet auch benutzerdefinierte Prüfungen. Ebenfalls lassen sich Berichte erstellen. ErrorSpy ermöglicht eine Bewertung des Textes mit Qualitätskennzahlen und erstellt eine Fehlerliste. Je nach gewählter Edition lässt sich das Tool auch nahtlos in andere Systeme einbinden, es ermöglicht Vorkonfigurationen und automatisierte Prüfungen ('Workflow Edition').

Darüber hinaus bietet der Hersteller D.O.G. GmbH seit Neuestem auch eine Qualitätssicherung für Autoren, d.h. für den Schreibprozess. Bisher ist dies für MS Word verfügbar. ErrorSpy prüft in Deutsch und Englisch verbotene Termini und zu lange Sätze. Die Terminologie lässt sich editieren und es können externe Korrekturpakete konfiguriert werden. Der Nutzer kann Listen mit Alternativausdrücken pflegen und eine Selektion nach festgelegten Attributen durchführen. Als Vorbereitung für den Übersetzungsprozess können Übersetzungen direkt hinter dem jeweiligen Fachwort eingefügt werden.

4.5.2 ApSIC Xbench 3

'Xbench' ist zurzeit in der Version 3.0[173] erhältlich und basiert auf einem Lizenzsystem (www.xbench.net). Das Tool ist für 5 Sprachen verfügbar und kann sehr viele unterschiedliche Datenformate bearbeiten.[174] Zu den Prüfungen zählen die Suche in AT oder ZT, nicht übersetzte Segmente, gleicher AT mit unterschiedlichem ZT und umgekehrt, Tags, Zahlen, doppelte Leerzeichen, Wortwiederholungen, Groß-/Kleinschreibung, Terminologiefehler und Rechtschreibung (Hunspell). Darüber hinaus prüft Xbench URL-Inkonsistenzen und Binnenmajuskeln. Ebenso lassen sich benutzerdefinierte Prüfungen einbinden. Besonders hervorzuheben sind jedoch die Suchfunktionen des Tools. Das Tool ermöglicht es, gleichzeitig in einer Vielzahl von Dokumenten in unterschiedlichen Formaten und mit unterschiedlichen Sprachrichtungen nach Terminologie oder Phrasen zu suchen. Neben der normalen Suche gibt es die Funktion 'PowerSearch', mit der die Suche verfeinert

---

173 Bis zur Version 2.9 war Xbench kostenlos. Version 2.9 ist noch als Freeware erhältlich, wird jedoch nicht mehr weiterentwickelt.

174 Für eine Übersicht zu den unterstützten Dateiformaten siehe Althoff (2015: 29).

werden kann und die eine Suche mit ‚Booleschen Operatoren' ermöglicht (Althoff, 2015).

4.5.3 Yamagata QA Distiller 9

‚QA Distiller' prüft Auslassungen, Inkonsistenzen in AT und ZT, sprachabhängige und -unabhängige Formatierungen, Terminologie, Zahlen, Maßeinheiten, Leerzeilen, Zeichensetzung und Placeables (www.qa-distiller.com). Es bietet auch benutzerdefinierte Prüfungen sowie die Suche nach Wörtern oder Phrasen. Perfect Matches und Kontextmatches können übersprungen werden und Fehler an allen Stellen im Dokument automatisch korrigiert werden. Der Nutzer kann Projektprofile und Berichte erstellen und Terminologielisten laden.

4.6 Zusammenfassung

Die Untersuchung verschiedener Qualitätssicherungs- und -kontrollprogramme von Makoushina aus dem Jahr 2007 zeigte erhebliche Unterschiede in den Funktionalitäten der Tools. Damals hinkten die Produkte Wordfast, Transit, Déjà Vu und Xbench den anderen getesteten Tools in Bezug auf die Anzahl der Prüfoptionen hinterher. Mittlerweile haben diese Programme aufgeholt. Insgesamt zeigt sich ein sehr homogenes Bild. Die verschiedenen Programme erfüllen größtenteils alle aufgelisteten Funktionalitäten.[175] Externe Programme wie ErrorSpy, QA Distiller und Xbench können eine Vielzahl unterschiedlicher Datenformate kommerzieller TMS-Hersteller in Bezug auf Satzdatenbanken, Terminologiedatenbanken und Wörterbücher verarbeiten.

Wie sich zeigt, sind die in den TMS integrierten Qualitätssicherungsfunktionen im Laufe der Jahre immer umfangreicher und ausgefeilter geworden. Manche TMS-Hersteller bieten neben der Batch-Prüfung von Dokumenten nun auch eine Echtzeitprüfung während der Übersetzung an. ErrorSpy und SDL Trados Studio 2015 bieten zudem die Möglichkeit, sich neben einem Fehlerbericht auch eine Bewertung der Übersetzungsqualität mithilfe von Kennzahlen errechnen zu lassen. Zu den neueren Funktionen zählen auch die Prüfung doppelter Wörter, die Suche nach Wörtern oder Phrasen im Bereich Terminologie, die Verfolgung des Segmentstatus oder die Möglichkeit, im Korrekturlesemodus zu arbeiten bzw.

175 Um einen objektiven Vergleich zu ermöglichen und genauere Aussagen über die Leistungsfähigkeit und Fehlerrate der einzelnen Programme treffen zu können, müssten detaillierte praktische Tests durchgeführt werden.

sich einen Korrekturausdruck erstellen zu lassen. Die Prüfung der Groß- und Kleinschreibung erfolgt bei vielen Tools immer noch nur am Satzanfang.

Da die TMS mittlerweile auch die Möglichkeit bieten, Dokumente in einen Korrekturlesemodus zu exportieren, können auch Personen, die nicht mit dem TMS arbeiten, das Editieren durchführen. Der Vorteil von Stand-Alone-Tools liegt in der teilweise größeren Auswahl an bearbeitbaren Dateiformaten, den ausgefeilteren Suchmechanismen und der Unabhängigkeit von einem bestimmten TMS. Gerade für Unternehmen und Personen, die nicht mit einem TMS arbeiten, bleiben diese Stand-Alone-Tools weiterhin die erste Wahl.

Wie die Kapitel 3 und 4 gezeigt haben, entwickeln sich CAT-Tools für den Schreib- und Übersetzungsprozess stetig weiter. Die Palette der Funktionen und die Leistungsfähigkeit werden kontinuierlich erweitert. Die Forschungsprojekte zur Verbesserung der Retrievalleistung bei TMS zeigen jedoch auch, dass es in manchen Bereichen eine Divergenz zwischen dem gibt, was diese Tools aktuell können und dem, was sie können müssten, um den Nutzer bestmöglich bei der Übersetzung zu unterstützen. Welche Art der Unterstützung im Schreib- und Übersetzungsprozess notwendig ist und wie diese umgesetzt werden kann, zeigt Teil III, der sich der Evaluierung widmet.

Teil III: Evaluierung

5 Zum Einfluss externer Ressourcen auf den Schreib- und Übersetzungsprozess

Teil I hat sich mit dem Gegenstand ‚Technische Dokumentation' und mit den Rahmenbedingungen für eine erfolgreiche Textproduktion befasst – angefangen bei sprachwissenschaftlichen Grundlagen für eine verständliche Textgestaltung bis hin zu Standardisierungs- und Modularisierungsmaßnahmen im Textproduktionsprozess. Teil II wiederum hat technische Lösungen im Schreib- und Übersetzungsprozess in Form von CLC, AMS und TMS beleuchtet. Teil III widmet sich der Evaluierung der Schreib- und Übersetzungsprozesse im Rahmen des professionellen Schreibens in der Technischen Dokumentation. Anhand von Erkenntnissen der Schreibprozessforschung werden Abläufe und Schwierigkeiten im Schreibprozess aufgedeckt und dargestellt, wie die kognitiven Fähigkeiten des Autors durch externe Ressourcen als Hilfsmittel unterstützt werden können. Der Abschnitt über die Übersetzungsprozessforschung zeigt, welche generellen Herausforderungen in den einzelnen Übersetzungsprozessphasen bestehen und welche Veränderungen sich durch den toolgestützten Übersetzungsprozess ergeben. Die empirischen Untersuchungen zum Schreib- und Übersetzungsprozess beleuchten, welche Verbesserungen sich durch die sprachliche Steuerung im Schreibprozess für den Übersetzungsprozess erzielen lassen.

Abstract

This chapter discusses difficulties in the cognitive writing process and illustrates how external resources such as software tools can support the writing skills of the technical author. But it also shows that these resources lead to changes within the single phases and the cognitive activities within the writing and translation process.

5.1 Schreibprozess – Das situative Schreibumfeld und sein Einfluss auf den Textproduktionsprozess

Die nachfolgenden Kapitel erklären, welche Ziele die Schreibprozessforschung verfolgt, in welche Prozessphasen sich der Schreibprozess gliedert und mit welchen empirischen Untersuchungsmethoden und -mitteln sich Erkenntnisse zu ausgewählten Aspekten des Schreibprozesses gewinnen lassen. Im Anschluss werden diese Erkenntnisse evaluiert, um Rückschlüsse für den Einsatz externer Ressourcen wie CLC und AMS zu ziehen.

5.1.1 Historische Entwicklung der Schreibprozessforschung

Die Anfänge der Schreibprozessforschung in Deutschland liegen in den 1970er Jahren und gehen zurück auf die Schreibprozessforschung in Nordamerika, die ihren Auslöser in mangelnder Schreibkompetenz der Bevölkerung hatte. Zu den Zielen der Schreibprozessforschung gehört es, die bei der Textproduktion ablaufenden Prozesse systematisch und empirisch zu untersuchen. Eine umfassende Definition des Schreibprozesses liefert Krings (1992):

> „Unter der Sammelbezeichnung „Schreibprozeß" sollen [...] alle mentalen Prozesse und alle zugeordneten materiellen Handlungen verstanden werden, die ein Schreibprodukt, also einen wie auch immer gearteten Text, überhaupt erst entstehen lassen. Der Schreibprozeß beginnt somit mit der Wahrnehmung einer vorgegebenen oder dem Bewußtwerden einer selbstgestellten Schreibaufgabe und endet mit der „Verabschiedung" des Textproduktes in einer aus der subjektiven Sicht des Textproduzenten endgültigen Form." (Krings, 1992: 47)

Eine der Pionierarbeiten auf dem Gebiet der Schreibprozessforschung ist die Studie von Janet Emig (1971), die mithilfe der Methode des ‚Lauten Denkens' Schreibprozesse untersuchte. Da Schreiben grundsätzlich als eine Art von Problemlösung[176] angesehen wird, ist es das Ziel der Schreibprozessforschung, Schwierigkeiten im Schreibprozess aufzudecken, zu analysieren und zu evaluieren, inwiefern verschiedene Schreibprozesse einen Einfluss auf die Qualität des Produkts, d. h. des fertigen Textes, haben (Hayes & Flower, 1980; Scardamalia & Bereiter, 1987). Die Schreibprozessforschung und die daraus entwickelten Modelle basieren auf Erkenntnissen der kognitiven Psychologie und auf behavioristischen Lerntheorien (Anderson, 1993). Konkret geht es darum, welche kognitiven Prozesse ein Autor durchführen muss, um adressatengerechte Texte zu erstellen, und welche kognitiven Fähigkeiten dazu nötig sind.

Im Laufe der Zeit wurden vermehrt Untersuchungen zum Vergleich der Schreibprozesse von Anfängern mit denen von erfahrenen Autoren durchgeführt.[177]

---

176 Die meisten Schreibprozessmodelle basieren auf der Annahme, dass Schreiben eine Art Problemlösungsprozess ist. Wissen ist in Form von voneinander unabhängigen Ideen gespeichert, die in einer Vielzahl von Beziehungen miteinander verknüpft sind – wie in einem semantischen Netzwerk. Die Suchmechanismen, die beim Problemlösungsprozess angewandt werden, werden auch bei der Textproduktion angewandt. Neuere Ansätze, wie das ‚Knowledge-Constituting Model' von Galbraith (1999: 139ff.) hingegen gehen davon aus, dass das Wissen, welches während der Textproduktion kodiert wird, anders gespeichert und verarbeitet wird als das Wissen aus Problemlösungsprozessen.

177 Bei den Vergleichen handelt es sich zumeist um den Vergleich von Schülern unterschiedlicher Jahrgangsstufen sowie den Vergleich von Studenten am Anfang bzw.

Innerhalb der Schreibprozessforschung gibt es mittlerweile verschiedene Forschungsrichtungen. Ein großer Teil konzentriert sich dabei auf didaktische Aspekte, wie z. B. den Schriftsprachenerwerb von Kindern.

Im Rahmen dieser Arbeit ist diejenige Forschungsrichtung von Interesse, die sich mit empirischen Untersuchungen und Modellen befasst. Im Fokus stehen die Schreibprozesse von Autoren im professionellen, also beruflichen Umfeld. Sie wird zumeist als Textproduktionsforschung bezeichnet. Auch wenn oftmals die Begriffe Schreibprozessforschung und Textproduktionsforschung gleichgesetzt werden, so sprechen sich dennoch seit den 1990er Jahren viele Autoren für die Textproduktionsforschung als eigene interdisziplinäre Forschungsrichtung aus (zusammenfassend dazu Antos, 2000). Hierfür spricht vor allem das ab den 1990er Jahren dominierende ‚sozio-kognitive Paradigma' (Antos, 2000: 105), das die Textproduktion situiert und aus sozio-kultureller Perspektive betrachtet.[178] Auch die Tatsache, dass die Textproduktion zunehmend technologisch gesteuert ist, spricht dafür, Schreiben und Textproduktion nicht mehr gleichzusetzen.[179] Die Wichtigkeit der Untersuchung von Schreibprozessen jenseits des schulischen oder akademischen Bereichs sieht auch Schriver (2012):

Ende ihres Studiums. Aus diesem Grund muss die jeweilige Studie isoliert betrachtet werden, um zu differenzieren, welche Art von Experte gemeint ist. Im Bereich der Übersetzungsprozessforschung hat Jässkeläinen (2010a) den Unterschied zwischen ‚Professionals', also Personen mit mehr oder weniger Berufserfahrung und ‚Experts' im Sinne von Personen, die bzgl. ihrer Fähigkeiten als Experte auf ihrem Gebiet bezeichnet werden können, beleuchtet. Wie Jässkeläinen darstellt, ist jemand, der viele Jahre Berufserfahrung aufweist, wie z. B. als Übersetzer, nicht automatisch ein Experte auf seinem Gebiet. Und demzufolge ist die alleinige Betrachtung der Berufserfahrung kein Kriterium zur Beurteilung von Expertise. Auch in anderen Untersuchungen, wie z. B. bei Norberg, zeigte sich, dass diejenigen Übersetzer, die über Berufserfahrung verfügten, nicht automatisch die besseren Übersetzungen anfertigten bzw. die besten Strategien bei der Übersetzung wählten (Norberg, 2003).

178 „Textproduzieren ist soziokulturelles, kognitives und sprachliches Handeln im Kontext von Diskursgemeinschaften. […] Schreibprozesse können danach als spezifische Interaktionen zwischen soziokulturellen, gruppenspezifischen und sprachlichen Kontexten, Konventionen und Erwartungen einerseits und Kognitionen individueller Schreiber andererseits verstanden werden." (Antos, 2000: 108)

179 Gerade im Bereich Technische Dokumentation ist es meines Erachtens wichtig, von Textproduktion zu sprechen als einem Oberbegriff, der Schreib- und auch Übersetzungsprozesse beinhaltet.

„An understanding of professional communication can help us to see not only the cognitive aspects of advanced literate practices, but also the social and motivational factors that underlie the development of expertise in situated environments.“ (Schriver, 2012: 275)[180]

Um die Erkenntnisse der Schreibprozessforschung auszuwerten, werden diejenigen Forschungen erläutert und diskutiert, deren Untersuchungsgegenstand Hinweise für den Einsatz externer Ressourcen wie CLC und AMS liefert. Bevor näher auf einzelne Ergebnisse der Schreibprozessforschung eingegangen wird, werden nachfolgend in kurzer Form drei bekannte Schreibprozessmodelle erläutert, deren Erkenntnisse maßgeblich für das Verständnis der Abläufe im Schreibprozess und für die Untersuchung bestimmter Prozessbereiche sind.[181] Im Anschluss daran werden gängige Untersuchungsmethoden innerhalb der empirischen Schreibprozessforschung dargestellt, welche die Grundlage für die in Kapitel 6.2 durchgeführte empirische Untersuchung bilden.

5.1.2 Gegenüberstellung ausgewählter Schreibprozessmodelle

Die dargestellten Schreibprozessmodelle bilden jeweils unterschiedliche Aspekte des Schreibprozesses ab und sind deshalb nicht als konkurrierend, sondern sich ergänzend zu betrachten. Wie auch Wrobel (1995) schreibt, ist es praktisch unmöglich, in einem Modell alle Aspekte des Schreibprozesses zu modellieren:

„Schreiben ist eine Form sprachlichen Handelns, die von Seiten des Schreibenden ein hohes Maß an kognitiver, sprachlicher und handlungsanalytischer Kompetenz erfordert. Das Zusammenspiel dieser Kompetenzen ist theoretisch schwierig zu modellieren und methodisch schwer zu fassen, denn sie manifestieren sich nur zum Teil im unmittelbaren Vollzug der Schreibhandlung, zum Teil aber auch in seinen Ergebnissen (Texten) oder in seinen Konsequenzen (der Textrezeption).“ (Wrobel, 1995: 199)

Die Auswahl der hier vorgestellten Schreibprozessmodelle erfolgt danach, inwiefern sie Rückschlüsse auf den Einsatz und die Funktion von externen Ressourcen wie softwaretechnische Hilfsmittel zulassen. Es geht dabei nicht um eine

180 Der Begriff *Situated Cognition* wird unter 5.1.4 näher erläutert.

181 Detaillierte Erläuterungen, welche Anforderungen ein Schreibprozessmodell erfüllen muss und welche Fragen dabei geklärt werden müssen, gibt de Beaugrande (1984). Eine Übersicht zu weiteren Schreibprozessmodellen findet sich bei Krings (1992: 48).

kritische Gegenüberstellung der Modelle.[182] Die Auflistung der Modelle erfolgt punktuell und nicht erschöpfend.[183]

Zu den bekanntesten und ersten Modellen, die die unterschiedlichen Phasen des Schreibprozesses darstellen, zählt das Modell von Hayes & Flower (1980; Flower & Hayes, 1981), das in den folgenden Jahrzehnten mehrfach von Hayes ergänzt und überarbeitet wurde. Es basiert auf den Erkenntnissen der kognitiven Psychologie und im Speziellen auf Herbert Simon und seinem Werk „Protocol Analysis".[184] Das Modell von Hayes & Flower identifiziert Subprozesse innerhalb des Schreibprozesses sowie deren Organisation und ermöglicht die Beschreibung von Unterschieden im Schreibstil (Hayes & Flower, 1980: 10ff.; Flower & Hayes, 1981; Hayes, 1989: 209f.). Es modelliert die Verbindung zwischen dem im Langzeitgedächtnis (LZG) gespeicherten Wissen und der Textproduktion. Eine wichtige Erkenntnis ist, dass Schreibprozesse nicht linear ablaufen, sondern rekursiv sind.

182 Eine kritische Analyse verschiedener Schreibprozessmodelle findet sich u. a. bei Alamargot & Chanquoy (2001) und bei Wrobel (1995).

183 Andere bekannte, hier nicht zitierte Schreibprozessmodelle sind u. a. das ‚Modell des parallelen, stufenweisen Verarbeitens' von de Beaugrande (1992), das Modell von Nystrand (1989), das Schreiben als soziale Interaktion betrachtet, und das Modell von Wise Berninger & Swanson (1994), das den Fokus auf die Schreibfähigkeiten von Kindern und den Textproduktionsprozess legt. Weitere Modelle sind das ‚Phrasenorientierte Textproduktionssystem' (POPS) von Günther (1993), das untersucht, „welche Prozesse während der schriftlichen Textproduktion an der Schnittstelle zwischen der Satzplanung und der Satzrealisierung auftreten." (Günther, 1993: 82), sowie das Modell von Cooper & Matsuhashi (1983), das detailliert die einzelnen Verarbeitungsschritte bei Satzplanung und -produktion darstellt.

184 Laut Hayes & Flower (1980) ist ein Protokoll „a description of the activities, ordered in time, which a subject engages in while performing a task." (Hayes & Flower, 1980: 4). In einem sog. ‚Think-aloud Protocol' verbalisieren die Versuchspersonen laut alle Gedanken, die Ihnen während einer Aufgabe durch den Kopf gehen.

Abbildung 5.1: Schreibprozessmodell von Hayes & Flower von 1980 (zitiert aus: Hayes, 1996: 3)

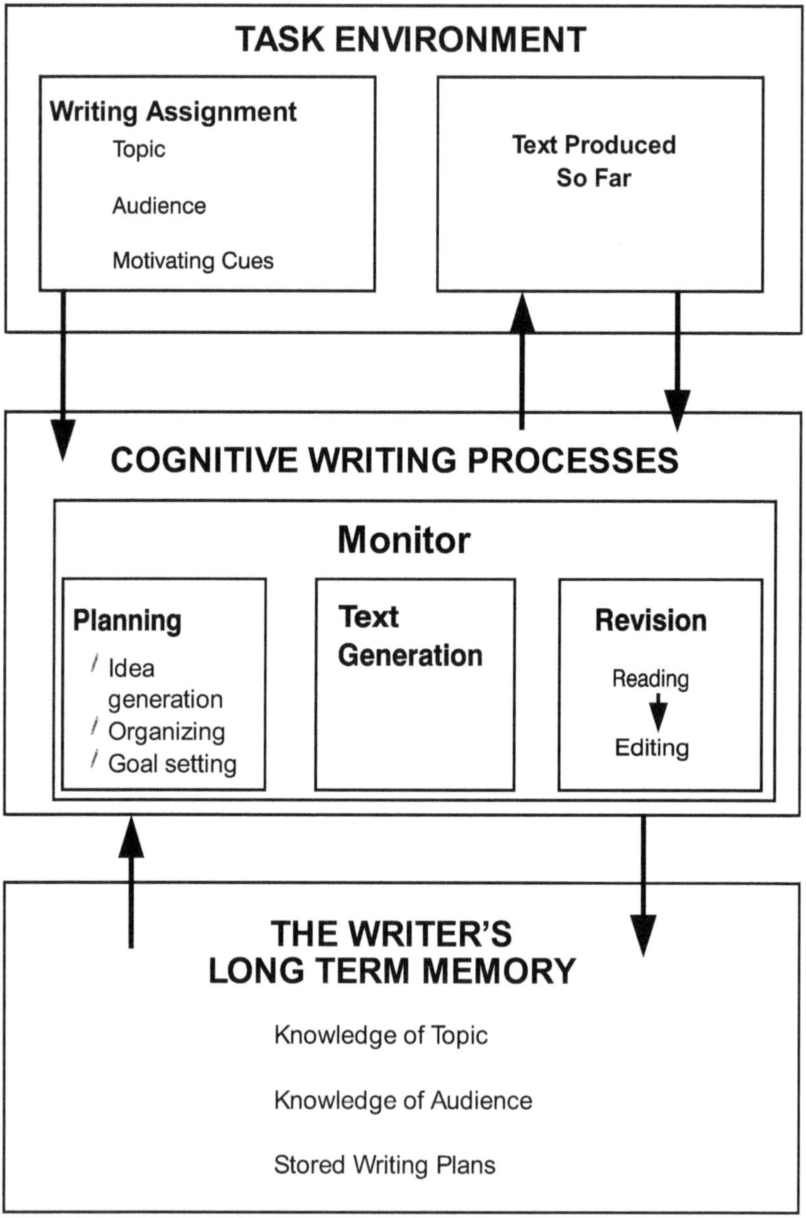

Das Modell besteht aus drei Hauptkomponenten. Das sog. ‚Aufgabenumfeld' (Task Environment) umfasst alle sozialen (Schreibaufgabe) und physischen Faktoren (bisher produzierter Text), die die Schreibaufgabe beeinflussen. Zusammen mit dem Langzeitgedächtnis, der zweiten Komponente, bildet das Aufgabenumfeld den Kontext, in dem das Modell arbeitet. Im Langzeitgedächtnis ist das Wissen über Thema, Zielgruppe und Genre abgespeichert. Die dritte Komponente umfasst die drei Phasen des Schreibprozesses:[185]

- Planning (Planungsphase)
- Text Generation (Textproduktionsphase)
- Revision (Revisionsphase)

Die jeweiligen Phasen sind nicht scharf voneinander abgegrenzt und verlaufen nicht linear, sondern können sich vermischen und rekursiv ablaufen. Der Planungsprozess dient dazu, mit den Informationen aus dem Aufgabenumfeld und dem Langzeitgedächtnis Ziele zu erarbeiten und einen Schreibplan zu erstellen. In der eigentlichen Textproduktionsphase wird das Material aus dem Gedächtnis in Form von Propositionen und unter Beachtung des erarbeiteten Schreibplans in geschriebene Sätze übertragen. Die Revisionsphase, als dritte Phase, dient der Qualitätsverbesserung des in der Textproduktionsphase erstellten Textes. Sie gliedert sich in Lesen (Reading) und Editieren (Editing) und dient dem Auffinden und Korrigieren von Schwächen in Bezug auf Sprachkonventionen und Bedeutungsgenauigkeit und der Evaluation, inwiefern der Text den Schreibzielen entspricht. Das sog. ‚Editing' geschieht automatisch und in kurzen Episoden, die andere Prozesse unterbrechen.

Später wurde das Modell von Hayes (1996) grundlegend überarbeitet und ergänzt. Als Grund für die Weiterentwicklung seines Schreibprozessmodells führt Hayes aus:

> „Indeed, writing depends on an appropriate combination of cognitive, affective, social, and physical conditions if it is to happen at all. Writing is a communicative act that requires a social context and a medium. It is a generative activity requiring motivation and it is an intellectual activity requiring cognitive processes and memory. No theory can be complete that does not include all of these components." (Hayes, 1996: 5)

185 Ursprünglich wurde die Textproduktionsphase von Hayes & Flower nicht als ‚Text Generation', sondern als ‚Translating' bezeichnet. Die als Revision gekennzeichnete Revisionsphase nannte sich ‚Reviewing' (Hayes, 1996: 3). Hayes & Flower gingen später davon aus, dass Reviewing üblicherweise nach der eigentlichen Textproduktion stattfindet, was der Tatsache widerspricht, dass Revisionen zu jeder Zeit des Schreibprozesses auftreten können.

Abbildung 5.2: Schreibprozessmodell von Hayes von 1996 (zitiert aus: Hayes, 1996: 5)

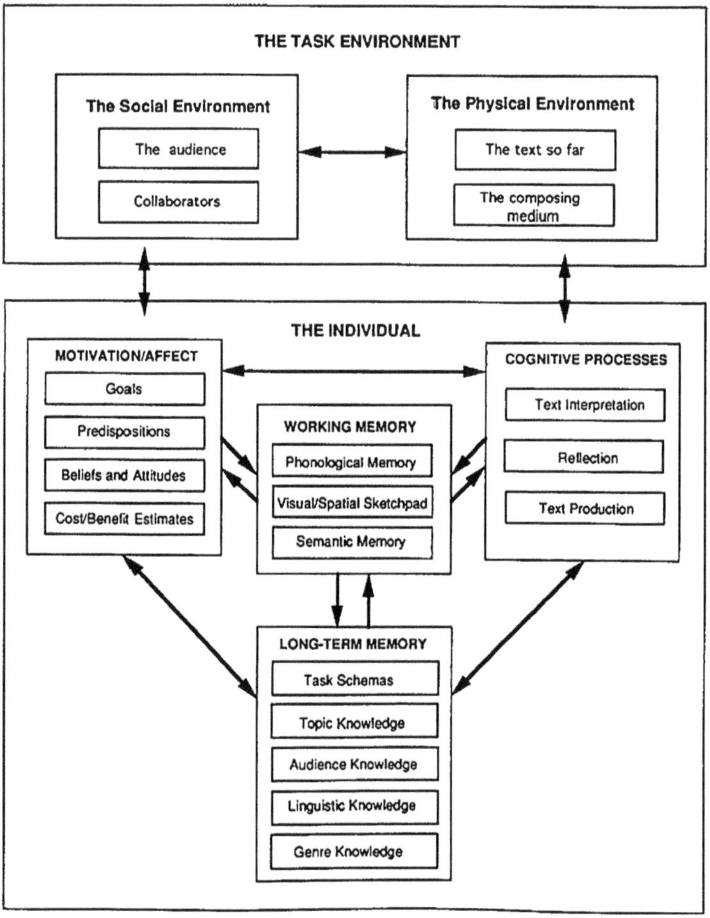

Zu den wichtigsten Neuerungen des überarbeiteten Modells zählen der Fokus auf das Arbeitsgedächtnis (AG)[186] und die Berücksichtigung visueller, räumlicher und linguistischer Repräsentationen wie Tabellen, Grafiken oder Bilder. Während im alten Modell Motivation als Teil der Schreibaufgabe innerhalb des Aufgabenumfeldes gesehen wurde, sind nun Motivation und Affekt im Bereich

186 Die verschiedenen Prozessphasen – Planung, Textproduktion, Revision – konkurrieren um die Ressourcen des AG (Kellogg, 2001: 186).

des Individuums zu finden. Motivation wird also nicht mehr als externer Faktor gesehen, sondern sie geht vom Individuum aus, wobei die Motivation wiederum von äußeren Faktoren beeinflusst sein kann (Göpferich, 2002b: 234ff.). Innerhalb des Aufgabenumfelds wird im neuen Modell berücksichtigt, dass Texte nicht isoliert erstellt werden, sondern in einem situierten Umfeld in Zusammenarbeit mit anderen und unter Berücksichtigung der Zielgruppe entstehen, was durch die Integration der sozialen Umgebung berücksichtigt wird. Das Schreibmedium als wichtige Einflussgröße wird im neuen Modell in der physischen Umgebung berücksichtigt. Auch die einzelnen Prozessphasen wurden umbenannt in

- Reflection
- Text production
- Text interpetation

2012 wurde das Schreibprozessmodell von Hayes dann noch einmal grundlegend umstrukturiert. Die nachfolgende Abbildung zeigt die aktuelle Version des Schreibprozessmodells:

Abbildung 5.3: Schreibprozessmodell von Hayes von 2012 (zitiert aus: Hayes, 2012: 371)

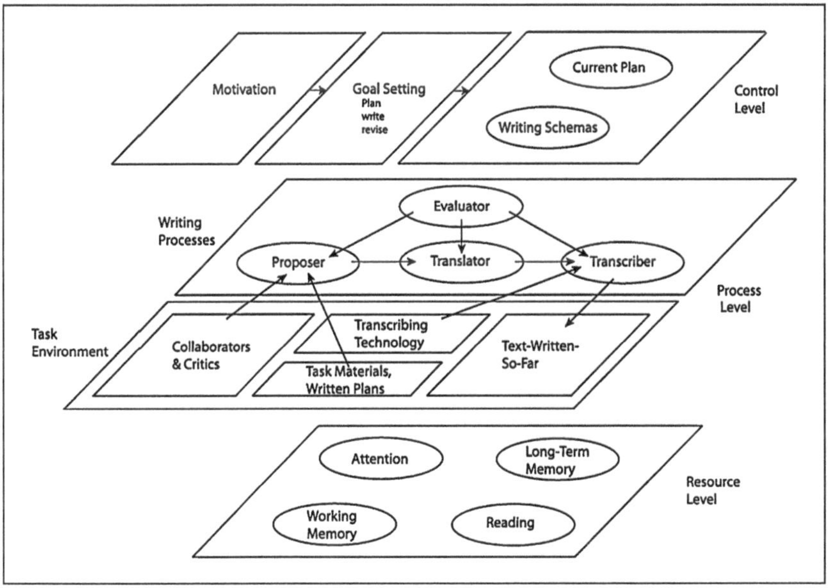

Die wichtigsten Neuerungen im Vergleich zu den vorhergehenden Modellen liegen im Hinzufügen des Transkriptionsprozesses (,Transcription') sowie im Wegfall des ,Monitors' und des Revisionsprozesses. Gemäß Hayes (2012) spielt der Aspekt der Transkription, d. h. das Übertragen der mentalen Repräsentationen, nicht nur bei Kindern und deren Schreibentwicklung, sondern auch bei Erwachsenen eine wichtige Rolle. Der Prozess der Transkription konkurriert sowohl bei Kindern als auch bei Erwachsenen mit anderen Schreibprozessen um notwendige Kapazitäten des AG. Daneben spielt auch das eingesetzte Schreibmedium (,Transcription technology') eine Rolle. Der Aspekt der Motivation, der auch schon im Modell von 1996 integriert war, ist laut Hayes dafür verantwortlich, ob jemand schreibt, wie lange er schreibt und welchen Stellenwert er der Qualität des Geschriebenen beimisst. Der ,Monitor' hatte im ursprünglichen Modell von 1980 eine tragende Rolle. Er diente zur Beschreibung der individuellen Unterschiede zwischen Schreibern. Im aktuellen Modell wird unterschieden nach ,Control Level', ,Writing Process Level' und ,Resource Level'. Aufgabenschemata, wie z. B. Revisionen, sind Teil des ,Control Levels' und werden durch die Schreiberfahrung beeinflusst. Die einzelnen Schreibprozessphasen ,Planning' und ,Revision' sind im neuen Modell nicht mehr spezifisch genannt. Planen und Revision werden hier nicht mehr als separate Schreibprozesse aufgefasst, sondern als spezielle Anwendungen des Schreibprozessmodells.

Kellogg (1996: 57ff.) hat, basierend auf dem klassischen Schreibprozessmodell von Flower & Hayes ein Modell entwickelt, das die Rolle des Arbeitsgedächtnisses in den einzelnen Phasen des Schreibprozesses darstellt. Sein Modell basiert auf dem ,Modell des Arbeitsgedächtnisses' von Baddeley (1986).[187] Je nach Schreibprozessphase sind bestimmte Teile des AG, die für sprachliche und visuelle Informationen zuständig sind, besonders aktiv oder besonders beansprucht. Am stärksten beansprucht wird das AG in der Phase ,Formulation' (entspricht der Planungsphase). Die Phasen ,Execution' (Textproduktion) und ,Monitoring' (Revisionsphase) beanspruchen dabei weniger Ressourcen des AG. Flüssige Textgenerierungsprozesse hängen jedoch von allen drei Systemen ab.

187 Baddeley hat sein Modell später weiterentwickelt und eine vierte Komponente, den ,Episodic Buffer' hinzugefügt. Die ,Central Executive' steuert im neuen Modell die anderen Komponenten.

Abbildung 5.4: Die Rolle des Arbeitsgedächtnisses in den verschiedenen Schreibprozessphasen im Modell von Kellogg (zitiert aus: Kellogg, 1996: 59)

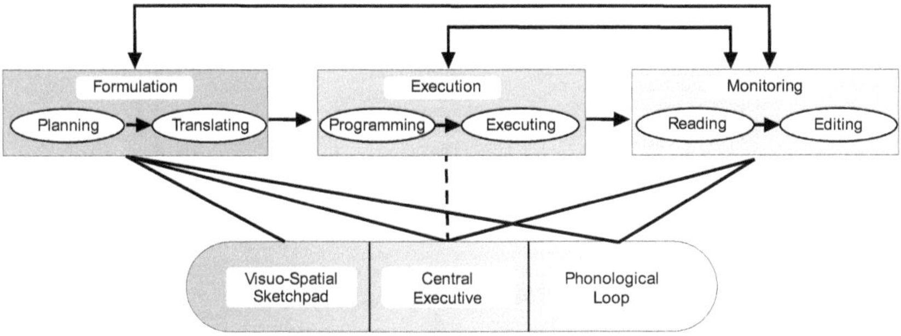

Das Schreibprozessmodell von Hayes und Flower (1980) und das überarbeitete Modell von Hayes (1996) wurden von Göpferich als Ausgangspunkt für die Erarbeitung eines eigenen Schreibprozessmodells verwendet, das vor allem didaktischen Zwecken dient (Göpferich, 2001 & 2002a). Göpferich bemängelt am Modell von Hayes, dass es primär bewusst ablaufende Prozesse berücksichtigt, während die unbewusst ablaufenden Prozesse außer Acht gelassen werden. Das Modell von Göpferich ist weniger auf die einzelnen Schreibprozessphasen als auf die Entwicklung der Schreibkompetenz ausgerichtet. Externe Ressourcen im Schreibprozess werden hingegen detailliert im Modell von Göpferich aufgeführt.

Abbildung 5.5: Didaktik-orientiertes Schreibprozessmodell von Göpferich (zitiert aus: Göpferich, 2002a: 250)

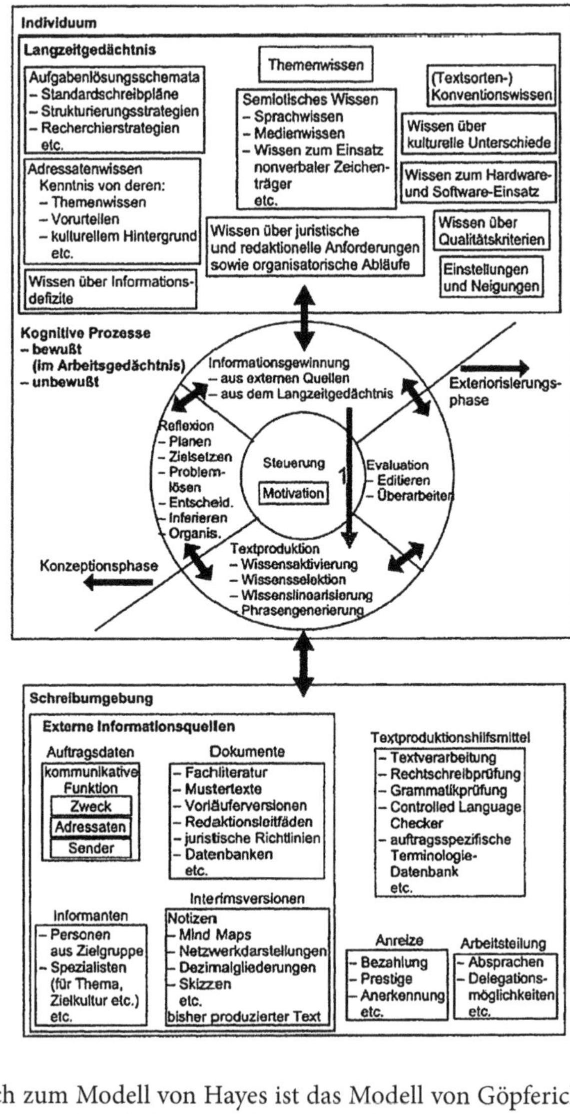

Im Vergleich zum Modell von Hayes ist das Modell von Göpferich wesentlich detaillierter. Grundsätzlich unterscheidet Göpferich, im Vergleich zu Hayes & Flower, insgesamt vier Phasen des Schreibprozesses. Die Planungsphase von Hayes & Flower wird bei Göpferich in zwei Phasen geteilt – die Phase der

Informationsgewinnung und die Phase der Reflexion. Informationen werden, nach Göpferich, zum einen aus im Langzeitgedächtnis (LZG) gespeichertem Wissen gewonnen und zum anderen aus externen Informationsquellen.

Die verschiedenen im LZG gespeicherten Wissenskategorien sind bei Hayes allgemeiner gehalten. Bei Göpferich werden sie ergänzt und präzisiert. Dieses Wissen wird dann in der Reflexionsphase gefiltert und transformiert. Danach folgt die Textproduktionsphase, die in mehreren Schritten abläuft.[188] Der Revisionsprozess wird bei Göpferich als ‚Evaluation' bezeichnet. Innerhalb der Schreibumgebung werden externe Informationsquellen in Form von verschiedenen Dokumenten und Akteuren ebenso berücksichtigt wie heute gängige Softwaretools, die als Hilfsmittel im Textproduktionsprozess fungieren.

Das Modell von Hayes & Flower dient dem Zweck, den Schreibprozess als Ganzes mit seinen Subprozessen und einzelnen Phasen abzubilden. Gemäß Scardamalia & Bereiter (1986 & 1987) gibt es jedoch bedeutende Unterschiede in den Schreibprozessen von unerfahrenen Personen, also Kindern, die sich noch in der Schreibentwicklung befinden, im Vergleich zu erfahrenen Personen (Novice vs. Expert). Scardamalia & Bereiter haben deshalb zwei Modelle entwickelt, die den Schreibprozess von unerfahrenen Schreibern im Vergleich zu erfahrenen Schreibern abbilden.[189] Sie unterscheiden dabei die Strategie des sog. *Knowledge-telling*, das von unerfahrenen Schreibern angewandt wird, von der Strategie des *Knowledge-transforming*, die von erfahrenen Schreibern angewandt wird.

---

188 Göpferich stützt sich dabei nach eigener Aussage auf das Phrasenmodell (POPS) von Günther (1993).

189 Das Modell von Scardamalia & Bereiter ist grundsätzlich konzipiert zur Beschreibung der Unterschiede in den Schreibstrategien von Kindern verglichen mit denen von Erwachsenen. Es lässt sich jedoch übertragen auf die Probleme, mit denen Anfänger beim Schreiben am Arbeitsplatz konfrontiert sind, im Vergleich zu erfahrenen Autoren.

Abbildung 5.6: Der Prozess des Knowledge-telling im Schreibprozessmodell von Scardamalia & Bereiter (zitiert aus: Scardamalia & Bereiter, 1987: 144)

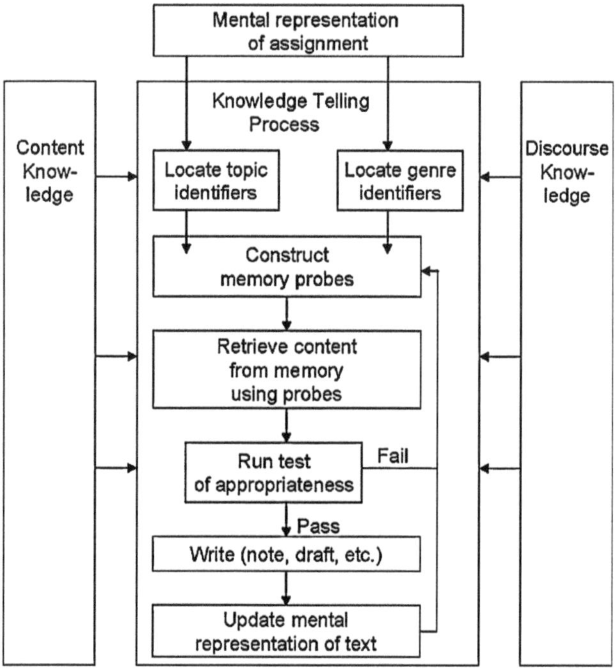

Beim *Knowledge-telling* läuft der Schreibprozess sehr geradlinig ab. Der Autor nutzt das Wissen über die Anforderungen von Inhalt und Genre, um Ideen zu entwickeln, die er auf Angemessenheit prüft und dann entweder in Text übersetzt oder verwirft, wobei sich der Prozess wiederholt. Der geschriebene Text dient als zusätzliche Quelle für neue Ideen. Bei dieser Strategie werden zwar semantische oder strukturelle Belange beachtet, jedoch keine globalen Ziele. Die Autoren bewegen sich somit auf lokaler Ebene und kümmern sich nur um die Frage, was sie als Nächstes schreiben möchten und wie sie es angemessen ausdrücken. Solange das Wissen bereits gut im Gedächtnis verankert ist, funktioniert diese Strategie (Scardamalia et al., 1984: 174; MacArthur, 2012: 465ff.).[190]

190 MacArthur (2012: 470ff.) listet detailliert auf, welche didaktischen Möglichkeiten es gibt, das Revisionsverhalten von Schreibanfängern zu verbessern.

Das *Knowledge-telling* wird auch angewandt, weil unerfahrene Schreiber von Beschränkungen des AG betroffen sind und weil ihnen flüssige Textgenerierungsprozesse und strukturiertes Fachwissen fehlen (Olive, 2012: 485ff.).[191] Erfahrene Autoren hingegen strukturieren ihren Schreibprozess hierarchisch, was als *Knowledge-transforming* bezeichnet wird.

Abbildung 5.7: Der Prozess des Knowledge-transforming im Schreibprozessmodell von Scardamalia & Bereiter (zitiert aus: Scardamalia & Bereiter, 1987: 146)

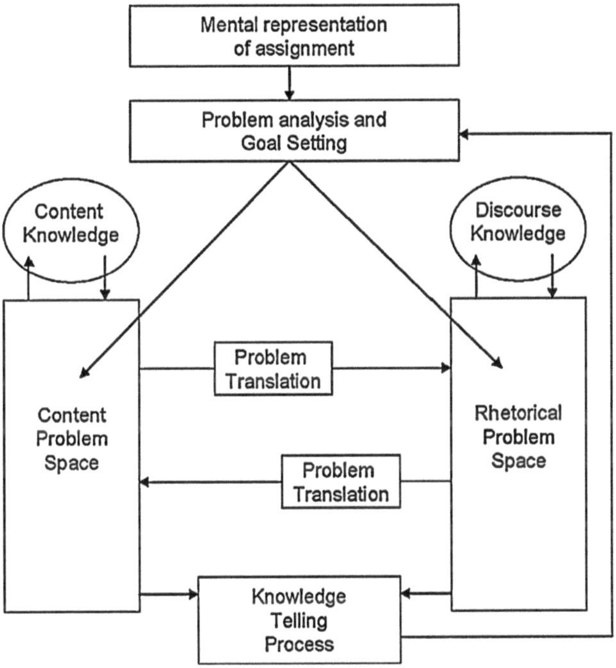

Das *Knowledge-telling* ist hier nur ein Subprozess, der innerhalb eines komplexen und zielgerichteten Problemlösungsprozesses abläuft. Durch die Interaktion zwischen inhaltlichen und rhetorischen Problemen evaluieren und revidieren die Schreiber ihr Wissen. Ideen repräsentieren nicht nur eine Reflexion des

191 Nach Ansicht von Torrance (1996: 3ff.) ist das Genrewissen einer der entscheidenden Faktoren im Schreibprozess.

Wissens des Schreibers, sondern sie haben eine rhetorische Funktion innerhalb des Textes (‚Content problem space' und ‚Rhetorical problem space'). Die Schreiber evaluieren nicht nur den geschriebenen Text, sondern auch ihr eigenes Verständnis von Inhalt und effektiver Kommunikation. Des Weiteren stellten Scardamalia et al. fest, dass erfahrene Schreiber zum einen über ein größeres Wissen verfügen, das sie aus dem LZG abrufen, und zum anderen, dass dieses auch leichter verfügbar für sie ist, wodurch sie insgesamt mehr auf inhaltliche Aspekte achten.

Die Erkenntnisse von Galbraith (2009) ergänzen das *Knowledge-transforming-Modell* von Scardamalia & Bereiter. Galbraith sieht erfolgreiches Schreiben als ein Zwei-Phasen-Modell (*Dual-process model*) zweier konkurrierender Prozesse. Sein Modell berücksichtigt die Tatsache, dass Schreiben nicht nur eine Frage der Anpassung des Inhalts an den rhetorischen Kontext ist, sondern dass der Inhalt mit dem sich entwickelnden Text formuliert wird (Galbraith, 2009: 1ff.). Die Erkenntnisse von Galbraith basieren auf einer Reihe von Experimenten, die zeigten, dass zwar gemäß des *Knowledge-transforming-Modells* Planungsprozesse in Form von Notizen hilfreich sind, jedoch ein Autor auch neue Ideen während des Schreibens produziert, die eine Entwicklung des thematischen Verständnisses reflektieren. Während der Informationsgewinnung (Information Retrieval) werden bereits existierende Ideen aus einem Speicher im LZG abgerufen und entweder direkt in Text umgesetzt oder bewertet und verändert, bevor sie verschriftlicht werden – wie bei Scardamalia & Bereiter. Dadurch werden jedoch nur unterschiedliche Teile bereits existierenden Wissens ausgewählt. Um neue Inhalte zu schaffen, muss der Autor einen zweiten Prozess anwenden (*Knowledge-constituting*). Nach Galbraith ist dieser Prozess das Ergebnis der impliziten Organisation von Wissen im sog. ‚Semantic Memory' und nicht eine explizite Manipulation von Wissen im AG. Das Wissen darüber, was der Autor schreiben möchte, wird erst sichtbar, nachdem der Inhalt in Text übersetzt wurde. Das heißt, das vorhandene explizite Wissen wird durch das implizite Wissen, das während des Schreibens entsteht, ergänzt. Der neu geschaffene Inhalt kann dann dem bereits existierenden, expliziten Wissen hinzugefügt werden.

Bei dem Modell von Rothkegel (2005) handelt es sich weniger um ein Modell des Schreibprozesses als Ganzes, sondern vielmehr um eine Modellierung der Schreibaufgaben innerhalb professioneller Arbeitsumgebungen wie der Technischen Dokumentation. Es ist einer der wenigen Ansätze, die sich spezifisch auf das Schreiben am Arbeitsplatz beziehen. Rothkegel betrachtet in ihrem Modell verschiedene Wissensbereiche und deren Einfluss auf konkrete Schreibaufgaben.

Im Modell wird unterschieden nach Sach- bzw. Hintergrundwissen, Textwissen (linguistischem Wissen) und Dokumentationswissen.

Abbildung 5.8: Schreibaufgaben im Wissenskontext im Modell von Rothkegel (zitiert aus: Rothkegel, 2005: 63)

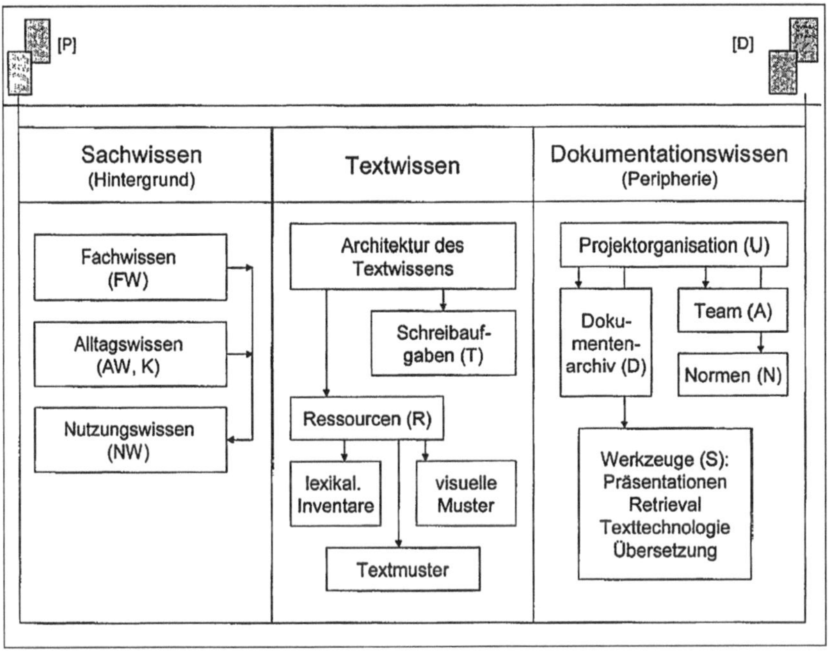

Nach Rothkegel ist die Strukturierung des Sachwissens die Voraussetzung für die inhaltliche Gestaltung des Textwissens, die wiederum die Basis für das Dokumentationswissen und die Nutzung der dazugehörigen technischen Hilfsmittel ist. Innerhalb des Sachwissens kommen sowohl das Fachwissen des jeweiligen Bereichs als auch das Alltagswissen des Technischen Redakteurs zum Tragen. Ergänzt werden diese durch das Nutzungswissen, bei dem es um Strategien zur Zielerreichung geht. Das Textwissen dient dazu, „Inhalte in konventionalisierte Textmuster und letztlich in konkrete Wörter und Sätze zu überführen" (Rothkegel, 2005: 67). Das Dokumentationswissen trägt der Tatsache Rechnung, dass die Textproduktion im beruflichen Umfeld heute von einer Vielzahl von Standardisierungen, von Daten über Ressourcen bis hin zu Kontexten und Resultaten, gekennzeichnet ist. Die Standardisierung wird dabei durch unterschiedliche technische Werkzeuge, womit hier Softwaretools gemeint sind, unterstützt. Die jeweilige Schreibaufgabe verbindet ihrerseits den Nutzer und das Softwaretool.

Das Modell von Schubert ist ein ‚Integratives Modell der Fachkommunikation' in der Technischen Redaktion und stellt die Verbindung der Arbeitsprozesse zwischen Auftraggeber, Produzent und Rezipient auf Fachkommunikationshandlungs-, Handlungs- und Akteursebene dar.

Abbildung 5.9: Integratives Modell der Fachkommunikation von Schubert (zitiert aus: Schubert, 2007: 285)

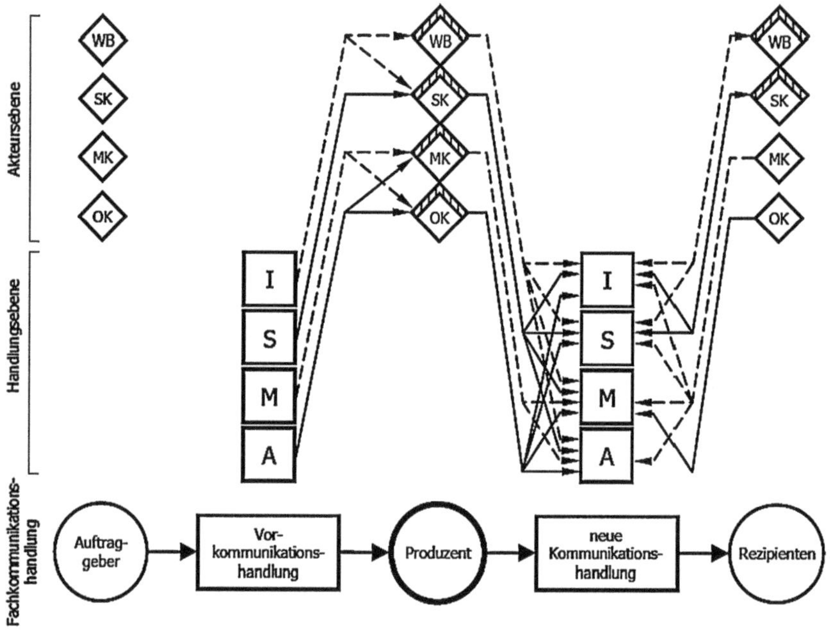

Die Arbeitsprozesse in der Fachkommunikationshandlung gliedern sich in eine sog. ‚Vorkommunikationshandlung', welche die auftraggeberseitige Spezifikation umfasst und in eine ‚neue Kommunikationshandlung'. Der Arbeitsprozess umfasst Anweisungen, Anleitungen und andere steuernde Kommunikationsmaßnahmen.

Das Integrative Modell der Fachkommunikation gliedert sich in vier Ebenen:

(1) Makrogemeinschaftsebene
(2) Mikrogemeinschaftsebene
(3) Akteursebene
(4) Handlungsebene

Die Fachkommunikationshandlung wiederum umfasst vier Dimensionen:

- Fachlicher Inhalt (I)
- Sprachlicher Ausdruck (S)
- Technisches Medium (M)
- Arbeitsprozesse (A)

Diesen Dimensionen stehen Kompetenzen auf Akteursebene gegenüber, die in wechselseitiger Beziehung zu den Dimensionen auf Handlungsebene stehen. Die Pfeile zeigen jeweils die lenkenden Einflüsse:

- Wissensbestand (WB)
- Sprachkompetenz (SK)
- Medienkompetenz (MK)
- Organisationkompetenz (OK)

Schubert berücksichtigt in seinem Modell die Tatsache, dass Autor und Leser eines Textes über unterschiedliche Sprachkompetenz und Wissensbestände verfügen und dass im Bereich der Technischen Dokumentation ein starker steuernder Einfluss durch Vorgaben des Auftraggebers sowie rechtliche und firmeninterne Richtlinien zu erkennen ist (Schubert, 2007: 240ff.). Ebenso stellt er die Abhängigkeit der sprachlichen Kommunikation von der Form und Gestaltung des Dokuments in den Vordergrund. Das technische Medium wird bei Schubert explizit als eigene Dimension genannt.

Zusammenfassung

Die vorgestellten Schreibprozessmodelle legen ihren Fokus auf unterschiedliche Aspekte.[192] Das Modell von Hayes & Flower ist ein klassisches Prozessphasenmodell. Göpferich, Bereiter & Scardamalia sowie Galbraith arbeiten in ihren Modellen die Textproduktionskompetenz heraus. Die Modelle von Rothkegel und Schubert wiederum sind Modelle der Fachkommunikation und stellen den steuernden Einfluss des Schreibumfelds in den Fokus (Heine, 2010).

Den Modellen von Hayes & Flower und von Göpferich lässt sich entnehmen, dass der Schreibprozess zielgerichtet und problemlösungsorientiert ist und dass er in mehrere Phasen gegliedert ist, die wiederum rekursiv ablaufen. Wichtige Erkenntnisse sind die Situiertheit des Schreibprozesses und die Beeinflussung durch externe Faktoren wie das soziale Umfeld oder das Schreibumfeld sowie

192 Eine kritische Auseinandersetzung mit unterschiedlichen Schreibprozessmodellen findet sich bei Heine (2010).

das technische Medium – wie im vorliegenden Fall CLC und AMS. Die Textproduktion erfolgt somit als Interaktion zwischen dem Wissen des Autors, extern gespeicherten Informationen – wie z. B. im CLC oder AMS – und dem sich entwickelnden Text (Eigler, 1994: 10). Die nachfolgende Grafik stellt den Einfluss von externen Ressourcen wie CLC und AMS im Schreibprozess dar.

Abbildung 5.10: Adaption und Ergänzung des Schreibprozessmodells von Hayes (1996) mit Controlled-Language-Checkern und Authoring-Memory-Systemen (eigene Darstellung)

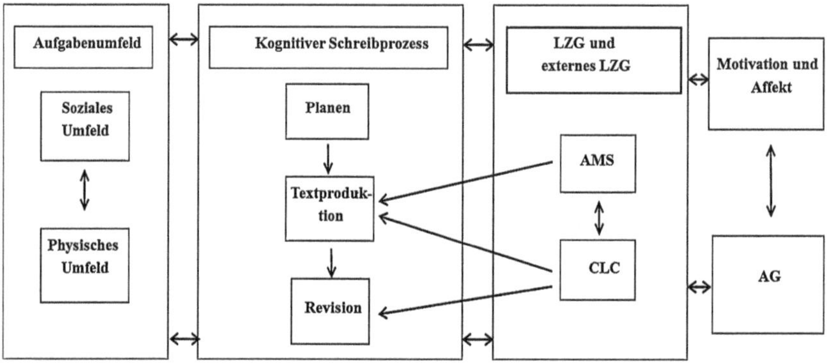

CLC und AMS fungieren im Schreibprozess als eine Art externes LZG, das die mentalen Repräsentationen des LZG unterstützt. Die roten Pfeile zeigen, dass sie einen unterstützenden und gleichzeitig steuernden Einfluss auf die Textproduktions- und Revisionsphase haben.

Dem Modell von Scardamalia & Bereiter ist zu entnehmen, dass es große Unterschiede im Ablauf des Schreibprozesses zwischen unerfahrenen und erfahrenen Autoren gibt. Auch, wenn das Modell von Scardamalia & Bereiter die Entwicklung des Schreibprozesses bei Kindern im Fokus hat, so lassen sich doch Parallelen zur Entwicklung der Schreibfähigkeiten beim Schreiben im beruflichen Umfeld ziehen. Berufsanfänger müssen die Fähigkeiten des fachkommunikativen Schreibens ebenfalls erst lernen (vgl. auch MacKinnon, 1993). Diese Unterschiede im Schreibprozess von Berufsanfängern und erfahrenen Autoren erfordern unterschiedliche Strategien und gleichzeitig unterschiedliche interne und externe Hilfsmittel.

Wie das Modell von Rothkegel zeigt, erfordert das Schreiben die Interaktion und Integration verschiedener Wissensbestände, d. h. Hintergrundwissen, Textwissen und Dokumentationswissen, die durch unterschiedliche externe Hilfsmittel, wie CLC und AMS, unterstützt werden können. Das Modell von Schubert zeigt, dass der Schreibprozess im Rahmen fachkommunikativer Handlungen von der Aufgabenstellung seitens des Auftraggebers, vorgegebenen Prozessabläufen und technischen Ressourcen wie CLC und AMS gesteuert und gelenkt wird. Die einzelnen Prozessphasen sind folglich durch den steuernden Einfluss von CLC und AMS miteinander verbunden.

Einschränkend zu allen Schreibprozessmodellen muss gesagt werden, dass sie, mit Ausnahme der Modelle von Rothkegel und Schubert, vom Prinzip her nicht für die Schreibprozesse im professionellen, also beruflichen Umfeld konzipiert wurden. Sie bieten einen guten Ausgangspunkt, erfassen jedoch nicht alle kognitiven und rhetorischen Aktivitäten der professionellen Kommunikation (Schriver, 2012: 298ff.). Gemäß Schriver (2012) existieren einige Unterschiede in den Schreibprozessen im beruflichen Umfeld verglichen mit denen im didaktischen, schulischen Umfeld.[193] Ein Unterschied besteht darin, wie der Einzelne im Vergleich zu einem Team ein Gefühl für die Tätigkeit innerhalb seines Umfeldes entwickelt. Ebenso unterscheidet sich die Unterstützung für Schreibprozesse sowie für visuelle Prozesse. Planungs- und Revisionsprozesse und die Zusammenarbeit gestalten sich ebenfalls unterschiedlich. Im Vergleich zum schulischen Umfeld benötigen Autoren im professionellen Umfeld nicht nur Planungsgeschick, um die Qualität des eigentlichen Textprodukts sicherzustellen, sondern sie müssen ihre Arbeit auch in den Kontext größerer Aktivitäten innerhalb einer Organisation oder eines Unternehmens setzen, was wiederum die Situiertheit des Schreibprozesses und die kollaborative Zusammenarbeit betont. Bei Revisionsprozessen im didaktischen Umfeld geht es darum, eigene Revisionsprozesse zu reflektieren. Im beruflichen Umfeld erfolgt die Revision zumeist nicht nur durch den Autor selbst, sondern durch ein oder mehrere andere Personen. Ebenso arbeitet ein Autor zumeist nicht isoliert, sondern in interdisziplinären Teams in zeitlich, räumlich oder fachlich verteilten Arbeitsumgebungen. Und das Feedback, das ein Lehrer gibt, unterscheidet sich grundsätzlich vom Feedback innerhalb der Arbeit in einem Team. Das heißt, das Wissen über den Schreibprozess und die notwendigen Strategien müssen in Einklang gebracht werden mit dem Wissen über beispielsweise visuelles Design. Es besteht die Notwendigkeit, unterschiedlichste Interessenvertreter zu integrieren und das vor dem Hintergrund des sozialen, politischen und kulturellen Arbeitsumfeldes. Nach Schriver muss also unterschieden werden zwischen der sog. *Individual expertise* und der *Distributed expertise.*

---

193 Erkenntnisse zu verschiedenen Aspekten des Schreibens am Arbeitsplatz liefern u. a. die Sammelbände von Spilka (1993) und Lay & Karis (1991).

Nach van der Geest (1996) müsste ein entsprechendes Modell nicht nur die unterschiedlichen am Prozess beteiligten Personen integrieren, sondern eine Beschreibung und Analyse der mündlichen und schriftlichen Interaktion zwischen den Beteiligten liefern. Das heißt, die dem Dokument inhärenten Charakteristiken müssen in Einklang gebracht werden mit den Anforderungen der Schreibumgebung. Dementsprechend müssen folgende Faktoren in das Modell einfließen: die beteiligten Personen, die Aktivitäten innerhalb des Textproduktionsprozesses, die mündliche und schriftliche Kommunikation zwischen den Beteiligten, alle Versionen des Dokuments inklusive sonstiger zum Prozess gehörender Dokumente, die konsultierten Informationsquellen und die chronologische Abfolge der Aktivitäten. Betrachtet man die Auflistung von van der Geest, so kommt das fachkommunikative Modell von Schubert diesen Anforderungen, in Bezug auf fachkommunikative Handlungen im Umfeld der Technischen Dokumentation, am nächsten.

5.1.3 Empirische Untersuchungsmethoden der Schreibprozessforschung

Grundsätzlich lässt die reine Betrachtung von Produktdaten, d. h. des Schreibprodukts, keinen eindeutigen Rückschluss auf die zugrunde liegenden Prozesse zu, die zu diesem Produkt geführt haben. Krings schreibt dazu:

> „Unterschiedliche Prozesse können genauso gut zu identischen wie zu verschiedenen Produkten führen, und umgekehrt können identische Produkte sowohl durch gleiche wie durch verschiedene Prozesse entstanden sein." (Krings, 2005: 348)

Eine Möglichkeit, das finale Schreibprodukt als Untersuchungsobjekt zu umgehen, ist die Betrachtung von Zwischenprodukten in Form von angefertigten Notizen, Entwürfen, Gliederungen oder Revisionen.

Nichtsdestotrotz sind diese Zwischenprodukte auch nur Momentaufnahmen und sie ermöglichen keine Rückschlüsse auf den kompletten Prozess und den zeitlichen Ablauf. Neben diesen von Krings (1992: 53) als sog. ‚Offline-Dokumentation' bezeichneten Methoden gibt es die Möglichkeit der ‚Online-Dokumentation', d. h. die Aufzeichnung des genauen Ablaufes des Schreibprozesses. Eingesetzt werden dazu Audioaufzeichnungen, Beobachtungsprotokolle, Videoaufzeichnung (*Screen Recording*)[194], *Key-Logging* (oder *Keystroke-Logging*), *Eye-Tracking* sowie EEG und MRT. Eine reine Audioaufzeichnung kommt insofern zu

194 Nähere Informationen zu zwei gängigen *Screen-Recording-Tools* finden sich bei Degenhardt (2006: 180ff.).

kurz, als dass nur Geräusche und nicht das Verhalten von Personen aufgezeichnet werden können. Auch Beobachtungsprotokolle ermöglichen keine genaue zeitliche Dokumentation. Seit etwa 35 Jahren wird deshalb mit Videoaufzeichnungen gearbeitet. Zu den neuesten Entwicklungen zählen Computerprotokolle, sog. *Key-Logging-Programme* (zusammenfassend dazu der Band von Sullivan & Lindgren, 2006a). Diese Computerprogramme zeichnen alle Mausklicks und Cursorbewegungen auf. Eine Übersicht zu den bekanntesten *Key-Logging-Programmen* findet sich bei van Waes et al. (2012: 507ff.).[195] Ebenfalls seit einigen Jahren populär ist der Einsatz von Augenbewegungsmessgeräten, sog. *Eye-Tracking-Geräten*, mit denen sich die Blickbewegung einer Person aufzeichnen lässt.[196] Die Elektroenzephalografie (EEG) und die Magnetresonanztomographie (MRT) messen die elektrische Aktivität des Gehirns.

Ergänzend zu diesen beobachtenden Methoden gehört die Methode des ‚Lauten Denkens' zur Gewinnung verbaler Daten (auch als *Think Aloud* oder *Talk Aloud* bezeichnet) (vgl. Krings, 1987: 159ff.). Man spricht hier auch von introspektiven Methoden, bei denen Personen ihre Gedanken, Empfindungen oder Einstellungen während einer Schreibaufgabe verbalisieren sollen. Üblicherweise erfolgt die Aufzeichnung der verbalen Daten mithilfe von Audio- und Videotechnik. Die gesammelten Daten werden im Anschluss als ‚Protokolle des Lauten Denkens' (*Think-Aloud Protocol – TAP*) ausgewertet. Die Methode wurde von den Kognitionspsychologen Ericsson & Simon (1993) entwickelt und zählt zu den weitverbreitetsten Verfahren in der Schreibprozessforschung (Jääskeläinen, 2010a: 371ff. & 2010b).

Meistens werden die Verbalen Daten während des Schreibprozesses aufgezeichnet. In bestimmten Fällen bietet es sich jedoch an, die Daten im Anschluss zu erheben – man spricht dann von retrospektiven Daten. Je größer der zeitliche Abstand zwischen der Aufgabe und der Retrospektion, umso größer die Gefahr von Verfälschungen oder Verzerrungen. Ein großer Vorteil der Methode des Lauten Denkens liegt in der Fülle der Daten über mentale Prozesse, die sich damit sammeln lassen. Einschränkend muss jedoch hinzugefügt werden, dass Versuchspersonen niemals alle ablaufenden Prozesse verbalisieren können.[197] Die

---

195 Nähere Darstellungen zu *Key-Logging-Programmen* finden sich auch bei Sullivan & Lindgren (2006b: 135ff.), Spelman Miller & Sullivan (2006: 1ff.) und van Waes & van Herreweghe (1995).

196 Detaillierte Darstellungen zu den Einsatzbereichen von *Eye-Tracking-Methoden* finden sich bei Anson & Schwegler (2012).

197 Eine kritische Betrachtung des Einflusses von TA-Methoden auf den Schreibprozess findet sich bei Janssen et al. (1996).

Methode des Lauten Denkens wird zunehmend auch bei Gruppengesprächen eingesetzt, bei denen mehrere Versuchspersonen zusammen Aufgaben bearbeiten und gemeinsam ihre Gedanken verbalisieren. Der Vorteil von Gruppenaufgaben liegt in einer größeren Natürlichkeit der Situation, es lassen sich jedoch keine Rückschlüsse auf die mentalen Prozesse des Einzelnen ziehen. Ebenfalls möglich sind generalisierte Interviews, bei denen es weniger um konkrete, isolierte Schreibprozesse geht als um das generelle Vorgehen oder die Einstellung zu bestimmten Prozessen. Interviews werden meist ergänzend zu anderen introspektiven Verfahren eingesetzt. Die nachfolgende Tabelle fasst noch einmal die wichtigsten Vor- und Nachteile der jeweiligen Methoden zusammen:

Tabelle 5.1: Vor- und Nachteile verschiedener Methoden der Schreibprozessforschung

	Produktanalysen	**Verbale Daten**	**Verhaltensbeobachtung**
Methoden	Analyse des fertigen Produktes durch: • Notizen • Vergleich mit anderen Texten und Übersetzungen • Zwischenprodukte	Analyse des Prozesses durch: • Lautes Denken/ Mitsprechen • Dialogprotokolle • Fragebögen • Translationstagebücher	Analyse des Prozesses durch: • Beobachtungsprotokolle • Videoaufzeichnung (*Screen Recording*) • Tastatur- und Bildschirmprotokollprogramme (*Key-Logging*) • Augenbewegungsmessungen (*Eye-Tracking*) • Gehirnfunktionsmessungen
Vorteile	• Ergebnisse durch vorempirische Untersuchungen	• Einblicke in Selbstwahrnehmung der eigenen kognitiven Prozesse • Kein Inferieren mit dem Übersetzungsprozess im Hinblick auf die Art der Informationsverarbeitung • Definition von Übersetzungsproblemen • Zusätzliche Informationsquelle	• Festhalten aller äußerlich beobachtbaren Prozesse • Videoaufzeichnung: Komplette Aufzeichnung der Schreibprozesse am Bildschirm; Möglichkeit der Analyse des Rechercheverhaltens • *Eye-Tracking*: Aufschlüsse über Art der Rezeption des Ausgangstextes und über Sprünge zwischen AT und ZT • EEG, MRT: Daten über Aktivierung bestimmter Hirnareale während einer kognitiven Aufgabe, Sichtbarmachung von Strukturen

	Produktanalysen	Verbale Daten	Verhaltensbeobachtung
Nachteile und Grenzen:	• Reine Produktdaten sind wenig aussagekräftig • Unterschiedliche Prozesse können zu identischen Produkten führen und umgekehrt • Zwischenprodukte sind nur punktuelle Momentaufnahmen	• Probleme mit Validität der Daten (durch Verzerrungen in den Abrufprozessen aus dem Langzeitgedächtnis, abhängig vom zeitlichen Abstand); • LD ist ein unnatürlicher Prozess • Teilweise Verlangsamung des Schreib- und Übersetzungsprozesses durch LD • Analyse von LD-Protokollen ist sehr zeitaufwendig und Interpretation schwierig • Unstrukturierte Daten	*Key-Logging*: • Bestimmte Recherchen, z. B. Internet, können nicht aufgezeichnet werden Videoaufzeichnung: • Keine Erkenntnisse darüber, welche Texte einer Seite betrachtet werden *Eye-Tracking*: • Verständlichkeit kann nicht gemessen werden • Inferenzen mit Ausrüstung • Vollständigkeit der Daten EEG und MRT: • Geringe ökologische Validität, da nur die Gehirnareale dargestellt werden

5.1.4 Situated und Distributed Cognition

Wie die Weiterentwicklung des Schreibprozessmodells von Hayes & Flower (1987; Hayes, 1996) zeigt, sind Schreibprozesse nicht isoliert von der Umgebung, in der sie stattfinden, zu betrachten. In dem überarbeiteten Modell umfasst das Aufgabenumfeld eine soziale Komponente, welche die Zielgruppe, das soziale Umfeld und andere Texte beinhaltet, und eine physische Komponente, die den bisher produzierten Text und das Schreibmedium abdeckt (Bazerman, 1983: 156ff). Seit Anfang der 1990er Jahre wird der soziale Aspekt des Schreibens in immer mehr Studien untersucht. In dieser Zeit wurde auch der Begriff der sog. *Distributed Cognition* geprägt (auch als *Situated Cognition* oder *Embodied Cognition* bezeichnet).

> „Distributed cognition is a theoretical approach that proposes that complex human activities integrally include internal minds, external representations, and interactions among individuals." (Klein & Leacock, 2012: 133)

Hutchins schreibt dazu:

> „[…] cognitive processes may be distributed across the members of a social group, cognitive processes may be distributed in the sense that the operation of the cognitive system involves coordination between internal an external (material or environmental) structure, and processes may be distributed through time in such a way that the products of earlier events can transform the nature of later events. The effects of these kinds of distribution of process are extremely important to an understanding of human cognition." (Hutchins, 2000: 1f.)

Um Kognition situiert zu verstehen, reicht es also nicht zu wissen, wie das Gehirn Prozesse verarbeitet. Ebenso wichtig ist es zu wissen, wie die verarbeiteten Informationen in der materiellen und sozialen Welt arrangiert sind (Hollan et al., 2000: 179).

Übertragen lässt sich diese Betrachtungsweise auch auf den Schreibprozess. Schreiben ist grundsätzlich eine Form von *Distributed Cognition*. Externe Repräsentationen, wie Bilder, Grafiken, Tabellen oder geschriebene Texte, stellen eine wichtige Ressource im Problemlösungsprozess dar. Diese externen Repräsentationen interagieren ständig mit internen Repräsentationen. Daneben bilden Individuen, wie andere Autoren, die eine Aktivität teilen, eine weitere wichtige Ressource – man bezeichnet dies auch als *Collaborative Writing.*[198] Gerade im Bereich der Technischen Redaktion ist es üblich, dass Autoren in unterschiedlichen Umgebungen arbeiten, Entwürfe austauschen und gleichzeitig an einem Dokument schreiben. Durch die Arbeit mit externen Ressourcen hat sich die Aktivität des Schreibens verändert von einer Sequenz von Schritten, die durch sukzessive Entwürfe gekennzeichnet sind, hin zu einem kontinuierlichen Prozess der Produktion und Revision (Sharples, 1996: 98). Die externen Ressourcen ermöglichen eine Bündelung des Wissens aus dem LZG, wodurch wiederum kognitive Belastungen des AG reduziert werden können. Sie können das individuelle LZG erweitern und das individuelle Fachwissen, das Genrewissen oder das Verständnis des Schreibprozesses verbessern. Nach Klein & Leacock (2012: 134) unterstützen externe Repräsentationen die Kognition in den folgenden Aspekten:

- Sie fungieren als Hilfe für AG und LZG.
- Sie stellen Wissen und Fähigkeiten zur Verfügung, die in internen Repräsentationen nicht verfügbar sind.

198 Antworten auf praktische Aspekte des *Collaborative Writings*, wie z. B. zur Computerunterstützung kollektiver Schreibprozesse, liefern der Sammelband von Sharples (1993) und der Sammelband von Sharples & van der Geest (1996).

- Sie liefern Informationen, die direkt wahrgenommen werden können, sodass weniger Aufwand zur Kodierung notwendig ist.

Somit schließen externe Ressourcen die Lücke zwischen mentalen Repräsentationen und dem finalen Dokument. *Distributed Cognition* hat dabei auf alle Schreibprozessphasen Auswirkungen. Bei Planungsprozessen herrscht nach Klein & Leacock (2012) eine starke Interdependenz zwischen externen Repräsentationen und dem internen LZG.

Die Interdependenz bezieht sich dabei sowohl auf die Informationen, die zwischen beiden Seiten ausgetauscht werden, als auch auf die kognitive Arbeit der Interpretation und des Schaffens einer Repräsentation. Bei Textproduktionsprozessen kann das Schreiben von Wörtern verteilt sein zwischen internen Repräsentationen und externer Computersoftware. Diese Verteilung unterstützt das LZG und reduziert Belastungen des AG. Bei der Transkription werden mentale Repräsentationen der Sprache in geschriebene Wörter umgesetzt. Diese Umsetzung oder Übertragung kann z. B. durch eine Spracherkennungssoftware extern unterstützt werden. Der Autor verwendet sein internes Wissen, um die Anfangsbuchstaben zu produzieren, und die externe Ressource liefert verschiedene Wortvorschläge, aus denen der Autor dann auswählen kann. Klein & Leacock (2012) schreiben dazu:

> „Thus, this software changes the spelling process from recall to recognition." (Klein & Leacock, 2012: 142)

Das Herstellen von Kohärenz und Kohäsion ist jedoch stark von internen Fähigkeiten abhängig. Die Revisionsphase ist insofern eine Form von *Distributed Cognition*, als sie den externen Textentwurf aus der Textproduktionsphase enthält. Gerade einfache Revisionsprozesse wie Rechtschreib- oder Grammatikkorrekturen können abgeladen werden auf externe Prüfprogramme wie CLC. Das Bewerten und Revidieren von Fehlern auf der Bedeutungsebene wird durch ein System aus Autor, Korrekturleser und dem externen Textentwurf ermöglicht. Soziale und repräsentative Ressourcen können die Textqualität beeinflussen und in einigen Fällen auch positive Auswirkungen auf Lerneffekte beim Schreiben haben. Inwieweit die *Distributed Cognition* positiv genutzt werden kann, hängt von den individuellen Fähigkeiten des Einzelnen ab (Klein & Leacock, 2012). In Bezug auf das Schreiben am Arbeitsplatz lassen sich, gemäß van der Geest (1996: 10), folgende Dinge festhalten und zusammenfassen:

- Um Schreibprozesse im beruflichen Umfeld zu verstehen, reicht es nicht, kognitive Aspekte zu betrachten. Uneinigkeit herrscht darüber, welche anderen

Aspekte (Schreibumfeld, Schreibmedium, *Collaborative Writing*) in welchem Ausmaß Auswirkungen auf den Schreibprozess haben.

- Das Schreiben am Arbeitsplatz findet in den wenigsten Fällen als Aktivität eines Einzelnen statt. Der Autor interagiert mit anderen Akteuren.
- Der zu produzierende Text entsteht selten bei null. Zumeist basiert er auf existierenden Vorlagen und ist an firmenspezifische Standards gebunden.
- Die Textqualität ergibt sich nicht nur aus textinternen Merkmalen, sondern ist von textexternen Faktoren, wie z. B. gesetzlichen Vorgaben, beeinflusst.

5.1.5 Erkenntnisse der Schreibprozessforschung und ihre Implikationen für den Einsatz externer Ressourcen

Bevor nachfolgend Erkenntnisse der Schreibprozessforschung in Bezug auf den Einsatz externer Ressourcen eruiert werden, müssen vorab zur Verallgemeinerung der nachfolgend zitierten Studienergebnisse noch zwei Dinge einschränkend erwähnt werden. Zum einen ist teilweise die Anzahl der Versuchspersonen eher gering, sodass es nicht möglich ist, die Ergebnisse als ausreichend belegt und zweifelsfrei übertragbar einzustufen, sondern eher als Hinweise. Zum anderen bezieht sich die absolute Mehrheit zumindest der älteren Studien auf die Untersuchung von Schülern verschiedener Lern- bzw. Jahrgangsstufen oder auf Studenten unterschiedlicher Semester. Dies hängt damit zusammen, dass die Mehrheit der Studien didaktische Zwecke verfolgt. Es existieren immer noch vergleichsweise wenige Studien, die mit erfahrenen Schreibern im Sinne von Personen mit Berufserfahrung als (technischer) Autor arbeiten. Zu erwähnen wären hier die Untersuchungen von Becker-Mrotzek (1997), Selzer (1983a) und Faigley & Witte (1981). In anderen Studien ist die Einstufung in erfahrene und unerfahrene Schreiber nicht genau nachvollziehbar (vgl. Flower & Hayes, 1981; Hayes et al., 1987; Haas, 1989b). Daher ist die oftmals vorgenommene Einteilung in Anfänger vs. erfahrene Schreiber mit Vorsicht zu beurteilen und nicht ohne weiteres übertragbar auf die Einteilung in unerfahrene Schreiber im Sinne von Berufsanfängern vs. erfahrene Schreiber im Sinne von Autoren mit Berufserfahrung. Den Mangel an Schreibprozessuntersuchungen anhand von Personen des beruflichen Umfelds beklagte bereits Selzer (1983a):

> „However, because it has mostly considered only unskilled beginning writers, student writers working in academic contexts, or professional writers like novelists or journalists, that research has had relatively little impact on the teaching of technical writing. Little work has been done on the composing strategies of people who call themselves engineers or scientists, nor writers or students; little study has been devoted to people who compose within the limitations of the workplace." (Selzer, 1983a: 178)

Neben dem Aspekt des Mangels an Feldstudien erkannte Krings schon 1992 die Notwendigkeit, den Einsatz externer Ressourcen im Schreibprozess mithilfe empirischer Studien zu untersuchen.

> „Eine Vielzahl von Fragen im Zusammenhang mit dem Einfluss des Computers sind noch völlig offen. [...] Für professionelle Schreiber kann der Computer zu einer „writer's workbench" ausgebaut werden, die alle für ein zielgerichtetes Schreiben notwendigen „tools" umfaßt, einschließlich einer eigenen Wissensbasis, die dann auch die höherrangigen „content-generation"-Prozesse nachhaltig beeinflussen wird. Hier bestehen also noch zahlreiche lohnenswerte Fragestellungen für empirische Forschungen." (Krings, 1992: 93)

Das Zusammenfassen von unterschiedlichen Funktionen in einer einzigen ‚Writer's workbench' ist bisher noch nicht gelungen. Dennoch gilt es, den Einfluss unterschiedlicher technologischer Möglichkeiten zur Unterstützung der Textproduktion wissenschaftlich zu untersuchen. Krings führt dazu aus:

> „Moderne Schreibmedien, insbesondere der Computer mit seinen vielfältigen Möglichkeiten für eine vereinfachte Produktion von Texten (Textverarbeitungsprogramme, Layoutprogramme, Orthographie- und Stilprüfprogramme, Thesauri, Zugriffsmöglichkeiten auf Datenbanken aller Art, insbesondere Volltextdatenbanken inkl. *on-line*-Recherchen) müssen verstärkt in die Forschung einbezogen und auf ihren Einfluß auf die Schreibprozesse hin überprüft werden." (Krings, 1992: 100)

Vor diesem Hintergrund fassen die nachfolgenden Ausführungen Ergebnisse der Schreibprozessforschung zusammen, die sich entweder der direkten Bewertung des Einsatzes externer Ressourcen im Schreibprozess widmen oder aus denen mittelbar Rückschlüsse für den Einsatz externer Ressourcen gezogen werden können. Die Erkenntnisse sind dabei nach den verschiedenen Schreibprozessphasen aufgegliedert, auf die sie implizite Auswirkungen haben, oder sie betreffen weitere relevante Aspekte des Schreibprozesses.

Länge der Planungsphase

Die Planungsphase als erste Phase des Schreibprozesses wird recht häufig in Studien untersucht, da sie von zentraler Bedeutung für die nachfolgende Textproduktion ist. In dieser Phase werden Zielgruppe, Textsorte sowie Inhalt und Textaufbau festgelegt. Viele Studien untersuchen deshalb, inwiefern sich die Planungsphase von Anfängern von derjenigen von erfahrenen Schreibern unterscheidet. Die Ergebnisse der Studien differieren dabei recht stark.

Scardamalia & Bereiter (1987) fanden heraus, dass gerade junge Schreiber oftmals unfähig sind, das eigentliche Schreiben vom Planen zu trennen, während das Planen bei erfahreneren Schreibern teilweise vier Mal so lang dauert wie die eigentliche Textproduktion. Auch die Untersuchungen von Flower & Hayes

(1981) bestätigen, dass sich Anfänger von erfahrenen Schreibern beim Planen sowohl hinsichtlich der darauf verwendeten Zeit unterscheiden als auch in der Art der Planung. Während erfahrene Schreiber bei ihren Planungen Zielgruppe, Kontext und Zweck berücksichtigen, geschieht dies bei Anfängern oft nicht. Flower & Hayes (1981) sprechen hier von leserbasiertem Planen von Experten vs. produktbasiertem Planen von Anfängern. Es lässt sich also festhalten, dass eine längere Planungsphase positive Auswirkungen auf die Qualität des fertigen Textes hat (Hayes et al., 1987; Hayes, 1989: 211f.).

Die von Scardamalia & Bereiter (1987) skizzierten Prozesse des *Knowledge-telling* und *Knowledge-transforming* beziehen sich auf die Entwicklung der Schreibfähigkeiten bis hin zum Erwachsenenalter. Die Fähigkeiten, die ein Experte im professionellen Umfeld aufweist, bezeichnet Kellogg (2008) als *Knowledge-crafting*. Nach Kellogg ist die Entwicklung zu einem erfahrenen Schreiber vergleichbar mit der Entwicklung von Experten in anderen Bereichen.

> „The central goal is to gain executive control over cognitive processes so that one can respond adaptively to the specific needs of the task at hand, just as a concert violinist or grand master in chess must do." (Kellogg, 2008: 2f.)

Die Entwicklung der Schreibfähigkeiten in den einzelnen Stadien ist hauptsächlich durch die begrenzte Kapazität des AG limitiert. Um die notwendige kognitive Kontrolle zu erreichen, müssen die Belastungen des AG reduziert werden. Dies wird erreicht durch das Aneignen fachspezifischen Wissens und durch eine gewisse Automatisierung grundlegender Schreibprozesse. Die Entwicklung der Schreibfähigkeiten stellt sich nach Kellogg (2008) folgendermaßen dar:

Abbildung 5.11: Makrostrategien in der kognitiven Entwicklung der Schreibfähigkeiten (zitiert aus: Kellogg, 2008: 4)

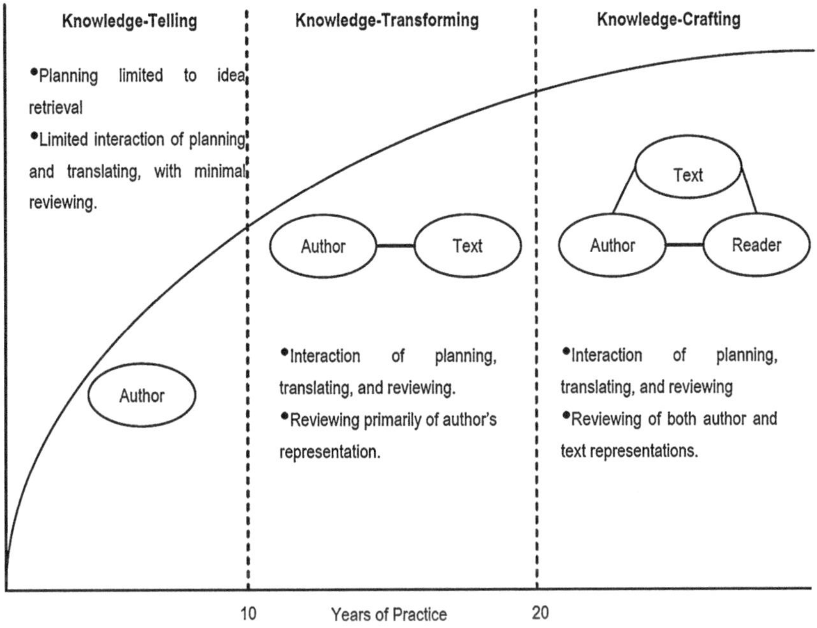

Nach Kellogg ist der Schreibprozess von Experten durch folgende Fähigkeiten gekennzeichnet:

> „In the most advanced stage of knowledge-crafting, the writer is able to hold in mind the author's ideas, the words of the text itself, the imagined reader's interpretation of the text. [...] Thus, for expert writers, not only are the basic processes of planning, sentence generation, and reviewing juggled successfully, but so are three alternative representations of content. The author's ideas, comprehension of what the text currently says, and the interpretations of an imagined reader may be quite different mental representations." (Kellogg, 2008: 5)

Verglichen mit den Stadien des *Knowledge-telling* und *Knowledge-transforming* wird im Stadium des *Knowledge-crafting* nicht nur die Sichtweise des Lesers miteinbezogen, sondern auch die textuelle Interpretation des Lesers. Das heißt, der Autor antizipiert verschiedene Textinterpretationsmöglichkeiten durch den Leser und beachtet diese bei der Revision des Textes. Die Entwicklung der Schreibfähigkeiten ist also nicht nach dem Abschluss der Schule beendet, sondern sie erfordert fachspezifisches Wissen, das sich der Autor erst noch aneignen muss.

Zudem gibt es selbst bei erfahrenen Autoren Unterschiede darin, wie gut sie ihre Leser im AG explizieren. Nach Kellogg sind einige Jahre erforderlich, um sich das nötige fachspezifische Wissen und die rhetorischen Fähigkeiten anzueignen, um für eine bestimmte Zielgruppe zu schreiben. Um einen Expertenstatus zu erreichen, ist ein Minimum von zehn Jahren Praxis erforderlich. Expertenwissen ist also eine erworbene Fähigkeit, die vielfältiges Wissen umfasst, das in komplexen Strukturen organisiert ist. Dieses Wissen wird zur Problemlösung angewendet und erfordert ein hohes Maß an Metakognition. Es umfasst sowohl deklaratives Wissen, d. h. das Wissen darüber, *was* getan wird, als auch prozedurales Wissen, d. h. das Wissen darüber, *wie* etwas getan wird (Hurtado Albir, 2010: 55ff.).

In der Studie von Selzer, der einen erfahrenen Technischen Autor bei seiner Arbeit beobachtete, stellte sich heraus, dass dieser einen großen Anteil, d. h. bis zu 75 % der kompletten Prozesszeit für die Planungsphase verwendete, etwa 20 % für den Entwurf und nur etwa 5 % seiner Zeit für Revisionen, die zumeist nur noch oberflächliche Korrekturen beinhalteten (Selzer, 1983a). Der Technische Redakteur zog hierzu eine breite Palette von Faktoren in Betracht, wie die Zielgruppe, das Lesen, das Besprechen mit Kollegen, Brainstormen und die Konsultation von zuvor geschriebenen Dokumenten (Selzer, 1983a: 181). Dies scheint jedoch eher die Ausnahme zu sein und aufgrund des heutzutage weitaus technologischer und standardisierter gestalteten Schreibprozesses kaum umsetzbar.

Satzgenerierung in der Textproduktionsphase

Diese Phase umfasst alle Handlungen vom Beginn des Schreibens bis zum ersten Entwurf. Belegt ist, dass der Schreibprozess nicht linear verläuft, sondern rekursiv ist und immer wieder von Planungsprozessen unterschiedlichen Ausmaßes unterbrochen wird (Hayes, 1996). Viele Studien untersuchen deshalb den Anteil der Pausen an der gesamten Textproduktionszeit, um dadurch u. a. Rückschlüsse auf Planungsprozesse zu erhalten (z. B. Schilperoord, 1996). Von Interesse für die vorliegende Arbeit sind die Untersuchungen von Kaufer et al. (1986), die anhand von TAP-Daten die Mikrostruktur des Schreibprozesses untersuchten. Sie stellten fest, dass die produzierten Sätze nicht als Ganzes, sondern in kleineren Einheiten (Sentence Parts) produziert werden (vgl. auch Perl, 1980: 364). Bei unerfahrenen Schreibern liegen diese Satzproduktionselemente im Durchschnitt bei 7,3 Wörtern und bei erfahrenen Schreibern bei 11,2 Wörtern. Die Erklärung liegt laut Kaufer et al. in dem bei erfahrenen Schreibern stärker vorhandenen Musterwissen. Die meisten dieser Satzelemente (92 %) schließen sich an das vorherige Textelement an oder ersetzen dieses als mögliche Variante.

Resümierend stellten Kaufer et al. fest, dass auf mikrostruktureller Textproduktionsebene ein starker Zusammenhang mit Satz- und Phrasengrenzen festzustellen ist.[199] Die Satzproduktion wird dabei gleichermaßen positiv beeinflusst vom vorhergehenden Wissen über die Bedeutung des Satzes und der grammatischen Struktur des Satzes (vgl. auch Hayes, 1989: 213f.). McCutchen (2000) stellte fest, dass erfahrene Schreiber schneller und genauer darin sind, die richtigen Worte zu finden, geeignete Repräsentationen der Textstruktur zu finden und geeignete Schemata zu nutzen.

Revisionsphase

Die eigentliche Revisionsphase reicht vom fertigen Entwurf bis zur Abgabe des finalen Textes. Während in frühen Schreibprozessmodellen davon ausgegangen wurde, dass Revisionen etwas sind, was prinzipiell nach dem eigentlichen Schreiben stattfindet, ist mittlerweile bekannt, dass Revisionen ein komplexer Prozess sind, der von einer Reihe von kognitiven Aktivitäten beeinflusst ist, die nicht immer schriftlich umgesetzt werden.

> „In these models, revision is described as a complex and recursive process, driven by personal goals and by social convention, and shaped by individual conceptions of the rhetorical problem.“ (Hill et al., 1991: 4)

Grundsätzlich können Revisionen in jeder Phase des Schreibprozesses auftreten. Sie können bereits in der Planungsphase erfolgen, wenn Ideen oder Gedanken verworfen werden, während der Textproduktionsphase oder in der eigentlichen Revisionsphase. Die jeweiligen Revisionsprozesse variieren dabei stark in Abhängigkeit von drei Faktoren (MacArthur, 2012: 466ff.):

- Kontextuelle Faktoren: Aufgabe, Schreibziel, Zielgruppe
- Prozessuale Faktoren: Zeit im Schreibprozess, genereller Ansatz, Ausmaß der Textbewertung
- Individuelle Faktoren: Schreibkenntnisse und -fähigkeiten, inhaltliches Wissen, Revisionsschemata

Hayes et al. (1987: 185; Hayes, 1999: 9ff.) haben ein Prozessmodell der Revision entwickelt.[200]

---

199 Gemäß Kintsch (1992: 74) besteht noch Klärungsbedarf, inwiefern die mental gebildeten Einheiten mit den linguistisch motivierten Einheiten übereinstimmen.

200 1996 wurde das Revisionsmodell von Hayes nochmals überarbeitet. Es basiert auf drei grundlegenden Schreibprozessen: Sprachverarbeitung (Lesen oder Zuhören), Reflexion (Problemlösung und Entscheidungsfindung) und Sprachproduktion (geschriebener

Abbildung 5.12: Revisionsprozessmodell von Hayes et al. (zitiert aus: Hayes, 1996: 14)

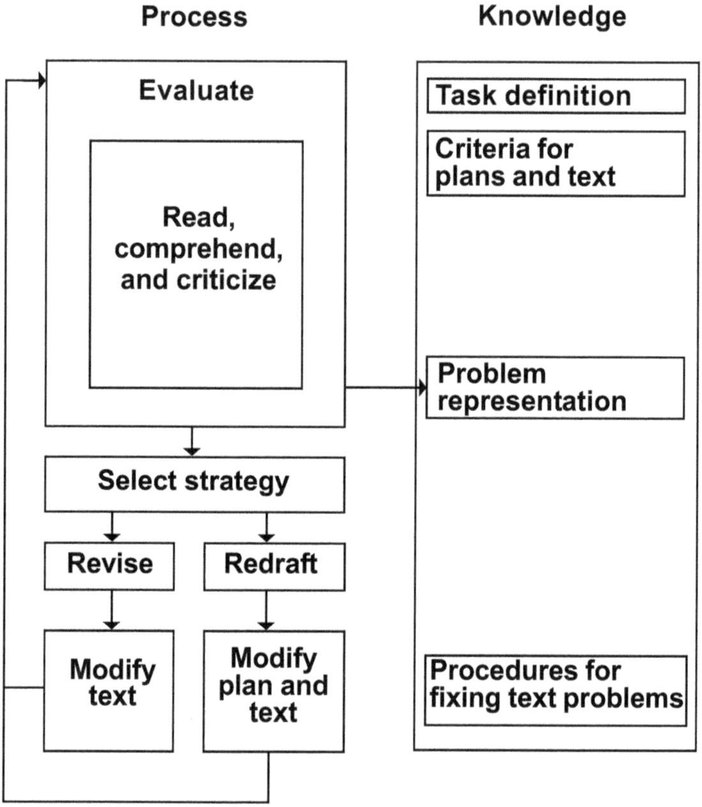

Bei der sog. ‚Task definition' geht es um die Wahrnehmung relevanter Revisionskriterien und -aktivitäten und die Frage, wie diese gehandhabt werden. Es handelt sich dabei um metakognitives Wissen, d.h. um bewusste Prozesse, wie z. B. die Entscheidung, erst ein ganzes Dokument zu lesen und danach zu revidieren, im Vergleich zum Ansatz, nur einzelne Abschnitte zu lesen und diese jeweils zu revidieren. Das metakognitive Wissen basiert auf im LZG gespeicherten Informationen darüber, was Revidieren bedeutet. Experten kreieren andere Aufgabendefinitionen als Anfänger. Sie sind sich der komplexen Anforderungen

---

oder mündlicher Text). Diese drei Prozesse werden im neuen Modell durch das Aufgabenschema des Autors kontrolliert. Es trägt der Tatsache Rechnung, dass der Autor Kontrolle über viele Aspekte im Revisionsprozess hat (Hayes, 1999: 14).

von Revisionen eher bewusst und agieren auf globaler Ebene, während Anfänger auf Satzebene agieren. Ab einer bestimmten Fehlerzahl und Fehlerkomplexität tendieren Experten eher dazu, einen Text neu zu schreiben, als ihn zu revidieren. Sie passen zudem ihre Aufgabendefinitionen kontinuierlich an (Hayes et al., 1996: 200). Bei der ‚Problem representation' geht es um das Verständnis, welcher Fehler vorliegt und wie dieser Fehler behoben werden kann, d. h. der Fokus liegt auf einem bestimmten Problem. Nach Hayes (1996: 223ff.; Flower et al., 1986) gibt es fünf grundlegende Möglichkeiten, mit Fehlern umzugehen:

- Ignorieren des Fehlers
- Verschieben der Problemlösung auf später
- Suche nach Problemlösungsstrategien
- Umschreiben
- Revidieren

Die Tatsache, einen Fehler zu ignorieren, gerade im Bereich Grammatik und Stil, hängt häufig vom Geschmack des jeweiligen Autors ab und variiert auch unter Experten. Diese Entscheidung wird z. B. getroffen, weil nach Ansicht des Autors das Problem nicht zu einer Konfusion beim Leser führt oder weil der subjektiv empfundene Aufwand zur Problembehebung zu groß wäre. Das Verschieben der Problemlösung tritt auf, weil erst andere Probleme oder Textabschnitte angegangen werden, da der Autor den Text noch einmal liest, um die Wichtigkeit des Problems zu bestimmen oder um die beste Strategie zu wählen. Bei der Suche nach Problemlösungsstrategien sucht der Autor danach, was fehlt, in dem er entweder eine Suche im Gedächtnis oder eine Suche im Text anwendet. Beim Umschreiben (Rewriting) unterscheiden Hayes et al. den Neuentwurf, bei dem die Kernaussage des Textes beibehalten wird, und das Paraphrasieren, bei dem der Text mit anderen Worten formuliert wird. Als letzte Möglichkeit existiert das Revidieren. Das Problem beim Ignorieren eines Fehlers ist, dass der Autor dem Leser unterstellt, kein Problem mit dem Fehler zu haben. Bei der Strategie der Fehlerverschiebung werden Probleme auf später verschoben, aber oft nicht gelöst, weil entweder Problemlösungsstrategien fehlen oder eine kognitive Überlastung besteht. Beim nochmaligen Schreiben wissen Anfänger oft nicht, wann der Prozess des Umformulierens beendet sein sollte, und müssen die schwierige Entscheidung treffen, wann ein neuer Satz besser ist als der alte.

In TA-Untersuchungen mit sieben Anfängern und sieben Experten, bei denen diese gebeten wurden, einen Text zu überarbeiten, zeigte sich, dass Anfänger häufig Fehler nicht fanden. Oder sie fanden die Fehler, was Hayes et al. (1987) als ‚Detection' bezeichnen, konnten diese aber nicht diagnostizieren und beheben (‚Diagnosis'). Insgesamt erkannten die Experten mehr Fehler, vor allem auf globaler Ebene, aber auch sie übersahen Fehler, gerade im Bereich Stil. Bei der Revision von Texten lesen die Autoren den Text, während sie ihn mit ihren eigenen Intentionen und Kriterien vergleichen. Die interne Repräsentation ergibt sich aus einem Zusammenspiel von Zielen und Intentionen, die sich in der Planungsphase bilden, und einer Reihe von Standards und Genre-spezifischen Kriterien, die im LZG gespeichert sind. Zu einem bestimmten Zeitpunkt sind manche Intentionen aktiver als andere. Das bedeutet, das Erkennen eines bestimmten Problems kann das Erkennen eines anderen Problems blockieren, indem manche Kriterien auf Kosten anderer hervorgehoben werden. Dies erklärt auch den Effekt, dass ein Autor, wenn er am nächsten Tag seinen Text liest, ganz andere Fehler entdeckt, als wenn er den Text direkt nach der Textproduktionsphase liest (Flower et al., 1986: 29).

Neben dem von Hayes et al. (1987) dargestellten Ablauf von Revisionsprozessen lässt sich eine Unterscheidung in die Art der vorgenommenen Revisionen vornehmen. Eine Vielzahl von Studien hat im Laufe der Zeit zu einer Fülle von unterschiedlichen Bezeichnungen für Revisionen geführt, die nicht eindeutig voneinander abgegrenzt sind. Krings (1992: 75) nennt u. a. *revising, rewriting, editing, re-reading, reviewing, rescanning,* was eine Vergleichbarkeit der Studienergebnisse erschwert (vgl. auch Rijlaarsdam et al., 2004: 192; Alamargot & Chanquoy, 2001: 97).[201] Im Rahmen dieser Arbeit wird die Bezeichnung ‚Revisionen' verwendet. Grundsätzlich lassen sich Revisionen in interne und externe Revisionen unterteilen (Lindgren & Sullivan, 2006a: 31ff.).[202] Bei internen Repräsentationen geht es um die Revision der mentalen Textrepräsentation, bei externen Revisionen handelt es sich um im Text sichtbare Revisionen.

201 Kleimann unterscheidet zwischen ‚Revision' als Aktivität des Einzelnen und ‚Review' als Prozess, der innerhalb eines Unternehmens oder einer Organisation stattfindet (1993: 56).

202 Murray (1978) verwendet die Bezeichnungen ‚externe und interne Revisionen' in anderer Bedeutung. Externe Revisionen betreffen Änderungen, die die Funktionserfüllung in Bezug auf der Adressatengruppe zum Ziel haben. Interne Revisionen zielen auf die sprachliche Korrektheit und optimale Formulierung.

Abbildung 5.13: Revisionstaxonomie von Lindgren & Sullivan (zitiert aus: Lindgren & Sullivan, 2006a: 39)

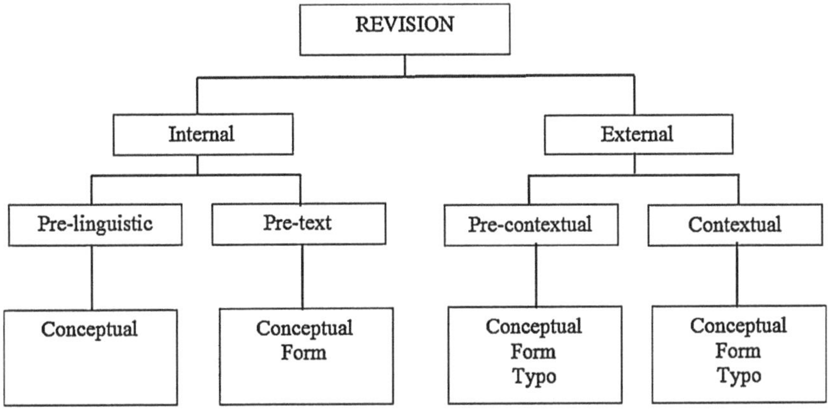

Lindgren & Sullivan (2006a) unterscheiden innerhalb der internen Revisionen zwischen sog. ‚Pre-linguistic revisions', d. h. Revisionen von Plänen oder Ideen, die meist in der Planungsphase stattfinden, und sog. ‚Pre-text revisions', bei denen es sich um linguistische Formulierungen handelt, die der Autor im Kopf hat, die aber noch nicht als Text externalisiert wurden. Externe Revisionen können in ‚Pre-contextual' und ‚Contextual revisions' unterschieden werden und umfassen u. a. die Korrektur von oberflächlichen Elementen, Stil oder Zielgruppe. ‚Pre-contextual revisions' treten auf, bevor ein bestimmter Kontext komplett als Text externalisiert wurde, während ‚Contextual revisions' bei bereits existierendem Text auftreten. Die kontextuellen Revisionen unterscheiden sich auch danach, ob sie sich eher auf die Form, z. B. Zeichensetzung oder Rechtschreibung, oder auf Konzepte beziehen (Lindgren & Sullivan, 2006b: 157ff.).

Interne und externe Revisionen lassen sich wiederum in verschiedene Revisionstypen unterteilen. Im Laufe der Zeit wurden sehr unterschiedliche Klassifikationen aufgestellt, die sich grundlegend in eher produktorientierte Revisionstaxonomien und prozessorientierte Revisionstaxonomien unterteilen lassen. Zu den ersten produktorientierten Taxonomien gehört die von Faigley & Witte (1981: 400ff.), die oberflächliche (*Surface changes*) und textbasierte Änderungen (*Meaning changes*) mit jeweiligen Unterkategorien unterscheiden.

Abbildung 5.14: Revisionstaxonomie von Faigley & Witte (zitiert aus: Faigley & Witte, 1981: 403)

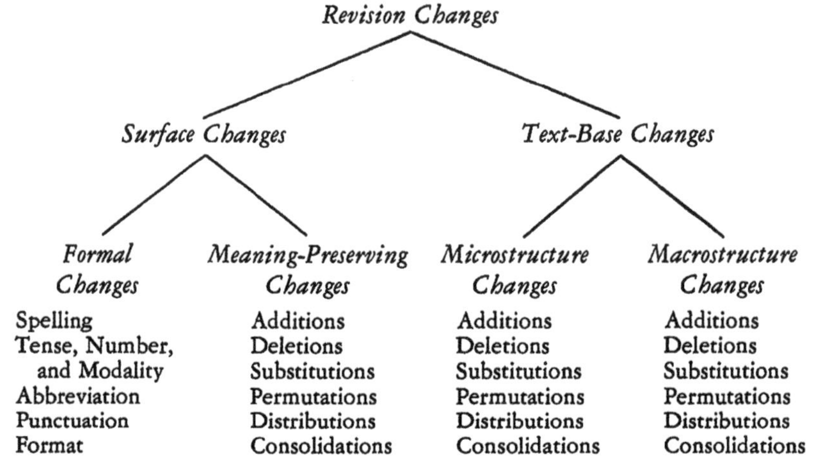

Die oberflächlichen Revisionen gliedern sich in formale Revisionen und Revisionen, bei denen die Bedeutung beibehalten wird. Bei den textbasierten bzw. die Bedeutung verändernden Revisionen unterscheiden Faigley & Witte in mikrostrukturelle und makrostrukturelle Revisionen, in Anlehnung an die Arbeiten von Kintsch (1998) und van Dijk (1983). Die mikrostrukturelle Ebene umfasst alle Konzepte in einem Text, inklusive derjenigen, die inferiert werden können. Die makrostrukturelle Ebene bezieht sich auf den Kerngedanken des Texts. Während Faigley & Witte noch mit 4 Revisionsarten arbeiten, unterscheidet Bridwell (1980) bereits 48 Typen. Auch Becker-Mrotzek (1997) liefert eine umfassende Revisionstypologie. Zu den prozessorientierten Taxonomien gehören die Arbeiten von Matsuhashi (1987) und Breetvelt et al. (1994). Bei diesen Taxonomien geht es um Echtzeitrevisionen, die danach kategorisiert werden, wann und wo sie im Schreibprozess auftauchen.

Grundsätzlich ist das Lesen mit dem Ziel des Revidierens zu unterscheiden vom Lesen zum reinen Textverstehen (vgl. Hayes et al., 1987: 202ff.; Flower et al., 1986: 23; Schriver, 1989). Beim Lesen zum Verstehen liegt das Ziel in einer integrierten Repräsentation des Textes, d.h., der Fokus liegt auf der Zusammensetzung des Textes, um ein Verständnis davon zu entwickeln, wie Ideen als Ganzes funktionieren.

Entdeckt der Leser in diesem Prozess beispielsweise Rechtschreib- oder Grammatikfehler, so werden diese typischerweise ignoriert. Beim Lesen mit dem Ziel der Bewertung wird der Text als kognitiver Prozess betrachtet, der auf dem Verstehensprozess aufbaut, aber mit dem zusätzlichen Ziel, den Text aus der Sicht der intendierten Zielgruppe zu bewerten. Die nachfolgende Grafik von Hayes et al. (1987) verdeutlicht diesen Prozess:

Abbildung 5.15: Kognitive Prozesse beim bewertenden Lesen im Revisionsprozessmodell von Hayes (zitiert aus: Hayes, 1996: 16)

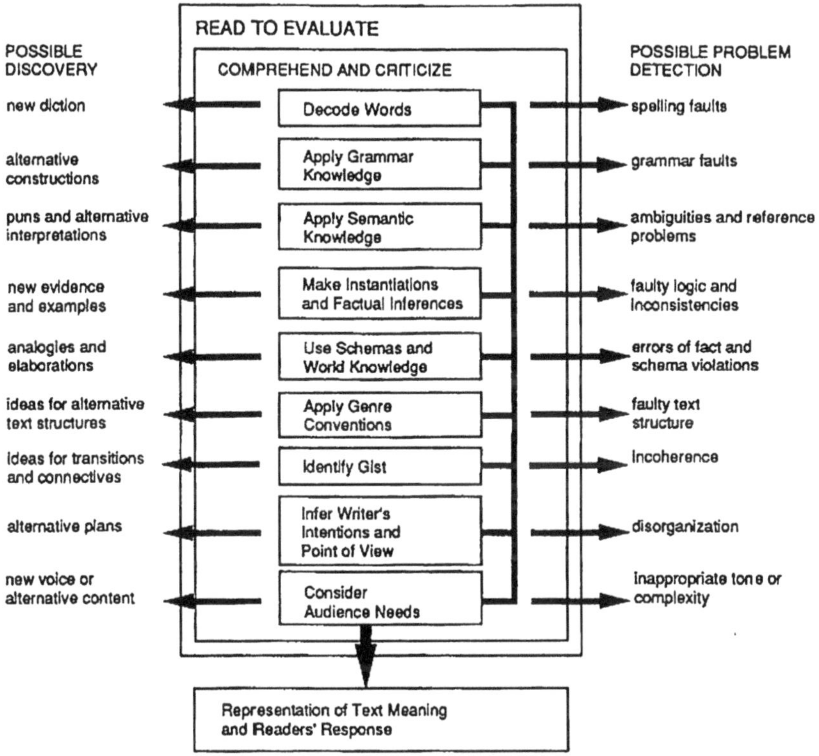

Textrevision umfasst eine Reihe von hierarchisch organisierten Subprozessen (Schriver, 1989):

- Schreibaufgabe und -ziele
- Auffinden und Diagnose von Problemen

- Auswahl einer Strategie
- Problemlösung

Innerhalb der einzelnen Subprozesse haben die Autoren eine Vielzahl von Optionen. Bei der Auswahl der sinnvollen Optionen gibt es einige Unterschiede zwischen erfahrenen und unerfahrenen Autoren. Erfahrene Autoren sind erfolgreich in der Bewertung makrostruktureller Aspekte wie Kohäsion, Logik oder Organisation und sind besser darin, die anvisierte Zielgruppe bei ihrer Textbewertung einzubeziehen. Hingegen erkennen unerfahrene Autoren oftmals dieselben Probleme, können sie aber nicht lösen, sondern schaffen ggf. sogar neue Probleme (Faigley & Witte, 1981).

Des Weiteren arbeiten viele Autoren mit mehreren Revisionsdurchgängen, bei denen das Augenmerk auf jeweils unterschiedlichen Arten von Revisionen liegt (vgl. Becker-Mrotzek, 1997: 257ff.). Bei Becker-Mrotzek führte der von ihm beobachtete Ingenieur insgesamt acht Revisionsläufe durch, wobei die meisten Revisionen in den ersten Durchgängen auftraten und am Schluss nur noch wenige.[203] Becker-Mrotzek folgert daraus, dass „einmal formulierte Texte relativ änderungsresistent sind. Änderungen in späteren Fassungen beschränken sich auf Korrekturen von Fehlern, Neuformulierungen sind selten." (Becker-Mrotzek, 1991: 278). Auch die Befunde von Faigley & Witte (1981: 406f.) bestätigen, dass die Mehrzahl der Revisionen in den ersten Durchgängen erfolgt.

Interessant für diese Arbeit ist auch die Frage, auf welche Arten von Fehlern diese Revisionen fallen, und die Frage, ob es sich dabei um makrostrukturelle Aspekte wie die Textkohärenz handelt oder ob es eher mikrostrukturelle Aspekte sind. Bei der Untersuchung von Bridwell (1980: 197ff.), die Aufsätze von 100 amerikanischen Schülern der 12. Klasse betrachtete, zeigte sich, dass die Mehrzahl der Revisionen auf die Bereiche Orthografie, Interpunktion und Abkürzungen fiel, gefolgt von Revisionen auf der Wortebene und der Phrasenebene. Nur wenige Revisionen entfielen auf die Satzebene. Zudem hatten die unerfahrenen Schreiber die Revisionen direkt während des Lesens durchgeführt, während die erfahrenen Schreiber zuerst den Text durchlasen und dann mit den Revisionen begannen. Die Revisionen, die Becker-Mrotzek bei dem von ihm

203 An dieser Stelle muss erwähnt werden, dass die von Becker-Mrotzek durchgeführte Beobachtung des Technischen Redakteurs 1991 erfolgte. Aufgrund der computertechnologischen Weiterentwicklung, gerade im Bereich von Autorenprogrammen, ist zu erwarten, dass die Anzahl der Revisionsdurchgänge heutzutage durchaus geringer ausfällt und auch der Einsatz von Hilfskräften, die den Text abtippen, eher ungewöhnlich ist.

beobachteten Technischen Redakteur erkannte, entfielen zu etwa 24 % auf orthografische, zu etwa 14 % auf lexikalische und nur zu etwa 4 % auf syntaktische Revisionen (Becker-Mrotzek, 1997: 263). Es zeigte sich auch, dass in jedem Revisionsdurchgang bestimmte Fehlerkategorien in Abhängigkeit von der jeweiligen Funktion des Revisionsdurchgangs dominierten. Diese beiden Untersuchungen zeigen eine deutliche Tendenz hin zu oberflächenorientierten Korrekturen.

Diese oberflächlichen Korrekturen scheinen vor allem von Schreibanfängern durchgeführt zu werden, wie die Untersuchungen von Faigley & Witte (1981: 406ff.) zeigen. Während unerfahrene Schreiber nur 12 % bedeutungsändernde Revisionen durchführten, waren es bei erfahrenen Schreibern 34 %. Diese sog. ‚Blindheit' gegenüber den eigenen Fehlern bestätigen auch Perl (1979: 324ff.) und Daneman & Stainton (1993: 313ff.).[204] Laut Perl waren die Versuchspersonen nicht fähig, sich bei den Revisionen in die Lage des Textempfängers zu versetzen und konnten folglich keine notwendigen Änderungen durchführen. Auch die Untersuchungen von Sommers (1980: 381ff.) und Daiute (1986: 141ff.) bestätigen, dass unerfahrene Schreiber an der Wortoberfläche arbeiten oder den Text aus der Erinnerung heraus überarbeiten, ohne den Inhalt des Textes im Fokus zu haben. In der Studie von Hill et al. (1991) wurden erfahrene und unerfahrene Schreiber gebeten, Texte zu überarbeiten, die zum einen globale Fehler wie Stilfehler oder einen falschen Adressatenbezug enthielten und zum anderen lokale Fehler wie Rechtschreibung und Grammatik. Dabei sollte die Aufgabe einmal mit Stift und Papier und ein anderes Mal am Computer durchgeführt werden. Zur Untersuchung wurden LD-Protokolle eingesetzt. Die Studie von Hill et al. ergab keinen signifikanten Unterschied in der Wahl des Schreibmediums. Jedoch bestätigte sie, dass erfahrene Autoren eher auf globale Fehler achten als Anfänger und zudem mehr der im Text platzierten Fehler korrigierten. Erfahrene Autoren sehen die Korrektur eher auf Textebene, während unerfahrene Schreiber eher auf der Wortebene ansetzen. Aufgrund längerer Erfahrung können sich Schreiber effektivere Schreibstrategien aneignen, verbesserte Textbewertungsstrategien oder einen leichteren Umgang mit dem jeweiligen Genre. Studien zeigen aber, dass selbst sehr talentierte Menschen lange praktische Erfahrung benötigen, um gut schreiben zu können.

Die Untersuchungen von Perl (1979: 326ff.), Hayes et al. (1987) und Daiute (1986) bestätigen, dass unerfahrene Schreiber insgesamt größere Probleme haben,

204 Bei den Untersuchungen von Daneman & Stainton zeigte sich, dass die Blindheit gegenüber den eigenen Fehlern sehr groß war, wenn die eigenen Texte zeitnah zur Textproduktion Korrektur gelesen wurden. Nach einem gewissen zeitlichen Abstand (in der Untersuchung zwei Wochen) wirkte sich jedoch die Familiarität mit dem Text positiv aus und die VP konnten die enthaltenen Fehler wesentlich besser erkennen.

eine entsprechende Distanz zu ihrem eigenen Text aufzubauen und ihre Fehler zu erkennen. Perl beobachtete bei ihren Schülern, dass diese beim Editieren mit unterschiedlichen Bereichen, wie lexikalische und syntaktische Aspekte und auch Kohärenz befasst waren. Jedoch enthielten die finalen Textfassungen trotz der intensiven Bemühungen der Schüler immer noch schwerwiegende syntaktische und stilistische Fehler. Perl registrierte dabei folgende Dinge: Beim Editieren ihrer Texte wandten die Schüler entweder ihr Wissen falsch an, sie korrigierten mehr als nötig oder verschlechterten letztlich das, was sie ursprünglich ausdrücken wollten. Perl bezeichnet die fehlende Distanz zum eigenen Text auch als sog. ‚Selective perception'. Das heißt, die Unsicherheit der Schüler führte dazu, dass sie so handelten, als stünden die Gedanken, die sie in ihrem Kopf hatten, bereits auf dem Papier. Als dritten Punkt führt Perl Egozentrizität an, d. h., die Schüler setzten das Verständnis des Lesers als gegeben voraus. Insgesamt erfolgte das Revidieren bei den Schülern zu voreilig, bevor sie sich damit auseinandergesetzt hatten, was sie eigentlich zu Papier bringen wollten, was wiederum dazu führte, dass sie ihre Ideen verloren. Gemäß Perl waren die Schüler nicht grundsätzlich schlechte Schreiber, sondern es mangelte ihnen an einer Konzeption des Revisionsprozesses und der Flexibilität hinsichtlich des Abwägens verschiedener Möglichkeiten und des Überarbeitens von Ideen. Nach Schriver (1989) tritt die mangelnde Distanz zum eigenen Text jedoch nicht nur bei unerfahrenen Schreibern auf, sondern auch erfahrenen Schreibern fällt es schwerer, den eigenen Text zu beurteilen, als die Arbeit anderer.[205,206] Becker-Mrotzek folgert aus seinen Untersuchungen, dass es dem Autor nicht möglich ist, in einem Revisionsgang den Fokus auf unterschiedliche Fehlerkategorien zu legen.

> „Die unterschiedliche Aufmerksamkeitslenkung bei Formulierungs- und Änderungsprozessen hat möglicherweise zur Folge, daß Texte nicht in allen Aspekten gleichzeitig überarbeitet werden können. Das legt die Konsequenz nahe, die Überarbeitung aspektweise vorzunehmen, d. h. Überarbeitungsschwerpunkte zu setzen." (Becker-Mrotzek, 1991: 279)

---

205 In Bezug auf das Korrekturlesen von Texten sind auch die Untersuchungen von Monk & Hulme (1983: 16ff.) interessant, die herausfanden, dass fehlerhafte Wörter, bei denen es um Buchstabendreher oder -substitutionen ging, eher erkannt wurden als Fehler in Wörtern, bei denen Buchstaben fehlten.

206 Obgleich es schwerer ist, die nötige Distanz zum eigenen Text aufzubauen, so zeigten die Untersuchungen von Butterfield et al. (1994) jedoch, dass das Revidieren eigener Texte weder zu qualitativ hochwertigeren Texten führt als das Lesen der Texte anderer, noch umgekehrt.

Der Grund für die Notwendigkeit der Durchführung mehrerer Revisionsdurchgänge liegt darin, dass verschiedene kognitive Aktivitäten, wie z. B. Zielsetzung, Aufmerksamkeitsfokussierung, Aufmerksamkeitswechsel oder Textproduktion gleichzeitig im AG des Autors ablaufen (Daiute, 1986: 142; Flower & Hayes, 1981). Daiute stellte in Untersuchungen fest, dass es aufgrund der Limitierung des KZG[207] besser ist, wenn Textproduktion und Revision in zwei voneinander unabhängigen Schritten erfolgen. MacArthur (2012) kommt zu dem Schluss, dass zumindest Schreibanfänger besser jegliche Revisionen erst nach der Entwurfsphase durchführen.

Hacker et al. (1994: 65ff.) sind der Frage nachgegangen, ob das Wissen, wie man Fehler korrigiert, notwendig und/oder ausreichend ist, um den Fehler zu entdecken. Dabei stellten sie folgende Hypothese auf: Wenn das Wissen darüber, wie man einen Fehler korrigiert, *notwendig* ist, dann müssten (a) Autoren wissen, wie sie gefundene Fehler korrigieren, und (b) Autoren, die nicht wissen, wie man Fehler korrigiert, dürften die Fehler gar nicht erst entdecken. Wenn das Wissen über die Korrektur von Fehlern *ausreichend* ist, müssten (c) Autoren, die wissen, wie man Fehler korrigiert, diese entdecken und (d) Autoren, die nicht wissen, wie man Fehler korrigiert, diese nicht finden. In einer Studie mit amerikanischen High-School-Schülern und deutschen Studenten einer Universität, die Nicht-Muttersprachler des Englischen waren, wurde in zwei Experimenten untersucht, inwiefern diese Rechtschreib-, Grammatik- und Bedeutungsfehler im Text fanden. Insgesamt hatten die Schüler und Studenten mehr Probleme, die Bedeutungsfehler zu finden. Ein Grund dafür kann die zur Verfügung stehende Zeit sein oder die Tatsache, wie mit der Zeit umgegangen wird. Die Auffindungsstrategien für Rechtschreib- und Grammatikfehler sind eher begrenzt und schnell ausgeschöpft. Entweder man weiß, wie ein Wort richtig geschrieben wird, oder nicht. Bei Bedeutungsfehlern müssen die Auffindungsstrategien zusätzlich fachspezifisches Wissen und Textverständnis umfassen, was zeitaufwendiger ist.

207 In der neueren Literatur wird zumeist nicht mehr nur vom Kurzzeitgedächtnis (KZG), sondern vom Arbeitsgedächtnis (AG) gesprochen. Das KZG wird traditionell eher als passiver Speicher mit begrenzter Speicherkapazität angesehen, die Bezeichnung AG verweist auf einen aktiven Teil des menschlichen Verarbeitungssystems. Das AG hat dabei Prozess- und Speicherfunktionen. Informationen können auf unterschiedliche Weise ins AG gelangen: Durch das Wahrnehmen und Kodieren des Textes, durch die Aktivierung von Informationen aus dem LZG und als Ergebnis eines Verstehensprozesses (Daneman & Carpenter, 1980: 450; Wise Berninger & Swanson, 1994: 32; Baddeley, 1986; McCutchen, 2000).

In Bezug auf die aufgestellten Hypothesen zeigte sich, dass die Schüler und Studenten praktisch immer die Fehler korrigierten, die sie entdeckt hatten, und Schwierigkeiten hatten, die Fehler zu finden, die nicht korrigiert wurden. Dies bestätigt die Hypothesen (a) und (b), dass das Wissen, wie man Fehler korrigiert, notwendig ist, um den Fehler zu finden. Die Hypothesen (c) und (d) bestätigten sich jedoch nicht. Somit reicht das reine Wissen nicht immer aus. Das heißt, neben diesem Wissen muss es noch weiteres Wissen, Fähigkeiten oder Strategien geben. Wahrscheinlich hängt die Fehlerkorrektur zudem von den Revisionsfähigkeiten ab, der zur Verfügung stehenden Zeit, der Zielsetzung, dem linguistischen Wissen und der Textsorte. Dies bestätigte auch die Untersuchung von Butterfield et al. (1994), die den Revisionsfähigkeiten eine wichtige Rolle zusprechen.[208] Nach Hacker et al. hängt die Fähigkeit auch von den Auffindungsstrategien ab. Diese Strategien reduzieren die Belastungen des AG und ermöglichen so den Zugang zu und die Anwendung von linguistischem und Genrewissen. Die Fehlerauffindungsstrategien, besonders in Hinblick auf Bedeutungsfehler, konnten in der Studie von Hacker et al. verbessert werden, wenn die VP zuvor Aufgaben zum Textverständnis lösen mussten.

Flower et al. (1986: 19ff.) erachten zwei Variablen – Wissen und Intention – als Grundvoraussetzung für erfolgreiche Revisionsprozesse. Ein Autor benötigt sowohl deklaratives Wissen über den Text als auch prozedurales Wissen (‚How-to-knowledge') wie Revisionsstrategien (siehe auch Hurtado Albir, 2010). Auch wenn der Einsatz dieses Wissens, wie z. B. bei Grammatik, unbewusst und automatisch erfolgt, erfordern Revisionen oftmals eine Explizierung dieses Wissen, d. h. aktiv verwendbares Wissen. Die Intention bestimmt darüber, ob ein Autor das vorhandene Wissen auch praktisch anwendet.

Leijten et al. (2011) untersuchten in einer Studie das Revisionsverhalten von VP und die Frage, welche Fehler im Textproduktionsprozess sofort korrigiert werden und bei welchen Fehlertypen die Korrektur verschoben wird. Die Hypothese bei der Untersuchung war, dass manche Fehlertypen so viel Aufmerksamkeit beanspruchen, dass der Autor sie zuerst korrigiert, bevor er weiterschreibt (2011: 332ff.).[209] An ihrer Studie nahmen insgesamt 60 VP teil, denen sie eine Lese-Schreib-Aufgabe unter zwei unterschiedlichen Bedingungen stellten. In ei-

208 Butterfield et al. (1994) vermuten, dass die individuellen Revisionsfähigkeiten sowohl die Korrektur von formalen Fehlern verbessern können, als auch die Korrektur von Bedeutungsfehlern. Linguistisches Wissen verbessert nach Butterfield et al. die Korrektur von formalen Fehlern und Fachwissen von Bedeutungsfehlern. Grundsätzlich hängen Textverbesserungen eher vom linguistischen als vom Fachwissen ab.

209 Vgl. dazu auch Kellogg (1996 & Kellogg et al., 2013).

nem Fall wurde den VP die Aufgabe nur visuell präsentiert, im anderen Fall wurde sie ihnen laut vorgelesen, bevor die visuelle Aufgabe erschien. Bei den Aufgaben handelte es sich um Sätze, die die VP lesen mussten. Danach wurde den VP ein Teilsatz präsentiert, der sich inhaltlich auf den zuvor gehörten Satz bezog und den die VP vervollständigen mussten. Ein Teil der angezeigten Teilsätze enthielt dabei unterschiedliche Fehlertypen, die die VP zusätzlich korrigieren mussten. Bei den Fehlern handelte es sich um kleinere und größere Fehler und zudem um Fehler, bei denen es sich trotzdem noch um real existierende Wörter handelte, und andere Fälle, in denen es Nicht-Wörter waren. Die VP mussten sowohl auf Genauigkeit als auch auf Schnelligkeit achten. Aufgezeichnet wurde alles mit dem *Key-Logging-Programm* ‚InputLog'. Die Auswertungen zeigten, dass es die VP in den Fällen, in denen der Teilsatz zuerst per Audio vorgespielt wurde, bevorzugten, den Satz erst zu vervollständigen und danach den Fehler zu korrigieren. Es zeigte sich auch, dass die Audiokomponente die Genauigkeit der Fehlerkorrektur nicht signifikant beeinflusste, aber dass die VP, die die Fehlerkorrektur verschoben, präziser waren als diejenigen, die den Fehler umgehend korrigierten. Diejenigen, die zuerst den Text vervollständigten, korrigierten in 87 % der Fälle die Fehler korrekt. Diejenigen, die zuerst die Fehler korrigierten, kamen auf 81 %. Größere Fehler lenken eher ab als kleine Fehler, wobei die Audiokomponente diesen Effekt verringert, was zeigt, dass die kognitive Belastung des AG durch den Spracheinsatz verringert wird. Bei der Korrektur der Fehler schien es nichts auszumachen, ob es sich bei den fehlerhaften Wörtern um real existierende oder um Nicht-Wörter handelte. Zusammenfassend zeigt sich, dass die von den VP gewählte Strategie der Fehlerkorrektur abhängig ist vom Medium der Textpräsentation (nur visuell vs. audiovisuell). Die jeweils gewählte Strategie könnte von der Kapazität des AG der VP abhängen. Wenn die VP davon ausgehen, dass die Fehlerkorrektur zu einer zusätzlichen Belastung des AG führt, wählen sie eher die direkte Fehlerkorrektur und umgekehrt. Die persönliche Befragung der VP zeigte, dass diese den eigentlichen Textproduktionsprozess als wichtiger erachteten und Angst hatten, durch eine direkte Fehlerkorrektur den ‚Faden zu verlieren'.

Interessante Erkenntnisse liefern auch die Untersuchungen von van Waes et al. (2010) zur Koordination von Revisionsprozessen mit anderen Schreibprozessen. Van Waes et al. fokussieren sich auf die Rolle von Lesen und Editieren während des Schreibens. Auch wenn sich ein Autor die eigentliche Korrekturphase für den Schluss aufhebt, so erfolgt dennoch die Mehrzahl der Korrekturen während des Schreibens in nicht-linearer Form und in kurzen zyklischen Episoden. Zu diesen Korrekturen zählen z. B. typografische Fehler, Zeichensetzungsfehler oder das Umschreiben von Phrasen. In diesem Fall konkurriert das Editieren mit anderen

Subprozessen, was zu Inferenzen und kognitiver Überlastung des Autors führen kann – je nachdem, welche Problemlösungsstrategie er wählt. Es gibt Fälle, in denen der Autor einen Fehler ignoriert, um sich zuerst auf die Formulierung zu konzentrieren, und in anderen Fällen korrigiert er erst den Fehler, bevor er weiterschreibt.[210] Der Text dient also zum einen als visueller Stimulus, um neuen Text zu generieren, und zum anderen, um zu evaluieren, ob der Text korrekt und angemessen ist. Untersuchungen von Leijten et al. (2006) zeigten, dass Schreiber meist erst einen Satz beenden und dann die Fehler korrigieren. In den Untersuchungen von Leijten & Ransdell (2010), Leijten et al. (2011) und van Waes et al. (2010) ging es u. a. um folgende Fragen: Welche Auswirkung hat die Schwierigkeit der den VP gestellten Aufgabe auf die Koordination der Schreibprozesse und welche Korrekturstrategie wählen die VP, d.h. erst einen Satz fertigstellen oder zuerst mögliche Fehler korrigieren. Außerdem betrachteten sie, wie sich der Lesefokus verteilt zwischen dem Teilsatz und dem Fehler, wann die VP den Fehler das erste Mal entdeckten, welche Korrekturstrategie sie anwandten und welchen Einfluss inhaltliche Komplexität und Fehlerkomplexität auf das Leseverhalten haben. Die Tests wurden mit 32 VP durchgeführt. Den VP wurden audiovisuell 46 Teilsätze vorgespielt bzw. gezeigt, die sie mit ein bis drei vorgegebenen Wörtern beenden sollten. Zudem enthielten manche Sätze Fehler, die die VP korrigieren mussten. Für die Aufzeichnung wurden zum einen ein *Key-Logging-Programm* (‚InputLog‘[211]) und zum anderen ein *Eye-Tracker* eingesetzt. Es zeigte sich, dass die insgesamt benötigte Zeit zum Fertigstellen eines Satzes länger war, wenn die inhaltliche Komplexität höher war (mehrere Kontextwörter) und wenn die Fehlerkomplexität stieg. In 90 % der Fälle vervollständigten die VP zuerst den Satz und beseitigten dann die Fehler. Der Grund liegt wahrscheinlich darin, dass das AG so von kognitiver Last befreit wurde. Bei nur einem zu vervollständigenden Wort hat das AG noch mehr freie Ressourcen zur flexiblen Problemlösung übrig. Je mehr Wörter zu vervollständigen sind, umso höher ist die Belastung des AG und umso eher werden Fehler im Anschluss verbessert. Allerdings hatte die gewählte Strategie, d.h. die Reihenfolge, keinen Einfluss auf die Genauigkeit der Fehlerbehebung.

---

210 Auch Flower et al. (1986: 38) beschreiben zwei unterschiedliche Strategien im Umgang mit der Behebung von Fehlern. Bei der sog. ‚Precedence rule‘ gibt der Autor globalen Problemen den Vorrang und unterbricht die Suche nach geringfügigen Fehlern. Bei der sog. ‚Density rule‘ hingegen stoppt der Autor bei zu vielen Fehlern und behebt diese bzw. schreibt den Text um.

211 Ausführliche Erläuterungen zu ‚InputLog‘ finden sich bei van Waes & Leijten (2006: 158ff.) und Leijten & van Waes (2006: 73ff.). Der Vorläufer zu ‚InputLog‘ ist ‚Keytrap‘ (van Waes & van Herreweghe, 1995).

Die Ergebnisse des *Eye-Trackers* zeigten drei mögliche Problemlösungsstrategien: (1) Der Fehler wurde direkt beseitigt, nachdem er ein oder mehrere Male in der Vorbereitungszeit fixiert wurde. (2) Die Fehlerbeseitigung wurde auf das Ende der Satzproduktion verschoben, wobei der Fehler ein oder mehrere Male in der Vorbereitungszeit fixiert worden war. (3) Oder die Fehlerbeseitigung wurde auf das Ende der Satzproduktion verschoben, wobei der Fehler zuvor in der Vorbereitungszeit nicht fixiert worden war. Außerdem zeigte sich, dass das Fixieren eines Fehlers nicht garantiert, dass die VP den Fehler erfolgreich korrigiert. Wenn die kognitive Belastung steigt, fixieren die VP den Teilsatz weniger oft. Die Genauigkeit der Satzvervollständigung nimmt ab, je mehr Zeit die VP mit dem Lesen in der Vorbereitungszeit verbringt. Dies hängt möglicherweise damit zusammen, dass das Lesen zum Auffinden von Fehlern kognitive Ressourcen vom Formulieren wegzieht. Intensive Korrekturprozesse können mit der Satzkomposition inferieren, wenn sie gleichzeitig geschehen.

Piolat et al. (2004: 63ff.) untersuchten in einer Studie mit 106 Studenten, inwiefern sich der kognitive Aufwand beim Lesen zum Verstehen unterscheidet vom Aufwand beim Lesen zum Revidieren (siehe dazu auch Hayes et al., 1987) und ob es Unterschiede gibt zwischen Studenten, die über sehr gute Kapazitäten des AG verfügen und andere, bei denen dies nicht so ist. Die Studenten wurden in drei Gruppen eingeteilt und erhielten jeweils Texte mit unterschiedlichen Fehlertypen – Rechtschreibfehler, Syntaxfehler oder Kohärenzfehler. Im ersten Teil mussten die VP den Text zum Verstehen lesen, während ihnen gleichzeitig – als Test des AG – Audiosignale über einen Kopfhörer vorgespielt wurden, die sie beim Auftreten durch Knopfdrücken bestätigen mussten. Im zweiten Schritt mussten die VP den Text revidieren, während ihnen Audiosignale vorgespielt wurden. Zusätzlich mussten die VP verschiedene Knöpfe drücken, die signalisierten, welche Subprozesse während der Revision gerade bei ihnen stattfanden. Im Anschluss mussten die VP Fragen zum Text beantworten. Um die Kapazität des AG zu testen, mussten die VP verschiedene Sätze lesen und sich das jeweils letzte Wort merken und nach Beendigung der Aufgabe aufschreiben. Es zeigte sich, dass die benötige Zeit zur Fehlerkorrektur länger war bei Kohärenzfehlern und kürzer bei Syntax- und Rechtschreibfehlern. Bei Rechtschreibfehlern war die Zahl der korrekten Revisionen insgesamt höher, gefolgt von Syntax und Kohärenz. Gleichfalls traten bei Syntax- und Kohärenzfehlern mehr inkorrekte oder unerwartete Revisionen auf. Bei Rechtschreibfehlern genügte es, wenn die VP den Text einmal lasen, bei Syntaxfehlern mussten sie ihn ein- bis zweimal lesen und bei Kohärenzfehlern mindestens zweimal. Zusammenfassend zeigte sich, dass die Komplexität der Revision nicht von der Fehleranzahl, sondern von der Art der Fehler abhängt.

Aber sie hängt nicht mit dem kognitiven Aufwand zusammen. Die Hypothese, dass VP mit hohen Kapazitäten des AG erfolgreicher in der Revision anspruchsvoller Fehler sind, bestätigte sich nicht. Nur bei den Rechtschreibfehlern zeigte sich die Tendenz, dass VP mit niedrigerer AG-Kapazität weniger Fehler entdeckten und korrigierten.

Dass Revision keine feste Größe im Schreibprozess ist und dass erfolgreiche Revisionsprozesse zum großen Teil abhängig sind von den Fähigkeiten des Autors, zeigen Galbraith & Torrance (2004: 63ff.), die herausfanden, dass verschiedene Planungsstrategien zu verschiedenen Revisionsstrategien führen. Das heißt, der Erfolg von Revisionen ist nicht allein abhängig von der Planungsfähigkeit des Autors, sondern auch von der gewählten Strategie. Elbow (1998) hat zwei unterschiedliche Planungsansätze identifiziert: Beim sog. ‚Planning Approach' beginnt der Autor erst mit der Textproduktion, wenn er eine genaue Vorstellung davon hat, was er schreiben will. Diese ausführliche Planungsphase bedingt eine reaktive Revision. Der Autor prüft, inwieweit der Text seine zuvor festgelegten Ziele erfüllt und inwiefern er den Text modifizieren muss, um seine Ziele zu erreichen. Beim sog. ‚Interactive Approach' entsteht das, was der Autor schreiben möchte, im Laufe des Schreibprozesses und durch eine Reihe von Entwürfen. Ziel ist es, einen Entwurf zu schreiben, der frei die Vorstellungen des Autors wiedergibt. Dieser Ansatz bedingt eine proaktive Revision. Die Ideen aus dem Entwurf werden in folgenden Entwürfen weiterentwickelt.[212]

In den meisten Studien wird davon ausgegangen, dass der interaktive Ansatz weniger erfolgreich zum Erreichen einer hohen finalen Textqualität beiträgt. Um die Hypothese zu überprüfen, inwiefern der Planungsansatz Auswirkungen auf die Revision hat, führten Galbraith & Torrance (2004) ein Experiment durch, in dem Studenten innerhalb eines Zeitraums von 50 Minuten ein Essay schreiben mussten. Die Hälfte der Zeit war für die Entwurfsphase vorgesehen und andere Hälfte für die Revisionsphase. Dazu wurden vier Variablen geschaffen. Ein Teil der VP musste den Entwurf in kompletten Sätzen schreiben, der andere Teil der VP sollte sich stichpunktartig Notizen machen. Als weitere Unterteilung kam hinzu, dass ein Teil der VP die Sätze strukturiert niederschreiben musste, der andere Teil musste sich keine Gedanken darüber machen. Auch bei den Notizen musste ein Teil der VP die Notizen strukturiert zu Papier bringen, der andere nicht. Die VP hatten fünf Minuten Zeit, um ihren Entwurf zu lesen und

212 Zu vergleichbaren Ergebnissen kommt auch Kellogg (1988). Bei ihm nennt sich der Planning Approach ‚Outline strategy' und der Interactive approach ‚Rough-drafting strategy'.

sollten aufschreiben, was ihr Kernthema war und welche Änderungen sie in der Textproduktionsphase am Entwurf machen wollten. Die Hälfte der VP durfte für die Überarbeitung den Entwurf verwenden, die andere Hälfte nicht. Bei der Auswertung zeigte sich, dass es keine Unterschiede zwischen denjenigen gab, die ganze Sätze in ungeordneter Form aufschreiben sollten und denjenigen, die unorganisierte Notizen aufschreiben sollten, weder in Bezug auf die Zahl generierter Ideen, noch in Bezug auf die Qualität des finalen Textes. Das Weglassen des Entwurfs in der Revisionsphase hatte bei denjenigen, die in unorganisierter Form Sätze oder Notizen aufschrieben, eine Auswirkung auf die Qualität des finalen Textes. Dies bestätigt nach Galbraith & Torrance (2004) die Hypothese der interaktiven Planungsphase und die Tatsache, dass Revisionen nicht nur auf den Fähigkeiten des Autors beruhen, sondern auch auf dem Entwurf. Eine unorganisierte Textproduktion in der Entwurfsphase führt zu einer Entwicklung des Verständnisses des Autors. Bei der organisierten Form hat der Text bereits eine explizite Organisation, was es schwieriger macht, eine alternative Organisation zu entwerfen. Wird der Entwurf in der Revisionsphase weggelassen, so kann der Autor einen neuen Text kreieren, der auf seinem besseren Verständnis des Themas basiert und der ohne Inferenz durch die Präsenz des ursprünglichen Texts geschrieben werden kann. Insgesamt bestätigte sich jedoch, dass zumeist die Strategie, in der eine ausführliche Planungsphase erfolgt, die erfolgreichere ist. Galbraith & Torrance gehen davon aus, dass Autoren beide Strategien zu unterschiedlichen Zeitpunkten anwenden. Um Revisionen erfolgreich auszuführen, müssen sich Autoren der Funktion von Revisionen bewusst sein.

Perl (1980) fand bei ihren Untersuchungen heraus, dass sich viele Autoren beim kontinuierlichen Lesen und Revidieren des bereits Geschriebenen auch auf ihre innere Stimme verlassen, was sie als sog. ‚Felt sense' bezeichnet.

> „I have labeled this process of attending, of calling up a felt sense, and of writing out of that place, the process of retrospective structuring. It is retrospective in that it begins with what is already there, inchoately, and brings whatever is there forward by using language in structured form." (Perl, 1980: 367)

‚Projective structuring' ist die Fähigkeit, zu schreiben, was jemand sagen möchte, in einer Weise, die es für andere verständlich macht. Es bedeutet, die geschriebenen Worte dahingehend zu bewerten, welche Wirkung sie auf einen anderen, d.h. den Leser, haben. ‚Retrospective structuring' bedeutet, in sich zu gehen und rückblickend zu bewerten, ob die gewählten Worte in adäquater Weise wiedergeben, was man sagen möchte. Im Schreibprozess kommen beide Prozesse vor.

Aus den vorgestellten Untersuchungen lässt sich ableiten, dass die Frage, ob Revisionen durchgeführt werden und welche Revisionen durchgeführt werden, von den folgenden Variablen abhängt:

- Individuell unterschiedliche Revisionsfähigkeiten
- Gewählte Revisionsstrategie in Abhängigkeit von verschiedenen Planungsansätzen (diese beinhalten Fehlerauffindungs- und behebungsstrategien)
- Kognitive Belastung des AG durch Revisionsprozesse
- Fehlerart

Einfluss kognitiver Schreibprozesse auf die Textqualität

Es existieren wenige Studien, die die Beziehungen zwischen den kognitiven Aktivitäten innerhalb des Schreibprozesses und der Qualität des finalen Textes untersuchen. Grundsätzlich gibt es keine kausale Beziehung, d.h. weder ausführliche Planungsphasen noch ausgiebige Revisionen garantieren einen qualitativ hochwertigen Text. Zum Beispiel kommen verschiedene Studien zu sehr unterschiedlichen Ergebnissen, ob und inwiefern der Einsatz des Computers die Textqualität beeinflusst (Zvacek, 1992: 60). Van den Bergh et al. (1994: 103ff.) haben anhand von zwanzig 15-jährigen Schülern untersucht, welche kognitiven Aktivitäten innerhalb welcher Schreibprozessphase dominieren, ob es individuelle Unterschiede gibt und inwiefern sich die Textqualität über die Zeit verändert. Bei der Auswertung zeigte sich, dass die durchschnittliche Häufigkeit bestimmter kognitiver Aktivitäten innerhalb des Textproduktionsprozesses variiert. Zugleich waren die Veränderungen in der Häufigkeit der Aktivitäten individuell unterschiedlich. Die Beziehung zwischen der Häufigkeit einzelner Aktivitäten und der Textqualität war zeitabhängig, d.h., der Effekt auf die Textqualität veränderte sich über die Zeitdauer. Wenn ein Effekt innerhalb einer Prozessphase positiv war, zeigte er sich in einer anderen Phase negativ oder er trat nicht auf. Dies deutet darauf hin, dass dieselbe Aktivität unterschiedliche Funktionen innerhalb verschiedener Prozessphasen erfüllt. Beispielsweise dient das Lesen der Aufgabe zu Beginn dem Zweck, die Schreibaufgabe zu internalisieren, was sich positiv auf die Textqualität auswirkt, während es zu einem späteren Zeitpunkt als Quelle zur Inhaltsgenerierung dienen kann, was wiederum als ein Prozess zur Kompensierung mangelnder Ideen angesehen werden kann, oder es dient dazu, zu sehen, ob sich der Autor auf dem richtigen Weg befindet.[213]

213 Ob die Verteilung der kognitiven Aktivitäten äquivalent zu der von erfahrenen Schreibern ist, müsste noch untersucht werden.

Einfluss des Schreibmediums

Einhergehend mit der Entwicklung von computerbasierten Schreibprogrammen existiert seit den 1980er Jahren ein gestiegenes Interesse an der Untersuchung des Einflusses des Schreibmediums auf den Schreibprozess. Krings schreibt dazu:

> „Insgesamt ist festzustellen, daß künftige empirische Untersuchungen zu Schreibprozessen der adäquaten Auswahl des Schreibmediums größere Beachtung schenken müssen und nicht mehr automatisch vom traditionellen Schreiben als selbstverständlichem Standardfall ausgehen können." (Krings, 1992: 60)

Zumeist wird der Einfluss des Computers, z. B. in Form von Textverarbeitungsprogrammen, auf den Schreibprozess und nicht das Schreibprodukt untersucht (Hill et al., 1991: 83). In den Studien stehen die Unterschiede zwischen dem Schreiben mit Stift und Papier im Vergleich zum Schreiben mit Textverarbeitungsprogrammen am Computer im Vordergrund (Hayes, 1996: 6ff.). Betrachtet wird dabei die Frage, wie das Schreiben am Computer die Schreibprozesse verändert. Verändern sich dadurch nur die schreibmechanischen Abläufe oder verändern sich dadurch auch kognitive Prozesse (vgl. Krings, 1992: 92)?

Die Ergebnisse der Untersuchungen sind sehr divergierend, gerade bei den Studien, die die Unterschiede bei der Arbeit mit Stift und Papier im Vergleich zur Arbeit mit Textverarbeitungsprogrammen[214] am Computer untersuchen. Bei den Studien wurden häufig speziell implementierte Textverarbeitungsprogramme verwendet und somit sind die Ergebnisse stark von den jeweiligen Features der verwendeten Software abhängig.

Zudem hat die Erfahrung der Probanden im Umgang mit Textverarbeitungsprogrammen einen Einfluss auf bestimmte Prozesse, wie z. B. das Revisionsverhalten (Hill et al., 1991). Bei den Untersuchungen stehen häufig nur die textuellen Änderungen und nicht der gesamte komplexe Revisionsprozess im Vordergrund. Somit erklärt sich auch, dass zwei Studien mit Studenten zu dem Schluss kamen, dass diese beim Einsatz eines Computers weniger Revisionen durchführen (Daiute, 1986; Hämischer, 1989), während eine andere Studie zu dem Ergebnis kam, dass die VP tendenziell mehr Änderungen durchführen (Lutz, 1987). Einige Studien sehen zudem positive Effekte durch das Arbeiten am Computer und eine Tendenz, dass der Autor makrostrukturelle Aspekte eher sieht (Hawisher, 1989). Die Mehrzahl der Studien zeigt jedoch, dass es eher eine Tendenz gibt, bei der Arbeit

214 Die meisten Untersuchungen mit Textverarbeitungsprogrammen wurden in den 1980er und frühen 1990er Jahren durchgeführt. Die Funktionalitäten der damaligen Tools sind nicht vergleichbar mit heutigen Textverarbeitungsprogrammen.

am Computer formale Fehler zu korrigieren und unterhalb der Satzebene zu arbeiten (Daitue, 1985; Bridwell-Bowles et al., 1987; Lutz, 1987).

Festhalten lässt sich, dass Veränderungen im Schreibmedium zu Veränderungen in der Leichtigkeit des Zugangs zu verschiedenen Prozessen führen, die das Schreiben unterstützen. Besonders die Phasen Planung und Revision scheinen vom Schreibmedium beeinflusst zu sein. Die Studien von Gould & Grischkowsky (1984) zeigten beispielsweise, dass das Lesen und Editieren am Computerbildschirm weniger effektiv ist.[215] Haas ließ in Untersuchungen (1996: 53ff.; vgl. auch 1989a & 1989b) zehn erfahrene und zehn unerfahrene Schreiber jeweils einen Text am Computer schreiben, einen Text mit Stift und Papier und einen in einer Kombination aus beiden. Dabei verglich sie das Planungsverhalten der VP mithilfe des Lauten Denkens und untersuchte, ob sich das Planungsverhalten von Anfängern und Experten unterscheidet. Wie sich zeigte, waren die Planungsprozesse der Versuchspersonen beim Einsatz des Computers insgesamt kürzer, vor der Textproduktionsphase traten weniger Planungsprozesse auf und insgesamt bewegten diese sich auf niedrigeren Ebenen.[216] Haas bezeichnet dies als sog. ‚sequentielles Planen', d. h. das Fokussieren auf lexikalische oder syntaktische Aspekte.

Bei der Arbeit mit Stift und Papier wiederum gab es mehr konzeptuelle Planungsphasen.[217] Das konzeptuelle Planen, d. h. der Fokus auf Textstruktur, Inhaltsfindung und die Entwicklung und Organisation von Ideen oder die Ausarbeitung von Beispielen, nahm hingegen bei der Arbeit am Computer ab. Bei der kombinierten Arbeit mit Stift und Papier sowie Computer waren die Ergebnisse weniger eindeutig. Die Untersuchungen von Haas (1989a & 1996) zeigten auch, dass erfahrene Schreiber trotz der Arbeit am Computer den Text ausdruckten, um beispielsweise Formatierungen durchzuführen, den Text zu reorganisieren oder den

215 Die im Vergleich zur Untersuchung von Gould aus dem Jahr 1984 wesentlich größeren Computerbildschirme und komfortableren Textverarbeitungsprogramme ermöglichen heutzutage ein einfacheres Editieren, da der komplette Text auf dem Bildschirm angezeigt wird. Jedoch werden trotzdem immer noch Tippfehler übersehen.

216 Viele Studien zum damaligen Zeitpunkt gingen von der Hypothese aus, dass der Computer kognitive Belastungen reduziert (vgl. auch Daiute, 1986), indem er einfache Aufgaben, wie z. B. eine Rechtschreibprüfung, durchführt, und dass sich der Autor dadurch besser auf komplexere Aufgaben, wie z. B. konzeptuelle Planungsprozesse, konzentrieren kann. Haas (1989) und Burtis et al. (1983) kamen allerdings zu divergierenden Ergebnissen und zeigten, dass der Fokus des Autors eher auf sequentielle Prozesse gelenkt wird.

217 Eine Untersuchung konzeptueller und linguistischer Planungsprozesse, von der Wort- bis zur Paragraphenebene, findet sich bei Schilperoord (2001).

Text Korrektur zu lesen. Insgesamt funktioniert das Lesen mit Hardcopy besser als mit dem Computer.[218] Interessant ist, dass sich die Veränderungen durch das Schreibmedium kaum unterscheiden bei unerfahrenen im Vergleich zu erfahrenen Schreibern. Auch die Untersuchungen von Burtis et al. (1983) zeigten, dass Planungsprozesse auf höheren Ebenen durch die Arbeit am Computer erschwert werden. Gerade erfahrene Schreiber verwenden oftmals Notizen, um ihre Ideen zu entwickeln und zu organisieren. Die Untersuchung von Haas zeigte, dass es bei der Arbeit mit Stift und Papier grundsätzlich mehr Notizen gab und auch mehr unterschiedliche Arten von Notizen. Fallen diese Notizen weg, verringern sich auch die höherrangigen Planungsprozesse. Auch die Erinnerungsfähigkeit scheint durch die Arbeit am Computer eher verschlechtert (Haas, 1996: 124ff.).

Verschiedene Untersuchungen belegen, dass Autoren die Arbeit am Computer als Erleichterung empfinden, da sie mehr Ideen transportieren können, weil sie weniger Zeit für das Neuschreiben benötigen. Die Untersuchungen von Daiute (1983) zeigten, dass Studenten am Computer mehr schrieben und mehr Revisionen durchführten. In einer Untersuchung mit 11 bis 16-jährigen Schülern aus dem Jahr 1986 zeigte sich jedoch überraschenderweise, dass die VP am Computer weniger Revisionen durchführten (Daiute, 1986: 153). Laut Daiute liegt dies daran, dass die Schüler andere Änderungen durchführten. Besonders die Zahl der Hinzufügungen war am Computer höher. Nachdem die Belastung des Kopierens wegfiel, schienen die Schüler ihre Texte nur noch zu überfliegen, um oberflächliche Fehler zu korrigieren, jedoch mangelte es an Änderungen auf der makrostrukturellen Ebene. Daiute folgert daraus, dass Schüler weniger von der Reduktion bestimmter physischer Aspekte profitieren als erfahrene Schreiber.

In ihrer Studie von 1986 untersuchte Daiute auch, wie sich der Einsatz eines sog. ‚Self-question prompting program' auf die Anzahl der Revisionen auswirkte. Schüler, die mit diesem Programm arbeiteten, lasen und revidierten ihre Texte gründlicher als diejenigen, die nicht damit arbeiteten. Insgesamt führte das Programm dazu, dass die Schüler mehr mit ihren Texten interagierten.

> „This study suggests that word processing features for revising are most useful for writing development when combined closely with cognitive and instructional aids that draw students into reading their texts and developing revising strategies, such as self-questioning." (Daiute, 1986: 158)

---

218 Einschränkend zu den Untersuchungsergebnissen von Haas muss hinzugefügt werden, dass sich seit dem Zeitpunkt der Publikation die Computertechnologie immens verändert hat – hin zu wesentlich größeren Bildschirmen, besserer Bildschirmauflösung und einer Vielzahl an Textverarbeitungsprogrammen.

Andere Studien (Bridwell-Bowles et al., 1987; van Waes et al., 2010) zeigen, dass der Schreibstil oder die Schreibprofile des Schreibers, d.h., ob er eine lange Planungsphase und eine kurze Revisionsphase hat oder ob er eine kurze Planungsphase und eine lange Revisionsphase hat, Auswirkungen darauf haben, wie sinnvoll der Einsatz des Computers für den Schreiber ist.

Van Waes & Schellens (2003) untersuchten anhand des Pausen- und Revisionsverhaltens, inwiefern sich im nichtakademischen Umfeld der Schreibprozess am Computer von dem mit Stift und Papier unterscheidet. Insgesamt 40 VP mussten in Gruppen aufgeteilt arbeiten. Ein Teil arbeitete mit Stift und Papier, ein anderer Teil mit einem kleinen Bildschirm und wieder ein anderer Teil mit einem größeren Bildschirm. In zwei aufeinanderfolgenden Experimenten mussten die VP jeweils einen Bericht schreiben. Diejenigen, die mit Stift und Papier arbeiteten, wurden per Videoaufzeichnung beobachtet, bei denjenigen, die am Computer arbeiteten, wurde ein *Key-Logging-Programm* eingesetzt. Dabei wurden verschiedene Variablen aufgezeichnet und ausgewertet, inklusive der benötigten Zeit, des Pausenverhaltens und des Revisionsverhaltens. Bei der benötigten Zeit wurde unterschieden zwischen der Zeit vom Beginn bis zur Fertigstellung des ersten Entwurfes (Phase 1) und vom Entwurf bis zur Fertigstellung der finalen Version (Phase 2). Die Auswertungen zeigten, dass diejenigen, die am Computer arbeiteten, in der ersten Phase nur halb so viel Zeit benötigten. Zudem waren die Texte etwa 20 % länger. Des Weiteren pausierten diejenigen, die am Computer arbeiteten, etwa 70 % mehr, was zu einem fragmentierteren Schreibprozess führte. Van Waes & Schellens bezeichnen dies als sog. ‚Word Processing Comfort', d.h., der Autor weiß, dass er jederzeit problemlos seinen Text ändern kann. Die VP pausierten öfters innerhalb eines Satzes, während diejenigen, die mit Stift und Papier arbeiteten, nach Satz- oder Abschnittsende pausierten. Obgleich diejenigen mit Stift und Papier weniger oft Pausen machten, waren die Pausen doch länger.

Dies zeigt, dass bei der Arbeit mit Stift und Papier Sätze und Paragrafen mental geplant, evaluiert und revidiert werden, bevor sie aufgeschrieben werden. Beim Revisionsverhalten zeigten sich in Bezug auf die Anzahl der Revisionen keine eindeutigen Unterschiede zwischen beiden Schreibmedien, jedoch bezogen auf die Art der Revisionen. Bei der Arbeit am Computer wurden mehr Revisionen auf Buchstabenebene durchgeführt, beim Schreiben mit Stift und Papier auf Wortebene. Auch waren die Revisionen auf höherrangigen Ebenen zahlreicher. Die Revisionen am Computer waren in der Mehrzahl formorientiert. Bei der Arbeit mit Stift und Papier wurden 50 % der Revisionen in Phase II durchgeführt, beim Computer nur 17 %. Insgesamt lässt sich schlussfolgern, dass die Arbeit am Computer zu einer Verteilung der konzeptuellen Planungsprozesse führt, d.h., die Planungsphase konzentriert sich nicht am Anfang, sondern ist gleichmäßig über den Schreibprozess verteilt.

Einige Studien untersuchen auch die Frage, ob der Einsatz des Computers zu einer nichtlinearen Textproduktion führt. Grundsätzlich verläuft der Schreibprozess selten linear, sondern rekursiv (Hayes, 1996). Severinson Eklundh (1994) beschreibt einen nichtlinearen Schreibprozess folgendermaßen:

> „In a broad sense, then, nonlinear writing means that high-level texts – editing operations – insertions and substitutions of large text passages – are regularly made at a distance from the current point of inscription." (Severinson Eklundh: 1994: 204)

Sowohl Williamson & Pence (1989), als auch Severinson Eklundh kommen in ihren Untersuchungen zu dem Schluss, dass der Einsatz des Computers nicht die einzige Erklärung für einen nichtlinearen Schreibprozess ist. Es scheint noch andere Variablen zu geben, die einen Einfluss haben können. Dazu zählen das Design des Computers und die Art der Schreibaufgabe. Je nach Komplexität der Schreibaufgabe werden mehr Problemlösungsaktivitäten beansprucht, die wiederum zu einer stärkeren Rekursivität des Schreibprozesses führen. Severinson Eklundh (1994: 207) leitet daraus drei Strategien ab:

- *Linear strategy*: Der Autor produziert einen kompletten Satz in linearer Abfolge und ohne Änderungen auf makrostruktureller Ebene.
- *Modified-linear strategy*: Der Autor produziert einen kompletten Satz in linearer Abfolge, jedoch mit mindestens einer makrostrukturellen Änderung, die einen zuvor geschriebenen Absatz betrifft.
- *Nonlinear strategy*: Der Autor verfolgt nicht die Strategie, einen Satz in linearer Abfolge zu schreiben. Er entwirft eher einen Top-level-Plan und füllt die Überschriften mit Text in nichtlinearer Abfolge.

Nach Severinson Eklundh werden nichtlineare Schreibstrategien, wie auch rekursives Schreiben, in unterschiedlichem Maß von Autoren angewendet. Die Autoren ändern ihre Schreibprofile je nach Schreibaufgabe (vgl. auch van Waes et al., 2011).

Schreibstil und Schreibprofil

Der Schreibstil eines Dokuments hat einen Einfluss darauf, wie die intendierte Zielgruppe den Text versteht. Kintsch (1992) untersuchte in einer Studie, inwiefern gutes Schreiben, also ein guter Schreibstil einerseits und Hintergrundwissen andererseits, das Verständnis eines Textes beeinflussen. Er ging dabei der Frage nach, ob gutes Schreiben fehlendes Hintergrundwissen ersetzen kann. Wird Verständlichkeit durch das Hintergrundwissen oder durch den Schreibstil erreicht?

Gibt es eine Interaktion zwischen beiden Faktoren oder additive Effekte? Gleichsam untersuchte er, ob die beiden Faktoren alle Verständniskomponenten beeinflussen oder ob sie vielleicht unterschiedliche Komponenten betreffen. Kintsch testete diese Fragen anhand verschiedener kurzer Texte. VP wurden jeweils Texte mit und ohne Überschrift vorgelegt. Im Falle von Überschriften konnte das Hintergrundwissen zum Verständnis eingesetzt werden. Darüber hinaus formulierte er die Texte in eine sehr kohärente Fassung und eine sehr verwirrende Fassung um, um zu testen, ob ein guter Schreibstil fehlendes Hintergrundwissen ersetzen kann. Beim Umformulieren der Texte achtete er dabei auf den Einsatz sog. ‚Linguistic cues'. Das sind grammatische Hinweise, wie Suffixe, Artikel, Präpositionen oder Hilfsverben, die einem Leser helfen, einen Text zu verstehen und zu interpretieren (vgl. dazu auch Kohl, 1999). In Erinnerungstests schnitten die Teilnehmer viel besser ab, wenn die Texte einen guten Schreibstil aufwiesen. Zudem schnitten erfahrene Leser besser ab als unerfahrene. Die Ergebnisse zeigten, dass bei einem gut geschriebenen Text die Sprache den Inhalt und die darin enthaltenen wichtigen Informationen unterstützt. Kintsch fand jedoch keine signifikanten Interaktionen zwischen den Faktoren Hintergrundwissen, Schreibstil und Lesefähigkeit. Seiner Meinung nach sind Hintergrundwissen und Schreibstil additiv. Hintergrundwissen führt zu einem tieferen Verständnis. Schreiben führt zu einer besseren Textbasis, aber einem oberflächlicheren Verständnis. In der Praxis sind Texte zumeist entweder mit einem Fokus auf das Hintergrundwissen geschrieben, wie im Fall von technischen Texten, oder mit einem Fokus auf den Schreibstil, wie im Fall von populärwissenschaftlichen Texten (Moravcsik & Kintsch, 1995).

Der Schreibstil ist eine bestimmte Art, den Schreibprozess zu organisieren, die sich ein Autor im Laufe der Zeit angeeignet hat und die einen Autor kennzeichnet – wie eine Art Visitenkarte (*Writing signature*) (van Waes, 1992; van Waes & Schellens, 2003; Ransdell & Levy, 1996). Hartley (2007: 293ff.) verfolgte über einen Zeitraum von 30 Jahren, inwiefern sich sein eigener Schreibstil und der von zwei weiteren Professoren verändert hatten. Er betrachtete Artikel in Zeitschriften, Forschungsbeiträge und Monografien, die die Professoren geschrieben hatten. Verglichen wurden dabei die Gesamtzahl der Wörter, die durchschnittliche Satzzahl, die durchschnittliche Anzahl der Wörter pro Satz, der prozentuale Anteil von Passivsätzen und die Lesbarkeit anhand des ‚Flesch-Kincaid-Indexes' (siehe dazu auch Kapitel 2.4.1). Bei allen drei Personen zeigte sich, dass es im Laufe der Zeit keine signifikanten Änderungen im Schreibstil gab, unabhängig davon, dass sich das Schreibmedium von handschriftlich über die Schreibmaschine hin zum Computer geändert hatte. Hartley verglich in einer zweiten Untersuchung, ob es einen Unterschied beim Einsatz von Computer und Spracherkennungssoftware gab. Auch hier waren die Unterschiede eher gering, wenn auch bei den diktierten Briefen die Sätze insgesamt etwas kürzer ausfielen. Das heißt, alle Personen entwickelten im Laufe der Jahre sog. *Writing signatures* und somit einen individuellen, konstanten Schreibstil.

Neben dem individuellen Schreibstil lassen sich auch sog. ‚Schreibprofile' (*Writing profiles*) unterscheiden (van Waes, 1992 & 2003). Zwei grundlegend unterschiedliche Schreibprofile hat bereits Chandler (1992) beschrieben, der von Planern (*Planners*) und Entdeckern (*Discoverers*) spricht. Planer sehen den Schreibprozess als ein Mittel, ihre bereits bestehenden Ideen zu kommunizieren, während Entdecker den Schreibprozess als eine Möglichkeit sehen, herauszufinden, was sie sagen möchten. Diese beiden Schreibprofile sind jeweils extreme Ausprägungen und die meisten Autoren liegen irgendwo zwischen diesen beiden Extremen (vgl. auch Sharples & Pemberton, 1992a: 220).[219,220]

Nach Hayes (1996) spiegeln Unterschiede in der Zielsetzung Unterschiede im Schreibstil wider. In einer Untersuchung ermittelte er vier verschiedene Schreibprofile:

- *Depth type*: Der Autor erarbeitet einen perfekten Satz, bevor er einen neuen Satz beginnt, d.h., alle Schreibprozessphasen werden in jedem einzelnen Satz durchlaufen.
- *Postponed Review*: Der Autor schreibt seine Gedanken nieder, so, wie sie ihm in den Kopf kommen, und führt danach die Revisionsphase durch.

---

219 Bereits 1970 hatte Stephen Spender (zitiert aus Bridwell-Bowles et al., 1987: 87f.) zwei Arten von Autoren identifiziert, die vergleichbar sind mit den Planern und Entdeckern von Sharples (1993). Spender bezeichnet diese zwei Extreme poetisch als ‚Beethovians', d.h. diejenigen, die während des Schreibprozesses herausfinden, was sie schreiben möchten, und die ‚Mozartians', die erst ausführlich planen und dann schreiben. Bridwell-Bowles et al. fügten noch eine dritte Kategorie hinzu, die sie ‚The Combinations' nannten und die zwischen beiden Extremen liegt. Auch Boehm (1993) spricht bei Planern von den sog. ‚Mozartians' und bei Entdeckern von den sog. ‚Beethovians'.

220 Sharples & Pemberton (1992a: 324) haben vier unterschiedliche Schreibstrategien identifiziert: Lineare Textproduktion (Plan-draft-revise), Erarbeiten einer Textstruktur mit Überschriften, die dann mit Text gefüllt werden (Outline-draft), Notieren von ungeordneten Ideen als erstem Entwurf (Draft-revise) und Verwenden und Anpassen bereits existierenden Materials (Cut and paste). Diese Strategien spiegeln jedoch kein grundsätzliches Schreibprofil wider.

- *Perfect first draft*: Der Autor schreibt einen perfekten Entwurf. Die Planungsphase ist dabei sehr ausgeprägt.
- *Breadth first*: Der Entwurf wird geplant und dann in allen Details ausgeführt, bevor Revisionen stattfinden.

Wie van Waes (1992: 175) zu Recht anmerkt, sind die Unterschiede zwischen den einzelnen Schreibprofilen bei Hayes nicht sehr eindeutig. Eine weitere Kategorisierung ist die von Schwartz (1983), die zu einer Typologie von insgesamt neun Profilen kommt, die wiederum in drei Oberkategorien strukturiert sind. Nach Schwartz gibt es Autoren, die mehr als nötig schreiben und dann löschen, und andere, die eher wenig schreiben und dann den Text ergänzen. In Bezug auf Revisionen gibt es Autoren, die den Text verwerfen und neu beginnen, andere, die nur wenige Änderungen durchführen, Autoren, die den Text rearrangieren, und wieder andere, die die Struktur beibehalten und Zeile für Zeile überarbeiten. Es gibt auch Unterschiede darin, was korrigiert wird. Manche legen den Fokus auf Zielgruppe und Zweck, andere achten auf Genauigkeit und Klarheit und wieder andere achten auf die korrekte Form, wie Rechtschreibung und Grammatik.

Bei genauerer Betrachtung zeigt sich, dass es sich hierbei eher um Schreibstrategien oder Revisionsstrategien handelt und weniger um Schreibprofile. Van Waes (1992: 181ff.) hat eine Kategorisierung in fünf unterschiedliche Schreibprofile aufgestellt. Er hat dazu insgesamt 40 VP (Studenten und Dozenten einer Universität) beim Arbeiten mit Stift und Papier einerseits und am Computer andererseits beobachtet. In seiner Studie wurden *Key-Logging*, Videoaufzeichnung und Interviews eingesetzt. Die Ergebnisse wurden per Cluster-Analyse ausgewertet. Van Waes kam zu folgenden Schreibprofilen:

(1) *Initial planners*: machen wenige Revisionen und diese zumeist in der zweiten Phase. Am Anfang haben sie die längste Planungsphase.
(2) *Average Writers*: sind durchschnittliche Typen (mit mittleren Werten im Vergleich zu den anderen Typen).
(3) *Fragmentary first-phase writers*: machen viele Revisionen in der ersten Schreibphase, in der zweiten Phase nur sehr wenige.
(4) *Second-phase writers*: Revisionen treten hauptsächlich in der zweiten Schreibphase auf und oberhalb der Wortebene. Die Planungsphasen sind lang mit wenigen, aber langen Pausen.
(5) *Non-stop writers*: führen am wenigsten Revisionen und vor allem im zweiten Teil durch. Es gibt wenige Revisionen oberhalb der Wortebene und weniger Pausen. Die gesamte Textproduktionszeit ist kürzer und es wird weniger geplant.

Bei der Untersuchung von van Waes zeigte sich, dass die jeweiligen Schreibprofile stark vom Schreibmedium abhängen. Das heißt, einige VP, die mit Stift und Papier zu den *Non-stop writers* gehörten, gehörten bei der Arbeit am Computer zu den *Fragmentary first-phase writers*. In einer weiteren, 2003 durchgeführten Studie wurden diese Schreibprofile noch genauer untersucht. Es bestätigte sich wieder, dass es eine starke Tendenz gibt, dass Autoren ihre Schreibprofile ändern, wenn sich das Schreibmedium ändert. Nur wenige Autoren behalten ihre Schreibprofile bei. Inwieweit sich der Schreibprozess dadurch ändert, variiert von Person zu Person. Allerdings zeigte sich, dass diejenigen VP, die beim Schreiben mit Stift und Papier ein Schreibprofil aufwiesen, das dem derjenigen, die am Computer schrieben, ähnlicher war, ihr Schreibprofil weniger stark veränderten, wenn sie am Computer schrieben.

Neben den unterschiedlichen Schreibprofilen gibt es nach Williamson & Pence (1989) auch unterschiedliche Revisionsprofile. Sie verglichen in ihrer Studie das Revisionsverhalten von Studenten bei der Arbeit mit Stift und Papier im Vergleich zur Arbeit am Computer. Die Arbeit am Computer führt nach Williamson & Pence zu drei möglichen Revisionsprofilen:

- *Linear revisers*: Diese erstellen zügig einen vollständigen Entwurf, machen wenige Pausen und scrollen nur wenige Worte oder Zeilen durch den Text. Sie machen während der Entwurfsphase nur wenige Änderungen zumeist oberflächlicher Art in kurzen Episoden. Diese Änderungen unterbrechen den Textfluss nur kurz.
- *Intermittent revisers*: Diese befassen sich lang mit der Textproduktion, jedoch stoppen sie zeitweise für Revisionen. Sie scrollen meist zum Beginn des vorhergehenden Absatzes. Die Textänderungen bewegen sich zumeist auf Phrasen- oder Satzniveau. Die Revisionsepisoden sind gleichmäßig über den Produktionsprozess verteilt und finden zumeist am Ende eines Absatzes statt.
- *Recursive revisers*: Diese zeigen kürzere Textproduktionsperioden, bis eine Revision auftritt. Diese Autoren testen oft verschiedene Wörter, Phrasen oder Sätze in kurzen Intervallen aus und experimentieren teilweise mit drei bis vier unterschiedlichen Textversionen. Sie kommen langsam voran und lesen wiederholt den Text, aber scrollen höchstens drei Zeilen zurück. Ihre Revisionsepisoden scheinen eng an den Punkt der Textgenerierung gebunden zu sein.

Williamson & Pence kamen zu dem Schluss, dass diese Revisionsprofile zum Teil Unterschiede in der Schreibkompetenz am Computer reflektieren. Der linear vorgehende Korrektor ist danach ein eher schwächerer Autor, da er eine einzige Strategie und eher mikrostrukturelle Ziele verfolgt. Im Gegensatz dazu nutzt der rekursiv vorgehende Typ den Computer für aktive Experimente mit dem Text. In diesem Fall ist die große Nähe zum Text eher positiv zu bewerten.

Zusätzliche Methoden zur Bewertung der Textqualität

Schriver (1989) teilt verschiedene Textbewertungsmöglichkeiten in textfokussierte (*text-focused*), auf Bewertungen von Experten basierte (*expert-judgment-focused*) und leserfokussierte (*reader-focused*) Ansätze ein. Textfokussierte Methoden beinhalten Lesbarkeitsformeln, Redaktionsleitfäden und automatische Sprachprüfprogramme.[221] Sie sind sehr hilfreich beim Auffinden bestimmter Fehler, können jedoch, nach Aussage von Schriver, keine Hinweise dazu geben, inwiefern die Bedürfnisse des Lesers erfüllt wurden.[222] Bei den Methoden, die auf der Bewertung von Experten beruhen, werden unterschiedliche Arten von Experten, wie z. B. fachlich qualifizierte Kollegen, technische Experten oder externe Korrektoren (vgl. auch Rijlaarsdam et al., 2004: 199ff.) hinzugezogen. Bei der Bewertung durch Fachleute können stilistische Fehler auf lokaler oder globaler Ebene sehr gut identifiziert werden, jedoch besteht die Gefahr, wenn immer die gleichen Texte bewertet werden, dass der Beurteiler irgendwann unempfänglich für die Bedürfnisse der Zielgruppe wird. Technische Experten verfügen über ein hohes Fachwissen, jedoch sind gerade diese oftmals schlecht darin, sich in den Leser hineinzuversetzen, sodass diese Art der Bewertung nicht als einzige Methode durchgeführt werden sollte. Um eine zu große Familiarität mit dem Thema und die damit verbundene Blindheit aufgrund des ‚In-house'-Effekts zu vermeiden, besteht die Möglichkeit, externe Bewerter hinzuzuziehen. Grundsätzlich sollte auch diese Methode nicht in Isolation eingesetzt werden. Leserbasierte Bewertungsmethoden wiederum basie-

221 Schriver (1989) spricht bei ihrer Einteilung von computerbasierten Stilprogrammen. Es handelt sich dabei um zu dieser Zeit verfügbare Computersysteme, die nicht vergleichbar sind mit heutigen Sprachprüfprogrammen, die aber bestimmte Prüffunktionen hatten, wie z. B. die Identifikation falscher Wörter, unangemessener Phrasen sowie kleinere Rechtschreib- und Grammatikprüfungen. Zu nennen sind in diesem Zusammenhang die ‚UNIX Writer's Workbench', ‚Critique' von IBM und ‚Grammatik III' von Reference Software.

222 Dem widersprechen Lentz & Pander Maat (1992: 101ff.), die für bestimmte Textsorten ein sog. ‚Functional Evaluation Scheme' als textzentrierte Bewertungsmethode zur Beurteilung der Textqualität entwickelt haben. Es beruht auf einer funktionalen Analyse der rhetorischen Situation. Dazu zählt, welche inhaltlichen Elemente für den Text notwendig sind, wie diese strukturiert sein sollten und wie sie in Verbindung zueinander stehen sollten, welche stilistischen und formalen Merkmale am besten zu den inhaltlichen Elementen passen und welche grafischen Features zur Realisierung dieser Ziele beitragen.

ren auf der Rückmeldung der anvisierten Zielgruppe. Diese Methoden umfassen alle unter 5.1.3 aufgelisteten Ansätze, wie die Aufzeichnung Verbaler Daten oder Verhaltensbeobachtungen. Schriver (1992) empfiehlt zusätzlich den Einsatz von Usability-Tests, bei denen der Leser oder Nutzer bei bestimmten Aufgaben zu einem Produkt, wie z. B. dem Aufbau eines Produkts gemäß Bedienungsanleitung, beobachtet wird oder der zusätzlich per Lautem Denken sein Feedback gibt.[223] Der Vorteil von leserfokussierten Ansätzen ist, dass sie am besten zeigen, wo visuelle oder verbale Probleme oder Auslassungen bestehen, denn nach Schriver liegt das größte Problem bei schlechten Texten nicht darin, was geschrieben wurde, sondern was ausgelassen wurde (vgl. auch Flower et al., 1983: 52ff.).

5.1.6 Zur Funktion von Controlled-Language-Checkern und Authoring-Memory-Systemen als externe Ressourcen im Schreibprozess

5.1.6.1 Controlled-Language-Checker und Authoring-Memory-Systeme aus kognitionswissenschaftlicher Sicht

Um die Frage zu beantworten, welche Auswirkungen der Einsatz eines CLC oder AMS auf den Schreibprozess hat, ist es zuerst einmal wichtig zu eruieren, welche Möglichkeiten zur Qualitätssteuerung und -kontrolle es gibt und in welcher Prozessphase des Schreibens die jeweiligen Tools zur Qualitätssicherung eingesetzt werden können. Die nachfolgende Grafik von Rothkegel verdeutlicht, welche Arten von Qualitätssicherungsmöglichkeiten es grundsätzlich gibt.

Abbildung 5.16: Begriffsfeld Qualitätssicherung (zitiert aus: Rothkegel, 2010: 33)

Qualität sichern		Qualität planen (Entwurf)	Qualität steuern (Ausführung + Kontrolle)	Qualität kontrollieren (Überprüfung / Vergleich)
Erfordernisse / Merkmale	Produkt (Soll)	x		x
	Prozess (Soll)	x		x
Vorgaben / Anforderungen	Prozess (Ist)		x	x
	Produkt (Ist)		x	x

223 Ausführliche Darstellungen zum Aufbau und Ablauf von Usability-Tests finden sich bei Grünwied & Kolb (2010: 128ff.).

Überträgt man das Schema von Rothkegel auf den CLC und auf das AMS, so lassen sich folgende Qualitätssicherungsmaßnahmen erkennen: Das Planen der Qualität beinhaltet die Auswahl und das Festlegen von sprachlichen Regeln im CLC. Als qualitätssteuernde Maßnahme in der Textproduktionsphase werden bereits Korrekturen während des Ausführens, also während des Schreibens, vorgenommen. Die Qualitätskontrolle beinhaltet das Prüfen eines Textes in der Revisionsphase hinsichtlich der ausgewählten sprachlichen Regeln. Das AMS liefert dem Autor bei neu geschriebenen Sätzen und bei überarbeiteten Sätzen geprüfte Vorschläge aus der Datenbank und dient somit zur Qualitätssteuerung während der Textproduktion.

Der CLC, als automatisches Sprachprüfprogramm, kann den Autor entweder direkt in der Textproduktionsphase beim Erstellen des Textentwurfs unterstützen oder in der Revisionsphase als abschließende Korrekturmöglichkeit zur Erstellung der finalen Textfassung. Das AMS wird prinzipiell in der Textproduktionsphase eingesetzt. Eine Kombination aus CLC und AMS kann entweder so erfolgen, dass beide Tools gleichzeitig in der Textproduktionsphase eingesetzt werden, oder so, dass das AMS während der Textproduktion eingesetzt wird und der CLC im Anschluss in der Revisionsphase.

Tabelle 5.2: Einsatzmöglichkeiten von Controlled-Language-Checkern und Authoring-Memory-Systemen im Schreibprozess

	CLC	**AMS**	**CLC + AMS**
Planungsphase			
Textproduktionsphase	x	x	x
Revisionsphase	x		x

Je nachdem, in welchen Schreibprozessphasen die Tools verwendet werden, erfolgt ihr Einsatz entweder interaktiv, also parallel zur Textproduktion, oder konsekutiv, d.h. zeitlich der Textproduktion bzw. Textrevision nachgelagert.

Tabelle 5.3: Interaktive und konsekutive Nutzungsmöglichkeiten von Controlled-Language-Checkern und Authoring-Memory-Systemen

	CLC	**AMS**	**CLC + AMS**
konsekutiv	x		
interaktiv	x	x	x
konsekutiv + interaktiv			x

Wenn der CLC interaktiv eingesetzt wird, so zeigt er dem Autor direkt während der Textproduktion auftretende Fehler an, was als ‚Live-Prüfung' oder ‚Echtzeitprüfung' bezeichnet wird. Wird er konsekutiv eingesetzt, so lässt der Autor seinen geschriebenen Text nach Fertigstellung des Entwurfs als Ganzes oder nur ausgewählte Abschnitte prüfen, was als ‚Batch-Prüfung' bezeichnet wird.

Das AMS zeigt dem Autor direkt während des Tippens einzelner Wörter interaktiv mögliche passende Sätze an, die der Autor übernimmt, verwirft oder mit Änderungen übernimmt. Werden sowohl CLC als auch AMS eingesetzt, dann können beide interaktiv verwendet werden. Der Autor erhält zum einen Satzvorschläge aus dem AMS und gleichzeitig werden die geschriebenen Sätze vom CLC geprüft. Oder er verwendet das AMS bei der Texterstellung und im Anschluss den CLC in der Revisionsphase. Sowohl der CLC als auch das AMS fungieren als eine Art externes LZG, das die im LZG gespeicherten mentalen Repräsentationen unterstützt (siehe dazu auch Abbildung 5.10).

Wie zuvor tabellarisch dargestellt, setzen weder der CLC noch das AMS in der Planungsphase an.[224] Einige Studienergebnisse aus Untersuchungen der Planungsphase sprechen jedoch für den Einsatz eines AMS in der anschließenden Textproduktionsphase. Wie diese Studien gezeigt haben, weisen gerade Anfänger oft eine kurze Planungsphase auf (Bereiter & Scardamalia, 1980; Flower & Hayes, 1987). Sie haben vermehrt Probleme, Zielgruppe, Kontext, Genre und Zweck zu berücksichtigen. Berufsanfänger im Bereich der Technischen Redaktion haben in ihrer Ausbildung bereits entsprechende Problemlösungsstrategien verinnerlicht. Sie müssen jedoch erst lernen, diese Strategien im Rahmen ihrer Tätigkeit innerhalb einer bestimmten Branche und eines speziellen Tätigkeitsfeldes ihres Arbeitgebers umzusetzen. Das branchenspezifische Fachwissen sowie die rhetorischen Fähigkeiten entwickeln sich erst im Laufe des Berufslebens. Bei diesem *Knowledge-crafting* wendet der Autor das fachspezifische Wissen und die rhetorischen Fähigkeiten an, um die leserseitige Textinterpretation zu erleichtern. Das, was Scardamalia & Bereiter (1987) bei unerfahrenen Schreibern als mangelndes Fachwissen bezeichnen, ist bei Berufsanfängern das nötige Fachwissen über den jeweiligen Tätigkeitsbereich des Unternehmens. Gemäß

224 Auch für die Planungsphase wurden in der Vergangenheit spezielle Programme entwickelt, die den Autor unterstützen – auch wenn diese im Vergleich zu Programmen, die den Textproduktions- und Revisionsprozess unterstützen, eher selten sind. Kellogg (1992) spricht dabei von sog. ‚Idea processors': „Idea processors are programs that assist the writer in generating and organizing ideas or concepts so that they can be communicated successfully to others." (Kellogg, 1992: 181)

Pogner (1998) lassen sich situiertes Wissen und Können in nur konkreten Arbeitszusammenhängen erlernen.

Darüber hinaus sind Berufsanfänger noch nicht vertraut mit den firmenspezifischen Redaktionsrichtlinien in Bezug auf die optische und sprachliche Gestaltung von Dokumenten, wie z. B. Installations- oder Bedienungsanleitungen. Vor diesem Hintergrund kann ein AMS die fehlende oder kurze Planungsphase zum Teil kompensieren. Der Autor kann stichwortartige Ideen in Form von Schlagwörtern schreiben und das AMS sucht dazu alle Sätze, in denen die Schlagwörter vorkommen. Die Sätze sind geprüft und entsprechen den firmeninternen Schreibrichtlinien. Diese Hilfestellung befreit den Autor zum einen von einer kognitiven Überlastung des AG und macht ihn zum anderen durch den kontinuierlichen Einsatz mit den sprachlichen Standards des Unternehmens vertraut. Durch den Einsatz des AMS werden standardisierte Sätze memoriert, die durch das kontinuierliche Anwenden zukünftig leichter aus dem LZG abgerufen werden können. Eine Anpassung oder Weiterentwicklung des individuellen Schreibstils eines Autors ist jedoch durch ein AMS allein nicht möglich. Dazu muss zusätzlich ein CLC eingesetzt werden, der anhand von stilistischen Prüfungen eine Diagnose- und Korrekturmöglichkeit bietet, die wiederum zu einem dauerhaften Lernerfolg bei den Technischen Redakteuren führt.[225]

Die Untersuchungen von Kaufer et al. (1986) und von Perl (1980) haben gezeigt, dass der eigentliche Textproduktionsprozess auf mikrostruktureller Ebene fragmentiert ist. Die Satzproduktion erfolgt also nicht in kompletten Sätzen, sondern in kleineren, fragmentierten Einheiten von mehreren Wörtern. Das AMS als externe Ressource kann dabei wertvolle Dienste leisten. Es ist darauf ausgerichtet, dem Autor nach der Eingabe einzelner oder mehrerer Wörter und somit bestimmter Satzfragmente passende Satzvorschläge aus der Datenbank zu liefern. Das heißt, der grundsätzlich fragmentierte Satzproduktionsprozess kann unterstützt werden. Die Autoren müssen die vorgeschlagenen Satzelemente daraufhin prüfen, ob und inwiefern sie dem mental geplanten Text entsprechen. Entspricht ein Satzvorschlag den Ideen des Autors, so muss er ihn nur durch Anklicken übernehmen. Dies spart Zeit und kann die kognitive Belastung des AG von der Aufgabe des Planens und Formulierens entlasten. Revisionen nehmen einen großen Teil des Schreibprozesses ein. Neben der Revision von Ideen

225 Diesen Lernerfolg bestätigen beispielsweise die Untersuchungen von Hoffmeister (2012), die im Rahmen ihrer Dissertation Technische Redakteure beim Unternehmen Volkswagen zum Einsatz des CLC CLAT befragt hat.

in der Planungsphase treten sie häufig im Textproduktionsprozess auf und im Speziellen in der eigentlichen Revisionsphase.

Wie die Untersuchungen von Hayes (1996 & 1999) und Hayes et al. (1987) gezeigt haben, hängen erfolgreiche Revisionen zu einem großen Teil von den individuellen Fehlerauffindungs- und Fehlerbehebungsstrategien ab. Ein CLC, als externe Kontrollinstanz, kann sowohl bei Revisionen in der Textproduktionsphase, als auch im Sinne eines externen Korrekturlesers oder Lektors in der Revisionsphase eingesetzt werden. Wie Hacker et al. (1994) zeigen konnten, bedingt das Auffinden von Fehlern das notwendige Wissen über die Korrektur von Fehlern. Das heißt, nur wenn ein Autor weiß, wie er einen Fehler korrigieren muss, findet er ihn auch und kann ihn korrigieren. Neben diesem Wissen tragen auch die Aspekte Zeit, Textsorte und linguistisches Wissen zum Auffinden von Fehlern bei. Das Übersehen von Fehlern trifft zwar häufiger auf Anfänger zu, jedoch übersehen selbst langjährige Experten noch Fehler, gerade im Bereich Stil (Schriver, 1989). Es handelt sich hierbei um eine Blindheit den eigenen Fehlern gegenüber (Perl, 1979; Hayes et al., 1987; Daiute, 1986; Flower et al., 1986). Die gewählte Fehlerbehebungsstrategie beeinflusst ihrerseits die Fehlerkorrektur. Wenn ein Autor einen Fehler nicht sofort korrigiert, kann das zum einen daran liegen, dass eine sofortige Korrektur zu einer Überlastung des AG führen würde, daran, dass der Autor den Fehler als nicht wichtig für die weitere Textproduktion erachtet oder daran, dass seine Fehlerbehebungsstrategien nicht ausreichend für die Fehlerkorrektur sind. Ein CLC unterstützt den Autor in seiner Fehlerbehebungsstrategie. Übersieht ein Autor einen Fehler, was besonders häufig im Bereich Orthografie der Fall ist, wird ihm der Fehler vom CLC angezeigt. Fehlt ihm das Wissen über die Korrektur eines Fehlers, wie z. B. bei Stilfehlern, so zeigt ihm der CLC entsprechende Beispiele, die dem Autor helfen, einen Satz umzuformulieren. Ein CLC vermeidet auch eine mögliche Verschlimmbesserung eines Satzes, da der Autor die Möglichkeit hat, den von ihm revidierten Satz nochmals prüfen zu lassen. Ein weiterer Grund, der für den Einsatz eines CLC spricht, ist die Tatsache, dass es für den menschlichen Korrekturleser nahezu unmöglich ist, in einem Korrekturgang Fehler aus unterschiedlichen Kategorien von formalen, oberflächenorientierten Fehlern bis hin zu Bedeutungsfehlern auf makrostruktureller Ebene gleichzeitig zu identifizieren und zu beheben (Becker-Mrotzek, 1997; Daiute, 1986). Dies würde zu einer kognitiven Überlastung des AG führen. Leijten et al. (2011) konnten zeigen, dass die empfundene Komplexität einer Revisionsaufgabe nicht von der Anzahl der Fehler abhängt, sondern von der Art der Fehler. Bedeutungsfehler sind dabei am komplexesten, jedoch stellen auch Syntaxfehler die Autoren vor größere Probleme als Orthografiefehler.

Piolat et al. (1994) konnten zeigen, dass Syntaxfehler schlechter erkannt werden als Orthografiefehler. Die Untersuchungen von Becker-Mrotzek und Daiute zeigen auch, dass die Mehrheit der Fehler auf den Bereich Orthografie fällt, gefolgt von Lexik und Syntax. Gerade bei diesen formorientierten Fehlern kann der CLC sehr hilfreich sein, da er gleichzeitig Fehler in allen Kategorien anzeigt, sodass diese in einem Arbeitsdurchgang behoben werden können. Zudem zeigt der CLC – wenn er auf firmenspezifische Terminologie und Regeln trainiert ist – bestenfalls nur die tatsächlich vorhandenen Fehler an, sodass es nicht zu einer Überkorrektur durch den Autor kommen kann (Faigley & Witte, 1981). Die Grenzen der Überprüfung liegen derzeit bei semantisch-pragmatischen Fehlern. Die Bedeutung eines Satzes kann nicht oder zumindest noch nicht von gängigen CLC überprüft werden (vgl. auch Kapitel 3.1.). Bei allen anderen Fehlern ermöglicht der CLC nicht nur eine Zeitersparnis, sondern auch eine kognitive Entlastung des Autors von Revisionsprozessen, die es dem Autor ermöglichen, seinen Fokus auf andere Schreibprozesse zu legen.

Wie die Untersuchungen von Kintsch (1992) zeigen, kann ein guter Schreibstil sogar fehlendes Hintergrundwissen seitens des Lesers ausgleichen. Grundsätzlich wirken thematisches Fachwissen und Sprachstil additiv. Die Textoberfläche, d. h. Lexik, Syntax oder Layout, und die Texttiefe, d. h. Thema und Hintergrundwissen, bilden eine Einheit. Jedoch kann ein sprachlich an die jeweilige Zielgruppe angepasstes Dokument den Verständlichkeitsprozess beim Leser positiv unterstützen. Gerade im Bereich der Technischen Dokumentation, bei der Anleitungen teilweise für einen sehr heterogenen Nutzer- bzw. Leserkreis erstellt werden müssen, hilft der CLC dem Autor dabei, einen Schreibstil zu wählen, der den Anforderungen der intendierten Zielgruppe entspricht. Im Bereich Technische Dokumentation werden Texte zumeist nicht oder nicht nur vom Autor selbst Korrektur gelesen, sondern von internen oder externen Akteuren. Da der Korrekturleser den fremden Text mit den eigenen internen Repräsentationen seiner Ziele und Intentionen abgleicht, kann es schwierig sein, diese mit den Intentionen und Zielen des ursprünglichen Autors in Einklang zu bringen (Flower et al., 1986; Hayes, 1996). Auch hier kann ein CLC helfen, die nötige Distanz zu schaffen. Es werden weder zu wenig Fehler korrigiert, weil der Korrekturleser nur diejenigen Probleme erkennt, die seinen eigenen aktiven internen Standards widersprechen, noch werden zu viele Fehler korrigiert, weil der Korrekturleser seine internen Repräsentationen in zu starkem Maße einbringt. Mithilfe des CLC werden in objektiver Form diejenigen Fehler diagnostiziert, die den allgemein gültigen sprachlichen Konventionen und im Speziellen firmeninternen Schreibrichtlinien widersprechen.

Neben der grundsätzlichen Frage, wann und warum ein CLC sinnvoll im Schreibprozess eingesetzt werden kann, ist die Frage wichtig, ob dieser interaktiv in der Textproduktionsphase eingesetzt werden sollte, oder konsekutiv in der Revisionsphase, d. h. nach Fertigstellung des Entwurfs. Grundsätzlich werden Fehler häufig direkt in der Textproduktionsphase von den Autoren korrigiert (van Waes et al., 2010). Ob Fehler direkt korrigiert werden, hängt von mehreren Variablen ab. Dazu zählen die Schreib-aufgabe, die Zielgruppe, das individuelle Schreibprofil, die Art der Fehler, die zur Verfügung stehende Zeit, die Tiefe der Textbewertung und die Schreib- und Revisionsfähigkeiten. Die Untersuchungen von Leijten et al. (2011) und van Waes et al. (2010) haben gezeigt, in welchen Fällen ein Autor zuerst den Text vollendet und dann einen Fehler korrigiert und in welchen Fällen er erst den Fehler korrigiert und dann den Text fertigschreibt. VP wählten ihre Strategie danach, bei welcher sie eine geringere Belastung des AG erwarteten. Quantitativ betrachtet wurden zudem mehr Fehler von den VP gefunden und korrigiert, wenn die Revision der Textproduktion nachgelagert erfolgte. Wird die Revision parallel zur Textproduktion durchgeführt, so konkurriert sie mit anderen Subprozessen, was zu Inferenzen und kognitiver Überlastung führen kann. Auch Daiute (1986) weist darauf hin, dass die Subprozesse Zielsetzung, Aufmerksamkeitsfokussierung, Wechsel der Aufmerksamkeit, Textproduktion und Revision gleichzeitig im AG ablaufen müssten, was eher zu einer Zunahme der Fehlerquote führt. Sie empfiehlt daher, dass Textproduktion und Revision nacheinander ablaufen sollten. Fasst man diese Untersuchungen zusammen, dann zeigt sich, dass es vom rein kognitiven Standpunkt aus eher sinnvoll ist, die Prozesse Textproduktion und Revision zeitlich zu trennen.

Die jeweils identifizierten Schreibprofile von Hayes (1996) und van Waes (1992) sowie die Revisionsprofile von Williamson & Pence (1989) zeigen, dass es große Unterschiede darin gibt, wie Autoren ihren Schreibprozess strukturieren. Je nach Profil führt ein Autor bereits in der Textproduktionsphase viele Änderungen durch, während ein anderer alle Revisionen auf die Revisionsphase verschiebt. Diese individuellen Unterschiede hängen nicht nur von der Person des Autors, sondern auch von der Komplexität der Schreibaufgabe und der Textsorte ab (Severinson Eklundh, 1994) und sicherlich auch von der Steuerung durch firmeninterne Vorgaben.

Der Einsatz eines CLC kann also für manche Autoren durchaus direkt in der Textproduktionsphase sinnvoll sein. Auch praktische Befunde aus einer Untersuchung des Alltags Technischer Redakteure beim Unternehmen SAP zeigen, dass diese ihren Schreibprozess sehr unterschiedlich gliedern und auch zu unterschiedlichen Phasen des Schreibprozesses von firmeninternen Normen und Richtlinien sowie Tools Gebrauch machen (Schmidt, 2005: 91).

Die nachfolgende Tabelle fasst zusammen, in welcher Prozessphase der CLC gemäß den Schreibprofilen bzw. Revisionsprofilen von Hayes (1996), van Waes (2010) und Williamson & Pence (1989) am besten eingesetzt würde.

Tabelle 5.4: Gegenüberstellung verschiedener Schreib- und Revisionsprofile

	Einsatz CLC in Textproduktionsphase	**Einsatz CLC in Revisionsphase**
Hayes	• Perfect first-draft • Depth type writer	• Postponed review • Breadth first
van Waes	• Fragmentary first-phase writers	• Non-stop writers • Second phase writers • Initial planners
Williamson & Pence	• Intermittent revisers • Recursive revisers	• Linear revisers

Wie man anhand der Tabelle sieht, ist gemäß den Schreibprofilen von van Waes zumeist der Einsatz des CLC in der Revisionsphase sinnvoll. Bei Hayes hält sich der Einsatz in der Textproduktionsphase im Vergleich zur Revisionsphase die Waage. Nach den drei Revisionsprofilen von Williamson & Pence bietet sich wiederum der Einsatz in der Textproduktionsphase an. Es lassen sich folglich über die individuellen Schreibprofile keine eindeutigen Rückschlüsse über den Einsatz des CLC ziehen.

Allerdings ist das Erkennen und Fixieren eines Fehlers durch den Autor nicht unbedingt zeitlich deckungsgleich mit der Anzeige des Fehlers durch den CLC. Das heißt, der CLC zeigt beispielsweise schon einen Tippfehler an, wenn der Autor diesen noch nicht entdeckt hat. Dadurch könnte es zu einer Ablenkung des Autors kommen oder dazu, dass dieser ‚den Faden verliert'. Es besteht die Möglichkeit, den CLC, wenn er interaktiv genutzt wird, nach Bedarf auszuschalten, wenn der Autor merkt, dass die kognitive Belastung zu groß wird. Der Einsatz des CLC in der Revisionsphase ist aus den bereits zuvor beschriebenen Gründen generell sinnvoll.

Die obigen Ausführungen haben gezeigt, in welchen Fällen und zu welchem Zeitpunkt im Schreibprozess CLC und AMS sinnvoll eingesetzt werden können. Neben dem Aspekt des prozessualen Einsatzes gibt es aus sozio-kognitiver Sicht einige weitere Gründe, die für den Einsatz des einen oder anderen Tools sprechen. Sowohl das AMS als auch der CLC können im Rahmen der *Distributed Cognition* als externe Ressource zur Entlastung des AG eingesetzt werden. Das AMS als Satzspeicher kann als externes Gedächtnis betrachtet werden. Die Sätze, die der Autor in seinem internen Speicher, also seinem LZG, speichern müsste, werden ausgelagert auf die Speicherung in einem externen LZG, dem AMS. Der Autor muss somit bestimmte Sätze nicht memorieren. Allerdings muss der Autor trotzdem eine interne Struktur des Textes verinnerlichen und eine Makrostruktur des Textes bilden, da er durch das AMS nicht vollständig von der Aufgabe des Memorierens von Sätzen befreit wird. Der Autor muss eine mentale Repräsentation dessen bilden, was er schreiben möchte, und er muss zumindest Satzfragmente schreiben, bevor ihm das AMS einen Vorschlag liefert. Das AMS bietet sich vor allem auch dann an, wenn mehrere Autoren gleichzeitig oder zeitlich versetzt an einem Dokument arbeiten (*Collaborative Writing*), wie es in der beruflichen Praxis sehr häufig vorkommt. Das AMS bietet hier eine gute Möglichkeit, von Anfang an eine Standardisierung und Textkonsistenz zu erreichen, da alle Autoren auf die AMS-Datenbank zugreifen und somit alle die standardisierten Sätze verwenden. Dies vermeidet auch einen uneinheitlichen Schreibstil, der anderweitig automatisch auftritt, wenn mehrere Personen ein Dokument bearbeiten.

Der CLC ist in seiner Funktion vergleichbar mit einem menschlichen Korrekturleser oder Lektor. Er kann ihn nicht grundsätzlich ersetzen, aber er entlastet den Autor oder Korrekturleser. Gerade bei der Erstellung eines Dokuments als Gesamtleistung unterschiedlicher Akteure sorgt der CLC für eine Vereinheitlichung des Sprachstils unter den Beteiligten und für das Vermeiden von Fehlern. Der CLC als externer Wissensspeicher ersetzt fehlendes linguistisches Wissen. Das heißt, die internen Revisionsprozesse von mehreren beteiligten Personen werden durch den externen Wissensspeicher ergänzt und entlastet. Der CLC führt bei längerfristigem Einsatz zu einer Vergrößerung des im LZG gespeicherten Wissens über Lexik und Grammatik.

Ein letzter und zudem sehr wichtiger Punkt ist der Einfluss des Schreibmediums auf den Schreibprozess. Verschiedene Studien haben gezeigt, dass die Arbeit am Computer zu einer Fixierung auf formale Fehler führt und makrostrukturelle Aspekte oft außer Acht gelassen werden (Daiute, 1986; Bridwell-Bowles et al., 1987; Lutz, 1987). Zumindest für Teilbereiche bzw. bestimmte Fehlerkategorien kann der CLC Hilfe leisten, indem er diejenigen Fehler aufdeckt, die vom Autor durch die Arbeit am Computer übersehen werden. Wie Haas (1989a & 1996) feststellte, führt die Arbeit am Computer zu einem sequentiellen Planen. Das bedeutet, der Autor fixiert sich auf lexikalische und syntaktische Aspekte. Durch das Wegfallen konzeptueller Planungsphasen entfällt auch häufig das Anfertigen von Notizen, Gliederungen und anderen Planungshilfen, was u. a. zu einer schlechteren Erinnerungsfähigkeit führt. Hier kann das AMS helfen. Wie die Untersuchungen von van Waes & Schellens (2010) zeigten, sind Texte am Computer durchschnittlich um bis zu 20 % länger im Vergleich zu Texten, die mit Stift und Papier erstellt wurden. Dies widerspricht häufig den firmeninternen Schreibrichtlinien, die oft aus Gründen der besseren Verständlichkeit für den Leser maximale Satzlängen vorgeben. Um dies zu umgehen, kann entweder das AMS eingesetzt werden, um von Anfang an zu vermeiden, dass die Sätze zu lang sind, da nur die freigegebenen Sätze aus der AMS-Datenbank verwendet werden. Oder der CLC wird eingesetzt, um zu lange Sätze aufzudecken und dem Autor die Möglichkeit zu geben, diese zu kürzen und nochmals prüfen zu lassen. Die nachfolgende Tabelle fasst noch einmal die oben zitierten Ergebnisse zusammen. Die Vorteile von AMS und CLC werden nach Berufserfahrung – d.h. Berufsanfänger und erfahrener Redakteur – getrennt dargestellt.

Tabelle 5.5: Gründe für den Einsatz von Controlled-Language-Checkern und Authoring-Memory-Systemen

	Berufsanfänger		**Erfahrener Redakteur**	
	AMS	CLC	AMS	CLC
Fehlendes konzeptuelles Planen	X			
Fehlendes Hintergrundwissen	X			
Unkenntnis/Vergessen Redaktionsrichtlinien	X	X		X
Fragmentierte Textproduktion	X		X	
Fehlerauffindung		X		X
Fehlerbehebung		X		X
Aufgabenumfeld	X	X	X	X
Distanz zum Text		X		X
Schreibmedium	X	X	X	X
Lerneffekt		X		X
Schreibstil		X		X
Anzahl Korrekturläufe		X		X
Fehlerart		X		X
Zeitdruck	X	X	X	X
Schreibprofil	X	X	X	X
Probleme bei kognitiven Prozessen		X		X

Wie die Tabelle zeigt, bietet das AMS besonders für Berufsanfänger einen Vorteil, da es durch die geprüften und standardisierten Satzvorschläge nicht vorhandenes thematisches Wissen ergänzt. Erfahrene Redakteure profitieren hauptsächlich von der Zeitersparnis und der Unterstützung des fragmentierten Schreibprozesses. Da das Schreibprofil nicht in Abhängigkeit von der Berufserfahrung steht, können sowohl Anfänger als auch Experten vom Einsatz eines AMS profitieren. Der CLC unterstützt sowohl den Berufsanfänger als auch den erfahrenen Redakteur in der praktischen Anwendung der Redaktionsrichtlinien und er ermöglicht einen Lerneffekt. Die Zahl der Korrekturläufe wird verringert und eine objektive Textbeurteilung ist gegeben.

Abschließend soll die Frage geklärt werden, ob eine Kombination der Funktionalitäten von CLC und AMS in einem Tool sinnvoll ist. Für den Schreibprozess sind sowohl das im LZG gespeicherte thematische Fach- und Hintergrundwissen wichtig als auch das linguistische Wissen über die Anwendung von grammatikalischen und lexikalischen Strukturen. Betrachtet man das AMS im weiteren Sinne als externen Speicher von thematischem Wissen und den CLC als externen Speicher für linguistisches Wissen, dann müssten sich – hypothetisch gesehen – beide im kombinierten Einsatz ergänzen und das AG, das damit beschäftigt ist, dieses Wissen in Einklang zu bringen, entlasten. Kellogg (2008) schreibt dazu:

> „The problem of content – what to say – and the problem of rhetoric – how to say it – consumes the writer's attention and other resources of working memory." (Kellogg, 2008: 2)

Eine Darstellung der Zusammenhänge zwischen linguistischen Prozessen und anderen schreibrelevanten Prozessen zeigt die Grafik von McCutchen (2011).

Abbildung 5.17: Zusammenhang zwischen Sprache, Wissen und Verarbeitungsprozessen des Gehirns während des Schreibens (zitiert aus: McCutchen, 2011: 52)

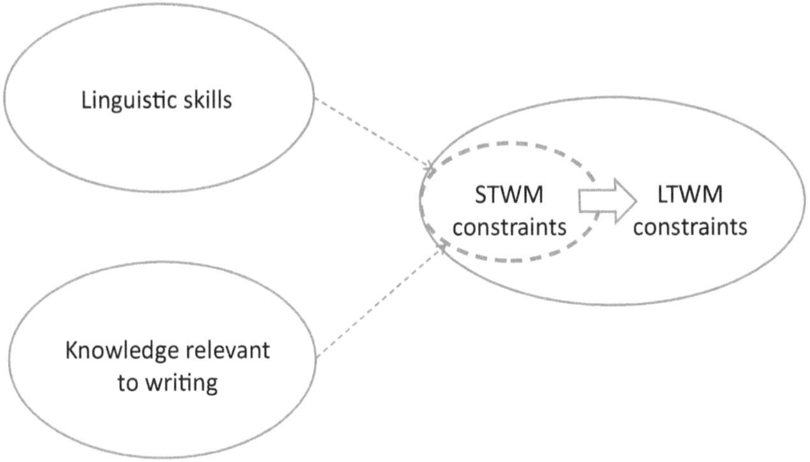

Das schreibrelevante Wissen bezieht sich bei McCutchen auf thematisches Fach- und Hintergrundwissen. Sie verwendet die Bezeichnungen ‚STWM' (*Short-Term Working Memory*) und ‚LTWM' (*Long-Term Working Memory*). Diese Bezeichnungen wurden 1995 von Ericsson & Simon geprägt. Laut McCutchen (2000: 13ff.) sind linguistische Fähigkeiten und schreibrelevantes Wissen betroffen von den Beschränkungen des AG bzw. des STWM. Mit der Zunahme von linguistischem und thematischem Fachwissen verringern sich die Beschränkungen des STWM und ermöglichen den Zugriff auf die Ressourcen des LZG bzw. LTWM. Selbst bei erfahrenen Autoren beansprucht die Textproduktion einige Ressourcen des AG. Schreibexpertise beruht also auf der Entwicklung von zwei notwendigen Komponenten: flüssige Textgenerierungsprozesse und schreibrelevantes Wissen, wie Fach- und Hintergrundwissen.

Flüssige Textgenerierungsprozesse ermöglichen den Umgang mit Beschränkungen des AG. Schreibrelevantes Wissen wiederum ermöglicht es dem Autor, die Beschränkungen des STWM zu überwinden und die Vorteile des LTWM zu nutzen. Das LTWM beinhaltet nicht nur eine begrenzte Anzahl von Elementen, die im AG aktiviert sind, sondern ebenfalls Retrievalstrukturen, die im STWM aktivierte Elemente mit Elementen im LZG verlinken. Die Ressourcen des LTWM ermöglichen dem Autor einen einfachen Zugang zu bereits geschriebenem Text, relevanten Informationen aus dem LZG sowie Vokabular und Fachwissen. Die Vertrautheit mit einem Thema kann das Schreiben beeinflussen, indem sie den Zugang zu im LZG organisierten Schemata ermöglicht, was wiederum Planungsprozesse und Revisionsprozesse erleichtern kann und sogar die Belastungen des AG während des Textproduktionsprozesses beeinflussen kann. Flüssige Textgenerierungsprozesse in Kombination mit schreibrelevantem Wissen ermöglichen es dem erfahrenen Autor, sich entwickelnde Sätze mit dem Wissen im LZG zu verbinden. Die Konstruktion von Sätzen, was die Interaktion zwischen semantischem Inhalt, Wortwahl und Syntax beinhaltet, kann beeinflusst werden von der vorherigen Textwahl, durch strukturelle Beschränkungen des Genres, durch das Wissen über eine bestimmte Zielgruppe und durch das Fachwissen.

Aus den Untersuchungen von McCutchen ergibt sich wiederum die Frage, ob man das AMS und den CLC parallel und interaktiv einsetzen sollte oder konsekutiv, also das AMS in der Textproduktionsphase und den CLC in der Revisionsphase. Es lässt sich darauf keine allgemeingültige Antwort geben, sondern im Rahmen der Arbeit können nur Hinweise geliefert werden. Die Antwort auf diese Frage ist individuell unterschiedlich und auch davon abhängig, ob ein Autor beide Prozesse gleichzeitig mental koordinieren kann oder ob dies zu einer

Überlastung des AG führt. Werden beide Tools parallel[226] eingesetzt, dann muss der Autor in einem Schritt, d.h. in diesem Fall in jedem Satz, Textproduktion und Revision durchführen, bevor er zum nächsten Satz übergeht. Für manche Autoren, die das entsprechende Schreibprofil aufweisen, erst einen ‚perfekten Satz' zu schreiben, bevor sie weiterschreiben, dürfte sich diese Variante besonders gut eignen. Dies würde dem ‚Depth type' bei Hayes (1996) bzw. den ‚Initial Planners' bei van Waes (1992) entsprechen.

Die Nutzung des CLC in der Revisionsphase wiederum entspricht dem Typ ‚Postponed Review' bei Hayes. Betrachtet man den Einsatz nicht vom Standpunkt der Textproduktion, sondern der Revision, dann wäre der Einsatz des CLC gemäß den Ergebnissen von Williamson & Pence (1998) auch davon abhängig, wie sich die Revisionsperioden im Schreibprozess verteilen, also eher gleichmäßig oder kürzer und länger je nach Prozessphase.

Nachdem in diesem Kapitel die Vorteile des Einsatzes von CLC und AMS aus kognitiver und sozio-kognitiver Sicht betrachtet wurden, erfolgt in den nächsten Kapiteln eine detaillierte Betrachtung aus technologischer Sicht zur Klärung, ob die mentale Unterstützung des Schreibprozesses durch die Funktionalitäten der Tools sinnvoll umgesetzt wird.

5.1.6.2 Authoring-Memory-Systeme aus Anwenderperspektive

In diesem Kapitel wird stellvertretend für AMS der ‚Congree Authoring Server' der Firma Congree exemplarisch betrachtet. Sofern es grundlegende Unterschiede zum ‚crossAuthor Linguistic'[227] der Firma Congree gibt, der, wie bereits in Kapitel 3 beschrieben, weiterhin als OEM-Produkt vertrieben wird und als Add-On zum Across Language Server verwendet wird, werden diese erwähnt. Im Fokus dieses Kapitels stehen die folgenden Fragen:

(1) Welchen praktischen Nutzen und welche Vorteile im Schreibprozess bietet das AMS dem Anwender?
(2) Welche Grenzen, speziell in Bezug auf den Suchmechanismus, gibt es?
(3) Welche Verbesserungsmöglichkeiten gibt es und wie kann das System noch individueller angepasst werden?

---

226 Es gilt hier anzumerken, dass nicht zwangsläufig zwei einzelne Tools eingesetzt werden, sondern beide Tools in einer Benutzeroberfläche integriert sein können und der Nutzer auswählt, ob er beide zusammen nutzt.

227 Das hier untersuchte AMS ‚Congree Authoring Server' lag in der Version 3 vor.

Der crossAuthor Linguistic und der Congree Authoring Server arbeiten, wie bei AMS üblich, mit einem zeichenkettenorientierten Suchmechanismus. Das AMS verwendet die in der Datenbank gespeicherten Segmente, die es dem Autor zur Wiederverwendung anbietet. Auf eine Darstellung der einzelnen Funktionen und Features soll an dieser Stelle nicht näher eingegangen werden, da diese bereits in Kapitel 3.2.1 in der Toolbeschreibung näher erläutert wurden. Für die Untersuchung der oben genannten Fragen wurden Sätze aus verschiedenen Installationsanleitungen, namens **SB1** und **STP**, als Testdateien ausgewählt, die in Wortwahl und Syntax gleich oder ähnlich denen der Installationsanleitung **SB** sind, die als Datenbasis in crossTank dient.

Weder in crossAuthor Linguistic noch im Congree Authoring Server lässt sich einstellen, ab welcher Anzahl getippter Wörter Ergebnisse angezeigt werden, jedoch kann die Anzahl der getippten Zeichen festgelegt werden, die notwendig sind, bis die Suche startet. Das Tool reagiert schnell auf eingegebene Wörter. Es folgen ein paar Beispiele. Die fett markierten Wörter zeigen, wie viele Wörter für die Anzeige des gewünschten Suchergebnisses notwendig sind.

<u>1 Wort:</u>
Weiterführende Informationen finden Sie unter www. SMA.de.
Bestimmungsgemäße Verwendung
Abweichende Verwendungsarten, der Umbau des Sunny Boy und der Einbau von Bauteilen, die nicht von SMA Solar Technology AG empfohlen oder vertrieben werden, sind nicht erlaubt.

<u>2 Wörter:</u>
Beachten Sie die örtlichen Vorschriften für die Erdung der Module und des PV-Generators.
Montage auf festem Untergrund.

<u>3 oder 4 Wörter:</u>
Die in dieser Anleitung beschriebenen Tätigkeiten dürfen nur mit entsprechender Qualifikation durchgeführt werden.
Der Sunny Boy ist ein PV-Wechselrichter, der den Gleichstrom des PV-Generators in netzkonformen Wechselstrom wandelt und den Wechselstrom in das öffentliche Stromnetz einspeist.
Der Sunny Boy darf nur mit PV-Generatoren (PV-Module und Verkabelung) der Schutzklasse II betrieben werden.

Im Rückblick auf das vorherige Kapitel, in dem dargestellt wurde, welche Vorteile ein AMS als externe Ressource im Schreibprozess bringt, sollte ein AMS die Kriterien erfüllen, dass es eine Zeitersparnis bietet, Inkonsistenzen vermeidet, die Belastungen des AG reduziert und den fragmentierten Textproduktionsprozess unterstützt. Die ersten beiden Aspekte sind hauptsächlich praktischer Natur.

Eine Zeitersparnis kann dadurch erreicht werden, dass der Autor die Sätze nicht komplett neu tippen muss und die Revisionsphase verkürzen kann, wenn er hauptsächlich die vom AMS generierten (und geprüften) Ergebnisse verwendet. Durch die Verwendung der Terminologievorschläge aus ‚crossTerm' und die Verwendung der Satzvorschläge des AMS lassen sich Inkonsistenzen einschränken, gerade wenn Texte durch mehrere Autoren mit unterschiedlichen Schreibstilen erstellt werden. Eine Verringerung von Belastungen des AG sollte sich durch die Satzvorschläge des AMS ergeben, da das AMS dem Autor eine Hilfestellung bietet, indem es Repräsentationen liefert, die nicht im AG und LZG gespeichert sind. Der ohnehin fragmentiert ablaufende Textproduktionsprozess wird dadurch unterstützt, dass das AMS, wie bereits oben beschrieben, nach der Eingabe weniger Wörter Suchergebnisse anzeigt. Um die Textproduktionsphase sinnvoll unterstützen zu können, muss das AMS jedoch verlässliche Ergebnisse liefern. Das bedeutet, das AMS sollte dem Autor sowohl bei der Eingabe eines Satzes als auch bei der Eingabe von einzelnen Wörtern, Schlagwörtern oder Phrasen Ergebnisse liefern. Dieser Aspekt ist deshalb von besonderem Interesse, da sich ein Technischer Redakteur vielleicht nur an Teile eines zuvor geschriebenen Textes erinnert, aber nicht an den vollständigen Satz. Dies wiederum wirft die Frage auf, inwiefern die Eingabe deckungsgleich mit dem Wortlaut der in der Datenbank gespeicherten Segmente sein muss, um zu einem Ergebnis zu führen.

Der Congree Authoring Server zeigt im Fenster ‚Congree Authoring Memory', das die Vorschläge aus der Satzdatenbank liefert, die Ergebnisse zweier unterschiedlicher Algorithmen.[228] Die Ähnlichkeitssuche entspricht der zeichenkettenorientierten Suche von TMS, bei der Sätze Wort für Wort verglichen werden und die als prozentualer Wert zwischen 0 und 100 % angegeben wird.[229] Bei

228 Vgl. dazu auch das 'Congree Handbuch zum Authoring Client', Congree Authoring Server 3, 2015: 25.

229 Der Nutzer kann entscheiden, welche Ähnlichkeitswerte angezeigt werden, und z. B. Werte, die unter einem bestimmten Schwellenwert liegen, ausblenden. Die Abzüge, die bei Satzabweichungen vorgenommen werden, entsprechen bestimmten Prozentwerten, die sich durch unterschiedlichen Text, Groß-/Kleinschreibung, Zahlen und Längenbeschränkungen ergeben. Die Werte können nicht verändert werden. Abzüge bei umgestellten Wörtern, Sonderzeichen, unterschiedlicher Zeichensetzung, Struktur oder verschiedenen Inlineelementen können im ‚Congree Control Center' unter ‚Settings' bearbeitet werden (Congree Handbuch zum Authoring Client, Congree Authoring Server 3, 2015: 33ff.).

der Konkordanzsuche werden vom Programm Sätze gesucht, in denen die vom Autor eingegebenen Wörter enthalten sind. Die gemessenen Ähnlichkeitswerte der Konkordanzsuche können sehr gering sein, da sich die Sätze inhaltlich stark unterscheiden. Für den Autor stellen sie jedoch eine sinnvolle ergänzende Suchmöglichkeit dar.

Die nachfolgenden Beispiele demonstrieren die Suchergebnisse bei Eingabe einzelner Schlagwörter oder Phrasen. Was die Eingabe einzelner Wörter betrifft, funktioniert die Suche, wenn man prägnante Begriffe bzw. Schlagwörter eingibt, teilweise gut. Beispielsweise führt die Eingabe der folgenden Wörter jeweils zum gesuchten Satz oder der gesuchten Überschrift:

→ Gültigkeitsbereich, Zielgruppe, PV-Wechselrichter, öffentliches Netz, Gleichstrom, Stringausfallerkennung oder Überspannungsableiter

Die hier getesteten Schlagwörter kommen alle in den Installationsanleitungen von SB1 und STP vor und wurden vom AMS gefunden. Um die Treffergenauigkeit zu erhöhen, ist es wichtig, auf eine gut gepflegte Terminologiedatenbank in ‚crossTerm' zu achten. Hier können Vorzugsbenennungen, zugelassene Terme[230] und Negativterme hinterlegt werden. Würde ein Autor z. B. eine andere Benennung als ‚Solargenerator' verwenden, dann würde eine Meldung von ‚crossTerm' erscheinen. Der Autor kann dann im Congree Authoring Server durch Klicken auf den Term eine Verbindung zu ‚crossTerm Web' aufbauen und erhält detaillierte Informationen.

230 Zugelassene Terme sind erlaubte Benennungen, für die jedoch eine synonyme Vorzugsbenennung vorliegt (Congree Handbuch zum Authoring Client, Congree Authoring Server 3, 2015: 60).

Abbildung 5.18: Eintragstruktur in crossTerm Web

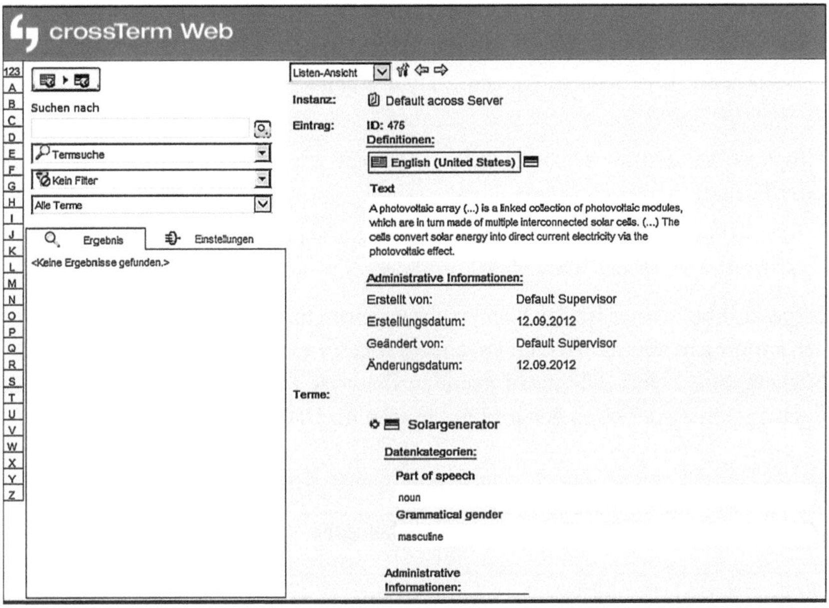

Die Suche funktioniert auch, wenn z. B. anstelle von ‚öffentliches Netz' der Plural ‚öffentliche Netze' eingegeben wird. Die Termdatenbank liefert dann den Vorschlag ‚öffentliches Netz'. Wird jedoch ein Wort gesucht, das zwar ähnlich zu einem Begriff in der Terminologiedatenbank ist, das jedoch nicht hinterlegt ist, so liefern weder die Ähnlichkeitssuche noch die Konkordanzsuche oder die Suche in der Terminologiedatenbank ein Ergebnis. Hierzu müsste der Text morphologisch analysiert werden, um ähnliche Wörter erkennen zu können.

Grundsätzlich gilt es zu bedenken, dass ein Term oftmals nicht aus einem einzelnen Wort besteht, sondern, je nach Sprache, häufig Mehrwortbenennungen vorkommen. Hinzu kommen Fachphrasen oder ggf. ganze Sätze, die in die Terminologiedatenbank übernommen werden müssten. Die Aufnahme von Mehrwortbenennungen in die Datenbank bringt Vor- und Nachteile. Häufig weisen diese Mehrwortbenennungen unterschiedliche syntaktische Muster auf und sind maschinell nicht mehr oder nur sehr schwierig überprüfbar.

Im Fall von aus zwei oder mehr Wörtern bestehenden Phrasen führt die Suche nicht immer zu einem Ergebnis. Exemplarisch wurden aus den betrachteten Installationsanleitungen für PV-Wechselrichter verschiedene Phrasen ausgewählt, nach denen ein Technischer Redakteur bei der Erstellung eines Dokuments suchen könnte. Die folgenden Phrasen wurden richtig erkannt:

> → Sichtbare Beschädigungen, AC-Klemme schließen, Installationsland Anschluss Schutzleiter, Last trennen, Schrauben lösen, Anforderungen EMV-Richtlinie, Anschlussleitungen

Hingegen werden die nachfolgenden exemplarisch ausgewählten Schlagwörter oder Phrasen nicht gefunden:

> → Maximale Leitungslängen, Installationsland Anschlussklemmen, Grenzwerte überschreiten, ausreichende Wärmeabfuhr gewährleisten, Anschlussleitungen Steckverbinder

Insgesamt betrachtet ist das Suchergebnis gemischt. Bei der Eingabe von Phrasen kann nicht automatisch davon ausgegangen werden, dass die Datenbank ein Suchergebnis liefert. Die nachfolgenden Beispiele zeigen die unterschiedlichen Suchergebnisse der oben genannten Phrasen im Detail:

Tabelle 5.6: Beispiele für Suchergebnisse im Authoring-Memory-System

Gesuchter Satz	**Sucheingabe**	**Ähnlichkeitssuche**	**Konkordanzsuche**
Prüfen Sie den Lieferumfang auf Vollständigkeit und äußerlich **sichtbare Beschädigungen**.	sichtbare Beschädigungen	○	✓
Halten Sie folgende Mindestabstände zu Wänden, anderen Geräten oder Gegenständen ein, um eine **ausreichende Wärmeabfuhr** zu **gewährleisten** und ausreichend Platz zum Abziehen des ESS zu haben.	ausreichende Wärmeabfuhr gewährleisten	○	○
Wenn im **Installationsland** ein zweiter Schutzleiter-**Anschluss** gefordert ist (z. B. Schweiz), können Sie den Wechselrichter zusätzlich durch einen zweiten **Schutzleiter** an der **Anschlussklemme** am Gehäuse erden.	Installationsland Anschluss Schutzleiter	○	✓
	Installationsland Anschlussklemme	○	✓
	Installationsland Anschlussklemme**n**	○	○
Die **maximale Leitungslänge** darf nicht überschritten werden.	Maximale Leitungslänge**n**	○	○

Gesuchter Satz	Sucheingabe	Ähnlich-keitssuche	Konkor-danzsuche
	Maximale Leitungslänge	○	○
Die **Anschlussleitungen** der PV-Module müssen mit **Steckverbindern** ausgestattet sein, damit die Steckverbinder an die DC-Steckverbinder des Wechselrichters angeschlossen werden können.	Anschlussleitung	○	○
	Anschlusslei-tungen	○	✓
	Anschlussleitung Steckverbinder	○	○
	Anschlusslei-tungen Steck-verbinder	○	✓
Sie müssen jeden Wechselrichter mit einem eigenen Leitungsschutzschalter absichern, um den Wechselrichter unter **Last** sicher zu **trennen**.	Last trennen	○	✓
Schraube (A) zur Hälfte **lösen**.	Schraube lösen	○	✓
Der Wechselrichter erfüllt sonst die **Anforderungen** der **EMV-Richtlinie** nicht mehr und verliert somit die Betriebserlaubnis.	Anforderung**en** EMV-Richtlinie	○	✓
	Anforderung EMV-Richtlinie	○	○
	EMV-Richtlinie	○	✓
Alle Klemmen der **AC-Klemme** wieder **verschließen**.	AC-Klemme verschließen	✓	✓
	AC-Klemme**n** verschließen	✓	○
	AC-Klemme schließen	○	○
Folgende **Grenzwerte** am DC-Eingang des Wechselrichters dürfen nicht **überschritten** werden:	Grenzwerte überschreiten	○	○
	Grenzwerte überschritten	✓	○

Gesuchter Satz	Sucheingabe	Ähnlichkeitssuche	Konkordanzsuche
Der Wechselrichter kann für verschiedene **Länder konfiguriert** werden.	Länder konfigurieren	○	○
	Länder konfiguriert	○	✓
Der Sunny Boy ist ein PV-Wechselrichter, der den Gleichstrom eines PV-Generators in netzkonformen **Wechselstrom wandelt** und diesen in das öffentliche Stromnetz einspeist.	Wechselstrom wandeln	○	○
	Wechselstrom wandelt	✓	○
Wahl des Montageorts	Montageort wählen	○	○

○ = Kein Ergebnis generiert
✓ = Gesuchter Satz wird gefunden

Die Ähnlichkeitssuche liefert kein Ergebnis, wenn die statistisch berechnete Ähnlichkeit unter einem festgelegten Schwellenwert liegt (standardmäßig 50%) und wenn die Satzlängen unterschiedlich sind. Bei näherer Betrachtung der exemplarisch ausgewählten Phrasen zeigen sich folgende Fälle, in denen kein Ergebnis generiert wird:

- Singular/Plural: Maximale Leitungslänge – Maximale Leitungslängen
- Infinitiv/gebeugte Form: Grenzwerte überschreiten – Grenzwerte überschritten
- Abweichende Schreibung: schließen – verschließen
- Nominalstil/Verbalstil: Wahl des Montageorts – Montageort wählen
- Direkte Anrede/Imperativischer Infinitiv: Prüfen Sie... – ... prüfen

Hierfür gibt es zwei Gründe. Die Konkordanzsuche liefert nur bei exaktem Wortlaut Ergebnisse. Die Ähnlichkeitssuche funktioniert wiederum nur, wenn die Buchstabenabfolge nicht zu stark variiert und wenn die Entfernung der gesuchten Wörter im Satz nicht zu groß ist. Wie die Beispiele auch zeigen, bringt die Kombination beider Suchmechanismen – Ähnlichkeitssuche und Konkordanzsuche – Vorteile, da teilweise entweder die eine oder die andere Suche ein Ergebnis liefert. Durch die oben genannten Probleme in der abweichenden Schreibung bei Numerus, Genus oder Kasus kommt es jedoch auch in einigen Fällen dazu, dass kein Suchergebnis generiert wird. Im Falle eines Tippfehlers liefert das AMS grundsätzlich kein Ergebnis.

Um zu verlässlichen Ergebnissen zu führen, müsste die Suche nach Schlagwörtern durch Methoden aus dem Information Retrieval gestützt werden, wie z. B. durch das Annotieren der Wörter mittels Deskriptoren. Die Schlagwortsuche kommt dann zum Einsatz, wenn ein Redakteur eine vage Vorstellung davon hat, was er schreiben möchte, sich aber nicht mehr an den genauen Wortlaut eines Satzes erinnert. Häufiger gibt es jedoch Fälle, in denen ein bestehender Text überarbeitet wird. Beispielsweise könnte für die Erstellung der Installationsanleitung eines neuen Modells aus einer Baureihe (**STP**) ein Text für eine Anleitung aus einer anderen Baureihe (**SB**) verwendet werden. Hierbei stellt sich die Frage, wie gut in Wortwahl und Syntax abweichende und mehr oder weniger semantisch ähnliche Sätze erkannt werden. Im Fall von kompletten Sätzen ist das Ergebnis auch sehr gemischt.

<u>Folgende ähnliche Sätze wurden gefunden:</u>

Tabelle 5.7: Beispielsätze aus einer Installationsanleitung

Text in SB (Datenbasis)	**Text in STP**	**Ergebnis**
Weiterführende Informationen **können Sie im Downloadbereich** von www.SMA.de **herunterladen**.	Weiterführende Informationen zu speziellen Themen, wie z. B. zur Auslegung eines Leitungsschutzschalters, oder die Beschreibung der Betriebsparameter, **finden Sie im Downloadbereich** unter www.SMA.de.	Der Satz aus SB wird nach vollständiger Eingabe des Satzes aus STP gefunden.
Anschlussbedingungen ihres Netzbetreibers beachten.	Beachten Sie die Anschlussbedingungen ihres Netzbetreibers.	Der Satz wird aufgrund des Wortes „Anschlussbedingungen" gefunden.
Anforderungen an die angeschlossenen Module:	Für den Eingangsbereich A gelten folgende **Anforderungen an die angeschlossenen Module**:	Der Satz wird gefunden.
Ist das Gehäuse **des Lüfters** nur mit losem Staub **verdreckt**, kann es mit Hilfe eines Staubsaugers gereinigt werden.	Ist das Gehäuse **der Lüfter** nur mit losem Staub **verschmutzt,** können Sie es mit Hilfe eines Staubsaugers reinigen.	Der Satz wird gefunden.
Wird mit dem Staubsauger kein ausreichendes Ergebnis **erzielt**, besteht die Möglichkeit, den Lüfter zur Reinigung auszubauen.	**Wenn Sie** mit dem Staubsauger kein ausreichendes Ergebnis **erzielen**, können Sie die Lüfter zur Reinigung ausbauen, wie in den folgenden Kapiteln beschrieben.	Der Satz wird gefunden.

Text in SB (Datenbasis)	Text in STP	Ergebnis
Gehäuse **mit einer weichen Bürste, einem Pinsel** oder einem Tuch und Wasser **reinigen**.	Das Lüftungsgitter **mit einer weichen Bürste, einem Pinsel** oder mit Druckluft **reinigen**.	Der Satz wird gefunden.
Erfragen Sie bei der SMA Service Line das Installateurs-passwort.	Installateurspasswort bei der SMA Serviceline **erfragen.**	Der Satz wird gefunden.
In der **Laufzeile** des Displays werden bei einem Update entsprechende **Display-Meldungen** angezeigt.	In der **Textzeile** des Displays werden bei einem Update entsprechende **Display-Meldungen** angezeigt.	Der Satz wird gefunden.
Prüfung der Varistoren	Varistoren prüfen	Die Überschrift wird gefunden.
Austausch der Gehäusedeckel	Gehäusedeckel austauschen	Die Überschrift wird gefunden.

Folgende ähnliche Sätze wurden **nicht** gefunden:

Tabelle 5.8: Beispielsätze aus einer Installationsanleitung

Text in SB (Datenbasis)	Text in STP	Ergebnis
Korrekten **Sitz** auf beiden Seiten **prüfen**.	Festen **Sitz** des Wechselrichters **prüfen**.	Der Satz wird nicht gefunden.
Um den **Sunny Boy** vor Diebstahl zu schützen, **kann er** mit einem Schloss an der Wandhalterung gesichert werden.	Um den **Wechselrichter** vor Diebstahl zu schützen, **können Sie ihn** mit einem Schloss an der Rückwand sichern.	Der Satz wird nicht gefunden.
Alle **sechs unverlierbaren** Deckelschrauben lösen und Deckel abnehmen.	Alle **6 unverlierbaren** Schrauben des unteren Deckels lösen.	Die Eingabe des neuen Satzes liefert das Ergebnis ‚Schrauben des oberen Deckels lösen'. Gibt man ‚Alle **sechs** unverlierbaren Schrauben des unteren Deckels lösen' ein, erscheint der alte Satz. Gibt man jedoch die Zahl als Ziffer ein, erscheint kein Ergebnis.
Prüfung **des Lüfters**	**Prüfung der Lüfter**	Die Eingabe der Pluralform ‚Prüfung der Lüfter' liefert das Ergebnis ‚Prüfung der Varistoren'.

Text in SB (Datenbasis)	Text in STP	Ergebnis
Prüfen Sie die Luftströmung des Lüfters.	Luftströmung beider Lüfter **prüfen**.	Der Satz wird nicht gefunden.
An der DC-Seite des **Sunny Boy tritt** Überstrom **auf** und der Sunny Boy schaltet ab.	An der DC-Seite des **Wechselrichters ist** ein Überstrom **aufgetreten** und der Wechselrichter hat die Einspeisung kurzzeitig unterbrochen.	Der Satz wird nicht gefunden.
Erdschlussprüfung	PV-Generator auf **Erdschluss prüfen.**	Der Satz wird nicht gefunden.
Demontage	Wechselrichter **demontieren**	Der Satz wird nicht gefunden.
Verpackung/Lagerung/ Entsorgung	Wechselrichter verpacken/lagern/ entsorgen	Die Überschriften werden nicht gefunden.

Die oben genannten Beispielsätze zeigen, dass kleine Veränderungen in der Formulierung darüber entscheiden, ob ein Satz gefunden wird oder nicht.

Ein dritter Aspekt, der einen Einfluss auf die Ähnlichkeitssuche hat, ist die Satzsegmentierung. Die Satzsegmentierung wird nicht im Congree Authoring Server festgelegt, sondern erfolgt im TMS, dessen Daten in das AMS (Congree Authoring Server) importiert werden bzw. auf die das AMS zugreift (crossAuthor Linguistic). Die Satzsegmentierung folgt den vom Hersteller festgelegten Regeln, die zu Fehlern führen können.[231] Beispielsweise führt ein Punkt gefolgt von einem Leerzeichen und einem Kleinbuchstaben (Tippfehler) dazu, dass dies nicht als Satzende interpretiert wird. Darüber hinaus kann der Nutzer bei einem Alignment festlegen, ob bei längeren Abschnitten die Sätze gesplittet in die Datenbank aufgenommen werden sollen. Wenn diese Einstellung nicht getroffen wird, dann werden teilweise Abschnitte aus mehreren Sätzen als ein einziges Segment in der Datenbank gespeichert. Das nachfolgende Beispiel verdeutlicht dies:

In einem Dokument ist der folgende Satz enthalten:

> „Diese Anleitung ist für ausgebildete Elektrofachkräfte."

Der Autor möchte nun diese Aussage genauer spezifizieren und schreibt als nächsten Satz:

231 Siehe dazu Congree Handbuch zum Authoring Client, Congree Authoring Server 3, 2015: 31ff.

> „Die in diesem **Dokument** beschriebenen Tätigkeiten dürfen nur ausgebildete Elektrofachkräfte ausführen."

In diesem Fall zeigt ihm das AMS, dass es einen ähnlichen Satz bereits in der Datenbank gibt:

> „Die in dieser **Anleitung** beschriebenen Tätigkeiten dürfen nur ausgebildete Elektrofachkräfte ausführen."

Der Autor könnte jedoch auch schreiben:

> „Die in diesem **Dokument** beschriebenen Tätigkeiten dürfen nur **mit entsprechender Qualifikation durchgeführt werden**."

In diesem Fall würde das AMS nur dann ein Ergebnis liefern, wenn der Satz einzeln und unabhängig vom ersten Satz in der AMS-Datenbank hinterlegt wäre. Nachfolgend werden noch einmal die Ergebnisse der Untersuchung zusammengefasst und mögliche Verbesserungsmöglichkeiten aufgezeigt.

Zusammenfassung

Bezüglich der Reaktionszeit des Congree Authoring Servers auf eingegebene Wörter und die Geschwindigkeit der Ergebnisanzeige arbeitet das Programm zufriedenstellend. Die Anzahl der angezeigten Suchergebnisse lässt sich sowohl beim crossAuthor Linguistic als auch beim Congree Authoring Server auf der Registerkarte ‚Einstellungen' festlegen. Könnte man noch einen Schwellenwert, also die Mindestzahl eingegebener Wörter, festlegen, ließen sich noch mehr – aber möglicherweise auch ungenauere – Ergebnisse anzeigen. Die Entscheidung liegt darin, ob eine höhere Precision oder ein höherer Recall[232] bevorzugt wird. Nachfolgend wird noch einmal zusammengefasst, von welchen Faktoren die Suchergebnisse des AMS abhängen und welche Probleme auftreten:

- Die Worterkennung bzw. Synonymerkennung hängt von Aufbau und Pflege der Termdatenbank ab.
- Tippfehler verhindern, dass ein Ergebnis gefunden wird.
- Teilweise ist ein identischer Wortlaut mit Sätzen in der Datenbank erforderlich.
- Flexionen bei Kasus, Numerus und Genus können nicht verarbeitet werden.
- Ein unterschiedlicher Schreibstil (Verbal-/Nominalstil) verhindert Suchergebnisse.
- Es ist eine große Datenbasis gleicher oder ähnlicher Sätze erforderlich.

---

232 Recall betrifft die Vollständigkeit eines Suchergebnisses und Precision die Genauigkeit eines Suchergebnisses.

Die Eingabe einzelner Schlagwörter funktioniert dann, wenn diese Schlagwörter als Fachterminologie in crossTerm hinterlegt sind. Im Fall von jeglicher Art von Subsegmenten und auch kompletten Sätzen ist das Ergebnis durchwachsen, wie die oben angeführten Beispiele zeigen. Bei Sätzen führen interessanterweise marginale Änderungen wie Schreibung im Singular oder Plural zu größeren Problemen als die Veränderung mehrerer Satzbestandteile. Was deutlich wird, ist, dass das Erkennen von Tippfehlern sowie von Abweichungen in Genus, Numerus oder Kasus nicht funktioniert. Bei anderen AMS, wie dem ‚[i]-match' der Firma itl, werden Wörter, nach Aussage des Herstellers, trotz Tippfehlern erkannt.

Im Congree Authoring Server ist das Problem der Nichterkennung von Wörtern bei Tippfehlern durch die Kombination mit der linguistischen Analyse (CLAT) gelöst worden. Eine andere Lösung ist die Integration eines Korrektursystems. Bei Korrektursystemen gibt es verschiedene Arten, die auf unterschiedliche Weise, wie z. B. durch das Erkennen von Nicht-Wörtern, dafür sorgen, dass Wörter trotz Schreibfehlern erkannt werden (Fliedner, 2010: 555). Für ein verlässliches Erkennen der Abweichungen in Numerus oder Kasus wären, wie z. B. bei CLC, morphologische und syntaktische Analysen notwendig. Im Fall von Synonymen helfen in crossTerm hinterlegte Angaben zu bevorzugten Termen oder Negativtermen, Suchergebnisse zu liefern. Die grundsätzlich nicht konsistente Verlässlichkeit der Suchergebnisse des AMS zeigt wieder das Problem der zeichenkettenorientierten Verfahren. Das TMS ermittelt im Übersetzungsprozess mögliche passende Segmente aus der Datenbank anhand eines Textes, der also zum Zeitpunkt des Vergleiches schon existiert und mit der Datenbank abgeglichen wird. Das AMS jedoch wird im Schreibprozess dann eingesetzt, wenn ein Text erst im Entstehen ist, d. h., seine Funktion besteht im Vergleich zum Übersetzungsprozess nicht in einer Art Vorübersetzung, sondern es dient, wie bereits erwähnt, der Informationssuche während der Textproduktion. Da die Suchergebnisse des AMS nicht immer verlässlich sind, bedeutet dies für den Technischen Autor, dass er sich sehr genau an Standardformulierungen erinnern muss, damit das AMS Ergebnisse findet. Theoretisch bestände die Möglichkeit, zuerst den kompletten Text zu beenden und dann das AMS bei jedem Satz nach einer Entsprechung in der Datenbank suchen zu lassen. Dies ist jedoch nicht Sinn und Zweck des Tools. Das heißt, das Problem liegt in der notwendigen Verbesserung der Suchmechanismen.

Obgleich die Problematik im Bereich wissenschaftlicher Forschungen zu TMS schon seit Jahren erkannt wurde und auch in praxisorientierten Zeitschriften darauf hingewiesen wird, haben kommerzielle Hersteller zwar mittlerweile unterschiedliche Arten der Subsegmentsuche in ihre Systeme integriert, aber eine deutliche Verbesserung der Retrievalleistung ist nicht erkennbar.

Die Problematik des Erkennens und Auffindens von Subsegmenten wird auch durch Flanagan (2014 & 2015) bestätigt. Flanagan vergleicht in seiner Dissertation unterschiedliche Möglichkeiten zur Suche nach Subsegmenten bei verschiedenen kommerziellen TMS.[233] Zusammenfassend zeigte sich, dass es innerhalb der verschiedenen TMS nicht nur große Unterschiede gibt, sondern auch, dass die jeweiligen TMS keine konsistenten und verlässlichen Suchergebnisse bei Subsegmenten liefern konnten, was sich mit den Ergebnissen des hier betrachteten AMS deckt. Die meisten TMS arbeiten bei der Suche nach Subsegmenten mit statistischen Verfahren. Das TMS ‚Similis' (vgl. dazu Kapitel 4.4.1) arbeitete als einziges TMS mit linguistischen Analysen, bei denen Sätze in einzelne Chunks (Stücke) geteilt werden. Dadurch konnte es beim Test von Flanagan auch bessere Ergebnisse als die anderen TMS liefern. Mit Ausnahme von Similis konnten die anderen TMS auch nur dann Subsegmente herausfiltern, wenn diese mehr als einmal im Text vorkamen. Neben dieser quantitativen Betrachtung führte Flanagan auch eine Befragung unter Übersetzern bzgl. des Nutzens der Subsegmentsuche durch. Insgesamt zeigte sich, dass Übersetzer zwei Arten einer Subsegmentsuche benötigen. Zum einen die Suche, die automatisch vom TMS durchgeführt wird, z. B. im Rahmen der Vorübersetzung, und zum anderen die Möglichkeit, gezielt selber nach Subsegmenten suchen zu können, was der in Kapitel 4.2 beschriebenen Konkordanzsuche entspricht. Verbessert werden müsste, nach Aussage der Übersetzer, der Recall, d. h. auch nur einmal vorkommende Subsegmente müssten auffindbar sein. Außerdem ist der mangelnde Kontext, in dem die vom TMS generierten Subsegmente auftreten, ein Problem. Und es müsste auch möglich sein, bei einem kleinen TMS gute Suchergebnisse erzielen zu können. Zetzsche (2012: 51) weist darauf hin, dass es nötig ist, den Fokus auf die Suche nach Subsegmenten zu legen, dass damit verbunden aber auch die Qualitätskontrollen noch ausgefeilter werden müssen. Welche Rückschlüsse lassen sich nun für das betrachtete AMS ziehen?

Oberstes Ziel bei der Verbesserung des AMS muss es sein, relevante Informationen[234] für den Nutzer, in diesem Fall relevante Sätze und Satzsegmente, herauszufiltern. Um die Suchergebnisse und die Verlässlichkeit zu verbessern, gibt es verschiedene, aus der Computerlinguistik entlehnte Möglichkeiten (Jurafsky &

233 Die genauen Untersuchungsergebnisse finden sich bei Flanagan (2014 & 2015). Das im Rahmen dieser Arbeit betrachtete TMS der Firma Across war nicht Teil der Untersuchung von Flanagan.

234 Bei relevanten Informationen handelt es sich, gemäß Neumann, um den „Anteil an der potenziellen Information, der von einem Benutzer als „nützlich" betrachtet wird." (Neumann, 2010: 577)

Martin, 2009). Gelöst werden könnten die Probleme durch die Integration von Indexierungsmaßnahmen.[235] Dies kann entweder über eine Volltextsuche geschehen. In diesem Fall muss jedoch der gesuchte Term oder die Phrase im Text vorkommen. Oder es wird mit Metadaten bzw. einer Annotierung gearbeitet. Ein weiterer Ansatz besteht in der kontinuierlichen automatisch gestützten Bereinigung der Datenbank (Reuther, 2013). Hierzu muss zunächst die TMS-Datenbank bereinigt werden, indem identische Segmente (Dubletten) und formal fehlerhafte Segmente gelöscht werden. In einem zweiten Schritt müssen die Segmente im TMS mithilfe eines CLC auf sprachlich fehlerhafte Segmente untersucht werden. Dann werden sprachlich gleiche Segmente, die sich durch unterschiedliche Tags oder Formate auszeichnen, sowie Segmente, die inhaltlich ähnlich, jedoch nicht gleich sind, identifiziert. Für die Berechnung der Ähnlichkeit werden die im AMS hinterlegten Segmente mit Deskriptoren annotiert, d.h. es werden die Wortart, die Grundform und die Term-IDs bestimmt. Der Vorteil der Annotierung liegt darin, dass Flexionen, also Abweichungen bei Numerus, Kasus und Genus nicht mehr ins Gewicht fallen, die firmenspezifische Terminologie unterschiedlich gewichtet wird und weitere semantisch relevante Informationen berücksichtigt werden können. Zudem werden Sätze erfasst, die durch die TMS-/AMS-Statistik nicht gefunden würden, da der Algorithmus die Ähnlichkeit als zu gering einstuft. Um dies optimal umsetzen zu können, muss das AMS vom TMS und dem Übersetzungsprozess unabhängig sein, wie z. B. beim Congree Authoring Server und dem System von itl.[236] Dadurch lässt sich am ehesten erreichen, dass ausschließlich geprüfte Sätze in der AMS-Datenbank vorhanden sind. Jedoch entsteht dann wiederum das Problem der Synchronisation mit den TMS-Segmenten, die auch geprüft werden müssen. In Konsequenz wäre es bei einer Kopplung von TMS und AMS möglicherweise sinnvoller, die Datenbestände des TMS zu bereinigen, da das AMS daraus seine Vorschläge ableitet.

Nichtsdestotrotz muss auch bei der Bereinigung mithilfe von linguistischen Verfahren bei einer Suche im AMS die gesuchte Phrase im Segment enthalten sein, um gefunden zu werden, oder es muss auf dieses Segment verwiesen werden. Eine weitere Möglichkeit besteht in der Integration einer semantischen Suche, wie sie in vielen Suchmaschinen bereits eingesetzt wird. In diesem Fall werden auch Wörter oder Phrasen in die Suche miteinbezogen, die in Zusammenhang mit der gesuchten Phrase auftauchen.

---

235 Die Indexierung kann dabei manuell oder (halb-)automatisch erfolgen. Zu automatischen Indexierungsverfahren siehe Hary (2001).

236 Der Congree Authoring Server muss zwar nicht in Kombination mit einem TMS betrieben werden, er erfordert jedoch das Befüllen mit TMS-Daten.

5.1.6.3 Controlled-Language-Checker aus Anwenderperspektive

Die kognitionspsychologischen Vorteile des Einsatzes eines CLC als externe Ressource im Schreibprozess wurden bereits zuvor erläutert. In diesem Kapitel werden CLC aus Anwenderperspektive erläutert. Dies erfolgt, je nach behandeltem Themenbereich, zum einen anhand des exemplarischen Vergleichs der beiden automatischen Sprachprüfprogramme CLAT und Acrolinx als Stand-Alone-Tools und zum anderen anhand der Betrachtung von CLAT als integrierte linguistische Prüfkomponente des Congree Authoring Servers. Für eine genaue Darstellung der Funktionen und Arbeitsweise von CLAT und Acrolinx sei an dieser Stelle auf Kapitel 3.1 verwiesen. Folgende Fragen stehen im Fokus dieses Kapitels:

(1) Welche Funktion hat der linguistische Report?
(2) Wie erfolgt die Darstellung der Fehlermeldungen bei CLC?
(3) Gibt es Fehl- und Falschalarme und wie lassen sich diese vermeiden?
(4) Wo liegen die derzeitigen Grenzen in der linguistischen Dokumentenprüfung?

Rückblickend sollte der CLC aus kognitionswissenschaftlicher Sicht die folgenden Kriterien erfüllen: Zeitersparnis durch weniger Korrekturläufe, eine Entlastung des AG, die Unterstützung von Fehlerauffindungs- und -behebungsstrategien, die Ergänzung des linguistischen Wissens im LZG und Konsistenz beim *Collaborative Writing.*

Im Rahmen dieses Tests wurde eine linguistische Analyse einer Installationsanweisung (SB) mit dem Congree Authoring Server durchgeführt. Ein ausführlicher linguistischer Report lässt sich über die Schaltfläche ‚Document' und das Anklicken der Option ‚Create Linguistic Check Report' erstellen.[237] Nach Beenden der Dokumentanalyse öffnet sich ein neues Fenster mit den einzelnen Fehlerkategorien und der neu integrierten Funktion zur Berechnung des Release-Levels (siehe

237 Neben dem ausführlichen Report erstellt der Congree Authoring Server ebenfalls einen ‚Quick Linguistic Report', der ein- oder ausgeblendet werden kann und direkt im ‚Congree Language Check'-Fenster angezeigt wird. Die Linguistic Reports werden im ‚Congree Control Center' gespeichert und lassen sich statistisch auswerten. Anhand der Daten kann z. B. nachverfolgt werden, wie sich die Fehlerzahl in bestimmten Fehlerkategorien über einen Zeitraum entwickelt. Gemäß Congree dient der ‚Quick Linguistic Report' vor allem dazu, dem Anwender zu zeigen, welche Auswirkung das Verbessern einzelner Fehler auf das ‚Release-Level' hat. Dies soll den Nutzer motivieren und einen Lerneffekt bringen, da der Nutzer sich bewusst mit jedem Fehler auseinandersetzt.

dazu auch Kapitel 3.2.2.1), die jedoch nicht im crossAuthor Linguistic enthalten ist. Das Release-Level gibt an, wie veröffentlichungsreif ein Dokument ist. Gemäß Congree definiert sich das Release-Level folgendermaßen:

> „Das Release-Level setzt die Anzahl und die Gewichtung potenzieller Fehler in Relation zur Anzahl geprüfter Worte eines Dokuments. Die resultierende Zahl gibt an, wie hoch das Freigabepotenzial des Dokuments im Hinblick auf seine sprachliche Qualität ist. Es gilt: je höher die Zahl, desto höher das Release-Level. Fehlermeldungen, die der Autor ignoriert hat, sind von der Ermittlung des Release-Levels ausgenommen." (Handbuch zum Congree Control Center, Congree Authoring Server 3, 2015: 101)

Der ermittelte Wert lässt sich vom Nutzer in zweierlei Weise beeinflussen. Im ‚Congree Control Center' lassen sich unter ‚Reporting' die Werte festlegen, ab denen ein Dokument der höchsten Kategorie (Safe) entspricht, und wann es in die mittlere Kategorie (Acceptable) bzw. die niedrigste Kategorie (Unsafe) fällt. Die Bezeichnungen ‚Unsafe/Acceptable/Safe' können vom Nutzer geändert werden. Zweitens lassen sich im Bereich ‚Rule priority' Gewichtungen für die jeweiligen Fehlerkategorien (Rechtschreibung, Grammatik, Stil, Abkürzungen und Terminologie) vergeben. Ist der Wert überall auf 1 gestellt, dann werden alle Kategorien gleich gewichtet. Möchte der Autor beispielsweise besonders die Aspekte Lesbarkeit und Verständlichkeit hervorheben, müsste er die Kategorie ‚Stilfehler' entsprechend höher gewichten. Bei der hier betrachteten Installationsanleitung (**SB**) ermittelt das Tool ein Release-Level von 89,65, was einem akzeptablen Wert entspricht.[238]

238 Bei dem Test wurde für alle Fehlerkategorien eine gleiche Gewichtung gewählt. Als Untergrenze für ein hohes Rating wurde 95 gewählt und für ein mittleres Rating 85.

Abbildung 5.19: Darstellung des Release-Levels im Congree Authoring Server

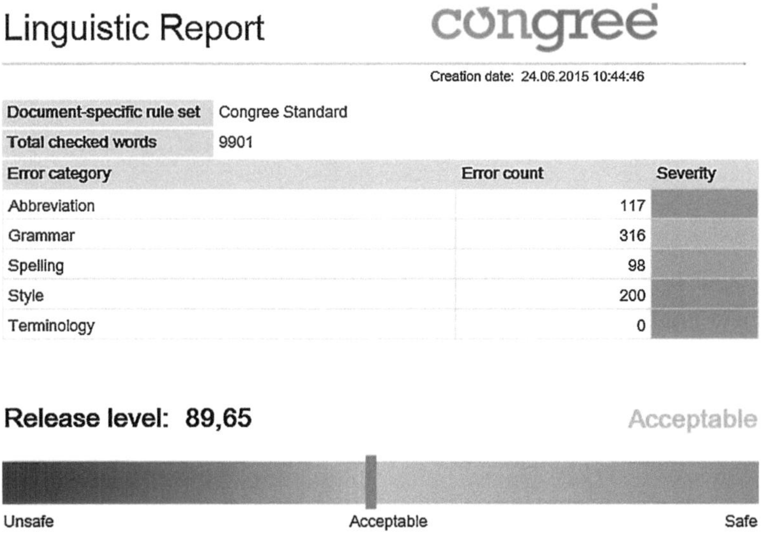

Linguistic Report congree

Creation date: 24.06.2015 10:44:46

Document-specific rule set	Congree Standard
Total checked words	9901

Error category	Error count	Severity
Abbreviation	117	
Grammar	316	
Spelling	98	
Style	200	
Terminology	0	

Release level: 89,65 Acceptable

Unsafe Acceptable Safe

Vorab muss erwähnt werden, dass eine Vielzahl möglicher überprüfbarer Regeln im Congree Authoring Server ausgewählt waren (Regelset ‚Standard'), da diese einen Einfluss auf Lesbarkeit, Verständlichkeit und Übersetzbarkeit haben. In der Praxis werden die Regeln nach firmenspezifischen Anforderungen ausgewählt und somit vielleicht ein kleinerer Ausschnitt der Regeln, was zur Folge hat, dass entsprechend weniger Fehlermeldungen erscheinen können.

Wie sich dem Report entnehmen lässt, wurden keine Terminologiefehler gefundenen. Dies hängt damit zusammen, dass es nicht reicht, die Terminologiedatenbank ‚crossTerm' aufzubauen, sondern die Terminologie muss zusätzlich in CLAT importiert werden, damit sie von CLAT geprüft werden kann. Die Zahl der als Fehler ausgewiesenen Abkürzungen hängt damit zusammen, dass in der Installationsanleitung eine Vielzahl englischer Bezeichnungen und Eigennamen, wie z. B. der Firmenname (SMA Solar Technology), der Modellname (Sunny Boy), die Modellversion (z. B. 3000TL) und auch etliche Maßangaben verwendet werden. Nachfolgend ein Beispiel für einen Satz, der die eben erwähnten Fehler enthält:

> „Diese Installationsanleitung beschreibt die Installation und Inbetriebnahme von **SMA Solar Technology** Wechselrichtern des Typs **Sunny Boy 3000TL (SB3000TL-20)**, **4000TL (SB 4000TL-20)** und **5000TL (SB 5000TL-20)**."

Als Fehler wurden in diesem Satz der Installationsanweisung SB der Firmenname ‚SMA Solar Technology', der Produktname ‚Sunny Boy' und die jeweiligen

Modellbezeichnungen wie ‚3000TL' identifiziert. Hinzu kamen die Verwendung von Klammern sowie der komplexe Satzaufbau.

Um diese Fehlermeldungen soweit möglich zu reduzieren, ist es unabdingbar, das Benutzerwörterbuch ausreichend zu befüllen[239] (siehe dazu auch Kapitel 3.1.2.1). Hierbei muss jedoch darauf geachtet werden, dass alle flektierten Formen, wie z. B. ‚Sunny Boys', hinterlegt werden, damit die linguistische Analyse diese nicht mehr als Fehler erkennt. Der Großteil der Fehler in der Installationsanleitung entfällt jedoch auf die Bereiche Grammatik und Stil. Hier handelt es sich zumeist um die folgenden Fehlerkategorien:

- Satzlänge und Komplexität
- Fehlender Wortbezug
- Verwendung von ‚sollen'
- Bedingungssätze, die nicht mit ‚wenn' eingeleitet wurden
- Verwendung von Klammern/Übereinstimmung von Satzteilen

Zur Verdeutlichung folgen einige Beispiele aus den jeweiligen Kategorien. Die linke Spalte zeigt die Fehlerkategorie, die mittlere Spalte den Originalsatz und die rechte Spalte den gemäß der Fehlermeldung umformulierten Satz. Bei manchen Fehlern, wie z. B. Tippfehlern, zeigt das Tool direkte Verbesserungsvorschläge, die – sofern korrekt – direkt vom Autor durch Klicken in das Dokument übernommen werden können. Andere Fehler, wie Stilfehler, erfordern eine Umformulierung durch den Autor. Bei der hier vorgenommenen Umformulierung hat sich die Autorin der Arbeit an der tekom-Leitlinie „Regelbasiertes Schreiben" orientiert, die in Kapitel 2.7.4 ausführlich dargestellt wurde. Die Sätze wurden nach Umformulierung nochmals geprüft. Beim Congree Authoring Server erfolgt diese erneute Prüfung automatisch, beim crossAuthor Linguistic muss die Prüfung manuell angestoßen werden.[240]

239 Bei CLAT ermittelt die Komponente UMMT automatisch Kandidaten für das Benutzerwörterbuch. Bei Terminologieprüfungen von Dokumenten werden dann die Kandidaten im Benutzerwörterbuch vorrangig vor den Prüfungen des Systemwörterbuchs behandelt.

240 Grundsätzlich ist die linguistische Prüfung nicht sehr restriktiv, sodass Sätze auf viele unterschiedliche Arten umformuliert werden können. Die hier genannten Umformulierungen sind also nur als Beispiel zu verstehen.

Tabelle 5.9: Beispielsätze mit Fehlermeldungen von CLAT

Kategorie	Originalsatz	Umformulierter Satz
Wortbezug	Der Sunny Boy ist ein PV-Wechselrichter, der den Gleichstrom eines PV-Generators in Wechselstrom wandelt und **diesen** in das öffentliche Netz einspeist.	Der Sunny Boy ist ein PV-Wechselrichter, der den Gleichstrom eines PV-Generators in Wechselstrom wandelt und den Wechselstrom in das öffentliche Netz einspeist. **ODER:** Der Sunny Boy ist ein PV-Wechselrichter, der den Gleichstrom eines PV-Generators in Wechselstrom wandelt. Der Wechselstrom wird in das öffentliche Netz eingespeist.
	An beiden Eingangsbereichen können jeweils bis zu zwei Strings angeschlossen werden. **Diese** müssen folgende Voraussetzungen erfüllen:	An beiden Eingangsbereichen können jeweils bis zu zwei Strings angeschlossen werden. Die Strings müssen folgende Voraussetzungen erfüllen:
Satzlänge und Komplexität	Abweichende Verwendungsarten, Umbauten am Sunny Boy sowie Einbauten von Bauteilen, die nicht ausdrücklich von SMA Solar Technology empfohlen oder vertrieben werden, lassen die Gewährleistungsansprüche und die Betriebserlaubnis erlöschen.	Abweichende Verwendungsarten, Umbauten am Sunny Boy sowie Einbauten von Bauteilen müssen ausdrücklich von SMA Solar Technology empfohlen oder vertrieben werden. Anderenfalls erlöschen die Gewährleistungsansprüche und die Betriebserlaubnis.
	Die Anschlussleitungen der PV-Module müssen mit Steckverbindern ausgestattet sein, damit **diese** an die DC-Steckverbinder des Sunny Boy angeschlossen werden können.	Die Anschlussleitungen der PV-Module müssen mit Steckverbindern ausgestattet sein. Die Steckverbinder werden an die DC-Steckverbinder des Sunny Boy angeschlossen.
Bedingungssatz	Liegt die Leerlaufspannung der PV-Module weniger als 10 % unter der maximalen Eingangsspannung des Sunny Boy, prüfen Sie die Anlagenauslegung!	Wenn die Leerlaufspannung der PV-Module weniger als 10 % unter der maximalen Eingangsspannung des Sunny Boy liegt, prüfen Sie die Anlagenauslegung!
	Ist eine Spannung messbar, Installation prüfen!	Wenn eine Spannung messbar ist, Installation prüfen!

Kategorie	Originalsatz	Umformulierter Satz
	Wird der Länderdatensatz nach diesen 10 Einspeisestunden verändert, akzeptiert der Wechselrichter die Änderung nicht und gibt die Fehlermeldung „Netzparameter verriegelt" aus.	Wenn der Länderdatensatz nach diesen 10 Einspeisestunden verändert wird, akzeptiert der Wechselrichter die Änderung nicht und gibt die Fehlermeldung „Netzparameter verriegelt" aus.
Sollen	Die maximale Leitungslänge **sollte** nicht überschritten werden.	Die maximale Leitungslänge darf nicht überschritten werden.
	Sollte die grüne LED über einen längeren Zeitraum blinken, kann das daran liegen, dass keine ausreichende DC-Einstrahlung vorhanden ist.	Wenn die grüne LED über einen längeren Zeittraum blinkt, kann die Ursache in einer nicht ausreichenden DC-Einstrahlung liegen.
Klammern	Netzspannung prüfen und mit dem erlaubten Spannungsbereich vergleichen (siehe Kapitel 13 „Technische Daten" (70))	Netzspannung prüfen und mit dem erlaubten Spannungsbereich vergleichen. Siehe Kapitel 13 „Technische Daten" (70).
	Sie selbst können nachträglich Anpassungen durch die Änderung von Softwareparametern über entsprechende Kommunikationsprodukte (z. B. Sunny Data Control oder Sunny Explorer) vornehmen.	Sie selbst können nachträglich Anpassungen durch die Änderung von Softwareparametern über entsprechende Kommunikationsprodukte vornehmen. Zu den Kommunikationsprodukten zählen Sunny Data Control oder Sunny Explorer.

Die Fehlermeldungen des Tools wurden von der Autorin, sofern korrekt, befolgt und die betreffenden Textstellen wurden geändert. Neben den zuvor aufgelisteten vermeidbaren Falschalarmen durch nicht im Benutzerwörterbuch hinterlegte Begriffe gab es ein paar Fälle von wirklichen Falschalarmen. Diese Falschalarme entfielen größtenteils auf den Bereich Groß-/Kleinschreibung und auf ‚um … zu'-Sätze.

Nachfolgend ein paar Beispiele:

(1) Wandhalterung mit geeigneten Schrauben und Unterlegscheiben festschrauben (**Durchmesser Schrauben**: mindestens 6 mm).
→ CLAT erkennt, möglicherweise bedingt durch den fehlenden Artikel, das Wort ‚Schrauben' nicht als Substantiv und schlägt die Kleinschreibung vor.

(2) Der **eingegebene** SMA Grid Guard-Code ist gültig.
→ Hier wird ‚eingegebene' von CLAT als Substantiv identifiziert und eine Großschreibung vorgeschlagen.

(3) Das Kommunikationsmodul wird benutzt, **um** mit speziellen Datenerfassungsgeräten oder einem PC mit entsprechender Software drahtgebunden **zu** kommunizieren.
→ In diesem Fall handelt es sich nicht um eine ‚um … zu'-Konstruktion mit Handlungsanleitung, sondern um eine rein deskriptive Beschreibung. Deshalb ist eine Umstellung der Satzglieder nicht unbedingt erforderlich.

Der nachfolgend dargestellte linguistische Report zeigt die Bewertung eines zuvor mit CLAT (Congree Linguistic Check) geprüften Dokuments.

Abbildung 5.20: Ermittelter Release-Level im Congree Authoring Server

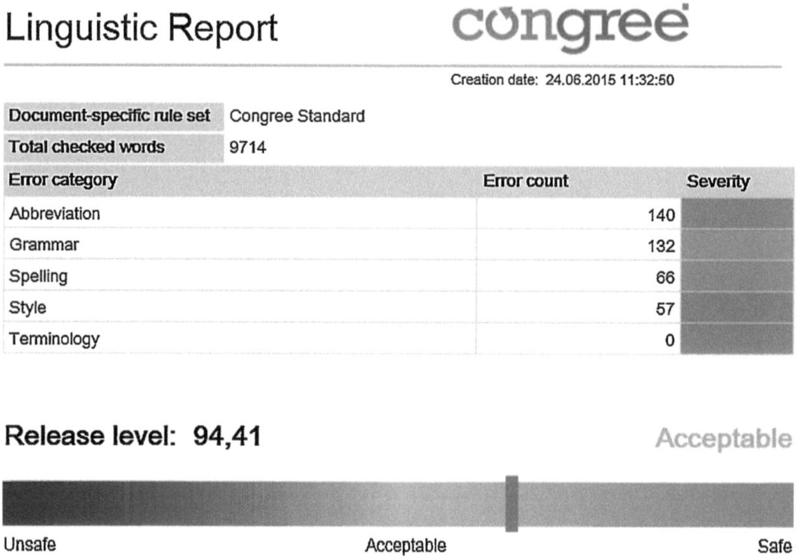

Wie sich zeigt, hat sich die Gesamtfehlerzahl durch die Überarbeitung drastisch reduziert, besonders in den Bereichen Grammatik und Stil, die vorher die höchste Fehlerzahl aufgewiesen haben. Die Tatsache, dass immer noch Fehler gefunden werden, hängt damit zusammen, dass nicht alle vom Tool als fehlerhaft gekennzeichneten Sätze durch die Autorin der Arbeit geändert wurden.

Durch die Überarbeitung hat sich auch das Release-Level leicht verbessert, es liegt jedoch immer noch im akzeptablen Bereich. Werden nochmals alle Fehlermeldungen geprüft und diejenigen Fehlermeldungen ignoriert, die Falschalarme darstellen oder die sich auf unbekannte physikalische Maßeinheiten und Abkürzungen beziehen, dann entspricht das Dokument anschließend dem höchstmöglichen Release-Level von 100, das grundsätzlich angestrebt werden sollte.

Abbildung 5.21: Höchstes erreichbares Release-Level im Congree Authoring Server

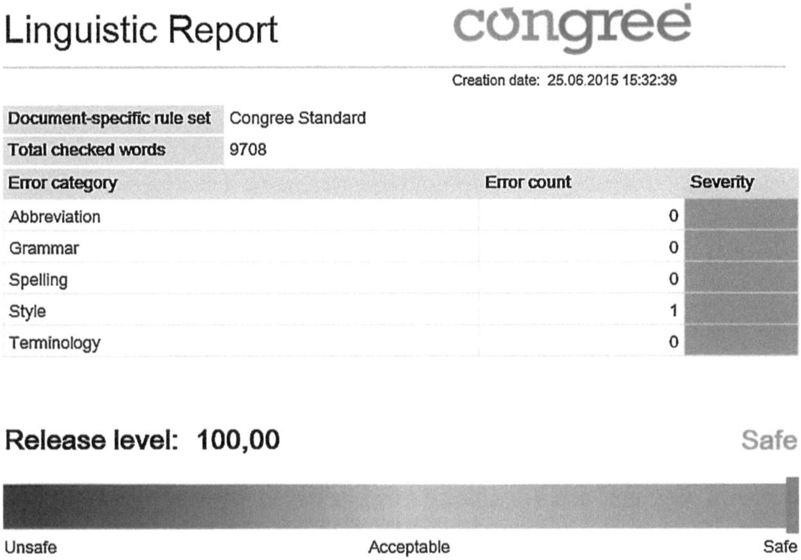

Bevor das Tool seine volle Leistungsfähigkeit ausspielen kann, sind also zuerst einmal einige Vorarbeiten in Form von Terminologieimport in ‚crossTerm', Terminologieimport in ‚UMMT', der Aufbau des Benutzerwörterbuchs und die Auswahl der Regeln bzw. die Implementierung firmenspezifischer Regeln notwendig.

Die eigentliche Arbeit mit CLAT bzw. dem ‚Congree Linguistic Check' kann im Textproduktionsprozess entweder interaktiv oder konsekutiv erfolgen. Wird das Tool interaktiv, also während der Textproduktionsphase, eingesetzt, dann zeigt es dem Autor während des Tippens eines Satzes mögliche Fehlermeldungen an. Im crossAuthor Linguistic werden Fehlermeldungen folgendermaßen dargestellt:

Abbildung 5.22: Darstellung einer Fehlermeldung während der Live-Prüfung von CLAT

Diesen Fehler sollte der Autor beheben, bevor er zur Formulierung des nächsten Satzes schreitet. Durch Klicken auf den Haken können Wortvorschläge des Tools direkt in den Text übernommen werden. Durch Klicken auf das Kreuz wird die Fehlermeldung ignoriert.[241]

Im Congree Authoring Server gestaltet sich die Fehlermeldung optisch anders:

Abbildung 5.23: Darstellung der Fehlermeldungen im Congree Authoring Server

Hier kann der Autor den Vorschlag durch Klicken auf die blauen Buttons übernehmen, er kann ihn aber auch ignorieren (Ignore) bzw. im ganzen Dokument ignorieren (Ignore all). Zusätzlich hat er die Möglichkeit, diese Regel zu deaktivieren. Diese Entscheidungen gelten jeweils für die aktuelle Sitzung und werden gelöscht, sobald das Dokument geschlossen wird oder die Sitzung beendet wird. Zudem sieht der Autor – sofern der Quick Linguistic Check aktiviert ist – die Anzahl der verbleibenden Fehler.

Die Alternative ist, das Tool konsekutiv, d.h. in der Revisionsphase, einzusetzen. In diesem Fall vollendet der Autor zunächst die Textproduktionsphase und lässt danach das Tool über den vollständigen Text oder einzelne, individuell auswählbare Abschnitte laufen.

241 Wortvorschläge können im crossAuthor Linguistic nicht nur für die gefundene Stelle, sondern für das fortlaufende Dokument übernommen oder ignoriert werden.

Abbildung 5.24: Fehlerstatistik nach Batch-Prüfung eines Teildokumentes mit dem crossAuthor Linguistic

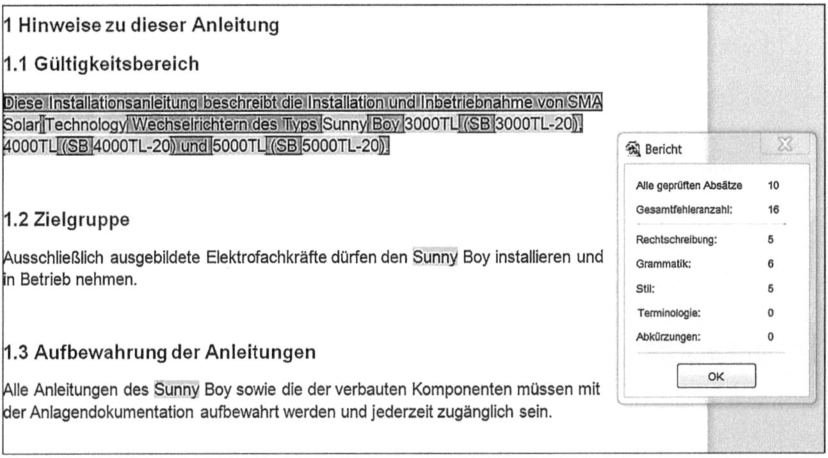

Die angezeigten Fehler können dann sukzessive im crossAuthor Linguistic bzw. im Congree Authoring Server abgearbeitet werden.

Abbildung 5.25: Fehlermeldung nach Batch-Prüfung eines Teildokumentes mit dem crossAuthor Linguistic

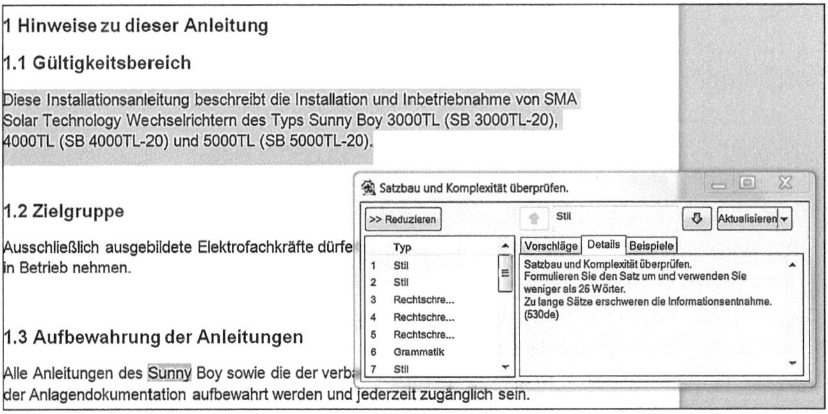

Abbildung 5.26: Fehlermeldung nach Batch-Prüfung eines Dokumentes mit dem Congree Authoring Server

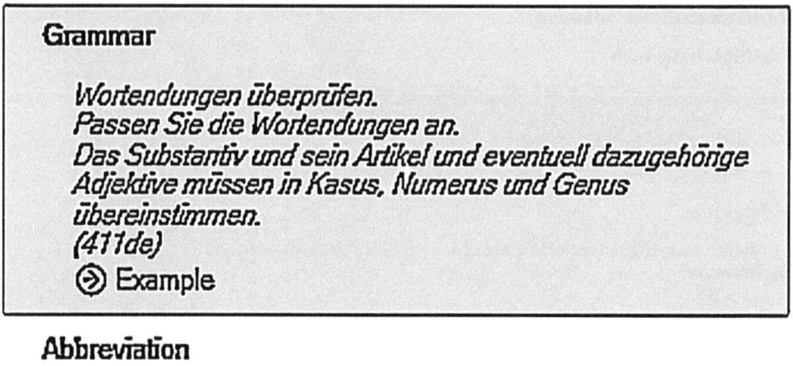

Beide Varianten – interaktive Prüfung und konsekutive Prüfung – haben ihre spezifischen Vor- und Nachteile. Wird das Tool in der Textproduktionsphase eingesetzt und wird konsequent jeder Fehler korrigiert und der Satz nochmals geprüft, dann kann theoretisch die Revisionsphase deutlich verkürzt werden und somit Zeit gespart werden. Die Konzentration kann dann auf semantische Fehler sowie Formatfehler oder unvollständigen Text erfolgen, was der CLC (noch) nicht prüfen kann. Der Nachteil liegt darin, dass der Textproduktionsprozess des Autors häufig unterbrochen wird, je nachdem, wie viele Fehler das Tool anzeigt. Die Fehleranzahl ist toolseitig durch Terminologieimport, Pflege des Benutzerwörterbuchs und Auswahl der Regeln beeinflussbar.

Seitens des Technischen Redakteurs hängt die Fehlerzahl von Tagesform, Textart und Schreibstil ab. Ein Autor, der zum Nominalstil neigt, wird möglicherweise oft Fehler produzieren, wenn die ausgewählten Regeln einen Verbalstil vorschreiben. Ob ein Autor die interaktive Nutzung als Vorteil empfindet, hängt auch mit seinem individuellen Schreibprofil zusammen.

Der Vorteil der konsekutiven Nutzung liegt darin, dass der Autor seinen Entwurf in Ruhe beenden kann und das Tool im Anschluss in der Revisionsphase einsetzt, wenn er üblicherweise eine Korrektur seines Entwurfes durchführen würde. Der Nachteil ist, dass sich mögliche Fehler, die in der Textproduktionsphase auftauchen, wie z. B. falsch verwendete Abkürzungen, wie ein Faden durch den Text ziehen und in der nachträglichen Revisionsphase mehr Zeit zur Korrektur benötigen. Beim crossAuthor Linguistic musste vorab entschieden werden, ob eine interaktive Prüfung (Live-Prüfung) oder eine konsekutive Prüfung (Batch-Prüfung) durchgeführt wird. Der Congree Authoring Server bietet den Vorteil, dass sich das

Fenster der linguistischen Prüfung beliebig an- oder ausschalten lässt. Das heißt, der Autor kann individuell entscheiden, ob er die Fehlermeldung beachtet und den Fehler korrigiert oder ob er mit der Fehlerbehebung bis zum Beenden eines Absatzes oder des vollständigen Textes wartet. Einfach zu behebende Fehler, wie z. B. Tippfehler, für die das Tool einen Verbesserungsvorschlag anbietet, sind leicht direkt zu korrigieren, während Stilfehler, je nach Berufserfahrung des Redakteurs, eine längere Überarbeitungszeit benötigen. Der große Vorteil des Congree Authoring Servers liegt darin, dass er im Vergleich zum crossAuthor Linguistic durch die Gestaltung der Benutzeroberfläche und dem Ein- und Ausblenden von Fenstern eine individuellere Nutzung bietet.

Um zu erläutern, wie die Darstellung der Fehlermeldungen im Einzelnen erfolgt, wurde ein Vergleich der beiden in Deutschland marktführenden Tools CLAT und Acrolinx™ durchgeführt[242]. Es geht an dieser Stelle nicht um eine Konkurrenzanalyse der beiden Produkte, sondern darum, zu vergleichen, wie CAT und Acrolinx Fehler bezeichnen und erläutern. Um einen Vergleich der beiden Sprachprüfprogramme CLAT und Acrolinx hinsichtlich Darstellung und Erläuterung der angezeigten Fehlermeldungen zu ermöglichen, wurden beide Programme an einer Installationsanweisung für Wechselrichter der Firma SMA Solar Technology getestet. Die Installationsanleitung wurde auf Deutsch verfasst und umfasste 76 Seiten. Bei beiden CLC wurden die Prüfoptionen ‚Rechtschreibung', ‚Grammatik' und ‚Stil' ausgewählt.[243] Bei Acrolinx lassen sich für die deutsche Sprache verschiedene Regelsets auswählen, wie z. B. ‚Acrolinx Technisches Standarddeutsch', ‚TÜV DocCert Deutsch' und die ‚tekom-Leitlinie'. Je nachdem, welches Regelset ausgewählt wird, variiert die Zahl der angezeigten Fehler stark. Beispielsweise ist die Zahl der Stilfehler bei Auswahl der tekom-Leitlinie wesentlich höher als bei Auswahl ‚Standard', da die ‚tekom-Leitlinie' entsprechend restriktiver ist. Bezogen auf die getestete Installationsanleitung sieht der Vergleich folgendermaßen aus:

---

242 CLAT wurde innerhalb des crossAuthor Linguistic in der Version 5.0 getestet. Bei Acrolinx wurde die Beta-Version eines Word-Plug-ins betrachtet (siehe dazu auch Kühnlein, 2013).

243 Da die Autorin dieser Arbeit keine Möglichkeit hatte, bei Acrolinx einen Einfluss auf die Auswahl der Regln und ggf. eine Hinterlegung von benutzerspezifischen Wörtern vorzunehmen, wurden diesbezüglich bei beiden Tools keine Einstellungen vorgenommen. Auch ein Terminologieimport wurde für diesen Vergleich nicht durchgeführt.

Tabelle 5.10: Vergleich der ermittelten Fehleranzahl in Acrolinx bei unterschiedlicher Regelauswahl

Acrolinx-Regelsätze	Standard	tekom-Leitlinie
Rechtschreibung	114	95
Grammatik	30	23
Stil	580	1.351
Gesamtfehlerzahl	**724**	**1.469**

Um eine bessere Vergleichbarkeit von CLAT und Acrolinx zu gewährleisten, wurde deshalb als Regelset die tekom-Leitlinie „Regelbasiertes Schreiben" ausgewählt, da die Regeln – sofern maschinell prüfbar – sowohl in CLAT als auch in Acrolinx integriert sind (zur tekom-Leitlinie siehe auch Kapitel 2.7.4.3). Die möglichen Prüfoptionen ‚Abkürzungen' und ‚Terminologie' wurden nicht berücksichtigt. Die nachfolgende Tabelle zeigt die Verteilung der angezeigten Fehler innerhalb der Installationsanleitung bei Acrolinx und bei CLAT.

Tabelle 5.11: Vergleich der Prüfstatistik von CLAT und Acrolinx

Fehlerkategorie	CLAT	Acrolinx
Rechtschreibung	480	95
Grammatik	336	23
Stil	147	1.351
Gesamtfehlerzahl	**963**	**1.469**

Vergleicht man die reinen Zahlenwerte, ist die gemeldete Fehlerzahl bei Acrolinx insgesamt höher. Die höhere Zahl an Rechtschreibfehlern bei CLAT liegt daran, dass das Programm restriktiver auf Eigennamen, englische Bezeichnungen oder Maßangaben reagiert. Bei den Stilfehlern liegt die abweichende Fehleranzahl größtenteils an zwei Faktoren. Die von Acrolinx unter ‚Stilfehler' angezeigten Fehler werden bei CLAT zum Teil unter ‚Stilfehler' und zum Teil unter ‚Grammatikfehler' angezeigt. Das Überschreiten einer bestimmten Satzlänge fällt z. B. bei CLAT unter ‚Grammatikfehler', während es bei Acrolinx unter ‚Stilfehler' ausgewiesen wird. Des Weiteren sind die bei einem Satz gefundenen Fehler bei Acrolinx häufig in mehrere Fehlermeldungen aufgeteilt, was zu einer insgesamt höheren Fehlerzahl führt, während sie bei CLAT in weniger Meldungen zusammengefasst sind. Die nachfolgend beispielhaft ausgewählten Sätze der Installationsanleitung zeigen die unterschiedliche Darstellung und Formulierung der Fehlermeldungen.

(1) Der Sunny Boy ist ein PV-Wechselrichter, der den Gleichstrom eines PV-Generators in Wechselstrom wandelt und **diesen** in das öffentliche Netz einspeist.

Acrolinx: dies mit Substantiv
CLAT: Wortbezüge überprüfen

Acrolinx liefert die Fehlermeldung ‚dies mit Substantiv'. Die Fehlermeldung ist für neue Nutzer des Programms möglicherweise nicht gleich einleuchtend. Die Erläuterung der Fehlermeldung liefert jedoch die nötige Erklärung: ‚Vermeiden Sie den Gebrauch von dieser/diese usw.' Bei CLAT erscheint die Fehlermeldung ‚Wortbezüge überprüfen'. Als weitere Erklärung folgt ‚Ersetzen Sie das Fürwort oder Adverb durch eine eindeutige Formulierung.' Bei Acrolinx steht folglich die Erklärung des Fehlers im Vordergrund, während bei CLAT angezeigt wird, was zu tun ist.

(2) **Während** des Einspeisebetriebs fließt ein Ableitstrom **von** den Zellen **zur** Erde, **dessen** Größe von der Montageart der Module sowie nicht zuletzt von der **Witterung (Regen, Schnee)** abhängt.

Während:
Acrolinx: Satz zu lang (27 Wörter)
CLAT: Satzbau und Komplexität

von… zur:
Acrolinx: Mehr als zwei Präpositionalphrasen vermeiden

dessen:
Acrolinx: Schachtelsätze vermeiden
CLAT: Satzbau und Komplexität

Witterung (Regen, Schnee):
Acrolinx: abstrakte Substantive vermeiden

Acrolinx liefert insgesamt vier Fehlermeldungen bei diesem Satz, CLAT zwei Fehlermeldungen, die jedoch anders aufgebaut sind. Die Meldungen fallen bei CLAT zuerst einmal alle in die Kategorie ‚Satzbau und Komplexität'. Als Erklärung wird angezeigt, was zu tun ist, d.h. zum einen ‚Formulieren Sie den Satz um und verwenden Sie weniger als 26 Wörter' und zum anderen ‚Weniger Bedeutungseinheiten pro Satz'.

Beide Programme sind auf die der tekom-Leitlinie entsprechende Maßgabe von max. 26 Wörtern pro Satz eingestellt. Die Anzeige der Wörter bei Acrolinx ist vorteilhaft, da sie gleich zeigt, wie stark der Satz gekürzt werden muss, um ein besseres Verständnis zu gewährleisten. Bei Acrolinx wird zudem genau angezeigt, worin die Fehler liegen, die zu beseitigen sind. Bei CLAT ist die Meldung mit der Zahl der Bedeutungseinheiten etwas allgemeiner gehalten. Letztlich ist jedoch bei beiden Meldungen ersichtlich, dass der Satz geteilt werden muss. Somit werden die Bedeutungseinheiten pro Satz verringert und Schachtelsätze vermieden. Nur Acrolinx meldet ‚Mehr als zwei Präpositionalphrasen vermeiden'. Im vorliegenden Beispielsatz lässt sich dies nur durch eine Umstellung der Satzglieder ändern. Die vierte Fehlermeldung ‚abstrakte Substantive vermeiden' ist leicht missverständlich. Sie bewirkt den Eindruck, das Wort ‚Witterung' sei abstrakt und unüblich im Sprachgebrauch und müsste durch ein anderes, geläufigeres Substantiv ersetzt werden. Liest man jedoch die Erläuterung, so geht es darum, dass kontextabhängig Sätze mit vielen Nominalisierungen, d. h. Nominalstil, vermieden werden soll. Im vorliegenden Fall ist die Fehlermeldung wahrscheinlich durch die in Klammer folgenden Wörter (Regen, Schnee) entstanden.

(3) Der **Hersteller der PV-Module sollte** seine Module für den Betrieb mit diesem Sunny Boy freigegeben haben.

Sollte:
Acrolinx: Konjunktiv vermeiden
CLAT: Wortwahl überprüfen; Schreibung überprüfen

Hersteller der PV-Module:
Acrolinx: Subjekt vor Objekt überprüfen

Die Fehlermeldung von Acrolinx besagt, dass das Subjekt dem Objekt vorangestellt werden soll, wenn ansonsten Mehrdeutigkeiten entstehen. ‚Hersteller der PV-Module' könnte in ‚PV-Modulhersteller' geändert werden, was jedoch zu der Fehlermeldung ‚abstrakte Substantive vermeiden' führt.

Die Fehlermeldung bzgl. der Verwendung von ‚sollen' ist bei beiden Programmen recht unterschiedlich. Im Grunde genommen geht es darum, das Wort ‚sollen' zu vermeiden, da es keine klare Handlungsanweisung darstellt. Die Fehlermeldung von Acrolinx hinsichtlich der Vermeidung des Konjunktivs ist für sich genommen korrekt, jedoch impliziert sie nicht, dass ‚sollen' vermieden werden muss. Das heißt, der Satz könnte theoretisch vom Nutzer umformuliert werden in ‚Der Hersteller der PV-Module soll seine Module…'. Auch bei CLAT ist die Fehlermeldung nicht eindeutig. Gemäß der gelieferten Erklärung darf das Verb ‚sollen' nur dann verwendet werden, wenn es sinngemäß durch ‚dürfen' oder ‚müssen' ersetzt werden kann. Im vorliegenden Kontext kann es sinngemäß durch ‚muss' ersetzt werden, sodass man denken könnte, ‚sollen' würde hier korrekt verwendet. Faktisch müsste jedoch der Satz umformuliert werden in ‚Der Hersteller der PV-Module muss seine Module…' (vgl. auch Regel S509 der tekom-Leitlinie, 2011: 62).

(4) **Sollte** die grüne LED über einen längeren Zeitraum blinken, **kann das** daran liegen, dass keine ausreichende **DC-Einstrahlung** vorhanden ist.

Sollte:
Acrolinx: Wenn verwenden; Konjunktiv vermeiden
CLAT: Auslassungen überprüfen; Wortwahl überprüfen

kann das …:
Acrolinx: können vermeiden
CLAT: Wortbezüge überprüfen

DC-Einstrahlung:
Acrolinx: abstrakte Substantive

Beide Programme weisen darauf hin, dass der Bedingungssatz mit ‚Wenn' eingeleitet werden sollte. Acrolinx zeigt die Fehlermeldung, dass ‚Wenn' verwendet und der Konjunktiv vermieden werden soll. CLAT zeigt die Meldung, dass Auslassungen überprüft, d. h. der Bedingungssatz mit ‚Wenn' eingeleitet werden soll. Acrolinx zeigt zusätzlich die Meldung, dass das Wort ‚können' nicht verwendet werden soll, während CLAT darauf hinweist, dass der Wortbezug bei ‚das' unklar ist. Acrolinx meldet zusätzlich einen Fehler bzgl. DC-Einstrahlung.

(5) Prüfen Sie die Strömung **der Lüfters**.
Acrolinx: Übereinst Art Subst
CLAT: Wortendungen überprüfen

Acrolinx zeigt mit der Meldung, dass Artikel und Substantiv in Numerus übereinstimmen müssen, wo der Fehler liegt. CLAT zeigt mit der Meldung, dass die Wortendungen angepasst werden müssen, was getan werden muss.

Gemeinsamkeiten:

- Bei beiden Programmen werden die Fehlermeldungen je nach Kategorie farblich unterlegt. Die Farben können vom Nutzer ausgewählt werden.
- Bei der hier gewählten Installationsanleitung werden Zeichensetzungsfehler und auch Rechtschreibfehler ausnahmslos erkannt.
- Beide Tools ermöglichen eine automatische Korrektur von Zeichensetzungsfehlern und teilweise auch Rechtschreibfehlern.
- Beide Tools kontrollieren die Bindestrichsetzung im Fall von Komposita und weisen auf das Setzen oder Entfernen eines Bindestrichs hin. So wird beispielsweise bei beiden darauf hingewiesen, dass ‚Schutzleiter-Anschluss' oder ‚Firmware-Version' zusammengeschrieben werden können. Acrolinx hat teilweise Probleme bei Komposita und empfiehlt eine Bindestrichsetzung in Fällen, in denen es eher unangebracht ist, wie z. B. bei ‚Gewährleistungsansprüche' oder ‚Länderdatensatz'.

Unterschiede:

- Die Fehlerbeschreibung erfolgt in Acrolinx kürzer, bei CLAT etwas ausführlicher.
- Beispielsätze stehen bei Acrolinx immer in der Fehlererläuterung, wobei zuerst die richtige Formulierung und darunter die falsche Formulierung angezeigt wird. Bei CLAT erfolgt die Erläuterung der Fehlermeldung direkt unter der Kurzmeldung. Beispiele werden auf einer getrennten Seite angezeigt, wobei zuerst der fehlerhafte Satz und dann die korrekte Verbesserung angezeigt werden.[244]
- Abkürzungen, Produktnamen, Modellnamen, sonstige Eigennamen oder englische Bezeichnungen, die alle sehr häufig im Text vorkommen, werden grundsätzlich von CLAT als Fehler markiert, während Acrolinx diese teilweise anerkennt.
- CLAT ist so voreingestellt, dass eine Kleinschreibung nach Aufzählungspunkten als Fehler markiert wird. Bei Acrolinx ist dies genau anders herum. Dies kann jedoch jeweils umgestellt werden.
- Bei Handlungsanweisungen, die Schritt für Schritt durchnummeriert gezeigt werden, markiert Acrolinx die neutrale Formulierung im Infinitiv als Fehler und empfiehlt die persönliche Anrede. CLAT hingegen ist auf die neutrale Formulierung eingestellt. Möglich sind dabei beide Varianten. Acrolinx folgt der tekom-Regel 506a, die besagt, dass die direkte Rede mit ‚Sie' verwendet werden soll, wenn der Leser als Handelnder angesprochen wird (tekom-Leitlinie, 2011: 59). CLAT folgt der Alternativregel S 506b, die besagt, dass sich Anweisungen, als imperativischer Infinitiv formuliert, besonders für aufeinanderfolgende Arbeitsschritte eignen (tekom-Leitlinie, 2011: 60). Bei beiden Programmen kann jedoch eingestellt werden, nach welcher Regel geprüft werden soll.
- CLAT weist auch auf Unterschiede in der Schreibung nach alter und neuer Rechtschreibung hin. Die Prüfung erfolgt je nachdem, ob die konservative oder progressive Schreibweise ausgewählt wird.

Probleme:

- Beide Programme haben Probleme bei ‚um … zu'-Sätzen und der Unterscheidung, ob es sich um eine Handlungsanweisung oder eine Beschreibung handelt. Die nachfolgenden Beispiele verdeutlichen dies:

244 In UMMT kann eingestellt werden, wie die Fehleranzeige erfolgen soll. Das heißt, ausführlich oder kurz. Zudem können die angezeigten Beispielsätze aus verschiedenen Fachbereichen, wie z. B. Automobil, Telekommunikation, Technik allgemein oder BWL-Software, ausgewählt werden.

(1) Sunny Boy keiner direkten Sonneneinstrahlung aussetzen, um eine Leistungsreduzierung auf Grund zu hoher Erwärmung zu vermeiden.
(2) Montage im Wohnbereich nicht an Gipskartonplatten o. ä., um hörbare Vibrationen zu vermeiden.
(3) Das Kommunikationsmodul wird benutzt, um mit speziellen Datenerfassungsgeräten oder einem PC mit entsprechender Software drahtgebunden zu kommunizieren.

Während die ersten beiden Sätze richtig erkannt werden und die Fehlermeldung erscheint, dass erst die Bedingung und dann die Tätigkeit oder das Ziel genannt werden sollten, wird der dritte Satz, der deskriptiv ist und keine Handlungsanweisung enthält, ebenfalls als fehlerhaft markiert.[245]

- Das Erkennen von Wortgrenzen in englischen Komposita wie ‚SMA Service Line', bereitet Probleme. Beide Tools sehen ‚SMA Service' als Einheit. ‚Line' wird getrennt betrachtet.
- Acrolinx hat Probleme beim Erkennen von Warnhinweisen und meldet das Ausrufezeichen bei Warnhinweisen wie ‚Gefahr!' sowie die übliche Formulierung innerhalb von Warnhinweisen als Fehler.
- CLAT meldet bei Klammereinschüben wie ‚(siehe Kapitel 13 „Technische Daten" (70))' viele Fehler. Selbst wenn der Klammereinschub vermieden wird, wird die Schreibweise mit Zahl, Anführungsstrichen und Seitenzahl generell als Fehler gemeldet.

Neben den innerhalb des getesteten Dokuments aufgetretenen Falschalarmen liegen die Hauptprobleme bei CLC in der Erkennung von Redundanzen und der zum jetzigen Zeitpunkt (noch) nicht möglichen Erfassung der Bedeutung. Aufgrund dessen werden bestimmte Fehler, wie nachfolgend dargestellt, nicht erkannt:

(1) Geben Sie die Gerätenummer an, falls **Sie Ihnen** diese bekannt ist.
➔ In diesem Fall wird von den CLC nicht erkannt, dass das Wort ‚Sie' zu viel ist.

(2) Sie können sich die folgenden **Anzeigen anzeigen** lassen.
➔ Die Formulierung des Satzes ist nicht optimal. Ungeachtet dessen, erkennen CLC eine Wortdopplung nicht als Fehler.

245 In den Stilregeln innerhalb von CLAT kann ausgewählt werden, ob erst die Tätigkeit und dann die Bedingung genannt werden soll oder umgekehrt. Der Satz könnte also auch lauten: „Um mit speziellen Datenerfassungsgeräten oder einem PC mit entsprechender Software drahtgebunden zu kommunizieren, benutzen Sie ein Kommunikationsmodul."

5.1.7 Zusammenfassung

Die oben dargestellten *Controlled-Language-Checker* CLAT und Acrolinx verfügen beide über umfangreiche Prüffunktionen. Derzeit sind die Prüffunktionen von Acrolinx für mehr Sprachen verfügbar. Bis auf kleine Abweichungen, die auch vom gewählten Testdokument abhängen, sind die Ergebnisse hinsichtlich des Auffindens aller Fehler und Vermeidens von Falschalarmen bei CLAT und Acrolinx ähnlich. Die Anzahl der Fehlermeldungen lässt sich auch durch eine firmenspezifische Anpassung und Auswahl der Regeln sowie durch die Nutzung des Benutzerwörterbuchs verringern. Somit lassen sich auch Falschmeldungen auf ein Minimum reduzieren. Weitere notwendige Vorbereitungen sind eine Analyse der vorliegenden Textsorten und Anpassungen des Formats. Letztlich obliegt es der eigenen Präferenz, ob ein Nutzer bevorzugt, dass bei Fehlermeldungen die Art des Fehlers im Vordergrund steht, oder ob er eine Anzeige über die nötige Vorgehensweise zur Fehlerbehebung bevorzugt. Die zusätzlich in Acrolinx vorhandene Datenbank zur Wiederverwendung von Sätzen geht über reine Sprachprüffunktionen hinaus und ist vergleichbar mit den *Authoring-Memory-Systemen* (siehe Kapitel 3.2).

Die nachfolgende Tabelle fasst noch einmal die wichtigsten Funktionen der beiden Programme zusammen:

Tabelle 5.12: Gegenüberstellung von CLAT und Acrolinx

	CLAT 6	**Acrolinx™ 4.1**
Anbieter	Institut für Angewandte Informationsforschung (IAI)	Acrolinx GmbH
Angebotene Regelsets	tekom-Leitlinie „Regelbasiertes Schreiben", Congree Regelsets	Unter anderem: Best Practice Writing Standards (TÜV DocCert Regelset, acrolinx Technisches Deutsch), English for Non-Native Speakers, ASD-STE 100, Standard Technical German and Japanese, Global English, tekom-Leitlinie „Regelbasiertes Schreiben"
Unterstützte Sprachen	Deutsch, Englisch	Deutsch, Englisch, Französisch, Schwedisch, Japanisch, Chinesisch

	CLAT 6	Acrolinx™ 4.1
Module und Funktionen	CLAT-Server und CLAT-Client sowie UMMT (Utility for Mandate Management Tasks) bzw. Congree Control Center zur Konfiguration der linguistischen Ressourcen (Terminologie, Regelwerke, Benutzerwörterbücher, Synonyme, Nutzer- und Rechteverwaltung, Auswahl der Beispielkategorie, Reporting)	Dashboard: zentrale Pflege von Terminologie, Stilregeln, Prüfroutinen und Benutzerrechten (linguistische Analyse und Suche nach Textmodulen) Lingware: Konfiguration von Regeln Terminologiemanager: Aufbau, Validierung, Durchsetzung, Prüfung und Pflege von Termen Reuse: schlägt qualitätsgesicherte Standardsätze vor, Zusammenfassung bedeutungsgleicher Sätze zu Clustern; Administrator wählt Vorzugssatz aus Reporting: Prüfberichte und Statistiken Desktop und Batch Checker: Prüfung ganzer Ordner direkt in den Verzeichnissen (ohne Texteditor)
Prüffunktionen	Rechtschreibung, Grammatik, Stil (kann mit UMMT zusätzlich konfiguriert werden), Terminologie (Ermittlung von Termkandidaten), Abkürzungen, Konsistenz (allgemeinsprachlich)	Rechtschreibung, Grammatik, Terminologie (Verwendung von Corporate Language), Stil (Stilregeln können konfiguriert werden), SEO Keywords, Tone of Voice
Textprüfung	In Echtzeit oder nachträglich	In Echtzeit oder nachträglich
Integration in TMS	Across Language Server	Eigene Satzdatenbank (Reuse), Import von TMS-Datenbanken oder Schnittstelle zu TMS
Verfügbarkeit von Texten zur Wiederverwendung	Durch Integration in Across Language Server bzw. im Congree Authoring Server	Satzdatenbank Reuse (Authoring Memory)

Die Integration semantischer Analysen könnte andere zuvor beschriebene Probleme wie Redundanzen oder unvollständige Sätze vermeiden. Was das Thema Benutzerfreundlichkeit anbelangt, so könnte es noch Verbesserungen geben hinsichtlich des Ignorierens einer Fehlermeldung über den kompletten Text hinweg.

Obgleich die theoretische Möglichkeit des Ignorierens eines Fehlers nicht nur an einer bestimmten Stelle, sondern im kompletten Text gegeben ist, wird der Fehler beim Anklicken dieser Option meist nur absatzweise ignoriert[246] und muss vom Nutzer immer wieder neu abgelehnt werden, was sehr zeitaufwendig ist.

Generell scheint die Nachfrage nach Programmen zur automatischen Sprachkontrolle weiter zuzunehmen. Durch die Integration in bestehende Anwendungen wie CMS und die Anbindung an ein TMS lässt sich der Texterstellungsprozess von der Ausgangstexterstellung bis hin zur Übersetzung standardisieren und vereinfachen. Bisher setzen die Prüfroutinen der kommerziellen Programme noch auf der Satzebene an.[247] Es bleibt abzuwarten, ob in naher Zukunft eine Ausweitung auf die Textebene umgesetzt wird. Die morphologischen Analysen arbeiten bereits zufriedenstellend. Laut Reuther & Rösener (2011) könnten die syntaktischen Komponenten noch weiter verbessert werden. Zukunftsmusik ist bisher noch das Erkennen struktureller Ähnlichkeiten und semantischer Felder (Haller, 2009). Das Zuweisen von Deskriptoren dürfte in naher Zukunft umgesetzt werden.

5.1.7.1 Integration von Controlled-Language-Checkern und Authoring-Memory-Systemen

Neben dem unabhängigen Einsatz von CLC und AMS mit ihren jeweiligen Vorteilen und Grenzen besteht auch die Möglichkeit des kombinierten Einsatzes von CLC und AMS, wie er z. B. im Tool Congree Authoring Server umgesetzt wurde. Ob die Tools einzeln oder in Kombination eingesetzt werden, hängt von verschiedenen Faktoren ab. Unternehmensseitig sind dies die Größe des Unternehmens, die zu übersetzenden Sprachen, das Arbeiten mit einem TMS und der Fokus der Redaktionsrichtlinien.

Die Implementierung eines CLC setzt neben den entsprechend höheren Anschaffungskosten im Vergleich zu einem reinen AMS eine Anpassung an die Redaktionsrichtlinien des Unternehmens und eine gewisse Einarbeitungszeit für die Redakteure voraus. Für kleine Unternehmen ist der Aufwand möglicherweise zu hoch. CLC sind aufgrund der aufwendigen Erarbeitung der morphologischen und syntaktischen Regeln für die jeweiligen Sprachen auch nur für eine begrenzte Zahl an Sprachen verfügbar, z. B. derzeit Deutsch und Englisch beim Congree

246 Laut Aussage von Congree hängt dies damit zusammen, dass Meldungen nur in dem identifizierten Kontext ignoriert werden. In anderen Kontexten wird die Meldung dann wieder angezeigt.

247 Eine Ausnahme bilden der ‚EasyEnglishAnalyzer' von IBM sowie der damalige ‚Meaning-Based Checker' von Boeing (vgl. Abschnitt 3.1.1).

Authoring Server. AMS sind zumeist an das Vorhandensein eines TMS und die Nutzung in Kombination mit einem TMS gebunden. Entweder, weil das AMS die Daten aus dem TMS zieht (wie beim crossAuthor Linguistic) oder weil es zwar als Stand-Alone-Tool arbeiten kann, aber mit Daten aus einem TMS befüllt wird. Das bedeutet, die Entscheidung für die eine oder andere Lösung hängt von den jeweiligen Erfordernissen des Unternehmens ab. Vom technologischen und praktischen Aspekt betrachtet lassen sich mehrere Vorteile durch die Kombination erreichen:

- Erkennen von Tippfehlern durch den CLC
- Linguistische Termanalyse durch den CLC
- Kontrolle nicht geprüfter Sätze in der AMS-Datenbank durch den CLC

Wie bereits erläutert, gibt es einige Schwächen im Suchmechanismus des AMS. Bei Tippfehlern liefert das AMS von Congree kein Ergebnis. Durch die linguistische Analyse des CLC werden bei der interaktiven Nutzung beider Tools Tippfehler erkannt und durch die Korrektur der Wörter kann das AMS wiederum Vorschläge liefern. In diesem Fall unterstützt der CLC das AMS. Im der getesteten Version von crossAuthor Linguistic werden die Fehlermeldungen des CLC als kleines Pop-up-Fenster am rechten unteren Bildrand angezeigt. Durch Anklicken öffnet sich die Fehlermeldung.

Abbildung 5.27: Fehlermeldung im crossAuthor Linguistic

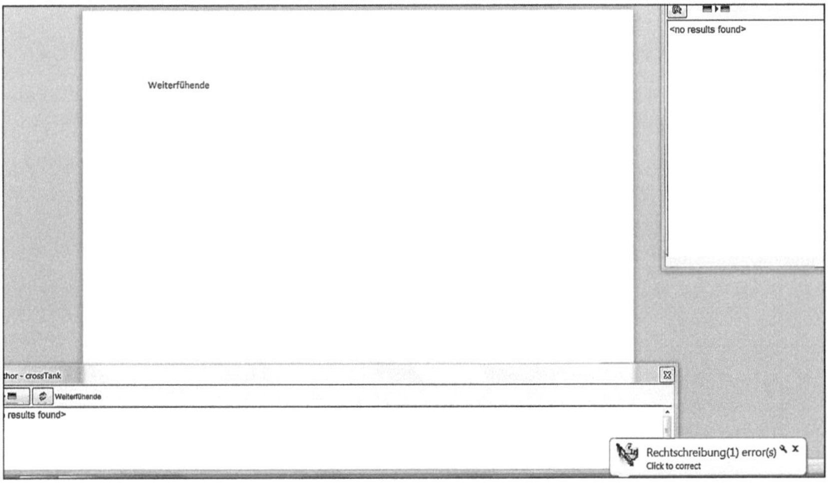

Nach der Fehlerbehebung durch den Autor werden passende Satzvorschläge generiert.

Beim Congree Authoring Server wird die Fehlermeldung direkt im ‚Linguistic Check-Fenster' angezeigt und muss nicht separat geöffnet werden. Ein weiterer toolseitiger Vorteil liegt darin, dass der CLC eine linguistische Termanalyse durchführt und beispielsweise erkennen kann, dass ‚Elektroniker' eine Variante von ‚Elektrofachkraft' ist. In diesem Fall wird vom CLC eine entsprechende Fehlermeldung geliefert, wenn ein Autor Elektroniker verwendet.[248] Die Termdatenbank von ‚crossTerm' liefert nur dann ein Ergebnis, wenn ‚Elektroniker' als nicht erlaubte Variante von ‚Elektrofachkraft' in der Termdatenbank hinterlegt ist.

Der CLC ist auch dann von Vorteil, wenn die Datenbank des AMS Sätze enthält, die nicht den aktuellen Redaktionsrichtlinien entsprechen und in diesem Sinne nicht geprüft sind. Enthält die AMS-Datenbank beispielsweise mehrere Satzvarianten, von denen der Autor eine Variante auswählt, die den Sprachregeln des CLC widerspricht, würde eine Fehlermeldung erscheinen.

Das nachfolgende Beispiel verdeutlicht dies:

> Neuer Satz: „Der Sunny Boy wandelt den Gleichstrom in Wechselstrom". → Die AMS-Datenbank liefert hierzu zwei Satzvorschläge.
>
> CLAT-geprüfte Version: Der Sunny Boy ist ein PV-Wechselrichter, der den Gleichstrom eines PV-Generators in Wechselstrom wandelt. Der Wechselstrom wird in das öffentliche Netz eingespeist.
>
> Ungeprüfte Version: Der Sunny Boy ist ein PV-Wechselrichter, der den Gleichstrom eines PV-Generators in Wechselstrom wandelt und diesen in das öffentliche Netz einspeist.

Würde ein Autor die ungeprüfte Version auswählen, so würde eine CLAT-Fehlermeldung erscheinen bzgl. Wortbezug und Satzlänge.[249] Die Fehlermeldung ist vor allem für Berufsanfänger von Vorteil, die möglicherweise die Redaktionsrichtlinien noch nicht flüssig anwenden können und die nicht wissen, welcher von den Satzvorschlägen der geprüfte Satz ist.

---

248 Die linguistische Termprüfung unterteilt Terme in ‚bevorzugt' (preferred), ‚erlaubt' (admitted) und ‚nicht erlaubt' (deprecated). Die Termprüfung erkennt Bindestrichvarianten, Ableitungsvarianten, Fugenvarianten, syntaktische Varianten, Synonymvarianten, orthografische Varianten, Rechtschreibstile und Falschschreibung (Handbuch Congree UMMT, Congree Authoring Server 3, 2015: 34f.).

249 Im praktischen Einsatz sollte natürlich möglichst nur die geprüfte Version des Satzes in der Datenbank vorhanden sein. Dies ist jedoch zumeist ein Idealzustand, der sich nicht immer erreichen lässt.

Die nachfolgenden Sätze zeigen die ungeprüfte (STP) und die geprüfte Version (STPclat) eines Satzes aus der STP-Baureihe. Der Satz aus STP1 ist eine ähnliche Formulierung von STP.

STP: Der Sunny Tripower ist ein PV-Wechselrichter, der den Gleichstrom eines PV-Generators in Wechselstrom wandelt und diesen in das öffentliche Netz einspeist.

STPclat: Der Sunny Tripower ist ein PV-Wechselrichter, der den Gleichstrom eines PV-Generators in Wechselstrom wandelt. Der Wechselstrom wird in das öffentliche Netz eingespeist.

STP1: Der Sunny Tripower ist ein transformatorloser PV-Wechselrichter mit 2 MPP-Trackern, **der** den Gleichstrom eines PV-Generators in netzkonformen Drehstrom wandelt und **diesen** in das öffentliche Stromnetz einspeist.

Bei dem Satz aus STP erscheinen zwei CLAT-Fehlermeldungen: Zum einen der fehlende Wortbezug bei ‚diesen' und die Meldung zum Wortbezug von ‚der'.

Da der ähnliche Satz aus STP bereits in CLAT-geprüfter Version in der Datenbank vorhanden ist, kann der neue Satz leicht geändert werden in:

STP1clat: Der Sunny Tripower ist ein transformatorloser PV-Wechselrichter mit 2 MPP-Trackern. Der Sunny Tripower wandelt den Gleichstrom eines PV-Generators in netzkonformen Drehstrom. Der Drehstrom wird in das öffentliche Netz eingespeist.

Ohne einen in der Datenbank vorhandenen, mit CLAT geprüften Satz hätte die Umformulierung auch abweichen können:

Alternative Formulierung STP1: Der Sunny Tripower ist ein transformatorloser PV-Wechselrichter mit 2 MPP-Trackern. Der Sunny Tripower wandelt den Gleichstrom eines PV-Generators in netzkonformen Drehstrom und speist den Drehstrom in das öffentliche Netz ein.

Beim folgenden Beispiel bleiben die Unterschiede in der Formulierung trotz Einsatz von AMS und CLC jedoch bestehen.

STP: Diese Anleitung ist für ausgebildete Elektrofachkräfte.

STP1: Dieses Dokument ist für Fachkräfte.

Beim neuen Satz (STP1) findet das AMS keine passenden Satzvorschläge. Und da der Satz grammatikalisch korrekt ist, erscheint auch keine CLAT-Fehlermeldung. Um dies zu vermeiden, müsste in der Terminologiedatenbank hinterlegt werden, dass ‚Dokument' ein Synonym zu ‚Anleitung' ist und dass ‚Anleitung' als Vorzugsbenennung zu verwenden ist.

Das gleiche Problem zeigt sich auch beim daran anschließenden Satz, für den das AMS kein Ergebnis liefert.

STP: Die in dieser Anleitung beschriebenen Tätigkeiten dürfen nur ausgebildete Elektrofachkräfte ausführen.

STP1: Die in diesem Dokument beschriebenen Tätigkeiten dürfen nur mit entsprechender Qualifikation durchgeführt werden.

Der Congree Authoring Server bietet, wie auch der crossAuthor Linguistic, zwei verschiedene Prüfmodi an, d.h. eine Prüfung in Echtzeit (interaktiv) und eine Prüfung nach Fertigstellung des Dokumentes (konsekutiv).[250] Die interaktive Prüfung ist bei crossAuthor Linguistic, wie zuvor beschrieben, relativ benutzerunfreundlich, da während des Tippens ständig kleine Fenster mit Fehlermeldungen am rechten Bildschirmrand erscheinen, sodass der Nutzer seinen Schreibprozess unterbrechen muss, um sich die Fehler anzeigen zu lassen. Der crossAuthor Linguistic ist also eher auf eine nachträgliche linguistische Prüfung ausgelegt. Der Congree Authoring Server wiederum ist eher auf die interaktive Prüfung ausgelegt – sofern sich der Nutzer beide Fenster (Linguistic Check und AMS) anzeigen lässt. Auch hier müsste der Nutzer seinen Schreibprozess unterbrechen, er kann jedoch selber entscheiden, zu welchem Zeitpunkt er dies tut – während er den Satz schreibt, nach Fertigstellung des Satzes oder nach Beenden eines Absatzes bzw. des gesamten Textes.

Von Vorteil ist, dass der Congree Authoring Server durch die Nutzung der Funktion ‚Data Grooming' die Möglichkeit bietet, direkt während des Schreibens neue Sätze für die Datenbank vorzuschlagen. Diese Sätze werden vom Nutzer an das ‚Congree Control Center' geschickt. Der Administrator ist dann für die Freigabe oder Ablehnung der vorgeschlagenen Sätze zuständig. Hierdurch lässt sich verhindern, dass ungeprüfte Segmente in die AMS-Datenbank gelangen.

Welche Vor- und Nachteile hat also die parallele Arbeit mit AMS und CLC im Vergleich zur nachträglichen Prüfung mit dem CLC? Die parallele Arbeit hat den Vorteil, dass ein Text in einem Arbeitsschritt gemäß den in der Datenbank vorhandenen Segmenten formuliert und gleichzeitig linguistisch geprüft wird. Der Aufwand für das Editieren in der Revisionsphase reduziert sich erheblich. Abhängig ist der sinnvolle Einsatz davon, wie viele Regeln in CLAT aktiviert sind. Allerdings unterbricht das kontinuierliche Überprüfen der Fehlermeldungen und Umformulieren der Sätze den Schreibprozess und den Schreibfluss des Autors. Dies ist also wieder eine Frage der persönlichen Präferenz. In der praktischen Betrachtung hat sich gezeigt, dass der CLC bei interaktiver Nutzung die

250 Bei der Prüfung kann ausgewählt werden, ob das gesamte Dokument oder nur ausgewählte Abschnitte geprüft werden sollen.

Schwächen des AMS wie das Erkennen von Tippfehlern oder das Vorhandensein geprüfter und ungeprüfter Segmente in der Datenbank ausgleicht.

Die nachträgliche Prüfung mit dem CLC hat den Vorteil, dass sie, entsprechend dem menschlichen Lektorat, in der Revisionsphase stattfindet. Bei dieser Variante ist es jedoch wichtig, dass der Autor die vorgegebenen Schreibregeln und die bevorzugten Formulierungen sehr genau kennt, sofern in der Datenbank mehrere Satzvarianten hinterlegt sind. Anderenfalls kann es zu einer abweichenden Umformulierung durch den Autor und somit zu einem Matchabzug und einer Inkonsistenz in der Formulierung kommen, wie die obigen Beispiele zeigen. Um dieses Problem zumindest teilweise zu umgehen, können vorab 100 % Matches von der CLC-Prüfung ausgeschlossen werden. Dann werden alle 100 % Matches in der Datenbank nicht mehr von CLAT geprüft. Das macht beispielsweise Sinn im Fall von alter und neuer Rechtschreibung. Wichtig ist natürlich, dass die 100 % Matches wirklich fehlerfrei sind, um keine Fehler von einer zur nächsten Dokumentversion zu schleppen.

Die nachfolgende Tabelle fasst noch einmal die jeweiligen Vor- und Nachteile beider Einsatzmöglichkeiten zusammen:

Tabelle 5.13: Vor- und Nachteile der Liveprüfung und der Batch-Prüfung

	AMS + CLC mit Live-Prüfung	**AMS + CLC mit Batch-Prüfung**
Vorteile	Rechtschreib-, Grammatik- und Stilfehler werden sofort verbessert.	Keine Unterbrechung des Schreibprozesses durch Korrektur von Fehlermeldungen.
	Einfache Tippfehler werden sofort verbessert, sodass das AMS Ergebnisse generieren kann.	Vermeidung unnötiger Fehlermeldungen durch Pausen im Schreibprozess.
	Durch Umformulierungen bei Fehlermeldungen sieht der Autor, ob ein passender oder ähnlicher Satz in der Datenbank ist.	Nachträgliche Revision ist gründlicher und Fehler werden in Revisionsphase besser erkannt.
Nachteile	Häufige Unterbrechung des Schreibprozesses in Abhängigkeit von der Anzahl der Fehlermeldungen.	Die nachträgliche Revision dauert länger, wenn alle Fehler konsekutiv behoben werden.
	Unnötige Fehlermeldungen erscheinen durch Pausen und Fragmentierung des Schreibprozesses.	Das AMS-Fenster muss sichtbar sein, falls der Autor Sätze schreibt, die nicht in der AMS-Datenbank enthalten sind.
	Die Live-Prüfung erfordert eine gepflegte Datenbank oder den Ausschluss der 100 % Match-Prüfung.	

Die Gegenüberstellung der Vor- und Nachteile von interaktiver und konsekutiver Nutzung zeigt, dass keine Variante eindeutig überlegen ist. Die Batch-Prüfung im crossAuthor Linguistic hat den Nachteil, dass die Fenster von CLC und AMS nicht parallel angezeigt werden können, sodass eine Umformulierung von Sätzen bei Fehlermeldungen dazu führen kann, dass die Sätze nicht denen der AMS-Datenbank entsprechen. Im Congree Authoring Server ist dieses Problem nicht mehr vorhanden. Grundsätzlich gilt es jedoch zu bedenken, dass die Live-Prüfung eine nachträgliche Revisionsphase nicht vollständig ersetzen kann, sodass zusätzlich der CLC in der Revisionsphase eingesetzt werden sollte oder die Prüfung durch einen menschlichen Korrektor erfolgen muss. Ob die parallele Arbeit mit CLC und AMS oder die getrennte Textbearbeitung schneller und vor allem effizienter ist, müsste in einem empirischen Praxistest untersucht werden. Dazu müsste zum einen die Zeit gemessen werden und zum anderen könnte mittels *Key-Logging-Programmen* gemessen werden, welche Variante mehr Zeit und mehr Arbeitsschritte, also Mausklicks oder Tastenanschläge, benötigt. Zudem könnten mittels *Eye-Tracking-Analysen* die Augenbewegungen der Nutzer verfolgt werden, um zu beurteilen, welche Variante übersichtlicher und weniger ablenkend ist.

Nachdem in diesem Kapitel die steuernde Funktion von externen Ressourcen wie CLC und AMS im Schreibprozess erläutert wurde, werden im nächsten Unterkapitel die Implikationen für den Übersetzungsprozess diskutiert.

5.2 Übersetzungsprozess – Der Einfluss sprachlicher Steuerung im Schreibprozess auf den Übersetzungsprozess

In Kapitel 5.1 wurde gezeigt, welche Gründe für den Einsatz von CLC und AMS im Schreibprozess sprechen, welche Anforderungen diese Tools gegenwärtig erfüllen und wo die technologischen Grenzen liegen. Der steuernde Effekt dieser Tools kann jedoch nicht isoliert vom nachfolgenden Übersetzungsprozess betrachtet werden. Um die Auswirkungen der sprachlichen Steuerung auf den Übersetzungsprozess empirisch untersuchen zu können und um Rückschlüsse daraus ziehen zu können, bedarf es zunächst einer Betrachtung der Anforderungen und Schwierigkeiten im technologisch gesteuerten Übersetzungsprozess. Hierzu werden nachfolgend die Übersetzungsprozessforschung mit ihren Methoden und wichtige Erkenntnisse zur prozessualen Gestaltung des Übersetzungsprozesses dargestellt.

5.2.1 Historische Entwicklung und empirische Untersuchungsmethoden der Übersetzungsprozessforschung

Die Übersetzungsprozessforschung ist eine noch recht junge Disziplin im Rahmen der Übersetzungswissenschaft, deren Anfänge in den 1980er Jahren liegen

(Krings, 1986 & 2005: 342ff.; Göpferich, 2008: 3). Vergleichbar mit der Schreibprozessforschung erhält sie Impulse von unterschiedlichen Disziplinen wie Linguistik, Psychologie, Neurowissenschaften, Kognitionswissenschaften und auch durch Sprachtechnologien (O'Brien, 2013: 5).

Bei der Untersuchung des Übersetzungsprozesses geht es um die Frage:

> „Wie und warum gelangt ein bestimmter Übersetzer zu einem bestimmten Zeitpunkt unter bestimmten situativen Bedingungen bei der Übersetzung eines bestimmten Ausgangstextes zu einem bestimmten Übersetzungsresultat?" (Krings, 2005: 343)

Einer der ersten, der sich mit dem Übersetzungsprozess und der Erarbeitung eines geeigneten Prozessmodells befasste, war Krings in seiner Dissertation „Was in den Köpfen von Übersetzern vorgeht" (Krings, 1986). Zu dieser Zeit befassten sich auch Gerloff (1987) und Lörscher (1991) mit dem Übersetzungsprozess und der Entwicklung von Übersetzungsprozessmodellen.[251,252] Bis zu diesem Zeitpunkt lag der Fokus auf produktorientierten Untersuchungen, d. h. Untersuchungen, die sich auf die fertige Übersetzung bezogen (vgl. Wilss, 1977). Es gab punktuelle Studien, die den sog. ‚Übersetzungsvorgang' im Fokus hatten. Diese waren jedoch theoretisch-deskriptiv und rational. Dabei handelte es sich meist um Zweischritt- oder Dreischrittschemata zur Beschreibung des Übersetzungsvorgangs (Wilss, 1978: 15f.). Eine kritische Beurteilung dieser Übersetzungsprozessstudien und der darin erarbeiteten Prozessmodelle findet sich bei Krings (1986: 6ff.) und Lörscher (1991: 7ff.).

Gemäß Krings geht es in der Übersetzungsprozessforschung darum, geeignete Parameter zur Beschreibung des Prozesses zu entwickeln, und um die Herausarbeitung derjenigen Faktoren, die einen Einfluss auf den Übersetzungsprozess haben. Krings unterscheidet zwischen Aufgaben-, Übersetzer- und Umfeldfaktoren. Die nachfolgende Grafik zeigt das ‚Faktorenmodell'[253] von Krings:

251 Eine Zusammenfassung der Ergebnisse verschiedener empirischer Übersetzungsprozessstudien zu dieser Zeit findet sich bei Kiraly (1995: 42ff.).

252 Neben Übersetzungsprozessmodellen existieren auch Übersetzungskompetenzmodelle sowie Übersetzungskompetenzentwicklungsmodelle (siehe dazu Göpferich, 2008: 128ff.).

253 Eine Zusammenfassung von sechs der bekanntesten Übersetzungsprozessmodelle findet sich bei Alves & Hurtado Albir (2010: 29ff.).

Abbildung 5.28: Faktorenmodell des Übersetzungsprozesses (zitiert aus: Krings, 2005: 345)

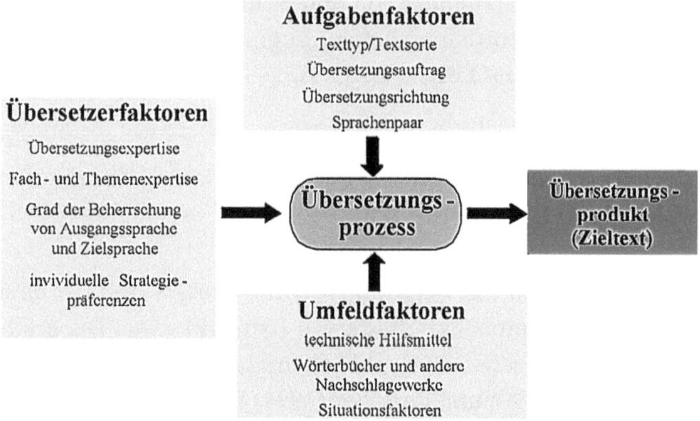

Neben den im Faktorenmodell aufgeführten Faktoren existieren noch weitere, sog. ‚affektive Faktoren', wie z. B. die Einstellung oder die psychosoziale Situation des Übersetzers. Im Laufe der Zeit hat sich eine Reihe von unterschiedlichen Methoden zur Erforschung des Übersetzungsprozesses herausgebildet, die teilweise allein oder in Kombination miteinander, d. h. als Triangulation verschiedener Methoden, kombiniert werden. Die angewandten Methoden sind vergleichbar mit den in der Schreibprozessforschung eingesetzten Methoden und werden deshalb an dieser Stelle nur kurz skizziert.

Eine Übersicht zu den verschiedenen Methoden gibt die Typologie von Krings (2005):

Abbildung 5.29: Typologie von Datenerhebungsverfahren zur Untersuchung des Übersetzungsprozesses (zitiert aus: Krings, 2005: 348)

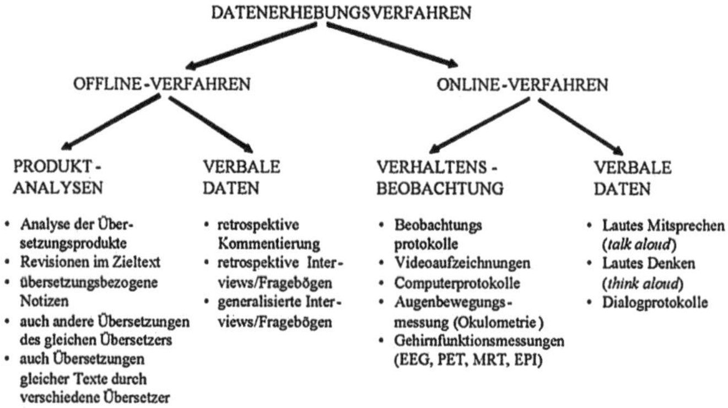

Methoden, bei denen Daten im Anschluss an den Übersetzungsprozess gewonnen werden, bezeichnet Krings als sog. ‚Offline-Verfahren'. Methoden, bei denen Daten während des Übersetzungsprozesses gewonnen werden, bezeichnet er als sog. ‚Online-Verfahren' (vgl. dazu auch Kapitel 5.1.3 – Empirische Untersuchungsmethoden der Schreibprozessforschung). Die Online-Verfahren bieten oftmals genauere Einsichten in Übersetzungsprozesse.[254] Zu den am häufigsten eingesetzten Verfahren zählt das Laute Denken,[255] wobei in den letzten Jahren die Zahl der Studien, die auf eine Triangulation aus mehreren Methoden setzen, zunimmt. Durch die Triangulation und somit Verknüpfung von qualitativen und quantitativen Methoden erhofft man sich, Verzerrungseffekte einzelner Methoden zu reduzieren (Hansen, 2003; Krings, 2005: 347ff.; Göpferich, 2008: 22ff.).[256]

5.2.2 Erkenntnisse der Übersetzungsprozessforschung und ihre Implikationen für den Einsatz externer Ressourcen

Die Mehrheit der Studien im Bereich Übersetzungsprozessforschung bezieht sich auf den menschlichen Übersetzer und die Untersuchung bestimmter isolierter mentaler Vorgänge. Die Palette der Versuchspersonen reicht von Laien über Anfänger bis hin zu Experten, von Fremdsprachenlernern über Philologiestudierende bis hin zu Übersetzern. Im Fokus dieses Kapitels stehen diejenigen Studien, die sich mit dem Einsatz von computergestützten Hilfsmitteln und ihren Auswirkungen auf den Übersetzungsprozess befassen.

In der Praxis und insbesondere im Bereich der Technischen Dokumentation ist heutzutage eine Übersetzung ohne technische Hilfsmittel wie TMS kaum denkbar. TMS gehören neben anderen computergestützten Übersetzungshilfen seit gut 25 Jahren zum festen Inventar von Übersetzern (zur Entwicklung von TMS siehe auch Kapitel 4.1). Trotz der langen Zeit ihres Einsatzes gibt es bisher

---

254 Eines der bekanntesten und am häufigsten eingesetzten *Key-Logging-Programme* ist ‚Translog'. Eine detaillierte Darstellung der Funktionsweise von Translog findet sich bei Göpferich (2008: 41ff.) und Jakobsen (1999: 9ff. & 2006: 95ff.). Zur Weiterentwicklung von Translog (Translog II) siehe Carl (2012). Zum Einsatz neurowissenschaftlicher Untersuchungsmethoden siehe Tymoczko (2012).

255 Beim Einsatz des Lauten Denkens dürfen die Effekte auf den Übersetzungsprozess nicht außer Acht gelassen werden. Wie sich beispielsweise in der Untersuchung von Jakobsen (2003a: 69ff.) zeigte, hat Lautes Denken einen leichten Effekt auf die Übersetzungsgeschwindigkeit und einen stärkeren Effekt auf die Segmentierung. Sowohl erfahrene als auch unerfahrene Übersetzer tendieren unter LD-Bedingungen dazu, stärker zu segmentieren.

256 Mit dem Thema Triangulation befasst sich auch der Sammelband von Alves (2003).

nur sehr wenige Forschungsarbeiten, die den Einfluss von TMS auf den Übersetzungsprozess untersuchen. Dazu gehören zum einen der Einfluss auf den Arbeitsablauf und zum anderen der Einfluss auf kognitive Prozesse während des Übersetzens. Paulsen Christensen & Schjoldager (2010) schreiben dazu:

> „Little research has been carried out on how translators interact with TM and how TM systems affect the cognitive (internal) translation process, and very few studies of TM are empirical investigations (Paulsen Christensen & Schjoldager, 2010: 1f.)

Trotz dieser Tatsache stehen die meisten Untersuchungen immer noch unter wirtschaftsorientierten Aspekten. Dabei handelt es sich zumeist um Produktbeschreibungen, den Vergleich verschiedener TMS oder Aspekte des Workflowmanagements.

Es ist davon auszugehen, dass TMS einen nicht zu unterschätzenden Einfluss auf den mentalen Übersetzungsprozess haben. Wie auch in der Schreibprozessforschung setzte sich in der Übersetzungsprozessforschung die sozio-kognitive Betrachtungsweise und die Anerkennung der *Distributed Cognition* durch.[257] Auf TMS übertragen bedeutet dies, dass *Distributed Cognition*, die innerhalb von sozialen Gruppen stattfindet, dann auftritt, wenn mehrere Übersetzer an einem TMS arbeiten. Paulsen Christensen (2011a) bezeichnet dies auch als *Collective Distributed Cognition*. Die zweite Definitionsmöglichkeit trifft auf Übersetzer zu, die interne und externe Strukturen oder Gegenstände, wie TMS, koordinieren müssen. Das TMS als Gegenstand stellt somit, wie auch CLC und AMS, ein zusätzliches LZG zur Informationsgewinnung dar.

> „A TM is to be considered a material artifact involved in the human translator's process of organizing the functional skill of memorizing translation decisions made during earlier translations into cognitive functional skills. In other words, a TM constitutes a supplementary LTM from which information can be retrieved." (Paulsen Christensen, 2011a: 140)

Paulsen Christensen (2011) schreibt dazu weiter:

> „As regards a theoretical framework for future TM research, the paradigm of situated, embodied cognition seems highly useful, because it takes into account the fact that translation as a distributed activity does not take place only within the brain of an individual human." (Paulsen Christensen, 2011a: 155)

Eine Übersicht zu den wenigen bisher durchgeführten Studien, die mentale Aspekte des Übersetzungsprozesses und den Einsatz von CAT-Tools beleuchten, findet sich bei Paulsen Christensen (2011a), Paulsen Christensen & Schjoldager

---

257 Zum Thema *Situated Translation* siehe auch Robert (2010).

(2010 & 2011b) und Göpferich (2008). Im Folgenden werden einige Studien vorgestellt, die bestimmte Aspekte des Übersetzungsprozesses oder das Zusammenspiel aus menschlicher Übersetzung und maschinellen Übersetzungshilfen sowie die dadurch einhergehenden Veränderungen des Übersetzungsprozesses untersuchen.

Einfluss des TMS auf die Übersetzungsprozessphasen

Paulsen Christensen & Schjoldager (2011) befragten in ihrer Untersuchung 22 Studenten zu deren Nutzungsverhalten bei TMS. 13 Studenten, also gut die Hälfte der VP, äußerten sich negativ zu TMS. Nach Aussage der Studenten führt das TMS zu einem subjektiv wahrgenommenen Kontrollverlust, der mit einem Verlust in das Vertrauen in eigene Entscheidungen einhergeht. Die Präsentation der TMS-Vorschläge mache es schwer, nach einer anderen Lösung zu suchen. Und durch die satzweise Segmentierung geht teilweise die Kohärenz verloren. Das TMS hat zudem, gemäß Paulsen Christensen & Schjoldager, unterschiedliche Auswirkungen auf die einzelnen Übersetzungsprozessphasen. Die Planungsphase dient dazu, das Thema zu erforschen, den Skopos zu bestimmen, den Text zu lesen und zu analysieren, eine Makrostrategie zu entwerfen und ein geeignetes TMS auszuwählen.

Gerade Studenten vergessen beim Einsatz eines TMS diese Phase oder widmen ihr nicht ausreichend Zeit. Die eigentliche Textproduktion ist durch das TMS von ständigen Revisionen gekennzeichnet. Paulsen Christensen & Schjoldager gehen davon aus, dass je nach Höhe des ausgewiesenen TMS-Matchwertes mehr Zeit für Revisionen aufgewendet wird als für die Produktion eigener Sätze.

Übersetzungseinheiten

Englund Dimitrova (2006) untersuchte in ihrer Studie mit acht VP die Größe der verarbeiteten Übersetzungseinheiten anhand der Pausenlänge. Sie wählte dazu vier Studenten und vier professionelle Übersetzer[258] und zeichnete den Übersetzungsprozess mit ‚ScriptLog' auf. Als Übersetzungseinheit galten Segmente, die zwischen zwei Pausen von mindestens fünf Sekunden Länge lagen. Wie sich zeigte, verarbeiten professionelle Übersetzer größere Übersetzungseinheiten. Dies bestätigt auch die Studie von Dragsted (2005). Sie untersuchte ebenfalls die

258 Innerhalb der hier dargestellten Studien existieren große Unterschiede hinsichtlich der Bezeichnung ‚professionelle Übersetzer'. Teilweise zählen dazu bereits Studenten im letzten Semester, teilweise berufstätige Übersetzer mit ein bis zwei Jahren Erfahrung und teilweise erst berufstätige Übersetzer mit mehr als 10 Jahren Erfahrung (vgl. auch Englund Dimitrova, 2005: 16).

Größe der Übersetzungseinheiten mit zwölf VP (sechs professionelle Übersetzer und sechs Studenten), wobei sie eine Kombination aus ‚Translog' und retrospektiven Interviews wählte und den VP einen schwierigen und einen leichten Text zur Übersetzung gab. Sie differenzierte dabei zwischen Satz, Teilsatz, Phrase und Wort. Dragsted untersuchte, wie die natürliche Segmentierung aussieht und wie der kognitive Übersetzungsprozess durch die satzweise Segmentierung im TMS beeinflusst wird. Sie stellte zudem Überlegungen an, wie TMS optimiert werden können. Wie bei Englund Dimitrova waren die Übersetzungseinheiten bei professionellen Übersetzern größer als bei den Studenten.[259] Ebenfalls war die generelle Textproduktionsgeschwindigkeit höher. Die Untersuchungen von Dragsted zeigten auch, dass bei schwierigeren Texten die syntaktischen Einheiten auf Wortebene liegen. Bei leichteren Texten bewegen sich die professionellen Übersetzer eher auf Teilsatzebene, die Studenten auf der kleineren Phrasenebene (vgl. dazu auch Gerloff, 1987: 135ff.; Yamada, 2011).

Dragsted deutet dies so, dass die Übersetzer von einer sinnorientierten zu einer formorientierten Bearbeitungsweise wechseln. Aufgrund der Analysen empfiehlt Dragsted die Integration linguistischer Analysen, d. h. morphologische und syntaktische Analysen und ggf. ebenfalls semantische Analysen. Was sich jedoch in Bezug auf die Segmentierung von Übersetzungseinheiten ablesen lässt, ist, dass sich die menschliche Segmentierung von mentalen Übersetzungseinheiten teilweise stark von der Segmentierung im TMS unterscheidet. Dabei existieren wiederum Unterschiede zwischen Übersetzungsanfängern und erfahrenen Übersetzern. Heutige TMS ermöglichen neben der satzweisen Segmentierung auch eine absatzbasierte Segmentierung und ermöglichen eine Konkordanzsuche sowie die Suche nach Subsegmenten und Phrasen unterhalb der Satzebene. Nichtsdestotrotz deuten die Forschungen darauf hin, dass die Segmentierung noch flexibler gestaltet werden müsste. Dies bestätigt auch eine Umfrage unter 250 Übersetzern und anderen Berufsgruppen, die mit CAT-Tools arbeiten (Marshman, 2012). Viele der Befragten empfanden den rigiden Workflow und die Segmentierung des Textes als unpassend und als eine Einschränkung in der Kontrolle, die sie über den Übersetzungsprozess haben (Marshman, 2012: 6). Wie die zuvor erläuterten Studien zeigen, gibt es sowohl Unterschiede

259 In einer weiteren Untersuchung von Dragsted (2010) zeigte sich zudem, dass Experten (im Sinne von erfahrenen Übersetzern) die parallele Koordination des Lesens des AT und der Produktion des ZT besser beherrschen. Dragsted & Gorm Hansen (2008) plädieren dafür, dass mentale Übersetzungseinheiten nicht nur anhand von Pausen differenziert werden. Zumeist umfassen die durch Pausen gekennzeichneten Einheiten sowohl Verstehensprozesse als auch Textproduktionsprozesse.

in der Größe der verarbeiteten Übersetzungseinheiten zwischen Studenten/ Berufsanfängern und erfahrenen Übersetzern als auch in Abhängigkeit vom Schwierigkeitsgrad des Textes. Das heißt, mit zunehmendem Schwierigkeitsgrad sinkt die Größe der Übersetzungseinheiten.[260]

Prozessphasen und Zeitdruck

Neben der Untersuchung der Übersetzungseinheiten gibt es verschiedene Studien, welche die einzelnen Prozessschritte Orientierung/Planung, Textproduktion/Übersetzung und Revision sowie die Unterschiede in der Gestaltung dieser Schritte zwischen Anfängern und erfahrenen Übersetzern untersuchen. Jakobsen (2002: 191ff.) untersuchte das Verhalten von semiprofessionellen und professionellen Übersetzern. Es zeigte sich, dass professionelle Übersetzer mehr Zeit für die Orientierungsphase und auch mehr Zeit für die Revisionsphase verwenden. Allerdings verwenden sie zwar mehr Zeit für die Revision, jedoch ist die Anzahl der durchgeführten Revisionen geringer. Des Weiteren sind professionelle Übersetzer in der Übersetzungsphase meist schneller. Semiprofessionelle Übersetzer überspringen die Orientierungsphase teilweise fast völlig und nehmen sich wenig Zeit für Revisionen, jedoch verbessern sie viel.

Diese Erkenntnisse bestätigte auch die Studie von Englund Dimitrova (2005). Sie untersuchte anhand von neun Übersetzern, wie sich eine unterschiedliche Übersetzungserfahrung auf die Phasen Planung, Textproduktion und Revision auswirkt. Sie verglich dabei Studenten im Studienfach Übersetzen, andere Sprachstudenten und professionelle Übersetzer mit jeweils weniger bzw. mehr als zehn Jahren Berufserfahrung. Neben LD wurden die Antworten der Teilnehmer über Mikrofon und Videoaufzeichnung sowie über *Key-Logging* erfasst. Auch bei ihr zeigte sich, dass professionelle Übersetzer mehr Zeit für die Orientierungsphase verwenden. Sie bezeichnet dies als sog. ‚Top-down-Ansatz' bzw. als Makrostrategie. In der eigentlichen Übersetzungsphase arbeiten die professionellen

260 In der Untersuchung von Immonen & Mäkisalo (2010) zeigte sich, dass es bei der Segmentierung von kognitiven Einheiten Unterschiede zwischen Schreib- und Übersetzungsprozess gibt. Es zeigte sich, dass im Schreibprozess größere Einheiten entsprechend mehr Verarbeitung benötigen, während im Übersetzungsprozess größere Einheiten weniger Verarbeitungsaufwand bedeuten und der Fokus auf kleineren Einheiten und der lexikalischen Bedeutung liegt. Nach Immonen & Mäkisalo (2010: 60) könnte dies daran liegen, dass Übersetzer häufig die Makrostruktur des AT übernehmen. Im Vergleich zum Schreibprozess ist die Übersetzung langsamer auf Wort- und Subsegmentebene, aber schneller auf Satz- und Abschnittsebene (Immonen, 2006: 333).

Übersetzer mit längeren Segmenten und führen in der Revisionsphase weniger Änderungen durch. Änderungen entfallen eher auf die Schreibphase. Allerdings waren die Unterschiede zwischen den Anfängern und den professionellen Übersetzern hinsichtlich der Anzahl der Revisionen nicht so divergierend wie bei anderen Studien (Englund Dimitrova, 2005: 143).

Mit der Frage der Veränderung des Übersetzungsprozesses unter Zeitdruck befassen sich u. a. Gerloff (1987), Dragsted (2005), Jensen (2000) und Jääskeläinen (1999). Gerloffs Untersuchungen zeigten, dass Studenten unter Zeitdruck schneller arbeiten, aber schlechtere Qualität erzeugen. Bei Dragsted wiederum waren die professionellen Übersetzer schneller. Jensen (2000) ließ sechs Testpersonen insgesamt vier Texte unter differierenden Zeitbedingungen übersetzen. Die Zeitintervalle lagen zwischen zehn und dreißig Minuten. Bei zwei der Testpersonen handelte es sich um Ingenieure, zwei waren Übersetzer mit zwei Jahren Berufserfahrung und zwei Übersetzer mit zehn Jahren Berufserfahrung. Jensen setze in ihrem Experiment Translog, Wörterbücher und LD ein. Es zeigte sich, dass die Übersetzer unter Zeitdruck auf sog. ‚Coping-Strategien' zurückgreifen und ihre Qualitätsansprüche herunterschrauben. Der Zeitdruck war für die Übersetzer am größten in der Übersetzungs- und der Revisionsphase, in die sie die meiste Zeit investierten. Wie bei den anderen Studien bestätigte sich, dass Anfänger doppelt so viele Revisionen durchführen wie Experten. Je mehr Zeit die Übersetzer hatten, umso mehr Problemlösungsaktivitäten waren zu erkennen und umso mehr Wörterbuchkonsultationen fanden statt. Ebenfalls zeigte sich, dass die Nicht-Übersetzer, also die Ingenieure, eher zu ‚Coping-Strategien' und zu Auslassungen, Entlehnungen und Transkodierungen griffen. Die Übersetzer wählten eher Rekonstruktionen.

Die Untersuchungen von Jääskeläinen (1999: 119ff.) zeigten, dass es generell zwei unterschiedliche Typen von Übersetzern gibt. Die einen lesen den Ausgangstext ein bis zweimal und übersetzen dann. Während der Übersetzungsphase führen sie auch Wörterbuchrecherchen und Revisionen durch. Der zweite Typ liest den Text, produziert einen Entwurf und verlagert die komplette Revisionsphase auf den Schluss. Bei professionellen Übersetzern zeigte sich, dass sie insgesamt in der Überarbeitungsphase weniger Revisionen durchführen und den Text eher als Ganzes lesen. Anfänger hingegen führen mehr Korrekturen am Schluss durch. Zudem verwenden professionelle Übersetzer eher einsprachige und Fachwörterbücher und Anfänger eher zweisprachige Wörterbücher. Sie suchen zudem häufiger in Referenztexten, um den Ausgangstext zu verstehen. Im Hinblick auf das Thema Zeitdruck arbeiteten die Anfänger schneller aufgrund von mangelndem Problembewusstsein. Professionelle Übersetzer haben generell eher eine höhere Übersetzungsgeschwindigkeit, wenn es sich um automatisierte

Prozesse handelt. Im Fall von anspruchsvollen Aufgaben nehmen sie sich jedoch mehr Zeit für die Lösung. Jääskeläinen weist auch darauf hin, dass der subjektiv empfundene Zeitdruck von der individuellen Kompetenz beim gewählten Thema, der Textsorte und anderen Faktoren abhängt. Dies mag auch ein Grund sein, weshalb verschiedene Studien zu unterschiedlichen Ergebnissen dahingehend kommen, ob Anfänger oder erfahrene Übersetzer schneller übersetzen.

Alves & Liparini Campos (2009) untersuchten in ihrer Studie, wie sich der Einsatz eines TMS in Kombination mit Zeitdruck auf die Wahl interner und externer Ressourcen zur Problemlösung auswirkt. Mit internen Ressourcen sind hier mentale Repräsentationen und Fach- sowie Hintergrundwissen gemeint. Externe Ressourcen beziehen sich bei Alves & Liparini Campos auf externe Dokumentationen, wie Wörterbücher, Terminologie oder Online-Ressourcen. Bei der Studie zeigte sich, dass Zeitdruck, gerade in der eigentlichen Textproduktionsphase, zu einer Verringerung der üblicherweise getätigten Revisionen führt und der Übersetzer eher die vom TMS vorgeschlagenen Lösungen akzeptiert (Alves & Liparini Campos, 2009: 205). Im Vergleich dazu hatten weder der Einsatz eines TMS noch der Aspekt Zeitdruck eine Auswirkung auf die Revisionen in der eigentlichen Revisionsphase. Auch zeigte sich, dass sich die gewählte Unterstützungsform bei externen Ressourcen unter Zeitdruck nicht änderte.

Bowker (2005) untersuchte in ihrer kleinen Pilotstudie den Einfluss von TMS auf die Übersetzungsproduktivität und -qualität. Von neun Studenten sollten drei einen Text von 387 Wörtern unter Zeitdruck und ohne Hilfsmittel in vierzig Minuten übersetzen. Drei Studenten durften ein entsprechend gefülltes TMS verwenden und wieder drei Studenten durften ein TMS verwenden, das bewusst hinzugefügte Fehler enthielt. Es zeigte sich, dass sich die Produktivität unter Einsatz des TMS erhöhte, d. h., diejenigen Studenten, die ein TMS verwenden durften, schafften die Übersetzung in der erlaubten Zeit. Allerdings führte die TMS-Nutzung zu Inkonsistenzen und variierendem Schreibstil. Dies lag daran, dass die in der TMS-Datenbank enthaltenen Texte von mehreren Autoren stammten und z. B. unterschiedliche Terminologie oder die Formulierung im Aktiv bzw. Passiv aufwiesen. Bei denjenigen Studenten, die das fehlerhafte TMS verwendeten, zeigte sich zudem, dass sie oftmals falsche Vorschläge übernahmen, speziell bei den 100 % Matches.

TMS-Matchtypen und kognitive Belastung

O'Brien (2006 & 2008: 79ff.) untersuchte in zwei Studien die kognitive Beanspruchung bei der Übersetzung von Fuzzy Matches. In der ersten Studie von

2006 betrachtete O'Brien die kognitive Belastung von vier Übersetzern bei unterschiedlichen Matchtypen. Sie setzte dazu *Eye-Tracker* und *Screen Recording* ein. Im Anschluss wurde den Übersetzern das *Gaze Replay* vorgespielt und sie wurden um Kommentare gebeten. Mit dem *Eye-Tracker* wurde pro Segment die Übersetzungsgeschwindigkeit in Wörtern pro Sekunde sowie die prozentuale Veränderung der Pupillenweite gemessen. Es zeigte sich, dass 100 % Matches am schnellsten verarbeitet werden und die niedrigste kognitive Belastung verursachen. Segmente ohne Match werden am langsamsten verarbeitet. Grundsätzlich zeigte sich, dass die kognitive Beanspruchung beim Übersetzen bei abnehmenden Matchwerten nicht notwendigerweise zunimmt. In der 2008 durchgeführten Studie mit fünf Probanden wurden *Eye-Tracker* als quantitatives Verfahren mit einer Teilnehmerbefragung als qualitatives Verfahren kombiniert. Bei dem Test wurde eine Übersetzung eines kurzen Textes mit der ‚SDL Translator's Workbench' durchgeführt. Die Fuzzy Matches variierten zwischen 50 und 99 %. Den Teilnehmern war es nicht gestattet, Wörterbücher oder sonstige Hilfsmittel zu benutzen. Die Studie ergab, wie auch die Untersuchung von 2006, dass die Verarbeitungsgeschwindigkeit mit abnehmenden Matchraten sinkt. Die Pupillenweite wiederum nimmt zu und sinkt dann, sobald der Matchwert unter 70 % fällt. Ebenfalls zeigte sich, dass die Teilnehmer niedrigere Fuzzy Matches genauso verarbeiteten wie höhere Fuzzy Matches, und die *Eye-Tracking-Auswertungen* ergaben, dass die Übersetzer den vom TMS angezeigten Fuzzy Match-Wert kaum beachteten. Die Teilnehmer wurden nach der Übersetzung zudem gebeten, auf einer Skala von 1 bis 5 anzugeben, wie hoch sie den Aufwand für die Überarbeitung des Segmentes empfanden. Zusammengefasst zeigte sich, dass der von den Teilnehmern subjektiv empfundene Aufwand für das Editieren der angezeigten Fuzzy Matches nicht mit der vom TMS angezeigten prozentualen Ähnlichkeit korrelierte. Dies bestätigt, dass die vom TMS berechnete prozentuale Ähnlichkeit nicht mit dem menschlichen Empfinden übereinstimmen muss (vgl. auch Reinke, 2004). Nebenbei warf die Studie interessante neue Fragen auf hinsichtlich der Menge an Text, die ein Übersetzer auf dem Bildschirm sehen sollte, oder der Frage, ob die farbliche Unterlegung der Unterschiede in den Matches sinnvoll oder eher eine visuelle Überfrachtung für den Übersetzer darstellt.

Störquellen im Übersetzungsprozess

Hansen (2002a, 2002b & 2006) untersuchte in ihrer Dissertation mögliche Störquellen im Übersetzungsprozess, die zu einem schlechten Übersetzungsprodukt führen können. In ihren Untersuchungen identifizierte sie verschiedene Störquellen seitens der Übersetzer. Manche Übersetzer schreiben darauf los und führen dann am Ende keine Kontrolle durch. Andere verschieben die komplette Kontrolle auf die Revisionsphase.[261,262] Dadurch kann eine zuvor gute Übersetzung auch wieder verschlechtert werden. Manchen Übersetzern, gerade Anfängern, mangelt es auch an einer fehlenden Selbsterkenntnis im Hinblick auf ihre sprachliche Kompetenz (2002: 9ff.). Die aufgeführten Probleme zeigen, dass speziell für diese Nutzergruppen der Einsatz einer sprachlichen Kontrolle des Zieltextes, die über die reinen Qualitätssicherungsmöglichkeiten des TMS hinausgeht, sinnvoll wäre (siehe dazu Kapitel 6.3).

Einfluss von CAT-Tools allgemein

Im ‚TRACE-Projekt' (Traducción Asistida, Calidad y Evaluación) wurden die Unterschiede im Übersetzungsprozess zwischen Übersetzungen, die mit CAT-Tools angefertigt wurden, und Übersetzungen, die ohne CAT-Tools entstanden, untersucht (Torres-Hostench et al., 2010). Das Augenmerk lag auf den Unterschieden bei Explizierungen, Inferenzen und Textualität. In einer großen Untersuchung wurden insgesamt 72 Testpersonen mit jeweils drei verschiedenen Übersetzungsszenarien konfrontiert: Übersetzung nur mit MS Word, Übersetzung mit SDL Trados und Word sowie Übersetzung mit SDL Trados und dem TagEditor. Es wurden drei Texte von ca. 500 Wörtern aus dem IT-Bereich übersetzt. Die benötigte Zeit und verwendete Ressourcen wurden jeweils aufgezeichnet und es wurden *Key-Logging, Screen-Recording* und menschliche Beobachter eingesetzt. Die Probanden erhielten nach den Übersetzungen einen Fragebogen. Erste Tests zeigten, dass beim Einsatz von hybriden Übersetzungsumgebungen weniger Explizierungen erfolgen und mehr Interpunktionsfehler. Hier müsste weiter untersucht werden, ob diese bewusst oder unbewusst geschehen.

---

261 Dies deckt sich mit den Untersuchungen von Hayes bzgl. unterschiedlicher Fehlerauffindungs- und -behebungsstrategien.

262 In der Untersuchung von Gommlich (1997: 57) zeigte sich bei der Überprüfung eines Korpus von technischen Übersetzungen durch Editoren, dass bei 2.000 insgesamt gefundenen Fehlern allein 40 % auf typografische Fehler entfielen, 26 % entfielen auf die falsche Verwendung von lexikalischen Mitteln in der Zielsprache, 13 % wiesen auf Abweichungen in der Terminologie hin, während sich die restlichen 21 % über verschiedene Kategorien wie Wortstellung oder Kohärenz verteilten. Gerade die typografischen Fehler und terminologischen Varianzen könnten sehr gut durch automatische Sprachprüfprogramme vermieden werden.

Zusammenfassung der Ergebnisse

Aus den zuvor erläuterten Studien lassen sich einige Hinweise und Erkenntnisse ableiten. Dabei ist zu unterscheiden zwischen Erkenntnissen, die sich auf den Übersetzungsprozess per se beziehen, und Erkenntnissen, die auf der Mensch-Maschine-Interaktion, d. h. den Auswirkungen des Einsatzes von maschinellen Übersetzungshilfen wie TMS, basieren. Bezogen auf den Übersetzungsprozess und die einzelnen Phasen lässt sich Folgendes festhalten: Fehlende Selbsterkenntnis in Bezug auf die eigene sprachliche Kompetenz, gerade bei Anfängern, kann dazu führen, dass Fehler übersehen werden. Ebenso kann die vollständige Verschiebung jeglicher Revisionen auf die Endphase dazu führen, dass vorhandene Fehler übersehen werden und nicht korrigiert werden.

In Bezug auf die einzelnen Phasen des Übersetzungsprozesses belegen einige Studien (Jakobsen, 2002 & 2003b; Englund Dimitrova, 2005; Jääskeläinen, 1999), dass erfahrene Übersetzer meist eine längere Planungsphase haben und eine Makrostruktur erarbeiten. Unerfahrene Übersetzer arbeiten eher auf mikrostruktureller Ebene und fangen teilweise sofort mit der Textproduktionsphase an. Die Revisionsphase ist oft bei erfahrenen Übersetzern länger, jedoch führen diese meist insgesamt weniger Revisionen durch, da Revisionen bereits in der Textproduktionsphase erfolgen. Untersuchungen zu den Auswirkungen von Zeitdruck auf den Übersetzungsprozess haben zu unterschiedlichen Ergebnissen geführt. Die Studien von Gerloff (1987) und Jääskeläinen (1999) ergaben, dass Studenten unter Zeitdruck schneller arbeiten und eher schlechtere Qualität liefern. In der Untersuchung von Dragsted (2005) waren die professionellen Übersetzer unter Zeitdruck schneller. Jääskeläinen führt diese unterschiedlichen Ergebnisse darauf zurück, dass Zeitdruck subjektiv und individuell anders empfunden wird und dass das Ergebnis auch von der jeweiligen Übersetzungskompetenz bezogen auf Sprachrichtung, Fachlichkeit und Textsorte abhängt. Die Untersuchungen von Jensen (2000) zeigten zudem, dass Übersetzer unter Zeitdruck zu sog. ‚Coping-Strategien' greifen, d. h. zu Rekonstruktionen, Auslassungen, Entlehnungen oder Transkodierungen.

Aus den wenigen Untersuchungen zum Einfluss von maschinellen Übersetzungshilfen auf den Übersetzungsprozess lässt sich Folgendes ableiten: Untersuchungen zur Größe der vom Übersetzer ver- und bearbeiteten Übersetzungseinheiten zeigen, dass die Größe der ÜE zum einen variiert zwischen Studenten/Anfängern und erfahrenen Übersetzern und zum anderen zwischen leichteren und schwierigeren Texten (Englund Dimitrova, 2006; Dragsted, 2005). Die Arbeit mit einem TMS hat einen deutlichen Einfluss auf den Übersetzungsprozess. Die strikte, satzweise Segmentierung im TMS widerspricht häufig der natürlichen Segmentierung im menschlichen Gehirn, was u. a. dazu führt, dass Übersetzer teilweise zu einer rein formorientierten Bearbeitung wechseln und Fehler übersehen (Dragsted, 2006). Dies zeigt, dass Produkte zur Unterstützung des Übersetzungsprozesses noch flexibler anpassbar sein müssten. Dragsted empfiehlt außerdem den Einsatz zusätzlicher morphologischer und syntaktischer Analysen. Die Pilotstudie von Bowker (2005) zeigte, dass der Einsatz eines TMS, sofern dies nicht streng gepflegt und kontinuierlich überarbeitet wird, zu Inkonsistenzen und variierendem Schreibstil führen kann. Die Studien von O'Brien (2006 & 2008) belegten u. a., dass der Matchtyp – d. h. 100 % Match, Kein Match und Fuzzy Matches – zu unterschiedlich starken kognitiven Belastungen führt.

Unabhängig von den Ergebnissen der oben genannten Studien ist anzunehmen, dass die Nachfrage nach Qualitätskontrollen im Revisionsprozess stetig zunehmen wird.[263] Dies ist u. a. auf den 2006 von der EU erlassenen Standard ‚DIN EN 15038'[264] zurückzuführen, der ein ‚4-Augen-Prinzip', also eine Revision im Sinne eines Korrekturlesens der Übersetzung durch eine andere Person als den Übersetzer selbst, vorschreibt (Robert, 2008).

5.2.3 Überlegungen zur Integration von Schreib- und Übersetzungsprozessforschung

Forschungen zum Schreib- und Übersetzungsprozess wurden bisher zumeist als getrennte Forschungsstränge mit unterschiedlichen Untersuchungsobjekten betrieben (Dam-Jensen & Heine, 2013) – und das, obwohl beide Disziplinen die gleichen empirischen Untersuchungsmethoden einsetzen (siehe Kapitel 5.1.3 und 5.2.1). Während in der Schreibprozessforschung der Fokus auf Aspekten wie der Entwicklung von Schreibfertigkeiten lag, wandte sich die Übersetzungsprozessforschung dem Aspekt der Übersetzerkompetenz zu. Dementsprechend wurden diese Aspekte auch über Jahre unabhängig voneinander untersucht und es wurde wenig dafür getan, die Ergebnisse beider Forschungsstränge zu integrieren. Die nachfolgende Darstellung dient dem Zweck, zusammenfassend den Schreib- und Übersetzungsprozess in der Technischen Dokumentation als einen

263 Eine ausführliche Darstellung zu verschiedenen Arten von Revisionen im Übersetzungsprozess findet sich bei Mossop (2010).

264 Die europäische Norm ‚DIN EN 15038' hat das Ziel, einen Qualitätsstandard für die von Übersetzungsdienstleistern erbrachten Leistungen zu schaffen. Abgelöst wurde die DIN-Norm später von der ‚DIN EN ISO 17100'.

aufeinander aufbauenden Prozess, der in Bezug auf die eingesetzten technologischen Hilfsmittel einen Kreislauf bildet, darzustellen.

Abbildung 5.30: Prozessualer Ablauf von Schreib- und Übersetzungsprozess (eigene Darstellung)

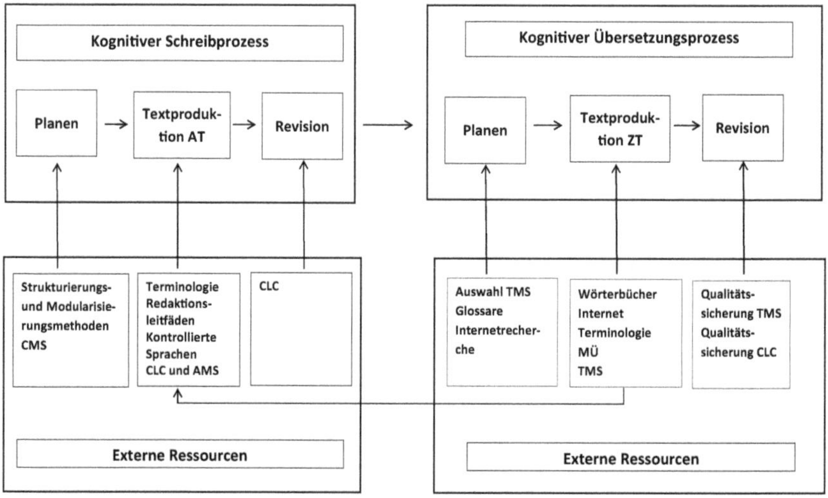

Gemäß Schubert (2005) sind sowohl Schreiben als auch Übersetzen eine Form interkultureller Kommunikation. Die Textproduktion im beruflichen Umfeld ist üblicherweise durch externe Instruktionen und kollaborative Zusammenarbeit (siehe dazu auch Kapitel 5.1.4), durch die physische Schreibumgebung und externe Ressourcen bestimmt. In der obigen Darstellung bilden der Schreib- und Übersetzungsprozess die technische Kommunikation als Ganzes ab – von der Erstellung des Ausgangstextes im Schreibprozess bis hin zur Erstellung des Zieltextes im Übersetzungsprozess. Beide Tätigkeiten – Schreiben und Übersetzen – teilen bestimmte Merkmale, in anderen Bereichen sind sie jedoch verschieden (Schubert, 2005: 126ff.). Eine Gemeinsamkeit besteht darin, dass grundsätzlich sowohl der Prozess des Schreibens als auch der des Übersetzens in mehreren Phasen (Planung, Textproduktion, Revision) ablaufen, die wiederum rekursiv sind. Was beide Prozesse unterscheidet, sind die eingesetzten Strategien und der Schreib- bzw. Übersetzungsstil. Wie in Kapitel 5.1.5 dargestellt, gibt es im Bereich der Schreibprozessforschung bereits einige Untersuchungen, in denen Taxonomien für bestimmte Schreibstile bzw. -profile entwickelt wurden. Es zeigte sich, dass es Unterschiede im Planungs-, Textproduktions- und

Revisionsverhalten gibt. Bei den schreibprozessbezogenen Studien von van Waes et al. (2010) stellte sich heraus, dass das Schreibprofil in Abhängigkeit vom Schreibmedium variiert.

Dragsted & Carl (2013), die sich der Ermittlung von Übersetzungsprofilen widmeten, stellten in ihren Untersuchungen fest, dass es beim Übersetzungsprofil keine Unterschiede zwischen Anfängern und Experten gibt und dass der Schwierigkeitsgrad des Textes ebenfalls das Profil nicht beeinflusst. Es lassen sich leider aufgrund des unterschiedlichen Untersuchungsansatzes und der variierenden Fragestellungen keine Rückschlüsse ziehen, ob die jeweiligen Erkenntnisse auch auf Schreib- bzw. Übersetzungsprozess zutreffen könnten oder ob sie ein inhärentes Merkmal des einen oder anderen sind. In der Übersetzungsprozessforschung sind meines Wissens die Untersuchungen von Dragsted & Carl (2013) bisher die Einzigen, die sich um eine Taxonomie bzgl. unterschiedlicher Übersetzungsstile bemüht haben. Im Übersetzungsprozess sucht der Übersetzer nach Entsprechungen, die die Bedeutung des Ausgangstextes unter Bewahrung des Skopos im Zieltext wiedergeben. Im Schreibprozess bewertet der Autor andere Texte und externe Ressourcen, um sich Informationen und Wissen über den Hintergrund oder die Konzepte anzueignen. Während der Übersetzungsprozess also mit einem existierenden Ausgangstext, d.h. dem Endprodukt des Schreibprozesses, arbeitet, existiert dieser Text im Schreibprozess zunächst noch nicht, sondern muss mental geplant werden und dann verschriftlicht werden. In der Praxis wird dieser Text jedoch selten komplett neu geplant, sondern aus einer Vielzahl externer Informationsquellen zusammengestellt. Hierzu zählen die Produktdokumentation, existierende Aufzeichnungen, mündliche oder schriftliche Gespräche. Sowohl bei der Ausgangs- als auch bei der Zieltexterstellung werden in den einzelnen Prozessphasen verschiedene externe Ressourcen und Hilfsmittel eingesetzt, die den Schreib- und Übersetzungsprozess in der jeweiligen Phase bestmöglich unterstützen. Die in der Grafik dargestellten Aufzählungen erheben dabei keinen Anspruch auf Vollständigkeit, sondern zählen lediglich einige wichtige und gängige externe Ressourcen auf (siehe dazu auch Kapitel 2 und 3). Hierzu zählen beispielsweise der Einsatz eines AMS in der Textproduktionsphase oder der Einsatz eines CLC in der Textproduktions- oder der Revisionsphase. Die Planungsphase im Schreibprozess ist vergleichsweise komplexer, da im Übersetzungsprozess das Generieren von Ideen auf den AT beschränkt ist, der wiederum das Thema vorgibt. Ebenfalls bewertet der Übersetzer den ZT sowohl einzeln als auch in Bezug auf den AT, was im Schreibprozess nicht der Fall ist (Dam-Jensen & Heine: 2013: 94ff.). Übersetzer agieren zudem auf Wort-, Satz- oder Phrasenebene. Autoren im Schreibprozess wenden funktionale Strategien an, die jedoch nicht auf sprachliche Ausdrücke beschränkt sind, sondern bei denen es darum geht, die Intention des Autors zu übertragen.

Die Verflechtung von Schreib- und Übersetzungsprozess wird auch dadurch deutlich, dass das im Schreibprozess eingesetzte AMS seine Daten aus den im Übersetzungsprozess eingesetzten TMS bezieht.[265] Ein Unterschied, der das Schreiben vom Übersetzen abgrenzt, ist das Gestalten des Textes für eine bestimmte Zielgruppe. Hierbei wird auch vom sog. ‚Audience Design' gesprochen.[266] Die anvisierte Zielgruppe im Schreibprozess, also bei der Erstellung der Dokumentation, ist häufig, gerade im Endkundenbereich, sehr heterogen. Während jedoch hier die Anpassung der Dokumentation an eine bestimmte Zielgruppe als unerlässliche, aber steuerbare Voraussetzung betrachtet wird, wird beim Übersetzen die Zielgruppe oft als unveränderbare Variable betrachtet. Hinzu kommt, dass die Übersetzung an die *Locale* (siehe hierzu auch Kapitel 2.2) angepasst werden muss, d. h., im Vergleich zum Schreibprozess kommen beim Übersetzungsprozess kulturelle Einflüsse hinzu.

Grundsätzlich umfasst die Technische Dokumentation als Form von technischer Kommunikation also sowohl den Schreib- als auch den Übersetzungsprozess. Gemäß Schmitt (1999) und Schubert (2005) lässt sich die Interdependenz von technischem Schreiben und Übersetzen so zusammenfassen, dass das Schreiben der technischen Dokumentation die Voraussetzung für die Übersetzung ist und in Konsequenz das Schreiben ein Bestandteil oder Element des Übersetzens ist. Wiederum ist die technische Übersetzung als eine interkulturelle Form von technischem Schreiben anzusehen.

Die nachfolgend erläuterten empirischen Untersuchungen betrachten in ihrem Untersuchungsdesign und den untersuchten Fragestellungen zum einen den Schreibprozess (Kapitel 6.1) und zum anderen den Übersetzungsprozess (Kapitel 6.2).

---

265 Bei einer Stand-Alone-Lösung entfällt die Abhängigkeit des AMS vom TMS.

266 Schubert (2005) verwendet diesen Begriff in Anlehnung an Bell (2001), der den Begriff geprägt hat. Mit seinem ‚Audience Design Framework' wollte Bell aus soziolinguistischer Sicht eine Erklärung dafür finden, wie sich die Wahl des Schreibstils als Antwort auf die jeweilige Zielgruppe verändert.

6 Untersuchungen zur sprachlichen Steuerung im Schreib- und Übersetzungsprozess

Kapitel 5 hat sich mit den Gemeinsamkeiten und Unterschieden zwischen Schreib- und Übersetzungsprozess befasst. Die kognitiven Anforderungen im Schreib- und Übersetzungsprozess und die Unterstützungsmöglichkeiten durch externe Ressourcen wie CLC und AMS wurde detailliert dargestellt. In diesem Kapitel werden zwei empirische Untersuchungen erläutert, die zeigen, wie sich die sprachliche Steuerung im Schreibprozess auf den Übersetzungsprozess auswirkt.

Abstract

This chapter describes two empiricial studies. The first concerns the positive effects of language control on the match rates of commercial translation memory systems (TMS). The second shows that translators give texts that are written in a form of controlled language better ratings regarding readability, comprehensibility and translatability.

6.1 Empirische Untersuchung zum Einfluss sprachlich gesteuerter Texte auf die Matchraten von Translation-Memory-Systemen

6.1.1 Untersuchte Fragestellung

Die hier durchgeführte Untersuchung widmet sich der Frage, ob und inwiefern sich die von kommerziellen TMS ermittelten Matchraten durch den Einsatz eines automatischen Sprachprüfprogramms bei der Texterstellung verbessern lassen. Wie in Kapitel 4.4 dargelegt, ist der Suchmechanismus von kommerziellen TMS zeichenkettenbasiert und die Ähnlichkeitsberechnung erfolgt auf Basis des Abgleichs von Zeichenketten. Dadurch kommt es zu Fällen, in denen ein Match angezeigt wird, obwohl keine semantische Ähnlichkeit zwischen zwei verglichenen Segmenten besteht, oder das TMS findet kein Match aufgrund zu geringer Ähnlichkeit der Zeichenketten, obwohl eine semantische Ähnlichkeit der verglichenen Segmente besteht. Zudem kommt es häufig vor, dass TMS eine Vielzahl von ähnlichen Segmenten enthalten, bei denen jeweils Fachtermini unterschiedlich übersetzt wurden, bei denen der Schreibstil variiert oder die Rechtschreib- und Grammatikfehler enthalten. Moorkens (2011 & 2012) hat in einer Studie die Konsistenz von TMS auf Segment- und Subsegmentebene untersucht. Als Datenbasis dienten ihm vier große TMS-Datenbanken. Zwei davon betrafen das Sprachenpaar Englisch-Deutsch, zwei das Sprachenpaar Englisch-Japanisch. Moorkens betrachtete in seiner Untersuchung verschiedene Kategorien von Inkonsistenzen innerhalb von Ausgangs- und Zieltextsegmenten (z. B. Inkonsistenz im AT und Konsistenz im ZT oder vice versa). Bei den betrachteten Segmenten kamen besonders häufig Inkonsistenzen im Bereich Groß-/Kleinschreibung[267], Nomen- und Verbinkonsistenzen, inkonsistente Leerzeichen oder inkonsistente Zeichensetzung vor. Speziell Zeichensetzungsfehler beeinträchtigen das Verständnis des Übersetzers zwar nicht zwangsläufig, sie führen jedoch zu unnötig verringerten Matchwerten. In einer qualitativ ausgerichteten Befragung von Übersetzern zeigte sich, dass diese häufig Segmente finden, bei denen inkonsistente AT-Segmente als inkonsistente ZT-Segmente übersetzt werden, und auch Segmente, bei denen inkonsistente AT-Segmente konsistent im ZT übersetzt wurden. Dem Übersetzer bleibt somit überlassen, ob er den Kunden auf die Fehler im AT hinweist. Zudem berufen sich Übersetzer bei Fehlern im ZT darauf, dass zuerst einmal der Kunde den AT entsprechend kontrollieren muss. Wolff et al. (2014) untersuchten in ihrer Studie, in welchen Fällen es dazu kommt, dass das TMS keine Treffer findet, obwohl die verglichenen Satzsegmente sehr ähnlich sind. Sie identifizierten insgesamt vier Kategorien, in die die meisten Fehler fielen. Ein großer Bereich entfiel nach Wolff et al. auf die Verwendung von Synonymen und Paraphrasen, den Wechsel von Aktiv und Passiv oder die Verwendung von Abkürzungen. Ein weiterer Bereich waren Auslassungen, wenn beispielsweise in einem Satz ein Pronomen verwendet wird und in einem anderen Satz eine Nominalphrase. Die dritte Kategorie, die Wolff et al. als ‚Text normalisation' bezeichnen, betrifft Fälle, in denen z. B. die Klein-/Großschreibung von Wörtern variiert. Auch unterschiedlich gesetzte Tags fallen in diese Kategorie. Die vierte Kategorie betrifft falsch alignierte Segmente. Wolff et al. schließen daraus, dass die zeichenkettenbasierten Suchmechanismen der TMS nicht ausreichen, um die oben genannten Probleme zu lösen. Sie empfehlen daher den Einsatz von Thesauri zur Synonymbehandlung, die Verbesserung der Alignmenttools und die Integration von Methoden zur Berechnung der semantischen Ähnlichkeit. Betrachtet man die in den Untersuchungen von Wolff et al. (2014) und Moorkens (2011 & 2012) identifizierten Arten von Fehlern, in denen es zu Matchabzug im TMS kommt oder in denen kein Match gefunden wird, dann zeigt sich, dass der Einsatz eines CLC in vielen dieser Fälle eine Lösung bietet.

---

267 Die Inkonsistenzen bei Groß-/Kleinschreibung betrafen die englischen AT-Segmente.

Neben der Verbesserung des Suchalgorithmus von TMS durch verschiedene Methoden aus der Computerlinguistik, wie bereits in Kapitel 4 ausführlich dargestellt, bietet sich durch den Einsatz eines CLC und die darin integrierten morphologischen und syntaktischen Analysen die Möglichkeit, eine Verbesserung der Matchwerte zu erreichen, indem die im TMS enthaltenen Segmente sprachlich standardisiert und zugleich geprüft werden. Mithilfe des CLC lässt sich die Terminologie vereinheitlichen. Im CLC lassen sich Synonyme, Vorzugsbenennungen und Negativterme hinterlegen, sodass eine Fehlermeldung erscheint, wenn die falsche Benennung verwendet wird. Variationen zwischen alter und neuer Rechtschreibung, zwischen Groß- und Kleinschreibung oder in der Verwendung von Abkürzungen lassen sich ebenfalls vermeiden. Der größte Vorteil liegt jedoch in der Vereinheitlichung des Schreibstils. Die Stilregeln umfassen bei dem hier betrachteten CLC hauptsächlich folgende Bereiche: Regeln zur Lexik, zur Wortstellung, Regeln zur Vermeidung mehrdeutiger, also ambiger Strukturen, zur Vermeidung von Ellipsen und zur Auflösung komplexer Strukturen (vgl. Tetris-Projektbericht, 2001 & Handbuch Einführung in CLAT 6.0). Mit diesen Stilregeln lassen sich beispielsweise Überschriften hinsichtlich Nominal- oder Verbalstil vereinheitlichen, Querverweise werden konsistent dargestellt, fehlende Wortbezüge in Sätzen werden hergestellt, die maximale Satzlänge kann festgelegt werden und komplexe Sätze mit zu vielen Bedeutungseinheiten werden geteilt und sprachlich vereinfacht.

Die vorliegende Arbeit möchte der Frage nachgehen, ob und inwieweit sich die Matchraten im TMS erhöhen und welchen Einfluss die Datenbasis auf die Berechnung der Ähnlichkeit hat. Es geht in dieser Arbeit um die Verbesserung der Effizienz von Prozessen, aber nicht um betriebswirtschaftliche Aspekte wie die Frage, ob durch den Einsatz eines CLC Kosten im Schreib- oder Übersetzungsprozess eingespart werden können. Im Fokus steht hingegen die Frage, ob die Technischen Redakteure durch den Einsatz eines CLC im Schreibprozess profitieren und ob der Übersetzer im Übersetzungsprozess durch höhere Matchraten profitiert. Für die Untersuchung werden verschiedene Installationsanleitungen verwendet, anhand derer die vom TMS ermittelte Ähnlichkeit dargestellt wird.

Insgesamt werden fünf verschiedene Szenarien miteinander verglichen:

- Szenario 1: Vergleich der Matchraten der Testdateien im Originalzustand
- Szenario 2: Vergleich der Matchraten, wenn die Datenbasis im TMS mit einem CLC sprachlich überarbeitet wird, die Testdateien jedoch im Originalzustand sind
- Szenario 3: Vergleich der Matchraten, wenn die Datenbasis im TMS im Originalzustand ist, die verglichenen Testdateien jedoch sprachlich überarbeitet sind

- Szenario 4: Vergleich der Matchraten, wenn sowohl die Datenbasis als auch die Testdateien sprachlich überarbeitet sind
- Szenario 5: Vergleich der Matchraten, wenn sowohl die Datenbasis als auch die Testdateien sprachlich überarbeitet sind und die Datenbasis durch zusätzliche Segmente erweitert wird

Die Hypothese bei der Untersuchung ist, dass die Matchwerte in den Szenarien 2 und 3 zunächst sinken dürften im Vergleich zu Szenario 1. Durch die sprachliche Überarbeitung von entweder Datenbasis oder Referenzdatei sollte die vom TMS berechnete Ähnlichkeit geringer ausfallen. Die vorliegende Arbeit möchte eruieren, ob es einen Unterschied in der vom TMS ermittelten Ähnlichkeit zwischen Szenario 2 und Szenario 3 gibt. In Szenario 4 sollte die Matchrate höher sein als in Szenario 1. Die Hypothese ist, dass die Matchrate durch die Erweiterung der Datenbasis in Szenario 5 noch höher ausfallen sollte. Nachfolgend werden der Testaufbau, die Vorgehensweise und die Ergebnisse der Untersuchungen detailliert beschrieben.

6.1.2 Textkorpus und Textsortenklassifikation

Bei den im Rahmen dieser Untersuchung verwendeten Dokumenten, die das Textkorpus bilden, handelt es sich um Installationsanleitungen für Photovoltaik-Wechselrichter (PV-Wechselrichter). Vorab ist eine Definition des Begriffs ‚Korpus' notwendig:

> „In modern linguistics a corpus is a collection of authentic texts held in electronic form and assembled according to specific design criteria." (Laviosa, 2010: 80)

Das Korpus umfasst diachronische Texte, die über einen längeren Zeitraum entstanden sind. Es handelt sich dabei um einen ‚Sample Corpus', der eine begrenzte Anzahl an vollständigen Texten enthält. Die Dokumente umfassen ausgewählte Fachtexte aus dem Bereich der Technischen Dokumentation. Es handelt sich also um LSP-Texte (Language for Special Purpose). Diese Unterscheidung ist insofern wichtig, als dass LSP-Texte vom allgemeinen Sprachgebrauch abweichen können und spezifische Merkmale auf lexikalischer, morphologischer, syntaktischer und textlinguistischer Ebene aufweisen können (Schubert, 2010: 352). Das Korpus ist monolingual aufgebaut und umfasst in deutscher Sprache erstellte Dokumente.

Die verwendeten Installationsanleitungen wurden freundlicherweise von dem Unternehmen SMA Solar Technology AG für Untersuchungszwecke im Rahmen dieser Arbeit zur Verfügung gestellt. SMA Solar Technology AG ist Spezialist für Systemtechnik und gehört seit mehr als 30 Jahren zu den weltweit führenden

Anbietern von Photovoltaik-Wechselrichtern (www.sma.de). PV-Wechselrichter sind die zentrale Komponente jeder Solarstromanlage. SMA Solar Technology bietet Solaranlagen für das Eigenheim und Lösungen für gewerbliche und industrielle Solaranlagen. Unter den Systemen finden sich netzgekoppelte PV-Anlagen sowie Insel- und Hybridsysteme. Bei den Dokumentationen handelt es sich um Installationsanweisungen für Wechselrichter[268], die Bestandteil von Solaranlagen sind. Insgesamt wurden sechs Installationsanleitungen mit 628 Seiten und ca. 75.440 Wörtern[269] verwendet. Drei der Installationsanleitungen stammen aus der Baureihe ‚Sunny Boy' (SB), drei aus der Baureihe ‚Sunny Tripower' (STP). Die Installationsanleitungen innerhalb der zwei Baureihen beziehen sich auf unterschiedliche Modelle. Folgende Installationsanleitungen[270] wurden im Rahmen dieser Untersuchung verwendet:

(1) Sunny Boy 3000TL/4000TL/5000TL:
Modell: IM-TB-SBXTL-20, Version 2.0, 76 Seiten **(SB)**
(2) Sunny Boy 3000TL/4000TL/5000TL:
Modell: IMDE-SBXTL-21, Version 1.1, 116 Seiten **(SB1)**
(3) Sunny Boy 25000TL Single Tracker/30000TL Single Tracker:
Modell IMDE-SBTLST-21, Version 1.0, 104 Seiten **(SB 2)**
(4) Sunny Tripower 10000TL/12000TL/15000TL/17000TL:
Modell: IMDE-STP10-17TL, Version 1.1, 120 Seiten **(STP)**
(5) Sunny Tripower 5000TL/6000TL/7000TL/8000TL/9000TL:
Modell: IMDE-STP5-9TL, Version 1.0, 112 Seiten **(STP1)**
(6) Sunny Tripower 15000TL Economic Excellence/15000TL High Efficiency/ 20000TL Economic Excellence/20000TL High Efficiency:
Modell: IMDE-STP20TLHE, Version 2.2, 100 Seiten **(STP2)**

Die fett gedruckten Abkürzungen in Klammern werden nachfolgend zur Bezeichnung der einzelnen Installationsanleitungen im Rahmen der Untersuchung

---

268 Ein Wechselrichter ist der wichtigste Bestandteil einer Photovoltaikanlage. Er wandelt den dort erzeugten Gleichstrom in Wechselstrom und überwacht sowohl den Photovoltaikgenerator als auch das Stromnetz (www.sma.de).

269 Die Wörter entsprechen der vom TMS ‚Across Language Server' (Version 5.0) berechneten Gesamtzahl der Wörter aller sechs Dokumente. Bei Verwendung anderer Programme, wie z. B. Word, ergibt sich möglicherweise eine abweichende Zahl aufgrund unterschiedlicher zugrunde liegender Algorithmen (siehe auch Zerfaß, 2013). Die absolute Wortzahl sollte also als ungefährer Richtwert betrachtet werden.

270 Die Installationsanleitungen finden sich auch im Internet unter: www.sma.de → Service & Support → Downloads.

verwendet. Die vorliegenden Installationsanleitungen fallen in die Kategorie ‚informative Texte'. Nach der Fachtexttypologie von Göpferich (1995a: 123ff.) handelt es sich um didaktisch-instruktive Texte aus der Kategorie ‚Mensch-Technik-interaktionsorientierte Texte', die einen Leser oder Nutzer dazu befähigen sollen, mit einem Produkt umzugehen.[271] Sie sind so gestaltet, dass sich Wissen leicht einprägen lässt.[272]

6.1.3 Testaufbau und Vorgehensweise

Um eine Vorstellung von der inhaltlichen Ähnlichkeit der Installationsanleitungen auf sprachlicher Ebene zu erhalten, wurden zunächst in einem ersten Schritt die Installationsanleitungen in ihrer Originalfassung miteinander verglichen (Szenario 1). Eine Anleitung aus der SB-Modellreihe (SB) wurde in das TMS ‚Across Language Server' importiert und als Datenbasis (Referenzdatei) aligniert. Für die fünf anderen Anleitungen, welche die Testdateien bilden, wurden im Anschluss die Projekt-Statistiken (Master Data Report) durch das TMS ermittelt.[273] Im zweiten Schritt wurde die Anleitung SB, die als Datenbasis im TMS dient, mithilfe des CLC CLAT überarbeitet. Darauf aufbauend wurden erneut die Matchraten der anderen Anleitungen ermittelt (Szenario 2).

Da nur die Datenbasis sprachlich gesteuert wurde, die Testdokumente jedoch im Original blieben, war anzunehmen, dass die Matchraten sinken würden. Konträr dazu wurde in (Szenario 3) das Gegenteil getestet, d.h. die Matchwerte bei Originaldatenbasis und überarbeiteten Testdokumenten. In einem dritten Schritt wurden alle Anleitungen mit dem CLC sprachlich überarbeitet und die Matchraten wurden bei überarbeiteter Datenbasis erneut ermittelt (Szenario 4). Die Hypothese dabei war, dass die Matchraten durch die konstante und einheitliche Überarbeitung mit dem CLC steigen müssten. In einem letzten Schritt wurde die überarbeitete Datenbasis durch ein zusätzliches Dokument erweitert, um zu prüfen, ob die Matchwerte dadurch noch weiter erhöht werden konnten (Szenario 5).

271 Göpferich definiert didaktisch-instruktive Texte folgendermaßen: „Didaktisch-instruktive Texte haben die kommunikative Funktion, den aktuellen Wissensstand zur intellektuellen Bereicherung oder zum Zweck der praktischen Anwendung zu verbreiten." (Göpferich, 1995a: 123)

272 Eine funktional gestaltete Textsortenklassifikation sog. Gebrauchstexte, d.h. direktiver Textsorten, findet sich bei Rolf (1993).

273 Der ‚Master Data Report' weist die Projekt-Stammdaten aus. Hierzu zählen die Gesamtzahl der Kennzahlen, versteckte oder gesperrte Textabschnitte oder Wiederholungen (Across Anwenderhandbuch ‚Across im Überblick v6', 2015: 311).

Die Dateien, die von SMA Solar Technology AG zur Verfügung gestellt wurden, waren in dem DTP-Programm FrameMaker 8.0/9.0 erstellt. FrameMaker-Dateien können grundsätzlich als MIF-Dateien[274] in ein TMS importiert, aligniert und mit dem TMS übersetzt werden. Für die Überarbeitung mit dem CLC CLAT war jedoch eine Überarbeitung des Originaltexts im ursprünglichen FM-Format erforderlich, da CLAT als CLAT-In für FrameMaker arbeitet (siehe dazu auch Kapitel 3.2.2.1). Wie sich nach mehrfacher Durchführung der Tests zeigte, sind die Matchwerte nach CLAT-Überarbeitung teilweise im Vergleich zu den Originalversionen stark gesunken. Das heißt, die vom TMS berechneten Matchwerte waren nach der Überarbeitung und Vereinheitlichung von Terminologie und Stil geringer als zuvor. Da jedoch bei der Überarbeitung mit CLAT auf eine völlig konsistente Umformulierung der Anleitungen geachtet wurde, lag der Fehler nach genauerer Untersuchung in der Verwendung von Tags in FrameMaker. Die Problematik muss dabei aus zwei Blickwinkeln betrachtet werden. In DTP-Programmen wie FrameMaker geschieht es leicht, dass unbeabsichtigt die Formatierung des Dokumentes inkorrekt ist, dass Tabulatoren falsch gesetzt werden, gelöscht werden oder harte Zeilenumbrüche verwendet werden – was durch den Nutzer des Programms verursacht wird. Durch die Überarbeitung der FrameMaker-Dateien mit CLAT kann es also durch Löschen oder Überarbeiten von Satzfragmenten und ganzen Sätzen versehentlich zu diesen Fehlern kommen. Diese führen in Konsequenz dazu, dass Sätze im TMS zerstückelt dargestellt werden und die Sätze nicht mehr vom TMS gefunden werden können (vgl. auch Joy, 2002; Azzano, 2009b). Dem kann durch eine gewissenhafte Durchsicht des überarbeiteten Dokumentes entgegengewirkt werden. Trotzdem werden selbst identische Sätze aufgrund fehlender oder anderer Tags nicht gefunden, da das TMS die Tags mitzählt. In den TMS-Einstellungen kann die Funktion aktiviert werden, dass das TMS die Tags nicht berücksichtigen soll, und es besteht die Möglichkeit, den Abzug auf 0 % zu setzen. Dennoch funktioniert dies in der Praxis nur fehlerhaft, da der Suchmechanismus des TMS die Tags trotzdem teilweise mitzählt. Besonders problematisch ist dies nach Aussage von Joy (2002) bei Überschriften, Zwischenüberschriften und Aufzählungspunkten, d.h. bei Fällen, in denen es wenig Text und viele Tags gibt.

Aufgrund dieser Schwierigkeiten und der dadurch bedingten Verzerrungen bei den Ergebnissen wurde beschlossen, die Tests zusätzlich in einem anderen Dateiformat durchzuführen, um zu prüfen, ob die formatbedingten Verzerrungen dann entfallen. Zu diesem Zweck wurden die FrameMaker-Dateien zunächst

274 MIF steht für ‚Maker Interchange Format'.

in RTF-Dateien (Rich Text Format) konvertiert und im Anschluss daran ausführlich und sorgfältig als Word-Dateien mit gründlicher Formatkontrolle überarbeitet. Die nachfolgend aufgelisteten Ergebnisse der Untersuchungen beziehen sich deshalb auf die Ergebnisse des Vergleichs der Word-Dateien.

6.1.4 Auswertung der Testergebnisse

Wie sich bei näherer Betrachtung aller Anleitungen zeigte, variierten diese teilweise stark, was die Länge und die Seitenanzahl betrifft. Auch zeigten sich sprachliche Inkonsistenzen auf folgenden Ebenen:

- Inkonsistente Verwendung der Fachterminologie
- Variierende Überschriften
- Wechsel von Nominal- und Verbalstil
- Wechsel von direkter Anrede und imperativischem Infinitiv
- Inkonsistente Querverweise

Die nachfolgende Tabelle listet hierzu einen Auszug der unterschiedlich verwendeten terminologischen Bezeichnungen auf:

Tabelle 6.1: Terminologische Varianz in Installationsanleitungen

Anleitung	Dokument
Kabel	Leitung
Überwurfmutter	Verschraubung
Service Line	Serviceline
Netzsystemdienstleistungen	Netzmanagement-Funktionen
Schraubsicherung	Schraubsicherungselement
Fehlerstromschutzschalter	Fehlerstrom-Schutzschalter
Fehlerstrom-Überwachungseinheit	Fehlerstrom-Schutzeinrichtung
Leitungsauslegung	Kabelauslegung
Anschlussleitung	Anschlusskabel
Parametersatz	Länderdatensatz
Kommunikationsgerät	Kommunikationsprodukt
AC-Leitung	AC-Kabel
Meldungen	Ereignismeldungen
Laufzeile	Textzeile
Drehstrom	Wechselstrom
Vorhängeschloss	Sicherungsschloss
Displayanzeige	Display-Meldung
Y-Adapter	Adapterstecker
Leiter	Litze

Wie die Beispiele zeigen, handelt es sich teilweise um unterschiedliche Schreibweisen von Wörtern, speziell bei Komposita wie ‚Fehlerstromschutzschalter' versus ‚Fehlerstrom-Schutzschalter' oder wie bei der englischen Bezeichnung ‚Service Line' versus ‚Serviceline'. In vielen Fällen handelt es sich jedoch um Synonyme wie ‚Leitung' statt ‚Kabel' oder ‚Kommunikationsgerät' statt ‚Kommunikationsprodukt'.

Die folgenden Beispiele beziehen sich auf unterschiedliche Varianten von Überschriften. In der linken Spalte ist die Anleitung angegeben, aus der das Beispiel stammt, in der rechten Spalte steht die jeweilige Überschrift:

Tabelle 6.2: Varianz von Überschriften innerhalb mehrerer Installationsanleitungen

SB und SB2:	Hinweise zu dieser Anleitung
SB1:	Hinweise zu diesem Dokument
SB:	Wahl des Montageorts
SB1 und SB2:	Montageort wählen
SB:	Anschluss an öffentliches Stromnetz (AC)
SB1, SB2 und STP1:	Anschluss an das öffentliche Stromnetz (AC)
STP:	Öffentliches Stromnetz (AC) anschließen
STP2:	Öffentliches Netz (AC) anschließen
SB1:	Wechselrichter in Betrieb nehmen
STP:	Wechselrichter zum ersten Mal in Betrieb nehmen
SB1:	Zusätzliche Erdung des Gehäuses
STP:	Gehäuse zusätzlich erden
SB:	Verpackung/Lagerung/Entsorgung
SB 1 und 2:	Wechselrichter verpacken/Wechselrichter lagern/Wechselrichter entsorgen
SB:	Angeschlossene Module und Anzahl der Module
SB1:	Typ und Anzahl der angeschlossenen PV-Module
SB2:	Typ der angeschlossenen PV-Module und Anzahl der PV-Module
SB:	Prüfung der Ländereinstellung
SB1 und SB2:	Ländernorm prüfen

Wie sich bei den Überschriften zeigt, handelt es sich zum einen um eine inkonsistente Verwendung der Fachterminologie, wie im Fall von ‚Hinweise zu dieser Anleitung' versus ‚Hinweise zu diesem Dokument'. Zum anderen handelt es sich in vielen Fällen um einen Wechsel von Nominalstil zu Verbalstil, wie z. B. bei ‚Wahl des Montageorts' und ‚Montageort wählen'. Bei einer Überschrift existieren sogar innerhalb von sechs Anleitungen vier verschiedene Varianten.

Es gibt zwei Nominalstil-Varianten (‚Anschluss an öffentliches Stromnetz (AC)' versus ‚Anschluss an **das** öffentliche Stromnetz') und zwei Varianten im Verbalstil (‚Öffentliches Stromnetz (AC) anschließen' und ‚Öffentliches Netz (AC) anschließen'). In einem Fall wird anstelle von ‚Stromnetz' nur von ‚Netz' gesprochen und auch die Position der Abkürzung ‚(AC)' variiert innerhalb der Überschriften. Bei Anweisungen im Text gibt es innerhalb der Anleitungen einen Wechsel zwischen direkter Anrede des Nutzers und der Formulierung von Anweisungen im imperativischen Infinitiv:

Tabelle 6.3: Varianz von direkter Anrede und imperativischem Infinitiv in Installationsanleitungen

SB:	Um den Sunny Boy vor Diebstahl zu schützen, kann er mit einem Schloss an der Wandhalterung gesichert werden.
SB1 und SB2:	Um den Wechselrichter vor Diebstahl zu schützen, können Sie ihn mit einem Vorhängeschloss an der Wandhalterung sichern.
SB:	Prüfen Sie vor der Inbetriebnahme folgende Voraussetzungen:
SB1 und SB2:	Vor der Inbetriebnahme sicherstellen, dass folgende Voraussetzungen erfüllt sind:
SB1:	Entsorgen Sie den Wechselrichter nach Ablauf seiner Lebensdauer nach den zu diesem Zeitpunkt am Installationsort geltenden Entsorgungsvorschriften für Elektronikschrott.
STP:	Den Wechselrichter nach den vor Ort gültigen Entsorgungsvorschriften für Elektronikschrott entsorgen.

Bei den häufig im Text erscheinenden Querverweisen existiert ebenfalls keine einheitliche Handhabung:

Tabelle 6.4: Varianz von Querverweisen in Installationsanleitungen

SB:	[…] (siehe Kapitel xy „Technische Daten" (xy)).
SB1 und SB2:	[…] (siehe Kapitel xy „Technische Daten" (Seite xy)).
STP2:	[…], wie in Kapitel xy „Technische Daten" (xy) beschrieben.

Wie zu sehen ist, werden die Querverweise in manchen Dateien als Teilsatz eingeschoben (‚wie in Kapitel xy beschrieben') und in anderen in Klammern gesetzt (‚siehe Kapitel xy').

Nachfolgend werden noch einige weitere Beispiele für die unterschiedliche Formulierung von Sätzen gegeben, wobei die Unterschiede in den Sätzen zum Teil fett hervorgehoben sind:

Tabelle 6.5: Varianz im Schreibstil in Installationsanleitungen

SB1:	Dieses **Dokument** ist für Fachkräfte. Die in diesem **Dokument** beschriebenen Tätigkeiten dürfen nur mit entsprechender Qualifikation durchgeführt werden.
SB2:	Diese **Anleitung** ist für Fachkräfte. Die in dieser **Anleitung** beschriebenen Tätigkeiten dürfen nur mit entsprechender Qualifikation durchgeführt werden.
SB:	Weitere Informationen **können Sie** im Downloadbereich von www.SMA.de **herunterladen**.
SB1 und SB1:	Weiterführende Informationen **finden Sie unter** www.SMA.de.
SB:	In diesem **Dokument** werden **die** folgenden Arten von Sicherheitshinweisen **sowie** allgemeine Hinweise verwendet:
SB1:	In diesem **Dokument** werden folgende Arten von Sicherheitshinweisen **und** allgemeine Hinweise verwendet:
SB2:	In dieser **Anleitung** werden folgende Arten von Sicherheitshinweisen **und** allgemeine Hinweise verwendet:
SB:	Der Sunny Boy ist ein PV-Wechselrichter, der den Gleichstrom **eines** PV-Generators in Wechselstrom wandelt und **diesen** in das öffentliche **Netz** einspeist.
SB1 und SB2:	Der Sunny Boy ist ein PV-Wechselrichter, der den Gleichstrom **des** PV-Generators in **netzkonformen** Wechselstrom wandelt und **den Wechselstrom** in das öffentliche **Stromnetz** einspeist.
SB1:	PV-Module mit großer Kapazität gegen Erde dürfen nur eingesetzt werden, wenn deren Koppelkapazität 1,4 µF **nicht übersteigt**.
SB:	PV-Module mit großer Kapazität gegen Erde dürfen nur eingesetzt werden, wenn deren Koppelkapazität **kleiner ist als** 1,4 µF.

SB:	Abweichende Verwendungsarten, **Umbauten am Sunny Boy** sowie **Einbauten von Bauteilen**, die nicht ausdrücklich von SMA Solar Technology empfohlen oder vertrieben werden, **lassen die Gewährleistungsansprüche und die Betriebserlaubnis erlöschen**.
SB2:	Abweichende Verwendungsarten, **der Umbau des Sunny Boy** und **der Einbau von Bauteilen**, die nicht von SMA Solar Technology AG empfohlen oder vertrieben werden, **sind nicht erlaubt**.
SB:	Während des Betriebs nur unteren Gehäusedeckel berühren.
SB1 und SB2:	Während des Betriebs nur **den** unteren Gehäusedeckel **des Wechselrichters** berühren.
SB:	**Kontrollieren Sie** den Sunny Boy auf äußerlich sichtbare Beschädigungen, wie zum Beispiel Risse im Gehäuse oder im Display.
SB1:	**Prüfen Sie** den Lieferumfang auf Vollständigkeit und äußerlich sichtbare Beschädigungen. Setzen Sie sich bei **unvollständigem Lieferumfang oder Beschädigungen** mit Ihrem Händler in Verbindung.
SB2:	**Prüfen Sie** den Lieferumfang auf Vollständigkeit und äußerlich sichtbare Beschädigungen. Sollte etwas **fehlen oder beschädigt** sein, setzen Sie sich mit Ihrem Händler in Verbindung.
STP:	**Prüfen Sie** den Lieferumfang auf **äußerlich sichtbare Beschädigungen.** Setzen Sie sich bei **unvollständigem Lieferumfang** oder Beschädigungen mit Ihrem Fachhändler in Verbindung.
STP1 und STP2:	Kontrollieren Sie den Lieferumfang auf **Vollständigkeit und auf äußerlich sichtbare Beschädigungen**. Sollte etwas **fehlen oder beschädigt** sein, setzen Sie sich mit Ihrem Händler in Verbindung.
SB1:	Die in der Grafik **empfohlenen** Mindestabstände zu Wänden, anderen Wechselrichtern und Gegenständen einhalten. **Dadurch ist** eine ausreichende Wärmeabfuhr **gewährleistet** und ausreichend Platz, um den ESS zu **ziehen**.
SB2:	Die in der Grafik **dargestellten** Mindestabstände zu Wänden, anderen Wechselrichtern und Gegenständen einhalten, **um** eine ausreichende Wärmeabfuhr **zu gewährleisten** und ausreichend Platz zum Abziehen des ESS zu haben.
STP:	**Empfohlene** Abstände zu Wänden, anderen Wechselrichtern und Gegenständen einhalten. **Dadurch ist** eine ausreichende Wärmeabfuhr **gewährleistet** und ausreichend Platz, um den ESS **abzuziehen**.
SB:	Sunny Boy mit Hilfe **der Griffe an den Seiten** des Sunny Boy transportieren.
SB1	Den Wechselrichter mit Hilfe **der seitlichen Griffmulden** transportieren.

SB:	Alle **sechs** unverlierbaren Deckelschrauben lösen und Deckel abnehmen.
SB1 und SB2:	Alle **6** unverlierbaren Schrauben lösen und unteren Gehäusedeckel abnehmen.
SB:	Wenn im Installationsland ein zweiter Schutzleiter-Anschluss **gefordert ist**,....
SB1 und SB2:	Wenn es die Vorschriften im Installationsland **erfordern**, ...
SB:	Der Sunny Boy kann für **mehrere** Länder konfiguriert werden.
SB1 und SB2:	Der Wechselrichter kann für **verschiedene** Länder konfiguriert werden.
SB:	**Schalterstellung 0/0** bezeichnet den Auslieferungszustand.
SB1 und SB2:	Bei Auslieferung sind beide **Drehschalter auf 0 gestellt**.
SB:	Erfolgreiches **Update** der Bluetooth-Komponente.
SB1:	Der Wechselrichter **aktualisiert** die Bluetooth-Komponenten.
SB:	In der folgenden Übersicht finden Sie die **entsprechenden** Zubehör- und Ersatzteile zu Ihrem Produkt. Bei Bedarf können Sie diese **von** SMA Solar Technology oder Ihrem Händler beziehen.
SB1:	In der folgenden Übersicht finden Sie die Zubehör- und Ersatzteile zu Ihrem Produkt. Bei Bedarf können Sie diese **bei** SMA Solar Technology oder Ihrem Händler bestellen.
STP1:	Wenn die **Litze** nicht in der Kammer zu **sehen ist**, sitzt das **Kabel** nicht korrekt.
STP2:	Wenn die **Leiter** nicht in der Kammer zu **sehen sind**, sitzt die **Leitung** nicht korrekt.
SB1:	Umgebungstemperatur sollte unter 40° C liegen, **um** einen optimalen Betrieb zu gewährleisten.
STP:	**Um** einen optimalen Betrieb zu gewährleisten, sollte die Umgebungstemperatur unter 40° C liegen.

Wie aus den Beispielen ersichtlich wird, gibt es Unterschiede, die sich leicht vereinheitlichen lassen. Zum Beispiel kann festgelegt werden, dass Zahlen bis zum einem bestimmten Wert entweder grundsätzlich als Zahl bzw. als Wort geschrieben werden.

Auch kann die allgemeine Bezeichnung ‚Wechselrichter' durchgängig verwendet werden, sofern sich die Modellbezeichnung, wie z. B. Sunny Boy, nicht auf einen modellspezifischen Aspekt bezieht. Wie SMA Solar Technology AG mitteilte, gab es einen Wechsel in den Redaktionsrichtlinien, sodass die Unterschiede in den Anleitungen nicht nur auf persönliche Stilvorlieben, sondern auch auf einen geänderten *Style Guide* zurückzuführen sind. Die Umsetzung der geänderten Redaktionsrichtlinien zeigt sich daran, dass zum Teil lange Schachtelsätze geteilt werden, der Wortbezug eindeutig hergestellt wird oder längere Aufzählungen durch die Verwendung von Aufzählungszeichen (Bullet Points) strukturiert werden.

Bei den unterschiedlich formulierten Sätzen zeigt sich, dass diese im Hinblick auf den Nutzer bzw. Leser der Dokumentation mal mehr und mal weniger verständlich formuliert sind. Beispielsweise sind Konstruktionen mit ‚um … zu' meist besser verständlich, wenn die Anweisung (um…) am Satzanfang steht. Der Satz ‚Umgebungstemperatur sollte unter 40° C liegen, um einen optimalen Betrieb zu gewährleisten' sollte umformuliert werden in ‚Um einen optimalen Betrieb zu gewährleisten, sollte die Umgebungstemperatur unter 40° C liegen'. Hierzu muss jedoch angemerkt werden, dass die Verwendung des Wortes ‚sollen' ungünstig ist, da ‚sollen' keine eindeutige Handlungsanweisung darstellt. Unterschiede zeigen sich auch in der Formulierung von Ereignismeldungen in Form von Symbolen oder Nummern im Display des Wechselrichters. Der Satz ‚Erfolgreiches Update der Bluetooth-Komponente' sagt aus, dass der Wechselrichter ein Update durchgeführt hat, während sich ‚Der Wechselrichter aktualisiert die Bluetooth-Komponenten' auf den Vorgang und nicht auf das Ergebnis bezieht.

Die Inkonsistenzen in der Terminologie, in der Art des verwendeten Schreibstils und der Ausführlichkeit der Anweisungen bzw. Beschreibungen erleichtern oder erschweren nicht nur das Verständnis seitens des Lesers der Dokumentation, sondern sie führen in Konsequenz zu unterschiedlich hohen Matchraten bis hin zu etlichen Fällen, in denen aufgrund stark abweichender Formulierungen kein Match vom TMS gefunden werden kann.

Ergebnisse Szenario 1: Ergebnisse der Matchwerte der Originaldateien

Für diese Auswertung wurde die Datei (SB) als Referenzdatei per Alignment in das TMS importiert.[275] Sie dient als Datenbasis zum Vergleich mit den fünf anderen Testdateien. Die nachfolgenden Tabellen zeigen die Matchwerte der Originaldateien im unbearbeiteten Zustand für die SB-Modellreihe und die STP-Modellreihe.

275 Für das Alignment wurde die deutsche Fassung zusammen mit der englischen Übersetzung aligniert.

Tabelle 6.6: TMS-Matchwerte der Testdateien im Original (SB-Baureihe)

SB	SB1		SB2	
Matches	Anzahl Wörter	Anteil in %	Anzahl Wörter	Anteil in %
100 %	2.274	18,14	2.965	21,40
90–99 %	714	5,70	782	5,65
80–89 %	994	7,93	1.092	7,88
70–79 %	957	7,64	1.011	7,30
60–69 %	766	6,11	1.053	7,60
50–59 %	806	6,43	863	6,23
Kein Match	6.022	48,05	6.086	43,94
Summe	12.533	100,00	13.852	100,00

Wie sich bei genauer Betrachtung der Matchwerte innerhalb der SB-Baureihe zeigt, liegt die Zahl der zu 100 % gleichen Sätze bei SB1 bei 18,14 % und bei SB2 bei 21,40 %. Die Gesamtzahl der Fuzzy Matches liegt bei SB1 bei 33,81 % und bei SB2 bei 34,66 %. Beide Anleitungen weisen einen recht hohen Anteil an Fällen auf, in denen kein Treffer ermittelt werden konnte (‚Kein Match'). Bei SB1 sind es mit 48,05 % nahezu die Hälfte aller Segmente und bei SB 2 immerhin 43,94 %. Die recht hohe Zahl an Fällen, in denen es kein passendes Match gibt, liegt zum Teil möglicherweise an der Tatsache, dass SB1 um 40 Seiten und SB2 um 28 Seiten länger ist als die Datei SB, welche die Datenbasis bildet. Davon abgesehen dürfte sich die zuvor erläuterte Problematik der inkonsistenten Terminologie, Überschriften und Querverweise und auch die Varianz im Schreibstil auf die hohe Zahl der Fälle ohne Treffer ausgewirkt haben.

Tabelle 6.7: TMS-Matchwerte der Testdateien im Original (STP-Baureihe)

STP	STP		STP1		STP2	
Matches	Anzahl Wörter	Anteil in %	Anzahl Wörter	Anteil in %	Anzahl Wörter	Anteil in %
100 %	3.567	23,62	2.245	17,87	841	7,03
90–99 %	1.050	6,95	914	7,28	235	1,97
80–89 %	1.276	8,45	1.244	9,90	259	2,17
70–79 %	1.070	7,09	810	6,45	628	5,25
60–69 %	930	6,16	661	5,26	628	5,25
50–59 %	893	5,91	818	6,51	1.104	9,23
Kein Match	6.316	41,82	5.871	46,73	8.261	69,10
Summe	15.102	100,00	12.563	100,00	11.956	100,00

Die vom TMS ermittelten Werte für die Anleitung STP liegen bei den 100 % Matches leicht höher als die der Anleitungen der SB-Reihe und die von STP1 leicht unterhalb dieser. Bei STP2 zeigt sich eine sehr geringe ermittelte Ähnlichkeit mit nur 7,03 % bei den 100 % Matches und 69,10 %, in denen kein Treffer ermittelt wurde.

Die Gesamtzahl der Fuzzy Matches liegt bei STP bei 34,56 %, bei STP1 bei 35,40 % und bei STP2 bei 23,87 %. Mit Ausnahme von STP2 ist die Gesamtzahl der Fuzzy Matches innerhalb der Dateien recht ähnlich. Die nachfolgende Abbildung zeigt noch einmal grafisch die Verteilung der Matches innerhalb der einzelnen Testdateien.

Abbildung 6.1: Grafische Darstellung der Verteilung der Matchtypen in der SB- und STP-Baureihe (Szenario 1)

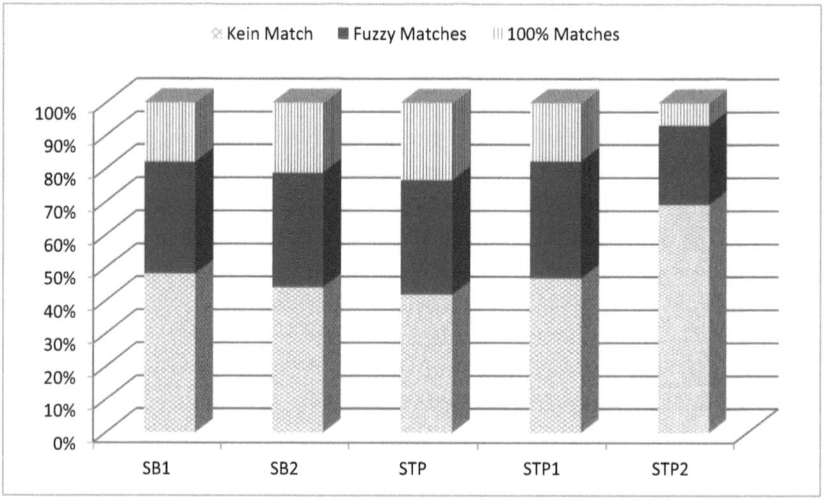

Szenario 2: Ergebnisse der Matchwerte der Originaldateien bei CLAT-Datenbasis

Für diese Auswertung wurde als Datenbasis und Referenzdatei die mit CLAT überarbeitete Datei ‚SB' verwendet. Bei der Überarbeitung wurde auf die Vereinheitlichung von Terminologie, Rechtschreibung, Grammatik und Schreibstil geachtet. Sofern die Umformulierung von Sätzen mehrere Möglichkeiten bot, wurden die Regeln der von der tekom 2011 herausgegebenen Leitlinie „Regelbasiertes Schreiben" angewandt.[276] Die Überschriften wurden im Verbalstil

276 Ausführliche Erläuterungen der Leitlinie finden sich in Kapitel 2.7.4.3.

vereinheitlicht, wie z. B. ‚Montageort wählen' oder ‚Wechselrichter entsorgen'. Querverweise wurden vereinheitlicht und bei der Terminologie wurde durchgehend eine Benennung verwendet, wie z. B. ‚Leitung' oder ‚Kommunikationsprodukt'. Ansonsten wurde darauf geachtet, dass zu lange oder komplexe Sätze mit zu vielen Bedeutungseinheiten geteilt wurden, Wortbezüge eindeutig hergestellt wurden und Bedingungssätze korrekt formuliert wurden. Fehlermeldungen des CLC hinsichtlich Rechtschreibung und Grammatik wurden, soweit zutreffend, befolgt. Die nachfolgenden Tabellen zeigen die Matchwerte im Fall einer mit dem CLC sprachlich geprüften und standardisierten Datenbasis und den ungeprüften Originalversionen der fünf Testdateien.

Tabelle 6.8: TMS-Matchwerte der Testdateien bei CLAT-überarbeiteter Datenbasis (SB-Baureihe)

SB_clat	**SB1**		**SB2**	
Matches	**Anzahl Wörter**	**Anteil in %**	**Anzahl Wörter**	**Anteil in %**
100 %	**2.445**	**19,51**	**2.992**	**21,60**
90–99 %	**1.207**	**9,63**	**1.369**	**9,88**
80–89 %	**1.059**	**8,45**	**1.122**	**8,10**
70–79 %	**945**	**7,54**	**1.043**	**7,53**
60–69 %	**630**	**5,03**	**781**	**5,64**
50–59 %	**923**	**7,36**	**1.047**	**7,56**
Kein Match	**5.324**	**42,48**	**5.498**	**39,69**
Summe	**12.533**	**100,00**	**13.852**	**100,00**

Entgegen der Vermutung, dass die Matchwerte bei einer mit CLAT überarbeiteten Datenbasis und Testdateien im Original sinken würden, sind die Matchwerte nahezu gleich geblieben, haben sich sogar leicht verbessert oder sind nur leicht gesunken. Bei SB1 sind die 100 % Matches, im Vergleich zu Szenario 1, um 1,37 Prozentpunkte (Pp.) auf 19,51 % gestiegen. Die Gesamtzahl der Fuzzy Matches ist um 4,2 Pp. auf 38,01 % gestiegen und die Fälle, in denen kein Treffer ermittelt wurde, sind um 5,57 Pp. auf 42,48 % gesunken. Bei SB2 ist die Zahl der 100 % Matches nahezu unverändert geblieben und nur um 0,2 Pp. auf 21,60 % gestiegen. Die Zahl der Fuzzy Matches insgesamt ist um 4,05 Pp. auf 38,71 % gestiegen. Die Zahl der Fälle, in denen kein Treffer ermittelt werden konnte, ist um 4,25 Pp. auf 39,69 % gesunken. Insgesamt zeigt sich, dass die Fälle, in denen kein Treffer vom TMS ermittelt wurde, gesunken sind und die Fuzzy Matches im Gegenzug zugenommen haben. Selbst bei den 100 % Matches konnte bei SB1 eine leichte Verbesserung erreicht werden.

Tabelle 6.9: TMS-Matchwerte der Testdateien bei CLAT-überarbeiteter Datenbasis (STP-Baureihe)

STP_clat	STP		STP1		STP2	
Matches	**Anzahl Wörter**	**Anteil in %**	**Anzahl Wörter**	**Anteil in %**	**Anzahl Wörter**	**Anteil in %**
100 %	**3.053**	**20,22**	**2.391**	**19,03**	**918**	**7,68**
90–99 %	**1.254**	**8,30**	**1.126**	**8,96**	**326**	**2,73**
80–89 %	**1.209**	**8,01**	**1.016**	**8,09**	**248**	**2,07**
70–79 %	**1.324**	**8,77**	**898**	**7,15**	**620**	**5,19**
60–69 %	**1.206**	**7,99**	**745**	**5,93**	**966**	**8,08**
50–59 %	**876**	**5,80**	**932**	**7,42**	**1.460**	**12,21**
Kein Match	**6.180**	**40,91**	**5.455**	**43,42**	**7.418**	**62,04**
Summe	**15.102**	**100,00 %**	**12.563**	**100,00 %**	**11.956**	**100,00 %**

Bei STP sind die 100 % Matches, im Vergleich zu Szenario1, um 3,4 Pp. auf 20,22 % gesunken. Die Zahl der Fuzzy Matches hat um 4,31 Pp. auf 38,87 % zugenommen. Die Fälle, in denen kein Treffer ermittelt wurde, sind leicht um 0,91 Pp. auf 40,91 % gesunken. Bei STP1 gab es eine Verbesserung bei den 100 % Matches um 1,16 Pp. auf 19,03 %. Ebenfalls angestiegen sind die Fuzzy Matches um 2,15 Pp. auf 37,55 %. Die Fälle, in denen kein Treffer ermittelt wurde, sind um 3,31 Pp. auf 43,42 % gesunken. Bei STP2 ist die Zahl der 100 % Matches nahezu identisch geblieben und nur um 0,65 Pp. auf 7,68 % gestiegen. Die Zahl der Fuzzy Matches hingegen ist um 6,41 Pp. auf 30,28 % gestiegen. Parallel dazu sind die Fälle ohne Treffer um 7,06 Pp. auf 62,04 % gesunken. Insgesamt zeigte sich bei der Datei STP eine Verschlechterung bei den 100 % Matches, bei STP1 eine leichte Verbesserung und bei STP2 sind die Werte nahezu identisch geblieben.

Positiv zu bewerten sind bei allen drei Dateien die Zunahme der Fuzzy Matches und die Abnahme der Fälle, in denen kein Match gefunden wurde. Die Ergebnisse von Szenario 2 werden nachfolgend nochmals grafisch dargestellt:

Abbildung 6.2: Grafische Darstellung der Verteilung der Matchtypen in der SB- und STP-Baureihe (Szenario 2)

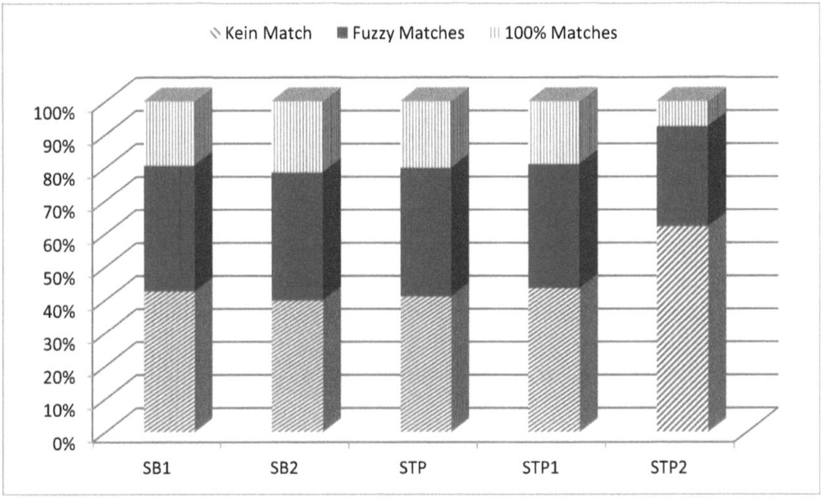

Szenario 3: Ergebnisse der Matchwerte bei Originaldatenbasis und CLAT-geprüften Testdateien

Die nachfolgenden Statistiken zeigen, wie sich die Matchwerte verändern, wenn ab einem bestimmten Zeitpunkt alle Anleitungen mit dem CLC sprachlich überarbeitet und vereinheitlicht werden, die im TMS gespeicherte Datenbasis jedoch noch die ursprünglichen, nicht sprachlich überarbeiteten Segmente enthält.

Tabelle 6.10: TMS-Matchwerte bei unbearbeiteter Datenbasis und CLAT-überarbeiteten Testdateien (SB-Baureihe)

SB	**SB1_clat**		**SB2_clat**	
Matches	**Anzahl Wörter**	**Anteil in %**	**Anzahl Wörter**	**Anteil in %**
100 %	**1.877**	**15,01**	**2.398**	**17,44**
90–99 %	**749**	**5,99**	**893**	**6,49**
80–89 %	**1.090**	**8,72**	**1.220**	**8,88**
70–79 %	**1.105**	**8,83**	**1.132**	**8,23**
60–69 %	**851**	**6,80**	**999**	**7,26**
50–59 %	**912**	**7,29**	**986**	**7,16**
Kein Match	**5.923**	**47,36**	**6.126**	**44,54**
Summe	**12.507**	**100,00**	**13.754**	**100,00**

Wie der Vergleich der Werte mit denen der Original-Testdateien (Szenario 1) zeigt, sind die Matchwerte bei den 100 % Matches gesunken und die Fuzzy Matches haben zugenommen. Bei SB1 sind die 100 % Matches um 3,13 Pp. auf 15,01 % gesunken, während die Fuzzy Matches um 3,82 Pp. auf 37,63 % gestiegen sind. Interessanterweise ist die Zahl der Fälle ohne Treffer sogar marginal um 0,69 Pp. auf 47,36 % gesunken. Bei SB2 sind die Werte ähnlich. Die 100 % Matches sind um 3,96 Pp. auf 17,44 % gesunken, während die Fuzzy Matches um 3,36 Pp. auf 38,02 % gestiegen sind. Die Fälle, in denen es keinen Treffer gab, sind hier ebenfalls marginal um 0,6 Pp. auf 44,54 % angestiegen. Die Gesamtzahl der Wörter bei den mit CLAT überarbeiteten Testdateien ist, verglichen mit den Originalen, leicht gesunken. Dies ist auf die Vereinheitlichung der Sätze, die kürzeren Überschriften und die teils kürzeren Querverweise zurückzuführen.

Tabelle 6.11: TMS-Matchwerte bei unbearbeiteter Datenbasis und CLAT-überarbeiteten Testdateien (STP-Baureihe)

STP	STP_clat		STP1_clat		STP2_clat	
Matches	**Anzahl Wörter**	**Anteil in %**	**Anzahl Wörter**	**Anteil in %**	**Anzahl Wörter**	**Anteil in %**
100 %	**2.752**	**18,41**	**1.888**	**15,16**	**781**	**6,49**
90–99 %	**1.031**	**6,90**	**789**	**6,33**	**282**	**2,35**
80–99 %	**1.293**	**8,65**	**1.142**	**9,17**	**266**	**2,21**
70–79 %	**1.156**	**7,74**	**917**	**7,37**	**800**	**6,64**
60–69 %	**1.234**	**8,26**	**928**	**7,46**	**678**	**5,63**
50–59 %	**945**	**6,32**	**909**	**7,30**	**1.081**	**8,98**
Kein Match	**6.534**	**43,72**	**5.883**	**47,21**	**8.148**	**67,70**
Summe	**14.945**	**100,00**	**12.456**	**100,00**	**12.036**	**100,00**

Die STP-Baureihe zeigt ähnliche Veränderungen wie die SB-Baureihe. Die 100 % Matches sind bei STP um 5,21 Pp. auf 18,41 % gesunken. Bei STP1 sind sie um 2,71 Pp. auf 15,16 % gesunken und bei STP2 um 0,54 Pp auf 6,49 %. Die Fuzzy Matches haben bei STP um 3,31 Pp. auf 37,87 % zugenommen. Bei STP1 sind sie um 2,23 Pp. auf 37,63 % gestiegen und bei STP2 um 1,94 Pp. auf 25,81 %. Die Zahl der Fälle ohne Treffer ist bei STP um 1,9 Pp. auf 43,72 % gestiegen und bei STP1 um 0,48 Pp. auf 47,21 % gestiegen. Bei STP2 hingegen ist sie um 1,4 Pp. auf 67,70 % gesunken. Die Ergebnisse sind nachfolgend nochmals grafisch dargestellt:

Abbildung 6.3: Grafische Darstellung der Verteilung der Matchtypen in der SB- und STP-Baureihe (Szenario 3)

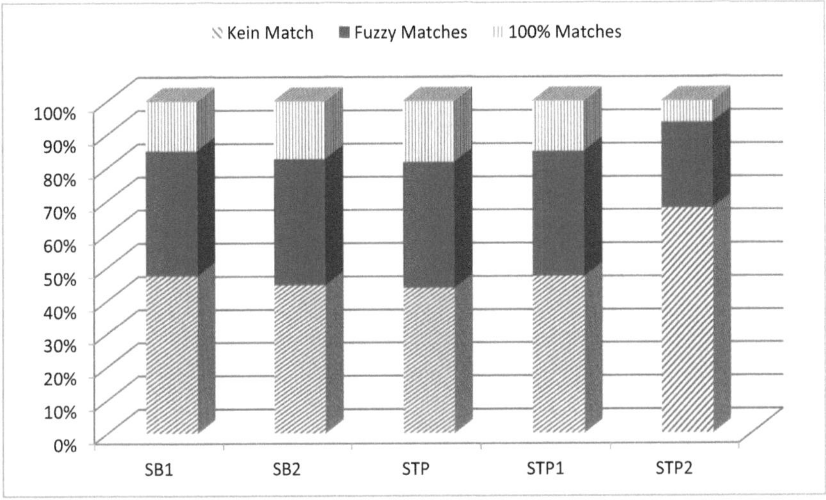

Das Ergebnis in Szenario 3 deckt sich mit der Hypothese, dass die Matchrate sinkt. Nachfolgend wird anhand einiger Sätze gezeigt, wie sehr sich die Matchrate durch Umformulierung einzelner Satzbestandteile ändern kann. Der erste Satz bezieht sich auf den Originalsatz der Installationsanleitung. Die von CLAT als Fehler identifizierten Stellen sind fett markiert. Der zweite Satz ist der gemäß CLAT umformulierte Satz. Die dritte Spalte zeigt die Matchrate nach Umformulierung des Originalsatzes.

Tabelle 6.12: Veränderung der TMS-Matchwerte durch Überarbeitung von Sätzen

Originalsatz	Gemäß CLAT umformulierter Satz	Matchrate nach Umformulierung
Der Sunny Boy saugt die Luft unten ein und bläst **sie** oben wieder heraus.	Der Sunny Boy saugt die Luft unten ein und bläst **die Luft** oben wieder heraus.	85 %
Wird mit dem Staubsauger kein ausreichendes Ergebnis **erzielt**, besteht die Möglichkeit, den Lüfter zur Reinigung auszubauen.	**Wenn** mit dem Staubsauger kein ausreichendes Ergebnis **erzielt wird**, besteht die Möglichkeit, den Lüfter zur Reinigung auszubauen.	91 %

Originalsatz	Gemäß CLAT umformulierter Satz	Matchrate nach Umformulierung
Sollte die grüne LED über einen längeren Zeitraum **blinken**, kann das daran liegen, dass keine ausreichende DC-Strahlung vorhanden ist.	**Wenn** die grüne LED über einen längeren Zeitraum **blinkt**, kann das daran liegen, dass keine ausreichende DC-Strahlung vorhanden ist.	89 %
Es bestehen folgende Einstellungsmöglichkeiten über einen Drehschalter:	Folgende Einstellungsmöglichkeiten über einen Drehschalter bestehen:	92 %
Der Sunny Boy ist ein PV-Wechselrichter, der den Gleichstrom eines PV-Generators in Wechselstrom wandelt und **diesen** in das öffentliche Netz einspeist.	Der Sunny Boy ist ein PV-Wechselrichter, der den Gleichstrom eines PV-Generators in Wechselstrom wandelt. Der Wechselstrom wird in das öffentliche Netz eingespeist.	76 %
Wenn im Installationsland ein zweiter **Schutzleiter-Anschluss** gefordert ist …	Wenn im Installationsland ein zweiter **Schutzleiteranschluss** gefordert ist …	71 %
Bei Bestellungen ohne Angabe des Installationslandes ist hier die **Standard-Einstellung** „VDE0126-1-1" und Sprache „deutsch".	Bei Bestellungen ohne Angabe des Installationslandes ist hier die **Standardeinstellung** „VDE0126-1-1" und Sprache „deutsch".	70 %
Stellen Sie außerdem sicher, **dass** alle vom Modulhersteller empfohlenen Maßnahmen zur dauerhaften Erhaltung der Moduleigenschaften **berücksichtigt werden** (siehe auch Technische Information „Modultechnik" im Downloadbereich von www.SMA.de).	**Berücksichtigen Sie** außerdem alle vom Modulhersteller empfohlenen Maßnahmen zur dauerhaften Erhaltung der Moduleigenschaften. Siehe auch Technische Information „Modultechnik" im Downloadbereich von www.SMA.de.	55 %

Dass die Matchrate bei stärker umformulierten und in zwei Teile getrennten Sätzen sinkt, ist nachvollziehbar. Erstaunlich ist, dass objektiv betrachtet kleine Änderungen, wie das Löschen eines Bindestrichs oder das Zusammenschreiben eines Kompositums teilweise größere Auswirkungen auf die Matchrate haben als das Umformulieren eines Bedingungssatzes mit ‚Wenn'. Die angeführten Beispiele zeigen, dass schon kleine Änderungen in einem Satz zu großen Veränderungen in der TMS-Statistik führen.

Stellt man diese Statistiken denen aus Szenario 2 gegenüber, so zeigt sich, dass im vorliegenden Fall bei allen fünf Testdateien die 100 % Matches gesunken sind, wobei die geringsten Veränderungen bei STP2 stattgefunden haben. Dies zeigt, dass eine kontinuierlich gepflegte und von Grund auf konsistent aufgebaute Datenbasis einen stärker positiven Effekt hat, als wenn die Datenbasis im Originalzustand bleibt und die Dateien ab einem bestimmten Zeitpunkt zukünftig mit einem CLC geprüft werden.

Szenario 4: Ergebnisse der Matchwerte bei CLAT-Datenbasis und CLAT-Testdateien

Die nachfolgenden Tabellen zeigen die Matchwerte bei CLAT-geprüfter Datenbasis und CLAT-geprüften Testdateien.

Tabelle 6.13: TMS-Matchwerte bei Überarbeitung von Datenbasis und Testdateien mit CLAT (SB-Baureihe)

SB_clat	SB1_clat		SB2_clat	
Matches	**Anzahl Wörter**	**Anteil in %**	**Anzahl Wörter**	**Anteil in %**
100 %	**3.284**	**26,26**	**3.866**	**28,11**
90–99 %	**824**	**6,59**	**914**	**6,65**
80–89 %	**840**	**6,72**	**963**	**7,00**
70–79 %	**764**	**6,11**	**876**	**6,37**
60–69 %	**723**	**5,78**	**936**	**6,81**
50–59 %	**990**	**7,92**	**926**	**6,73**
Kein Match	**5.082**	**40,62**	**5.273**	**38,33**
Summe	**12.507**	**100,00**	**13.754**	**100,00**

Im Vergleich zu den Werten der unbearbeiteten Originaldateien (Szenario 1) zeigte sich bei den 100 % Matches bei SB1 ein Anstieg um 8,12 Pp. auf 26,26 % und bei SB2 um 6,71 Pp. auf 28,11 %. Die Fuzzy Matches sind nahezu unverändert geblieben. Bei SB1 sind die Fuzzy Matches lediglich um 0,69 Pp. auf 33,12 % in Szenario 4 gesunken. Bei SB2 sind die Fuzzy Matches um 1,1 Pp. auf 33,56 % in Szenario 4 gesunken. Das heißt, der Anstieg bei den 100 % Matches hat sich nahezu identisch auf das Sinken der Fälle ohne Treffer ausgewirkt. Die Fälle, in denen kein Treffer ermittelt wurde, sind bei SB1 um 7,43 Pp. auf 40,62 % gesunken und bei SB2 um 5,61 Pp. auf 38,33 %.

Die nachfolgende grafische Darstellung zeigt, wie sich die Matchwerte in der SB-Baureihe zwischen Szenario 1 und Szenario 4 verändert haben:

Abbildung 6.4: Grafische Darstellung der Matchtypen in der SB-Baureihe (Szenario 4)

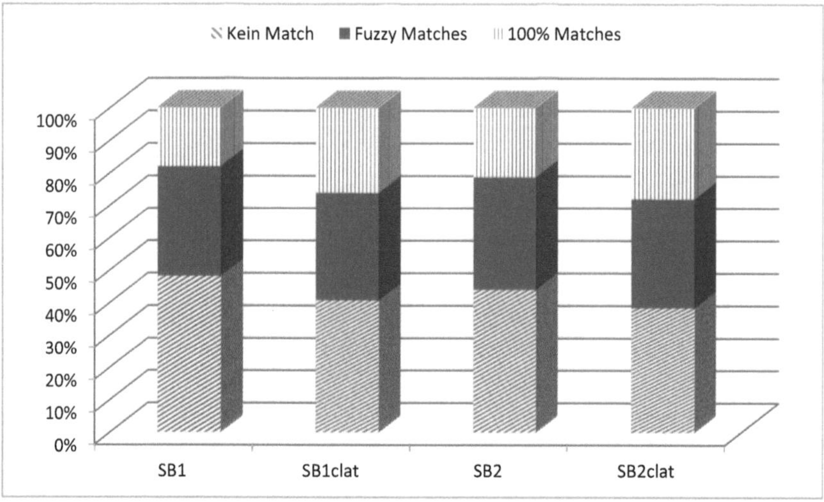

Während die 100% Matches in den überarbeiteten Fassungen zugenommen haben, sind die Fälle ohne Match gesunken. Die Fuzzy Matches sind relativ unverändert geblieben.

Die nachfolgenden Tabellen zeigen die Matchwerte der STP-Baureihe:

Tabelle 6.14: TMS-Matchwerte bei Überarbeitung von Datenbasis und Testdateien mit CLAT (STP-Baureihe)

STP_clat	STP_clat		STP1_clat		STP2_clat	
Matches	**Anzahl Wörter**	**Anteil in %**	**Anzahl Wörter**	**Anteil in %**	**Anzahl Wörter**	**Anteil in %**
100 %	**3.980**	**26,63**	**3.110**	**24,97**	**1.156**	**9,60**
90–99 %	**1.100**	**7,36**	**885**	**7,11**	**303**	**2,52**
80–89 %	**1.048**	**7,01**	**815**	**6,54**	**336**	**2,79**
70–79 %	**895**	**5,99**	**768**	**6,17**	**607**	**5,04**
60–69 %	**1.087**	**7,27**	**691**	**5,55**	**984**	**8,18**
50–59 %	**978**	**6,54**	**948**	**7,61**	**1.309**	**10,88**
Kein Match	**5.858**	**39,20**	**5.239**	**42,05**	**7.341**	**60,99**
Summe	**14.946**	**100,00**	**12.456**	**100,00**	**12.036**	**100,00**

In der STP-Baureihe zeigt sich bei den 100 % Matches bei STP ein Anstieg um 3,01 Pp. auf 26,63 %, bei STP1 um 7,1 Pp. auf 24,97 % und bei STP2 um 2,57 Pp. auf 9,60 %. Bei STP2 war die vom TMS gemessene Ähnlichkeit schon bei den Originaldateien am geringsten. Wie auch bei der SB-Reihe sind die Veränderungen bei den Fuzzy Matches relativ gering, d. h., bei STP sind sie um 0,39 Pp. auf 34,17 % gesunken, bei STP1 sind sie um 2,42 Pp. auf 32,98 % gesunken und bei STP2 wiederum um 5,54 Pp. auf 29,41 % gestiegen. Die Fälle, in denen es kein vom TMS ermitteltes Match gab, sind bei STP um 2,62 Pp. auf 39,20 % gesunken, bei STP1 um 4,68 Pp. auf 42,05 % und bei STP2 um 8,11 Pp. auf 60,99 % gesunken.

Insgesamt zeigt sich, dass die Zahl der 100 % Matches bei STP1 am meisten gestiegen ist, dafür ist bei STP2 die Zahl der Fälle ohne Treffer am stärksten gesunken. Die Fuzzy Matches sind nahezu gleich geblieben. Die nachfolgende grafische Darstellung stellt noch einmal die Werte der STP-Baureihe in Szenario 1 denen aus Szenario 4 gegenüber:

Abbildung 6.5: Grafische Darstellung der Matchtypen in der STP-Baureihe (Szenario 4)

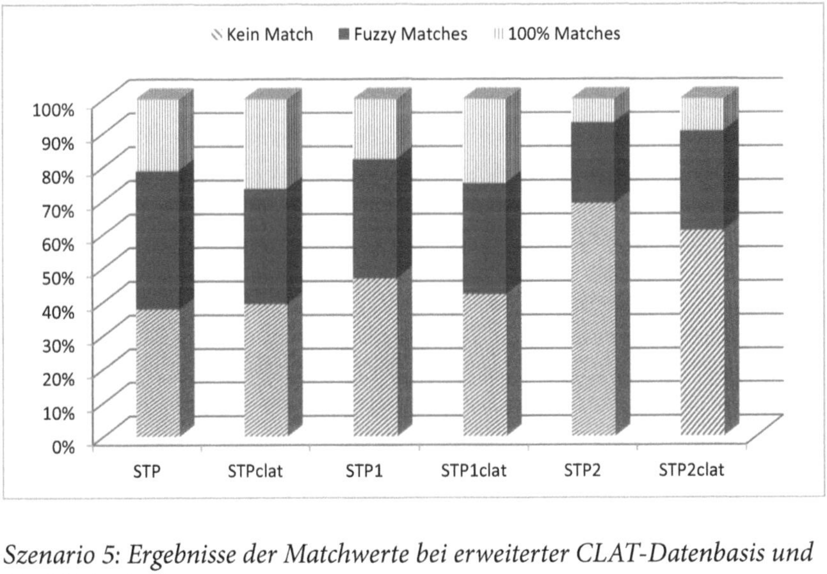

Szenario 5: Ergebnisse der Matchwerte bei erweiterter CLAT-Datenbasis und CLAT-Testdateien

Bei der SB-Baureihe sind in Szenario 4 die Matchwerte etwas stärker gestiegen als bei der STP-Baureihe, was mit großer Wahrscheinlichkeit darin begründet liegt, dass eine Datei aus der SB-Reihe die Datenbasis bildet. In Szenario 5 wurde untersucht, ob sich die Werte der STP-Baureihe noch weiter verbessern lassen, wenn die Datenbasis durch Hinzufügen einer Datei aus der STP-Reihe als Referenzdatei erweitert wird. Hierzu wurde die Datei STP als mit CLAT überarbeitete Datenbasis per Alignment ins TMS importiert.

Tabelle 6.15: TMS-Matchwerte bei Überarbeitung der erweiterten Datenbasis und Überarbeitung der Testdateien mit CLAT (SB-Baureihe)

SB_clat und STP_clat	SB1_clat		SB2_clat	
Matches	**Anzahl Wörter**	**Anteil in %**	**Anzahl Wörter**	**Anteil in %**
100 %	**4.670**	**37,34**	**5.837**	**42,44**
90–99 %	**1.490**	**11,91**	**1.181**	**8,59**
80–89 %	**1.012**	**8,09**	**1.262**	**9,18**
70–79 %	**804**	**6,43**	**792**	**5,76**
60–69 %	**799**	**6,39**	**959**	**6,97**
50–59 %	**807**	**6,45**	**831**	**6,04**
Kein Match	**2.925**	**23,39**	**2.892**	**21,02**
Summe	**12.507**	**100,00**	**13.754**	**100,00**

Wie sich der Tabelle entnehmen lässt, profitiert auch die SB-Baureihe von der Vergrößerung der Datenbasis durch das STP-Dokument. Im Vergleich zu Szenario 1 sind die 100 % Matches bei SB1 um 19,2 Pp. auf 37,34 % in Szenario 5 angestiegen. Bei SB2 liegt eine Steigerung um 21,04 Pp. auf insgesamt 42,44 % vor. Die Fuzzy Matches sind bei SB1 um 5,46 Pp. auf insgesamt 39,27 % gestiegen. Bei SB2 sind die Fuzzy Matches um 1,88 Pp. auf insgesamt 36,54 % gestiegen. Die Fälle, in denen es kein vom TMS ermitteltes Match gibt, sind bei SB1 um 24,66 Pp. auf 23,39 % gesunken. Bei SB2 verringerten sich die Fälle ohne Treffer um 22,92 Pp. auf 21,02 %. Im Vergleich zu Szenario 4 zeigt sich, dass nicht nur die 100 % Matches zunehmen, sondern dass auch die Zahl der Fuzzy Matches zunimmt und die Zahl der Fälle, in denen es keine Übereinstimmung gibt, nochmals sinkt. Die gestiegenen Werte bei den 100 % Matches und den Fuzzy Matches dürften zum Teil darauf zurückzuführen sein, dass die Anleitungen SB1 und SB2 insgesamt länger sind als SB und der Aufbau und Inhalt teilweise denen der STP-Baureihe näher kommt als SB.

Tabelle 6.16: TMS-Matchwerte bei Überarbeitung der erweiterten Datenbasis und Überarbeitung der Testdateien mit CLAT (STP-Baureihe)

SB_clat und STP_clat	STP1_clat		STP2_clat	
Matches	**Anzahl Wörter**	**Anteil in %**	**Anzahl Wörter**	**Anteil in %**
100 %	6.756	54,24	1.996	16,59
90–99 %	692	5,56	408	3,39
80–89 %	740	5,94	642	5,34
70–79 %	505	4,05	731	6,07
60–69 %	646	5,19	1.003	8,33
50–59 %	607	4,87	1.422	11,81
Kein Match	2.510	20,15	5.834	48,47
Summe	12.456	100,00	12.036	100,00

Bei STP1 ist im Vergleich zu Szenario 1 die Zahl der 100 % Matches um 36,37 Pp. auf insgesamt 54,24 % gestiegen.[277] Bei STP2 sind die 100 % Matches um 9,56 Pp. auf insgesamt 16,59 % gestiegen. Die Fuzzy Matches sind bei STP1 um 9,79 Pp. auf 25,61 % gesunken. Bei STP2 sind die Fuzzy Matches um 11,07 Pp. auf 34,94 % gestiegen. Die Fälle, in denen vom TMS kein Match ermittelt wurde, sind bei STP1 um 26,58 Pp. auf insgesamt 20,15 % gesunken. Bei STP2 sind sie um 20,63 Pp. auf 48,47 % gesunken.

Wie sich zeigt, ist die stärkste Verbesserung bei den 100 % Matches bei STP1 zu erkennen. Bei STP2 zeigt sich, dass im Vergleich zu Szenario 4, bei dem es wenig Veränderungen bei den 100 % Matches gab, in Szenario 5 eine Verbesserung auf 16,59 % erzielt werden konnte. Interessant ist, dass bei STP1 als einziger Datei eine stärkere Verschlechterung der Fuzzy Matches stattfand, was allerdings den stark gestiegenen 100 % Matches zuzuschreiben ist. Bei beiden Dateien sind die Fälle, in denen kein Match ermittelt werden konnte, nochmals gesunken.

Die erste nachfolgende Grafik zeigt die Matchverteilung aller Dateien in Szenario 5, die anderen Grafiken zeigen den Vergleich der einzelnen Dateien zwischen Szenario 1 und Szenario 5:

277 In Szenario 5 dient die Datei STP als Erweiterung der Datenbasis und folglich können keine Vergleichswerte für STP berechnet werden.

Abbildung 6.6: Grafische Darstellung der Verteilung der Matchtypen in der SB- und STP-Baureihe (Szenario 5)

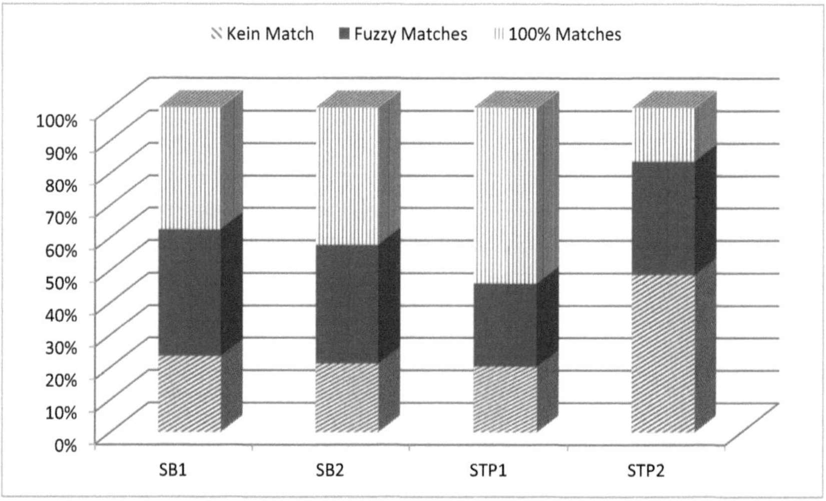

Abbildung 6.7: Grafische Darstellung der Verteilung der Matchtypen in Szenario 1 im Vergleich zu Szenario 5 (SB-Baureihe)

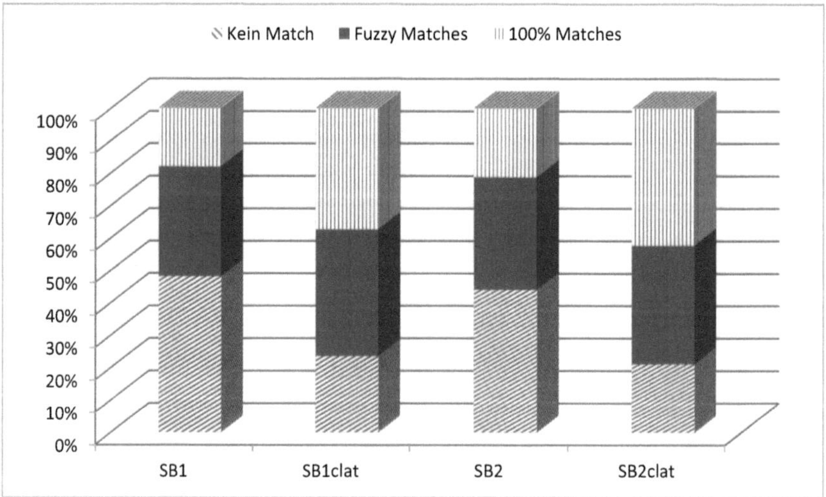

Abbildung 6.8: Grafische Darstellung der Verteilung der Matchtypen in Szenario 1 im Vergleich zu Szenario 5 (STP-Baureihe)

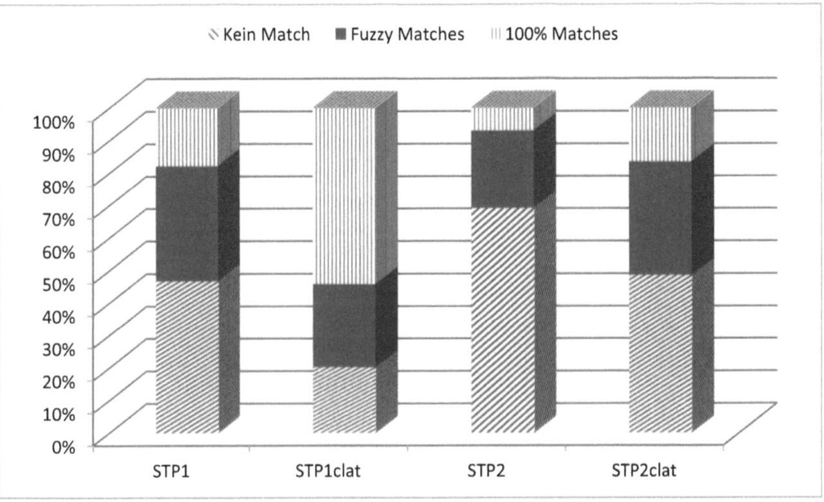

Die Veränderungen der Matchwerte der jeweiligen Testdateien werden nachfolgend noch einmal tabellarisch für alle Szenarien gegenübergestellt.

Gesamtergebnisse SB1

Tabelle 6.17: Vergleich der Matchwerte in allen Szenarien für SB1

SB1					
Matches	**Szenario 1 – Anteil in %**	**Szenario 2 – Anteil in %**	**Szenario 3 – Anteil in %**	**Szenario 4 – Anteil in %**	**Szenario 5 – Anteil in %**
100% Matches	18,14	19,51	15,01	26,26	37,34
Fuzzy Matches	33,81	38,01	37,63	33,12	39,27
Kein Match	48,05	42,48	47,36	40,62	23,39
Summe	100	100	100	100	100

Im Vergleich zu Szenario 1 sind die 100 % Matches von 18,14 % auf 26,26 % in Szenario 4 gestiegen. In Szenario 5 sind die 100 % Matches nochmals auf 37,34 % gestiegen. In allen Szenarien sinken die Fälle, in denen kein Match ermittelt wurde, wobei die Veränderung in Szenario 3 marginal ist. Parallel dazu sind die Fuzzy Matches gestiegen bzw. in Szenario 4 nahezu unverändert geblieben.

In Szenario 2 gab es nur geringe Verbesserungen bei den 100 % Matches, dafür jedoch einen Anstieg bei den Fuzzy Matches und ein Absinken der Fälle ohne Treffer. In Szenario 3 sind die 100 % Matches gesunken, jedoch sind parallel dazu auch die Fälle ohne Treffer leicht gesunken.

Gesamtergebnisse SB2

Tabelle 6.18: Vergleich der Matchwerte in allen Szenarien für SB2

SB2					
Matches	**Szenario 1 - Anteil in %**	**Szenario 2 - Anteil in %**	**Szenario 3 - Anteil in %**	**Szenario 4 - Anteil in %**	**Szenario 5 - Anteil in %**
100% Matches	21,40	21,60	17,44	28,11	42,44
Fuzzy Matches	34,66	38,71	38,02	33,56	36,54
Kein Match	43,94	39,69	44,54	38,33	21,02
Summe	100	100	100	100	100

Die 100 % Matches lagen in Szenario 1 bei 21,40 %, in Szenario 4 sind sie auf 28,11 % gestiegen. In Szenario 5 ließ sich eine weitere deutliche Verbesserung auf 42,44 % erreichen. Im Vergleich zu SB1 profitiert SB2 noch etwas stärker von der erweiterten Datenbasis. In Szenario 2 sind die 100 % Matches praktisch unverändert geblieben, die Fuzzy Matches sind gestiegen und die Fälle ohne Treffer haben abgenommen. In Szenario 3 gab es eine Verschlechterung bei den 100 % Matches, während die Fuzzy Matches gestiegen sind und die Fälle ohne Treffer auch leicht gestiegen sind.

Gesamtergebnisse STP

Tabelle 6.19: Vergleich der Matchwerte in allen Szenarien für STP

STP				
Matches	**Szenario 1 - Anteil in %**	**Szenario 2 - Anteil in %**	**Szenario 3 - Anteil in %**	**Szenario 4 - Anteil in %**
100% Matches	23,62	20,22	18,41	26,63
Fuzzy Matches	34,56	38,87	37,87	34,17
Kein Match	41,82	40,91	43,72	39,20
Summe	100	100	100	100

Bei STP sind die 100 % Matches von 23,62 % in Szenario 1 auf 26,63 % in Szenario 4 gestiegen. Bei den Szenarien 2 und 3 sind jeweils die 100 % Matches gesunken, jedoch deutlicher in Szenario 3. Die Fuzzy Matches sind in Szenario 2 etwas stärker angestiegen und die Fälle, in denen kein Match ermittelt wurde, leicht gesunken.

In Szenario 3 sind die Fuzzy Matches leicht gestiegen und auch die Fälle, in denen kein Match ermittelt wurde, haben leicht zugenommen. Insgesamt hat STP weniger von der sprachlichen Überarbeitung profitiert.

Gesamtergebnisse STP1

Tabelle 6.20: Vergleich der Matchwerte in allen Szenarien für STP1

STP1					
Matches	**Szenario 1 – Anteil in %**	**Szenario 2 – Anteil in %**	**Szenario 3 – Anteil in %**	**Szenario 4 – Anteil in %**	**Szenario 5 – Anteil in %**
100% Matches	17,87	19,03	15,16	24,97	54,24
Fuzzy Matches	35,40	37,55	37,63	32,98	25,61
Kein Match	46,73	43,42	47,21	42,05	20,15
Summe	100	100	100	100	100

Die 100 % Matches sind bei STP1 von 17,87 % in Szenario 1 auf 24,97 % in Szenario 4 gestiegen. In Szenario 5 haben sich die Matches weiter verbessert auf 54,24 %. Es konnte also nochmals mehr als eine Verdopplung erzielt werden. In Szenario 2 sind die 100 % und die Fuzzy Matches gestiegen, die Fälle ohne Treffer sind gesunken. In Szenario 3 sind hingegen die 100 % Matches gesunken, während die Fuzzy Matches und Fälle ohne Treffer gestiegen sind. Insgesamt zeigte sich bei STP1 in Szenario 5 eine deutliche Verbesserung um 36,37 Pp. bei den 100 % Matches, während die Fuzzy Matches um 9,79 Pp. gesunken sind und die Fälle, in denen kein Match ermittelt werden konnte, sogar um 26,58 Pp. gesunken sind. Diese Datei hat also stark von der Überarbeitung profitiert.

Gesamtergebnisse STP2

Tabelle 6.21: Vergleich der Matchwerte in allen Szenarien für STP2

STP2					
Matches	**Szenario 1 – Anteil in %**	**Szenario 2 – Anteil in %**	**Szenario 3 – Anteil in %**	**Szenario 4 – Anteil in %**	**Szenario 5 – Anteil in %**
100% Matches	7,03	7,68	6,49	9,60	16,59
Fuzzy Matches	23,87	30,28	25,81	29,41	34,94
Kein Match	69,10	62,04	67,70	60,99	48,47
Summe	100	100	100	100	100

Die 100 % Matches sind bei STP2 von 7,03 % In Szenario 1 auf 9,60 % in Szenario 4 gestiegen. In Szenario 5 sind die 100 % Matches weiter auf 16,59 % gestiegen, haben sich also im Vergleich zu Szenario 1 mehr als verdoppelt. In Szenario 2 sind die 100 % Matches nahezu gleich geblieben, während die Fuzzy Matches gestiegen sind und die Fälle, in denen das TMS kein Match ermittelt hat, gesunken sind. In Szenario 3 sind die 100 % Matches leicht gesunken, ebenso wie die Fälle, in denen Kein Match ermittelt wurde. Die Fuzzy Matches sind hingegen leicht gestiegen. Insgesamt haben sich die 100 % Matches in Szenario 5 um 9,56 Pp. verbessert, die Fuzzy Matches sind um 11,07 Pp. gestiegen und die Fälle, in denen kein Match ermittelt wurde, sind um 20,63 Pp. gesunken.

Gesamtergebnisse aller Testdateien

In der SB-Baureihe haben sich bei den beiden Dateien SB1 und SB2 die 100 % Matches in Szenario 5 im Durchschnitt um etwa 20 Pp. verbessert. Die Fuzzy Matches sind insgesamt bei SB1 mit 5,46 Pp. etwas stärker gestiegen als bei SB2 mit 1,88 Pp. Die Fälle, in denen kein Match gefunden wurde, sind bei SB1 um 24,26 Pp. gesunken und bei SB2 um 22,92 Pp. Das heißt, die beiden Dateien variieren bei den Fuzzy Matches und bei Fällen ohne Treffer um etwa 2 bis 3 Pp. Insgesamt sind die Veränderungen also recht ähnlich. In der STP-Baureihe haben sich die 100 % Matches am deutlichsten bei STP1, gefolgt von STP2, verbessert, wobei die Ähnlichkeit der Originalfassung bei STP1 auch höher war als bei STP2. Die Fuzzy Matches sind bei STP praktisch gleich geblieben, bei STP1 um knapp 10 Pp. gesunken und bei STP2 um etwa 11 Pp. gestiegen. Die Fälle, in denen kein Match gefunden wurde, haben sich bei STP um 2,6 Pp. verringert, bei STP1 um etwa 26 Pp. und bei STP2 um etwa 21 Pp. Die Veränderungen bei STP sind deutlich geringer, was damit zusammenhängt, dass die überarbeitete Fassung von STP nur mit der überarbeiteten Datenbasis von SB verglichen werden konnte (Szenario 4), während STP1 und STP2 auch mit der durch STP erweiterten Datenbasis verglichen wurden (Szenario 5).

Über alle Testdateien hinweg zeigt sich, dass die Gesamtzahl der Wörter durch die sprachliche Überarbeitung und Vereinheitlichung leicht gesunken ist. Wie sich herausstellte, besteht ein Unterschied darin, ob man eine sprachlich überarbeitete Datenbasis (Referenzdatei) im TMS hat und diese mit nicht überarbeiteten Dateien vergleicht (Szenario 2) oder ob die Datenbasis im TMS ungeprüft ist und die Testdateien geprüft sind (Szenario 3). Bei allen Fällen sind die Matchwerte in Szenario 3 gesunken, während sie in Szenario 2 teilweise, wenn auch nur leicht, gestiegen sind. Daraus lässt sich schlussfolgern, dass vor allem eine konsistente und kontinuierlich gepflegte Datenbasis der wichtigste Faktor für eine Verbesserung der Matchwerte ist. Die nachfolgenden Beispiele erklären die Unterschiede zwischen den Matchwerten in den Szenarien 2 und 3. Sie zeigen zwei Sätze (SB und SB_clat) und die Veränderung in den Matchwerten, wenn entweder der Originalsatz die Datenbasis bildet (Szenario 2) oder umgekehrt (Szenario 3):

SB: Anschluss an öffentliches Stromnetz (AC)
SB_clat: Öffentliches Stromnetz (AC) anschließen
➔ Sowohl in Szenario 2 als auch in Szenario 3 beträgt der Matchwert 61 %.

SB: Es bestehen folgende Einstellungsmöglichkeiten über Drehschalter
SB_clat: Folgende Einstellungsmöglichkeiten über Drehschalter bestehen
➔ Sowohl in Szenario 2 als auch in 3 beträgt der Matchwert 91 %.

In den oben genannten Beispielen existieren keine Unterschiede zwischen Szenario 2 und 3. In anderen Fällen jedoch weichen die Matchwerte voneinander ab.

SB: Weiterführende Informationen können Sie unter www.SMA.de herunterladen.
SB_clat: Weiterführende Informationen finden Sie unter www.SMA.de.
➔ In Szenario 3 beträgt die Matchrate 61 %. In Szenario 2 hingegen beträgt die Matchrate 71 %.

SB: Der Sunny Boy ist ein PV-Wechselrichter, der den Gleichstrom in Wechselstrom wandelt und diesen in das öffentliche Stromnetz einspeist.
SB_clat: Der Sunny Boy ist ein PV-Wechselrichter, der den Gleichstrom in Wechselstrom wandelt. Der Wechselstrom wird in das öffentliche Stromnetz eingespeist.
➔ In Szenario 3 wird durch die Teilung des Satzes kein Match gefunden. Enthält jedoch die Datenbasis in Szenario 2 den geteilten Satz und die Testdatei den Originalsatz, so wird ein Matchwert von 78 % ermittelt.

SB: SMA Solar Technology empfiehlt, das Generatorgestell und andere elektrisch leitende Flächen durchgängig leitend zu verbinden und zu erden, um einen möglichst hohen Schutz für Anlagen und Personen zu erhalten.
SB_clat: SMA Solar Technology empfiehlt, das Generatorgestell und andere elektrisch leitende Flächen durchgängig leitend zu verbinden und zu erden. Dadurch erhalten Sie einen möglichst hohen Schutz für Anlagen und Personen.
➔ Bei Szenario 2 beträgt der Matchwert 90 %, bei Szenario 3 beträgt er 74 %.

Deutliche Verbesserungen bei den Matchwerten lassen sich also nur erzielen, wenn sowohl die Datenbasis als auch die Testdateien sprachlich überarbeitet sind (Szenario 4). Je größer die Datenbasis, umso größer ist die Wahrscheinlichkeit, dass bei unterschiedlichen Baureihen passende Matches gefunden werden, und umso höher fallen auch die Matchraten bei den 100 % Matches aus.

6.1.5 Diskussion der Ergebnisse und Fazit

Wie die Untersuchung und die verschiedenen Szenarien gezeigt haben, hat sich die Hypothese bestätigt, dass die konsequente Arbeit mit einem CLC zu konsistenteren Texten führt und bei Anwendung auf die Datenbasis und regelmäßiger Anwendung auf die neu erstellten und übersetzten Texte die Matchraten im TMS durch Vereinheitlichung und sprachliche Standardisierung verbessert werden. Fast alle Dateien haben deutliche Zunahmen bei den 100% Matches gezeigt. Darüber hinaus haben sich mit Ausnahme der Datei ‚STP' auch deutlich die Fälle verringert, in denen kein Match ermittelt werden konnte. Dies ist besonders wichtig, da ein Übersetzer folglich die Sätze nicht komplett neu übersetzen muss. Es zeigte sich auch, dass die Matchrate umso höher ausfällt, je größer die Datenbasis und somit die Vergleichsmöglichkeiten im TMS sind. Bei den unterschiedlichen Szenarien zeigte sich auch, dass die Datenbasis eine große Auswirkung auf die Ergebnisse hat. Die Hypothese, dass die Matchwerte sinken, wenn die Datenbasis überarbeitet ist und die Testdateien unbearbeitet (Szenario 2), hat sich nicht bestätigt. Das heißt, eine konsequent angelegte und ständig aktualisierte bzw. bereinigte Datenbasis im TMS ist der Grundstein für eine Verbesserung der Matchwerte.

In gewisser Weise beschreibt diese Untersuchung eine Art Idealzustand, da die Datenbasis ausschließlich geprüfte Segmente enthält und die Referenzdokumente von lediglich einer Person unter sorgfältiger Beachtung der einheitlichen Anwendung von Schreibregeln überarbeitet wurde. In der Praxis wird dieses Szenario nicht immer umsetzbar sein. Sofern nicht zeitgleich ein TMS und ein CLC implementiert und von Grund auf neu befüllt werden, besteht das Problem, dass die Datenbank des TMS zum Zeitpunkt der Einführung des CLC schon Hunderte oder Tausende von ungeprüften Segmenten enthält. Eine komplett neue Befüllung der Datenbank ist nahezu unmöglich. Das heißt, die Datenbank enthält folglich sowohl alte als auch ab einem bestimmten Zeitpunkt geprüfte neue Segmente. Hinzu kommt der Faktor, dass die Dokumente selten nur von einem einzigen Technischen Redakteur erstellt werden, sondern von einer Vielzahl von Redakteuren, die Dokumente für bestimmte Modelle oder Baureihen erstellen, oder ein Dokument wird sogar grundsätzlich von mehreren Autoren in Zusammenarbeit erstellt. Wie in Kapitel 5.1.5 erläutert, entwickelt jeder Mensch im Laufe seines Lebens einen spezifischen Schreibstil, der wie eine Art Visitenkarte ist und der trotz äußerer Richtlinien in Form von Schreibregeln schwer zu verändern ist. Sofern es sich nicht um die Umsetzung einer sehr restriktiven Kontrollierten Sprache, wie das ‚Simplified Technical English' (STE), handelt, erlauben die üblichen CLC eine recht große Formulierungsfreiheit. Diese lässt sich durch die Regelauswahl teilweise einschränken. Dadurch lässt sich z. B. eine einheitliche Verwendung der Fachterminologie oder das Schreiben in Nominal- oder Verbalstil sowie Satzlängenbeschränkungen festlegen. Trotzdem wird es bei mehreren Autoren auch verschiedene Varianten eines Satzes geben.

Die Problematik des unterschiedlichen Schreibstils und der unterschiedlichen Formulierungen bei mehreren Autoren wurde bereits in einem Projekt namens ‚Tetris' diskutiert, das der Evaluierung eines frühen Vorgängers (MULTILINT) des hier verwendeten CLC CLAT diente (TETRIS-Projektdokumentation, 2001: 167ff.) Damals wurden ähnliche Untersuchungen wie in dieser Arbeit durchgeführt. MULTILINT wurde in Kombination mit dem TMS ‚Transit' der Firma STAR getestet. Als Textkorpus dienten technische Anleitungen aus dem Automobilbereich. Im Tetris-Projekt wurden zwei verschiedene Testszenarien betrachtet. Im Fokus von Testszenario 1 stand die Frage, inwieweit MULTILINT das menschliche Lektorat ersetzen kann. Testszenario 2 diente zum einen einem generischen und zum anderen, wie auch die hier durchgeführte Untersuchung, einem gezielten Abgleich. Der generische Abgleich von Dateien diente dazu, einen Durchschnittswert für die Veränderung der durch sprachliche Steuerung erzielten Matchquote zu ermitteln. Beim gezielten Abgleich wurden ungeprüfte Testdokumente mit Referenzdateien verglichen und dann nach Überarbeitung mit MULTILINT nochmals mit den Referenzdateien verglichen. Die Annahme war, dass die Trefferquote zwischen MULTILINT-geprüftem Referenzmaterial und Testdokumenten am höchsten sein dürfte, während die Trefferquote zwischen jeweils ungeprüften Texten am niedrigsten sein dürfte. Die damalige Hypothese war zudem, dass die Matchrate bei geprüften Referenzdateien und ungeprüfter Datenbasis (entsprechend dem hiesigen Szenario 3) höher sein müsste als bei geprüfter Datenbasis und ungeprüften Testdateien (entsprechend Szenario 2 in dieser Arbeit). Diese Prognose wurde mit den damaligen Ergebnissen widerlegt und auch die Ergebnisse der vorliegenden Arbeit dokumentieren die Überlegenheit von Szenario 2. Die damaligen Testreihen wurden mit Dokumenten durchgeführt, die von mehreren Autoren mit unterschiedlicher Berufserfahrung bearbeitet wurden. Die Ergebnisse zeigten, dass die Trefferquote höher war, wenn die Referenzdateien von den gleichen Autoren mit langjähriger Erfahrung stammten wie die Testdateien. Die Tests belegten zudem, dass Faktoren wie unterschiedlicher Schreibstil, unterschiedliche Erfahrung, Anzahl der Überarbeitungen mit MULTILINT und die variierende Anwendung von MULTILINT bzw. unterschiedliche Versionen von MULTILINT einen Einfluss auf die Testergebnisse hatten, was es insgesamt erschwerte, eindeutige Rückschlüsse zu ziehen (vgl. auch Polo Ramirez & Haller, 2005: 75).[278]

Wie diese Untersuchung und auch das Tetris-Projekt gezeigt haben, hängen die ermittelten Matchwerte zusammengefasst von verschiedenen Faktoren ab: der Anzahl der Dokumente, der Tatsache des unterschiedlichen Algorithmus von TMS und CLC, verschiedenen Versionen des CLC, der Anzahl der Überarbeitungen mit dem CLC und der Berufserfahrung der Autoren. Jedoch dürfte es, nach Auswertung der hier durchgeführten Untersuchung, noch zwei weitere Hauptgründe für das Sinken der Matchwerte geben:

(1) Sätze, die in der Datenbasis und in der Testdatei ähnlich, aber nicht gleich formuliert sind und die nicht vom CLC als Fehler markiert werden, bleiben unverändert. Das heißt, die Matchwerte steigen nicht.
(2) Sätze in der Datenbasis, die denen der Testdateien ähneln, die jedoch vom CLC als Fehler markiert werden, sodass nach Umformulierung die Matchrate weiter sinkt.

Der erste Fall tritt auf, weil es zu keiner Fehlermeldung durch den CLC kommt. Nachfolgend einige Beispiele:

Tabelle 6.22: Beispiele für unterschiedliche Sätze nach CLAT-Überarbeitung

Satz in der Datenbasis	Satz aus der Testdatei	Ergebnis
Anschluss an öffentliches Stromnetz (AC)	Öffentliches Netz (AC) anschließen	Die Überschriften bleiben nach CLAT-Prüfung unverändert, da sie keine Fehler enthalten.
Prüfung des Lüfters	Lüfter prüfen	Die Überschriften bleiben unverändert nach CLAT-Prüfung, da sie keine Fehler enthalten.
Diese Anleitung ist für ausgebildete Elektrofachkräfte. Die in dieser Anleitung beschriebenen Tätigkeiten dürfen nur ausgebildete Elektrofachkräfte ausführen.	Ausschließlich ausgebildete Elektrofachkräfte dürfen den Sunny Boy installieren und in Betrieb nehmen.	Die Sätze bleiben unterschiedlich, da sie für CLAT keine Fehler enthalten.

278 Ausführliche Testergebnisse finden sich in der TETRIS-Projekt-Dokumentation, 2001, Kapitel 7.

Neben der Möglichkeit, dass Sätze unverändert bleiben, da sie keine Fehlermeldung des CLC hervorrufen und somit verschiedene Varianten im TMS existieren, gibt es noch den zweiten Fall. Ein Satz enthält eine Fehlermeldung und wird umformuliert, sodass der CLC den Satz akzeptiert. Für diese Umformulierung gibt es jedoch verschiedene Möglichkeiten. Ähnliche Sätze können folglich unterschiedlich umformuliert werden und führen so zu abweichenden Matchwerten.

Nachfolgend ein paar Beispiele:

Tabelle 6.23: Varianz bei Sätzen durch unterschiedliche Überarbeitung mit CLAT

Datenbasis	Datenbasis überarbeitet	Testdatei	Testdatei überarbeitet
Bei Anschluss des Störmeldekontakts an das öffentliche Stromnetz muss dieser mit einem eigenen Leitungsschutzschalter abgesichert werden.	Wenn der Störmeldekontakt an das öffentliche Stromnetz angeschlossen wird, dann muss der Störmeldekontakt mit einem eigenen Leitungsschutzschalter abgesichert werden.	Wenn Sie das Multifunktionsrelais an das öffentliche Stromnetz anschließen, müssen Sie dieses mit einem eigenen Leitungsschutzschalter absichern.	Wenn Sie das Multifunktionsrelais an das öffentliche Stromnetz anschließen, müssen Sie das Multifunktionsrelais mit einem eigenen Leitungsschutzschalter absichern.
Der Sunny Boy kann für mehrere Länder konfiguriert werden. Dies erfolgt über zwei Drehschalter im Sunny Boy oder über die Konfiguration des Parameters „GridGuard. CntrySet“ über ein Kommunikationsgerät.	Der Sunny Boy kann für mehrere Länder konfiguriert werden. Die Konfiguration erfolgt über zwei Drehschalter im Sunny Boy. Alternativ erfolgt die Konfiguration über ein Kommunikationsgerät über den Parameter „GridGuard.CntrySet“.	Der Wechselrichter kann für verschiedene Länder konfiguriert werden. Dies erfolgt über 2 Drehschalter im Wechselrichter oder über die Konfiguration des Parameters „CntrySet“ bzw. „Setze Ländernorm“ über ein Kommunikationsgerät (z. B. Sunny WebBox oder Sunny Explorer).	Der Wechselrichter kann für verschiedene Länder konfiguriert werden. Die Konfiguration erfolgt über 2 Drehschalter im Wechselrichter. Alternativ erfolgt die Konfiguration über ein Kommunikationsgerät über die Parameter „CntrySet“ oder „Setze Ländernorm“. Zu den Kommunikationsgeräten zählen die Sunny WebBox oder der Sunny Explorer.
Ist das Gehäuse des Lüfters nur mit losem Staub verdreckt, kann es mithilfe eines Staubsaugers gereinigt werden.	Wenn das Gehäuse des Lüfters nur mit losem Staub verdreckt ist, kann das Gehäuse mit Hilfe eines Staubsaugers gereinigt werden.	Ist das Gehäuse der Lüfter nur mit losem Staub verschmutzt, können Sie es mithilfe eines Staubsaugers reinigen.	Wenn das Gehäuse der Lüfter nur mit losem Staub verschmutzt ist, können Sie das Gehäuse mithilfe eines Staubsaugers reinigen.

Wie die angeführten Beispiele zeigen, führen die jeweiligen Überarbeitungen von ähnlichen Sätzen in Testdatei und Datenbasis teilweise zu noch größeren Abweichungen in der Ähnlichkeit, so wie sie vom TMS zeichenkettenorientiert berechnet wird. Für den Umgang mit dieser Tatsache gibt es verschiedene Möglichkeiten. Die einfachste Möglichkeit besteht darin, die im CLC implementierten und die firmenspezifisch vorgegebenen Schreibregeln anzuwenden und mögliche Varianten von Sätzen durch unterschiedliche Autoren zu akzeptieren und in der Datenbasis zuzulassen, auch wenn die Matchrate und die Einheitlichkeit der Dokumente nicht den Idealzustand erreichen.[279] Reduzieren lassen sich die Abweichungen durch den Einsatz eines AMS, das geprüfte Sätze enthält und dem Autor zur Wiederverwendung anbietet (siehe Kapitel 5).

Eine weitere Möglichkeit besteht im Einsatz von Modularisierungsmaßnahmen (siehe dazu auch Kapitel 2.6). Dazu werden thematisch abgegrenzte Module, sog. Topics, erstellt, die von einzelnen Sätzen bis hin zu ganzen Abschnitten reichen und flexibel wiederverwendet werden können. Ob sich die Installationsanleitungen aufgrund ihres Umfangs und der Fülle der verschiedenen Baureihen und Modelle im vorliegenden Fall soweit modularisieren lassen, dass es möglich ist, nur noch mit einzelnen, immer gleichen Textbausteinen zu arbeiten, bleibt offen.

Die dritte Möglichkeit, das Problem der Abweichungen anzugehen, bezieht sich auf bisher nicht in der Praxis eingesetzte Methoden aus Forschungsprojekten. Wie bereits erwähnt, berechnet das TMS die Ähnlichkeit zweier Segmente anhand der Abfolge einzelner Zeichenketten. Das heißt, je stärker die Abweichungen in den Zeichenketten, umso niedriger der vom TMS ermittelte Match. In der vorliegenden Untersuchung gibt es etliche Fälle, in denen zwei Sätze inhaltlich, d. h. vom semantischen Aspekt, sehr ähnlich sind, jedoch ist die vom TMS ermittelte Ähnlichkeit gering oder nicht vorhanden. Beispiele hierfür sind:

(1) Öffentliches Stromnetz (AC) anschließen vs. Anschluss des öffentlichen Stromnetzes (AC)

➔ Es handelt sich hierbei um den gleichen Inhalt, der einmal im Nominalstil und einmal im Verbalstil formuliert wurde.

(2) Weiterführende Informationen finden Sie unter www.SMA.de vs. Weiterführende Informationen können Sie unter www.SMA.de herunterladen.

Wenn also das TMS erkennen würde, dass es sich auf semantischer Ebene um inhaltlich gleiche oder ähnliche Sätze handelt, würde die Matchrate höher ausfallen. In Kapitel 4.4 wurden bereits ausführlich verschiedene Ansätze zur Verbesserung

279 Eine automatische oder halb-automatische Bereinigung des TMS in regelmäßigen Abständen reduziert die Dubletten.

der Retrievalleistung besprochen. An dieser Stelle soll noch einmal ein aktuelles Projekt namens iMEM (siehe Kapitel 4.4.2) näher betrachtet werden. Bei iMEM wurde ein herkömmliches kommerzielles TMS der Firma SDL Trados durch ein sog. ‚linguistisches TMS' erweitert.

Dieses linguistische TMS basiert auf einer SQL-Datenbank, in der morphologische und syntaktische Analysemodule integriert sind. Es handelt sich dabei um die gleichen Module, auf denen auch der CLC CLAT basiert. Das heißt, das herkömmliche TMS wurde durch die ‚linguistische Intelligenz' der Analysemodule erweitert. Würde also ein innerhalb des hier vorliegenden Szenarios eingesetztes TMS mit den gleichen Analysemodulen wie der CLC arbeiten, müssten sich theoretisch noch höhere Matchwerte erzielen lassen, da beide Tools auf der gleichen Technologie beruhen und die gleichen Maßstäbe zur Berechnung der Ähnlichkeit von Segmenten heranziehen. Um diese Hypothese zu verfolgen, durfte die Autorin dieser Arbeit der Entwicklerin von iMEM ein paar Texte zum Vergleich der Matchwerte zwischen den TMS von SDL und Across sowie dem TMS iMEM zusenden. Die nachfolgenden Fälle zeigen ein paar Beispiele für die Unterschiede in der Berechnung der Matchwerte zwischen den kommerziellen TMS SDL Trados und Across und dem ‚linguistischen TMS' iMEM. Es handelt sich hier nur um exemplarische Erläuterungen. Statistisch gesehen reichen die Informationen nicht aus, um belastbare Rückschlüsse ziehen zu können. In den Beispielen steht oben der Originalsatz und unten der mit CLAT überarbeitete Satz sowie die von den TMS ausgewiesenen Matchwerte.

	SB (Original)	Der Hersteller der PV-Module **sollte** seine Module für den Betrieb mit diesem Sunny Boy freigegeben haben.
	SB_clat	Der Hersteller der PV-Module **muss** seine Module für den Betrieb mit diesem Sunny Boy freigegeben haben.
Across	**94 %**	
SDL Trados	**92 %**	
iMEM	**98 %**	

In diesem Fall gibt es nur eine kleine Abweichung in Form des Wortes ‚muss'.

	SB (Original)	Diese Installationsanleitung beschreibt die Installation und Inbetriebnahme von SMA Solar Technology Wechselrichtern des Typs Sunny Boy 3000TL (SB 3000TL-20), 4000TL (SB 4000TL-20) und 5000TL (SB 5000TL-20).
	SB_clat	Diese Installationsanleitung beschreibt die Installation und Inbetriebnahme folgender SMA Solar Technology Wechselrichter: • Sunny Boy 3000TL (SB 3000TL-20) • Sunny Boy 4000TL (SB 4000TL-20) • Sunny Boy 5000TL (SB 5000TL-20)
Across	**68 %**	
SDL Trados	**61 %**	
iMEM	**87 %**	

In diesem Fall ist der Inhalt komplett gleich geblieben, nur die Art der Darstellung mittels Aufzählungspunkten hat sich geändert.

	SB (Original)	**Stellen Sie außerdem sicher**, dass alle vom Modulhersteller empfohlenen Maßnahmen zur dauerhaften Erhaltung der Moduleigenschaften **berücksichtigt werden.**
	SB_clat	**Berücksichtigen Sie außerdem** alle vom Modulhersteller empfohlenen Maßnahmen zur dauerhaften Erhaltung der Moduleigenschaften.
Across	**52 %**	
SDL Trados	**43 %**	
iMEM	**82 %**	

In der mit CLAT überarbeiteten Fassung wird der Nutzer direkt angesprochen. Darüber hinaus gibt es jedoch keine Unterschiede. Trotzdem führt dies bei Across und SDL Trados zu größeren Matchabzügen.

	SB (Original)	PV-Module mit großer Kapazität gegen Erde dürfen nur eingesetzt werden, wenn deren Koppelkapazität **kleiner ist als 50 nF/kWp.**
	SB_clat	PV-Module mit großer Kapazität gegen Erde dürfen nur eingesetzt werden, wenn deren Koppelkapazität **50 nF/kWp nicht übersteigt.**
Across	**84 %**	
SDL Trados	**73 %**	
iMEM	**90 %**	

Wie sich bei allen Beispielen zeigt, ist die Übereinstimmung der Matchwerte der kommerziellen TMS sehr ähnlich, während iMEM teilweise deutlich höhere

Matchwerte erzielt, speziell in den Fällen, in denen es sich um eine stärkere Änderung in der Reihenfolge der Zeichenketten handelt (Beispiele 2 und 3). Während SDL Trados und Across im zweiten und dritten Beispiel die Zeichenkettenabfolgen als Maßstab zugrunde legen und somit eine geringere Ähnlichkeit als im Beispiel oben ermitteln, erkennt iMEM, dass die inhaltliche Abweichung im zweiten und dritten Satz weniger gering ist.

Sicherlich reichen diese wenigen Beispiele nicht aus, um konkrete Rückschlüsse ziehen zu können und auf eine grundsätzliche Überlegenheit von iMEM hinzuweisen, jedoch deuten sie darauf hin, dass sich die Matchraten weiter verbessern lassen könnten, wenn ein TMS durch morphologische und/oder syntaktische Analysemodule erweitert würde. Darüber hinaus bieten sie die Grundlage für weitergehende interessante Untersuchungen wie die Frage, ob Übersetzer Segmente, die vom TMS eine höher ermittelte Matchrate erhalten, selbst ebenfalls als ähnlicher empfinden und ob sie dadurch auch quantitativ und objektiv belegbar weniger Aufwand im Editieren der Vorschläge des TMS haben.

Die nachfolgend dargestellte empirische Untersuchung basiert auf qualitativen Methoden und befasst sich mit der Frage, ob ein Humanübersetzer einen Vorteil durch sprachlich gesteuerte Texte sieht.

6.2 Empirische Untersuchung zur Lesbarkeit, Verständlichkeit und Übersetzbarkeit sprachlich gesteuerter Texte

6.2.1 Untersuchte Fragestellung

Im Rahmen dieser Studie steht die Frage im Vordergrund, wie sich der Einsatz von sprachsteuernden Maßnahmen im Schreibprozess – in Form eines CLC – auf die Bereiche Lesbarkeit, Verständlichkeit und Übersetzbarkeit im Übersetzungsprozess auswirkt. Der Einsatz eines CLC führt zu konsistenteren Texten im Hinblick auf einheitlich verwendete Terminologie und Schreibstil. Die angewandten Stilregeln sorgen beispielsweise für kürzere und weniger komplexe Sätze (Lesbarkeit), die Vermeidung von Passiv in bestimmten Situationen (Verständlichkeit) oder die Vermeidung von unklaren Wortbezügen (Übersetzbarkeit). Die Hypothese bei dieser Studie ist, dass in Folge der Überarbeitung von Texten und der damit einhergehenden inhaltlich konsistenteren und weniger komplexen Darstellung die Texte für Versuchspersonen (VP) besser lesbar und verständlicher sowie leichter übersetzbar sein sollten.

In Bezug auf den Faktor Lesbarkeit gibt es zwei Studien (Cadwell, 2008 und O'Brien, 2010a), welche die Auswirkungen von Kontrollierter Sprache auf die

Lesbarkeit von Texten untersuchen. Der Aspekt der Verständlichkeit wurde jedoch bisher noch nicht explizit untersucht. Dabei ist dieser Aspekt von großem Interesse und er wirft einige Fragen auf. Ist ein Text automatisch verständlich, wenn er lesbar ist? Wäre somit Verständlichkeit mit Lesbarkeit gleichzusetzen? Ist die alleinige Untersuchung des Faktors Lesbarkeit ausreichend, um auf den Faktor Verständlichkeit zu abstrahieren?

Cadwell weist nach Auswertung seiner Untersuchungsergebnisse neben der Lesbarkeit auf die Wichtigkeit der Untersuchung weiterer Parameter hin:

> „An important conclusion, that needs to be made, too, is that much work remains to be done on clarifying the many metrics that are used in the field of CL. The literature abounds with such concepts as readability, translatability, comprehensibility, usability, etc. that are often confused and misused." (Cadwell, 2008: 50)

Auf die Wichtigkeit der Untersuchung von Verständlichkeit im Hinblick auf bessere oder schlechtere Verständlichkeit hat bereits Heringer (1983) hingewiesen:

> „In the previous research of understandability understanding was almost always presumed, and the speed of understanding or the capacity of keeping in mind was the subject. Understandability research should now deal with the entire palette of the problems of understanding. Especially the connection between the cases where we speak of better or worse understanding, and the ones where we speak of faster or slower understanding, should be investigated, since it is different with understanding from what it is with truth, where there is no "more" or "less"." (Heringer, 1983: 265)

Ein weiterer wichtiger Aspekt ist die Übersetzbarkeit. Wenn Texte besser lesbar und besser verständlich sind, sind sie dann in Konsequenz auch einfacher zu übersetzen? Zum Einfluss von Kontrollierten Sprachen auf die Maschinelle Übersetzbarkeit existieren einige Untersuchungen (vgl. dazu auch Kapitel 2.7). In Bezug auf die Humanübersetzung stehen Ergebnisse noch aus.[280]

Für die durchgeführte Untersuchung ist es vorab unerlässlich, die hier verwendeten Begriffe Lesbarkeit, Verständlichkeit und Übersetzbarkeit genauer zu spezifizieren. Dazu ist es vor allem notwendig, die Begriffe Lesbarkeit und Verständlichkeit voneinander abzugrenzen mit dem Ziel, eine für den Rahmen der Untersuchung gültige Definition zu erarbeiten. Die Begriffe Lesbarkeit und Verständlichkeit werden im allgemeinen Sprachgebrauch häufig synonym verwendet. In der wissenschaftlichen Literatur sind sie ebenfalls nicht klar voneinander

---

280 Reuther (2003) stellte in ihren Untersuchungen fest, dass sich maschinell mit einem CLC überprüfbare Regeln zur Verbesserung der Lesbarkeit mit Regeln zur Verbesserung der Übersetzbarkeit decken bzw. eine Untergruppe davon sind. Umgekehrt gibt es jedoch Regeln, die nur zur Verbesserung der Übersetzbarkeit dienen.

abgegrenzt und werden zum Teil gleichgesetzt. Dies zeigt sich beispielsweise bei den folgenden Definitionen von Lesbarkeit.

Nach Klare (1963) wird Lesbarkeit (readability) in drei unterschiedlichen Weisen verwendet:

> (1) „To indicate legibility of either handwriting or typography.
> (2) To indicate ease of reading due to either the interest-value or the pleasantness of writing.
> (3) To indicate ease of understanding or comprehension due to the style of writing."
> (Klare, 1963: 1)

Die erste Definition bezieht sich auf den Aspekt der Leserlichkeit, die zweite bezieht sich auf Lesbarkeit, die durch einen lese-motivierenden Schreibstil erreicht wird und die dritte Definition sagt aus, dass ein entsprechender auf Lesbarkeit ausgerichteter Schreibstil das Verständnis eines Lesers erleichtern soll.

Vergleichbar dazu ist die Definition von McLaughlin (1969), der Lesbarkeit sieht als:

> „[...] the degree to which a given class of people find certain reading matter compelling and, necessarily, comprehensible." (McLaughlin, 1968: 188)

Das „Wörterbuch der Kognitionswissenschaft" definiert Lesbarkeit recht allgemein als

> „Meßgröße für die Schwierigkeit, einen Text zu verstehen." (Strube, 1996: 377)

Betrachtet man die Definitionen, fällt auf, dass Lesbarkeit oftmals gleichgesetzt wird mit Verständlichkeit. Dies entspricht der gängigen Ansicht der Lesbarkeitsforschung, die Verständlichkeit mit Lesbarkeit gleichsetzte und als rein durch Textmerkmale beeinflusste Größe betrachtete (vgl. dazu auch Kapitel 2.4.1).

Die Lesbarkeit eines Textes beruht gemeinhin auf der sprachlichen Gestaltung dieses Textes. Sie basiert auf der Komplexität von Wörtern und Sätzen und dem verwendeten Wortschatz und Schreibstil sowie – aus wahrnehmungspsychologischer Sicht – der Erkennbarkeit. Leserlichkeit wiederum wird beeinflusst von der typografischen Darstellung sowie dem verwendeten Medium, wie z. B. Buch oder Bildschirmanzeige. Sie gilt als Maß für die Lesegeschwindigkeit. Ein hohes Maß an Leserlichkeit ermöglicht ein schnelleres Lesen. Leserlichkeit kann somit als Vorstufe zur Lesbarkeit angesehen werden. Die Leserlichkeit und Lesbarkeit eines Textes implizieren jedoch nicht seine Verständlichkeit. Ein Text kann sowohl leserlich sein in Bezug auf seine typografische Darstellung als auch einfach lesbar in Bezug auf Wortschatz, Wort- oder Satzkomplexität. Er muss jedoch nicht in Konsequenz verständlich sein.

Sauer (1995) schreibt zur Lesbarkeit:

> „Ein Text soll *lesbar* genannt werden, wenn er auf der Ebene der lokalen Wahrnehmungseinheiten (an der textuellen Oberfläche) der Wahrnehmung des Lesers keine oder nur geringe Schwierigkeiten bereitet." (Sauer, 1995: 163)

Bei der Definition von Sauer steht die Wahrnehmbarkeit im Vordergrund. Er betont hier den typografischen Aspekt, d.h. wie gut sich ein Text entziffern lässt. Zumeist wird dieser Aspekt jedoch als Leserlichkeit eines Textes verwendet. Festhalten lässt sich, dass ein hohes Maß an Leserlichkeit wichtig für die Lesbarkeit ist. Ein lesbarer Text ermöglicht allerdings nicht per se die Bildung einer mentalen Repräsentation des Textes, die zum Verständnis des Textes unerlässlich ist. Somit sollten Lesbarkeit und Verständlichkeit als zwei getrennte Faktoren behandelt werden.

Für den Begriff ‚Verständlichkeit' existiert ebenfalls keine allgemeingültige Definition. Die Abgrenzung fällt gerade im Englischen nicht leicht. Der Begriff Verständlichkeit wird hier teilweise mit ‚Comprehensibility', teilweise mit ‚Understandability' und in einigen Fällen mit ‚Perceivability' übersetzt, was auch die obigen Definitionen zeigen. Es handelt sich dabei jedoch, gemäß Kintsch (1998: 2), nicht um wissenschaftliche Begriffe, sondern um eine unpräzise und unscharfe Verwendung der Begriffe.

Nach Kintsch ist die Textstruktur nur eine Determinante im Verstehensprozess, die durch die mentale Repräsentation eines Textes ergänzt wird. Wie die Forschungen zum Thema Textverständlichkeit gezeigt haben (vgl. dazu Kapitel 2), ist die Verständlichkeit eines Textes kein reines Textmerkmal, sondern von mehreren Variablen, die den Textrezipienten betreffen, beeinflusst. Hierzu zählen das Hintergrundwissen des Lesers, das einen großen Einfluss auf die Verständlichkeit hat (vgl. auch Kintsch, 1992), die Ziele und Motivation des Lesers sowie die Verarbeitungskapazitäten seines Arbeitsgedächtnisses.[281] Die Textverständlichkeit

281 Im AG werden temporär Informationen gespeichert, die aus Handlungen im Schreibprozess stammen. Schreibprozesse werden aktiviert und koordiniert und es wird eine mentale Repräsentation des Textes hergestellt und aktualisiert. Das AG besitzt Regulationsmechanismen, die entscheiden, wann notwendiges Wissen aktiviert und verarbeitet wird. Beispielsweise muss ein Autor, wenn er einen Satz formuliert, die Idee, über die er gerade nachgedacht hat, im Kopf behalten. Oder er muss sich einen langen Satz merken, während er anfängt, ihn niederzuschreiben (Olive, 2012: 485ff.). Die Beschränkungen des AG sind zum einen entwicklungsbedingt, d.h., sie verringern sich durch die zunehmende Entwicklung der Schreibfähigkeiten. Zum anderen sind die Beschränkungen des AG individuell unterschiedlich (McCutchen, 1996; Ransdell & Levy, 1996).

hängt, gemäß Teigeler (1968), davon ab, wie gut ein Leser die Textfunktion erfassen kann und wie gut er in der Lage ist, die linguistischen und thematischen Verknüpfungen aufzulösen.

Im Rahmen dieser Studie ist es nicht möglich, alle Situationsvariablen miteinzubeziehen. Diejenigen Variablen, die sich auf soziokulturelle und psychologische Faktoren seitens des Lesers beziehen, können nicht betrachtet werden. Im Vordergrund stehen hier die linguistischen Faktoren auf Textseite, d. h. der Einfluss der inhaltlichen Textdarstellung auf Lesbarkeit und Verständlichkeit. Somit werden für die vorliegende Untersuchung folgende Definitionen von Lesbarkeit und Verständlichkeit gewählt:

- Lesbarkeit = wie einfach lässt sich der Text hinsichtlich der Faktoren Wortschatz, Wort- und Satzkomplexität sowie Schreibstil lesen.
- Verständlichkeit = inwiefern bereitet der Text dem Leser Verständnisschwierigkeiten. Oder anders ausgedrückt: Wie leicht fällt es dem Leser, dem Text Informationen zu entnehmen, um diese in entsprechende Handlungen umsetzen zu können.

Es verbleibt noch die Frage der Übersetzbarkeit.[282] Im Rahmen dieser Arbeit wird von der prinzipiellen Übersetzbarkeit der verwendeten Texte ausgegangen. Grundsätzlich muss ein Text lesbar und verständlich sein, um wiederum übersetzbar zu sein. Wenn ich den Text nicht lesen kann oder ihn nicht verstehe, kann ich ihn nicht oder nicht adäquat übersetzen. Im Fokus steht hier die Frage, ob ein Text durch den Einsatz sprachsteuernder Maßnahmen ‚besser' übersetzbar ist. Mit besserer Übersetzbarkeit ist Folgendes gemeint:

- Schnellere Übersetzbarkeit: Der Übersetzer benötigt weniger Zeit für die Übersetzung.
- Leichtere Übersetzbarkeit: Der Übersetzer hat weniger Verständnisschwierigkeiten bezogen auf den Inhalt und weniger Probleme, den Inhalt von der Ausgangssprache in die Zielsprache zu übertragen.

6.2.2 Testaufbau und Vorgehensweise

Die hier durchgeführte Studie basiert auf dem Einsatz qualitativer Untersuchungsmethoden.[283] Nach Flick et al. hat qualitative Forschung „den Anspruch,

282 Hier geht es nicht um die grundsätzliche Frage der Übersetzbarkeit bzw. Unübersetzbarkeit.

283 Eine ausführliche Darstellung zu qualitativen Untersuchungsmethoden findet sich bei Flick et al. (⁹2012).

Lebenswelten ‚von innen heraus' aus der Sicht der handelnden Menschen zu beschreiben" ([9]2012: 14). Das Ziel qualitativer Ansätze besteht darin, Zugang zu subjektiven Sichtweisen zu erhalten, in diesem Fall zu den subjektiven Sichtweisen von Übersetzern.

Insgesamt sechs Versuchspersonen (VP) sollten anhand eines Fragebogens den Schwierigkeitsgrad, die Lesbarkeit, Verständlichkeit und Übersetzbarkeit zweier ihnen vorliegender Texte beurteilen. Bei den Texten handelte es sich um einen Auszug aus einer Installationsanleitung für Photovoltaik-Wechselrichter mit einem Umfang von ca. 460 Wörtern. Die VP erhielten zum einen den Originaltext und zum anderen die mithilfe des CLC CLAT sprachlich überarbeitete Textfassung der Installationsanleitung. Bei der Auswahl des Textes wurden bewusst solche Stellen gewählt, bei denen der CLC eine Fehlermeldung, z. B. aufgrund der Satzlänge, der Komplexität oder des Wortbezugs liefern würde. Dabei wurden alle als fehlerhaft markierten Sätze gemäß den Regeln des CLC umgeschrieben.

Bei den VP handelte es sich um erfahrene Übersetzer im Sinne von ‚Experten' und nicht, wie in anderen Studien, um Studenten. Die durchschnittliche Berufserfahrung betrug 18 Jahre. Da diese Untersuchung als Feldstudie angelegt war und mit real existierenden Texten gearbeitet wurde, wurden erfahrene Übersetzer gewählt, die mit der professionellen Übersetzung von technischen Fachtexten vertraut waren. Bei den Übersetzern handelte es sich teilweise um englische Muttersprachler und teilweise um Übersetzer, die langjährige Erfahrung in der Übersetzung von der deutschen in die englische Sprache hatten. Die VP wurden vorab nur darüber informiert, dass die Untersuchungen im weiteren Umfeld des Themas ‚Übersetzungsgerechtes Schreiben' stattfinden würden, erhielten jedoch keine Auskunft darüber, worin sich die Texte unterschieden, um eine Voreingenommenheit den Texten gegenüber und der Untersuchung an sich zu vermeiden. Die Übersetzer erhielten ein kurzes Glossar mit einigen Fachtermini und durften zusätzlich alle von ihnen bevorzugten Hilfsmittel verwendeten, wie z. B. Wörterbücher oder Internetrecherche. Jedoch war der Einsatz eines TMS verboten. Im Fall einer Übersetzung mit einem TMS hätte dieses aufgrund der Ähnlichkeit beider Texte den Übersetzern beim zweiten Text die Segmente des ersten Textes zur Wiederverwendung angeboten, wodurch eine unabhängige Beurteilung durch die Übersetzer nicht mehr gegeben wäre. Der Zeitraum zwischen der Fertigstellung der ersten Übersetzung und dem Beginn der zweiten Übersetzung betrug acht Wochen. Bei der Studie von Cadwell (2008), bei der es um die Lesbarkeit ging, wurde ein Zeitraum von einer Woche zwischen den beiden Texten gewählt. Dieser stellte sich als definitiv zu kurz heraus, um im Fall des zweiten Textes die Bekanntheit und Vertrautheit mit der Materie möglichst gering zu halten. Bei der Untersuchung von O'Brien (2010a) wurde ein Zeitraum von vier Wochen gewählt. Selbst dieser stellte sich als immer noch zu kurz heraus. Aufgrund dieser Tatsache wurde der zeitliche Abstand in dieser Studie auf acht Wochen ausgedehnt, um die Erinnerung an den ersten Text möglichst gering zu halten.

Die sechs VP wurden in zwei Gruppen aufgeteilt, von denen die eine Gruppe den Originaltext als ersten zu übersetzenden Text erhielt und die andere Gruppe den mit CLAT überarbeiteten Text als ersten zu übersetzenden Text. Bei der Untersuchung von O'Brien erhielten alle Übersetzer zuerst den in der Kontrollierten Sprache geschriebenen Text zur Beurteilung der Lesbarkeit und nach vier Wochen den Originaltext. Grundsätzlich ist davon auszugehen, dass auch nach längerer Zeit eine mehr oder weniger große Vertrautheit mit dem Thema des ersten Textes besteht. Ein gewisses Maß an Vertrautheit wirkt sich auf die Beurteilung des zweiten Textes aus, d. h., eine völlig neutrale und objektive Beurteilung des zweiten Textes ist kaum zu ermöglichen. Aufgrund dessen wurden die Versuchspersonen in dieser Studie in zwei Gruppen eingeteilt, damit nicht nur entweder der Original- oder der CLAT-Text als zweiter Text beurteilt wurden.

Die Fragebögen zum jeweils ersten Text für die beiden Gruppen enthielten zu Beginn eine Erinnerungsfrage. Nach dem einmaligen Durchlesen des Textes sollten die Testpersonen ankreuzen, welche von insgesamt sechs aufgelisteten Fachbegriffen im Text vorkommen. Vier der sechs Fachbegriffe stammten aus dem Text, die anderen zwei nicht. Anhand dieser Frage sollte überprüft werden, ob der Inhalt eines sprachlich gesteuerten Textes besser behalten werden kann. Die Untersuchungen von Cadwell und O'Brien zeigten jeweils, dass Testpersonen, die die gemäß einer Kontrollierten Sprache verfassten Texte zum Lesen erhielten, bei den Erinnerungstests besser abschnitten. Die weiteren Fragen bezogen sich darauf, inwiefern die Übersetzer die ihnen vorliegenden Texte als einfach vom Schwierigkeitsgrad, gut lesbar, verständlich und übersetzbar empfanden. Die Antworten sollten auf einer Skala von 1 bis 6 gegeben werden und die Fragen wurden zusätzlich ergänzt durch Kommentarfelder. Bei der Frage der Übersetzbarkeit mussten die Testpersonen zusätzlich angeben, welche Stellen im Text sie schwierig zu übersetzen fanden. Der Fragebogen für den zweiten Text enthielt darüber hinaus die Frage, welchen der beiden Texte die Übersetzer im nachträglichen Vergleich resümierend besser lesbar, verständlicher und besser übersetzbar fanden. Außerdem wurden jeweils die Start- und Stoppzeit für die Übersetzungen notiert, um herauszufinden, ob sich die sprachlich überarbeiteten Texte schneller übersetzen lassen.

6.2.3 Auswertung der Befragungsergebnisse

6.2.3.1 Ergebnis Text 1

Bei der Erläuterung der nachfolgenden Ergebnisse werden die Antworten der ersten Gruppe, die den Originaltext erhielt, unter ‚Gruppe 1' zusammengefasst, die Antworten der zweiten Gruppe, die den mit CLAT überarbeiteten Text erhielt, unter ‚Gruppe 2'.

Erinnerungstest

Die Fragebögen wurden mit einer Erinnerungsfrage eingeleitet. Es ging darum, den zu übersetzenden Text einmal durchzulesen und dann anzukreuzen, welche von sechs genannten Begriffen in dem Text vorkommen. Es wurde eine Anzahl von sechs Begriffen gewählt, da das AG durchschnittlich eine Zahl von etwa 4 bis 5 +/- 2 Einheiten (sog. ‚Chunks') verarbeiten kann (Cowan, 2000).

Tabelle 6.24: Ergebnisse des Erinnerungstests von Text 1

Gruppe 1		**Gruppe 2**	
Richtig	1	Richtig	2
Falsch	2	Falsch	1

In Gruppe 1 beantwortete eine Testperson die Frage richtig, zwei Testpersonen lagen falsch, wobei sie einen Begriff zu viel ankreuzten. In Gruppe 2 gab es zwei korrekte Antworten, eine Testperson lag falsch, wobei diese einen Begriff zu wenig ankreuzte. Die Tatsache, dass in Gruppe 2 mehr Personen die Erinnerungsfrage richtig beantwortet haben, deutet darauf hin, dass der Text durch die Überarbeitung mit CLAT besser behalten werden konnte. Dies deckt sich mit den Ergebnissen von Cadwell (2008) und O'Brien (2010a). Allerdings muss hier einschränkend hinzugefügt werden, dass die Anzahl der Versuchspersonen nicht ausreicht, um statistisch verwertbare und generalisierbare Daten zu erheben. Zudem hängt das Ergebnis von anderen psychosozialen Faktoren wie der individuellen Kapazität des AG der Probanden (vgl. Daneman & Carpenter, 1980) und der jeweiligen Tagesform ab.

Schwierigkeitsgrad des Textes

Die nächste Frage bezog sich auf die Bewertung des Schwierigkeitsgrades der Übersetzung. Die Übersetzer konnten den Text auf einer Skala von 1 = sehr einfach bis 6 = sehr schwierig beurteilen.

Tabelle 6.25: Ergebnisse der Bewertung des Schwierigkeitsgrades von Text 1

Gruppe 1		Gruppe 2	
VP1	3	VP1	5
VP2	4	VP2	3
VP3	5	VP3	3
Durchschnitt	**4**	**Durchschnitt**	**3,7**

Gruppe 1, die den Originaltext erhielt, bewertete den Schwierigkeitsgrad im Durchschnitt mit 4. Gruppe 2 bewertete den Schwierigkeitsgrad des CLAT-Tests durchschnittlich mit 3,7. Somit wurde der CLAT-Text insgesamt als etwas weniger schwierig beurteilt.

Lesbarkeit des Textes

Anschließend bewerteten die Übersetzer die Lesbarkeit des Textes auf einer Skala von 1 bis 6. 1 bedeutete sehr schlecht lesbar und 6 sehr gut lesbar.

Tabelle 6.26: Ergebnisse der Bewertung der Lesbarkeit von Text 1

Gruppe 1		Gruppe 2	
VP1	5	VP1	6
VP2	5	VP2	6
VP3	4	VP3	4
Durchschnitt	**4,7**	**Durchschnitt**	**5,3**

In Gruppe 1 wurde die Lesbarkeit durchschnittlich mit 4,7 bewertet, in Gruppe 2 mit 5,3. Die Auswertung zeigt, dass beide Texte eine hohe Lesbarkeit aufweisen. Da der Originaltext nach firmenspezifischen Redaktionsrichtlinien erstellt wurde, war zu erwarten, dass auch der Originaltext recht hohe Werte bei der Lesbarkeit erzielt. Trotzdem konnte durch die Überarbeitung mit CLAT die Lesbarkeit nochmal erhöht werden. Das zeigt sich auch daran, dass zwei der drei Testpersonen aus Gruppe 2 den Text mit dem höchstmöglichen Wert von 6 bei Lesbarkeit bewerteten.

Verständlichkeit des Textes

Der Faktor Verständlichkeit wurde auf einer Skala von 1 = sehr unverständlich bis 6 = sehr verständlich bewertet.

Tabelle 6.27: Ergebnisse der Bewertung der Verständlichkeit von Text 1

Gruppe 1		**Gruppe 2**	
VP1	5	VP1	6
VP2	5	VP2	6
VP3	5	VP3	4
Durchschnitt	**5**	**Durchschnitt**	**5,3**

Die Verständlichkeit des Textes wurde in Gruppe 2 mit einem durchschnittlichen Wert von 5,3 etwas höher als in Gruppe 1 bewertet, die im Durchschnitt eine 5 vergab. In Gruppe 2 bewerteten zudem zwei VP den Text mit dem höchstmöglichen Wert 6.

Übersetzbarkeit des Textes

Die Übersetzbarkeit wurde auf der Skala von 1 = sehr schwierig übersetzbar bis 6 = sehr einfach übersetzbar bewertet.

Tabelle 6.28: Ergebnisse der Bewertung der Übersetzbarkeit von Text 1

Gruppe 1		**Gruppe 2**	
VP1	4	VP1	5
VP2	3	VP2	4
VP3	5	VP3	3
Durchschnitt	**4**	**Durchschnitt**	**4**

Bei der Frage, wie leicht die Testpersonen den Text zu übersetzen fanden, zeigten sich im Gesamtergebnis keine Unterschiede. Beide Gruppen bewerteten die Übersetzbarkeit mit 4. Bei der Detailbetrachtung der einzelnen Kommentare zeigten sich jedoch deutliche Unterschiede. Beide Gruppen wurden gebeten, anzugeben, welche Stellen sie schwierig zu übersetzen fanden.

Dabei zeigte sich, dass die Übersetzer in Gruppe 1 Probleme mit Sätzen hatten, die mit der Komplexität und Länge der Sätze zusammenhingen. In Gruppe 2, die den CLAT-Text übersetzte, tauchten diese Verständnisschwierigkeiten bzw. Probleme beim Übertragen des AS-Textes in die ZS nicht auf. Nachfolgend ein paar Beispiele von Textpassagen aus dem Originaltext, die Schwierigkeiten bereiteten:

(1) „PV-Module mit großer Kapazität gegen Erde, wie z. B. Dünnschichtmodule mit Zellen auf metallischem Trägermaterial, dürfen nur eingesetzt werden, wenn deren Koppelkapazität kleiner ist als 50 nF/kWp."

➔ In der CLAT-Version wurde der Satz aufgrund seiner Länge und Komplexität in zwei Sätze getrennt: „PV-Module mit großer Kapazität gegen Erde dürfen nur eingesetzt werden, wenn deren Koppelkapazität kleiner ist als 50 nF/kWp. Zu diesen PV-Modulen zählen z. B. Dünnschichtmodule mit Zellen auf metallischem Trägermaterial."

(2) „Stellen Sie außerdem sicher, dass alle vom Modulhersteller empfohlenen Maßnahmen zur dauerhaften Erhaltung der Moduleigenschaften berücksichtigt werden (siehe auch Technische Information „Modultechnik" im Downloadbereich von www.SMA.de)."

➔ Die Übersetzer in Gruppe 1 hatten u. a. Probleme mit der Stelle „stellen Sie außerdem sicher". Nach der CLAT-Überarbeitung lautete dieser Satz:. „Berücksichtigen Sie außerdem alle vom Modulhersteller empfohlenen Maßnahmen zur dauerhaften Erhaltung der Moduleigenschaften. Siehe auch Technische Information „Modultechnik" im Downloadbereich von www.SMA.de."

(3) „SMA Solar Technology empfiehlt, das Generatorgestell und andere elektrisch leitende Flächen durchgängig leitend zu verbinden und zu erden, um einen möglichst hohen Schutz für Anlagen und Personen zu erhalten."

➔ Nach der CLAT-Prüfung wurde die ‚Um … zu'-Konstruktion umgestellt und eine eindeutige Handlungsanweisung an den Nutzer gegeben: „Um einen möglichst hohen Schutz für Personen und Anlagen zu erhalten, müssen das Generatorgestell und andere elektrisch leitende Flächen durchgängig verbunden und geerdet werden."[284]

Die benötigte Übersetzungszeit sollte erst im Vergleich mit dem zweiten übersetzten Text ausgewertet werden. Generell ließ sich jedoch feststellen, dass die für die Übersetzung benötigte Zeit sehr stark schwankte, zwischen etwa einer Stunde bis zu maximal fast drei Stunden. Im Durchschnitt benötigen beide Gruppen ca. zwei Stunden für die Übersetzung.

Die benötigte Zeitdauer hängt zum einen mit der unterschiedlichen Berufserfahrung zusammen und zum anderen mit der unterschiedlichen Arbeitsweise, d. h., manche Übersetzer fassten Textproduktion und Revision in einem Schritt zusammen, andere schrieben zunächst einen Entwurf, den sie im Anschluss korrigierten, und eine VP benötige einen größeren zeitlichen Abstand zwischen Entwurf und Revision. Zusammenfassend werden die erläuterten Ergebnisse nochmals in einer Grafik dargestellt:

284 Alternativ hätte der Satz auch heißen können: „Um einen möglichst hohen Schutz für Personen und Anlagen zu erhalten, müssen Sie das Generatorgestell und andere elektrisch leitende Flächen durchgängig verbinden und erden."

Abbildung 6.9: Ergebnisse der Bewertung von Schwierigkeitsgrad, Lesbarkeit, Verständlichkeit und Übersetzbarkeit (Text 1)

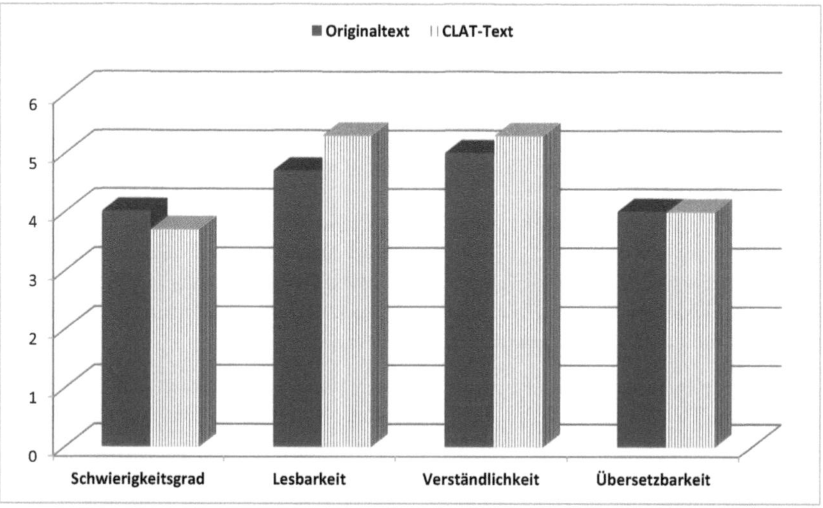

6.2.3.2 Ergebnis Text 2

In der zweiten Runde erhielt Gruppe 1 nach einer achtwöchigen Pause den CLAT-Text und Gruppe 2 den Originaltext zur Übersetzung. Die Ergebnisse werden wieder nach Gruppe 1 bzw. Gruppe 2 zusammengefasst.

Schwierigkeitsgrad des Textes

Der Schwierigkeitsgrad des zweiten zu übersetzenden Texts wurde von beiden Gruppen als geringer empfunden.

Tabelle 6.29: Ergebnisse der Bewertung des Schwierigkeitsgrades von Text 2

Gruppe 1		**Gruppe 2**	
VP1	2	VP1	3
VP2	3	VP2	3
VP3	3	VP3	4
Durchschnitt	**2,7**	**Durchschnitt**	**3,3**

Gruppe 2, die nun den Originaltext übersetzte, bewertete den Schwierigkeitsgrad durchschnittlich mit 3,3. Gruppe 1, die nun den CLAT-Text übersetzte, bewertete den Schwierigkeitsgrad mit 2,7. Im Vergleich zum ersten Text wurde der Schwierigkeitsgrad von beiden Gruppen als geringer eingestuft.

Lesbarkeit des Textes

Tabelle 6.30: Ergebnisse der Bewertung der Lesbarkeit von Text 2

Gruppe 1		**Gruppe 2**	
VP1	5	VP1	3
VP2	5	VP2	6
VP3	5	VP3	6
Durchschnitt	**5**	**Durchschnitt**	**5**

Die Lesbarkeit wurde in beiden Gruppen im Durchschnitt mit 5 bewertet. In Gruppe 2, die den Originaltext übersetzte, gab es eine relativ geringe Bewertung mit 3, aber auch zweimal die Höchstbewertung von 6.

Verständlichkeit des Textes

Tabelle 6.31: Ergebnisse der Bewertung der Verständlichkeit von Text 2

Gruppe 1		**Gruppe 2**	
VP1	5	VP1	3
VP2	5	VP2	6
VP3	5	VP3	6
Durchschnitt	**5**	**Durchschnitt**	**5**

Die Verständlichkeit wurde analog zur Lesbarkeit des Textes bewertet. Zwei VP der Gruppe 2 bewerteten die Verständlichkeit des Originaltexts mit der höchstmöglichen Note 6, eine VP mit 3. In Gruppe 1 wurde die Verständlichkeit durchgängig mit 5 beurteilt. Einige Übersetzer gaben an, dass ihnen der erste Text noch recht präsent in Erinnerung war und sie deshalb Lesbarkeit und Verständlichkeit nicht objektiv und losgelöst vom ersten Text beurteilen konnten. Durch die Vertrautheit mit der Materie hatten sie Schwierigkeiten, Unterschiede in der Lesbarkeit und Verständlichkeit festzustellen. Der subjektiv empfundene geringere Schwierigkeitsgrad hängt vermutlich ebenfalls mit der Vertrautheit zusammen.

Übersetzbarkeit des Textes

Tabelle 6.32: Ergebnisse der Bewertung der Übersetzbarkeit von Text 2

Gruppe 1		Gruppe 2	
VP1	5	VP1	3
VP2	4	VP2	4
VP3	5	VP3	4
Durchschnitt	**4,7**	**Durchschnitt**	**3,7**

Die Übersetzbarkeit des CLAT-Textes wurde von Gruppe 1 höher bewertet. Die benötigte Übersetzungszeit lag in Gruppe 1 bei durchschnittlich 90 Minuten und in Gruppe 2 bei durchschnittlich 120 Minuten.

Nachfolgend werden die Ergebnisse für Text 2 nochmals grafisch zusammengefasst:

Abbildung 6.10: Ergebnisse der Bewertung von Schwierigkeitsgrad, Lesbarkeit, Verständlichkeit und Übersetzbarkeit (Text 2)

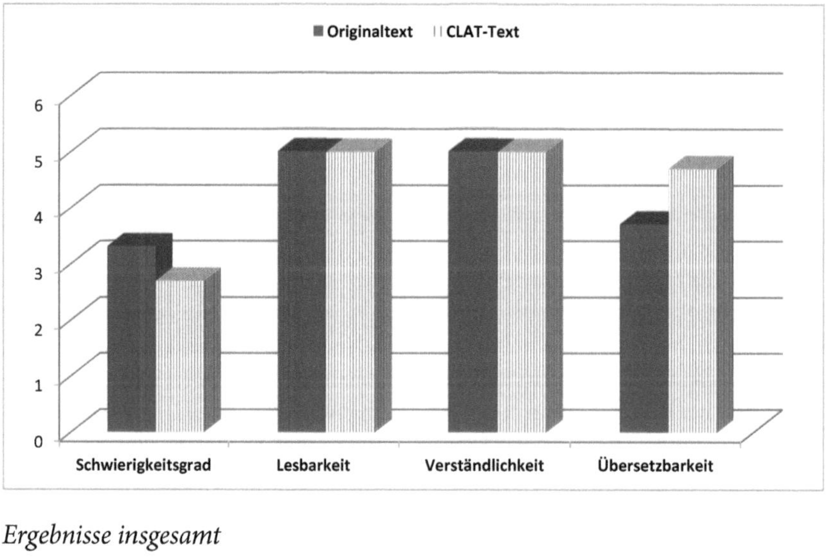

Ergebnisse insgesamt

Werden die Ergebnisse beider Texte zusammengefasst – Bewertung von Text 1 durch Gruppe 1 und Gruppe 2 sowie Bewertung von Text 2 durch Gruppe 1 und Gruppe 2 – ergibt sich folgendes Bild: Der Schwierigkeitsgrad des Originaltextes wurde insgesamt mit 7,3 bewertet. Der Schwierigkeitsgrad des CLAT-Textes lag bei 6,4. Insgesamt wurde der CLAT-Text also als einfacher vom Schwierigkeitsgrad bewertet.

Die Lesbarkeit des Originaltextes lag insgesamt bei 9,7, die des CLAT-Textes bei 10,3. Die Bewertung der Verständlichkeit unterscheidet sich insgesamt nur marginal, wobei der Originaltext auf einen Wert von 10 kommt und der CLAT-Text auf 10,3. Bei der Übersetzbarkeit zeigten sich deutlichere Unterschiede. Der Originaltext wurde mit 7,7 bewertet, der CLAT-Text mit 8,7.

Darüber hinaus gaben die Übersetzer folgende Kommentare zum CLAT-Text:

- Einfacherer Satzbau
- Bessere Strukturierung
- Bessere Zuordnung von Informationen und bessere Übersichtlichkeit durch Aufzählungspunkte
- Kürzere und eindeutigere Sätze lassen sich leichter ins Englische übertragen

Das Gesamtergebnis wird nachfolgend nochmals grafisch dargestellt:[285]

Abbildung 6.11: Ergebnisse der Bewertung von Schwierigkeitsgrad, Lesbarkeit, Verständlichkeit und Übersetzbarkeit (Text 1 und Text 2)

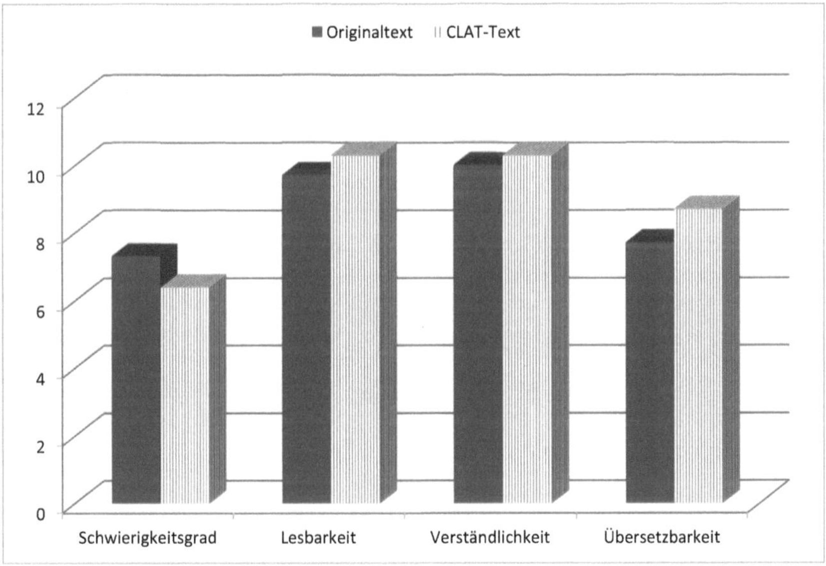

285 Die Grafik zeigt die Gesamtbewertung von Text 1 und Text 2. Dazu wurden jeweils die Bewertungen von Gruppe 1 und Gruppe 2 addiert.

Die Übersetzer wurden in der Untersuchung gebeten, abschließend und resümierend zu kommentieren, welchen der beiden Texte sie rückblickend besser lesbar, verständlicher und besser übersetzbar fanden.

Tabelle 6.33: Präferenz der Übersetzer hinsichtlich Lesbarkeit, Verständlichkeit und Übersetzbarkeit von Text 1 und Text 2

	Gruppe 1		**Gruppe 2**	
	Original (Text 1)	**CLAT (Text 2)**	**CLAT (Text 1)**	**Original (Text 2)**
VP1		x	x	
VP2		x	x	
VP3		x		x

Bis auf eine Ausnahme präferierten alle Übersetzer den mit CLAT geprüften Text, ohne zu wissen, dass es ein mit dem CLC überarbeiteter Text war. Alle Übersetzer gaben an, den Text jeweils in den Kategorien Lesbarkeit, Verständlichkeit und Übersetzbarkeit zu bevorzugen.

6.2.4 Diskussion der Ergebnisse und Fazit

Bevor nachfolgend das Gesamtergebnis diskutiert wird, sind einige generelle Anmerkungen wichtig. Alle Untersuchungen, bei denen es in irgendeiner Weise darum geht, Menschen bei bestimmten Handlungen zu beobachten, unterliegen der Gefahr der Verzerrung durch die Beobachtungssituation. Hansen (2006) schreibt dazu:

> „Eine weitere Frage ist die, ob Prozesse, die mit Hilfe von Experimenten und/oder mit Introspektion untersucht werden, überhaupt als echte, natürliche Prozesse angesehen werden können, denn das Verhalten und der Bewusstseinsinhalt kann sich ändern, sobald die Aufmerksamkeit auf bestimmte Merkmale gerichtet wird." (Hansen, 2006: 37)

Hinzu kommt das Problem der Objektivität und Generalisierbarkeit von Ergebnissen, im Speziellen bei qualitativ angelegten Untersuchungen. Erforderlich sind eigentlich Methoden, die zu reproduzierbaren Ergebnissen führen. Wie Hansen einschränkt, ist das Problem aber,

> „dass alle Versuche, die Elemente der Selbstbeobachtung enthalten, […], einmalig, individuell und subjektiv sind und sich nicht in genau gleicher Weise wiederholen lassen. Ebenso problematisch ist es, Testpersonen zu verschiedenen Zeitpunkten mit sich selber zu vergleichen, da sich die persönlichen Umstände und damit die Versuchsbedingungen ständig verändern." (Hansen, 2006: 38)

Solche Studien stellen für die Übersetzer, egal welchen Hintergrundes, immer eine Art Prüfungssituation dar, die dazu führt, dass sie nicht so entspannt und frei agieren. Besonders wichtig zu erwähnen ist auch die Erwartungshaltung der Versuchsteilnehmer. Unabhängig davon, ob bzw. inwieweit ihnen mitgeteilt wird, worum es in der Untersuchung geht, steht immer im Bewusstsein der Teilnehmer, dass etwas von ihnen erwartet wird.

Die Auswirkungen der Kombination aus ‚Prüfungsdruck', Erwartungshaltung und den retrospektiven Methoden anhaftenden Nachteilen zeigen sich beispielsweise an der nachträglichen Beurteilung der Übersetzer, welcher der beiden Texte insgesamt besser war hinsichtlich Lesbarkeit, Übersetzbarkeit und Verständlichkeit. Von sechs Übersetzern hatte eine Versuchsperson den Originaltext in allen Kategorien bevorzugt, alle anderen den CLAT-Text. Die Übersetzerin hatte in der ersten Runde den CLAT-Text übersetzt und in der zweiten Runde den Originaltext. Als Begründung für ihre resümierende Entscheidung gab sie an, sich praktisch überhaupt nicht mehr an den ersten Text erinnern zu können und eigentlich keine Entscheidung treffen zu können. Da sie sich aber ‚gezwungen' fühlte, einen Text auszuwählen, und sich nicht mehr an den ersten Text erinnern konnte, gab sie den zweiten Text als präferiert an. Diese Aussage zeigt, dass die Länge des Zeitraums zwischen der ersten und der zweiten Übersetzung notwendig ist, um die Erinnerung an den ersten Text möglichst gering zu halten, aber sie begünstigt wiederum auch eine verzerrte Wahrnehmung[286] (vgl. auch Hansen, 2006: 74).

Die aufgestellte Hypothese, dass sprachlich gesteuerte Texte besser lesbar sind, verständlicher und einfacher übersetzbar sind, hat sich bestätigt. Zudem werden sprachlich gesteuerte Texte vom Schwierigkeitsgrad als einfacher empfunden. Die Kommentare der Übersetzer hinsichtlich besserer Strukturierung, eindeutigerer Informationszuordnung und einfacherer Übertragbarkeit bestätigen zusätzlich den positiven Effekt. Von den untersuchten Faktoren Lesbarkeit, Verständlichkeit und Übersetzbarkeit hat besonders die Übersetzbarkeit vom sprachlich überarbeiteten Ausgangstext profitiert. Zusammengenommen mit den Ergebnissen der Untersuchung in Kapitel 6.1 zeigt sich, dass sich durch

286 Retrospektive Methoden werden eingesetzt, weil man davon ausgeht, dass während einer Aufgabe bestimmte Teile von Informationen aus dem AG im LZG gespeichert und später abgerufen werden können. Der Vorteil liegt darin, dass der eigentliche Schreib- oder Übersetzungsprozess nicht beeinflusst wird. Als nachteilig kann sich erweisen, dass Informationen nicht vollständig erinnert werden und dass sie Prozessen der Abstraktion und Elaboration unterliegen (Englund Dimitrova & Tisilius, 2009: 109f.).

sprachliche Steuerung im Schreibprozess sowohl quantitativ betrachtet die Matchraten im TMS verbessern lassen als auch die subjektiv empfundene Lesbarkeit, Verständlichkeit und Übersetzbarkeit zunehmen. Nicht nur die Maschinelle Übersetzung, sondern auch Humanübersetzer profitieren also messbar durch eine sprachliche Steuerung der Ausgangstexte.

Wie lassen sich nun die einzelnen Ergebnisse der Studie deuten und welche Rückschlüsse lassen sich daraus für zukünftige Untersuchungen ziehen? Bei Cadwell (2008) und O'Brien (2010a), die beide ebenfalls die Lesbarkeit von Texten durch eine Befragung von Versuchspersonen ermitteln ließen, zeigten sich ebenfalls eher geringe Unterschiede in den Zahlenwerten zwischen Originaltext und überarbeitetem Text. Wie O'Brien bereits konstatierte, handelte es sich bei den von ihr verwendeten Texten um Auszüge aus der Beschreibung einer Anti-Viren-Software. Diese Texte waren vom Prinzip her bereits gut formuliert und verlangten wenig Überarbeitung durch einen CLC, sodass die Ergebnisse zahlenmäßig gesehen nicht sehr stark zwischen der Originalversion und der in Kontrollierter Sprache erstellten Version divergierten (O'Brien, 2010a: 159). Das gleiche trifft auf die hier verwendeten Installationsanleitungen zu.

Es handelt sich dabei um authentische Installationsanleitungen, die entsprechend den Redaktionsleitlinien des Unternehmens SMA Solar Technology formuliert sind. Bei dieser Textsorte, sog. ‚Mensch-Interaktions-orientierte Texte', steht im Vordergrund, dass ein Leser aufgrund des Textes dazu befähigt wird, eine Handlung zu vollziehen – in diesem Fall den PV-Wechselrichter zu installieren und in Betrieb zu nehmen. Dementsprechend war die hier verwendete Installationsanleitung im Original schon gut formuliert und sie bedurfte keiner gravierenden Änderungen. Hätte man eine künstliche Situation geschaffen und einen bewusst schlecht formulierten Text verwendet, wie es in manchen Untersuchungen gemacht wird (vgl. z. B. Kintsch, 1992), hätten sich sicher eindeutigere Unterschiede ergeben. Dies hätte wiederum dem Anspruch einer Feldstudie widersprochen. Hinzu kommt eine weitere Variable. Das Ergebnis hängt auch mit der verwendeten Skalenlänge zusammen. Cadwell setzte in seinem Experiment eine Skala von 1 bis 4 ein. Wie sich zeigte, bot die Skala von 1 bis 4 nicht genug Möglichkeiten zur Differenzierung (Cadwell, 2008: 38f.). Deshalb wurde in der vorliegenden Studie bewusst eine längere Skala von 1 bis 6 gewählt. Diese Wahl wurde getroffen, da noch längere Skalen im Allgemeinen keinen Mehrwert bieten und die Entscheidung schwieriger machen. Theoretisch wäre aber eine noch längere Skala von 1 bis 10 möglich gewesen. Nach Abschluss der Studie wurden die Übersetzer gefragt, ob sie im Fall einer größeren Skalenbreite von 1 bis 10 ihre Bewertung noch weiter differenziert hätten. Drei Teilnehmer sagten, dass sie eine

Skala von 1 bis 10 als zu unübersichtlich und verwirrend empfunden hätten. Eine Teilnehmerin enthielt sich und zwei Teilnehmer bestätigten, dass sie auf einer Skala von 1 bis 10 den CLAT-Text in den einzelnen Kategorien noch ein Stück besser bzw. den Originaltext noch ein Stück schlechter bewertet hätten. Somit zeigt sich, dass die Skalenbreite eine durchaus wichtige Variable ist, durch die das Ergebnis in die eine oder andere Richtung hätte verändert werden können.

Die Frage der besseren Erinnerung von sprachlich gesteuerten Texten muss, wie bereits zuvor erwähnt, vor dem Hintergrund der Probandenzahl mit Einschränkungen beurteilt werden und kann somit nur als Hinweis angesehen werden. Durch das Messen von Start- und Endzeit der jeweiligen Übersetzungen sollte in dieser Untersuchung auch geklärt werden, ob sprachlich gesteuerte Texte schneller übersetzt werden können. Leider ergab der Vergleich keine eindeutigen und somit verwertbaren Ergebnisse, sodass diese Frage letztlich verworfen wurde. Schon nach der Übersetzung des ersten Textes zeigten sich in der benötigten Zeit große Unterschiede. Die Zeit reichte von knapp 1 Stunde bis hin zu knapp 3 Stunden. Dabei zeigte sich auch, dass die Zeit innerhalb beider Gruppen stark variierte. Dies schien nur zum Teil an der Frage der sprachlichen Steuerung zu liegen, sondern vielmehr an verschiedenen persönlichen Faktoren seitens der Übersetzer, die zu diesem Ergebnis geführt haben. Diejenigen Übersetzer mit mehr Berufserfahrung übersetzten eher schneller. Zum anderen lief der Übersetzungsprozess recht unterschiedlich ab. Manche Übersetzer verwandten mehr Zeit auf die nachträgliche Korrektur bzw. konnten ohne einen gewissen zeitlichen Abstand zur Rohfassung keine Revisionen vornehmen. Als letzter Faktor, der nicht sicher beurteilt werden kann, kommt hinzu, dass die Teilnehmer die Übersetzung im Rahmen des Testprojektes ‚auf die leichte Schulter' genommen haben könnten, da ihnen bewusst war, dass nicht die eigentliche Übersetzung, sondern ihr Rating im Vordergrund stand. Nach der zweiten Übersetzung sagten einige Teilnehmer, dass ihnen der erste Text noch so präsent war, dass sie automatisch den zweiten Text schneller übersetzen konnten – unabhängig davon, wie sprachlich gesteuert er war. Aufgrund all dieser Faktoren wurde die Auswertung der benötigen Übersetzungszeit verworfen.

In der wissenschaftlichen Literatur herrscht Uneinigkeit über die Zeitspanne, ab der Informationen vergessen werden. Generell führt eine längere Zeitspanne zu größerem Erinnerungsverlust, wobei die Aussagen in den durchgeführten Studien oft recht vage sind.

> „These results suggest some benefits in using longer time-lags between tests, especially for the cognitive factors." (McArdle & Woodcock, 1997: 427)

Jedoch scheint es neben dem Faktor Zeit noch andere Variablen zu geben, die einen Einfluss auf das Vergessen haben (Cadwell, 2008: 32f.).

Wie bereits erwähnt, zeigte sich der von Cadwell gewählte Zeitraum von einer Woche zwischen erstem und zweitem Text als zu gering in Bezug auf die Erinnerung an den ersten Text. O'Brien wählte daraufhin eine Zeitspanne von vier Wochen. Auch bei ihr konnten sich die Teilnehmer teilweise noch gut an den ersten Text erinnern und gaben an, dass er ihnen bekannt vorkam. Allerdings konnten sich die Testpersonen nicht an den genauen Inhalt erinnern (O'Brien, 2010a: 148f.). Aufgrund dieser Erkenntnisse wurde bei der hier durchgeführten Studie die Zeitspanne noch einmal auf acht Wochen verdoppelt. Wie die Ergebnisse zeigten, konnten sich einige Teilnehmer noch recht gut an den ersten Text erinnern, zwei Teilnehmer hingegen wussten nur noch, dass sie zuvor etwas zum gleichen Thema übersetzt hatten, konnten sich aber nicht mehr an den Inhalt des Textes erinnern. Möglicherweise ist dies ein Hinweis darauf, dass eine Zeitspanne von acht Wochen eine gewisse Grenze darstellt, ab der Informationen in stärkerem Maße vergessen werden. Dies müsste jedoch in weiteren Studien genauer und vor allem unter Berücksichtigung der psychosozialen Hintergründe der Teilnehmer untersucht werden. Ebenso wäre die Durchführung eines vergleichbaren Tests unter Berücksichtigung einer größeren Skalenbreite von 1 bis 10 interessant, um herauszufinden, ob sich die zahlenmäßigen Ergebnisse stärker verändern und eine noch stärkere Überlegenheit sprachlich gesteuerter Texte in Hinblick auf Lesbarkeit, Verständlichkeit und Übersetzbarkeit zu erkennen wäre.

Generell ist diese Studie als eine Art Pilotstudie anzusehen und kann somit nur Hinweise geben. Um objektivierbare und generalisierbare Ergebnisse zu erzielen, müsste die Studie mit einer wesentlich größeren Probandenzahl, unter Einbezug von Texten aus unterschiedlichen Fachbereichen und unter Laborbedingungen durchgeführt werden. Auch eine Triangulation verschiedener Untersuchungsmethoden wäre denkbar. Cadwell und O'Brien haben in ihren Untersuchungen zur Lesbarkeit jeweils auf eine Triangulation gesetzt. Bei Cadwell wurden neben der Befragung von Testpersonen Lesbarkeitsformeln eingesetzt. O'Brien ergänzte ihre Untersuchung zusätzlich durch Augenbewegungsmessungen (*Eye-Tracking*). Mit Augenbewegungsmessungen lässt sich die zeitliche Länge messen, mit der ein Text fixiert wird. Je länger die Fixierung, desto schwieriger der Text. Die Lesbarkeitsformeln ergaben marginale Verbesserungen im Bereich Lesbarkeit, wie auch schon bei Cadwell.

Wie bereits verschiedene Untersuchungen gezeigt haben, entspricht der durch die Lesbarkeitsformel ermittelte Wert nicht unbedingt dem menschlichen

Empfinden und zudem hat die Auswahl der Lesbarkeitsformel einen großen Einfluss auf den ermittelten Wert.[287] Bei den Erinnerungstests (Recall Tests) von O'Brien waren die Ergebnisse der Teilnehmer bei Texten in Kontrollierter Sprache besser, allerdings nur bei Wörtern, nicht bei Sätzen und auch nur marginal. Konträr zu Cadwell belegten die Aussagen der Teilnehmer nicht, dass Texte, die in einer Kontrollierten Sprache verfasst waren, einfacher zu lesen sind. Die *Eye-Tracking-Messungen* wiederum ergaben, dass die Verarbeitungszeit bei Texten, die in einer Kontrollierten Sprache verfasst sind, bei einfachen Texten länger und bei schwierigen Texten kürzer ist. Die Anzahl der Fixierungen war niedriger bei Texten in Kontrollierter Sprache, bei der Länge der Fixierungen bestand kein Unterscheid zwischen dem Originaltext und dem überarbeiteten Text. Insgesamt zeigten die Messungen, dass die Lesbarkeit bei schwierigen Texten in Kontrollierter Sprache verbessert wurde. Dies steht jedoch im Gegensatz zu den Ergebnissen der Lesbarkeitsformeln. Insgesamt führten die Lesbarkeitsformeln, das *Eye-Tracking* und die subjektiven Bewertungen der Testpersonen nicht zu einheitlichen Ergebnissen. Hieraus lassen sich verschiedene Rückschlüsse ziehen.

O'Brien folgert aus ihren Untersuchungen, dass in einer Kontrollierten Sprache erstellte Texte vor allem einen Nutzen für Nicht-Muttersprachler haben, aber vielleicht einen negativen Effekt auf Leser mit entsprechend großem Vorwissen. O'Brien empfiehlt deshalb Usability-Tests, um zu überprüfen, ob die Versuchspersonen den Text wirklich verstanden haben. Im Fall der vorliegenden Untersuchung mit Übersetzern wäre ein Usability-Test nicht adäquat. Er eignet sich eher für Tests mit potenziellen Nutzern eines Gegenstandes. Um die Frage der Lesbarkeit wirklich klären zu können, müsste es laut O'Brien möglich sein, sowohl die Anforderungen der Leser, deren Vorwissen, den Lesertyp, die Kapazität des Arbeitsgedächtnisses als auch die Art der Textdarstellung zu überprüfen (O'Brien, 2010a: 162). Ob dies, selbst durch eine Triangulation verschiedener Methoden, möglich ist, bleibt fraglich.

Um nicht nur die Verständlichkeit eines Textes als Ganzes zu untersuchen, sondern die Verständlichkeit von einzelnen Einheiten, bis hin zu Wörtern, empfiehlt Göpferich (2008) das Laute Denken mit einer sog. ‚optimierten Reverbalisierung'. Versuchspersonen sollen dabei erläutern, welche Textstellen sie unverständlich,

287 Auch die Untersuchungen von Charrow (1988: 85f.) bestätigen, dass Texte, die bei der Anwendung von Lesbarkeitsformeln hohe Werte erzielten, für Testpersonen nicht besser verständlich waren. Im Gegensatz dazu wurden Texte, die sprachlich nach den Richtlinien des sog. ‚Document Design Center' überarbeitet wurden, als verständlicher bewertet.

schwer verständlich oder missverständlich empfinden. Jedoch ist diese Methode schwierig umzusetzen bei instruktiven Texten wie der hier vorliegenden Anleitung, die sich nicht an eine bestimmte, klar abgegrenzte Nutzergruppe richtet, sondern prinzipiell für jeden, unabhängig von Bildungsniveau und Vorwissen, verständlich sein muss. Für solche Fälle rät Göpferich, die Versuche mit Personen höheren Bildungsniveaus durchzuführen, die üblicherweise über eine höhere metakognitive Kompetenz verfügen. Die Versuchspersonen sollen dann bei ihren Reverbalisierungen Personen niedrigeren Bildungsniveaus berücksichtigen bzw. ihre Anmerkungen danach ausrichten. Inwieweit es möglich ist, sich in die Lage dieser Personen hineinzuversetzen bzw. abzusehen, welche Stellen für diesen Personenkreis problematisch sind, bleibt offen. Auch ist diese ‚optimierte Reverbalisierung' nicht das Mittel der Wahl zur Untersuchung des Übersetzungsprozesses.

Qualitative Untersuchungsdesigns sind wichtig, da sich bestimmte Fragestellungen, die subjektive Empfindungen oder Einstellungen von Personen untersuchen, nicht quantitativ erfassen lassen. Dass die Triangulation der Methoden bei Cadwell und O'Brien zu divergierenden Ergebnissen geführt hat, zeigt meines Erachtens, dass sich qualitativ ausgerichtete Befragungen kaum soweit objektivieren lassen, dass sie auf einer Ebene mit quantitativen Methoden verglichen werden können.

6.3 Controlled-Language-Checker als Qualitätssicherungsfunktion im Übersetzungsprozess

In Kapitel 6.1 wurden die Auswirkungen der sprachlichen Steuerung des Ausgangstextes auf die Matchraten im TMS dargestellt. Wie sich bestätigte, hat der Einsatz eines CLC nicht nur positive Auswirkungen auf den Ausgangstext in Form von einheitlicher Terminologie und konsistentem Schreibstil. Die Matchraten im TMS lassen sich durch sprachlich gesteuerte Ausgangstexte verbessern. Kapitel 6.2 belegte die positive Auswirkung von sprachlicher Steuerung auf den Übersetzungsprozess. Die empirische Untersuchung mit Übersetzern zeigte, dass sprachlich gesteuerte Ausgangstexte von Übersetzern als besser lesbar, verständlicher und besser übersetzbar empfunden werden. Aufgrund dieser Ergebnisse stellt sich die Frage, ob der Einsatz von sprachsteuernden Maßnahmen im Übersetzungsprozess ebenso sinnvoll wäre. Dieses Kapitel versucht, hierauf Antworten zu finden.

Wie Kapitel 5 gezeigt hat, gibt es viele Ähnlichkeiten und Überschneidungen zwischen Schreib- und Übersetzungsprozess und zwischen dem *Technical Writing* und dem Fachübersetzen im Rahmen der Textproduktion für die Technische Dokumentation (siehe dazu auch Kapitel 2.2). An den Übersetzer wird die hohe Anforderung gestellt, unabhängig von der Qualität des Ausgangstextes eine qualitativ hochwertige Übersetzung zu erstellen, die alle Anforderungen im Hinblick auf Textfunktion und intendierte Zielgruppe erfüllt. Darüber hinaus soll oftmals die Übersetzung nicht als solche erkennbar sein, sondern der Qualität eines Originaltextes entsprechen (Göpferich, 1995b: 400). Wenn also der Technische Redakteur im Schreibprozess als ein Mittel zur Erfüllung der sprachlichen Standards einen CLC zur Prüfung seiner Texte erhält, sollte der Übersetzer in Konsequenz ebenfalls die Möglichkeit haben, seine Übersetzung mit einem CLC prüfen zu lassen, um die sprachlichen Standards zu erfüllen. Im Bereich der MÜ gibt es vereinzelte Studien, die den Einsatz von CLC nicht nur für die Prä-Edition, sondern auch für die Post-Edition des MÜ-Outputs untersuchen und die sich mit der Anpassung und Auswahl der Regeln befassen (Lehmann et al., 2012; Stymne & Ahrenberg, 2010). Für die Humanübersetzung stehen vergleichbare Studien noch aus.

In Kapitel 5.2.2 wurden verschiedene kognitionspsychologische Untersuchungen zum Übersetzungsprozess per se und zum Einfluss technischer Hilfsmittel auf den Übersetzungsprozess erläutert. Viele Fehler, die sich durch eine kognitive Überlastung aufgrund von Zeitdruck oder auch von mangelnder Übersetzungskompetenz, falscher Planung des Übersetzungsprozesses oder einfach fehlender Berufserfahrung ergeben, könnten durch den Einsatz eines CLC vermieden oder zumindest reduziert werden. Werden neben dem mentalen Übersetzungsprozess die technischen Aspekte durch den Einsatz eines TMS betrachtet, zeigt sich, dass die Arbeit mit TMS zusätzlich dazu beiträgt, dass Fehler übersehen werden. Bezogen auf den Zieltext existiert derzeit nur die Möglichkeit einer sprachlichen Kontrolle in Form von formalen Qualitätssicherungsmaßnahmen des TMS, die in Kapitel 4.5 beschrieben wurden.

Übersetzungsfehler können nach Hansen (2010) eine Reihe von Ursachen haben. Sie basieren z. B. auf einem Missverständnis des Übersetzungsauftrages, auf einem inhaltlichen Missverständnis des AT, terminologischen und stilistischen Fehlern sowie unterschiedlichen Arten von Inferenzen zwischen AT und ZT. Nach Hansen (2010: 385) können diese Inferenzen u. a. kultureller, pragmatischer, semantischer, syntaktischer oder stilistischer Art sein. Bei der Arbeit mit einem TMS treten besonders gehäuft textlinguistische Fehler auf, die sich z. B. auf eine falsche Segmentierung, unklare oder falsche Referenzen und inkonsistente Terminologie beziehen. Sofern die TMS-Datenbank bzw. die Terminologiedatenbank gepflegt sind, kann eine einheitliche Terminologie gesichert werden. Darüber hinaus kann die Übersetzung jedoch nur hinsichtlich formaler Fehler wie Rechtschreibung, Zeichensetzung oder Zahlen- bzw. Maßangaben sowie fehlerhafter oder fehlender Segmente geprüft werden. Eine stilistische Kontrolle kann bisher nur durch das Korrekturlesen entweder des Übersetzers selbst oder eines weiteren Korrekturlesers in Form des ‚4-Augen-Prinzips' erfolgen.

Hansen (2010: 36f.) unterscheidet insgesamt acht Fehlertypen, die typischerweise bei Übersetzungen zu erkennen sind.[288] Wenn man diese acht Fehlertypen betrachtet, zeigt sich, dass einige der Fehler durch den Einsatz eines CLC zu vermeiden wären. Hierzu zählen stilistische sowie morphologische und syntaktische Fehler.

Englund Dimitrova (2005) gliedert in ihrer Studie die Fehlerkategorien nach der Art der durchgeführten Revisionen:

- Syntaktische Revisionen: Änderung der Reihenfolge von Wörtern, Wortgruppen oder Sätzen
- Lexikalische Revisionen: Ersetzen eines Wortes durch ein Synonym
- Morphologische Revisionen: Änderung der Wortform (z. B. von Passiv zu Aktiv)
- Inhaltliche Revisionen: Hinzufügungen oder Auslassungen
- Orthografische Revisionen inklusive Zeichensetzung

Die Art der auftretenden Fehler variiert, gemäß Englund Dimitrova, zwischen Anfängern und professionellen Übersetzern. Betrachtet man die Art der Revisionen, so zeigt sich, dass in mehreren Kategorien der Einsatz eines CLC zu einer Fehlerreduktion bzw. vollständigen Fehlervermeidung führen kann. Orthografische Fehler werden durch die Module Rechtschreibung und Grammatik des CLC korrigiert. Lexikalische Revisionen werden durch die Terminologieprüfung des CLC erleichtert. Der CLC gleicht die Begriffe mit der hinterlegten Terminologie ab und sucht nach Synonymen bzw. Vorzugsbenennungen. Morphologische und syntaktische Revisionen werden teilweise durch die Grammatikprüfung abgedeckt, teilweise durch die Stilprüfung. Inhaltliche Prüfungen, sofern sie die Semantik und Pragmatik betreffen, sind jedoch nicht möglich. Der CLC kann somit helfen, wenn die Qualitätssicherungsfunktion des TMS an ihre Grenze stößt bzw. Falschmeldungen liefert. Dies kommt z. B. bei unterschiedlicher Schreibung von Zahlen (als Zahl oder als Wort) vor oder bei Mehrworttermini, die nicht erkannt werden, weil sie diskontinuierlich sind (Keller, 2015: 35ff.).

Der Einsatz eines CLC kann die menschliche Korrekturphase im Übersetzungsprozess nicht ersetzen, er könnte sie aber sinnvoll ergänzen. Gerade der Bereich Technische Dokumentation erfordert einheitliche, gut lesbare und verständliche Texte, um zu gewährleisten, dass ein Nutzer zu einem sicheren Umgang mit einem Produkt befähigt wird. Deshalb werden auf Ausgangstextseite

288 Die Einteilung in acht Fehlertypen bei Hansen ist nur eine mögliche Einteilung. Andere Arbeiten verwenden auch längere oder kürzere Einteilungen.

viele Standardisierungs-, Strukturierungs- und Modularisierungsmaßnahmen vorgenommen, wie Kapitel 2 zeigt. Da der Textproduktionsprozess in der Technischen Dokumentation auch den Übersetzungsprozess umfasst, ist es deshalb genauso wichtig, dass auch die Übersetzungen in der Technischen Dokumentation einheitlich, gut lesbar und verständlich sind und den firmenspezifischen Redaktionsrichtlinien folgen. Zu diesem Zweck könnte ein CLC wie CLAT ebenfalls im Übersetzungsprozess eingesetzt werden. In diesem Fall müsste der CLC in das jeweils genutzte TMS integriert werden. Entweder könnte der CLC in der Textproduktionsphase des Übersetzungsprozesses dem Übersetzer Fehlermeldungen anzeigen, was besonders von Vorteil ist, wenn mehrere externe Übersetzer oder mehrere Personen in einer firmeninternen Übersetzungsabteilung kollaborativ an einem Dokument arbeiten. Alternativ könnte der CLC als Add-on zur Qualitätsprüfung in der Revisionsphase genutzt werden. Neben der direkten Überprüfung durch den Übersetzer selbst könnte der Text auch durch den internen oder externen Auftraggeber mit CLAT geprüft werden und zur nochmaligen Überarbeitung an den Übersetzer weitergeleitet werden. Die Nutzung des CLC in der Revisionsphase setzt allerdings voraus, dass der oder die Übersetzer Zugang zum Tool haben, was am einfachsten über eine Cloud-Lösung umsetzbar ist, und dass die Übersetzer in der Nutzung des Tools geschult werden. Außerdem müsste der CLC kombiniert werden mit vorhandenen Systemen wie dem TMS, was eine sinnvolle Integration und Implementation voraussetzt. Nach Aussage von Unternehmen wie Across und Congree wäre dies jedoch technologisch ohne allzu großen Aufwand umsetzbar.

Neben der reinen Textprüfung könnte der CLC auch dazu genutzt werden, Termini im Übersetzungsprozess zu identifizieren, die im Anschluss weiterverwendet werden. Der CLC kann dabei entweder mit einem TMS zusammenarbeiten, in das die identifizierten Terme importiert werden oder mit einer Stand-Alone-Lösung wie ‚ErrorSpy' (Haller, 2011). Um die Einsatzmöglichkeit des CLC exemplarisch zu zeigen, wurde eine linguistische Prüfung der englischen Übersetzung einer Installationsanleitung ‚SB' durchgeführt. Ebenso wie im deutschen Ausgangstext, wird eine Reihe von Fehlermeldungen generiert, die zeigen, dass eine sprachliche Steuerung der Übersetzung ebenso sinnvoll ist wie beim Ausgangstext.

Abbildung 6.12: Linguistic Report einer englischen Übersetzung

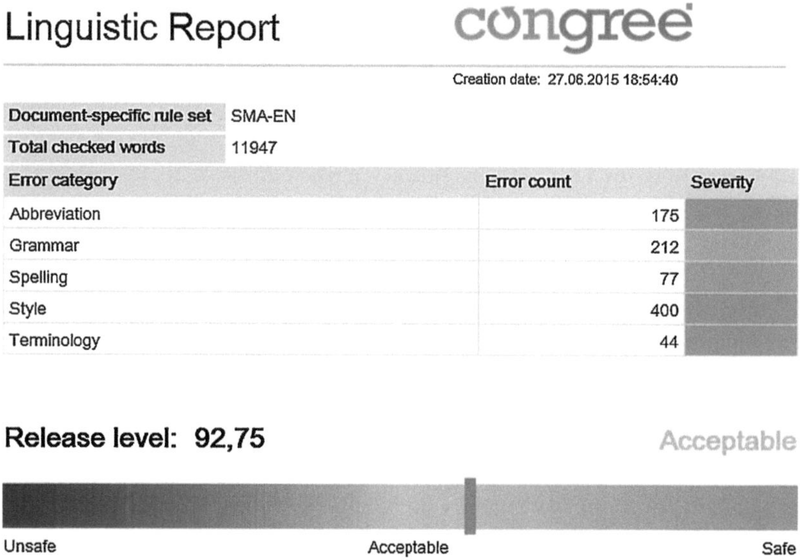

Das von der linguistischen Prüfung errechnete Release-Level ist sogar besser als im deutschen Ausgangstext. Im Vergleich zum Ausgangstext gibt es jedoch mehr Stilfehler und vor allem einige Terminologiefehler. Der nachfolgende Screenshot zeigt, dass ein falscher Term verwendet wurde (‚Sources of energy'). Der bevorzugte Term wäre ‚Energy source'.

Abbildung 6.13: Fehlermeldung im Bereich Terminologie

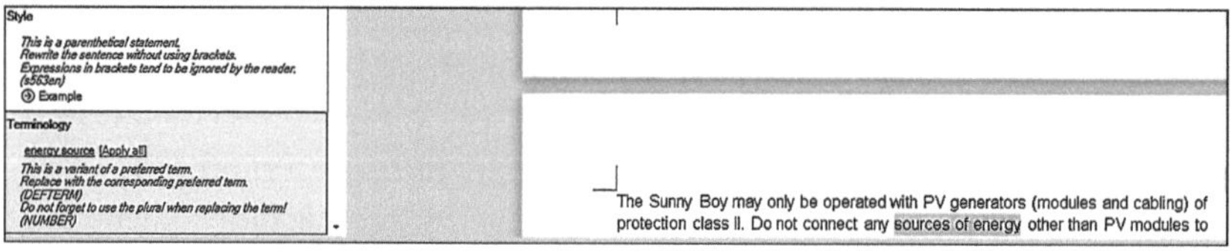

In einem anderen Fall zeigen sowohl ‚crossTerm' als auch der ‚Congree Linguistic Check', dass der bevorzugte Term ‚Ground terminal' anstelle von ‚Grounding terminal' heißen müsste. Nachfolgend ein paar Beispiele für stilistische Fehler, deren Vermeidung zu einer besseren Verständlichkeit der Übersetzung für den Nutzer führen würde. Die fett markierten Wörter zeigen die Stellen, die zu einer Fehlermeldung des CLC bei der Übersetzung geführt haben.

(1) Information about **this** guide
→ In diesem Fall muss die Überschrift nicht zwangsläufig geändert werden, sie könnte aber genauer spezifiziert werden durch eine Umformulierung in „Information about the installation guide".

(2) Only trained and qualified electricians may install the Sunny Boy and put **it** into operation.
→ Bei der Verwendung von ‚**it**' ist der Wortbezug nicht eindeutig. Der Satz könnte umformuliert werden in: „Only trained and qualified electricians may install the Sunny Boy and put the Sunny Boy into operation".

(3) If you have ordered the Sunny Boy with specific country settings, **these** will have been set as the default settings in the factory using a communication unit.
→ Bei ‚**these**' ist der Wortbezug ebenfalls nicht eindeutig, sodass der Satz umformuliert werden könnte in: „If you have ordered the Sunny Boy with specific country settings, the country settings will have been set as the default settings in the factory using a communication unit".

(4) Do not expose the Sunny Boy to direct sunlight in order to avoid **it** heating up too much.
→ 'it' sollte in diesem Fall ersetzt werden: „Do not expose the Sunny Boy to direct sunlight in order to avoid the Sunny Boy heating up too much".

Die angeführten Beispiele könnten sich teilweise durch die sprachliche Steuerung im Ausgangstext reduzieren lassen. Nichtsdestotrotz lassen sich bestimmte Fehler durch den Übersetzer nicht vermeiden.

Dies kann an mangelnder Übersetzungskompetenz, Zeitdruck oder einfach der Unkenntnis der firmenspezifischen Redaktionsrichtlinien liegen – sofern diese überhaupt für die Übersetzung spezifiziert sind. Der CLC unterstützt den Übersetzer in der Vermeidung von Fehlern, welche nicht durch die formalen Qualitätssicherungsmaßnahmen des TMS abgedeckt werden und entlastet den Übersetzer vom Auswendiglernen der Redaktionsrichtlinien. Darüber hinaus unterstützt der CLC den Übersetzer darin, einen Schreibstil zu wählen, der den Erfordernissen einer sprachlichen Steuerung in der Technischen Dokumentation entspricht. Resümierend betrachtet ist die sprachliche Steuerung im Übersetzungsprozess eine logische Konsequenz der sprachlichen Steuerung im Schreibprozess und unter holistischer Betrachtung des Textproduktionsprozesses sinnvoll. Grundvoraussetzung für den Einsatz des CLC im Übersetzungsprozess ist die Abdeckung und Prüfbarkeit weiterer Sprachen durch CLC.

7 Schlussbetrachtung

Abstract

This chapter summarizes the findings of the previous chapters and provides ideas for the technological improvement of controlled language checkers and authoring memory systems. Moreover it shows how the integration of different tools within the writing and translation process could be more efficient and better tailored to the needs of potential users.

7.1 Zusammenfassung und Einordnung der Untersuchungsergebnisse

In der vorliegenden Arbeit wurde das Thema sprachliche Steuerung im fachkommunikativen und situierten Umfeld der Technischen Dokumentation beleuchtet. Der Fokus lag auf der Betrachtung externer Ressourcen wie *Controlled-Language-Checker* (CLC) und *Authoring-Memory-Systeme* (AMS). Ziel der Arbeit war es, Ergebnisse aus Schreib- und Übersetzungsprozessforschung, die beide fachkommunikative Handlungen in der Technischen Dokumentation untersuchen, zu konsolidieren. CLC und AMS bilden als Textproduktionshilfsmittel einen Teil der Schreibumgebung und üben einen steuernden Einfluss auf den Schreib- und Übersetzungsprozess aus. Sie stehen dabei in Verbindung mit vielen anderen in Kapitel 2 erläuterten Artefakten und werden ihrerseits von steuernden Methoden wie Modularisierungs- und Standardisierungsmaßnahmen beeinflusst. Die Arbeit hat sich der Frage gewidmet, wie sich die sprachliche Steuerung auf den mentalen Schreib- und Übersetzungsprozess auswirkt, welche Vorteile diese externen Ressourcen bieten und welche derzeitigen technologischen Grenzen es gibt. Wie Kapitel 5 gezeigt hat, bieten CLC und AMS auf unterschiedliche Weise eine kognitive Unterstützung im Schreibprozess. Sie entlasten das Arbeitsgedächtnis, sie liefern Informationen, welche die im Langzeitgedächtnis gespeicherten Wissensbestände ergänzen, und sie helfen bei der Externalisierung interner Repräsentationen und mentaler Modelle. Je nach Berufserfahrung eines Technischen Redakteurs bieten beide Tools auf unterschiedliche Art und Weise eine Hilfestellung. Im Falle von CLC sind vor allem die Unterstützung von Strategien zur Fehlerauffindung und -behebung (Hayes, 1996), die Vermeidung von mehrfachen Korrekturgängen (Becker-Mrotzek, 1997) sowie der Lerneffekt, der sich durch die kontinuierliche Nutzung des Tools einstellt, zu erwähnen.

AMS begleiten den fragmentierten Textproduktionsprozess und stellen ein externes Gedächtnis zur Auslagerung interner Informationen dar. Beide Tools unterstützen die Zusammenarbeit unterschiedlicher am Schreibprozess beteiligter Akteure (*Collaborative Writing*), indem sie auf sprachlicher Ebene Konsistenz und Verständlichkeit schaffen. Eine technische Voraussetzung hierfür sind die grundsätzliche Strukturierung der Schreibumgebung und die nahtlose Integration unterschiedlicher computergestützter Technologien. Kognitiv betrachtet beeinflussen Textsorte, Zeitdruck und Schreibstil ebenfalls die Wahl des einen oder anderen Tools. Einen noch größeren Effekt haben unterschiedliche Schreib- und Revisionsprofile (Hayes, 1996; van Waes, 1992). Diese haben einen Einfluss darauf, in welcher Schreibprozessphase ein Tool am besten eingesetzt wird und wem welche Art von Tool eine externe Unterstützung bietet. Jedoch entscheidet nicht nur das individuelle Schreibprofil über den Einsatz der Tools, sondern diese Tools üben wiederum einen steuernden und auch verändernden Einfluss auf den Schreibprozess aus. Mit der zunehmenden Verbreitung von Computern und Textverarbeitungsprogrammen wird seit Anfang der 1980er Jahre in Studien untersucht, welche Unterschiede im Schreibprozess am Computer verglichen mit denen bei der Arbeit mit Stift und Papier existieren (Bridwell-Bowles et al., 1987; Haas, 1987 & 1996). Es bestätigte sich, dass der mentale Schreibprozess durch den Einsatz von Textverarbeitungsprogrammen anders abläuft. Unter anderem werden Revisionen vermehrt von der Revisionsphase auf die Textproduktionsphase verlagert, obgleich Studien zeigen, dass es zumeist sinnvoller ist, Revisionen in der Revisionsphase durchzuführen (Leijten, 2007). Die Untersuchungen von van Waes et al. (2010) bestätigen darüber hinaus die Abhängigkeit des Schreibprofils von der Schreibumgebung. Je nachdem, ob mit Stift und Papier oder mit dem Computer gearbeitet wurde, veränderte sich das Schreibprofil des Nutzers. Die detaillierte Betrachtung der kommerziell verfügbaren AMS und CLC zeigt, dass je nach Tool die Funktionalitäten von AMS und CLC eher auf eine konsekutive oder eine interaktive Nutzung dieser Tools ausgerichtet sind. Nach Aussagen der Hersteller werden Tools, die für eine interaktive Nutzung gedacht sind, auch zumeist interaktiv von den Anwendern genutzt. Das heißt, der Nutzer passt sein Schreibprofil der interaktiven Nutzung an. Somit steuern diese Tools nicht nur die Arbeit innerhalb der Prozessphasen, die mentalen Prozesse – Planung, Textproduktion und Revision – werden durch diese Tools nachhaltig verändert.

Um herauszufinden, inwiefern AMS und CLC die Konsistenz und vor allem die Textverständlichkeit im Schreib- und Übersetzungsprozess verbessern können und in Konsequenz zu effizienteren Prozessen führen, wurden zwei empirische Untersuchungen durchgeführt, anhand derer die positiven Auswirkungen der sprachlichen Steuerung im Schreibprozess auf den nachfolgenden Übersetzungsprozess dargestellt werden konnten. Die mit quantitativen Methoden durchgeführte Untersuchung widmete sich der Frage, ob sich die Retrievalergebnisse im TMS in Form von zeichenkettenorientiert berechneten Matchraten durch eine sprachliche Steuerung des Ausgangstextes verbessern lassen. Die Untersuchungsergebnisse bestätigten die Hypothese, dass eine sprachliche Überarbeitung und Steuerung des Ausgangstextes mithilfe eines CLC die Matchraten im TMS erhöhen kann. Aufgrund der unterschiedlichen technologischen Ansätze, d. h. string-basierte Suche im TMS und morpho-syntaktische Analysen im CLC, hängt die vom TMS berechnete Matchrate in hohem Maß vom Zustand der TMS-Datenbank ab. Wenn die Datenbasis im TMS sprachlich überarbeitet ist, können selbst dann noch kleine Verbesserungen erreicht werden, wenn die neu erstellten Texte nicht sprachlich gesteuert sind. Im umgekehrten Fall, d. h. bei einer nicht geprüften Datenbasis und einem sprachlich überarbeiteten neuen Text verbessern sich die Ergebnisse meist nicht oder sie sinken leicht. Nur bei gepflegter Datenbank lassen sich also messbare Ergebnisverbesserungen erzielen. Weitere Variablen, die einen Einfluss auf die berechneten Matchwerte haben, sind die Größe der Datenbasis und der Schreibstil der Technischen Redakteure. Um die Ähnlichkeitsberechnung des TMS zu verbessern, könnten dieselben morpho-syntaktischen Technologien wie im CLC in das TMS integriert werden, wie auch wissenschaftliche Forschungen zu TMS in Kapitel 4 zeigen. Dadurch könnten Wortkategorien oder Negationen gewichtet werden, während hingegen Flexionen bei der Ermittlung des Matchwertes unbeachtet bleiben würden. Ein stichprobenartiger Test mit einem solchen ‚linguistischen TMS' wie das im Projekt iMEM entwickelte Tool (siehe dazu Kapitel 4.4.2 bzw. Reinke, 2010) zeigte exemplarisch, dass sich die berechneten Matchwerte deutlich erhöhen lassen.

Die rein quantitative Aussage des Matchwertes sagt jedoch noch nichts darüber aus, ob ein Übersetzer als Nutzer des TMS durch die sprachliche Überarbeitung und die verbesserten Matchwerte eine subjektive Verbesserung seiner Arbeit empfindet. Hierzu wurde eine qualitativ angelegte empirische Studie durchgeführt, bei der Übersetzer dazu befragt wurden, wie sie die Lesbarkeit, Verständlichkeit und Übersetzbarkeit zweier Texte empfanden.

Bei einem Text handelte es sich um die Originalfassung eines Auszugs aus einer Installationsanleitung, bei dem anderen Text um die sprachlich mithilfe eines CLC überarbeitete Fassung. Es bestätigte sich auch hier die Hypothese, dass sprachlich gesteuerte Ausgangstexte besser lesbar, besser verständlich und besser übersetzbar sind. Vor allem in der Detailbetrachtung der Übersetzerkommentare zeigte sich, dass viele Textstellen, die aufgrund von verschachteltem Satzbau, unklaren Satzbezügen oder Satzlänge in der Originalfassung Verständnisprobleme bereiteten, in der sprachlich überarbeiteten Textfassung wesentlich leichter übersetzt werden konnten. Aufgrund der Ergebnisse der beiden durchgeführten empirischen Untersuchungen und vor dem Hintergrund verschiedener Studien, die den Einfluss von TMS auf den Übersetzungsprozess untersuchen, lässt sich für den Bereich Technische Dokumentation schlussfolgern, dass der zusätzliche Einsatz eines CLC im Übersetzungsprozess Sinn macht. Der CLC könnte bei Zeitdruck, mangelnder Übersetzerkompetenz und vor allem bei Fehlern aufgrund der Art der Segmentierung im TMS eine Hilfestellung bieten (Dragsted, 2005). Darüber hinaus unterstützt er den Übersetzer darin, einen Schreibstil zu wählen, der eine verständliche und gemäß firmenspezifischen Richtlinien formulierte Übersetzung ermöglicht. Dadurch wird ein einheitliches Wording über alle übersetzten Sprachen hinweg erreicht.

7.2 Schlussfolgerung zur Konzeption eines verbesserten Systems

Die beiden empirischen Untersuchungen haben den Vorteil der sprachlichen Steuerung in der Technischen Dokumentation untermauert. Die anwendungsorientierten Untersuchungen zeigten jedoch auch gegenwärtige technologieseitige Schwächen. Bei CLC lassen sich nur noch durch die Integration semantischer Analysen größere Veränderungen und zusätzliche Verbesserungen erreichen. Bei den AMS zeigte sich in Kapitel 5, dass neben kleineren Usability-Aspekten das größte Problem in der Retrievalleistung bzw. den generierten Suchergebnissen liegt. Die Frage ist nun, wie solche Systeme und Prozesse verbessert werden könnten. Gemäß Hollan et al. (2000) ist es wichtig, die Interaktion der Nutzer mit dem dynamischen Verhalten der computergestützten Hilfsmittel bei der Entwicklung eines Produktes in Betracht zu ziehen. Das Ziel sollte also sein, externe Ressourcen zu entwickeln, die eine flexible Nutzung ermöglichen und die den Anwender in der Entscheidungsfindung und im Schreibprozess besser unterstützen können (Hollan et al., 2000: 186ff.).

Bezogen auf AMS und CLC wäre es also wichtig, zum einen die Retrievalleistung des AMS zu verbessern und zum anderen die Interaktion mit dem CLC so flexibel wie möglich zu gestalten. Die nachfolgende Grafik zeigt, wie ein aufgrund kognitionswissenschaftlicher Erkenntnisse und vor dem Hintergrund der Untersuchungsergebnisse dieser Arbeit optimiertes System aussehen könnte.

Abbildung 7.1: Modell eines verbesserten Systems aus Controlled-Language-Checker und Authoring-Memory-System (eigene Darstellung)

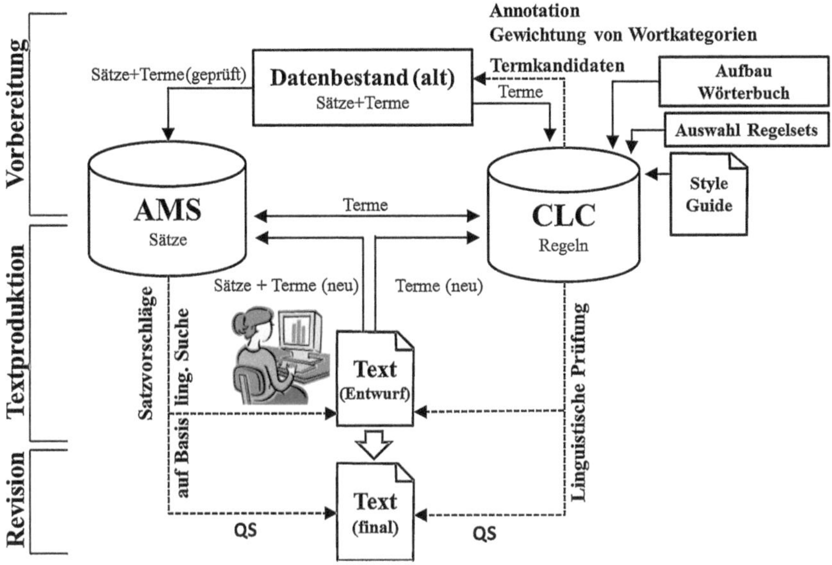

Sowohl das AMS als auch der CLC benötigen eine Vorbereitungsphase, in der ein Datenimport durchgeführt wird. Die Vorbereitungsphase ist hier nicht zu verwechseln mit der Planungsphase im Schreibprozess. Bei der Initialbefüllung des AMS sollten von vornherein möglichst nur geprüfte Sätze übernommen werden. Da diese Datensätze typischerweise aus dem TMS stammen, sollte eine Bereinigung der alten Datensätze stattfinden. Neben dem Löschen von Dubletten und fehlerhaften Segmenten können die Sätze mithilfe der auch in CLC eingesetzten Verfahren linguistisch geprüft werden (Siedle, 2013). In diesem Fall werden die Dokumente automatisch indexiert und mit gewichteten Deskriptoren versehen. Der Einsatz eines Thesaurus ermöglicht eine Gewichtung des Fachwortschatzes. Diese intelligente Art des Matchings ermöglicht es dem AMS, morpho-syntaktische Umstellungen, Synonyme sowie Fälle von partiellem und diskontinuierlichem Matching zu ermitteln.

Durch die Gewichtung der Deskriptoren lässt sich eine Dokumentklassifikation erstellen, mithilfe derer Dokumente zu Clustern gruppiert werden können, um deren Ähnlichkeit zu berechnen. Die Annahme dahinter ist, dass je größer die Übereinstimmung bei den Deskriptoren ist, die Dokumente umso ähnlicher sind (Reuther, 2013).

Des Weiteren könnte neben der Annotation auf Wortebene auch eine syntaktische Annotation auf Satzebene durchgeführt werden. Die Termextraktion im CLC dient dazu, neue relevante Terme für den Aufbau der Termdatenbank des AMS herauszufiltern. Der Austausch der Termbestände muss in regelmäßigen Abständen erfolgen. Der Suchmechanismus des AMS wiederum sollte – gerade dann, wenn das AMS ohne einen CLC genutzt wird – zumindest die Integration einer unscharfen Suche wie im TMS beinhalten, um beispielsweise Tippfehler oder Kollokationen zu erkennen. Darüber hinaus könnten weitere computerlinguistische Verfahren integriert werden, wie die Studien zur Verbesserung von TMS in Kapitel 4 zeigen. Denkbar wären auch das Einbinden fachspezifischer Ontologien und die Integration einer semantischen Suche.

Während der Textproduktion sollte das AMS verlässliche Suchergebnisse liefern, ob es sich um die Eingabe von Schlagwörtern, Kollokationen, ganzen Sätzen oder das Verändern eines bestehenden Satzes handelt. Sollte kein Match auf Satzebene gefunden werden, so könnte ein zusätzliches Fenster integriert werden, in dem sämtliche Kontexte, in denen der gesuchte Begriff vorkommt, angezeigt werden. Dies können sowohl Textstellen als auch Grafiken und technische Zeichnungen sein. Der CLC sollte die Möglichkeit bieten, Wörter, die zu Falschalarmen führen, wie z. B. Eigennamen oder englische Bezeichnungen, direkt in das Benutzerwörterbuch des CLC aufzunehmen. Die Texteingabe könnte neben dem Tippen zukünftig auch in Form einer automatischen Spracherkennung stattfinden. Wie die Untersuchungen von Leijten & Ransdell (2010) belegen, ist die automatische Spracherkennung, die bereits heute bei Textverarbeitungsprogrammen eingesetzt wird, im Schreibprozess oftmals dem Tippen überlegen. Aktuelle Forschungsprojekte wie ‚SCATE' (siehe Kapitel 4) und die Tatsache, dass bereits ein TMS-Hersteller eine automatische Spracherkennung in sein Tool integriert hat, belegen diesen Trend.[289]

In der Revisionsphase sollte das AMS die Möglichkeit bieten, formale Fehler wie Formatabweichungen und unvollständige Sätze zu prüfen. Dies wird gegenwärtig noch nicht umgesetzt, würde aber die Korrektur erleichtern und Probleme im Übersetzungsprozess verringern. Dazu müssten die in Kapitel 4.5 dargestellten Qualitätssicherungsfunktionen des TMS in das AMS integriert werden. Allerdings muss bedacht werden, dass im Vergleich zum TMS kein Abgleich von Ausgangs- und Zieltext erfolgt, sondern der aktuelle Text mit älteren Versionen oder ähnlichen Texten aus der Datenbank verglichen werden müsste.

289 Bislang wird die Spracherkennungssoftware zumeist über eine Schnittstelle an das TMS angebunden.

Grundsätzlich sollten beide Tools eine flexible und individuelle Einsatzmöglichkeit bieten. Das heißt, beide Tools sollten es jedem Benutzer ermöglichen zu entscheiden, ob und wann er sie einsetzt, wie in Kapitel 5.1.5 erläutert. Das heißt, der CLC sollte je nach Präferenz des Nutzers und seinem individuellen Schreibprofil in der Textproduktions- und/oder der Revisionsphase eingesetzt werden. Denkbar ist, dass der Nutzer den CLC interaktiv und parallel neben dem AMS einsetzt. In dieser Phase sollten vor allem Fehler im Bereich Rechtschreibung und Grammatik sowie Terminologie überprüft werden, da diese, wie Studien gezeigt haben, meist sowieso gleich vom Autor geändert werden (van Waes, 2010). Eine Überprüfung des Schreibstils, auch im Hinblick auf die Veröffentlichungsreife eines Dokuments, könnte interaktiv, aber auch in der Revisionsphase mit einem gewissen zeitlichen Abstand durchgeführt werden, um eine Distanz zum eigenen Text zu ermöglichen.

In Richtung *Augmented Reality* geht die Idee von Hansen-Schirra (2012), die den Einsatz einer augengesteuerten Erkennung beinhaltet. In diesem Fall würde das System mit *Eye-Tracking-Software* ausgestattet werden und erkennen, wenn der Nutzer lange an einer Textstelle verweilt. Je nach Augenbewegung könnte das System dem Nutzer entweder weitere Suchergebnisse liefern oder es könnte ein automatischer Wechsel der Fenster erfolgen. Das System könnte also erkennen, ob ein Nutzer eher die Unterstützung durch das AMS oder den CLC benötigt. Auch eine Steuerung des Systems durch Gesten des Nutzers (*Gesture Control*) wäre prinzipiell denkbar.

7.3 Schlussfolgerung zur Verbesserung der prozessualen Abläufe in Schreib- und Übersetzungsprozess

Die nachfolgende grafische Darstellung zeigt, wie externe Ressourcen im Schreib- und Übersetzungsprozess effizienter integriert werden könnten und welche zusätzlichen Tools den Kreislauf aus Schreib- und Übersetzungsprozess unterstützen könnten.

Abbildung 7.2: Modellhafte Darstellung verbesserter Abläufe in den einzelnen Phasen von Schreib- und Übersetzungsprozess (eigene Darstellung)

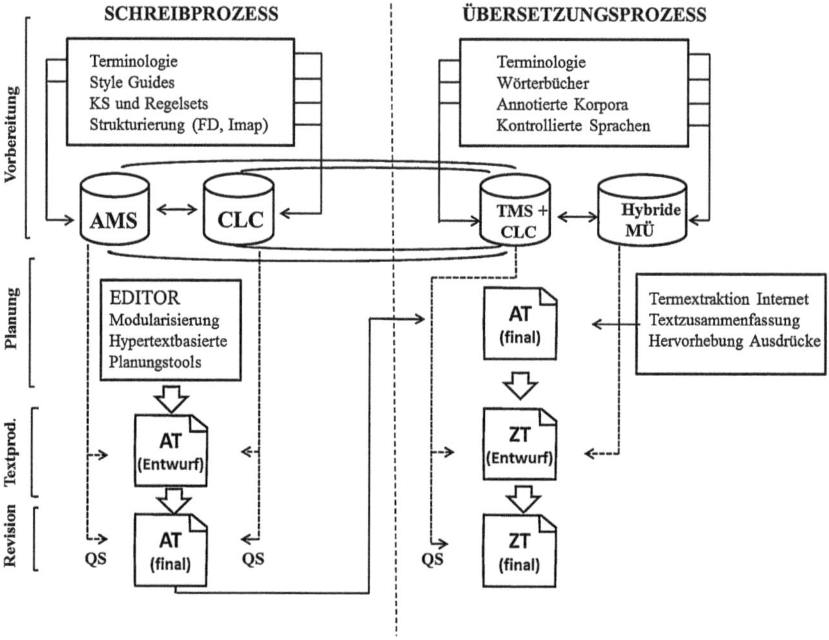

Die linke Spalte zeigt den Ablauf des Schreibprozesses in den einzelnen Prozessphasen, die rechte Spalte stellt den Übersetzungsprozess dar. Das Zusammenwirken von CLC und AMS ist aus Platzgründen etwas vereinfacht dargestellt verglichen mit der ausführlichen Modellierung in Kapitel 7.2. Die Vorbereitungsphase dient dazu, das AMS und den CLC mit den jeweiligen vorhandenen Daten zu befüllen. Das AMS wird mit geprüfter Terminologie und Sätzen gemäß vorliegender firmenspezifischer Redaktionsleitfäden (*Style Guides*) befüllt. Beim CLC besteht zusätzlich die Möglichkeit, bestimmte Regelsets und Kontrollierte Sprachen (KS) auszuwählen und Strukturierungsmethoden einzubinden. Die Planungsphase wird bisher üblicherweise nicht durch computergestützte Tools begleitet.

Aufgrund der zumeist modularen Arbeitsweise und dem Einsatz von *Content-Management-Systemen* wäre es gemäß Schubert (2003c: 203f.) und O'Hara et al. (2002) gerade bei hypertextbasierten Dokumenten sinnvoll, Tools einzusetzen, die dabei helfen, die Informationsblöcke zu strukturieren und im Hinblick auf Kohärenz zu ordnen. Wie bereits zuvor beschrieben, wäre neben der linguistischen Prüfung durch den CLC ein durch linguistische Methoden erweitertes AMS in der

Textproduktionsphase sinnvoll. In der Revisionsphase erfolgt dann die finale Textprüfung mithilfe der formalen Qualitätssicherungsfunktionen des AMS, die wie bei TMS integriert werden müssten. Darüber hinaus erfolgt die – sofern nicht ausführlich in der Textproduktionsphase durchgeführte – Prüfung durch den CLC.

Der finale Ausgangstext der Schreibprozessphase bildet den Ausgangspunkt für die Übersetzungsprozessphase. Die in der Übersetzung am häufigsten genutzten Tools TMS und MÜ müssen durch verschiedene Maßnahmen ebenfalls auf den Übersetzungsprozess vorbereitet werden. Der Aufbau der Terminologiekomponente des TMS ist ebenso wichtig wie die Integration benutzerspezifischer Wörterbücher, wenn der Nutzer die ‚Text-Prediction-Funktion' des TMS nutzen möchte. Je nach Art der eingesetzten MÜ muss ebenfalls ein Training mit Wörterbüchern stattfinden. Annotierte Korpora sind für das MÜ-System notwendig und können auch das TMS unterstützen, sofern keine MÜ-Lösung zusätzlich eingesetzt wird. Wie einige Studien zeigen, könnte sich der Einsatz eines hybriden MÜ-Systems anbieten, da die Vorteile beider Ansätze integriert werden (für einen aktuellen Forschungsüberblick siehe Costa-Jussà & Fonollosa, 2015). Wann das MÜ-System Vorschläge liefern soll, kann vom Nutzer flexibel gewählt werden, d. h. z. B. bei jedem zu übersetzenden Segment oder nur bei Unterschreitung eines bestimmten Matchwertes im TMS. Die Planungsphase im Übersetzungsprozess wird aktuell nur wenig unterstützt und es obliegt dem Übersetzer, sich in das Thema, die fachspezifische Terminologie und ggf. vorhandene Vorgaben des Auftraggebers einzuarbeiten. Hier bestehen jedoch einige Möglichkeiten, diesen Planungsprozess durch computergestützte Methoden zu ergänzen. Fantinouli (2013) empfiehlt zur Terminologierecherche und zur Wissensakquisition in einem bestimmten Fachgebiet die automatische Terminologieextraktion aus dem Internet. Sein entwickeltes Tool ‚InterpretBank' ist für die Nutzung durch Dolmetscher gedacht, ein vergleichbares Tool wäre jedoch auch ebenso für Übersetzer geeignet (www.interpretbank.de).

Den gleichen Weg beschreiten Monti et al. (2011) mit ihrem Text-Mining-Tool[290] ‚CATALOGA®'. Der Einsatz sog. ‚Textzusammenfassungstools' bietet sich gerade bei Übersetzungsanfängern an, denen die nötige übersetzerische Praxis und möglicherweise auch das Fachwissen fehlen.[291] In diesem Fall wäre es auch

290 Im Bereich ‚Text Mining' befassen sich aktuelle Forschungen – z. B. an der Universität des Saarlandes – mit der sog. ‚Sentimentanalyse' (übersetzbar als ‚Stimmungsanalyse'), die das Ziel hat, Gefühle, Stimmungen oder Meinungen für Computer bewertbar zu machen.

291 Eine Übersicht zu verschiedenen Textzusammenfassungstools findet sich bei Das & Martins (2007).

sinnvoll, mithilfe automatischer Methoden bestimmte allgemeinsprachliche und fachspezifische sowie häufig wiederkehrende Ausdrücke im Dokument farblich hervorheben zu lassen (Carl & Buch-Kromann, 2010). In der Textproduktionsphase könnte entweder ein linguistisch erweitertes TMS alleine oder die Kombination aus MÜ und TMS eingesetzt werden. Das MÜ-System sollte durch das Übersetzerfeedback ‚lernen'. Hier können z. B. sog. ‚Confidence Measures' eingesetzt werden, bei denen das MÜ-System seine Vorschläge gewichtet und bewertet (z. B. Specia et al., 2009). In der Revisionsphase erfolgt neben der Qualitätssicherungsprüfung des TMS die Prüfung durch den CLC, der, wie in dieser Grafik dargestellt, in das TMS integriert sein könnte oder aber auch als externes Tool über eine gut funktionierende Schnittstelle zum TMS arbeiten könnte. Wie bereits in Kapitel 5 dargestellt, ist gerade im Bereich der Technischen Kommunikation der Einsatz eines CLC in der Revisionsphase des Übersetzungsprozesses ein zusätzliches steuerndes Instrument, das für Verständlichkeit sorgt und den Übersetzer in der Wahl verständlicher Formulierungen unterstützt. Die Verbindungslinien und Pfeile in der Grafik zeigen die Interaktion zwischen AMS und CLC einerseits und zwischen TMS und MÜ andererseits sowie den notwendigen regelmäßigen Datenaustausch und -abgleich zwischen den Systemen. Hierzu muss die Datenhoheit einem dieser Tools zugewiesen werden, dessen Daten in regelmäßigen Abständen möglichst automatisiert mit den anderen Tools abgeglichen werden.

7.4 Desiderata an die Schreib- und Übersetzungsprozessforschung

Die vorliegende Arbeit hat mit ihren empirischen Untersuchungen zur sprachlichen Steuerung im Schreib- und Übersetzungsprozess wichtige Erkenntnisse zur Funktion externer Ressourcen und zur Verbesserung der Effizienz von Schreib- und Übersetzungsprozessen in der Technischen Dokumentation geliefert. Nach kritischer Reflexion der gewonnenen Untersuchungsergebnisse können diese als guter Ausgangspunkt dienen, um die Erkenntnisse in weiteren empirischen Tests zu vertiefen und zu ergänzen. Die Untersuchung von AMS könnte durch Befragungen von Nutzern dieser Tools erweitert werden, um die Art der Nutzung – interaktiv versus konsekutiv – im Hinblick auf kognitive Aspekte des Schreibprozesses besser zu verstehen.

Hier könnten Interviews oder auch Protokolle des Lauten Denkens genutzt werden. Mithilfe von *Eye-Tracking-Geräten* und *Key-Logging-Programmen* könnten verschiedene toolseitige Variablen noch detaillierter betrachtet werden. Mit *Key-Logging* könnte z. B. die Zeitersparnis durch den Einsatz eines AMS gemessen werden. *Eye-Tracking-Analysen* geben Aufschluss über die sinnvolle Anordnung der Fenster und die notwendige Detailtiefe der angezeigten Informationen. Die Befragung der Übersetzer hinsichtlich der Lesbarkeit, Verständlichkeit und Übersetzbarkeit sprachlich gesteuerter Texte könnte dadurch erweitert werden, dass die Übersetzungen sprachlich gesteuerter Ausgangstexte durch Experten bewertet werden, um zu überprüfen, ob sich die subjektive Verbesserung des Übersetzungsprozesses auch in einem verbesserten Übersetzungsprodukt niederschlägt. Die Untersuchung der vom TMS ermittelten Matchraten nach sprachlicher Steuerung des Ausgangstextes könnte durch die Frage ergänzt werden, ob ein linguistisch ermittelter Ähnlichkeitswert auch für den Übersetzer einen Vorteil bringt. Neben einer Befragung zur subjektiven Einschätzung durch Übersetzer könnten *Key-Logging-Verfahren* Aufschluss geben, ob ein Segment mit einem höheren ermittelten Matchwert tatsächlich eine geringere Überarbeitungszeit durch den Übersetzer erfordert. Zusammenfassend lassen sich folgende Fragen als Desiderata formulieren:

(1) Sind die durch sprachliche Steuerung des Ausgangstextes erreichten Vorteile im Übersetzungsprozess auch messbar am Übersetzungsprodukt?
(2) Entsprechen mittels linguistischer Analysen ermittelte TMS-Matchwerte eher dem menschlichen Ähnlichkeitsempfinden und bedeuten höhere Matchwerte tatsächlich weniger Posteditionsaufwand für den Übersetzer?
(3) Wie lassen sich AMS und CLC gemäß kognitionswissenschaftlicher Erkenntnisse und durch Feldstudien noch individueller und flexibler hinsichtlich ihrer Funktionalitäten und ihrer Benutzeroberfläche gestalten?

8 Ausblick

Abstract

Chapter 8 provides an outlook on possible trends within the field of translation technology and shows which consequences this might have on the technical documentation process. It stresses that translation technology providers and scientific research projects should collaborate more closely in order to design products that are individually adaptable to different user profiles.

8.1 Künftige Entwicklungen und Trends

Neben der Beschreibung des Ist-Zustands im Bereich der sprachlichen Steuerung und der Darstellung des wünschenswerten Zustands eines solchen Systems in Form der obigen modellhaften Darstellungen interessiert auch die Frage, welche der zuvor skizzierten Verbesserungen sowohl systemseitig als auch prozessual betrachtet in den nächsten Jahren zu erwarten sind und welche Veränderungen sich daraus für Schreib- und Übersetzungsprozess ergeben. Dazu müssen zum einen Entwicklungen in Bezug auf die Übersetzungstechnologie betrachtet werden und zum anderen mögliche künftige Entwicklungen in der Technischen Dokumentation. Der Think-Tank ‚TAUS' (Translation Automation User Society) spricht in seinem 2013 veröffentlichten „Translation Technology Landscape Report" von einer ‚Convergence Era', auf die wir zusteuern und in der wir uns zum Teil auch schon befinden, wie die nachfolgende Grafik der TAUS zeigt.

Abbildung 8.1: Künftige Entwicklungen im Bereich Übersetzungstechnologien (zitiert aus: TAUS Translation Technology Landscape Report, 2013: 50)

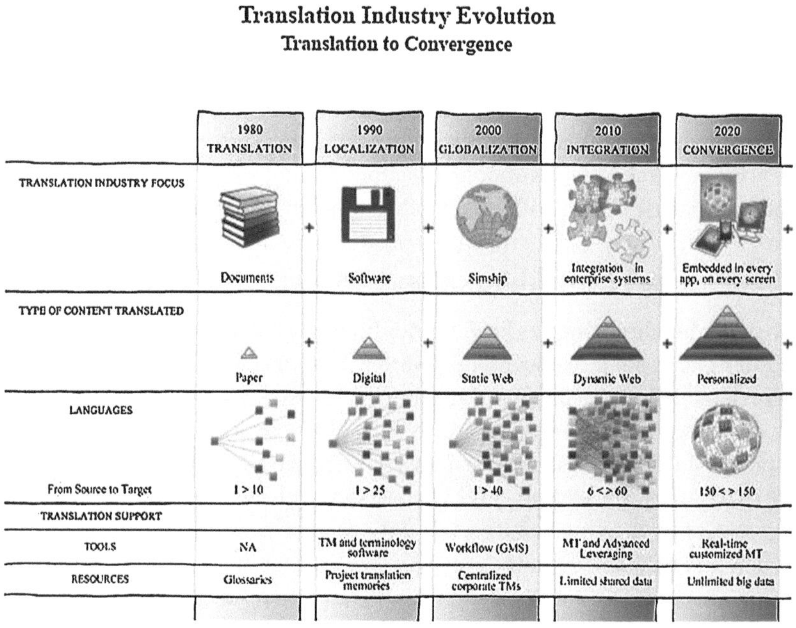

Source: TAUS

Während gegenwärtig verschiedene Systeme mehr oder weniger gut interoperieren, geht der Trend hin zu vollständig integrierten Systemen und auf unterschiedlichsten Endgeräten nutzbaren Daten. Wie die Grafik auch zeigt, werden flexible und individuell anpassbare Lösungen, gerade im Bereich der MÜ, immer wichtiger. Sie greifen dabei auf öffentlich zugängliche riesige Datenbanken zu (Big Data), wie sie beispielsweise im TMS-Bereich derzeit schon Wordfast mit seinem ‚Very Large Translation Memory' (VLTM) bietet. Cloudbasierte Lösungen könnten nach und nach Client-Server-Lösungen ersetzen. Ebenso werden gemäß TAUS *Open-Source-Systeme* und SaaS-Modelle (Software as a Service) zunehmen, bei denen der Kunde flexible Lizenzen zur Nutzung eines Systems erwirbt. *Open-Source-Lösungen* werden sich auch im Bereich der TMS ausbreiten (siehe Kapitel 4.3.2), jedoch hauptsächlich bei MÜ-Systemen, die schon heute oft auf einer Adaption öffentlich zugänglicher MÜ-Engines wie ‚MOSES' (www.statmt.org/moses) basieren. Der parallele Einsatz von TMS und MÜ wird zunehmen. Ergänzt werden diese Technologien durch ausgefeiltere Suchmechanismen und neue Formen der Texteingabe, wie Automatische Spracherkennung.

Die bereits in Kapitel 3.2.4 erwähnte Problematik der Interoperabilität muss und wird sich gemäß TAUS zukünftig lösen. Die Nutzung mobiler Endgeräte wie Tablets und Smartphones wird dazu führen, dass zukünftig, gerade in Schwellenländern, mobile Übersetzungstools notwendig werden. Auch, obwohl dies den Bereich Technische Dokumentation in nächster Zukunft nicht primär betreffen wird, sieht die TAUS einen Paradigmenwechsel vom Übersetzen als eine relativ teure, professionelle Tätigkeit hin zum Übersetzen als eine ‚Utility'. Das sog. ‚Semantische Web' wird laut TAUS bis 2020 Realität werden. Ob dieses Ziel erreicht wird, kann noch nicht mit Sicherheit beantwortet werden. Fest steht, dass das ‚World Wide Web Consortium' (W3C) an der flächendeckenden Umsetzung neuer Standards für das Web arbeitet (www.w3.org/standards/semanticweb/). Die Tatsache, dass beispielsweise Google seit 2012 einen ‚Knowledge Graph' integriert hat, belegt diesen Trend. Hierbei handelt es sich um eine Wissensbasis, anhand der die Suchmaschine mit semantischen Suchinformationen verbessert wird. Man spricht hier auch vom ‚Internet der Dinge'. Durch den Einsatz semantischer Netze können Bedeutungen für Computer verwertbar und in Konsequenz für den Nutzer besser geordnet und relevanter werden. Auch im Bereich der Terminologiearbeit ist ein Trend hin zum verstärkten Einsatz von Ontologien und der Darstellung von Begriffen in Semantischen Netzen erkennbar. Zunehmend werden hierzu Tools entwickelt, die eine automatische Extraktion von Metadaten zum Kreieren großer Ontologien bieten, wie z. B. das an der Stanford Universität entwickelte Tool ‚Protegé 2000' (http://protege.stanford.edu) oder das ‚IGLOS-Projekt' der TU Braunschweig (www.iglos.de).

Im tekom-Sammelband „Technische Kommunikation im Jahr 2041" entwerfen verschiedene Autoren Zukunftsszenarien für die Technische Kommunikation. Ein Trend, der sich jetzt schon abzeichnet, ist die Zunahme mobiler Dokumentation und die Nutzung selbiger auf unterschiedlichen Endgeräten. Laut Ballstaedt (2011: 97ff.) wird die Dokumentation irgendwann nur noch im E-Book-Format geliefert werden und ständig aktualisiert auf den Servern des Herstellers verfügbar sein. Ballstaedt erwartet zukünftig weniger Text und mehr Bilder. Trotzdem bleibt die Sprache ein wichtiges Instrument, gerade im Bereich Kundensupport. Die Kommunikation mit dem Nutzer wird enger. Neben dem Austausch mit dem Hersteller in Foren, über Hotlines oder per Chat-Service werden Nutzer verstärkt für Usability-Tests benötigt (Thiele, 2011: 26).

Während all diese Trends jetzt schon absehbar sind oder bereits umgesetzt werden, sehen Krömker & Norbey (2011: 110ff.) eine Tendenz, dass sich Produkte immer flexibler dem Nutzer anpassen und das Benutzererlebnis steuern. Künstliche Intelligenz wird im Alltag zunehmen. In diese Richtung geht die Zunahme von sog. ‚Content-Delivery-Informationsportalen'. Diese stellen webbasiert modulare oder aggregierte Informationen für einen zielgruppenspezifischen Zugang zur Verfügung, indem sie inhaltsbezogene Suchmechanismen einsetzen (Beier & Ziegler, 2015). Diese Technologie steckt zwar noch in den Kinderschuhen und findet bisher nur in ausgewählten Bereichen Einsatz, hat jedoch durchaus Chancen, zukünftig Verbreitung zu finden. Sie basiert auf einer Indexierung des gesamten Inhaltes, wobei linguistische, statistische und semantische Analysen Einsatz finden. Der Vorteil ist, dass sie eine umfangreiche Suche in unterschiedlichen Quellen und vor allem für unterschiedliche Zielgruppen bietet.

Was bedeutet diese Entwicklung nun in Konsequenz für das Fachübersetzen innerhalb der Technischen Kommunikation? Allgemein betrachtet nimmt die Menge an Informationen, die übersetzt werden müssen, stetig zu, was langfristig nur durch MÜ-Systeme und Crowd-Übersetzen zu bewerkstelligen ist. Konträr dazu wird im Bereich der Technischen Dokumentation jedoch durch die zunehmend modulare Arbeitsweise und die Tatsache, dass die Technische Dokumentation sich immer mehr in Richtung mobiler Dokumentation entwickelt, die Übersetzung mit immer kleineren Informationsstücken und immer individuelleren Texten konfrontiert sein. Was den Schreibprozess betrifft, so müssen bestehende und bewährte Methoden zur Informationsstrukturierung wie Funktionsdesign® ggf. überdacht und den veränderten Bedingungen angepasst werden. Im Übersetzungsprozess ist vor allem die Lokalisierung gefragt, für immer kleinere Bildschirme eine adäquate und trotz des wenigen zur Verfügung stehenden Platzes dennoch verständliche Übersetzung zu bieten. Auch die Zunahme von Screencasts, Videos, Utility-Filmen und 3-D-Grafiken wird dazu führen, dass weniger Text in Dokumentationen übersetzt wird. Dies zeigt umso mehr, dass ein durch sprachliche Steuerung ermöglichtes übersetzungsgerechtes Erstellen des Ausgangstextes eine wichtige Voraussetzung ist. Die Zusammenarbeit innerhalb von Schreib- und Übersetzungsprozess und zwischen internen und externen Akteuren könnte zunehmend über cloudbasierte Lösungen laufen, die den Vorteil eines besseren Austauschs und einer kontinuierlichen Aktualisierung von Informationen bieten. Die Nachteile dabei liegen im fraglichen Datenschutz von Informationen und dem öffentlichen Zugriff auf eigentlich proprietäre Informationen des einzelnen Übersetzers.

Nicht von der Hand zu weisen ist auch, dass sich die Rolle des Fachübersetzers in ausgewiesenen Bereichen wie der Technischen Dokumentation durch den zunehmenden Einsatz von MÜ und möglicherweise irgendwann hauptsächlichen Einsatz von MÜ wandeln wird vom reinen Übersetzen in der

Textproduktionsphase des Übersetzungsprozesses hin zum Post-Editieren in der Revisionsphase.

8.2 Implikationen für Forschung und Lehre

In der Schlussbetrachtung wurde modellhaft ein verbessertes prozessual dargestelltes System aus AMS und CLC entworfen. Was ist aber notwendig, um individuelle Systeme zu entwickeln, die den unterschiedlichen Bedürfnissen und Fähigkeiten von Nutzern gerecht werden? Sharples (1996) schreibt dazu:

> „The conclusion to this chapter is optimistic: new, modular approaches to software design could provide tools for workplace writing that are appropriate, flexible, and suited to the differing preferences and practices of writers. But this may only happen if professional writers and writing researchers understand and participate in the process of software development, and if software designers build on the findings of writing research." (Sharples, 1996: 97f.)

Die Entwicklung von Technologien in Unternehmen erfolgt derzeit zumeist aus kommerziellen Interessen. Obgleich es durchaus gemeinsame Forschungsprojekte von Industrie und universitärem Umfeld gibt, stellen Unternehmen meist nur ihre Technologie, wie z. B. TMS, für Forschungszwecke zur Verfügung, ein wirkliches Interesse und eine wirkliche Bereitschaft, Ergebnisse in ihre Tools einfließen zu lassen, fehlen jedoch häufig. Seitens der Wissenschaft erfolgt Forschung wiederum aus einer intrinsischen Motivation und dem Anspruch, einen Forschungsbeitrag zur Wissenschaft zu leisten.

Durch die Zusammenarbeit von Industrie und Wissenschaft sollte es möglich sein, Tools zu entwickeln, die individueller auf die Bedürfnisse des Nutzers zugeschnitten sind. Die Vorteile liegen gemäß Göpferich (2006: 49) darin, dass in gemeinsamen Forschungsprojekten zu einem frühen Zeitpunkt eingegriffen werden kann, wenn Entwicklungen in eine Richtung gehen, die nicht den Anforderungen entsprechen, um Maßnahmen zu ergreifen, um sie in andere Bahnen zu lenken. Gerade die Entwicklung von ergonomischeren Computertools erfordert Feldstudien. Mithilfe von Feldstudien lässt sich herausfinden, wie Experten im Beruf ihre Arbeit organisieren und mit anderen kooperieren, und sie zeigen, welche Tools in welchem Fall von Vorteil sind. Die Ergebnisse dieser Feldstudien müssen den Industriepartnern entsprechend kommuniziert werden, damit diese Tools entwickeln können, die diese Spezifikationen erfüllen.

Auch Pym (2011) sieht in der Zusammenarbeit einen Vorteil. Indem die Industrie entsprechende Tools zur Verfügung stellt, können diese von Studenten getestet werden, damit herausgefunden werden kann, was am besten für die Bedürfnisse des Nutzers ist. Im Umkehrschluss helfen diese Tools auch den

Studenten, eine bessere Einsicht in Schreib- oder Übersetzungsprozesse zu erlangen. Der Aufbau und Ausbau eines Labors für empirische Schreibprozessstudien, wie ihn z. B. der Fachbereich „Translations-, Sprach- und Kulturwissenschaft“ der Universität Mainz verfolgt, ist ein wichtiger Schritt in diese Richtung.

Wichtig ist also, in der Praxis eingesetzte Tools in die Lehre an den Hochschulen einzubinden. Gerade im Bereich des Fachübersetzens oder technischen Übersetzens sollten neben Kursen zur Nutzung computergestützter Technologien wie TMS, MÜ-Systeme oder Terminologiedatenbanken auch die Nutzung von CLC integriert werden, wie es beispielsweise an der Fachrichtung „Angewandte Sprachwissenschaften sowie Übersetzen und Dolmetschen“ der Universität des Saarlandes angeboten wird und wie es auch durch die Zusammenarbeit mit der Computerlinguistik gefördert wird. Zum einen liefert dies ein besseres Verständnis für die Arbeitsweise und die sprachlichen Restriktionen des CLC. Zum anderen lernen die Studenten dadurch, ihre Übersetzungen den Erfordernissen der Technischen Kommunikation anzupassen. O'Brien (2002) schlägt darüber hinaus vor, dass Studenten einen Ausgangstext mit einem CLC überarbeiten könnten und beide Versionen mit einem MÜ-System übersetzen lassen könnten, um zu vergleichen, wie sich die sprachliche Steuerung des Ausgangstextes auf die Ergebnisse des MÜ-Systems auswirkt. Ebenso ist es wichtig, Post-Edition an den Hochschulen zu lehren, da MÜ ein zunehmendes Thema ist. Der Prozess des Post-Editierens verläuft linearer als das reine Übersetzen und die Anforderungen und notwendigen Fähigkeiten unterscheiden sich. Auch, wenn sich dadurch in Bereichen wie der Technischen Kommunikation die Rolle des Übersetzers ändert, sollte dies als Chance gesehen werden, denn laut O'Brien (2012: 22f.) gibt es keine allgemeingültige Definition von Kreativität und Qualität im Übersetzungsprozess und somit sollten Editieren, Korrekturlesen und Post-Editieren als valide Fähigkeiten im Übersetzungsprozess gesehen werden.

In der universitären Ausbildung der Technischen Redakteure sollte im Umkehrschluss der Fokus auf übersetzungsgerechtes Schreiben einen wichtigen Bestandteil bilden. Hier sollten Tools wie AMS und CLC in die Lehre eingebunden werden. Durch die Arbeit mit dem AMS wird vor allem Konsistenz im Schreiben erlernt und die Arbeit mit dem CLC zeigt Wege zu verständlichem Schreiben und bietet den Studenten auch einen Lerneffekt. Wichtig ist auch hier, Methoden der Schreib- und Übersetzungsprozessforschung zu integrieren (Massey & Ehrensberger-Dow, 2011). Sie könnten den Studenten helfen, Reflexionen über getroffene Entscheidungen und Handlungen anzuregen, und sind auch für die Lehrenden ein diagnostisches Tool, da diese Methoden eine bessere Einsicht in individuelle und auch kollektive Schreib- oder Übersetzungsprozesse bieten.

Literaturverzeichnis

Abekawa, Takeshi et al. 2010. „Community-based construction of draft and final translation corpus through a translation hosting site Minna no Hon'yaku (MNH)." In: Calzolari, Nicoletta et al. (Hgg.): *Proceedings of the 7th International Conference on Language Resources and Evaluation (LREC)*, 17.–23. Mai 2010, Malta.

Across. 2015. Anwender-Handbuch „Across im Überblick" v6 (Stand 13. Februar 2015). <www.across.net/fileadmin/sector/support/documentation/user_manual_reference_guide_v60_de.pdf (21.09.2015)>

Adriaens, Geert. 1994. „Simplified English grammar and style correction in an MT framework: The LRE SECC Project." In: *Papers presented at a conference jointly sponsored by Aslib, The Association for Information Management, Aslib Technical Translation Group, Institute of Translation and Interpreting, European Association for Machine Translation,* 10.–11. November 1994 (16). London: Institution of Civil Engineers, 78–88.

– 1996. „SECC: using Text Structure Information to Improve Checker Quality and Coverage." In: *Proceedings of the 1st International Workshop on Controlled Language Applications (CLAW 96)*, 26.–27. März 1996, Centre for Computational Linguistics, Leuven, 226–233.

– / & Lieve Macken. 1995. „Technological evaluation of a controlled language application: precision, recall, and convergence tests for SECC." In: *Proceedings of the 6th International Conference on Theoretical and Methodological Issues in Machine Translation (TMI95)*, 5.–7. Juli 1995, Centre for Computational Linguistics, Leuven, Vol. 1, 123–141.

Alabau et al. 2013. „Advanced Computer Aided Translation with a Web-Based Workbench." In: O'Brien, Sharon & Michel Simard & Lucia Specia (Hgg.): *Proceedings of the 14th Machine Translation Summit 'Workshop on Post-Editing Technology and Practice'*, 2. September 2013, Nizza, 55–62.

– 2014a. „Integrating Online and Active Learning in a Computer-Assisted Translation Workbench." In: *Proceedings of the Workshop on Interactive and Adaptive Machine Translation (AMTA Workshop)*, 22. September 2014, Vancouver, 1–8.

– 2014b. „A Computer-Assisted Translation Workbench." *In: Proceedings of the Demonstrations at the 14th Conference of the European Chapter of the Association for Computational Linguistics*, 26.–30. April 2014, Göteborg, 25–28.

Alarmagot, Denis & Lucile Chanquoy. 2001. *Through the Models of Writing.* Dordrecht [usw.]: Kluwer Academic Publishers.

Alff, Natalie & Christoph Schmolz & Matthias Rehsöft. 2010. *Der Utility-Film: Anspruch und Wirklichkeit.* Vortragsfolien zur tekom Jahrestagung, Wiesbaden. <www.tekom.de> → Tagungsportale → Bisherige Tagungen (26.07.13)

Allen, Jeffrey. 1999. „Adapting the Concept of 'Translation Memory' to 'Authoring Memory' for a Controlled Language Writing Environment." In: *Proceedings of the 21st International Conference on Translating and the Computer,* 10–11. November 1999. London: Aslib.

Alston, William P. 2000. *Illocutionary Acts and Sentence Meaning.* Ithaca, London: Cornell University Press.

Althoff, Katja. 2015. „Vom Suchen und Finden. Qualitätssicherung leicht gemacht mit der ApSIC Xbench." In: *MDÜ – Fachzeitschrift für Dolmetscher und Übersetzer,* 4/14, 28–32.

Aluísio, Sandra et al. 2008. „Readability Assessment for Text Simplification." In: *Proceedings of the 5th Workshop on Innovative Use of NLP for Building Educational Applications (NAACL HLT 2010),* 1.–6. Juni 2010, Los Angeles, 1–9.

Alves, Fabio. 2003. „Triangulation in process oriented research in translation." In: Alves, Fabio (Hg.): *Triangulating Translation.* Amsterdam, Philadelphia: John Benjamins Publishing Company.

– / & Tania Liparini Campos. 2009. „Translation technology in time: investigating the impact of translation memory systems and time pressure on types of internal and external support." In: Göpferich, Susanne & Arnt Lykke Jakobsen & Inger M. Mees (Hgg.): *Behind the mind. Methods, models and results in translation process research.* Frederiksberg: Samfundslitteratur (Copenhagen Studies in Language, Band 37), 191–210.

– / & Amparo Hurtado Albir. 2010. „Cognitive Approaches." In: Gambier, Yves & Luuc van Doorslaer (Hgg.): *Handbook of Translation Studies (Volume 1).* Amsterdam, Philadelphia: John Benjamins Publishing Company, 28–35.

Anderson, John Robert. [4]1993. *Cognitive Psychology and Its Implications.* New York: Freeman and Company.

Anson, Chris M. & Robert A. Schwegler. 2012. „Tracking the Mind's Eye: A New Technology for Researching Twenty-First-Century Writing and Reading Processes." In: *National Council of Teachers of English,* September 2012, 64: 1, 151–171.

Antos, Gerd. 2000. „Ansätze zur Erforschung der Textproduktion." In: Brinker, Klaus & Herbert Ernst Wiegand (Hgg.): *Text- und Gesprächslinguistik/Linguistics of Text and Conversation: Ein internationales Handbuch zeitgenössischer Forschung/An International Handbook on Contemporary Research,* Vol. 1. Berlin, New York: Walter de Gruyter (Handbücher zur Sprach- und Kommunikationswissenschaft, Band 16.1), 105–112.

Arnold, Doug et al. 1993. *Machine Translation: Introductory Guide.* Oxford, Cambridge: NCC Blackwell.

Arntz, Reiner & Heribert Picht & Felix Mayer. [5]2004. *Einführung in die Terminologiearbeit.* Hildesheim [usw.]: Georg Olms Verlag (Studien zu Sprache und Technik, Band 2).

Arthern, Peter J. 1979. „Machine Translation and Computerized Terminology Systems." In: *Translating and the Computer*, 1979. Amsterdam: North-Holland, 77–108. <www.mt-archive.info/Aslib-1978-Arthern.pdf> (03.09.2015)

Austin, John Langshaw. 2002. *Zur Theorie der Sprechakte (How to do things with Words).* Stuttgart: Reclam Verlag.

Automatic Language Processing Advisory Committee (ALPAC). 1966. *Language and Machines. Computers in Translation and Linguistics.* Washington: National Academy of Sciences.

Azzano, Dino. 2009a. „CAT und MÜ – Getrennte Welten?" In: *Zeitschrift für Computerlinguistik und Sprachtechnologie (LDV-Forum)*, Band 24, Heft 3, Jg. 2009, 19–36.

– 2009b. „Der springende Punkt. Nichttexuale Elemente und ihre Behandlung in CAT-Systemen." In: Baur, Wolfram et al. (Hgg.): *Übersetzen in die Zukunft. Herausforderungen der Globalisierung für Dolmetscher und Übersetzer.* Tagungsband der Internationalen Fachkonferenz des Bundesverbandes der Dolmetscher und Übersetzer e.V. (BDÜ), 11.–13. September 2009, Berlin, 431–440.

– / & Uwe Reinke & Melanie Sauer. 2011. „Ansätze zur Verbesserung der Retrieval-Leistung kommerzieller Translation-Memory-Systeme." In: Hedeland, Hanna & Thomas Schmidt & Kai Wörner (Hgg.): *Multilingual Resources and Multilingual Applications. Proceedings of the Conference of the German Society for Computational Linguistics and Language Technology (GSCL)*, 2011.

Baddeley, Alan. 1986. *Working Memory.* Oxford: Clarendon Press.

Ballod, Matthias. 2001. *Verständliche Wissenschaft: Ein informationsdidaktischer Beitrag zur Verständlichkeitsforschung.* Tübingen: Gunter Narr Verlag (Forum für Fachsprachenforschung, Band 57).

Ballstaedt, Steffen-Peter. 2000. „Texte optimieren." In: *Fachzeitschrift für Technische Kommunikation*, 22. Jahrgang, 2/2000, 28.

– 2011. „Dokumentation 2041: mobil und standardisiert." In: Hennig, Jörg & Marita Tjarks-Sobhani (Hgg.): *Technische Kommunikation im Jahr 2041: 20 Zukunftsszenarien.* Lübeck: Schmidt-Römhild Verlag (tekom Schriften zur Technischen Kommunikation, Band 16), 95–101.

– / et al. 1981. *Texte verstehen, Texte gestalten.* München [usw.]: Urban & Schwarzenberg.

Barthe, Kathy et al. 1998. „Issues related to realistic evaluation of controlled language checkers.“ In: *Proceedings of the 2nd International Workshop on Controlled Language Applications (CLAW 98)*, 21.–22. Mai 1998, Language Technologies Institute, Carnegie Mellon Universität, Pittsburgh.

Baumert, Andreas. 1998. *Gestaltungsrichtlinien. Style Guides planen, erstellen und pflegen*. Reutlingen: doculine.

Bazerman, Charles. 1983. „Scientific Writing as a Social Act: A Review of the Literature of the Sociology of Science." In: Anderson, Paul V. & R. John Brockmann & Carolyn R. Miller (Hgg.): *New Essays in Technical and Scientific Communication: Research, Theory, Practice*. Farmingdale: Baywood Publishing Company, 156–184.

Becker-Mrotzek, Michael. 1997. *Schreibentwicklung und Textproduktion. Der Erwerb der Schreibfertigkeit am Beispiel der Bedienungsanleitung*. Opladen: Westdeutscher Verlag.

Beier, Heiko & Wolfgang Ziegler. 2015. „Content delivery portals: The future of modular content.“ In: *tcworld*, Februar 2015.

Bell, Allan. 2001. „Back in style: reworking audience design." In: Eckert, Penelope & John R. Rickford (Hgg.): *Style and Sociolinguistic Variation*. Cambridge: Cambridge University Press, 139–169.

Bernth, Arendse. 1997. „EasyEnglish: A Tool for Improving Document Quality." In: *Proceedings of the 5th Conference on Applied Natural Language Processing*, 31. März–03. April 1997, Washington, 159–165. <www.mt-archive.info/ANLP-1997-Bernth.pdf> (13.06.2015)

– 2006. „EasyEnglishAnalyzer: Taking Controlled Language from Sentence to Discourse Level." In: *Proceedings of the 5th International Workshop on Controlled Language Applications*, 12. August 2006, Boston. <www.mt-archive.info/CLW-2006-Bernth.pdf> (13.06.15)

Biçiçi, Ergun & Marc Dymetman. 2008. „Dynamic Translation Memory: Using Statistical Machine Translation to Improve Translation Memory Fuzzy Matches." In: Gelbukh, Alexander (Hg.): *Computational Linguistics and Intelligent Text Processing. 9th International Conference CICLing 2008*, 17.–23. Februar 2008, Haifa. Berlin [usw.]: Springer Verlag, 454–465.

Biere, Bernd Ulrich. 1996. „Textgestaltung zwischen Sachangemessenheit und Adressatenorientierung.“ In: Krings, Hans P. (Hg.): *Wissenschaftliche Grundlagen der technischen Kommunikation*. Tübingen: Gunter Narr Verlag (Forum für Fremdsprachen-Forschung, Band 32), 291–305.

Bock, Gabriele. 1993. „Ansätze zur Verbesserung von Technikdokumentation: eine Analyse von Hilfsmitteln für Technikautoren in der Bundesrepublik Deutschland.“ In: Knilli, Friedrich & Gabriele Bock & Claus Noack (Hgg.):

Technical Writing. Beiträge zur Technikdokumentation in Forschung, Ausbildung und Industrie, Bd. 1. Frankfurt [usw.]: Peter Lang Verlag.

Böhler, Klaus. 1997. „Information Mapping – die Methode zur Erstellung strukturierter Dokumente." In: *tekom Nachrichten*, 19. Jahrgang, 5/1997, 4.

– 2001. „Modulare Informationseinheiten nach Information Mapping® als Basis für effizientes Informationsmanagement." In: Hennig, Jörg & Marita Tjarks-Sobhani (Hgg.): *Informations- und Wissensmanagement für technische Dokumentation.* Lübeck: Schmidt-Römhild Verlag (tekom Schriften zur technischen Kommunikation, Band 4), 126–139.

– 2008. „Die Strukturierungsmethode Information Mapping® (IMAP)." In: Muthig, Jürgen (Hg.): *Standardisierungsmethoden für die Technische Dokumentation.* Lübeck: Schmidt-Römhild Verlag (tekom Hochschulschriften, Band 16), 143–163.

Boehm, Diane Christian. 1993. „Mozartians, Beethovians, and the Teaching of Writing." In: *The Quaterly*, Vol. 15, Nr. 2, 15–18.

Bowker, Lynne. 2005. „Productivity vs Quality? A pilot study on the impact of translation memory systems." In: *Localisation Focus*, 2005, 13–20.

– / & Michael Barlow. 2004. „Bilingual concordancers and translation memories: A comparative evaluation." In: *Proceedings of the 2nd International Workshop on Language Resources for Translation Work, Research and Training.* Genf: Association for Computational Linguistics, 70–79. <http://www.mt-archive.info/Coling-2004-Bowker.pdf> (13.05.15)

Brace, Colin & Muriel Vasconcellos & L. Chris Miller. 1995. „MT Users and Usage: Europe and the Americas." In: *MT News International* 12, 14–17.

Breetvelt, Iris & Huub van den Bergh & Gert Rijlaarsdam. 1994. „Relations between Writing Processes and Text Quality: When and How?" In: *Cognition and Instruction*, Vol. 12, Nr. 2, 103–123.

Bridwell, Lillian S. 1980. „Revising Strategies in Twelfth Grade Students' Transactional Writing." In: *Research in the Teaching of English*, Vol. 14, Nr. 3, 197–222.

Bridwell-Bowles, Lillian & Parker Johnson & Steven Brehe. 1987. „Composing and computers: Case studies of experienced writers." In: Matsuhashi, Ann (Hg.): *Writing in real time: Modelling production processes.* Westport: Ablex Publishing, 87–107.

Brinker, Klaus. [7]2010. *Linguistische Textanalyse: eine Einführung in Grundbegriffe und Methoden.* Berlin: Schmidt Verlag (Grundlagen der Germanistik, Band 29).

Brockmann, Daniel. 1997. „Controlled Language & Translation Memory Technology: a Perfect Match to Save Translation Cost." In: *TC Forum 4*, 1997.

Broda, Sonja. 2014. „Zielgruppen und Benutzergewohnheiten in der mobilen TD." In: Hennig, Jörg & Marita Tjarks-Sobhani (Hgg.): *Technische Kommunikation und mobile Endgeräte.* Stuttgart: Verlag tcworld GmbH (tekom Schriften zur Technischen Kommunikation, Band 19), 52–64.

Buchanan, Richard A. 1992. „Textbase Technology: Writing with Reusable Text.“ In: O'Brian Holt, Patrik & Noel Williams (Hgg.): *Computers and Writing: State of the Art.* Dordrecht [usw.]: Kluwer Academic Publishers, 254–265.

Burtis, P.J. et al. 1983. „The Development of Planning in Writing." In: Wells, Gordon & Barry M. Kroll (Hgg.): *Explorations in the development of writing.* Michigan: John Wiley & Sons, 153–174.

Butterfield, Earl C. & Douglas J. Hacker & Carolyn Plumb. 1994. „Topic Knowledge, Linguistic Knowledge, and Revision Processes as Determinants of Text Revision." In: Butterfield, Earl C. & Jerry S. Carlson (Hgg.): *Advances in Cognition and Educational Practice. Volume 2: Children's Writing: Toward a Process Theory of the Development of Skilled Writing.* Greenwich: Jai Press, 83–141.

Cabré, Maria Teresa. 1998. *Terminology: theory, methods, and applications.* Amsterdam [usw.]: John Benjamins Publishing Company.

Cadwell, Patrick. 2008. *Readability and Controlled Language: Does the study of readability have merit in the field of controlled language, and is readability increased by applying controlled-language rules to texts?* Dissertation an der Universität Dublin. <www.localisation.ie/resources/Awards/Theses/Patrick-Cadwell_Thesis.pdf> (24.09.2015)

Caeyers, Herman. 1997. „Machine Translatability and Controlled English." In: *EAMT Workshop 'Language Technology in your Organization',* 21.–22. Mai 1997, Kopenhagen. <www.mt-archive.info/EAMT-1997-Caeyers.pdf> (13.06.2015)

Carl, Michael. 2000. „Combining Invertible Example-Based Machine Translation with Translation Memory Technology." In: *Proceedings of MT Summit IV 'Envisioning MT in the Information Future',* 10.–14. Oktober 2000, Mexiko.

– 2012. „Translog-II: a Program for Recording User Activity Data for Empirical Reading and Writing Research." In: *Proceedings of the 8th International Conference on Language Resources and Evaluation,* 23.–25. Mai 2012, Istanbul, 4108–4113.

– / & Silvia Hansen. 1999. „Linking translation memories with example-based machine translation." In: *Proceedings of Machine Translation Summit VII 'MT in the Great Translation Era',* 13.–17. September 1999, Singapur, 617–624.

– / & Andy Way & Reinhard Schäler. 2002. „Toward a Hybrid Integrated Translation Environment." In: *Proceedings of the 5th Conference of the Association for Machine Translation in the Americas,* 08.–12. Oktober 2002, Tiburon. <www.iai-sb.de/docs/amta2.pdf> (13.09.2015)

– / & Matthias Buch-Kromann. 2010. „Correlating Translation Product and Translation Process Data of Professional and Student Translators." In: *International Conference of the European Association for Machine Translation*, 27.–28. Mai 2010, Saint-Raphael. <www.mt-archive.info/EAMT-2010-Carl.pdf> (03.04.2015)

– / & Moritz J. Schaeffler. 2012. „The CRITT Translation Process Research Database V1.4." In: *Proceedings of the 10th biennial conference of the Association for Machine Translation in the Americas (AMTA-2012), Workshop on post-editing technologies und practice*, 28. Oktober 2012, San Diego. <http://bridge.cbs.dk/resources/tpr-db/TPR-DB1.4.pdf> (25.03.2015)

– / & Silke Gutermuth & Silvia Hansen-Schirra. 2015. „Post-editing machine translation: Efficiency, strategies and revision processes in professional translation settings." In: Ferreira, Aline & John W. Schwieter (Hgg.): *Psycholinguistic and Cognitive Inquiries into Translation and Interpreting*. Amsterdam, Philadelphia: John Benjamins Publishing Company, 145–174.

– / et al. 2002a. „The TETRIS Terminology Tool." In: *TAL*, Vol. 43, 1. <www.iai-sb.de/docs/tal.pdf> (26.02.2015)

– / et al. 2002b. „A Hybrid Example-Based Approach for Detecting Terminological Variants in Documents and Lists of Terms." In: *6. Konferenz zur Verarbeitung natürlicher Sprache (KONVENS)*, 30. September–02. Oktober 2002, Saarbrücken. <www.iai-sb.de/docs/konvens.pdf> (26.02.2015)

Chama, Ziad. 2010. „Entwicklungen und Zukunftsszenarien von Translation-Memory-Systemen. Vom Segment zum Kontext." In: *Fachzeitschrift für Technische Dokumentation und Informationsmanagement*, 32. Jg., 2/2010, 21–25.

Chandler, Daniel. 1992. „The phenomenology of writing by hand." *In: Intelligent Tutoring Media*, Vol. 2, Issue 23, 65–74.

Charrow, Veda. 1988. „Readability vs. Comprehensibility: A Case Study in Improving a Real Document." In: Davison, Alice & Georgia M. Green (Hgg.): *Linguistic Complexity and Text Comprehension: Readability Issues Reconsidered*. Hillsdale: Lawrence Erlbaum Associates, 85–114.

Chenon, Christophe. 2004. „Dynamical visualization of nested correspondences." In: *Proceedings of the 26th International Conference on Translating and the Computer*, 18.–19. November 2004. London: Aslib/IMI Information Management.

Chiarello, Orlando. 2011. *ASD Simplified Technical English and its Maintenance Group. General Presentation*. <www.asd-ste100.org> (12.05.2015)

Chomsky, Noam. 1957. *Syntactic Structures*. Berlin, New York: Mouton de Gruyter.

Christmann, Ursula. 1989. *Modelle der Textverarbeitung: Textbeschreibung als Textverstehen*. Münster: Aschendorff Verlag (Arbeiten zur Sozialwissenschaftlichen Psychologie, Heft 21).

– 2001. „Aspekte der Textverarbeitungsforschung." In: Brinker, Klaus & Herbert Ernst Wiegand (Hgg.): *Text- und Gesprächslinguistik/Linguistics of Text and Conversation: Ein internationales Handbuch zeitgenössischer Forschung/An International Handbook on Contemporary Research*, Vol. 1. Berlin, New York: Walter de Gruyter (Handbücher zur Sprach- und Kommunikationswissenschaft, Band 16.1), 113–122.

– 2008. „Rhetorisch-stilistische Aspekte moderner Verstehens- und Verständlichkeitsforschung". In: Fix, Ulla & Andreas Gardt & Joachim Knape (Hgg.): *Rhetorik und Stilistik (Halbband 1)*. Berlin: Mouton de Gruyter, 1092–1106.

– / & Norbert Groeben. 1996. „Textverstehen, Textverständlichkeit – Ein Forschungsüberblick unter Anwendungsperspektive." In: Krings, Hans P. (Hg.): *Wissenschaftliche Grundlagen der technischen Kommunikation.* Tübingen: Gunter Narr Verlag (Forum für Fremdsprachen-Forschung, Band 32), 129–189.

CLAT. 2014a. *Einführung in CLAT*, Version 6.0. Saarbrücken: Institut der Gesellschaft zur Förderung der Angewandten Informationsforschung e.V. (IAI).

– 2014b. *Handbuch zum CLAT-In für Word*, Version 6.0. Saarbrücken: Institut der Gesellschaft zur Förderung der Angewandten Informationsforschung e.V. (IAI).

– 2014c. *Handbuch zum CLAT-Server*, Version 6.0. Saarbrücken: Institut der Gesellschaft zur Förderung der Angewandten Informationsforschung e.V. (IAI).

– 2014d. *Handbuch zu UMMT*, Version 6.0. Saarbrücken: Institut der Gesellschaft zur Förderung der Angewandten Informationsforschung e.V. (IAI).

Closs, Sissi. 2006. Single-*Source-Publishing. Topicorientierte Strukturierung und DITA*. Frankfurt: Software & Support Verlag.

– 2008. „Flexibilität und Standardisierung: die Klassenkonzept-Technik®." In: Muthig, Jürgen (Hg.): *Standardisierungsmethoden für die Technische Dokumentation*. Lübeck: Schmidt-Römhild Verlag (tekom Hochschulschriften, Band 16), 75–95.

– 2015. „Ein Medium von gestern?" In: *Zeitschrift für technische Kommunikation*, 01/2015, 17–21.

Congree. 2015. *Handbuch zum Authoring Client, Congree Authoring Server 3*, 2015.

Cooper, Charles R. & Ann Matsuhashi. 1983. „A Theory of the Writing Process." In: Martlew, Margaret (Hg.): *The Psychology of Written Language. Developmental and Educational Perspectives*. Chichester [usw.]: John Wiley & Sons, 3–39.

Costa-jussà, Marta R. & José A.R. Fonollosa. 2015. „Latest trends in hybrid machine translation and its applications." In: *Computer Science and Language*, Vol. 32 (1), Juli 2015, 3–10.

Couture, Barbara & Jone Rymer. 1989. „Interactive Writing on the Job: Definitions and Implications of 'Collaboration'." In: Kogen, Myra (Hg.): *Writing in the Business Professions*. Urbana: NCTE, 73–93.

Cowan, Nelson. 2000. „The magical number 4 in short-term memory: A reconsideration of mental storage capacity." In: *Behavioral and Brain Sciences* 2000, Vol. 24, 87–185.

Daiute, Colette. 1986. „Physical and cognitive factors in revising: Insights from studies with computers." In: *Research in the Teaching of English*, Vol. 20, No. 2, 141–159.

Dam-Jensen, Helle & Carmen Heine. 2013. „Writing and translation process research: Bridging the gap." In: *Journal of Writing Research*, 5 (1), 89–101.

Dandapat, Sandipan et al. 2012. „Combining EBMT, SMT, TM and IR Technologies for Quality and Scale". In: *Proceedings of the 13th Conference of the European Chapter of the Association for Computational Linguistics*, 23.–27. April 2012, Avignon, 48–58.

Daneman, Meredyth & Patricia A. Carpenter. 1980. „Individual Differences in Working Memory and Reading." In: *Journal of Verbal Learning and Verbal Behavior* 19, 450–466.

Daneman, Meredyth & Murray Stainton. 1993. „The generation effect in reading and proofreading." In: *Reading and Writing: An Interdisciplinary Journal*, Vol. 5, 297–313.

Dara, Aswarth et al. 2013. „TMTprime: A recommender system for MT and TM integration." In: *Proceedings of the NAACL HLT 2013 Demonstration Session*, 10.–12. Juni 2013, Atlanta, 10–13. <www.aclweb.org/anthology/N13-3003> (09.03.2015)

Das, Dipanjan & André F.T. Martins. 2007. *A Survey on Automatic Text Summarization*. <www.cs.cmu.edu/~nasmith/LS2/das-martins.07.pdf> (28.07.2015)

Davison, Alice & Georgia M. Green. 1988. *Linguistic Complexity and Text Comprehension: Readability Issues Reconsidered*. Hillsdale: Lawrence Erlbaum Associates.

de Beaugrande, Robert. 1984. *Text production. Toward a science of composition*. Norwood: ABLEX Publishing Corporation (Advances in Discourse Processes, Band 11).

– 1992. „Theory and Practice in the Design of Text Production Models." In: Krings, Hans P. & Gerd Antos (Hgg.): *Textproduktion: neue Wege der Forschung*. Trier: WVT Wissenschaftlicher Verlag, 5–44.

Degenhardt, Marion. 2006. „CAMTASIS and CATMOVIE: Two Digital Tools for Observing, Documenting and Analysing Writing Processes of University

Students." In: van Waes, Luuk & Marielle Leijten & Christine M. Neuwirth (Hgg.): *Writing and Digital Media*. Amsterdam [usw.]: Elsevier, 180–188.

Dentz, Dorothea. 2001. „Informationsdesign für technische Dokumentation in einem Dokumentenmanagementsystem." In: Hennig, Jörg & Marita Tjarks-Sobhani (Hgg.): *Informations- und Wissensmanagement für technische Dokumentation*. Lübeck: Schmidt-Römhild Verlag (tekom Schriften zur technischen Kommunikation, Band 4), 140–158.

de Preux, Nathalie. 2005. „How much does using a controlled language improve machine translation results?" In: *Proceedings of the 27th International Conference on Translating and the Computer*, 24.–25. November 2005. London: Aslib/IMI Information Management.

DIN 6789, Teil 1. 1990. *Dokumentationssystematik. Aufbau Technischer Produktdokumentationen*. Berlin, Köln: Beuth Verlag.

Douglas, Shona & Matthew Hurst. 1996. „Controlled Language Support for Perkins Approved Clear English (PACE)." In: *Proceedings of the 1st International Workshop on Controlled Language Applications (CLAW 96)*, 26.–27. März 1996, Centre for Computational Linguistics, Katholieke Universiteit Leuven, Leuven, 93–102.

Dragsted, Barbara. 2005. „Segmentation in translation. Differences across levels of expertise." In: *Target* 17: 1, 2005, 49–70.

– 2006. „Computer-aided translation as a distributed cognitive task." In: *Pragmatics & Cognition*, Ausgabe 14, Nummer 1, 2006, 443–464.

– 2010. „Coordination of reading and writing processes in translation." In: Shreve, Gregory M. & Erik Angelone (Hgg.): *Translation and Cognition*. Amsterdam, Philadelphia: John Benjamins Publishing Company, 41–62.

– / & Inge Gorm Hansen. 2008. „Comprehension and production in translation: a pilot study on segmentation and the coordination of reading and writing processes." In: Göpferich, Susanne & Arnt Lykke Jakobsen & Inger M. Mees (Hgg.): *Looking at Eyes. Eye-Tracking Studies of Reading and Translation Processing*. Copenhagen: Samfundslitteratur (Copenhagen Studies in Language 36), 9–30.

– / & Michael Carl. 2013. „Towards a classification of translation styles based on eye-tracking and keylogging data." In: *Journal of Writing Research*, 5 (1), 133–158.

Drewer, Petra. 2009. „Übersetzungsgerecht Schreiben." In: *Fachzeitschrift für Technische Dokumentation und Informationsmanagement*, 31. Jg., 3/2009, 28–33.

– 2013. „Kulturspezifik als Zielgruppenkriterium in der Technischen Kommunikation." In: Hennig, Jörg & Marita Tjarks-Sobhani (Hgg.): *Zielgruppen für Technische Kommunikation*. Lübeck: Schmidt-Römhild Verlag (tekom Schriften zur Technischen Kommunikation, Band 17), 53–62.

– / & Wolfgang Ziegler. 2011. *Technische Dokumentation. Eine Einführung in die übersetzungsgerechte Texterstellung und in das Content-Management.* Würzburg: Vogel Buchverlag.

DuBay, William H. 2007. *Smart Language: Readers, Readability, and the Grading of Text.* <www.impact-information.com> (21.01.2015)

Eberle, Kurt. 2009. „Integration von regel- und statistikbasierten Methoden in der Maschinellen Übersetzung." In: *Zeitschrift für Computerlinguistik und Sprachtechnologie (LDV-Forum)*, Band 24, Heft 3, Jg. 2009, 37–70.

Eigler, Gunther, 1994. „On constructing models." In: Eigler, Gunther & Thomas Jechle (Hgg.): *Writing: current trends in European research.* Freiburg: HochschulVerlag, 9–17.

Eisele, Andreas et al. 2008. „Hybrid Architectures for Multi-Engine Machine Translation." In: *Proceedings of the 30th International Conference on Translating and the Computer*, 27.–28. November 2008. London: Aslib.

Elbow, Peter. 21998. *Writing without teachers.* Oxford: Oxford University Press.

Elita, Natalia & Monica Gavrila. 2006. „Enhancing Translation Memories with Semantic Knowledge." In: *First Central European Student Conference in Linugistics – on-line proceedings*, 29.–31. Mai 2006, Budapest.

– 2010. „Semantics for Translation Memories." In: von Hahn, Walther & Cristina Vertan (Hgg.): *Fachsprachen in der weltweiten Kommunikation. Akten des XVI. Europäischen Fachsprachensymposiums, Hamburg, 2007.* Frankfurt am Main [usw.]: Peter Lang Verlag (Beiträge zur Sprach- und Medienwissenschaft, Band 30), 463–468.

Emery, Vince. 2010. *Translating Social Media and Dynamic Content in Real Time for Customers. New Options for Enterprises.* <www.sdl.com> (17.01.2015)

Emig, Janet. 1971. *The Composing Processes of Twelfth Graders.* Urbana: National Council of Teachers, Research Report.

Englund Dimitrova, Brigitta. 2005. *Expertise and Explicitation in the Translation Process.* Amsterdam, Philadelphia: John Benjamins Publishing Company (Benjamins Translation Library, 64).

– 2006. „Segmentation of the Writing Process in Translation: Experts versus Novices." In: Sullivan, Kirk P.H. & Eva Lindgren (Hgg.): *Computer Keystroke Logging and Writing: Methods and Applications.* Amsterdam [usw.]: Elsevier, 189–201.

– / & Elisabet Tiselius. 2009. „Exploring retrospection as a research method for studying the translation process and the interpreting process." In: Mees, Inger M. & Fabio Alves & Susanne Göpferich (Hgg.): *Methodology, Technology and Innovation in Translation Process Research. A Tribute to Arnt*

Lykke Jakobsen. Kopenhagen: Samfundslitteratur (Copenhagen Studies in Language, Band 38), 109–134.

Ericsson, K. Anders & Herbert A. Simon. [2]1993. *Protocol analysis: verbal reports as data*. Cambridge & London: MIT Press.

Esplà-Gomis, Miquel & Felipe Sánchez-Martínez & Mikel L. Forcada. 2011. „Using machine translation in computer-aided translation to suggest the target-side words to change." In: *Proceedings of the 13th Machine Translation Summit*, 19.–23. September 2011, Xiamen, China, 172–179. <www.mt-archive.info/MTS-2011-Espla-Gomis-2.pdf> (24.06.2015)

Esselink, Bert. [4]2000. *A Practical Guide to Localization*. Amsterdam, Philadelphia: John Benjamins Publishing Company.

European Commission, Directorate-General for Translation. 2009. *Study on the size of the language industry in the EU*. DGT-ML-Studies 08. Brüssel: European Commission, Directorate-General for Translation (DGT).

Faigley, Lester & Stephen Witte. 1981. „Analyzing Revision." In: *College Composition and Communication*, Vol. 32, Nr. 4, 400–414.

Fantinouli, Claudio. 2013. *InterpretBank: Design and Implementation of a Terminology and Knowledge Management Software for Conference Interpreters*. Dissertation an der Johannes-Gutenberg-Universität Mainz. Berlin: epubli GmbH.

Farrington, Gordon. 1996. „An Overview of the International Aerospace Maintenance Language." In: *Proceedings of the 1st International Workshop on Controlled Language Applications (CLAW 96)*, 26.–27. März 1996, Centre for Computational Linguistics, Katholieke Universiteit Leuven, Leuven, 1–21.

Felber, Helmut & Gerhard Budin. 1989. *Terminologie in Theorie und Praxis*. Tübingen: Gunter Narr Verlag (Forum für Fachsprachen-Forschung, Band 9).

Ferraris, Maria & Francesco Caviglia & Riccardo Degl'Innocenti. 1992. „Word-Prof: A writing environment on computer." In: Hartley, James (Hg.): *Technology and Writing: Readings in the Psychology of Written Communications*. London, Philadelphia: Jessica Kingsley Publishers, 221–232.

Findler, Nicholas V. 1979. *Associate Networks: Representation and Use of Knowledge by Computers*. New York [usw.]: Academic Press.

Flanagan, Kevin. 2014. „Filling in the gaps: what we need from TM subsegment recall." In: *Translating and the Computer 36*, 27.–28. November 2014, London, 12–23.

– 2015. „Subsegment recall in Translation Memory – perceptions, expectations and reality." In: *The Journal of Specialised Translation*, Nr. 23, Januar 2015.

Flanagan, Mary. 1996. „Two years on – experiences, challenges and trends." In: *Expanding MT horizons: Proceedings of the 2nd conference of the Association for MT in the Americas*, 2.–5. Oktober 1996, Montreal, 192–197.

Fleury, Isabelle. 2011. „Regelbasiertes Schreiben. Leitlinie für Technisches Deutsch entwickelt." In: *Fachzeitschrift ‚technische Kommunikation'*, 33. Jg., 1/2011, 51.

Flick, Uwe & Ernst van Kardorff & Ines Steinke. [9]2012. „Was ist qualitative Forschung? Einleitung und Überblick." In: Flick, Uwe & Ernst van Kardorff & Ines Steinke (Hgg.): *Qualitative Forschung. Ein Handbuch*. Reinbek: Rowohlt Taschenbuch Verlag GmbH, 13–29.

Fliedner, Gerhard. [3]2010. „Korrektursysteme." In: Carstensen, Kai-Uwe et al. (Hgg.): *Computerlinguistik und Sprachtechnologie. Eine Einführung*. Heidelberg: Spektrum Akademischer Verlag, 555–566.

Flower, Linda S. & John R. Hayes. 1981. „A Cognitive Process Theory of Writing." In: *College Composition and Communication*, Vol. 32, Nr. 4, 365–387.

– / & Heidi Swarts. 1983. „Revising Functional Documents: The Scenario Principle." In: Anderson, Paul V. & R. John Brockmann & Carolyn R. Miller (Hgg.): *New Essays in Technical and Scientific Communication: Research, Theory, Practice*. Farmingdale: Baywood Publishing Company, 41–58.

Flower, Linda S. et al. 1986. „Detection, Diagnosis, and the Strategies of Revision." In: *College Composition and Communication*, Vol. 37, 16–55.

Forst, Annelyse. 1996. „Online-Dokumentation." In: Krings, Hans P. (Hg.): *Wissenschaftliche Grundlagen der technischen Kommunikation*. Tübingen: Gunter Narr Verlag (Forum für Fremdsprachen-Forschung, Band 32), 433–475.

Foster, George & Philippe Langlais & Guy Lapalme. 2002. „User-Friendly Text Prediction for Translators." In: *Proceedings of the Conference on Empirical Methods in Natural Language Processing (EMNLP)*, 06.–07. Juli 2002, Philadelphia, 148–155.

Freigang, Karl-Heinz. 1996. „Software-Lokalisierung: Ein Gegenstand übersetzungswissenschaftlicher Reflexion?" In: Lauer, A. et al. (Hgg.): *Übersetzungswissenschaft im Umbruch: Festschrift für Wolfram Wilss zum 70. Geburtstag*. Tübingen: Gunter Narr Verlag, 135–146.

– / & Uwe Reinke. 2005. „Translation-Memory-Systeme in der Softwarelokalisierung." In: Reineke, Detlef & Klaus-Dirk Schmitz (Hgg.): *Einführung in die Softwarelokalisierung*. Tübingen: Gunter Narr Verlag, 55–71.

– / & Daniel Zielinski. 2007. „Schneller auf dem Markt: Aspekte einer erfolgreichen Softwarelokalisierung." In: *Produkt Global*, Ausgabe 06/2007, 24–27.

Fritz, Gerd. 1982. *Kohärenz. Grundfragen der linguistischen Kommunikationsanalyse*. Tübingen: Gunter Narr Verlag (Tübinger Beiträge zur Linguistik, Band 164).

Fritz, Michael et al. 2005. *Effizientes Informationsmanagement durch spezielle Content-Management-Systeme. Praxishilfe und Leitfaden zu Grundlagen – Auswahl und Einführung – Systeme am Markt.* Stuttgart: tc and more GmbH (tekom-Studie).

Galbraith, David. 1999. „Writing as a Knowledge-Constituting Process." In: Torrance, Mark & David Galbraith (Hgg.): *Knowing What to Write: Conceptual Processes in Text Production.* Amsterdam: University Press, 139–159.

– 2009. „Cognitive Models of Writing." In: *German as a foreign language,* Ausgabe 2–3.

– / & Mark Torrance. 2004. „Revision in the Context of Different Drafting Strategies." In: Allal, Linda & Lucile Chanquoy & Pierre Largy (Hgg.): *Revision: Cognitive and Instructional Processes.* Boston [usw.]: Kluwer Academic Publishers, 63–85.

García, Ignacio. 2009. „Research on translation tools." In: Pym, Anthony & Alexander Perekrestenko (Hgg.): *Translation Research Projects 2,* 18–27. <http://isg.urv.es/publicity/isg/publications/trp_2_2009/chapters/garcia.pdf> (03.09.2015)

García-Martínez, Mercedes et al. 2014. „SEECAT: ASR & Eye-Tracking Enabled Computer-Assisted Translation." In: *Proceedings of the 17th Annual Conference of the European Association for Machine Translation (EAMT 2014),* 16.–18. Juni 2014, Dubrovnik, 81–88.

Gasser, Yvonne. 2004. „Wege zu einer standardisierten Unternehmensterminologie." In: Göpferich, Susanne & Jan Engberg (Hgg.): *Qualität fachsprachlicher Kommunikation.* Tübingen: Gunter Narr Verlag, 235–259.

Gerasimov, Andrei. 2007. „A comparison of translation QA products." In: *MultiLingual* 01/2007, 22–25.

Gerloff, Pamela. 1987. „Identifying the Unit of Analysis in Translation: Some Uses of Think-Aloud Protocol Data." In: Færch, Claus & Gabriele Kasper (Hgg.): *Introspection in Second Language Research.* Philadelphia: Multilingual Matters, 135–158.

Gloning, Thomas. 1996. *Bedeutung, Gebrauch und sprachliche Handlung. Ansätze und Probleme einer handlungstheoretischen Semantik aus linguistischer Sicht.* Tübingen: Max Niemeyer Verlag.

Göpferich, Susanne. 1995a. *Textsorten in Naturwissenschaften und Technik: pragmatische Typologie – Kontrastierung – Translation.* Tübingen: Guter Narr Verlag (Forum für Fremdsprachen-Forschung, Band 27).

– 1995b. „(Fach)Übersetzen vs. *Technical Writing*: Parallelen und Unterschiede." In: Budin, Gerhard (Hg.): *Mehrsprachigkeit in der Fachkommunikation, Vol. 1: Proceedings of the 10th European LSP Symposium,* 29. August–01. September 1995, Wien. Wien: Anton Riegelnik, 399–434.

– 1998. *Interkulturelles Technical Writing: Fachliches adressatengerecht vermitteln. Ein Lehr- und Arbeitsbuch.* Tübingen: Gunter Narr Verlag (Forum für Fachsprachen-Forschung, 40).

– 2000. „Aufgaben des Technischen Redakteurs im Übersetzungsmanagement. Übersetzungsgerechte Textproduktion." In: *Fachzeitschrift für Technische Dokumentation und Informationsmanagement*, 22. Jg., 4/2000, 4–8.

– 2001. „Von Hamburg nach Karlsruhe: Ein kommunikationsorientierter Bezugsrahmen zur Bewertung der Verständlichkeit von Texten." In: *Fachsprache/International Journal of LSP* 3–4, 2001, 117–138.

– 2002a. „Ein kommunikationsorientiertes Modell zur Bewertung der Qualität von Texten." In: Strohner, Hans & Roselore Brose (Hgg.): *Kommunikationsoptimierung: verständlicher - instruktiver - überzeugender.* Tübingen: Stauffenburg-Verlag (Stauffenburg Linguistik, Band 30), 45–66.

– 2002b. *Textproduktion im Zeitalter der Globalisierung. Entwicklung einer Didaktik des Wissenstransfers.* Tübingen: Stauffenburg Verlag (Studien zur Translation, Band 15).

– 2004. „Wie man aus Eiern Marmelade macht: Von der Translationswissenschaft zur Transferwissenschaft." In: Göpferich, Susanne & Jan Engberg (Hgg.): *Qualität fachsprachlicher Kommunikation.* Tübingen: Gunter Narr Verlag, 4–29.

– 2006. „Modifications in documentation processes and their impact on the work of technical communicators and translators and their training." In: *LSP & Professional Communication*, Vol. 6, Nr. 1, 2006, 38–51.

– 2007a. „Sprachstandard oder Kontrollmechanismus. Textqualität steuern mit kontrollierter Sprache." In: *Fachzeitschrift für Technische Dokumentation und Informationsmanagement*, 29. Jg., 4/2007, 16–21.

– ^{2}2007b. „Technische Kommunikation." In: Knapp, Karlfried et al. (Hgg.): *Angewandte Linguistik.* Tübingen, Basel: A. Francke Verlag, 143–165.

– ^{2}2007c. „Standardisierung von Kommunikation." In: Knapp, Karlfried et al. (Hgg.): *Angewandte Linguistik.* Tübingen, Basel: A. Francke Verlag, 479–502.

– 2008. *Translationsprozessforschung. Stand - Methoden - Perspektiven.* Tübingen: Gunter Narr Verlag (Translationswissenschaft, Band 4).

Gommlich, Klaus. 1997. „Can Translators learn two representational perspectives?" In: Danks, Joseph H. et al. (Hgg.): *Cognitive Processes in Translation and Interpeting.* Thousand Oaks [usw.]: Sage Publications (Applied Psychology, Vol. 3), 57–76.

Gotti, Fabrizio et al. 2005. „3GTM: A Third-Generation Translation Memory." In: *CLiNE*, 26. August 2005.

Gould, John D. & Nancy Grischkowsky. 1984. „Doing the same work with hard copy and cathode-ray tube (CRT) computer terminals." In: *Human Factors*, 26 (3), 323–337.

Gow, Francie. 2003. *Metrics for Evaluating Translation Memory Software*. MA Abschlussarbeit. Universität von Ottawa. <www.chandos.ca/Metrics_for_Evaluating_Translation_Memory_Software.pdf> (17.02.2015)

- 2006. „An Evaluation Methodology for Comparing Two Approaches to Search and Retrieval in Translation Memory Databases." In: Bowker, Lynne (Hg.): *Lexicography, Terminology, and Translation. Text-Based Studies in Honor of Ingrid Meyer*. Ottawa: University of Ottawa Press, 189–199.

Goyvaerts, Patrick. 1996. „Controlled English, curse or blessing? A user's perspective." In: *Proceedings of the 1st International Workshop on Controlled Language Applications (CLAW 96)*, 26.–27. März 1996, Centre for Computational Linguistics, Katholieke Universiteit Leuven, Leuven, 137–142.

Groeben, Norbert. 1972. *Die Verständlichkeit von Unterrichtstexten. Dimensionen und Kriterien rezeptiver Lernstadien*. Münster: Aschendorff Verlag (Arbeiten zur sozialwissenschaftlichen Psychologie, Heft 1).

- 1981. „Verständlichkeitsforschung unter Integrationsperspektive: Ein Plädoyer." In: Mandl, Heinz (Hg.): *Zur Psychologie der Textverarbeitung: Ansätze, Befunde, Probleme*. München [usw.]: Urban und Schwarzenberg, 367–385.

- 1982. *Leserpsychologie: Textverstehen - Textverständlichkeit*. Münster: Aschendorff Verlag.

Gröbler, Tamás, & Gábor Hodász & Balázs Kis. 2004. „MetaMorpho TM: A Rule-Based Translation Corpus." In: *Proceedings of the 4th International Conference on Language Resources and Evaluation*, 26.–28. Mai 2004, Lissabon, 339–342.

Grönroos, Mickel & Ari Becks. 2005. „Bringing Intelligence to Translation Memory Technology." In: *Proceedings of the 27th International Conference on Translating and the Computer*, 24.–25. November 2005. London: Aslib/IMI Information Management.

Grünwied, Gertrud & Andreas Kolb. 2010. „Usability-Studien zu multimedialer Dokumentation." In: Hennig, Jörg & Marita Tjarks-Sobhani (Hgg.): *Multimediale Technische Dokumentation*. Lübeck: Schmidt-Römhild Verlag (tekom Schriften zur Technischen Kommunikation, Band 14), 128–145.

Grupp, Josef. 2008. *Handbuch Technische Dokumentation: Produktinformationen rechtskonform aufbereiten, wirtschaftlich erstellen, verständlich kommunizieren*. München: Carl Hanser Verlag.

Günther, Udo. 1993. *Texte planen – Texte produzieren. Kognitive Prozesse der schriftlichen Textproduktion*. Opladen: Westdeutscher Verlag.

– 2011. „Früher war es besser ....“ In: Hennig, Jörg & Marita Tjarks-Sobhani (Hgg.): *Technische Kommunikation im Jahr 2041: 20 Zukunftsszenarien*. Lübeck: Schmidt-Römhild Verlag (tekom Schriften zur Technischen Kommunikation, Band 16), 138–146.

Guerberof Arenas, Ana. 2009. „Productivity and quality in the post-editing of outputs from translation memories and machine translation.“ In: *The International Journal of Localisation*, Vol. 7, Issue 1, 11–21.

Guillardeau, Daniel. 2009. *Freie Translation Memory Systeme für die Übersetzungspraxis: Ein kritischer Vergleich*. Diplomarbeit an der Universität Wien. <www.omegat.org/resources/DA_Guillardeau.pdf> (17.03.2015)

Gupta, Rohit et al. 2014a. „UoW: NLP Techniques Developed at the University of Wolverhampton for Semantic Similarity and Textual Entailment.“ In: *Proceedings of the 8th International Workshop on Semantic Evaluation (SemEval 2014)*, 23.–24. August 2014, Dublin, 785–789.

– 2014b. „Intelligent Translation Memory Matching and Retrieval Metric Exploiting Linguistic Technology.“ In: *Translating and the Computer 36*, 27.–28. November 2014, London, 86–89.

Haas, Christina. 1989a. „‘Seeing it on the screen isn’t really seeing it’: Computer Writers’ Reading Problems.“ In: Hawisher, Gail E. & Cynthia L. Selfe (Hgg.): *Critical Perspectives on Computers on Composition Instruction*. New York, London: Teachers College Press, 16–29.

– 1989b. „How the writing medium shapes the writing process: Effects of word processing on planning.“ In: *Research in the Teaching of English*, 23, 181–207.

– 1996. *Writing technology: studies on the materiality of literacy*. New Jersey: Lawrence Erlbaum Associates.

Hacker, David J. et al. 1994. „Text revision: Detection and correction of errors.“ In: *Journal of Educational Psychology*, Nr. 86, 65–78.

Haller, Johann. 1996. „Elemente eines multilingualen Dokumentationssystems.“ In: Lauer, A. [et al.] (Hgg.): *Übersetzungswissenschaft im Umbruch: Festschrift für Wolfram Wilss zum 70. Geburtstag*. Tübingen: Gunter Narr Verlag, 147–153.

– 1999. „Maschinelle Übersetzung – Projekte und Perspektiven.“ In: Gil, Alberto et al. (Hgg.): *Modelle der Translation: Grundlagen für Methodik, Bewertung, Computermodellierung*. Frankfurt [usw]: Peter Lang Verlag (Saarbrücker Beiträge zur Sprach- und Translationswissenschaft, Bd. 1), 121–135.

– 2000a. „Sprachtechnologie für die Automobildokumentation.“ In: Wilss, Wolfram (Hg.): *Weltgesellschaft, Weltverkehrssprache, Weltkultur: Globalisierung versus Fragmentierung*. Tübingen: Stauffenburg-Verlag, 250–263.

– 2000b. „MULTIDOC – Authoring Aids for Multilingual Technical Documentation." In: *First Congress of Specialized Translation*, März 2000, Barcelona. <www.iai-sb.de/docs/bcn.pdf> (26.02.2015)

– 2009. „Authoring Memory and Language Control: Interaction and Synergy Effects." In: *Vortrag auf der tekom-Jahrestagung 2009*, 04.–06. November 2009, Wiesbaden. <www.tekom.de> → Tagungsportale → Bisherige Tagungen (12.10.2013)

– 2011. *Kombinierter Einsatz von CLAT (IAI) und ERRORSPY (DOG) zur Übersetzungsoptimierung*. Unveröffentlichtes Dokument.

Handler, Peter. 2005. „Stilanweisungen im Medienwandel." In: Jakobs, Eva-Maria & Katrin Lehnen & Kirsten Schindler (Hgg.): *Schreiben am Arbeitsplatz*. Wiesbaden: VS Verlag für Sozialwissenschaften, 127–152.

Hansen, Gyde. 2002a. „Selbstaufmerksamkeit im Übersetzungsprozess." In: Hansen, Gyde (Hg.): *Empirical Translation Studies: Process and Product*. Copenhagen: Samfundslitteratur (Copenhagen Studies in Language 27), 9–27.

– 2002b. „Zeit und Qualität im Übersetzungsprozess." In: Hansen, Gyde (Hg.): *Empirical Translation Studies: Process and Product*. Copenhagen: Samfundslitteratur (Copenhagen Studies in Language 27), 29–54.

– 2003. „Controlling the process. Theoretical and methodological reflections on research into translation processes." In: Alves, Fabio (Hg.): *Triangulating Translation*. Amsterdam, Philadelphia: John Benjamins Publishing Company, 25–42.

– 2006. *Erfolgreich Übersetzen. Entdecken und Beheben von Störquellen*. Tübingen: Gunter Narr Verlag.

– 2010. „Translation ‚errors'." In: Shreve, Gregory M. & Erik Angelone. 2010. *Translation and Cognition*. Amsterdam, Philadelphia: John Benjamins Publishing Company, 385–388.

Hansen-Schirra, Silvia. 2012. „Nutzbarkeit von Sprachtechnologien für die Translation." In: *trans-kom* 5 [2], 211–226.

Hart-Davidson, William. 2013. „What Are the Work Patterns of Technical Communication?" In: Johnson-Eilola, Johndan & Stuart A. Selber (Hgg.): *Solving Problems in Technical Communication*. Chicago, London: The University of Chicago Press, 50–74.

Hartley, Anthony & Cécile Paris. 1996. „Automatic text generation for software development and use." In: Somers, Harold L. (Hg.): *Terminology, LSP and Translation: studies in language engineering in honour of Juan C. Sager*. Amsterdam, Philadelphia: John Benjamins Publishing Company, 221–242.

Hartley, James. 2007. „Longitudinal Studies of the Effects of New Technologies on Writing: Two Case Studies." In: Rijlaarsdam, Geert et al. (Hgg.): *Writing and cognition: Research and applications*. Amsterdam: Elsevier (Studies in Writing, Nr. 20), 293–305.

Hary, Verena. 2001. *Automatische Indexierung: Darstellung und Analyse eines linguistischen Indexierungsverfahrens anhand wirtschaftswissenschaftlicher Texte.* Unveröffentlichte Diplomarbeit an der Universität des Saarlandes, Fachbereich 4.6 „Angewandte Sprachwissenschaft sowie Übersetzen und Dolmetschen".

Hawisher, Gail E. 1989. „Research and Recommendations for Computers and Composition." In: Hawisher, Gail E. & Cynthia L. Selfe (Hgg.): *Critical Perspectives on Computers and Composition Instruction*. New York: Teachers College Press, 44–67.

Hayes, John R. 1989. „Writing Research: The Analysis of a Very Complex Task." In: Klahr, David & Kenneth Kotovsky (Hgg.): *Complex Information Processing. The Impact of Herbert A. Simon*. Hillsdale: Lawrence Erlbaum Associates, 209–234.

– 1996. „A New Framework for Understanding Cognition and Affect in Writing." In: Levy, Michael & Sarah Ransdell (Hgg.): *The science of writing: Theories, methods, individual differences, and applications*. New Jersey: Lawrence Erlbaum Associates, 1–27.

– 1999. „What Triggers Revision?" In: Allal, Linda & Lucile Chanquoy & Pierre Largy (Hgg.): *Revision: Cognitive and Instructional Processes*. Boston [usw.]: Kluwer Academic Publishers, 9–20.

– 2012. „Modeling and Remodeling Writing." In: *Written Communication* 29 (3), 369–388.

– / & Linda S. Flower. 1980. „Identifying the Organization of Writing Processes." In: Gregg, Lee W. & Erwin R. Steinberg. (Hgg.): *Cognitive processes in writing*. Hillsdale: Lawrence Erlbaum Associates, 3–30.

– et al. 1987. „Cognitive processes in revision." In: Rosenberg, Sheldon (Hg.): *Advances in applied psycholinguistics, Volume 2: Reading, Writing, and language learning*. Cambridge [usw.]: Cambridge University Press, 176–240.

He, Yifan et al. 2010a. „Integrating N-best SMT Outputs into a TM system." In: *Proceedings of the 23rd International Conference on Computational Linguistics*, 23.–27. August 2010, Beijing, 374–382.

– 2010b. „Bridging SMT and TM with Translation Recommendation." In: *Proceedings of the 48th Annual Meeting of the Association for Computational Linguistics*, 11.–16. Juli 2010, Uppsala, 622–630.

– 2010c. „Improving Post-Editing Experience using Translation Recommendation: A User Study." In: *Proceedings of the 9th Conference of the Association for Machine Translation in the Americas (AMTA 2010)*, 31. Oktober–4. November 2010, Denver. <http://amta2010.amtaweb.org/AMTA/papers/2-27-HeMaEtal.pdf> (19.03.2015)

– 2011. „Rich Linguistic Features for Translation Memory-Inspired Consistent Translation." In: *Proceedings of the 13th Machine Translation Summit*, 19.–23.09.2011, Xiamen, China, 456–463.

Hebling, Uta. 2002. *Controlled Language am Beispiel des Controlled English*. Trier: Wissenschaftlicher Verlag.

Heine, Carmen. 2010. *Modell zur Produktion von Online-Hilfen*. Berlin: Frank & Timme GmbH (Forum für Fachsprachen-Forschung, Band 90).

Heinemann, Wolfgang & Dieter Viehweger. 1991. *Textlinguistik: eine Einführung*. Tübingen: Max Niemeyer Verlag (Reihe Germanistische Linguistik, Band 115).

Heijnk, Stefan. 1997. *Textoptimierung für Printmedien. Theorie und Praxis journalistischer Textproduktion*. Opladen: Westdeutscher Verlag.

Hellmich, Heike. 2015. „Leitfaden nach Wunsch." In: *Zeitschrift für technische Kommunikation*, 01/2015, 28–32.

Henderson, Ian. 2010. „Streamlining Internationalization and Localization." In: *MultiLingual*, April/Mai 2010, 4–6.

Hennig, Jörg & Marita Tjarks-Sobhani. 2014. *Technische Kommunikation und mobile Endgeräte*. Stuttgart: Verlag tcworld GmbH (tekom Schriften zur Technischen Kommunikation, Band 19).

Heringer, Hans-Jürgen. 1983. „Criteria of understanding and understandability." In: Rickheit, Gert & Michael Bock (Hgg.): *Psycholinguistic Studies in Language Processing*. Berlin, New York: Walter de Gruyter Verlag (Research in text theory, Vol. 7), 259–265.

Hewavitharana, Sanjika & Stephan Vogel & Alex Waibel. 2005. „Augmenting a Statistical Translation System with a Translation Memory." In: *Proceedings of the 10th Annual Conference of the European Association for Machine Translation*, 30.–31. Mai 2005, Budapest. <www.mt-archive.info/EAMT-2005-Hewavitharana.pdf> (20.09.2015)

Heyn, Matthias. 1996. „Integrating Machine Translation into Translation Memory Systems." In: *Proceedings of the EAMT Machine Translation Workshop TKE '96*, 29.–30. August 1996, Wien, 113–126.

Hill, Charles A. & David L. Wallace & Christina Haas. 1991. „Revising On-Line: Computer Technologies and the Revising Process." In: *Computers and Composition* 9 (1), November 1991, 83–109.

Hindelang, Götz. [5]2010. *Einführung in die Sprechakttheorie. Sprechakte, Äußerungsformen, Sprechaktsequenzen*. Berlin, New York: Walter de Gruyter (Germanistische Arbeitshefte, Band 27).

Hoard, James E. & Richard Wojcik & Katherina Holzhauser. 1992. „An Automated Grammar and Style Checker for Writers of Simplified English." In:

O'Brian Holt, Patrik & Noel Williams (Hgg.): *Computers and Writing: State of the Art*. Dordrecht [usw.]: Kluwer Academic Publishers, 278–296.

Hodász, Gábor. 2006a. „Evaluation Methods of a Linguistically Enriched Translation Memory System". In: *Proceedings of the 5th International Conference on Language Resources and Evaluation, LREC*, 22.–28. Mai 2006, 2044–2047. <www.mt-archive.info/LREC-2006-Hodasz.pdf> (13.05.15)

– 2006b. „Towards a Comprehensive evaluation method of Memory-Based Translation Systems." In: *Proceedings of the 11th Annual Conference of the European Association for Machine Translation*, 19.–20.06.2006, Oslo. <www.mt-archive.info/EAMT-2006-Hodasz.pdf> (13.05.2015)

– / & Tamás Gröbler & Balász, Kis. 2004. „Translation Memory as a Robust Example-Based Translation System." In: *Proceedings of the 9th International EAMT Workshop, 26.–27.04.2004, Valletta*, 82–89. <www.mt-archive.info/00/EAMT-2004-Hodasz.pdf> (13.05.2015)

– / & Gábor Pohl. 2005. „MetaMorpho TM: a linguistically enriched Translation Memory." In: *International Workshop 'Modern Approaches in Translation Technologies 2005'*, 24.09.2005, Borovets, Bulgarien, 26–30. <www.mt-archive.info/RANLP-2005-Hodasz.pdf> (25.05.2015)

Hoffmann, Lothar & Hartwig Kalverkämper & Herbert Ernst Wiegand. 1999. *Fachsprachen: Ein internationales Handbuch zur Fachsprachenforschung und Terminologiewissenschaft. 2. Halbband.* Berlin, New York: Walter de Gruyter (Handbücher zur Sprach- und Kommunikationswissenschaft, Band 14).

Hoffmann, Walter & Brigitte G. Hölscher & Ulrich Thiele. 2002. *Handbuch für technische Autoren und Redakteure. Produktinformation und Dokumentation im Multimedia-Zeitalter*. Berlin, Offenbach: VDE-Verlag.

Hoffmeister, Ana. 2012. *Qualitätssicherung in der Technischen Dokumentation: am Beispiel der Volkswagen AG „After-Sales-Technik"*. Dissertation an der Universität des Saarlandes. Frankfurt am Main [usw.]: Peter Lang Verlag (Saarbrücker Beiträge zur Sprach- und Translationswissenschaft, Band 24).

Hollan, James & Edwin Hutchins & David Kirsh. 2000. „Distributed Cognition: Toward a New Foundation for Human-Computer Interaction Research." In: *ACM Transactions on Computer-Human Interaction*, Vol. 7, Nr. 2, Juni 2000, 174–196.

Holmback, Heather & Serena Shubert & Jan Spyridakis. 1996. „Issues in Conducting Empirical Evaluations of Controlled Languages." In: *Proceedings of the 1st International Workshop on Controlled Language Applications (CLAW 96)*, 26.–27. März 1996, Centre for Computational Linguistics, Katholieke Universiteit Leuven, Leuven, 166–176.

Hong, Munpyo & Sisay Fissaha & Johann Haller. 2001. „Hybrid filtering for extraction of term candidates from German technical texts." In: *Proceedings of the 4th Terminology and Artificial Intelligence Conference (TIA 2001)*, 3.–4. Mai 2001, Nancy. <www.iai-sb.de/docs/term_extract.pdf> (26.02.2015)

Horn, Robert E. 1989. *Mapping Hypertext: The Analysis, Organization, and Display of Knowledge for the Next Generation of On-Line Text and Graphics.* Lexington: The Lexington Institute.

– 1992. *How High Can it Fly. Examining the Evidence on Information Mapping's Method of High Performance Communication.* Lexington: The Lexington Institute.

Huang, Jin-Xia & Wei Wang & Ming Zhou. 2003. „A Unified Statistical Model for Generalized Translation Memory System." In: *Proceedings of the 8th Machine Translation Summit*, 23.–27. September 2003, New Orleans. <www.mt-archive.info/MTS-2003-Huang.pdf> (26.06.2015)

Huijsen, Willem-Olaf. 1998. „Controlled Language – An Introduction." In: *Proceedings of the 2nd International Workshop on Controlled Language Applications (CLAW 98)*, 21.–28. Mai 1998, Language Technologies Institute, Carnegie Mellon Universität, Pittsburgh.

Hurst, Sophie. 2008. „Trends in automated translation in today's global business." In: *Proceedings of the 8th International Conference of the Association for Machine Translation in the Americas (AMTA)*, 21.–25. Oktober 2008, Hawaii, 394–396. <www.mt-archive.info/AMTA-2008-Hurst.pdf> (08.09.2015)

– 2009. „Survey results: Are companies managing terms effectively?" In: *tc world*, April 2009, 6.

Hurtado Albir, Amparo. 2010. „Competence". In: Gambier, Yves & Luc van Doorslaer (Hgg.): *Handbook of Translation Studies, Volume 1.* Amsterdam, Philadelphia: John Benjamins Publishing Company, 55–59.

Hutchins, Edwin. 2000. *Distributed Cognition.* <http://hip.cntb.webfactional.com/hip-site/uploads/2014/07/Hutchins_DistributedCognition.pdf> (03.09.2015)

Hutchins, John. 1998. „The Origins of the translator's workstation." In: *Machine Translation*, Band 13, Nr. 4, 287–307.

– 2003. „ALPAC. The (In)Famous Report." In: Nirenburg, Sergej & Harold L. Somers & Yorick Wilks (Hgg.): *Readings in Machine Translation.* Cambridge [usw.]: MIT Press, 131–135.

– / & Harold L. Somers. 1992. *An Introduction to Machine Translation.* London [usw.]: Academic Press.

Immonen, Sini. 2006. „Translation as a writing process." In: *Target* 18: 2, 313–335.

– / & Jukka Mäkisalo. 2010. „Pauses Reflecting the Processing of Syntactic Units in Monolingual Text Production and Translation." In: *Hermes – Journal of Language and Communication Studies*, Nr. 44, 45–61.

Jääskeläinen, Riitta. 1999. *TAPPING THE PROCESS: An Explorative Study of the Cognitive and Affective Factors Involved in Translating*. Joensuu: Joensuun yliopisto (University of Joensuu Publications in the Humanities, Nr. 22).

– 2010a. „Are all professionals experts?" In: Shreve, Gregory M. & Erik Angelone (Hgg.): *Translation and Cognition*. Amsterdam, Philadelphia: John Benjamins Publishing Company, 213–227.

– 2010b. „Think-aloud protocol." In: Gambier, Yves & Luc van Doorslaer (Hgg.): *Handbook of Translation Studies, Volume 1*. Amsterdam, Philadelphia: John Benjamins Publishing Company, 371–373.

Jahr, Silke. 2007. „Vom Fachwissen zum technischen Text. Prinzipien der Vertextung." In: Villiger, Claudia & Heidrun Gerzymisch-Arbogast (Hgg.): *Kommunikation in Bewegung. Multimedialer und multilingualer Wissenstransfer in der Experten-Laien-Kommunikation*. Frankfurt am Main: Peter Lang Verlag, 37–56.

Jakobs, Eva-Maria. 2005. „Writing at Work. Fragen, Methoden und Perspektiven einer Forschungsrichtung." In: Jakobs, Eva-Maria & Katrin Lehnen & Kirsten Schindler (Hgg.): *Schreiben am Arbeitsplatz*. Wiesbaden: VS Verlag für Sozialwissenschaften, 13–40.

Jakobsen, Arnt Lykke 1999. „Logging target text production with *Translog*." In: Hansen, Gyde (Hg.): *Probing the process in translation: methods and results*. Frederiksberg: Samfundslitteratur (Copenhagen Studies in Language 24), 9–20.

– 2002. „Translation drafting by professional translators and by translation students." In: Hansen, Gyde (2006): *Empirical Translation Studies: Process and Product*. Copenhagen: Samfundslitteratur (Copenhagen Studies in Language 27).

– 2003a. „Effects of think aloud on translation speed, revision, and segmentation." In: Alves, Fabio (Hg.): *Triangulating Translation*. Amsterdam, Philadelphia: John Benjamins Publishing Company, 69–95.

– 2003b. „Investigating expert translators' processing knowledge." In: Dam, Helle V. & Jan Engberg & Heidrun Gerzymisch-Arbogast (Hgg.): *Knowledge Systems and Translation*. Berlin, New York: Mouton de Gruyter, 173–192.

– 2006. „Research Methods in Translation – Translog." In: Sullivan, Kirk P.H. & Eva Lindgren (Hgg.): *Computer Keystroke Logging and Writing: Methods and Applications*. Amsterdam [usw.]: Elsevier, 95–105.

Jansen, Carel. 1994. „Computerised writing aids: do they really help?" In: Steehouder, Michael et al. (Hgg.): *Quality of Technical Documentation*. Amsterdam, Atlanta: Rodopi (Utrecht Studies in Language and Communication), 239–248.

Janssen, Daniël & Luuk van Waes & Huub van den Bergh. 1996. „Effects of Thinking Aloud on Writing Processes." In: Levy, Michael & Sarah Ransdell (Hgg.): *The science of writing: Theories, methods, individual differences, and applications*. New Jersey: Lawrence Erlbaum Associates, 233–250.

Jensen, Astrid. 2000. *The Effects of Time on Cognitive Processes and Strategies in Translation*. Dissertation an der Copenhagen Business School, Dänemark.

Johnson-Laird, Philip. 1983. *Mental Models. Towards a Cognitive Science of Language, Inference and Consciousness*. Cambridge [usw.]: Cambridge University Press.

Joy, Lorna. 2002. „Translating tagged text – imperfect matches and a good finished job." In: *Proceedings of the 24th International Conference on Translating and the Computer*, 21.–22. November 2002, London.

Juhl, Dietrich. 2008. „Zielprogrammierung – fertige Strukturen für Bedienungsanleitungen." In: Muthig, Jürgen (Hg.): *Standardisierungsmethoden für die Technische Dokumentation*. Lübeck: Schmidt-Römhild Verlag (tekom Hochschulschriften, Band 16), 123–242.

Jurafsky, Daniel & James H. Martin. ²2009. *Speech and language processing: an introduction to natural language processing, computational linguistics, and speech recognition*. Upper Saddle River: Pearson.

Kamprath, Christine et al. 1998. „Controlled Language for Multilingual Document Production: Experience with Caterpillar Technical English." In: *Proceedings of the 2nd International Workshop on Controlled Language Applications (CLAW 98)*, 21.–28. Mai 1998, Language Technologies Institute, Carnegie Mellon Universität, Pittsburgh.

Kanavos, Panagiotis & Dimitrios Kartsaklis. 2010. „Integrating Machine Translation with Translation Memory: A Practical Approach." In: *Proceedings of the 2nd Joint EM + CNGL Workshop 'Bringing MT to the User: Research on Integrating MT in the Translation Industry'*, 04.11.2010, Denver, 11–20.

Kastberg, Peter. 2007. „Knowledge communication – the emergence of a third order discipline." In: Villiger, Claudia & Heidrun Gerzymisch-Arbogast (Hgg.): *Kommunikation in Bewegung. Multimedialer und multilingualer Wissenstransfer in der Experten-Laien-Kommunikation*. Frankfurt am Main: Peter Lang Verlag, 7–24.

Kaufer, David & John Hayes & Linda Flower. 1986. „Composing written sentences." In: *Research in the Teaching of English*, Nr. 20, 121–140.

Kay, Martin. 1980. *The Proper Place of Men and Machines in Language Translation*. Xerox Palo Alto Research Center, Oktober 1980. <http://www.mt-archive.info/Kay-1980.pdf> (15.09.15)

Keller, Nicole. 2011a. „Durchblick für Einsteiger.“ In: *MDÜ - Fachzeitschrift für Dolmetscher und Übersetzer*, 05/2011. Berlin: BDÜ, 10–14.

– 2011b. „Neun auf einen Blick.“ In: *MDÜ - Fachzeitschrift für Dolmetscher und Übersetzer*, 05/2011. Berlin: BDÜ, 16–37.

– 2015. „Computergestützte Qualitätsprüfungen. Ersatz für das zweite Augenpaar?” In: *MDÜ - Fachzeitschrift für Dolmetscher und Übersetzer*, 4/14, 34–38.

Kellogg, Ronald T. 1988. „Attentional overload and writing performance: Effects of rough draft and outline strategies.“ In: *Journal of Experimental Psychology: Learning, Memory & Cognition*, 14, 355–365.

– 1992. „Designing Idea Processors for Document Composition.“ In: Hartley, James (Hg.): *Technology and Writing: Readings in the Psychology of Written Communications*. London, Philadelphia: Jessica Kingsley Publishers, 181–199.

– 1996. „A Model of Working Memory in Writing.“ In: Levy, Michael & Sarah Ransdell (Hgg.): *The Science of Writing. Theories, Methods, Individual Differences, and Applications*. Mahwah: Lawrence Erlbaum Associates, 57–72.

– 2001. „Competition for Working Memory among Writing Processes.“ In: *The American Journal of Psychology*, Vol. 114, Nr. 2, 175–191.

– 2008. „Training writing skills: A cognitive developmental perspective.“ In: *Journal of Writing Research*, Vol. 1, Nr. 1, 1–26.

– / et al. 2013. „Working Memory in Written Composition: An Evaluation of the 1996 Model.“ In: *Journal of Writing Research*, 5 (2), 159–190.

Kelter, Stephanie & Barbara Kaup. 1995. „Räumliche Vorstellungen und Textverstehen. Neuere Entwicklungen der Theorie mentaler Modelle.“ In: Spillner, Bernd (Hg.): *Sprache: Verstehen und Verständlichkeit*. Frankfurt am Main [usw.]: Peter Lang Verlag (Kongressbeiträge zur 25. Jahrestagung der Gesellschaft für Angewandte Linguistik GAL e.V.), 70–82.

Kintsch, Walter. 1974. *The representation of meaning in memory*. Hillsdale: Lawrence Erlbaum Associates.

– 1992. „How Readers Construct Situation Models for Stories: The Role of Syntactic Cues and Causal Inferences.“ In: Healy, Alice F. & Stephen M. Kosslyn & Richard M. Shiffrin (Hgg.): *From Learning Processes to Cognitive Processes. Essays in Honor of William K. Estes (Volume 2)*. Hillsdale: Lawrence Erlbaum Associates, 261–178.

– 1998. *Comprehension: a paradigm for cognition*. Cambridge: Cambridge University Press.

– / & Teun A. van Dijk. 1978. „Toward a Model of Text Comprehension and Production.“ In: *Psychological Review, Vol. 85, Nr. 5, September 1978*, 363–394.

– / & Douglas Vipond. 1979. „Reading Comprehension and Readability in Educational Practice and Psychological Theory." In: Nilsson, Lars-Göran (Hg.): *Perspectives on Memory Research: Essays in Honor of Uppsala University's 500th Anniversary*. Hillsdale: Lawrance Erlbaum Associates.

Kiraly, Donald C. 1995. *Pathways to Translation: Pedagogy and Process*. Kent: The Kent State University Press.

Klare, George R. 1963. *The Measurement of Readability*. Iowa: Iowa State University Press.

– 1976. „A Second Look at the Validity of Readability Formulas." *In: Journal of Reading Behavior*, Vol. 8, Nr. 2, 129–152.

Kleimann, Susan. 1993. „The Reciprocal Relationship of Workplace Culture and Review." In: Spilka, Rachel (Hg.): *Writing in the Workplace*. Carbondale und Edwardsville: Southern Illinois University Press, 56–70.

Klein, Perry D. & Tracey L. Leacock. 2012. „Distributed Cognition as a Framework for Understanding Writing." In: Wise Berninger, Virginia (Hg.): *Past, Present and Future Contributions of Cognitive Writing Research to Cognitive Psychology*. New York: Psychology Press, 133–152.

Knops, Uus & Bart Deporteere. 1998. „Controlled Language and Machine Translation." In: *Proceedings of the 2nd International Workshop on Controlled Language Applications (CLAW 98)*, 21.–22. Mai 1998, Language Technologies Institute, Carnegie Mellon Universität, Pittsburgh, 42–50.

Koehn, Philipp. 2009. *A Process Study of Computer Aided Translation*. <http://homepages.inf.ed.ac.uk/pkoehn/publications/caitra-journal.pdf> (25.06.2015)

– 2010a. „Enabling Monolingual Translators: Post-Editing vs. Options." In: *The 2010 Annual Conference of the North American Chapter of the ACL*, Juni 2010, Los Angeles, 537–545. <www.aclweb.org/anthology/N10–1078> (19.03.2015)

– 2013. CASMACAT – *Cognitive Analysis and Statistical Methods for Advanced Computer Aided Translation – Final Public Report*. <www.casmacat.eu> (16.03.2015)

– / & Barry Haddow. 2009. „Interactive Assistance to Human Translator using Statistical Machine Translation Methods." In: *Proceedings of the 12th Machine Translation Summit*, 26.–30. August 2009, Ottawa. <www.mt-archive.info/MTS-2009-Koehn-2.pdf> (24.06.2015)

– / & Jean Senellart. 2010b. „Convergence of Translation Memory and Statistical Machine Translation." In: *Proceedings of the 9th Conference of the Association for Machine Translation in the Americas*, 31. Oktober–04. November 2010, Denver. <http://homepages.inf.ed.ac.uk/pkoehn/publications/tm-smt-amta2010.pdf> (25.06.2015)

Kohl, John R. 1999. „Improving Translatability and Readability with Syntactic Cues." In: *Technical Communication*, 1999/2, 149–166.

– 2008. *The Global English Style Guide. Writing Clear, Translatable Documentation for a Global Market.* Cary: SAS Institute Inc.

Kranias, Lambros & Anna Samiotu. 2004. „Automatic Translation Memory Fuzzy Match Post-Editing: A Step beyond Traditional TM/MT Integration." In: *Proceedings of the 4th International Conference on Language Resources and Evaluation*, 26.–30. Mai 2004, Lissabon, 331–334. <www.mt-archive.info/LREC-2004-Kranias.pdf> (25.06.2015)

Krings, Hans P. 1986. *Was in den Köpfen von Übersetzern vorgeht: eine empirische Untersuchung zur Struktur des Übersetzungsprozesses an fortgeschrittenen Französischlernern.* Tübingen: Gunter Narr Verlag (Tübinger Beiträge zur Linguistik, 291).

– 1987. „The Use of Introspective Data in Translation." In: Færch, Claus & Gabriele Kasper (Hgg.): *Introspection in Second Language Research.* Philadelphia: Multilingual Matters, 159–176.

– 1992. „Schwarze Spuren auf weißem Grund – Fragen, Methoden und Ergebnisse der empirischen Schreibprozeßforschung im Überblick." In: Krings, Hans P. & Gerd Antos (Hgg.): *Textproduktion: neue Wege der Forschung.* Trier: WVT Wissenschaftlicher Verlag, 45–110.

– 1996. „Wieviel Wissenschaft brauchen Technische Redakteure? Zum Verhältnis von Wissenschaft und Praxis in der Technischen Dokumentation." In: Krings, Hans P. (Hg.): *Wissenschaftliche Grundlagen der technischen Kommunikation.* Tübingen: Gunter Narr Verlag (Forum für Fremdsprachen-Forschung, Band 32), 5–128.

– 2001. *Repairing Texts: Empirical Investigations of Machine Translation Post-Editing Processes.* Kent [usw.]: Kent State University Press (Translation Studies, Band 5).

– 2005. „Wege ins Labyrinth – Fragestellungen und Methoden der Übersetzungsprozessforschung im Überblick." In: *Meta: Translator's Journal*, Vol. 50, Nr. 2, 2005, 342–358.

Krömker, Heidi & Marcel Norbey. 2011. „Utility, Usability and User Experience 2041: Ein Traum wird wahr." In: Hennig, Jörg & Marita Tjarks-Sobhani (Hgg.): *Technische Kommunikation im Jahr 2041: 20 Zukunftsszenarien.* Lübeck: Schmidt-Römhild Verlag (tekom Schriften zur Technischen Kommunikation, Band 16), 110–122.

Krollmann, Friedrich. 1971. „Linguistic Data Banks and the Technical Translator." In: *Meta: Translators' Journal*, Vol. 16, Nr. 1–2, 117–124.

Krüger, Manfred & Wolfgang Ziegler. 2008. „Standards für strukturierte technische Informationen – ein Überblick." In: Muthig, Jürgen (Hg.): *Standardisierungsmethoden für die Technische Dokumentation.* Lübeck: Schmidt-Römhild Verlag (tekom Hochschulschriften, Band 16), 11–40.

Kühnlein, Ralf. 2013. *Nutzerverhalten-basierte Optimierung einer linguistischen KI.* Diplomarbeit an der Freien Universität Berlin. <www.inf.fu-berlin.de/inst/ag-ki/rojas_home/documents/Betreute_Arbeiten/Diplomarbeit_Kuehnlein.pdf> (16.09.2015)

Kuhn, Tobias. 2014. „A Survey and Classification of Controlled Natural Languages." In: *Computational Linguistics*, März 2014, Vol. 14, Nr. 1, 121–170.

Lagoudaki, Elina. 2008. „The Value of Machine Translation for the Professional Translator." In: *Proceedings of the 8th Conference of the Association for Machine Translation in the Americas*, 21.–25.10.2008, Hawaii, 262–269.

Langer, Inghard et al. 1973. „Merkmale der Verständlichkeit schriftlicher Informations- und Lehrtexte." In: *Zeitschrift für Experimentelle und Angewandte Psychologie*, Band XX, Heft 2, 1973. Göttingen: Verlag für Psychologie, 269–286.

Langer, Inghard & Friedemann Schulz von Thun & Reinhard Tausch. 1974. *Verständlichkeit in Schule, Verwaltung, Politik und Wissenschaft – mit einem Selbsttrainingsprogramm zur verständlichen Gestaltung von Lehr- und Informationstexten.* München & Basel: Ernst Reinhardt Verlag.

Langlais, Philippe & Michel Simard. 2002. „Merging Example-Based and Statistical Machine Translation: An Experiment." In: *Proceedings of MT Summit V 'From Research to Real Users'*, 08.–12. Oktober 2002, Tiburon.

Laviosa, Sara. 2010. „Corpora." In: Shreve, Gregory M. & Erik Angelone (Hgg.): *Translation and Cognition.* Amsterdam, Philadelphia: John Benjamins Publishing Company, 80–86.

Lay, Mary M. & William M. Karis. 1991. *Collaborative Writing in Industry: Investigations in Theory and Practice.* Amityville: Baywood Publishing Company.

Lehmann, Sabine et al. 2012. „Applying CNL Authoring Support to Improve Machine Translation on Forum Data." In: Kuhn, Tobias & Norbert E. Fuchs (Hgg.): *Controlled Natural Language. Proceedings of the 3rd International Workshop, CNL 2012*, 29.–31. August 2012, Zürich. Wiesbaden [usw.]: Springer Verlag, 1–10.

Lehrndorfer, Anne. 1996a. *Kontrolliertes Deutsch: Linguistische und sprachpsychologische Leitlinien für eine (maschinell) kontrollierte Sprache in der Technischen Dokumentation.* Tübingen: Gunter Narr Verlag (Tübinger Beiträge zur Linguistik, 415).

– 1996b. „Kontrollierte Sprache für die Technische Dokumentation – Ein Ansatz für das Deutsche." In: Krings, Hans P. (Hg.): *Wissenschaftliche Grundlagen der technischen Kommunikation.* Tübingen: Gunter Narr Verlag (Forum für Fremdsprachen-Forschung, Band 32), 339–368.

– 2007. „Wissenschaftlichkeit in der Technischen Kommunikation." In: Freudenfeld, Regina & Britta Nord (Hgg.): *Professionell kommunizieren. Neue Berufsfelder – Neue Vermittlungskonzepte.* Hildesheim [usw.]: Georg Olms Verlag.

– 2013. „Zielgruppenspezifisches Texten in Technischer Dokumentation." In: Hennig, Jörg & Marita Tjarks-Sobhani (Hgg.): *Zielgruppen für Technische Kommunikation.* Lübeck: Schmidt-Römhild Verlag (tekom Schriften zur Technischen Kommunikation, Band 17), 111–129.

– / & Marita Tjarks-Sobhani. 2001. „Schreibprozess-Steuerung durch sprachliche Standardisierungen in der technischen Dokumentation." In: Möhn, Dieter & Dieter Roß & Marita Tjarks-Sobhani (Hgg.): *Mediensprache und Medienlinguistik: Festschrift für Jörg Hennig.* Frankfurt [usw.]: Peter Lang Verlag (Sprache in der Gesellschaft, Band 26), 145–166.

– / & Ursula Reuther. 2008. „Kontrollierte Sprache – standardisierte Sprache?" In: Muthig, Jürgen (Hg.): *Standardisierungsmethoden für die Technische Dokumentation.* Lübeck: Schmidt-Römhild Verlag (tekom Hochschulschriften, Band 16), 97–121.

Leijten, Mariëlle & Luuk van Waes. 2006. „Inputlog: New Perspective on the Logging of On-Line Writing Processes in a Windows Environment." In: Sullivan, Kirk P.H. & Eva Lindgren (Hgg.): *Computer Keystroke Logging and Writing: Methods and Applications.* Amsterdam [usw.]: Elsevier, 73–93.

– / & Sarah Ransdell. 2010. „Correcting Text Production Errors: Isolating the Effects of Writing Mode From Error Span, Input Mode, and Lexicality." In: *Written Communication*, Vol. 27, Nr. 2, 189–227.

Leijten, Mariëlle & Sven de Maeyer & Luuk van Waes. 2011. „Coordinating sentence composition with error correction: A multilevel analysis." In: *Journal of Writing Research*, Vol. 2, Nr. 3, 331–363.

Lentz, Leo & Henk Pander Maat. 1992. „Evaluating text quality: reader-focused or text-focused?" In: Pander Maat, Henk & Michaël Steehouder (Hgg.): *Studies of functional text quality.* Amsterdam, Atlanta: Editions Rodopi, 101–114.

Levenshtein, Vladimir. 1966. „Binary codes capable of correcting deletions, insertions and reversals." In: *Soviet Physics Doklady*, Vol. 10, 205–207.

Lewis, Terence. 1999. „The Best of Both Worlds – or will two mongrels ever make a pedigree." In: *Proceedings of the 21st International Conference on Translating and the Computer*, 10–11. November 1999. London: Aslib.

Ley, Martin. 2005. *Kontrollierte Textstrukturen. Ein (linguistisches) Informationsmodell für die Technische Kommunikation*. Dissertation an der Justus-Liebig-Universität Gießen.

Lindgren, Eva & Kirk P.H. Sullivan. 2006a. „Writing and the Analysis of Revision: An Overview." In: Sullivan, Kirk P.H. & Eva Lindgren (Hgg.): *Computer Keystroke Logging and Writing: Methods and Applications*. Amsterdam [usw.]: Elsevier, 30–44.

– 2006b. „Analysing Online Revision". In: Sullivan, Kirk P.H. & Eva Lindgren (Hgg.): *Computer Keystroke Logging and Writing: Methods and Applications*. Amsterdam [usw.]: Elsevier, 157–188.

Lippmann, Erhard O. 1971. „An approach to computer-aided translation." In: *Engineering Writing and Speech. IEEE Transactions*, Vol. 14 (1), 10–33.

Löffelholz, Manuel. 2008. *Wissensvermittlung mit dem Utility-Film. Whitepaper Nr. 1*. <www.memex-academy.eu> (26.07.11)

Lörscher, Wolfgang. 1991. *Translation performance, translation process, and translation strategies: a psycholinguistic investigation*. Tübingen: Gunter Narr Verlag (Language in Performance, Band 4).

Lüthy, Norbert & Regina Wetzl. 2001. „Technische Dokumentation und Dokumenten-Management-Systeme – Ein Erfahrungsbericht." In: Hennig, Jörg & Marita Tjarks-Sobhani (Hgg.): *Informations- und Wissensmanagement für technische Dokumentation*. Lübeck: Schmidt-Römhild Verlag (tekom Schriften zur technischen Kommunikation, Band 4), 66–79.

Lutz, Jean A. 1987. „A Study of Professional and Experienced Writers Revising and Editing at the Computer and with Pen and Paper." In: *Research in the Teaching of English*, Vol. 21, Nr. 4, 398–421.

Maas, Heinz-Dieter. 1996. „MPRO – ein System zur Analyse und Synthese deutscher Wörter." In: Hausser, Roland (Hg.): *Linguistische Verifikation. Dokumentation zur Ersten Morpholympics 1994*. Tübingen: Max Niemeyer Verlag (Beiträge zur philologischen und linguistischen Datenverarbeitung, Informatik und Informationswissenschaft, Band 34), 141–166.

– 1998. „Multilinguale Textverarbeitung mit MPRO." In: Lobin, Günter et al. (Hgg.): *Europäische Kommunikationskybernetik heute und morgen*, 167–173.

MacArthur, Charles A. 2012. „Evaluation and Revision." In: Wise Berninger, Virginia (Hg.): *Past, Present, and Future Contributions of Cognitive Writing Research to Cognitive Psychology*. New York, London: Psychology Press, 461–483.

Machert, Torsten. 2014. „Technische Kommunikation und mobile Endgeräte: Ein Überblick." In: Hennig, Jörg & Marita Tjarks-Sobhani (Hgg.): *Technische Kommunikation und mobile Endgeräte*. Stuttgart: Verlag tcworld GmbH (tekom Schriften zur Technischen Kommunikation, Band 19), 11–26.

Macken, Lieve. 2009. „In search of the recurrent units of translation." In: Daelemans, Walter & Véronique Hoste (Hgg.): *Linguistica Antverpiensa. New series – Themes in Translation Studies*, 8/2009. Antwerpen: University Press Antwerp, 195–212.

MacKinnon, Jamie. 1993. „Becoming a Rhetor: Developing Writing Ability in a Mature, Writing-Intensive Organization." In: Spilka, Rachel (Hg.): *Writing in the Workplace*. Carbondale und Edwardsville: Southern Illinois University Press, 41–55.

Macklovitch, Elliott & Graham Russell. 2000a. „What's been Forgotten in Translation Memory." In: *Proceedings of the 4th Conference of the Association for Machine Translation in the Americas, Envisioning Machine Translation in the Information Future*, 10.–14. Oktober 2000, Cuarnavaca.

Macklovitch, Elliott & Michel Simard & Philippe Langlais. 2000b. „TransSearch: A Free Translation Memory on the World Wide Web." In: *2nd International Conference on Language Resources & Evaluation*, 31. Mai–02. Juni 2000, Athen, 1202–1208.

Macklovitch, Elliott & Guy Lapalme & Fabrizio Gotti. 2008. „TransSearch: What are translators looking for?" In: *Proceedings of the 8th Conference of the Association for Machine Translation in the Americas*, 21.–25. Oktober 2008, Hawaii, 412–419.

Makoushina, Julia. 2007. „Translation Quality Assurance Tools: Current State and Future Approaches." In: *Proceedings of the 29th International Conference on Translating and the Computer*, 29.–30. November 2007, London: Aslib/IMI Information Management.

– / & Hendrik J. Kockaert. 2008. „Zen and the Art of Quality Assurance: Quality Assurance Automation in Translation: Needs, Reality and Expectations." In: *Proceedings of the 30th International Conference on Translating and the Computer*, 27.–28. November 2008, London: Aslib/IMI Information Management.

Marcu, Daniel. 2001. „Towards a Unified Approach to Memory- and Statistical-Based Machine Translation." In: *Proceedings of the 39th Annual Meeting of the Association for Computational Linguistics*, 06.–11.-07.2001, Toulouse, 386–393.

Marshman, Elizabeth. 2012. „In the driver's seat: Perceptions of control as indicators of language professionals' satisfaction with technologies in the workplace." In: *Proceedings of the 34th International Translating and the Computer Conference*, 29.–30. November 2012, London. <www.mt-archive.info/Aslib-2012-Marshman.pdf> (28.02.2015)

Marttunen, Miika & Leena Laurinen. 2012. „Participant profiles during collaborative writing." In: *Journal of Writing Research*, 4 (1), 53–79.

Massey, Gary & Maureen Ehrensberger-Dow. 2011. „Commenting on translation: implications for translator training." In: *Journal of Specialised Translation*, Juli 2011, Ausgabe 16. <www.jostrans.org/issue16/issue16_toc.php> (28.07.2015)

Massion, François. 2009. „Terminologiemanagement: Luxus oder Muss? Von der Theorie zur Praxis." In: Mayer, Felix & Uta Seewald-Heeg (Hgg.): *Terminologiemanagement. Von der Theorie zur Praxis*. Berlin: Bundesverband der Dolmetscher und Übersetzer e.V. (BDÜ), 27–34.

– 2011. „Eigenschaften und Leistungsfähigkeit maschineller Übersetzungssysteme. Ist die Zeit reif für maschinelle Übersetzung?" In: *Fachzeitschrift ‚technische kommunikation'*, 33. Jahrgang, Heft 5/2011, 19–25.

Matsuhashi, Ann. 1987. *Writing in real-time. Modelling production processes*. Norwood: Ablex.

McArdle, John J. & Richard W. Woodcock. 1997. „Expanding Test - Retest Designs to Include Developmental Time-Lag Components." In: *Psychological Methods*, 1997, Volume 2 (4), 403–435.

McCutchen, Deborah. 1996. „A Capacity Theory of Writing: Working Memory in Composition." In: *Educational Psychology Review*, Vol. 8, Nr. 3, 299–325.

– 2000. „Knowledge, Processing and Working Memory: Implications for a Theory of Writing." In: *Educational Psychologist*, 35: 1, 13–23.

– 2011. „From novices to expert: Implications of language skills and writing-relevant knowledge for memory during the development of writing skill." In: *Journal of Writing Research*, Vol. 3, Nr. 1, 51–68.

Mc Gowan, Steve. 1992. „Ruskin to McRuskin – Degrees of Interaction." In: O'Brian Holt, Patrik & Noel Williams (Hgg.): *Computers and Writing: State of the Art*. Dordrecht [usw.]: Kluwer Academic Publishers, 297–318.

Mc Laughlin, G. Harry. 1968. „Proposals for British readability measures." In: Downing, John & Amy L. Brown (Hgg.): *The 3rd International Reading Symposium*. London: Cassell, 186–205.

McTait, Kevin & Maeve Olohan & Arturo Trujillo. 1999a. „A Building Blocks Approach to Translation Memory." In: *Proceedings of the 21st International Conference on Translating and the Computer*, 10–11. November 1999. London: Aslib.

McTait, Kevin & Arturo Trujillo. 1999b. „A Language-Neutral Sparse-Data Algorithm for Extracting Translation Patterns." In: *Proceedings of the 8th International Conference on Theoretical and Methodological Issues in Machine Translation*, 23.–25. August 1999, Chester, 98–108.

Means, Linda & Kurt Godden. 1996. „The Controlled Automotive Service Language (CASL) Project." In: *Proceedings of the 1st International Workshop on*

Controlled Language Applications (CLAW 96), 26.–27. März 1996, Centre for Computational Linguistics, Katholieke Universiteit Leuven, Leuven, 106–123.

Melby, Alan K. 1982. „Multi-Level Translation Aids in a Distributed System." In: *Coling 82. Proceedings of the 9th International Conference on Computational Linguistics*, Prag, 5.–10. Juli 1982, 215–220. Amsterdam: North Holland. <www.mt-archive.info/Coling-1982-Melby.pdf> (03.05.2015)

– 1983. „Computer-Assisted Translation Systems: The Standard Design and a Multi-Level Design." In: *1st Conference on Applied Natural Language Processing*, Santa Monica, 1.–3. Februar 1983, 174–177. <www.mt-archive.info/ANLP-1983-Melby.pdf> (03.05.2015)

Meutsch, Dietrich. 1992. „Text- und Bildoptimierung. Theoretische Voraussetzungen für die praktische Optimierung von Print- und AV-Medien: Verständlichkeitsforschung und Wissenstechnologie." In: Antos, Gerd & Gerhard Augst (Hgg.*): Textoptimierung: das Verständlichermachen von Texten als linguistisches, psychologisches und praktisches Problem.* Frankfurt am Main [usw.]: Peter Lang Verlag (Theorie und Vermittlung der Sprache, Band 11), 8–37.

Minacori, Patricia & Lucy Veisblat. 2010. „Translation and Technical Communication: Chicken or Egg?" In. *Meta: Translators' Journal*, Vol. 55, Nr. 4, 2010, 752–768.

Mitamura, Teruko. 1999. „Controlled Language for Multilingual Machine Translation." In: *Proceedings of Machine Translation Summit VII. „MT in the Great Translation Era."*, 13.–17. September 1999, Singapur: Kent Ridge Digital Labs, 46–54. <http://www.lti.cs.cmu.edu/Research/Kant/PDF/MTSummit99.pdf> (13.05.15)

Mitkov, Ruslan & Gloria Corpas. 2007. „Improving Third Generation Translation Memory systems through the identification of rhetorical predicates." In: *Proceed-ings of LangTech 2008*, 28.–29. Februar 2008, Rom.

Möhn, Dieter & Roland Pelka. 1984. *Fachsprachen: eine Einführung*. Tübingen: Max Niemeyer Verlag (Germanistische Arbeitshefte, Band 30).

Monk, Andrew F. & Charles Hulme. 1983. „Errors in proofreading: Evidence for the use of word shape in word recognition." In: *Memory & Cognition*, Vol. 11, Nr. 1, 16–23.

Monti et al. 2011. „In search of knowledge: text mining dedicated to technical translation." In: *Proceedings of the 33rd International Conference on Translating and the Computer*, 17.–18. November 2011. London: Aslib. <www.mt-archive.info/Aslib-2011-Monti.pdf> (13.09.2015)

Moorkens, Joss. 2011. *Translation Memories guarantee consistency: Truth or fiction?* <www.academia.edu/1110338/Translation_Memories_guarantee_consistency_Truth_or_fiction> (16.02.2015)

– 2012. „A Mixed-methods study of Consistency in Translation Memories." In: *The International Journal of Localisation*, Volume 11, Issue 1.

Moravcsik, Julia E. & Walter Kintsch. 1995. „Writing Quality, Reading Skills, and Domain Knowledge as Factors in Text Comprehension." In: Henderson, John M. & Murray Singer & Fernanda Ferreira (Hgg.): *Reading and Language Processing*. Mahwah: Lawrence Erlbaum Associates, 232–246.

Mossop, Brian. ²2010. *Revising and Editing for Translators*. Manchester & Kinderhook: St. Jerome Publishing.

Mullins, Carolyn J. 1988. „Teaching Technical Writing with PC's." In: *The Technical Writing Teacher*, Vol. XV, No. 1, 64–72.

Murawski, Susanne. 2009. „Redaktionsleitfäden gestern, heute, morgen." In: Hennig, Jörg & Marita Tjarks-Sobhani (Hgg.): *Arbeits- und Gestaltungsempfehlungen für Technische Dokumentation. Eine kritische Bestandsaufnahme.* Lübeck: Schmidt-Römhild Verlag (tekom-Schriften zur Technischen Kommunikation, Band 13), 16–33.

Murray, Donald. 1978. „Internal revision: A process of discovery." In: Cooper, Charles R. & Lee Odell (Hgg.): *Research on composing. Points of departure.* Urbana: National Council of Teachers of English, 85–104.

Muthig, Jürgen & Robert Schäflein-Armbruster. 2008. „Funktionsdesign® – methodische Entwicklung von Standards." In: Muthig, Jürgen (Hg.): *Standardisierungsmethoden für die Technische Dokumentation*. Lübeck: Schmidt-Römhild Verlag (tekom Hochschulschriften, Band 16), 41–73.

Neumann, Günter. 2010. „Text-basiertes Informationsmanagement." In: Carstensen, Kai-Uwe et al. (Hgg.): *Computerlinguistik und Sprachtechnologie. Eine Einführung*. Heidelberg: Spektrum Akademischer Verlag, 576–605.

Newton, John. 1992. „The Perkins experience." In: Newton, John (Hg.): *Computers in translation: a practical appraisal.* London [usw.]: Routledge, 46–57.

Nickl, Markus. 2005. „Industrialisierung des Schreibens." In: Jakobs, Eva-Maria & Katrin Lehnen & Kirsten Schindler (Hgg.): *Schreiben am Arbeitsplatz.* Wiesbaden: VS Verlag für Sozialwissenschaften, 43–56.

Norberg, Ulf. 2003. *Übersetzen mit doppeltem Skopos. Eine empirische Prozess- und Produktstudie*. Stockholm: Elanders Gotab.

Nunes Vieira, Lucas & Lucia Specia. 2011. „A Review of Translation Tools from a Post-Editing Perspective." In: Zhechev, Ventislav (Hg.): *Proceedings of the 3rd Joint EM+CNGL Workshop "Bringing MT to the User: Research Meets Translators" (JEC 11)*, 14. Oktober 2011, Luxemburg, 33–42. <http://clg.wlv.ac.uk/papers/NunesSpecia_Jec11.pdf> (28.02.2015)

Nystrand, Martin. 1989. „A social-interactive model of writing." In: *Written Communication*, 6, 66–85.

O'Brien, Sharon. 1999a. „Translation Technology – The Next Generation." In: *Proceedings of the 21st International Conference on Translating and the Computer*, 10–11. November 1999. London: Aslib.

– 1999b. „Translation Memory as a linguistic resource in the Localization Industry. A snapshot of the present and glance into the future." In: *ELRA Newsletter*, April–Juni 1999, Vol. 4, Nr. 2.

– 2002. „Teaching Post-Editing: A Proposal for Course Content." In: *Proceedings of the 6th EAMT Workshop 'Teaching Machine Translation'*, 14.–15. November 2002, Manchester, 99–106.

– 2003. „Controlling Controlled English: An Analysis of Several Controlled Language Rule Sets." In: *Joint Conference combining the 8th International Workshop of the European Association for Machine Translation and the 4th Controlled Language Applications Workshop*, 15.–17. Mai 2003, Dublin City Universität. <http://www.mt-archive.info/CLT-2003-OBrien.pdf> (13.05.15)

– 2006. „Eye Tracking and Translation Memory Matches." In: *Perspectives – Studies in Translatology*, Ausgabe 14, Nummer 3, 185–205.

– 2007a. „An Empirical Investigation of Temporal and Technical Post-Editing Effort." In: *Translation and Interpreting Studies*, Vol. 2, No. 1, 83–136.

– 2008. „Processing fuzzy matches in Translation Memory tools: an eye-tracking analysis." In: Göpferich, Susanne & Arnt Lykke Jakobsen & Inger M. Mees (Hgg.): *Looking at Eyes: Eye-Tracking Studies of Reading and Translation Processing*. Frederiksberg: Samfundslitteratur (Copenhagen Studies in Language 36), 79–102.

– 2010a. „Controlled language and readability." In: Shreve, Gregory M. & Erik Angelone (Hgg.): *Translation and Cognition*. Amsterdam, Philadelphia: John Benjamins Publishing Company, 143–165.

– 2012. „Translation as Human-Computer Interaction." In: *Translation Spaces* 1 (1), 101–122.

– 2013. „The borrowers: Researching the cognitive aspects of translation." In: *Target*, Vol. 25, Nr. 1, 2013, 5–17.

– / & Johann Roturier. 2007b. „How portable are Controlled Language Rules? A Comparison of Two Empirical MT Studies." In: Maegaard, Bente (Hg.): *11th Machine Translation Summit*, Copenhagen Business School, 10.–14. September 2007, 345–352. <http://www.mt-archive.info/MTS-2007-OBrien.pdf> (21.05.15)

– / & Minako O'Hagan & Marian Flanagan. 2010b. „Keeping an eye on the UI design of Translation Memory: How do translators use the "Concordance" feature?" In: *Proceedings of the 28th Annual European Conference on Cognitive*

Ergonomics, 25.–27. August 2010, Niederlande, 187–190. <http://doras.dcu.ie/16693/> (10.05.2015)

– / & Joss Moorkens & Joris Vreeke. 2014. „Kanjingo. A mobile app for post-editing." In: *Proceedings of the 17th annual conference of the European Association for Machine Translation (EAMT 2014)*, 16.–18. Juni 2014, Dubrovnik, 137–141.

Ó Broin, Ultan. 2009. „Controlled Authoring to Improve Localization." In: *MultiLingual*, Oktober/November 2009, 12–14.

Odcházel, Ondrej & Ondrej Bojar. 2009. „Computer-Aided Translation backed by MT." In: *Proceedings of the 21st International Conference on Translating and the Computer*, 19.–20. November 2009. London: Aslib.

Oehmig, Peter. 2008. *Der Redaktionsleitfaden – Grundstein für die Dokumentation*. Schenkenzell: Gft-Verlag.

O'Hara, Kenton P. et al. 2002. *„Understanding the materiality of writing from multiple sources."* In: *Human-Computer Studies 56*, 2002, 269–305.

Olive, Thierry. 2012. „Working Memory in Writing." In: Wise Berninger, Virginia (Hg.): *Past, Present, and Future Contributions of Cognitive Writing Research to Cognitive Psychology*. New York, London: Psychology Press, 485–503.

Ortiz-Martínez, Daniel. 2014. „The CASMACAT Project: The Next Generation Translator's Workbench." In: *Proceedings of the 14th Conference of the European Chapter of the Association for Computational Linguistics*, EACL 2014, 26.–30. April 2014, Göteburg.

Ott, Sabine. 1996. *Technische Dokumentation im Unternehmen. Grundlagen und Fallbeispiele*. Paderborn: IFB Verlag.

Paulsen Christensen, Tina. 2011a. „Studies on the Mental Processes in Translation-Memory-assisted Translation – the State of the Art." In: *trans-kom 4 [2]*, 137–160.

– / & Anne Schjoldager. 2010. „Translation-Memory (TM) Research: What Do We Know and How Do We Know It?" *In: Hermes – Journal of Language and Communication Studies*, Nr. 44–2010, 1–13.

– / & Anne Schjoldager. 2011b. „The Impact of Translation-Memory (TM) Technology on Cognitive Processes: Student-Translators' Respective Comments in an Online Questionnaire." In: *Proceedings of the 8th International NLPCS Workshop on 'Human-Machine Interaction in Translation'*, 20.–21. August 2011, Copenhagen (Copenhagen Studies in Language 41), 119–130.

Pemberton, Lyn et al. 1996. Computer Support for Producing Software Documentation: Some Possible Futures." In: Sharples, Mike & Thea van der Geest (Hgg.): *The New Writing Environment: writers at work in a world of technology*. London: Springer Verlag, 59–72.

Perl, Sondra. 1979. „The Composing Processes of Unskilled College Writers." In: *Research in the Teaching of English*, Vol. 13, Nr. 4, 317–336.

– 1980. „Understanding Composing." In: *College Composition and Communication*, Vol. 31, Nr. 4, 363–369.

Pich, Hans. 2009. „Auswirkungen auf den Übersetzungsprozess durch die Einbindung maschineller Übersetzung in konventionelle Translation-Memory-Systeme." In: Baur, Wolfram et al. (Hgg.): *Übersetzen in die Zukunft. Herausforderungen der Globalisierung für Dolmetscher und Übersetzer. Tagungsband der Internationalen Fachkonferenz des Bundesverbandes der Dolmetscher und Übersetzer e.V.* (BDÜ), 11.–13. September 2009, Berlin, 426–431.

Pieper, Sven. 2004. *Funktion und Profession Technischer Redakteure. Vertrauen in Technik durch Technische Kommunikation.* Lübeck: Schmidt-Römhild Verlag (tekom Hochschulschriften, Band 11).

Piolat, Annie et al. 2004. „Processing Time and Cognitive Effort in Revision: Effects of Error Type and of Working Memory Capacity." In: Allal, Linda & Lucile Chanquoy & Pierre Largy (Hgg.): *Revision: Cognitive and Instructional Processes.* Boston [usw.]: Kluwer Academic Publishers, 21–38.

Planas, Emmanuel. 2001. „Extending Translation Memories." In: *Proceedings of the 5th Conference of the European Association for Machine Translation*, 11.–12. Mai 2000, Ljubljana. <www.mt-archive.info/EAMT-2000-Planas.pdf> (06.09.2015)

– 2005. „SIMILIS: Second-Generation Translation Memory Software." In: *Proceedings of the 27th International Conference on Translating and the Computer,* 24.–25. November 2005. London: Aslib/IMI Information Management.

– / & Osama Furuse. 1999. „Formalizing Translation Memories." In: *MT Summit VII*, 13.–17. September 1999, Singapur, 331–339.

– / & Osama Furuse. 2000. „Multi-level Similar Segment Matching Algorithm for Translation Memories and Example-Based Machine Translation." In: *Proceedings of the 18th Conference on Computational Linguistics,* Vol. 2, 31. Juli–04. August 2000, Universität Trier, 621–627.

Pogner, Karl-Heinz. 1998. *Schreiben im Beruf als Handeln im Fach.* Tübingen: Gunter Narr Verlag (Forum für Fachsprachen-Forschung, Band 46).

Polo Ramirez, Laura & Johann Haller. 2005. „Controlled Language and the Implementation of Machine Translation for Technical Documentation." In: *Proceedings of the 27th International Conference on Translating and The Computer,* 24.–25. November 2005. London: Aslib/IMI Information Management.

Porsiel, Jörg. 2008. „Maschinelle Übersetzung bei Volkswagen. Sprache als betriebswirtschaftlicher Faktor." In: *Mitteilungen für Dolmetscher und Übersetzer, 5/2008, 1–3.*

– 2009. „Übersetzungsprozesse und maschinengestütztes Übersetzen. Maschinelle Übersetzung bei Volkswagen." In: Baur, Wolfram et al. (Hgg.): *Übersetzen in die Zukunft. Herausforderungen der Globalisierung für Dolmetscher und Übersetzer. Tagungsband der Internationalen Fachkonferenz des Bundesverbandes der Dolmetscher und Übersetzer e.V. (BDÜ),* Berlin, 11.–13. September 2009, 418–425.

– 2012. *Maschinelle Übersetzung bei der Volkswagen AG.* <www.t21n.com/homepage/articles/T21N-2012-04-Porsiel.pdf> (04.04.2015)

Prestin, Elke. 2002. „Optimierung schriftlicher Kommunikation." In: Strohner, Hans & Roselore Brose (Hgg.): *Kommunikationsoptimierung: verständlicher – instruktiver – überzeugender.* Tübingen: Stauffenburg-Verlag (Stauffenburg Linguistik, Band 30), 67–78.

Pym, Anthony. 2011. „Democratizing translation technologies – the role of humanistic research." In: *Luspio Automation Conference*, 05. April 2011, Rom. <http://usuaris.tinet.cat/apym/on-line/research_methods/2011_rome.pdf> (17.02.2015)

Quah, Chiew Kin. 2006. *Translation and Technology*. Hampshire: Palgrave Macmillan.

Ransdell, Sarah & Michael Levy. 1996. „Working Memory Constraints on Writing Quality and Fluency." In: Levy, Michael & Sarah Ransdell (Hgg.): *The science of writing: Theories, methods, individual differences, and applications.* New Jersey: Lawrence Erlbaum Associates, 93–106.

Rapp, Reinhard. 1996. „Wortartenorientierte Suche in Translation Memories." In: *Tendenzen europäischer Linguistik. Akten des 31. Linguistischen Kolloquiums*, Bern 1996, 176–181. Tübingen: Max Niemeyer Verlag (Linguistische Arbeiten 381).

Redish, Janice C. & Jack Selzer. 1985. „The Place of Readability Formulas in Technical Communication." In: *Technical Communication*, 32 (4), November 1985, 46–52.

Reineke, Detlef & Klaus-Dirk Schmitz. 2005. *Einführung in die Softwarelokalisierung.* Tübingen: Gunter Narr Verlag.

Reinke, Uwe. 2004. *Translation Memories: Systeme – Konzepte – Linguistische Optimierung.* Frankfurt am Main [usw.]: Peter Lang Verlag (Saarbrücker Beiträge zur Sprach- und Translationswissenschaft, Bd. 2).

– 2009. „Automatisierung in der Qualitätssicherung – Geheimnis- und Datenschutz. Möglichkeiten und Grenzen der computergestützten Qualitätssicherung im Übersetzungsprozess." In: Baur, Wolfram et al. (Hgg.): *Übersetzen in die Zukunft. Herausforderungen der Globalisierung für Dolmetscher und Übersetzer. Tagungsband der Internationalen Fachkonferenz des Bundesverbandes der Dolmetscher und Übersetzer e.V. (BDÜ)*, Berlin, 11.–13. September 2009, 170–179.

– 2010. „iMEM – Intelligente Translation Memories durch computerlinguistische Optimierung." In: *Forschungsbericht 2010, Fachhochschule Köln*, 97–98.

– 2013. „State of the Art in Translation Memory Technology." In: *Translation: Computation, Corpora, Cognition*, Vol. 3, Nr. 1, 2013. <www.t-c3.org> (17.06.2015)

Reuther, Ursula. 1998. „Controlling Language in an Industrial Application." In: *Proceedings of the 2nd International Workshop on Controlled Language Applications (CLAW 98)*, 21.–22. Mai 1998, Language Technologies Institute, Carnegie Mellon Universität, Pittsburgh.

– 2003. „Two in One – Can it work? Readability and Translatability by means of Controlled Language." In: *Joint Conference combining the 7th International workshop of the European Association for Machine Translation and the 4th Controlled Language Applications Workshop*, 15–17. Mai 2003, Dublin City University, Irland.

– 2007. „Controlled Language. Controlled Translation?" In: *CAT Workshop „The Next Chapter"*, 11. Mai 2007, Jülich: Forschungszentrum Jülich.

– 2013. „Gleich, gleicher, am gleichsten. Ermittlung von sprachlichen Varianten in Translation Memorys." In: *Vortrag auf der tekom-Jahrestagung 2013*, Wiesbaden, 07. November 2013. <www.tekom.de> → Tagungsportal → Bisherige Tagungen (02.05.2013)

– / & Christoph Rösener. 2011. „Qualitätssicherung Technischer Dokumentation. Das Ende der Fahnenstange?" In: *Fachzeitschrift für Technische Kommunikation*, 33. Jg., 06/2011, 42–45.

Rickheit, Gert. 1995. „Verstehen und Verständlichkeit von Sprache." In: Spillner, Bernd (Hg.): *Sprache: Verstehen und Verständlichkeit*. Frankfurt am Main [usw.]: Peter Lang Verlag (Kongressbeiträge zur 25. Jahrestagung der Gesellschaft für Angewandte Linguistik GAL e.V.), 15–30.

– / & Christopher Habel. 1999. *Mental Models in Discourse Processing and Reasoning*. Amsterdam [usw.]: Elsevier (Advances in Psychology 128).

Rico, Celia & Enrique Torrejón. 2004. „Controlled Translation as a New Translation Scenario: Training the Future User." In: *Proceedings of the 26th International Conference on Translating and the Computer*, 18.–19. November 2004, 1–24. London: Aslib. <www.mt-archive.info/Aslib-2004-Rico.pdf> (03.09.2015)

Rijlaarsdam, Gert & Michel Couzijn & Huub van den Bergh. 2004. „The Study of Revision as a Writing Process and as a Learning-to-Write Process. Two Prospective Research Agendas." In: Allal, Linda & Lucile Chanquoy & Pierre Largy (Hgg.): *Revision: Cognitive and Instructional Processes*. Boston [usw.]: Kluwer Academic Publishers, 189–207.

Risku, Hanna. 2004. *Translationsmanagement. Interkulturelle Fachkommunikation im Informationszeitalter*. Tübingen: Gunter Narr Verlag.

Robert, Isabelle. 2008. „Translation Revision Procedures: An Explorative Study." In: Boulogne, Pieter (Hg.): *Translation and Its Others. Selected Papers of the CETRA Research Seminar in Translation Studies 2007*. <www.arts.kuleuven.be/cetra/papers/files/robert.pdf> (03.09.2015)

– 2010. „*Situated Translation* and *Situated Cognition*: ungleiche Schwestern." In: Kadric, Mira & Klaus Kaindl & Franz Pöchhacker (Hgg.): *Translationswissenschaft. Festschrift für Mary Snell-Hornby zum 60. Geburtstag*. Tübingen: Stauffenburg Verlag, 82–101.

Römpp, Georg. 2010. *Ludwig Wittgenstein. Eine philosophische Einführung*. Köln, Weimar, Wien: Böhlau Verlag.

Rolf, Eckard. 1993. *Die Funktionen der Gebrauchstextsorten*. Berlin, New York: Walter de Gruyter Verlag (Grundlagen der Kommunikation und Kognition).

Rösener, Christoph. 2010. „Computational Linguistics in the Translator's Workflow – Combining Authoring Tools and Translation Memory Systems." In: *Proceedings of the NAACL HLT 2010 Workshop on Computational Linguistics and Writing*, Juni 2010, Los Angeles, 1–6.

Rothkegel, Annely. 2005. „Zur Modellierung von Schreibaufgaben." In: Jakobs, Eva-Maria & Katrin Lehnen & Kirsten Schindler (Hgg.): *Schreiben am Arbeitsplatz*. Wiesbaden: VS Verlag für Sozialwissenschaften, 57–72.

– 2010. *Technikkommunikation*. Wien: Verlag Huter & Roth KG.

Roturier, Johann. 2004. „Assessing a set of controlled language rules: can they improve the performance of commercial Machine Translation systems?" In: *Proceedings of the 26th International Conference on Translating and the Computer*, 18.–19. November 2004, 1–14. London: Aslib. <www.mt-archive.info/Aslib-2004-Roturier.pdf> (03.09.2015)

Ruiz Cascales, Remedios & Richard F.E. Sutcliffe. 2003. „A Specification and Validating Parser for Simplified Technical Spanish." In: *Joint Conference combining the 7th international workshop of the European Association for Machine Translation and the 4th Controlled Language Applications Workshop*, 15–17. Mai 2003, Dublin City University, Irland.

Russell, Graham. 2005. „Automatic Detection of Translation Errors. The TransCheck System." In: *Proceedings of the 27th International Conference on Translating and the Computer*, 24.–25. November 2005. London: Aslib/IMI Information Management.

Sager, Juan C. 1990. *A Practical Course in Terminology Processing*. Amsterdam, Philadelphia: John Benjamins Publishing Company.

– [1]1993. *Language engineering and translation: consequences of automation.* Amsterdam, Philadelphia: John Benjamins Publishing Company.

Sagvall Hein, Anna & Ingrid Almqvist. 1996. „Defining Scania Swedish – a Controlled Language for Truck Maintenance." In: *Proceedings of the 1st International Workshop on Controlled Language Applications (CLAW 96)*, 26.–27. März 1996, Centre for Computational Linguistics, Katholieke Universiteit Leuven, Leuven, 159–164. <www2.lingfil.uu.se/personal/anna/claw1.pdf> (08.06.2015)

Sagvall Hein, Anna & Ingrid Almqvist & Per Starbäck. 1997. „Scania Swedish – a basis for multilingual machine translation." In: *Proceedings of the 19th International Conference on Translating and the Computer*, 13.–14. November 1997. London: Aslib. <www.mt-archive.info/Aslib1997-Sagvall-Hein.pdf> (08.06.2015)

Salton, Gerard & Michael J. McGill. 1987. *Information Retrieval: Grundlegendes für Informationswissenschaftler*. Hamburg: McGraw-Hill Verlag.

Sanford, A.J. & S.C. Garrod. 1981. *Understanding Written Language. Explorations of Comprehension Beyond the Sentence*. Chichester [usw.]: John Wiley & Sons.

Saß, Ricarda. 2004. „Vergleichende Untersuchung von Terminologie-Extraktionstools: Eine computerlinguistische Arbeit mit Englisch und Deutsch." In: Freigang, Karl-Heinz & Uwe Reinke (Hgg.): *Saarbrücker Studien zu Sprachdatenverarbeitung und Übersetzen, Bd. 21*. Saarbrücken: Fachrichtung 4.6 Angewandte Sprachwissenschaften sowie Übersetzen und Dolmetschen. Universität des Saarlandes.

Sauer, Christoph. 1995. „Ein Minimalmodell zur Verständlichkeitsanalyse und -optimierung." In: Spillner, Bernd (Hg.): *Sprache: Verstehen und Verständlichkeit*. Frankfurt am Main [usw.]: Peter Lang Verlag (Kongressbeiträge zur 25. Jahrestagung der Gesellschaft für Angewandte Linguistik GAL e.V.), 149–171.

– 1997. „Visualisierung inbegriffen: Textüberarbeitung und Umgestaltung." In: Jakobs, Eva-Maria & Dagmar Knorr (Hgg.): *Schreiben in den Wissenschaften*. Frankfurt am Main [usw.]: Peter Lang Verlag, 91–106. <www.prowitec.rwth-aachen.de/p-publikationen/band-pdf/band1/band1_sauer.pdf> (10.09.2015)

– 1999. „Die Verständlichkeit von Texten, Visualisierungen und Bildschirmen. Untersuchungen zur Leseaufgabenunterstützung." In: Jakobs, Eva-Maria & Dagmar Knorr & Karl-Heinz Pogner (Hgg.): *Textproduktion: HyperText, Text, KonText*. Frankfurt am Main [usw.]: Peter Lang Verlag (Textproduktion und Medium, Band 5), 93–110. <www.prowitec.rwth-aachen.de/p-publikationen/band-pdf/band5/band05_sauer.pdf> (10.09.2015)

Scardamalia, Marlene & Carl Bereiter. 1986. „Research on Written Composition." In: Wittrock, Merlin C. (Hg.): *Handbook of Research on Teaching. Third Edition*. New York: MacMillan Publishing Company, 778–803.

– 1987. „Knowledge telling and knowledge transforming in written composition." In: Rosenberg, Sheldon (Hg.): *Advances in applied psycholinguistics, Volume 2: Reading, Writing, and Language learning*. Cambridge [usw.]: Cambridge University Press, 142–175.

– / & Rosanne Steinbach. 1984. „Teachability of reflective processes in written composition." In: *Cognitive Science*, 8, 173–190.

Schachtl, Stefanie. 1996. „Requirements for Controlled German in Industrial Applications." In: *Proceedings of the 1st International Workshop on Controlled Language Applications* (*CLAW 96)*, 26.–27. März 1996, Centre for Computational Linguistics, Katholieke Universiteit Leuven, Leuven, 143–149.

– & Audrey Fraser-Tillmann. 2001. „TopTrans: Interactive Machine Translation." In: *Proceedings of the 23rd International Conference on Translating and the Computer*, 29.–30. November 2001. London: Aslib/IMI Information Management.

Schaefer, Falko & Joeri van de Walle & Joachim van den Bogaert. 2014. „Moses SMT as an Aid to Translators in the Production Process." In: *Proceedings of the 17th annual conference of the European Association for Machine Translation (EAMT 2014)*, 16.–18. Juni 2014, Dubrovnik, 89–92.

Schäler, Reinhard. 2001. „Beyond Translation Memories." In: *8th Machine Translation Summit*, 18.–22.09.2001, Santiago de Compostela.

– 2003. „Für einen erfolgreichen Einsatz von Sprachtechnologien im Lokalisierungsbereich." In: Seewald-Heeg, Uta (Hg.): *Sprachtechnologie für die multilinguale Kommunikation – Textproduktion, Recherche, Übersetzung, Lokalisierung. Beiträge der GLDV-Frühjahrstagung 2003.* Sankt Augustin: Gardez! Verlag (Sprachwissenschaft, Computerlinguistik und Neue Medien, Band 5), 78–102.

– 2010. „Localization and translation." In: Shreve, Gregory M. & Erik Angelone (Hgg.): *Translation and Cognition.* Amsterdam, Philadelphia: John Benjamins Publishing Company, 209–214.

Schellens, Peter Jan. 1992. „The functional perspective on text quality: recent research in the Netherlands." In: Pander Maat, Henk & Michaël Steehouder (Hgg.): *Studies of functional text quality.* Amsterdam, Atlanta: Editions Rodopi, 127–139.

Schilperoord, Joost. 1996. *It's about time: temporal aspects of cognitive processes.* Amsterdam, Atlanta: Rodopi (Utrecht Studies in Language and Communication, Band 6).

– 2001. „Segmentation in text and text representation." In: Sanders, Ted & Joost Schilperoord & Wilbert Spooren (Hgg.): *Text representation: Linguistic and psycholinguistic aspects.* Amsterdam, Philadelphia: John Benjamins Publishing Company, 309–336.

Schlenkhoff, Andreas. 2012. *Technische Dokumentation. Beschreibende und anleitende Texte erstellen*. Mannheim & Zürich: Duden Verlag.

Schmeling, Roland. 2014. „Anforderungen an Inhalte und sprachliche Darstellung bei mobiler Technischer Kommunikation." In: Hennig, Jörg & Marita Tjarks-Sobhani (Hgg.): *Technische Kommunikation und mobile Endgeräte*. Stuttgart: Verlag tcworld GmbH (tekom Schriften zur Technischen Kommunikation, Band 19), 65–79.

Schmidt, Vasco-Alexander. 2005. „Technisches Schreiben bei SAP. Softwaredokumentation für betriebswirtschaftliche Standardsoftware." In: Jakobs, Eva-Maria & Katrin Lehnen & Kirsten Schindler (Hgg.): *Schreiben am Arbeitsplatz*. Wiesbaden: VS Verlag für Sozialwissenschaften, 73–92.

Schmidt-Wigger, Antje. 1998. „Grammar and Style Checking for German." In: *Proceedings of the 2nd International Workshop on Controlled Language Applications (CLAW 98)*, 21.–22. Mai 1998, Language Technologies Institute, Carnegie Mellon Universität, Pittsburgh.

Schmitt, Peter A. ²1999. *Translation und Technik*. Tübingen: Stauffenburg-Verlag (Studien zur Translation, Band 6).

Schmitz, Klaus-Dirk. 2000a. „Softwarelokalisierung – Eine Übersicht". In: Schmitz, Klaus-Dirk & Kirsten Wahle (Hgg.): *Softwarelokalisierung*. Tübingen: Stauffenburg-Verlag.

– 2001. „Terminologieverwaltung." In: Hennig, Jörg & Marita Tjarks-Sobhani (Hgg.): *Informations- und Wissensmanagement für technische Dokumentation*. Lübeck: Schmidt-Römhild Verlag (tekom Schriften zur technischen Kommunikation, Band 4), 188–202.

– 2005. „Internationalisierung und Lokalisierung von Software." In: Reineke, Detlef & Klaus-Dirk Schmitz (Hgg.): *Einführung in die Softwarelokalisierung*. Tübingen: Gunter Narr Verlag, 2–18.

– / & Kirsten Wahle. 2000. *Softwarelokalisierung*. Tübingen: Stauffenburg Verlag.

– `/ & Daniela Straub. 2010. *Erfolgreiches Terminologiemanagement im Unternehmen. Praxishilfe und Leitfaden: Grundlagen, Umsetzung, Kosten-Nutzen-Analyse, Systemübersicht (tekom-Studie)*. Stuttgart: Verlag tc and more GmbH.

Schmolz, Christoph. 2010. „Vom Hypervideo zum Utility-Film." In: Hennig, Jörg & Marita Tjarks-Sobhani (Hgg.): *Multimediale Technische Dokumentation*. Lübeck: Schmidt-Römhild Verlag (tekom Schriften zur Technischen Kommunikation, Band 14), 65–82.

– 2014. „Visuelle Darstellungen für mobile Anwendungen." In: Hennig, Jörg & Marita Tjarks-Sobhani (Hgg.): *Technische Kommunikation und mobile Endgeräte*. Stuttgart: Verlag tcworld GmbH (tekom Schriften zur Technischen Kommunikation, Band 19), 91–103.

Schnotz, Wolfgang. 1985. *Elementaristische und holistische Theorieansätze zum Textverstehen*. Deutsches Institut für Fernstudien an der Universität Tübingen (Forschungsberichte 35). Tübingen: Universität Tübingen.

– 1994. *Aufbau von Wissensstrukturen: Untersuchungen zur Kohärenzbildung beim Wissenserwerb mit Texten*. Weinheim: Psychologie Verlag Union (Fortschritte der psychologischen Forschung, Band 20).

Schreurs, Dirk & Geert Adriaens. 1992. „Controlled English (CE): From COGRAM to ALCOGRAM." In: O'Brian Holt, Patrik & Noel Williams (Hgg.): *Computers and Writing: State of the Art*. Dordrecht [usw.]: Kluwer Academic Publishers, 206–221.

Schriver, Karen A. 1989. „Evaluating Text Quality: The Continuum From Text-Focused to Reader-Focused Methods." In: *IEEE Transactions in Professional Communication*, Vol. 4, Dezember 1989.

– 1992. „Teaching writers to anticipate readers' needs: what can document designers learn from usability testing?" In: Pander Maat, Henk & Michaël Steehouder (Hgg.): *Studies of functional text quality*. Amsterdam, Atlanta: Editions Rodopi, 141–157.

– 2012. „What We Know About Expertise in Professional Communication." In: Wise Berninger, Virginia (Hg.): *Past, Present, and Future Contributions of Cognitive Writing Research to Cognitive Psychology*. New York, London: Psychology Press, 275–312.

Schubert, Klaus. 2003a. „Integrative Fachkommunikation." In: Schubert, Klaus (Hg.): *Übersetzen und Dolmetschen. Modelle, Methoden, Technologie. Tübingen*: Gunter Narr Verlag (Jahrbuch Übersetzen und Dolmetschen, Band 4/I), 225–256.

– 2003b. „Jigsaw Translation." In: Gerzymisch-Arbogast, Heidrun et al. (Hgg.): *Textologie und Translation*. Tübingen: Gunter Narr Verlag (Jahrbuch Übersetzen und Dolmetschen, Band 4/II), 295–304.

– 2005. „Translation Studies: Broaden or deepen the perspective?" In: Dam, Helle V. & Jan Engberg & Heidrun Gerzymisch-Arbogast (Hgg.): *Knowledge Systems and Translation*. Berlin, New York: Mouton de Gruyter, 125–148.

– 2007. *Wissen, Sprache, Medium, Arbeit. Ein integratives Modell der ein- und mehrsprachigen Fachkommunikation*. Tübingen: Gunter Narr Verlag. <www.klausschubert.de/material/Schubert2007WSMA.pdf> (31.08.2015)

– 2009. „Positioning Translation in Technical Communication Studies." In: *The Journal of Specialised Translation*, Ausgabe 11, Januar 2009.

– 2010. „Technical translation." In: Gambier, Yves & Luc van Doorslaer (Hgg.): *Handbook of Translation Studies, Volume 1*. Amsterdam, Philadelphia: John Benjamins Publishing Company, 350–355.

Schulz von Thun, Friedemann. 1973. *Effektivität und Trainierbarkeit von Verständlichkeit bei der schriftlichen Informationsvermittlung*. Dissertation an der Universität Hamburg.

Schwanke, Martina. 1991. *Maschinelle Übersetzung: ein Überblick über Theorie und Praxis*. Berlin [usw.]: Springer-Verlag.

Schwartz, Mimi. 1983. „Revision profiles: patterns and implications.“ In: *College English*, 45, 549–558.

Searle, John R. 1979. *Sprechakte. Ein sprachphilosophischer Essay*. Frankfurt am Main: Suhrkamp.

Seewald-Heeg, Ursula. 2006. „Terminology Exchange without Loss? Feasabilities and Limitations of Terminology Management Systems (TMS).“ In: *Zeitschrift für Computerlinguistik und Sprachtechnologie (LDV-Forum)*, Band 21, Heft 1, Jg. 2006, 5–18.

– 2007. „Evaluation der Übersetzungsleistung maschineller Werkzeuge und Möglichkeiten der Qualitätssicherung.“ In: Schmitt, Peter A. & Heike E. Jüngst (Hgg.): *Translationsqualtität*. Frankfurt [usw.]: Peter Lang Verlag (Leipziger Studien zur angewandten Linguistik und Translatologie, Band 5), 561–571.

– 2009. „Terminologieverwaltungssysteme.“ In: Mayer, Felix & Uta Seewald-Heeg (Hgg.): *Terminologiemanagement – Von der Theorie zur Praxis* (Schriften des BDÜ 35), 35–81.

– / & Rita Nübel. 1999. „Translation-Memory-Module automatischer Übersetzungssysteme.“ In: *Zeitschrift für Computerlinguistik und Sprachtechnologie (LDV-Forum)*, Band 16, Heft 1/2, 1999, 16–35.

Selzer, Jack. 1983a. „The composing process of an engineer.“ In: *College Composition and Communication*, Vol. 34, Nr. 2, 178–187.

– 1983b. „What Constitutes a ‘Readable’ Technical Style?” In: Anderson, Paul V. & R. John Brockmann & Carolyn R. Miller (Hgg.): *New Essays in Technical and Scientific Communication: Research, Theory, Practice*. Farmingdale: Baywood Publishing Company, 71–89.

Severinson Eklundh, Kerstin. 1994. „Linear and Nonlinear Strategies in Computer-Based Writing.“ In: *Computers and Composition*, Nr. 11, 203–216.

Sharples, Mike. 1993. *Computer Supported Collaborative Writing*. London [usw.]: Springer-Verlag.

– 1994. „Computer Support for the Rhythms of Writing.“ In: *Computers and Composition*, Nr. 11, 209–220.

– 1996. „Designs for New Writing Environments.“ In: Sharples, Mike & Thea van der Geest (Hgg.): *The New Writing Environment: writers at work in a world of technology*. London: Springer Verlag, 97–115.

- / & Lyn Pemberton. 1992a. „Representing Writing: External Representations and the Writing Process." In: O'Brian Holt, Patrik & Noel Williams (Hgg.): *Computers and Writing: State of the Art*. Dordrecht [usw.]: Kluwer Academic Publishers, 319–336.

- / & James Goodlet & Lyn Pemberton. 1992b. „Developing a writer's assistant." In: Hartley, James (Hg.): *Technology and Writing: Readings in the Psychology of Written Communication*. London, Philadelphia: Jessica Kingsley Publishers, 181–199.

Sheremetyeva, Svetlana. 2006. „Integration of Correction Modules in a Controlled Language Application." In: *Proceedings of the 5th International Workshop on Controlled Language Applications*, 12. August 2006, Cambridge. <http://www.mt-archive.info/CLAW-2006-Sheremetyeva.pdf> (13.05.15)

Shreve, Gregory M. & Erik Angelone. 2010. *Translation and Cognition*. Amsterdam, Philadelphia: John Benjamins Publishing Company.

Siedle, Svenja. 2013. „Suchst Du noch oder weißt Du schon? Inhaltserschließung leicht gemacht mit automatischer Indexierung." In: *Vortrag auf der tekom-Jahrestagung 2013*, Wiesbaden, 06.–08. November 2013. <www.tekom.de> → Tagungsportale → bisherige Tagungen (15.05.2015)

Sikes, Richard. 2009. „Across Language Server v5." In: *MultiLingual*, Oktober/November 2009, 16–21.

Simard Michel. 2003. „Translation Spotting for Translation Memories." In: *Proceedings of the HLT-NAACL Workshop „Building and using parallel texts: data driven machine translation and beyond."*, 31. Mai 2003, Edmond. <www.aclweb.org/anthology/W03-0313> (05.03.2015)

- / & Philippe Langlais. 2001. „Sub-Sentential Exploitation of Translation Memories." In: *Proceedings of the 8th Machine Translation Summit: Machine Translation in the Information Age*, 18.–22. September 2001, Santiago de Compostela, 335–339.

- / & Pierre Isabelle. 2009. „Phrase-based Machine Translation in a Computer-assisted Translation Environment." In: *Proceedings of the 12th Machine Translation Summit*, 26.–30.08.2009, Ottawa. Simpkins, Anna. „Do-it-yourself MT." In: *MultiLingual* 07/2012, 41–44.

Somers, Harold L. 1992. „Current research in machine translation." In: Newton, John (Hg.): *Computers in translation: a practical appraisal*. London [usw.]: Routledge, 189–207.

- 1998. „'New paradigms' in MT: the state of play now that the dust has settled." In: *10th European Summer School in Logic, Language and Information (ESSLLI)*, 17.–28. August 1998, Association for Logic, Language and Information, 22–33. <www.mt-archive.info/ESSLLI-1998-Somers.pdf> (13.05.15)

– / & Gabriela Fernandez Diaz. 2004. *Translation Memory vs. Example-based MT – What's the difference?* <http://personalpages.manchester.ac.uk/staff/harold.somers/ebmtvstm_ijt.pdf> (25.06.2015)

Sommers, Nancy. 1980. „Revision strategies of student writers and experienced adult writers." In: *College Composition and Communication*, Nr. 31, 378–388.

Sowarka, Bernhard & Udo Abel & Josef Michel. 1983. *Menschliche Textverarbeitung und propositionale Analyse. Eine Anleitung zur propositionalen Darstellung von Texten.* Berlin: Zippel-Druck (Arbeitspapiere zur Linguistik 18).

Sparck Jones, Karen & Julia R. Galliers. 1991. *Evaluating Natural Language Processing Systems: An Analysis and Review.* Berlin [usw.]: Springer Verlag.

Specia, Lucia et al. 2009. „Improving the Confidence of Machine Translation Quality Estimates." In: *Proceedings of the 12th Machine Translation Summit*, 26.–30. August 2009, Ottawa. <www.mt-archive.info/MTS-2009-Specia.pdf> (29.07.2015)

Spelman Miller, Kristyan & Kirk P.H. Sullivan. 2006. „Keystroke Logging: An Introduction." In: Sullivan, Kirk P.H. & Eva Lindgren (Hgg.): *Computer Keystroke Logging and Writing: Methods and Applications.* Amsterdam [usw.]: Elsevier, 1–10.

Spilka, Rachel. 1993. *Writing in the Workplace: New Research Perspectives.* Carbondale [usw.]: Southern Illinois University Press.

Spyridakis, Jan H. & Heather Holmback & Serena K. Shubert. 1997. „Measuring the Translatability of Simplified English in Procedural Documents." In: *IEEE Transactions on Professional Communication*, Vol. 40, Nr. 1, März 1997, 4–12.

Stein, Daniel. 2009. „Maschinelle Übersetzung – ein Überblick." In: *Zeitschrift für Computerlinguistik und Sprachtechnologie (LDV-Forum)*, Band 24, Heft 3, Jg. 2009, 4–18.

Strube, Gerd. 1996. *Wörterbuch der Kognitionswissenschaft.* Stuttgart: Klett-Cotta Verlag.

Stymne, Sara & Lars Ahrenberg. 2010. „Using a Grammar Checker for Evaluation and Postprocessing of Statistical MT." In: *Proceedings of the 7th International Conference on Language Resources and Evaluation (LREC 2010)*, 19.–21. Mai 2010, Malta.

Sullivan, Kirk P.H. & Eva Lindgren. 2006a. „Digital tools for the recording, the logging and the analysis of writing processes: Introduction, overview and framework." In: van Waes, Luuk & Marielle Leijten & Christine M. Neuwirth (Hgg.): *Writing and Digital Media.* Amsterdam [usw.]: Elsevier, 153–157.

– 2006b. *Computer Keystroke Logging and Writing: Methods and Applications.* Amsterdam [usw.]: Elsevier.

Swanson, H. Lee & Virginia Wise Berninger. 1994. „Working Memory as a Source of Individual Differences in Children's Writing." In: Butterfield, Earl C. & Jerry S. Carlson (Hgg.): *Advances in Cognition and Educational Practice. Volume 2: Children's Writing: Toward a Process Theory of the Development of Skilled Writing*. Greenwhich: Jai Press, 31–56.

Swarts, Jason. 2013. „How Can Work Tools Shape and Organize Technical Communication?" In: Johnson-Eilola, Johndan & Stuart A. Selber (Hgg.): *Solving Problems in Technical Communication*. Chicago, London: The University of Chicago Press, 146–164.

Tauber, Marianne. 1984. *Leserangepasste Verständlichkeit: Der Einfluss von Lesbarkeit und Gliederung am Beispiel von Zeitungsartikeln*. Bern: Peter Lang Verlag (Europäische Hochschulschriften: Reihe 6, Psychologie; Band 124).

TAUS. 2011. *Lack of Interoperability costs the translation industry a fortune. Report on a TAUS/LISA survey on translation interoperability*, 25. Februar 2011. <www.taus.net> (19.03.2015)

– 2013. *Translation Technology Landscape Report*, April 2013. <www.taus.net> (19.03.2015)

Teigeler, Peter. 1968. *Verständlichkeit und Wirksamkeit von Sprache und Text*. Stuttgart: Nadolski Verlag.

Tergan, Sigmar Olaf. 1981. „Ist Textverständlichkeit gleich Textverständlichkeit?" In: Mandl, Heinz (Hg.): *Zur Psychologie der Textverarbeitung: Ansätze, Befunde, Probleme*. München [usw.]: Urban und Schwarzenberg, 334–366.

TETRIS. 2001. *Projektdokumentation*, Ausgabe 02/01, Stand 31.10.2001.

Thiele, Ulrich. „Technische Dokumentation im Spiegel der Produkttechnologie – Szenarien künftiger Technologieakzeptanz." In: Hennig, Jörg & Marita Tjarks-Sobhani (Hgg.): *Technische Kommunikation im Jahr 2041: 20 Zukunftsszenarien*. Lübeck: Schmidt-Römhild Verlag (tekom Schriften zur Technischen Kommunikation, Band 16), 21–26.

Torrance, Mark. 1996. „Is writing expertise like other kinds of expertise?" In: Rijlaarsdam, Geert & Huub van den Bergh & Michel Couzijn (Hgg.): *Theories, Models and Methodology in Writing Research*. Amsterdam: University Press, 3–9.

Torres-Hostench, Olga et al. 2010. „TRACE: Measuring the Impact of CAT Tools on Translated Texts." In: Gea-Valor, Maria-Lluisa & Isabel García-Izquierdo & Maria-José Esteve (Hgg.): *Linguistic and Translation Studies in Scientific Communication*. Bern: Peter Lang Verlag, 225–276.

Tymoczko, Maria. 2012. „The neuroscience of translation." In: *Target 24: 1*, 2012, 83–102.

Utiyama et al. 2011. „Searching Translation Memories for Paraphrases." In: *Proceedings of the 13th Machine Translation Summit*, 19.–23.09.2011, Xiamen, China, 325–331. <www.mt-archive.info/MTS-201-Utiyama.pdf> (24.06.2015)

Vanallemeersch, Tom & Vincent Vandeghinste. 2014. „Improving fuzzy matching through syntactic knowledge." In: *Proceedings of the 36th International Conference of the International Association for Advancement of Language Technologies (AsLing)*, 27.–28. November 2014, London, 90–98.

van den Bergh, Huub & Gert Rijlaarsdam & Iris Breetvelt. 1994. „Revision process and text quality: An empirical study." In: Eigler, Gunther & Thomas Jechle (Hgg.): *Writing: current trends in European research*. Freiburg: Hochschul-Verlag, 133–147.

van der Geest, Thea. 1996. „Professional Writing Studied: Author's Accounts of Planning in Document Production Processes." In: Sharples, Mike & Thea van der Geest (Hgg.): *The New Writing Environment: writers at work in a world of technology*. London: Springer Verlag, 7–24.

Vanderveken, Daniel & Susumu Kubo. 2001. *Essays in Speech Act Theory*. Amsterdam, Philadelphia: John Benjamins Publishing Company.

van Dijk, Teun A. 1980. *Macrostructures: an interdisciplinary study of global structures in discourse, interaction, and cognition*. Hillsdale: Lawrence Erlbaum Associates.

– / & Walter Kintsch. 1983. *Strategies of Discourse Comprehension*. New York [usw.]: Academic Press.

van Gemert, Lisette & Egbert Woudstra. 1997. „Veränderungen beim Schreiben am Arbeitsplatz. Eine Literaturstudie und eine Fallstudie." In: Adamzik, Kirsten & Gerd Antos & Eva-Maria Jakobs (Hgg.): *Domänen- und kulturspezifisches Schreiben*. Frankfurt am Main: Peter Lang Verlag, 103–126 (Textproduktion und Medien, Band 3). <www.prowitec.rwth-aachen.de/p-publikationen/band-pdf/band3/band3_gemert_woudstra.pdf> (01.09.2015)

van Vaerenbergh, Leona. 2007. „Die Überwindung der Grenze zwischen Translation und Redaktion: eine Theorie der translatorischen Kommunikation." In: Bastian, Sabine & Leona van Vaerenbergh (Hgg.): *Multilinguale Kommunikation. Linguistische und translatorische Ansätze*. München: Martin Meidenbauer Verlagsbuchhandlung (Translingue 2, Studien zur interlingualen Kommunikation), 103–118.

– / & Klaus Schubert. 2010. „Options and Requirements. A Study of the External Processes of Specialized Document Production." *In: Hermes – Journal of Language and Communication Studies, 44–2010*, 9–24.

van Waes, Luuk. 1992. „The influence of the computer on writing profiles." In: Pander Maat, Henk & Michaël Steehouder (Hgg.): *Studies of functional text quality*. Amsterdam, Atlanta: Editions Rodopi, 173–186.

– / & Liesbet van Herreweghe. 1995. „Computerprotokolle in der Schreibprozeßforschung. Der Gebrauch von Keytrap als Beobachtungsinstrument." In: Jakobs, Eva-Maria & Dagmar Knorr & Sylvie Molitor-Lübbert (Hgg.): *Wissenschaftliche Textproduktion. Mit und ohne Computer*. Frankfurt am Main: Peter Lang Verlag, 35–51.

– / & Peter Jan Schellens. 2003. „Writing profiles: the effect of the writing mode on pausing and revision patterns of experienced writers." In: *Journal of Pragmatics* 35, 829–853.

– / & Marielle Leijten. 2006. „Logging Writing Processes with Inputlog." In: van Waes, Luuk & Marielle Leijten & Christine M. Neuwirth (Hgg.): *Writing and Digital Media*. Amsterdam [usw.]: Elsevier, 158–165.

– / & Marielle Leijten & Thomas Quinlan. 2010. „Reading during sentence composing and error correction: A multilevel analysis of the influences of task complexity." In: *Read Writ*, 2010, Nr. 23, 803–834.

– / et al. 2012. „Logging Tools to Study Digital Writing Processes." In: Wise Berninger, Virginia (Hg.): *Past, Present, and Future Contributions of Cognitive Writing Research to Cognitive Psychology*. New York, London: Psychology Press, 507–533.

Walsh, Beth. 2010. „Aberdeen Study Reveals Practices of Top-performing Companies." In: *MultiLingual*, April/Mai 2010, 7.

Way, Andy. 2013. „Traditional and Emerging Use-Cases for Machine Translation." In: *Translating and the Computer 35*, 28.–29. November 2013, London. <www.computing.dcu.ie/~away/PUBS/2013/Way_ASLIB_2013.pdf> (26.02.2015)

– / et al. 2011. „SmartMATE: Online Self-Serve Access to State-of-the-Art SMT." In: *Proceedings of the 3rd Joint EM + CNGL Workshop 'Bringing MT to the User: Research Meets Translators (JEC '11)*, 14. Oktober 2011, Luxemburg, 43–52.

Wedde, Thomas. 2009. „OpenTMS – Umstand oder Ausweg?" In: Baur, Wolfram et al. (Hgg.): *Übersetzen in die Zukunft. Herausforderungen der Globalisierung für Dolmetscher und Übersetzer. Tagungsband der Internationalen Fachkonferenz des Bundesverbandes der Dolmetscher und Übersetzer e.V.* (BDÜ), 11.–13. September 2009, Berlin, 453–457.

Wetzel, Michael. 2009. „SDL-Terminologie-Umfrage 2009." In: *eDITion*, 1/2009, 18–20.

Wilker, Aziz & Sheila C. M. de Sousa & Lucia Specia. 2012. „PET: a Tool for Post-Editing and Assessing Machine Translation." *In: Proceedings of the 8th*

International Conference on Language Resources and Evaluation (LREC 2012), 21.–27. Mai 2012, Istanbul, 3982–3987.

Williamson, Michael & Penny Pence. 1989. „Word Processing and student writers." In: Britton, Bruce K. & Shawn M. Glynn (Hgg.): *Computer writing environments: theory, research and design*. Hillsdale: Lawrence Erlbaum Associates, 93–127.

Wilss, Wolfram. 1977. *Übersetzungswissenschaft. Probleme und Methoden*. Stuttgart: Ernst Klett Verlag.

– 1978. „Methodische Aspekte des Übersetzungsprozesses." In: Gomard, Kirsten & Sven-Olaf Poulsen (Hgg.): *Stand und Möglichkeiten der Übersetzungswissenschaft*. Arhus: Acta Jutlandica.

Wise Berninger, Virginia & H. Lee Swanson. 1994. „Modifying Hayes and Flower's Model of Skilled Writing to Explain Beginning and Developing Writing." In: Butterfield, Earl C. & Jerry S. Carlson (Hgg.): *Advances in Cognition and Educational Practice. Volume 2: Children's Writing: Toward a Process Theory of the Development of Skilled Writing*. Greenwhich: Jai Press, 57–81.

Wojcik, Richard H. & Heather Holmback. 1996. „Getting a Controlled Language Off the Ground at Boeing." In: *Proceedings of the 1st International Workshop on Controlled Language Applications (CLAW 96)*, 26.–27. März 1996, Centre for Computational Linguistics, Katholieke Universiteit Leuven, Leuven, 22–31.

– / & J. Hoard. 1998. „Boeing Technical English: An Extension of AECMA SE beyond the Aircraft Maintenance Domain." In: *Proceedings of the 2nd International Workshop on Controlled Language Applications (CLAW 98)*, 21.–22. Mai 1998, Language Technologies Institute, Carnegie Mellon Universität, Pittsburgh, 114–123.

Wolff, Friedel & Laurette Praetorius & Paul Buitelaar. 2014. „Missed opportunities in translation memory matching." In: *Proceedings of the 9th Conference of the European Language Resources Association (LREC 2014)*, 26.–31. Mai 2014, Reykjavik, 4401–4406. <http://lrec-conf.org/proceedings/lrec2014/pdf/1061_Paper.pdf> (11.03.2015)

Wright, Sue Allen & Gerhard Budin. 1997a. *Handbook of Terminology Management. Volume 1: Basic Aspects of Terminology Management*. Amsterdam, Philadelphia: John Benjamins Publishing Company.

– 1997b. *Handbook of Terminology Management. Volume 2: Application-Oriented Terminology Management*. Amsterdam, Philadelphia: John Benjamins Publishing Company.

Wrobel, Arne. 1995. *Schreiben als Handlung. Überlegungen und Untersuchungen zur Theorie der Textproduktion*. Tübingen: Max Niemeyer Verlag (Reihe Germanistische Linguistik 158).

Wu, Hua et al. 2005. „Improving Translation Memory with Word Alignment Information." In: *Proceedings of the 10th Machine Translation Summit*, 12.–16.09.2005, Phuket, 364–371. <www.mt-archive.info/MTS-2005-Wu-2.pdf> (27.06.2015)

Wüster, Eugen. 31991. *Einführung in die allgemeine Terminologielehre und terminologische Lexikographie.* Bonn: Romanistischer Verlag (Abhandlungen zur Sprache und Literatur, Band 20).

Yamada, Masuru. 2011. „The effect of translation memory databases on productivity." In: Pym, Anthony (Hg.): *Translation Research Projects 3*. Tarragona: Intercultural Studies Group, 63–74.

Zakaluk, Beverley L. & S. Jay Samuels. 1996. „Issues related to text comprehensibility: The future of readability." In: *Erudit, Vol. 25, Nr. 1, 1996*, 41–59. <http://id.erudit.org/iderudit/603126ar> (21.01.2015)

Zehrer, Christiane. 2014. *Wissenskommunikation in der technischen Redaktion. Die situierte Gestaltung adäquater Kommunikation.* Berlin: Frank & Timme (Forum für Fachsprachen-Forschung, Band 14).

Zerfaß, Angelika. 2013. „Word Counts and Match Values." In: *Vortrag auf der tekom-Jahrestagung 2013*, Wiesbaden, 06.–08. November 2013. <www.tekom.de> → Tagungsportale à bisherige Tagungen (15.05.2015)

Zetzsche, Jost. 2011. „Things Can Only Get Better." In: *The ATA Chronicle*, März 2011, 24–26.

– 2012. „Translation technology comes full circle." In: *MultiLingual*, April/Mai 2012.

Zhechev, Ventsislav & Josef van Genabith. 2010. „Maximising TM Performance through Sub-Tree Alignment and SMT." In: *Proceedings of the 9th Conference of the Association for Machine Translation in the Americas*, 31. Oktober–04. November 2011, Denver.

Zielinski, Daniel & Yamile Ramírez. 2005. „Research meets practice: t-survey 2005 – An online survey on terminology extraction and terminology management." In: *Proceedings of the 27th Conference on Translating and the Computer*, 24.–25. November 2005, London. London: Aslib.

Zimmer, Hubert D. 1996. „Gedächtnispsychologie und Technisches Schreiben: Textoptimierung als Optimierung der Gedächtnisnutzung." In: Krings, Hans P. (Hg.): *Wissenschaftliche Grundlagen der technischen Kommunikation.* Tübingen: Gunter Narr Verlag (Forum für Fremdsprachen-Forschung, Band 32), 235–289.

Zvacek, Susan M. 1992. „Word Processing and the Teaching of Writing." In: Hartley, James (Hg.): *Technology and Writing: Readings in the Psychology of Written Communication.* London, Philadelphia: Jessica Kingsley Publishers, 57–64.

Index

Anhang

Fragebogen zum ersten Text der empirischen Übersetzerbefragung

FRAGEBOGEN

Liebe Übersetzerin, lieber Übersetzer,

bitte lesen Sie sich den vorliegenden Text <u>einmal</u> sorgfältig durch und beantworten dann folgende Erinnerungsfrage, bevor Sie die weiteren Fragen beantworten.

Welche der nachfolgenden 6 Begriffe kommen im Text vor (bitte ankreuzen):

Wechselrichter	
PV-Module	
Sunny Tripower	
Leitungsschutzschalter	
Sicherheitshinweise	
Koppelkapazität	

Bitte beantworten Sie die Fragen 1 bis 3 **<u>VOR</u>** dem Übersetzen, d. h. nachdem Sie den Ihnen vorliegenden Text gelesen haben.
Bitte beantworten Sie die Fragen 4 und 5 **<u>NACH</u>** der Übersetzung.
Bitte notieren Sie sich unbedingt Startzeit und Endzeit der Übersetzung.

Bitte beantworten Sie die Fragen jeweils auf einer Skala von 1 bis 6.

Beurteilung	1	2	3	4	5	6
Fragen bezogen auf den Ausgangstext						
(1) Wie empfinden Sie den Schwierigkeitsgrad des Texts? 1 = sehr einfach 6 = sehr schwierig						
(2) Wie gut **lesbar** ist der Text? <u>Erklärung:</u> Lesbarkeit bedeutet hier, wie einfach sich der Text lesen lässt (hinsichtlich Wortschatz, Wort- oder Satzkomplexität) 1 = sehr schlecht lesbar 6 = sehr gut lesbar						
(3) Wie **verständlich** ist der Text? <u>Erklärung:</u> Verständlichkeit bedeutet hier, wie gut sich der Text verstehen lässt, um ihm Informationen zu entnehmen und diese in Handlungen umzusetzen. 1 = sehr unverständlich 6 = sehr verständlich						
Fragen bezogen auf die Übersetzung						
(4) Wie leicht fanden Sie die Übersetzung des Texts? 1 = sehr schwierig (5) 6 = sehr einfach						
(6) Welche Stellen im Text waren schwierig zu übersetzen? (bitte die Stellen nennen)						

Startzeit Übersetzung: **Endzeit Übersetzung:**
Kommentare und Anmerkungen:
Wie viele Jahre Berufserfahrung haben Sie?

Fragebogen zum zweiten Text der empirischen Übersetzerbefragung

FRAGEBOGEN

Liebe Übersetzerin, lieber Übersetzer,

bitte beantworten Sie die Fragen 1 bis 3 **VOR** dem Übersetzen, d. h. nachdem Sie den Ihnen vorliegenden Text gelesen haben.
Bitte beantworten Sie die Fragen 4 bis 8 **NACH** der Übersetzung.
Bitte notieren Sie unbedingt Startzeit und Endzeit der Übersetzung.
Bitte beantworten Sie die Fragen jeweils auf einer Skala von 1 bis 6.

Beurteilung	1	2	3	4	5	6
Fragen bezogen auf den Ausgangstext						
(1) Wie empfinden Sie den Schwierigkeitsgrad des Texts? 1 = sehr einfach 6 = sehr schwierig						
(2) Wie gut **lesbar** ist der Text? Erklärung: Lesbarkeit bedeutet hier, wie einfach sich der Text lesen lässt hinsichtlich Wortschatz, Wort- oder Satzkomplexität. 1 = sehr schlecht lesbar 6 = sehr gut lesbar						
(3) Wie **verständlich** ist der Text? Erklärung: Verständlichkeit bedeutet hier, wie gut sich der Text verstehen lässt, um ihm Informationen zu entnehmen und diese in Handlungen umzusetzen. 1 = sehr unverständlich 6 = sehr verständlich						
Fragen bezogen auf die Übersetzung						
(4) Wie leicht fanden Sie die Übersetzung des Texts? 1 = sehr schwierig 6 = sehr einfach						
(5) Welche Stellen im Text waren schwierig zu übersetzen? (bitte die Stellen nennen)						
Fragen bezogen auf beide Ausgangstexte						
(6) Welcher Text ist besser **lesbar**?	Text 1			Text 2		
(7) Welcher Text ist **verständlicher**?	Text 1			Text 2		
(8) Welcher Text ließ sich besser übersetzen?	Text 1			Text 2		

Startzeit Übersetzung:

Endzeit Übersetzung:

Kommentare und Anmerkungen:

Übersetzungstext im Original

Originaltext:

PV-Wechselrichter

SUNNY BOY 3000TL / 4000TL / 5000TL

Installationsanleitung

1 Hinweise zu dieser Anleitung

1.1 Gültigkeitsbereich

Diese Installationsanleitung beschreibt die Installation und Inbetriebnahme von SMA Solar Technology Wechselrichtern des Typs Sunny Boy 3000TL (SB 30000TL-20), 4000TL (SB 4000TL-20) und 5000TL (SB 5000TL-20).

1.2 Zielgruppe

Ausschließlich ausgebildete Elektrofachkräfte dürfen den Sunny Boy installieren und in Betrieb nehmen.

1.3 Weiterführende Informationen

Weiterführende Informationen können Sie im Downloadbereich von www.SMA.de herunterladen. Hier sind zum Beispiel Technische Informationen zum Thema „Auslegung eines Leitungsschutzschalters" oder Parameterbeschreibungen verfügbar.

2 Sicherheit

2.1 Bestimmungsgemäße Verwendung

Der Sunny Boy ist ein PV-Wechselrichter, der den Gleichstrom eines PV-Generators in Wechselstrom wandelt und diesen in das öffentliche Netz einspeist.
Der Sunny Boy darf nur mit PV-Generatoren (Module und Verkabelung) der Schutzklassen II betrieben werden.
PV-Module mit großer Kapazität gegen Erde, wie z.B. Dünnschichtmodule mit Zellen auf metallischem Trägermaterial, dürfen nur eingesetzt werden, wenn deren Koppelkapazität kleiner ist als 50 nF/kWp.
Der Hersteller der PV-Module sollte seine Module für den Betrieb mit diesem Sunny Boy freigegeben haben. Stellen Sie außerdem sicher, dass alle vom Modulhersteller empfohlenen Maßnahmen zur dauerhaften Erhaltung der Moduleigenschaften berücksichtigt werden (siehe auch Technische Information „Modultechnik“ im Downloadbereich von www.SMA.de).
Verwenden Sie den Sunny Boy nicht für andere Zwecke als hier beschrieben. Abweichende Verwendungsarten, Umbauten am Sunny Boy sowie Einbauten von Bauteilen, die nicht ausdrücklich von SMA Solar Technology empfohlen oder vertrieben werden, lassen die Gewährleistungsansprüche erlöschen.

2.2 Sicherheitshinweise

Beachten Sie die örtlichen Vorschriften für die Erdung der Module und des PV-Generators. SMA Solar Technology empfiehlt, das Generatorgestell und andere elektrisch leitende Flächen durchgängig leitend zu verbinden und zu erden, um einen möglichst hohen Schutz für Anlagen und Personen zu erhalten.

3 Montage

3.1 Umgebungsbedingungen

- Montageort und Montageart müssen sich für Gewicht und Abmessungen eignen.
- Umgebungstemperatur sollte unter 40° C liegen, um einen optimalen Betrieb zu gewährleisten.

- Sunny Boy keiner direkten Sonneneinstrahlung aussetzen, um eine Leistungsreduzierung auf Grund zu hoher Erwärmung zu vermeiden.

4 Elektrischer Anschluss

4.1 Einstellung des Installationslandes

Der Sunny Boy kann für mehrere Länder konfiguriert werden. Dies erfolgt über zwei Drehschalter im Sunny Boy oder über die Konfiguration des Parameter „GridGuardCntrySet" über ein Kommunikationsgerät.
Haben Sie den Sunny Boy mit bestimmten Ländereinstellungen bestellt, so wurden diese Einstellungen im Werk über ein Kommunikationsgerät vorgenommen.
Auch über ein Kommunikationsgerät ist es möglich, Länderdatensätze einzustellen sowie manuell zu sperren oder zu entsperren.

4.2 Prüfung der Ländereinstellung

Kontrollieren Sie die richtige Ländereinstellung anhand der Displaymeldung bei der (Wieder-)Inbetriebnahme (siehe Kapitel 6 „Inbetriebnahme" (45)) oder anhand des Messkanals „SMA grid guard" mit Hilfe eines Kommunikationsgeräts.

5 Entsorgung

Entsorgen Sie den Sunny Boy nach Ablauf seiner Lebensdauer nach den zu diesem Zeitpunkt am Installationsort geltenden Entsorgungsvorschriften für Elektronikschrott oder senden Sie ihn auf Ihre Kosten mit dem Hinweis „ZUR ENTSORGUNG" an SMA Solar Technology zurück (Kontakt siehe S. 74).

Übersetzungstext nach sprachlicher Überarbeitung

Sprachlich überarbeiteter Text:

PV-Wechselrichter

SUNNY BOY 3000TL / 4000TL / 5000TL

Installationsanleitung

1 Hinweise zu dieser Anleitung

1.1 Gültigkeitsbereich

Diese Installationsanleitung beschreibt die Installation und Inbetriebnahme folgender SMA Solar Technology Wechselrichter:

- Sunny Boy 3000TL (SB 30000TL-20)
- Sunny Boy 4000TL (SB 4000TL-20)
- Sunny Boy 5000TL (SB 5000TL-20)

1.2 Zielgruppe

Ausschließlich ausgebildete Elektrofachkräfte dürfen den Sunny Boy installieren und in Betrieb nehmen.

1.3 Weiterführende Informationen

Weiterführende Informationen können Sie im Downloadbereich von www.SMA.de herunterladen. Im Downloadbereich sind zum Beispiel Technische Informationen zum Thema „Auslegung eines Leitungsschutzschalters“ oder Parameterbeschreibungen verfügbar.

2 Sicherheit

2.1 Bestimmungsgemäße Verwendung

Der Sunny Boy ist ein PV-Wechselrichter, der den Gleichstrom eines PV-Generators in Wechselstrom wandelt. Der Wechselstrom wird in das öffentliche Netz eingespeist.
Der Sunny Boy darf nur mit PV-Generatoren (Module und Verkabelung) der Schutzklassen II betrieben werden.
PV-Module mit großer Kapazität gegen Erde dürfen nur eingesetzt werden, wenn deren Koppelkapazität kleiner ist als 50 nF/kWp. Zu diesen PV-Modulen zählen z. B. Dünnschichtmodule mit Zellen auf metallischem Trägermaterial.
Der Hersteller der PV-Module muss seine Module für den Betrieb mit diesem Sunny Boy frei gegeben haben. Berücksichtigen Sie außerdem alle vom Modulhersteller empfohlenen Maßnahmen zur dauerhaften Erhaltung der Moduleigenschaften. Siehe auch Technische Information „Modultechnik“ im Downloadbereich von www.SMA.de.
Verwenden Sie den Sunny Boy nicht für andere Zwecke als in der Installationsanleitung beschrieben. Die Gewährleistungsansprüche erlöschen in folgenden Fällen:

- Abweichende Verwendungsarten
- Umbauten am Sunny Boy
- Nicht ausdrücklich von SMA Solar Technology empfohlene oder vertriebene Einbauten von Bauteilen

2.2 Sicherheitshinweise

Beachten Sie die örtlichen Vorschriften für die Erdung der Module und des PV-Generators. Um einen möglichst hohen Schutz für Personen und Anlagen zu erhalten, müssen das Generatorgestell und andere elektrische leitende Flächen durchgängig verbunden und geerdet werden.

3 Montage

3.1 Umgebungsbedingungen

- Montageort und Montageart müssen sich für Gewicht und Abmessungen eignen.

- Um einen optimalen Betrieb zu gewährleisten, muss die Umgebungstemperatur unter 40° C liegen.
- Um eine Leistungsreduzierung auf Grund zu hoher Erwärmung zu vermeiden, Sunny Boy keiner direkten Sonneneinstrahlung aussetzen.

4 Elektrischer Anschluss

4.1 Installationsland einstellen

Der Sunny Boy kann für mehrere Länder konfiguriert werden. Die Konfiguration erfolgt über zwei Drehschalter im Sunny Boy oder über ein Kommunikationsgerät durch Konfiguration des Parameters „GridGuardCntrySet".
Wenn Sie den Sunny Boy mit bestimmten Ländereinstellungen bestellt haben, so wurden diese Einstellungen im Werk über ein Kommunikationsgerät vorgenommen.
Auch über ein Kommunikationsgerät können Länderdatensätze eingestellt, manuell gesperrt oder entsperrt werden.

4.2 Ländereinstellung prüfen

Kontrollieren Sie die richtige Ländereinstellung anhand der Displaymeldung bei der Inbetriebnahme oder Wiederinbetriebnahme oder anhand des Messkanals „SMA grid guard" mithilfe eines Kommunikationsgeräts. Siehe Kapitel 6 „Inbetriebnahme" (Seite 45).

5 Entsorgung

Entsorgen Sie den Sunny Boy nach Ablauf seiner Lebensdauer nach den am Installationsort gültigen Entsorgungsvorschriften für Elektronikschrott. Oder senden Sie den Sunny Boy auf Ihre Kosten an SMA Solar Technology zurück mit dem Hinweis „ZUR ENTSORGUNG". Siehe Kontakt S. 74.

Sabest
Saarbrücker Beiträge zur Sprach- und Translationswissenschaft

Fachrichtung Angewandte Sprachwissenschaft
sowie Übersetzen und Dolmetschen
der Universität des Saarlandes

Alberto Gil – Johann Haller – Erich Steiner – Elke Teich
(Hrsg.)

Band 1 Alberto Gil / Johann Haller / Erich Steiner / Heidrun Gerzymisch-Arbogast (Hrsg.): Modelle der Translation. Grundlagen für Methodik, Bewertung, Computermodellierung. 1999.

Band 2 Uwe Reinke: Translation Memories. Systeme – Konzepte – Linguistische Optimierung. 2004.

Band 3 Stella Neumann: Textsorten und Übersetzen. Eine Korpusanalyse englischer und deutscher Reiseführer. 2003.

Band 4 Erich Steiner: Translated Texts: Properties, Variants, Evaluations. 2004.

Band 5 Sisay Fissaha Adafre: Adding Amharic to a Unification-Based Machine Translation System. An Experiment. 2004.

Band 6 Tinka Reichmann: Satzspaltung und Informationsstruktur im Portugiesischen und im Deutschen. Ein Beitrag zur Kontrastiven Linguistik und Übersetzungswissenschaft. 2005.

Band 7 María Jesús Barsanti Vigo: Análisis paremiológico de *El Quijote* de Cervantes en la versión de Ludwig Tieck. 2005.

Band 8 Christoph Rösener: Die Stecknadel im Heuhaufen. Natürlichsprachlicher Zugang zu Volltextdatenbanken. 2005.

Band 9 Fadia Sami Sauerwein: Dolmetschen bei polizeilichen Vernehmungen und grenzpolizeilichen Einreisebefragungen. Eine explorative translationswissenschaftliche Untersuchung zum Community Interpreting. 2006.

Band 10 Rosario Herrero: La metáfora: revisión histórica y descripción lingüística. 2006.

Band 11 Ursula Wienen: Zur Übersetzbarkeit markierter Kohäsionsformen. Eine funktionale Studie zum Kontinuum von Spaltadverbialen und Spaltkonnektoren im Spanischen, Französischen und Deutschen. 2006.

Band 12 María José Corvo Sánchez: Los libros de lenguas de Juan Ángel de Zumaran. La obra de un maestro e intérprete de lenguas español entre los alemanes del siglo XVII. 2007.

Band 13 Vahram Atayan: Makrostrukturen der Argumentation im Deutschen, Französischen und Italienischen. Mit einem Vorwort von Oswald Ducrot. 2006.

Band 14 Alberto Gil / Ursula Wienen (Hrsg.): Multiperspektivische Fragestellungen der Translation in der Romania. Hommage an Wolfram Wilss zu seinem 80. Geburtstag. 2007.

Band 15 Anja Rütten: Informations- und Wissensmanagement im Konferenzdolmetschen. 2007.

Band 16 Valerio Allegranza: The Signs of Determination. Constraint-Based Modelling Across Languages. 2007.

Band 17 Andrea Wurm: Translatorische Wirkung. Ein Beitrag zum Verständnis von Übersetzungsgeschichte als Kulturgeschichte am Beispiel deutscher Übersetzungen französischer Kochbücher in der Frühen Neuzeit. 2008.

Band 18 Ramona Schröpf: Translatorische Dimensionen von Konnektorensequenzen im Spanischen und Französischen. Ein Beitrag zur linguistisch orientierten Übersetzungswissenschaft Romanisch – Deutsch. 2009.

Band 19 Windyam Fidèle Yameogo: Translatorische Fragen der Ambivalenz und Implizitheit bei Mephistopheles. Dargestellt an französischen Übersetzungen von Goethes Faust I. 2010.

Band 20 Manuela Caterina Moroni: Modalpartikeln zwischen Syntax, Prosodie und Informationsstruktur. 2010.

Band 21 Kerstin Anna Kunz: Variation in English and German Nominal Coreference. A Study of Political Essays. 2010.

Band 22 Sandra Strohbach: Die Übersetzungen der chemischen Werke von Stanislao Cannizzaro. Ein Beitrag zur Geschichte der Fachübersetzung im 19. Jahrhundert. 2010.

Band 23 Cornelia Zelinsky-Wibbelt (ed.): Relations between Language and Memory. Organization, Representation, and Processing. 2011.

Band 24 Ana Hoffmeister: Qualitätssicherung in der Technischen Dokumentation. Am Beispiel der Volkswagen AG "After Sales Technik". 2012.

Band 25 Won-Hee Kim: Die Geschichte der Translation in Korea. 2012.

Band 26 Giovanni Bevilacqua: Die Sprach- und Kulturmittlung in Altenbetreuungseinrichtungen. Eine empirische Forschungsarbeit. 2014.

Band 27 Verena Demiröz: Sprachliche Steuerung in der Technischen Dokumentation mit Controlled-Language-Checkern und Authoring-Memory-Systemen. Untersuchungen zur Verbesserung der Effizienz von Schreib- und Übersetzungsprozessen. 2016.

www.peterlang.com

www.ingramcontent.com/pod-product-compliance
Ingram Content Group UK Ltd.
Pitfield, Milton Keynes, MK11 3LW, UK
UKHW041828290926
8980IPUK00002B/128

9 783631 675243